Wehrmacht und Niederlage

Beiträge zur Militärgeschichte

Herausgegeben vom
Militärgeschichtlichen Forschungsamt

Band 64

R. Oldenbourg Verlag München 2007

Wehrmacht und Niederlage

Die bewaffnete Macht in der Endphase
der nationalsozialistischen Herrschaft
1944 bis 1945

Von
Andreas Kunz

2. Auflage

R. Oldenbourg Verlag München 2007

Bibliografische Information der Deutschen Nationalbibliothek
Die Deutsche Nationalbibliothek verzeichnet diese Publikation in der Deutschen Nationalbibliografie; detaillierte bibliografische Daten sind im Internet über http://dnb.d-nb.de> abrufbar.

© 2007 Oldenbourg Wissenschaftsverlag GmbH, München
Rosenheimer Straße 145, D-81671 München
www.oldenbourg.de

Das Werk einschließlich aller Abbildungen ist urheberrechtlich geschützt. Jede Verwertung außerhalb der Grenzen des Urheberrechtsgesetzes ist ohne Zustimmung des Verlages unzulässig und strafbar. Dies gilt insbesondere für Vervielfältigungen, Übersetzungen, Mikroverfilmungen und die Einspeicherung und Bearbeitung in elektronischen Systemen.

Umschlagbild: Berlin, Mai 1945. Deutsche Soldaten nach der Kapitulation auf dem Weg in die sowjetische Kriegsgefangenschaft; im Vordergrund jugendliche Angehörige des Volkssturms. Foto: akg-images
Gedruckt auf säurefreiem, alterungsbeständigem Papier (chlorfrei gebleicht).
Druck und Bindung: buch bücher dd ag, Birkach

ISBN 978-3-486-58388-5

Inhalt

Vorwort.. VII
Danksagung.. IX

I. Einleitung 1
    1. Fragestellung(en) und Forschungsstand 3
    2. Struktur der Arbeit 14
    3. Quellenlage 17
    4. Theoretische und methodische Überlegungen 21

II. Das Militär im politischen und gesellschaftlichen
    Kontext mit dem Zusammenbruch des ›Dritten Reichs‹ 29
    1. Eine Vergleichsgrundlage:
       Militär und Niederlage im Ersten Weltkrieg 29
       a) Das Verhältnis von Politik und Militär 1916 bis 1918 29
       b) Armee und Gesellschaft am Ende des Krieges 36
       c) Wahrnehmungen und Handeln der Verantwortlichen 44
    2. Das Ende des Krieges 1944/45:
       Die Niederlage aus Sicht der deutschen Führung 53
       a) Einsichten in die Niederlage? 54
       b) Der Zusammenbruch im Westen 59
       c) Kriegführung im Zeichen des Irrationalen 63
       d) Die Agonie der Ostfront 67
       e) Die Bedeutung von Luftwaffe und Kriegsmarine
          in der Schlußphase des Krieges 72
       f) Der Krieg im Reich 83
       g) Der Zerfall der militärischen Führungsorganisation 93
    3. Parteiherrschaft und ›totaler Krieg‹ 98
       a) Zum Verhältnis zwischen Militärelite und NS-Regime 98
       b) Strukturelle Veränderungen in der nationalsozialistischen
          Herrschaftsordnung ab Sommer 1944 105
       c) Die ›nationalsozialistische Volksarmee‹ 115
       d) Grenzenlose Mobilisierung für den Krieg:
          ›totaler Krieg‹, Volkssturm, Volkskrieg 129

III. Die Wehrmacht im ›Endkampf‹ 151
    1. Die personelle Rüstung im letzten Kriegsjahr 151
        a) Militärische Verluste infolge der ›Endkämpfe‹ 151
        b) Der Gordische Knoten: die Forderung
           nach Soldaten und Waffen 156
        c) Die personelle Substanz schwindet.
           Die Mobilisierung von Ressourcen 170
        d) Veränderungen in den Personalbeständen
           von Luftwaffe und Kriegsmarine 189
    2. Widerlegung der Legende von der
       ungebrochenen Kampfkraft der Wehrmacht 197
        a) Der materielle Zustand der Wehrmacht 197
        b) Die Auswirkungen der personellen Verluste und
           des Zusammenbruchs der Rüstungsindustrie auf die
           Leistungsfähigkeit der militärischen Organisation 205
        c) Führungsverantwortung und Führungspraxis 216
        d) Zum Zusammenhang von Kampfverhalten und
           Destruktivität in der Schlußphase des Krieges 223
    3. Fanatismus, Kriegsmüdigkeit, Verweigerung 240
        a) Ziele, Methoden und Grenzen der ideologischen Beeinflussung ... 240
        b) Fanatismus oder Kriegsmüdigkeit?
           Annäherung an ein Stimmungsbild 248
        c) Die Reaktionen des Regimes auf die
           Erschütterungen der militärischen Ordnung 260
        d) Momentaufnahmen von einer zusammenbrechenden Armee 265
    4. Die Individualität des Kriegsendes 288
        a) Von Tätern und Opfern 290
        b) Vom Umgang mit der Realität 298
        c) Über zwischenmenschliche Verhältnisse 308
        d) Die Bedeutung der einzelnen Persönlichkeit 318
        e) Im Auge des Sturms 322

IV. Schlußbetrachtung 327

Quellen- und Literaturverzeichnis 345
    1. Unveröffentlichte Quellen 345
    2. Literatur 347
Personenregister 389

Vorwort

Die Befreiung des Konzentrations- und Vernichtungslagers Auschwitz-Birkenau, die Versenkung des mit zehntausend deutschen Flüchtlingen überfüllten ehemaligen KdF-Schiffes ›Wilhelm Gustloff‹, die Bombardierung Dresdens sowie schließlich die zeremonielle Wiederholung der bedingungslosen Kapitulation des »Dritten Reichs« durch die Spitzenrepräsentanten der Wehrmacht am 8. Mai in Berlin-Karlshorst sind symbolträchtige Ereignisse für den Schlußakt des Zweiten Weltkrieges in Deutschland geworden. Wenn der damalige Bundespräsident Richard von Weizsäcker in seiner wegweisenden Rede zum 8. Mai 1985 von »Befreiung« gesprochen hat, dann wurden in diese Deutung nicht nur die Opfer der nationalsozialistischen Gewaltherrschaft einbezogen, sondern auch die Deutschen selbst. Sie hatten in ihrer Mehrheit das brutale Vernichtungs- und Untergangsregime geduldet und erduldet. Erst die Kapitulation befreite sie von den Folgen eines mörderischen Krieges, in dessen Schlußphase sie selbst von einer verantwortungslosen Führung geopfert wurden.

Das NS-Regime hatte sich die Wehrmacht als Instrument eines beispiellosen rasseideologisch motivierten Eroberungs- und Vernichtungskrieges geschaffen. Hitlers Krieg um »Lebensraum« bildete den Mittelpunkt des Zweiten Weltkrieges, dem mehr als 50 Millionen Menschen zum Opfer fielen, in der Mehrzahl Zivilisten, für die es im ideologisierten totalen Krieg kaum Rücksichten gab. Seit der Wende des Krieges sicherte der aussichtslose Kampf der Wehrmacht den Fortbestand der NS-Herrschaft, dies unter Inkaufnahme der Selbstvernichtung und um den Preis des nationalstaatlichen Untergangs.

Mit der Arbeit von Andreas Kunz liegt erstmals eine umfassende wissenschaftliche Untersuchung der bewaffneten Macht des »Dritten Reichs« in der Schlußphase des Zweiten Weltkrieges vor. Sie entstand im Rahmen eines gleichgelagerten Forschungsprojektes für den Abschlußband des vom Militärgeschichtlichen Forschungsamt (MGFA) herausgegebenen Reihenwerkes »Das Deutsche Reich und der Zweite Weltkrieg« und ist die geringfügig überarbeitete Fassung der im Jahr 2003 an der Helmut-Schmidt-Universität in Hamburg angenommenen Dissertationsschrift des Verfassers. Sie zeichnet unter Einbeziehung ereignis-, politik-, organisations-, struktur- bis hin zu mentalitätsgeschichtlichen Überlegungen ein differenziertes Bild der militärischen Massengesellschaft, die zur Jahresmitte 1944 etwa 10 Millionen Individuen umfaßte. Die Darstellung verzichtet auf plakative Formeln sowie pauschalisierende Erklärungsansätze und zeichnet in vielschichtiger Weise die Rahmenbedingungen nach, die das individuelle und kollektive Verhalten der Wehrmachtangehörigen bedingten. Das so entstehende Bild ist vielfältig und widersprüchlich, notgedrungen fragmentarisch, weil sich vor dem Hintergrund auflösender Strukturen auch die Quellenüberlieferung zum Kriegsende hin dramatisch verschlechterte. Gleichwohl arbeitet die Untersuchung für die Situation des militärischen, staatlichen und gesellschaftlichen Zusammenbruchs Charakteristisches heraus, was den Leser verstehen läßt, wie sich die Betroffenen in der spezifischen Situation 1944/45 verhielten und warum. Noch heute sind abstrahierende und stereotype Vorstellungen verbreitet – etwa, daß die Wehrmacht bis buchstäblich »fünf nach zwölf« gekämpft habe –, die den Erkenntnisgewinn eher behindern als fördern. Die Arbeit überwindet eine normativ verengte Perspektive, welche die Betrachtung der Zeit des Nationalsozialismus allein einer Täter-Opfer-Dichotomie unterwirft. Zugleich führt sie aber auch eindringlich vor Augen, wie eng die Geschichte der Wehrmacht und die der nationalsozialistischen Herrschaft miteinander verwoben gewesen sind und daher nicht isoliert voneinander betrachtet werden können. Mit der bedingungslosen Kapitulation des nationalsozialistischen Deutschlands endete auch die Geschichte der größten militärischen Organisation in der deutschen Militärgeschichte.

Die Endbearbeitung des Manuskriptes lag in den Händen der Schriftleitung des MGFA unter der Leitung von Dr. Arnim Lang; Wilfried Rädisch leitete die Koordination der Arbeiten, das Lektorat übernahm Margrit Kambach (Freiburg), die Diagramme erstellte Bernd Nogli, die Testgestaltung war Aufgabe von Carola Klinke. Ihnen allen – vor allem aber dem Verfasser – sei hiermit für das gezeigte Engagement gedankt.

Dr. Hans Ehlert
Oberst und Amtschef
des Militärgeschichtlichen Forschungsamtes

Danksagung

An dieser Stelle bietet sich dem Autor die Möglichkeit, Besonderes auszudrücken. Einer Reihe von Menschen möchte ich meinen besonderen Dank aussprechen.

Zuallererst gebührt dieser meinem »Doktorvater«, Prof. Dr. Bernd Wegner. Er begleitete den Entstehungsprozeß meiner Arbeit vom ersten Tag an. Sein fachlicher Rat, sein kollegiales und freundschaftliches Auftreten bedeuteten mir stets Hilfe und Ansporn. Ihm verdanke ich viel! Dankbar bin ich auch für die sofortige Bereitschaft von Herrn Prof. Dr. Joachim Braun, als Zweitgutachter die kritische Würdigung meiner Arbeit zu übernehmen.

Ohne meine vierjährige Zugehörigkeit zum Militärgeschichtlichen Forschungsamt in Potsdam hätte es diese Arbeit nicht gegeben. Während dieser Zeit bedeuteten die vielen Gespräche und Diskussionen mit den Kollegen stets fruchtbare Denkanstöße. Besonders hervorheben möchte ich den ehemaligen Leiter des Forschungsbereichs II, Herrn Leitenden Wissenschaftlichen Direktor a.D. Dr. Hans Umbreit (†), sowie den Projektleiter für den Band 10 des Reihenwerkes Das Deutsche Reich und der Zweite Weltkrieg, Herrn Wissenschaftlichen Direktor Prof. Dr. Rolf-Dieter Müller.

Für die Bereitschaft, meine Arbeit als Monographie in eine der Veröffentlichungsreihen des Militärgeschichtlichen Forschungsamtes aufzunehmen danke ich den Amtschefs, Herrn Kapitän z.S. a.D. Dr. Jörg Duppler und Herrn Oberst Dr. Hans Ehlert. In diesen Dank eingeschlossen sind Herr Prof. Dr. Hans-Erich Volkmann als früherer Leiter der Abteilung Forschung und seine Nachfolgerin, Frau Prof. Dr. Beatrice Heuser. Schließlich haben die Mitarbeiter der Schriftleitung des Militärgeschichtlichen Forschungsamtes, allen voran deren Leiter, Herr Dr. Arnim Lang, sowie Herr Wilfried Rädisch und die Lektorin, Frau Margrit Kambach (Freiburg), einen entscheidenden Anteil daran, daß meine Arbeit in der vorliegenden hohen Güte publiziert werden konnte. Nicht minder groß ist mein Dank schließlich für Anregungen und Kritik, mit denen meine Kollegen und Freunde Kay, Nico, John, Rudolf, Bernhard, Stephan, Daniel und Jan meine Arbeit begleiteten.

Dank und tiefe Zuneigung gebühren vor allem aber einem geliebten Menschen: meiner Ehefrau Nicole. Ihre Zuversicht, ihr Vertrauen und ihre Unterstützung halfen mir mehr als alles andere, Momente des Selbstzweifels zu überwinden.

Ludwigsburg im Februar 2005
Andreas Kunz

I. Einleitung

Mit einer pathetischen Verlautbarung aus dem Oberkommando der Wehrmacht vom 9. Mai 1945 verschwand vor 60 Jahren die größte militärische Organisation der deutschen Geschichte im Orkus der Historie:

>»Auf Befehl des Großadmirals hat die Wehrmacht den aussichtslos gewordenen Kampf eingestellt. [...] Der deutsche Soldat hat, getreu seinem Eid, im höchsten Einsatz für sein Volk für immer Unvergeßliches geleistet. [...] Den Leistungen und Opfern der deutschen Soldaten zu Lande, zu Wasser und in der Luft wird auch der Gegner die Achtung nicht versagen. Jeder Soldat kann deshalb die Waffe aufrecht und stolz aus der Hand legen und in den schwersten Stunden unserer Geschichte tapfer und zuversichtlich an die Arbeit gehen für das ewige Leben unseres Volkes[1].«

Es hat eine mehr als vier Nachkriegsjahrzehnte währende akademisch-wissenschaftliche Aufarbeitung und eine ebenso verspätete wie intensive gesellschaftliche Auseinandersetzung benötigt, bis sich die breite öffentliche Akzeptanz durchsetzte, daß die Wehrmacht keinen ehrenhaften Krieg geführt und die deutschen Soldaten nicht für legitime Ziele gekämpft haben. Die Legende von der ›sauberen‹ Wehrmacht wird nur noch von Teilen der Kriegsgeneration und in rechtspopulistischen Kreisen kultiviert. In der bundesrepublikanischen Gesellschaft besteht heute ein Konsens darüber, daß die Wehrmacht, in der während des Krieges insgesamt etwa 18 Millionen Männer Militärdienst leisteten, ein zuverlässiges Instrument bei der Exekution eines ideologisch motivierten Eroberungs-, Raub-, Versklavungs- und Ausrottungskrieges war[2].

Mit dieser Grundsatzfeststellung kann das Buch der Wehrmachtgeschichte jedoch nicht geschlossen werden; im Gegenteil: Etliche Problem- und Fragestellungen an den historischen Gegenstand ›Wehrmacht‹ wurden erst in jüngster Zeit gestellt und harren wissenschaftlich befriedigender Antworten. Dazu gehört noch immer eine Frage: Warum hat die Wehrmacht, wie es zumindest die zitierte Meldung suggeriert, selbst in aussichtsloser Lage und gegen einen überlegenen Gegner bis zum Schluß »gekämpft«? Die eingehende Beschäftigung mit diesem Problemkomplex stellt ein wissenschaftliches Desiderat dar, ungeachtet der periodisch im Kontext der historischen Wiederkehr des Kriegsendes publizierten Sammelbände[3].

---

[1] »Das Oberkommando der Wehrmacht gibt bekannt ...«, Bd 3, S. 569.
[2] Vgl. Messerschmidt, Das Bild der Wehrmacht.
[3] Dazu eine Auswahl: Der 8. Mai 1945 als historische Zäsur; Ende des Dritten Reiches; Kapitulation und Befreiung; Kriegsende 1945 in Deutschland; Kriegsende in Europa. Zur regionalgeschichtlichen Forschung siehe zusammenfassend: Schwedt, Alltagsgeschichte; Thiemeyer, Kriegsende. Eine kritische Auseinandersetzung mit den ›Endkämpfen‹ ist auch Gegenstand eines

Die differenzierte Beschäftigung damit ist das zentrale Anliegen der vorliegenden Arbeit.

Im Sommer 1943 waren sich die britischen Intelligence-Experten in ihren Prognosen für den Fort- bzw. Ausgang des Krieges sicher gewesen. Aus ihrer Analyse der militärischen Kräfteverteilung und der politischen und militärischen Gesamtsituation des ›Dritten Reiches‹ zogen sie die Schlußfolgerung:

> »We may see the defection of the rest of Germany's European Allies and, even before the end of the year, convince the German people and military leaders that the continuation of the war is more to be feared than the consequences of inevitable defeat. With the German people no longer willing to endure useless bloodshed and destruction, and the military leaders convinced od futility of resistance there might be, as in Italy, some sudden change of regime to prepare the way for a request for any armistice[4].«

Man kann über die Ursachen dieser, sich im nachhinein als leichtfertig erweisenden Einschätzung spekulieren. Zwei Jahre später hatten die Alliierten Anlaß genug zu analysieren, warum der deutsche Kollaps ausgeblieben war. Die nationalsozialistische Herrschaft mußte buchstäblich in ihre Einzelteile zertrümmert werden. Im März 1945, als die alliierten Streitkräfte fast mühelos die deutsche Rheinverteidigung überwanden, veröffentlichte das United States War Department das »Handbook on German Military Forces«. Als Ausbildungs- und Einsatzleitfaden beinhaltete dieses mehrere hundert Seiten starke Konvolut alles an Informationen, was die US-Army bis zu diesem Zeitpunkt an nachrichtendienstlicher Auswertung oder an Kampferfahrungen über die Wehrmacht gesammelt hatte[5]. Die Gesamtbewertung der bewaffneten Macht des ›Dritten Reiches‹ war ambivalent:

> »After five and a half years of ever growing battle against ever-stronger enemies, the German Army in 1945 looks, at first glance, much the worse for wear. It is beset on all sides and is short of everything. It has suffered appalling casualties and must resort to old men, boys, invalids, and unreliable foreigners for its cannon fodder. Its weapons and tactics seem not to have kept pace with those of the armies opposing it; its supply system in the field frequently breaks down. Its position is obviously hopeless, and it can only be a question of time until the last German soldier is disarmed [...].«

Die deutsche Ardennen-Offensive zum Jahreswechsel 1944/45 hatte wie ein Schock gewirkt. Aus Sorge, Truppenführung wie Soldaten könnten bei ihrem Vormarsch in das Innere des Reiches zu Leichtsinn mit der Folge unnötiger Verluste verleitet werden, schränkten die Autoren ihr Urteil sogleich wieder ein:

> »Despite the supposed chronic disunity at the top, disaffection among the officers corps, and disloyalty in the rank and file, despite the acute lack of weapons, ammunitions, fuel, transport, and human reserves, the German Army seems to function with its old precision and to overcome what appear to be insuperable difficulties with remarkable speed. Only by patient an incessant hammering from all sides can its collapse be brought about.«

---

benachbarten, jedoch einem grundlegend anderen Ansatz verpflichteten Forschungsvorhabens. Siehe dazu die Projektskizze von Zimmermann, Die Kämpfe.

[4] Abschlußbericht des Joint Intelligence Sub-Committee des British War Cabinet »Probabilities of a German Collapse« vom 9.9.1943, zit. nach: Wegner, Hitler, S. 493.

[5] Vgl. Handbook on German Military Forces, S. 1 f., daraus auch die folgenden Zitate.

I. Einleitung

In der Tat war es die Wehrmacht, deren militärischer Schirm die Fortexistenz des NS-Regimes bis in das Frühjahr 1945 überhaupt ermöglichte. Es war der Kampf der Wehrmacht in der Heimat, der neben der vernichtenden Wirkung des Bombenkrieges materielle und personelle Schäden in einem Ausmaß verursachte, daß Journalisten Vergleiche mit der zerrütteten Zivilisation in Deutschland am Ende des Dreißigjährigen Krieges zogen[6]. Es waren die Unterschriften von Repräsentanten der Wehrmacht unter die Kapitulationsurkunde, die vor 60 Jahren das Ende der kriegerischen Auseinandersetzungen auch von deutscher Seite allgemeinverbindlich bestätigten; längst war die nationalsozialistische Herrschaft in ihre Einzelteile zerfallen. Die Niederlage der Wehrmacht präsentiert sich nicht als legitimer Akt der Landesverteidigung, sondern als letzte Eskalationsstufe des nationalsozialistischen Weltanschauungskrieges.

1. Fragestellung(en) und Forschungsstand

Die über zehn Millionen Wehrmachtangehörigen folgten 1944/45 nicht dem historischen Beispiel der kaiserlichen Armee. Deren Soldaten hatten durch ihre indirekte oder direkte Gehorsamsverweigerung im Sommer und Herbst 1918 allen Überlegungen der militärischen Führung, den Kampf fortzusetzen, die Grundlage entzogen. Betrachtet man dagegen das Verhalten der Wehrmachtsoldaten, so scheint es, diese verweigerten sich weder dem Risiko des Krieges noch folgten sie umstürzlerischen Ideen. Doch die Historie ist komplexer als es der oberflächliche Vergleich beider Kriegsenden suggeriert. Denn ebenso deutlich ist, daß die überwältigende Mehrheit der deutschen Soldaten ihr Überleben durch den Gang in die Kriegsgefangenschaft zu sichern trachtete. Erwies sich die Wehrmacht als zuverlässige Stütze des NS-Regimes, so kann doch dieses Verhalten ihrer Soldaten als Verweigerungshaltung gegenüber dem von Hitler verlangten kollektiven Untergang interpretiert werden.

Der folgenden wissenschaftlichen Annäherung an diesen Problemkomplex liegt ein modernes Verständnis von Militärgeschichte zugrunde. Richtungsweisend ist das ältere, gleichwohl unvermindert gültige Postulat Manfred Messerschmidts nach einer multiperspektivischen »Militärgeschichte [...], die sich nicht als hergebrachte, allein auf militärische Abläufe gerichtete Kriegsgeschichte versteht, sondern als eine Geschichte der Gesellschaft im Krieg«[7]. Entsprechend dieser Forderung nehmen die Betrachtungen der Wehrmacht am Ende des Zweiten Weltkrieges

---

[6] Vgl. Deutscher, Reportagen, S. 42.
[7] So Messerschmidt in der Einleitung zum ersten Band des Reihenwerkes Das Deutsche Reich und der Zweite Weltkrieg, S. 17. Zum Selbstverständnis einer sich selbst als modern begreifenden Militärgeschichte siehe den Sammelband Was ist Militärgeschichte? Diese Publikation ist das Ergebnis einer vom Freiburger Arbeitskreis für Militärgeschichte initiierten und durchgeführten Tagung. Die Arbeit dieses interdisziplinären Zusammenschlusses von Historikern ist ein sichtbares Zeichen dafür, wie sich die Militärgeschichte nach jahrzehntelanger institutioneller Abschottung und Selbstbeschränkung der historischen Disziplinen als anerkannter Teil der Geschichtswissenschaft etabliert. Vgl. dazu auch Chiari, Militärgeschichte.

stets das komplexe Beziehungsgefüge zwischen politischer Herrschaft, bewaffneter Macht und der Gesellschaft in den Blick. Die Formulierung der im folgenden zu untersuchenden Einzelfragen und die Skizzierung des damit zusammenhängenden Forschungsstandes geht über den Rahmen ereignis- oder organisationsgeschichtlicher Aspekte hinaus. Es bezieht neben den Fragen zu den strukturellen Eigenschaften der NS-Herrschaft auch Überlegungen zum Verhältnis der deutschen Gesellschaft und dem Nationalsozialismus insgesamt mit ein.

a) Am Beginn des Problemaufrisses steht zunächst die Reflexion über den vom Regime propagierten ›Endkampf‹. In entscheidendem Maße hing das Weiterbestehen des NS-Regimes, das sich durch seinen terroristischen Charakter und eine Kriegführung, die völkerrechtliche wie ethisch-moralische Konventionen mißachtete, diskreditiert und jeden Anspruch auf eine politische Fortexistenz verspielt hatte, vom Kampf der Wehrmacht ab. Die Wellen des von Hitler entfesselten Krieges schlugen Ende 1944, nachdem täglich alliierte Bomberströme deutsche Städte in menschenleere Trümmerwüsten verwandelten, auf das Reichsgebiet zurück. Die historische Bewertung dieser bis in das Frühjahr 1945 andauernden Kämpfe folgte vier Nachkriegsjahrzehnte lang den gesellschaftspolitisch vorgegebenen dichotomen Interpretationsmustern von ›Niederlage‹ und ›Befreiung‹. Im Westen erlebten die Deutschen das Ende des Krieges als eine ›weiche Besetzung‹, wie Klaus Dietmar Henke es formuliert hat. Diese Schlüsselerfahrung bewirkte ein von außerordentlichem Pragmatismus geprägtes Verhältnis zwischen Siegern und Besiegten und die ebenso schnelle wie nachhaltige Akzeptanz der Wertmuster des freiheitlich-demokratischen Staats- und Gesellschaftssystems. Im Osten Deutschlands verhinderte die kollektive Erfahrung von Gewaltexzessen bei der Besetzung, von Flucht und Vertreibung eine entsprechende Interaktion zwischen den Deutschen und der Roten Armee[8]. Die Ost-West-Konfrontation zementierte die kollektiven Deutungen des Kriegsendes als Niederlage. Daraus entwickelten sich zwei gegensätzliche Stereotypen, die bis heute die öffentliche Erinnerung an die Wehrmacht in den letzten Monaten des Krieges prägen: Wollten sie von der eigenen Bevölkerung nicht als Kriegsverlängerer angesehen werden, ergaben sich die deutschen Soldaten den westlichen Alliierten massenhaft bei offenkundiger Reduzierung der Kampfbereitschaft. Im Osten hingegen, so die allgemeine Vorstellung, habe die Wehrmacht bis zum Schluß mehr oder minder hart gekämpft; galt es doch, die Rote Armee möglichst lange von deutschem Gebiet fern- und der flie-

---

[8] Vgl. Henke, Deutschland. Gleichwohl war die Mehrheit der deutschen Bevölkerung bereits kurz nach der Kapitulation der Überzeugung, daß nicht sie, sondern die Besatzungsmächte die eigentlichen Verursacher jener Probleme waren, denen man sich seit dem Ende des Krieges ausgesetzt sah. Nach Umfrageergebnissen in der amerikanischen Besatzungszone lehnten in den ersten Nachkriegsjahren mehr als 70 Prozent der Befragten eine Gesamtverantwortung der Deutschen am Krieg ab. Als argumentative Grundlage diente die Trennung von Nazis und Nicht-Nazis, schlechten und guten Deutschen, in eine Minderheit von Verführern und eine Mehrheit von Verführten und, an zentraler Stelle, die Dämonisierung Hitlers. Vgl. auch Foschepoth, Zur deutschen Reaktion, S. 152 ff.

henden Bevölkerung den Rücken frei zu halten[9]. Noch in den 1980er Jahren forderte der renommierte Historiker und damals junge Soldat Andreas Hillgruber seine Zunft dazu auf, sich bei der Darstellung der Katastrophe im Osten 1944/45 »mit dem konkreten Schicksal der deutschen Bevölkerung [...] und mit den vielfach verzweifelten und opferreichen Anstrengungen des deutschen Ostheeres und der deutschen Marine im Ostseebereich, die Bewohner des deutschen Ostens [...] zu bewahren und [...] den Ostdeutschen den Fluchtweg [...] frei zu halten«, zu identifizieren[10].

Die Rede des damaligen Bundespräsidenten Richard von Weizsäcker, der anläßlich des 40. Jahrestages des Kriegsendes dazu aufrief, den 8. Mai 1945 als »Tag der Befreiung« zu verstehen, als Tag, an dem alle Deutschen »von dem menschenverachtenden System der nationalsozialistischen Gewaltherrschaft« befreit wurden, trug erheblich dazu bei, die Gräben zwischen den gesellschaftspolitischen Deutungsmustern zuzuschütten und die normativ verengten Perspektiven aufzubrechen[11]. Eine multiperspektivische Betrachtung des Kriegsendes wird inzwischen eingefordert[12]. Die Notwendigkeit, zuvorderst das im Namen der eigenen Nation begangene Unrecht gesellschaftlich aufzuarbeiten, ließ keinen Platz dafür, sich den Erfahrungen der Kriegsgeneration aus dezidierter Opfer-Sicht zuzuwenden. Ein halbes Jahrhundert lang ignorierten und tabuisierten Politik und Gesellschaft sowohl die öffentliche Thematisierung als auch die wissenschaftliche Auseinandersetzung mit dieser Perspektive. Ungebrochen ist zwar die Sorge vor einem apologetischen ›Aufrechnen‹ und der damit einhergehenden Relativierung der NS-Verbrechen. Doch inzwischen scheint die deutsche Öffentlichkeit ein »emotionales Sicherheitspolster« entwickelt zu haben, das es ihr gestattet, sich auch den eigenen Opfern zuzuwenden aus einem im Namen der deutschen Nation und mit breiter gesellschaftlicher Partizipation exekutierten Vernichtungskrieg[13].

Die wissenschaftliche Beschäftigung mit den politischen, sozialen und mentalen Folgen der Niederlage 1944/45 jenseits einer normativ auf die Täter-Opfer-Dichotomie verengten Perspektive steht noch immer am Anfang. Wie erlebten die Soldaten der Wehrmacht den politischen und militärischen Zusammenbruch? Welche Auswirkungen vom Niedergang des ›Dritten Reichs‹ erfuhren die Soldaten im Alltag? Welche psychosozialen Folgen und Phänomene entstanden durch die Forderung des Regimes, Gesundheit und Leben für den Nationalsozialismus einzusetzen, als der Krieg für jedermann erkennbar auf seine Entscheidung zusteuerte?

b) Die politische und militärische Führung des NS-Staates stellte die Weichen für den Kampf der Wehrmacht. Lagen den Entscheidungen und Maßnahmen ratio-

---

[9] Vgl. Naumann, Krieg als Text, S. 314.
[10] Hillgruber, Der Zusammenbruch, S. 11. Es sei an dieser Stelle darauf hingewiesen, daß sich auch Hillgruber des strukturellen Zusammenhangs zwischen dem Halten der Front und der Fortdauer der NS-Verbrechen im Klaren war. Ebd., S. 9.
[11] Weizsäcker, Zum 40. Jahrestag, S. 2.
[12] Vgl. dazu den Überblick von Rusinek, Ende des Zweiten Weltkrieges.
[13] So Hans-Ulrich Wehler in Der Spiegel, 13/2002, S. 63; vgl. auch Grass, Im Krebsgang.

nale Konzepte zugrunde, oder handelte man wider besseren Wissens um die Aussichtslosigkeit der militärischen Situation? Wie perzipierten die Verantwortlichen in der Führungsspitze des ›Dritten Reichs‹ die Gesamtlage, welchen Realitätsbezug hatten die strategisch-operativen Erörterungen und welche Konsequenzen wurden aus diesen Analysen gezogen? Einzelne Forschungsmeinungen stellen überhaupt in Frage, daß das Denken und Handeln der führenden Vertreter des Regimes der Beurteilung nach rationalen Kriterien zugänglich ist. Stellte möglicherweise »das Kämpfen als Selbstzweck und seine damit einhergehende Inkaufnahme, ja Bejahung des eigenen Untergangs« für viele Verantwortliche, die das Ende des Ersten Weltkrieges bewußt erlebt hatten, »einen durchaus geläufigen Topos« dar[14]? Die historische Beschäftigung mit mentalen und kulturellen Deutungsmustern, die die ›Lust am Untergang beflügelten‹, scheint en vogue zu sein[15]. In einem essayistischen Beitrag zum 55. Jahrestag des Kriegsendes ging Wolfram Wette sogar soweit, dem Denken und Handeln eines großen Teils des Führerkorps der Wehrmacht derartige selbstzerstörerische Tendenzen zu attestieren[16]. Der Blick ins Detail wird zeigen, ob sich derartige Thesen verifizieren lassen.

c) Wie groß war der politische Einfluß der Wehrmachtführung auf den Kurs des Regimes und wie ausgeprägt war der Grad ihrer Mitwirkung bei der gesellschaftlichen Mobilisierung für den Krieg? Läßt sich das Militär in der Schlußphase des Zweiten Weltkrieges vergleichen mit dem gesellschaftspolitischen Machtfaktor, den es in den 1930er Jahren dargestellt hatte? Kam es angesichts der drohenden Niederlage zu Veränderungen im Verhältnis zwischen Politik und Militär?
Die intensive politik- und strukturgeschichtliche Erforschung des ›Dritten Reichs‹ hat gezeigt, daß die Führung und Organisation des Krieges keineswegs ein von der Politik unabhängiges Handlungsfeld darstellte, wie es die traditionelle Militärelite in der Zwischenkriegszeit für sich reklamiert hatte. Die noch vor einigen Jahren mit zunehmender Verhärtung geführten Debatten über intentionalistische und funktionalistische Interpretationsansätze der Herrschaft Hitlers sind überwunden[17].

---

[14] Diese These vertritt Wegner, Hitler, S. 511.
[15] Vgl. Afflerbach, »Mit wehender Fahne untergehen«. Vgl. dazu auch den Bericht über die unveröffentlichten Ergebnisse des 1998 abgehaltenen Werkstattgesprächs des Komitees für die Geschichte des Zweiten Weltkriegs: Kunz, »Untergang«.
[16] Vgl. Wette, Als Deutschland sterben sollte.
[17] Seit den 1960er Jahren wird insbesondere in der deutschen Historiographie die Frage kontrovers behandelt, welche Bedeutung der Person Adolf Hitlers für den Verlauf der deutschen Geschichte zwischen 1933 und 1945 zuzuschreiben ist. Die ›Intentionalisten‹ sehen im deutschen Diktator einen, seinen persönlichen weltanschaulichen Zielvorgaben verpflichteten, nahezu unumschränkten Alleinherrscher, auf den persönlich alle wesentlichen Weichenstellungen und alle wichtigen Entscheidungen zurückzuführen seien. Im Gegensatz dazu halten die ›Funktionalisten‹ Hitler im Vergleich zur kumulativen Radikalisierung des Staats- und Parteiapparates und der davon ausgehenden Schubwirkung nur für einen zweitrangigen Machtfaktor. Von Vertretern dieses Interpretationsansatzes wird Hitler oft als ein entscheidungsunwilliger, häufig unsicherer und ausschließlich auf die Wahrung seines Prestiges und seiner persönlichen Autorität bedachter, letztlich ›schwacher‹ Diktator gesehen. Zur Zusammenfassung des aktuellen Forschungsstands siehe Kershaw, NS-Staat. Die vom selben Verfasser vorgelegte zweibändige Hitler-Biographie stellt eine

Mittlerweile besteht ein Konsens dahingehend, daß das Regime durch eine bis zum Sommer 1944 fortgeschrittene Auflösung der gewachsenen staatlichen Strukturen geprägt war. Vormals staatliche Aufgaben und Funktionen waren mehr oder weniger unkoordiniert durch Parteiorganisationen usurpiert worden oder den zahlreichen durch Führeraufträge legitimierten Stäben und Sonderorganisationen zugefallen. Durch beständige Machtakkumulation war es einzelnen Potentaten des Regimes gelungen, ihre Zuständigkeitsbereiche zu größeren Konglomeraten zu aggregieren, die sich nach außen als Subsysteme abschotteten und sich gegenseitig befehdeten. Die Vergabe immer neuer Sonderaufträge erhöhte das strukturelle Chaos, statt die Kompetenzüberschneidungen dieses polykratischen Durcheinanders zu ordnen und die Entscheidungsstrukturen zu optimieren. Hitlers Abneigung gegenüber bürokratischen Verfahren, seine Unfähigkeit zu kontinuierlicher, geregelter Arbeit und seine sozialdarwinistische Haltung, sich auf die Seite der Stärkeren zu stellen, begünstigten die Entwicklung hin zu einem an sich modernen Staat des 20. Jahrhunderts ohne zentrale Koordinierungsstelle und »mit einem von der Regierungsmaschinerie weitgehend losgelösten Regierungschef« an der Spitze[18].

Hitler vereinte die Ämter des Staatspräsidenten, des Regierungschefs und des Oberbefehlshabers der Streitkräfte in seiner Person. Unterhalb der von ihm verkörperten Führungsspitze gab es keine koordinierende Instanz, die alle Teile des Herrschaftsapparates einer gleichmäßigen und kontinuierlichen Kontrolle und Steuerung unterworfen hätte. Das Reichskabinett war schon in der Anfangsphase des Regimes ausgeschaltet worden. Auch der zu Kriegsbeginn ins Leben gerufene Ministerrat für Reichsverteidigung erreichte nicht den Status eines Kriegskabinetts, sondern führte ein Schattendasein, das sich auf die Verabschiedung eilbedürftiger Verordnungen beschränkte. Als Mittlerinstanz für den im isolierten ›Führerhauptquartier‹ entstandenen ›Führerwillen‹ etablierte sich statt dessen das System der ›Kanzleien‹ (Reichs- und Parteikanzlei sowie die quasi militärische Kanzlei Hitlers, das Oberkommando der Wehrmacht). Rivalitäten, persönliches Machtstreben und die Bedeutung einzelner Hitler unmittelbar unterstellter nationalsozialistischer Führer, zu nennen wären hier insbesondere: Hermann Göring, Heinrich Himmler, Joseph Goebbels oder Albert Speer, verliehen der NS-Herrschaft einen Großteil ihrer Dynamik, konterkarierten aber auch alle Versuche einer koordinierten und effizienten Herrschaftsausübung.

»Wer im darwinistischen Dschungel des Dritten Reiches befördert werden und zu einer Machtposition gelangen wollte, mußte den ›Führerwillen‹ erahnen und, ohne auf Anweisungen zu warten, die Initiative ergreifen, um so das voranzutreiben, was den Zielen und Wünschen Hitlers dienlich erschien«,

faßt Ian Kershaw das zentrale Funktionsprinzip des ›Dritten Reiches‹ zusammen[19]. In allen Konfliktfällen behielt sich Hitler die Entscheidungskompetenz vor. Jüngere Forschungsergebnisse belegen zudem, daß Hitler trotz seiner selbstgewählten

---

Synthese der verschiedenen überkommenen Ansätze aus Politik- und Gesellschaftsgeschichte, von Struktur und Persönlichkeit, dar. Vgl. Kershaw, Hitler.
[18] Kershaw, Hitler 1889–1936, S. 669.
[19] Ebd., S. 666.

Isolation neben den täglichen Lagebesprechungen zum Verlauf der militärischen Ereignisse noch bis weit in den Krieg hinein an den zivilen Regierungsgeschäften Anteil nahm[20].

d) Die Darstellung zielt auf das Verständnis des Gesamtgeschehens und kann sich daher nicht allein auf die Führungsspitze des NS-Staates konzentrieren. Die Betrachtung der bizarr und apokalyptisch anmutenden Vorgänge, die sich in der isolierten Bunkerwelt Hitlers abspielten, besitzen ungeachtet ihres spektakulären Charakters und der ihnen eigenen gruseligen Faszination einen nur begrenzten Erklärungswert für das Verhalten einer Millionenarmee. Warum kämpfte die Wehrmacht in einer uns doch so offenkundig aussichtslos erscheinenden Situation? Wie sehr waren die Soldaten in ihren Realitätswahrnehmungen den ›Endsieg‹-Parolen des Regimes verhaftet? Wie motivierte die NS-Propaganda die Soldaten, noch auf den Trümmern ihrer Heimat weiterzukämpfen? Der politische, militärische und gesellschaftliche Zusammenbruch muß begleitet gewesen sein von Antagonismen. Gab es Nonkonformismus in den Reihen der Wehrmacht? Welche Formen und welches Ausmaß von Verweigerungshaltungen sind überliefert? Von welchen Faktoren und von welchen Rahmenbedingungen hing der Entschluß zur Gehorsamsverweigerung ab?

Mit Blick auf das Innenleben der militärischen Massengesellschaft steigt die Relevanz von Problem- und Fragestellungen im Zusammenhang mit einer Geschichte der Gesellschaft im Kriege. Denn seit der Auflösung der überkommenen Gegensätze zwischen Staat und Gesellschaft ist die breite gesellschaftliche Partizipation, wie Michael Geyer betont, eine wesentliche Voraussetzung für die moderne Kriegführung: »Krieg und Gewalt werden vom Staat organisiert, aber von der Gesellschaft vorangetrieben. Sie leben von der, gegebenenfalls widerstrebenden, Partizipation der Gesellschaft oder einzelner gesellschaftlicher Schichten[21].« Anders als noch in den 1970er und 1980er Jahren erscheint die deutsche Gesellschaft zwischen 1933 und 1945 nicht mehr nur als das Objekt kriegerischer und terroristischer Gewalt oder als diffuse, anonyme Handlungsgröße. Statt dessen fokussiert die historische Forschung den interaktiven Zusammenhang der individuellen Akteure[22]. Folglich müssen die Topoi ›Wehrmacht‹, ›Vernichtungskrieg‹ und ›Kriegs-

---

[20] Ein Indiz dafür liefert die Edition von Moll, »Führer-Erlasse«. Zudem wurden quer zu den Tendenzen einer Verselbständigung sektoraler und von Partikularherrschaften periodisch und mit großem Aufwand veranstaltete Tagungen der Reichs- und Gauleiter abgehalten, die sich »durchaus als ernst zu nehmendes Instrument regimeinterner Koordination und Information und damit als rationaler Faktor« innerhalb des nationalsozialistischen Herrschaftssystems interpretieren lassen, siehe Moll, Steuerungsinstrument, S. 273.

[21] Geyer, Krieg als Gesellschaftspolitik, S. 558. Die Beteiligung größerer gesellschaftlicher Gruppen am Krieg mag zeitweise widerwillig gewesen sein, und auch der deutsche Widerstand gegen die nationalsozialistische Herrschaft hatte seine Wirkung. Geyer verweist darauf, daß die Bereitschaft, den Krieg bis zu diesem Punkt durchzukämpfen, ohne einen »exorbitanten Grad an Selbstmobilisierung« nicht zu erklären ist. Geyer, Das Stigma, S. 689.

[22] Als Beispiele früher Forschungsarbeiten, die dieser Perspektivenerweiterung folgten, seien genannt: Bayern in der NS-Zeit; Mallmann/Paul, Herrschaft. Daß diese Fragen überaus relevant und aktuell sind, zeigen die zuletzt von der NS-Historiographie vollzogenen Paradigmenwechsel. Die Kritik an der dominierenden sozialwissenschaftlichen Beschäftigung mit Strukturen und Pro-

ende‹ als verschiedene Facetten *eines* historischen Problems betrachtet werden. Die Involvierung der Wehrmacht und ihrer Soldaten in den nationalsozialistischen Vernichtungskrieg und das soldatische Engagement für die Reichs- und damit in subjektiver Perspektive Heimatverteidigung dürfen nicht unvermittelt nebeneinander stehen. Es handelt sich hierbei um zwei Seiten ein und desselben vom Regime intendierten Krieges, der von einem großen Teil der Soldaten länger als nur die im folgenden zu betrachtenden Monate ausgetragen wurde. Daß die stereotype Behauptung, die deutschen Soldaten seien im Glauben, für eine legitime Sache zu kämpfen, vom NS-Regime für dessen verbrecherische Ziele mißbraucht worden, das überaus komplexe und dynamische Beziehungsgeflecht zwischen der Gesellschaft, ihren Soldaten und dem Nationalsozialismus auf unzulässige Weise vereinfacht, zeigen die Ergebnisse der im folgenden skizzierten Forschungsstränge.

Die Untersuchungen zur Funktions- und Wirkungsweise des nationalsozialistischen Terrorapparates unterstreichen, daß die Einteilung der Deutschen in blinde Anhänger Hitlers auf der einen und unschuldige Opfer und Widerstandskämpfer auf der anderen Seite nicht haltbar ist. Die Wahrnehmungs-, Einstellungs- und Verhaltensmuster der Deutschen sind indes ambivalent, vielschichtig und veränderlich.[23]. So hat beispielsweise die sozialgeschichtliche Forschung das Bild einer vermeintlich allmächtigen Geheimpolizei, die mit einem dichten Netz von Mitarbeitern und Spitzeln eine lückenlose Kontrolle der deutschen Gesellschaft organisierte, entmystifiziert. Gewöhnliche Bürger machten von den repressiven politischen Mitteln, die ihnen das Regime an die Hand gab, zu ihrem persönlichen Vorteil Gebrauch. Zahlreiche Detailstudien legen die Vermutung nahe, daß es sich bei der Denunziation aus der Bevölkerung um ein »reichsweit existentes Phänomen« handelte, und daß »ein massenhaftes Denunziantentum [...] zu den Grundsignaturen der inneren Verfassung des Dritten Reiches gezählt werden muß«[24]. Das

---

zessen rückte das Individuelle zurück in das Feld der historischen Betrachtung. Mentalitäts- und strukturgeschichtliche, aber auch Fragestellungen einer historischen Anthropologie und der Ethnologie prägen aktuell mindestens gleichberechtigt die Historiographie. Vgl. dazu Hardtwig, Alltagsgeschichte. Zum Stand der Debatte um das Verhältnis von ›Struktur und Ereignis‹ siehe den gleichnamigen Sammelband.

23 Zu den gesellschaftlichen und kulturellen Bedingungen des nationalsozialistischen Krieges sowie zu dessen Rückwirkungen auf die deutsche Gesellschaft 1939–1945 siehe jetzt den während der Veröffentlichungsphase dieser Arbeit erschienenen Bd 9/1 des Reihenwerkes Das Deutsche Reich und der Zweite Weltkrieg.

24 So die zusammenfassende Bewertung von Mallmann/Paul, Die Gestapo, S. 631. Nachdem die Bedeutung von Denunziationen für das Funktionieren der NS-Herrschaft jahrzehntelang von der historischen Forschung ignoriert wurde, läuft der seit einigen Jahren sich vollziehende Paradigmenwechsel nun Gefahr, die komplizierten Wechselwirkungen zwischen Kollaborationsbereitschaft und dem politischen System aus dem Blick zu verlieren. So warnt Bernward Dörner in einer kritischen Zwischenbilanz davor, daß die Wirkungsmacht der Gestapo unterschätzt, der Dissens in der Bevölkerung unterbewertet und ihre Kooperationsbereitschaft mit dem Regime übertrieben wird. Zweifellos wäre ein Großteil der Strafverstöße, zu denken ist hier an Delikte gegen das ›Heimtücke-Gesetz‹, ›Wehrkraftzersetzung‹, Rundfunkverbrechen, verbotener Umgang mit Kriegsgefangenen oder ›Rassenschande‹ etc., ohne Anzeigen aus der Bevölkerung kaum zu verfolgen gewesen. Setzt man jedoch deren Zahl ins Verhältnis zur Gesamtbevölkerung, so wird deutlich, daß der weitaus größere Anteil von Äußerungen oder Verhalten, die von der NS-Jurisdiktion kriminalisiert wurden, *nicht* zur Anzeige kam. Statt dessen wird erkennbar, wie das

Militär bildete, um den Bogen zurück zur Wehrmacht zu schlagen, keine Ausnahme: Die militärgerichtliche Verfolgung von Verdachtsmomenten der Wehrkraftzersetzung beruhte zu einem überwiegenden Teil auf vorangegangenen Denunziationen aus den Reihen der Soldaten[25].

Ein anderes Feld, auf dem sich die verbreitete Kooperationsbereitschaft der Deutschen mit der nationalsozialistischen Herrschaft veranschaulichen läßt, ist die Beteiligung ›ganz normaler Männer‹ an Hitlers Vernichtungskrieg. In seiner Untersuchung über den Einsatz eines Polizeibataillons bei der Judenverfolgung und Partisanenbekämpfung hat Christopher R. Browning eindringlich vor Augen geführt, wie gewöhnliche Deutsche in wesentlich höherem Ausmaß als vielfach angenommen am Genozid beteiligt waren[26]. Wenngleich sich heftige Kritik an seiner These von einem »eliminatorischen Antisemitismus« der Deutschen entzündete, führte auch Daniel Jonah Goldhagen mit seinem Buch über ›Hitlers willige Vollstrecker‹ einer breiten Öffentlichkeit vor Augen, daß sich die Behauptung, der Holocaust sei überwiegend von nationalsozialistischen Sonder- und Elite-Einheiten ausgeführt worden, nicht aufrechterhalten läßt[27].

Es werden nicht mehr nur anonymisierende politisch-strukturelle Rahmenbedingungen oder das Handeln weniger fanatischer Einzel- und tatferner Schreibtischtäter in den Blick genommen. Es geht hier auch um die subjektiven bzw. gesellschaftlichen Deutungs- und Wahrnehmungsdispositionen der Masse der Deutschen, wenn das frappierend-typische Nebeneinander von ›Normalität‹ und antizivilisatorischer, völlig enthemmter Gewalt im Kriegsalltag an der Ostfront – als Stichworte seien hier nur genannt: die Verfolgung und Ermordung ethnischer

---

Phänomen der Denunziation in seiner Quantität und Qualität maßgeblich durch die politische Lage bzw. die staatlich-politische Verfaßtheit der Gesellschaft bestimmt wurde. Dies gilt für die Tabuisierung und Kriminalisierung von bestimmten Verhaltensweisen bis hin, spezifisch für den Charakter der NS-Herrschaft, zu Existenzen bestimmter Personengruppen wie etwa die der Juden. Vgl. dazu Dörner, NS-Herrschaft und Denunziation. Eine ausgewogene Betrachtung nimmt Eric A. Johnson vor: Eingebettet in ein verwobenes Netz der anderen Kontroll-, Überwachungs- und Justizorgane von Partei und Staat erscheint die Gestapo als das führende Organ des NS-Terrors, das die nur begrenzten Machtmittel überaus effektiv bis zum Schluß einsetzte. Der nationalsozialistische Polizeistaat ließ den meisten Bürgern einen großen Spielraum bei ihrer alltäglichen Verrichtung und gab ihnen breite Möglichkeiten, ihre Frustrationen über die politischen Verhältnisse abzureagieren. »Die meisten Deutschen [...] haben wahrscheinlich bis zum Kriegsende nicht erkannt, daß sie in einer verbrecherischen Diktatur lebten. Sie wußten, daß es Opfer dieser Diktatur gab, betrachteten die meisten dieser Opfer jedoch als Kriminelle, mit denen sie wenig oder gar nichts gemein hatten. Nach ihren eigenen Eingeständnissen [...] war die große Mehrheit der gewöhnlichen Deutschen damals der Meinung, daß sie wenig Grund hatte, die Gestapo oder die Konzentrationslager zu fürchten«, faßt Johnson das Verhältnis von Terror und Kooperationsbereitschaft zusammen. Johnson, Der nationalsozialistische Terror, S. 516 f.

25 Vgl. Messerschmidt/Wüllner, Die Wehrmachtjustiz, S. 143.
26 Vgl. Browning, Ganz normale Männer.
27 Goldhagen vertritt die These, »daß es eine beharrliche, weitverbreitete und kulturell tief verankerte Feindseligkeit der Deutschen gegen die Juden gab«, die sich nach dem Wegfall aller äußeren Zwänge infolge der Kriegshandlungen in exzessiver Vernichtungsabsicht Bahn brach. Vgl. Goldhagen, Hitlers willige Vollstrecker, S. 439. Zur Kritik an Goldhagens mentalitätsgeschichtlichem Erklärungsansatz siehe u.a. Birn/Rieß, Das Goldhagen-Phänomen; Ein Volk von Mördern?; Kühne, Der nationalsozialistische Vernichtungskrieg; Pesch, Die künstlichen Wilden; Pohl, Die Holocaust-Forschung.

Bevölkerungsgruppen sowie die Behandlung sowjetischer Kriegsgefangener – verstanden werden soll[28]. Zur Identifizierung der gesellschaftlichen Basis und der Triebfedern des nationalsozialistischen Krieges wendet sich die Forschung der »breiten praxisrelevanten ›Grauzone‹« zu[29]. Welche »Erklärungsmodelle an die Stelle anonymisierender Herrschaftsmodelle oder exkulpierender Beschränkungen des Kreises der ›Täter‹ auf eine wie immer definierte politische oder gesellschaftliche Spitze treten sollen, ist [allerdings noch] unklar«, faßte Thomas Kühne den gegenwärtigen Stand der Geschichtswissenschaft zusammen[30]. Im Holocaust waren die Soldaten der Wehrmacht »Täter, Helfer, Mitwisser und Zuschauer«, resümiert Jürgen Förster den Erkenntnisstand mit Blick auf das Militär[31]. Eine breite öffentliche Rezeption dieser Aussagen war der vom Hamburger Institut für Sozialforschung konzipierten Ausstellung »Vernichtungskrieg. Verbrechen der Wehrmacht« beschieden. Obgleich die Ausstellung vor allem den Krieg im Osten thematisierte, nahm die Öffentlichkeit das Projekt nicht zuletzt aufgrund seiner methodisch-didaktischen Unzulänglichkeiten als sogenannte Wehrmachtausstellung wahr[32]. Der damit verbundene Vorwurf einer pauschalen Verunglimpfung aller deutschen Soldaten und die normative Verengung der Perspektiven prägte die Anfangsphase der öffentlichen Thematisierung und Auseinandersetzung über das Beziehungsgefüge zwischen militärischer Massengesellschaft und genozidaler Kriegführung. Die Folge war eine emotionale Aufladung sowie Politisierung der Diskussionen[33].

Die Ausstellung wurde auch dahingehend kritisiert, daß sie durch die Darstellung der unbestritten monströsen Gewaltverbrechen mit Beteiligung oder unter den Augen der Wehrmacht ein Wirklichkeitsbild konstruierte, das von vielen Wehrmachtangehörigen vielleicht nur zeitweilig oder als Ausnahme im Gesamtkontext ihrer Kriegserfahrungen erlebt wurde. Die damit aufgeworfene Frage nach der Eigenart des Kriegsalltags besitzt eine unmittelbare Relevanz für die vorliegende Untersuchungsproblematik. Infolge massenmedialer Inszenierungen ist gegenwärtig die Tendenz zu beobachten, das Phänomen Krieg auf die pausenlose Aneinanderreihung spektakulärer Extrem- und Kampfsituationen zu reduzieren. Erschwerend kommt hinzu, daß sich die psychosoziale Logik kriegerischer Gewaltausübung dem Zugang heraus aus dem Werte- und Normengebäude einer bis auf wenige sanktionierte Ausnahmebereiche gewaltfreien Staats- und Gesellschaftsordnung verschließt. Das Verhalten der individuellen Akteure erschließt sich nicht allein durch die in der Forschung praktizierte Fokussierung auf Ideologi-

---

[28] Zum Stand der Forschung über die Verantwortung der Wehrmacht als Okkupationsarmee, die Behandlung sowjetischer Kriegsgefangener, zum Partisanenkrieg und zur Rolle der Wehrmacht im Rahmen der genozidalen Kriegführung im Osten siehe die Beiträge des Teils VI des Sammelbandes Die Wehrmacht. Mythos und Realität.
[29] Kühne, Der nationalsozialistische Vernichtungskrieg, T. 1, S. 589.
[30] Ebd., S. 587. Vgl. jetzt: Jersak, Entscheidungen zu Mord und Lüge.
[31] Förster, Wehrmacht, S. 963.
[32] Vgl. dazu den Sammelband Die Wehrmachtausstellung.
[33] Beispielhaft für die öffentliche Auseinandersetzung ist die Debatte des Deutschen Bundestages über die Anträge aller Fraktionen und Gruppen zur Ausstellung ›Vernichtungskrieg‹. Deutscher Bundestag, 13. Wahlperiode, 163. Sitzung, 13.3.1997, S. 14708A–14730D.

sierung und Gehorsamsproduktion durch eine repressive Militärjustiz. Was bedeutete ›Krieg‹ für die Wehrmachtsoldaten in der Empirie des Alltags? Gab es unterschiedliche Lebenswelten, zerfiel die makrohistorische Einheit ›Kriegsende‹ möglicherweise in eine Vielzahl von Kriegsenden? Wie reagierten die Akteure auf die jeweiligen situativen Bedingungen? ›Kämpften‹ die Soldaten der Wehrmacht überhaupt im Sinne der von uns zugrundegelegten Wortbedeutung? Läßt sich eine differenziertere Typologie soldatischer Verhaltensformen in der Niederlage entwerfen?

e) Kinder in schlottrigen Wehrmachtuniformen, die Gesichter zum Weinen verzerrt; deutsche Städte, durch den Bombenkrieg in menschenleere Trümmerwüsten verwandelt; apokalyptische Flucht- und Vertreibungserlebnisse der ostdeutschen Bevölkerung während der Besetzung durch die Rote Armee – Bilder wie diese sind ein fester Bestandteil heutiger Vorstellungen vom Ende des Zweiten Weltkrieges in Deutschland. Das Ausmaß von Gewalt und die Verbreitung von Gewalterfahrung erscheint heutzutage als ›total‹, die Verwendung des Begriffs ›totaler Krieg‹ zur Beschreibung des Geschehens liegt nahe. Roger Chickering warnt allerdings vor dem inflationären Gebrauch dieses Topos[34]. Das Bemühen der Geschichtswissenschaft, diesen zu einer erkenntnistheoretisch sinnvollen heuristischen Kategorie auszuformen, befindet sich in einem offenen Prozeß. Mittels historischer Strukturvergleiche werden in diesem Zusammenhang die Kernfragen moderner Kriege und des Verhältnisses von Militär und Gesellschaft vor dem Hintergrund industrialisierter Nationalstaaten untersucht und dabei der Versuch unternommen, die charakteristischen Grundmerkmale und Gemeinsamkeiten der großen kriegerischen Auseinandersetzungen des 19. und 20. Jahrhunderts aufzuzeigen[35]. In globaler Aneinanderreihung wurden anhaltende und intensive Kämpfe von ideologisch motivierten Wehrpflichtarmeen ausgefochten. Die Streitkräfte ließen sich ohne die gesellschaftsübergreifende Mobilisierung aller wirtschaftlichen und moralischen Kräfte nicht unterhalten. Die Extensität individueller und kollektiver Gewalterfahrung kann als ein gesellschafts- und nationalstaatsübergreifendes Charakteristikum identifiziert werden[36]. Um die Zustimmung der eigenen Bevölkerung zur Kriegführung zu erhalten, unterlagen die Kriegsziele einer ständigen Radikalisierung, die den Gegner dämonisierte und eine vorzeitige Verständigung ausschloß. Im Umkehrschluß wurden alle Mitglieder der kriegführenden Staaten, unabhängig von Alter und Geschlecht, zu legitimen und teilweise sogar zu bevorzugten Zielen militärischer Gewalt. »Im totalen Krieg richten sich die Kriegsziele dementsprechend auf die Vernichtung des Feindes. Traditionelle Einschränkungen der kriegerischen Gewalt, wie die Moralität, die Zivilität oder das internationale Recht, gelten nicht mehr«, faßt Roger Chickering die festgestellten Gemeinsamkeiten zusammen[37].

---

[34] Vgl. Chickering, Total War.
[35] Vgl. Förster, Das Zeitalter des totalen Krieges.
[36] Vgl. Thoß, Die Zeit der Weltkriege.
[37] Chickering, Militärgeschichte, S. 306.

Mit welchen Maßnahmen intensivierte der NS-Staat seine Kriegsanstrengungen, um eine Wende des Krieges herbeizuführen? Goebbels' berüchtigter Aufruf im Berliner Sportpalast wenige Wochen nach dem Desaster von Stalingrad hatte damals nicht die erhoffte Wirkung entfaltet. Welches Ausmaß erreichte die Mobilisierung der Gesellschaft, die die NS-Propaganda angesichts der Krise erneut in die Formel des ›totalen Krieges‹ packte? Wie weit ging die Bereitschaft der Regimespitze, als das ›Dritte Reich‹ in den Abgrund blickte? Wurde der ›Endkampf‹ total geführt oder nahm das Regime bestimmte Personen- bzw. Bevölkerungsgruppen davon aus? Legte sich die um ihr Überleben kämpfende Herrschaftsordnung überhaupt politische oder ethisch-moralische Selbstbeschränkungen auf?

f) Den größten Anteil an der bisherigen Erforschung der Schlußphase des Zweiten Weltkrieges haben ereigniszentrierte Darstellungen. Organisationsgeschichtliche Fragen werden dabei nur selten an den historischen Gegenstand ›Wehrmacht‹ herangetragen. Der Zustand und die Leistungsfähigkeit der militärischen Organisation wird allenfalls oberflächlich thematisiert. Zur Legende ist die in weiten Teilen der Fachwelt und der interessierten Öffentlichkeit anzutreffende Vorstellung geworden, wonach die Wehrmacht selbst in der Niederlage ihren Gegnern auf der operativ-taktischen Ebene ebenbürtig, wenn nicht sogar überlegen war[38]. Es muß nachdenklich stimmen, daß sich auf dem populärwissenschaftlichen Buchmarkt ein Segment herausgebildet hat, welches das Schlußkapitel der Wehrmacht abgekoppelt von der historischen und gesellschaftlichen Bewertung des Endes des ›Dritten Reichs‹ darstellt. Vermeintlich militärische Spitzenleistungen werden zelebriert und propagandistische Images der Wehrmacht fast in Reinform transportiert. Das Bild einer Wehrmacht, die auch 1944/45 mit gut gerüsteten Soldaten und unbezwingbaren Panzerkolossen kämpfte, wird perpetuiert und besitzt offensichtlich eine absatzmarktpolitische Attraktivität. Das Argumentationsmuster, wonach nicht soldatische Tugenden oder militärisches Können den Gegner zum Sieg führten, sondern der Einsatz von Material- und Menschenmengen die eigenen ›Kriegshelden‹ schlichtweg erdrückte, scheint ein fester Bestandteil der Rhetorik jeder Verlierernation zu sein[39]. Ein auf historischen Fakten beruhendes Bild kann nur durch die detaillierte Analyse der Wehrmacht hinsichtlich ihrer Ausstattung mit Soldaten und Waffen sowie der Maßnahmen zum Erhalt der Kampfkraft einschließlich deren Wirksamkeit erstellt werden. Wie hat sich, so gilt es in diesem Zusammenhang zu fragen, der mehrjährige Abnutzungskrieg auf die militärische

---

[38] So urteilt beispielsweise Martin van Creveld in einer zusammenfassenden Bewertung über die Effizienz der Wehrmacht: »In der gesamten Geschichte der Wehrmacht während des Zweiten Weltkrieges gibt es nichts Eindrucksvolleres, als ihre Fähigkeit, Verbände aufzustellen, neu zu formieren oder umzubilden, ihnen die notwendige Geschlossenheit zu verleihen, und diese Truppen, wenige Tage nach einer schweren Niederlage oder nachdem sie zerschlagen worden waren, wieder in den Kampf zu werfen.« Bis zum Schluß sei die Wehrmacht auf der taktischen Ebene »so gut wie jedes Heer und [...] manchem seiner Gegner sogar fast noch überlegen« gewesen. Creveld, Die deutsche Wehrmacht, S. 336, 344. Vgl. dazu auch den epochenübergreifenden Überblick von Groß, Das Dogma.
[39] So das Ergebnis der vergleichenden kulturgeschichtlichen Betrachtung von Schivelbusch, Die Kultur der Niederlage, S. 28.

Kraft der Wehrmacht ausgewirkt? Standen die Einbrüche in der personellen und materiellen Rüstung in direkter Beziehung zur Leistungsfähigkeit der militärischen Organisation? Mit welchen Maßnahmen versuchten Regime- und Wehrmachtführung die Kampfkraft des Militärs zu konsolidieren?

2. Struktur der Arbeit

Die vorliegende Arbeit ist sachthematisch aufgebaut. Sie gliedert sich in zwei größere Betrachtungsabschnitte, deren Kapitel die in den Fragestellungen angeklungenen analytischen Betrachtungsebenen und -perspektiven miteinander verknüpfen und einen Bogen vom Allgemeinen zum Individuellen spannen.

a) Der erste Teil thematisiert die politischen und gesellschaftlichen Rahmenbedingungen, in die das Militär in der Schlußphase des Nationalsozialismus eingebettet war.

Um die charakteristischen Besonderheiten des militärischen Zusammenbruchs des ›Dritten Reiches‹, aber auch etwaige Parallelen und Ähnlichkeiten zu einem anderen Kriegsende aufzeigen zu können, erfolgt zu Beginn der Untersuchung der Blick auf den militärischen Zusammenbruch des Kaiserreichs 1917/18. Skizziert werden die Entscheidungen der deutschen Führungsspitze, ihre Perzeption der Kriegslage sowie der Zustand der kaiserlichen Armee in der Schlußphase des Ersten Weltkrieges (*Kapitel II.1*).

Zum Einstieg in das historische Geschehen im Jahre 1944/45 fragt die Untersuchung zunächst nach den größeren Entwicklungslinien der deutschen Niederlage im Zweiten Weltkrieg. Dazu wird der Blick auf die Abfolge der politischen und militärischen Ereignisse geworfen und die politisch-strategische Gesamtlage des ›Dritten Reichs‹ erörtert. In die faktographische Darstellung integriert ist die Analyse des Verhaltens der deutschen Führung. Bei der Rekonstruktion der grundsätzlichen Entscheidungen und Weichenstellungen wird nachgezeichnet, wie die Verantwortlichen die Situation einschätzten und welche Handlungsalternativen bzw. -spielräume die Spitzen von Staat, Partei und Wehrmacht sahen, um die Kriegslage zu beeinflussen (*Kapitel II.2*).

Die bewaffnete Macht war eingebunden in die Herrschaftsordnung des nationalsozialistischen ›Führerstaates‹. Deshalb werden in einem eigenen Abschnitt die strukturellen Folgen der existenzbedrohenden Krise, der sich das NS-Regime ab Sommer 1944 ausgesetzt sah, in den Blick genommen. Schwerpunktmäßig wird untersucht, in welchem Umfang sich die Zuständigkeiten und Kompetenzen der Wehrmachtführung bei der Organisation des Krieges veränderten. Parallel dazu wird herausgearbeitet, in welchem Zusammenhang die Einflußnahme konkurrierender Machtträger auf die Mobilisierung der gesellschaftlichen Kräfte und die Tendenz zur fortgesetzten Radikalisierung des Krieges standen (*Kapitel II.3*).

I. Einleitung

b) Der zweite Teil der Untersuchungen wendet sich dem ›Innenleben‹ der Wehrmacht zu. Am Beispiel ausgewählter Problembereiche werden die Auswirkungen des Kriegsfortganges auf den personellen, materiellen und organisatorischen Zustand sowie auf das innere Gefüge der Wehrmacht analysiert.

Zunächst wird die vom Kriegsverlauf ausgehende Dynamik des Menschenbedarfs nachgezeichnet. Zu diesem Zweck wird die quantitative Entwicklung der militärischen Verluste dargestellt. Darauf aufbauend werden sowohl die vorhandenen Potentiale als auch die Maßnahmen zur Mobilisierung personeller Reserven für die Wehrmacht und für die Kriegswirtschaft, deren Umfang sowie die Grenzen der Mobilisierbarkeit aufgezeigt (*Kapitel III.1*).

Neben der personellen Bedarfsergänzung hing die Kampfkraft und Funktionsfähigkeit der Wehrmacht in entscheidendem Maße von der Versorgung mit Rüstungsgütern wie Waffen, Munition, Treibstoff oder Kraftfahrzeugen ab. Deshalb wird die Ausstattung der Wehrmachtverbände mit materiellen Ressourcen in einer Zeit betrachtet, in der die deutschen Divisionen zu Dutzenden von den militärischen Lagekarten verschwanden und die Rüstungsindustrie des Reichs im alliierten Bombenhagel versank. Die Untersuchung geht der Frage nach, wie die militärische Organisation angesichts der sich verknappenden Ressourcen den Kampf gegen einen Gegner fortzusetzen vermochte, dessen logistische Basis einen Großteil der deutschen Soldaten in ungläubiges Staunen versetzte. Doch militärische Effizienz resultiert nicht allein aus der quantitativen Ausstattung einer Armee mit Waffen und Material, sondern auch aus deren adäquater Bedienung und Führung. Vor diesem Hintergrund richtet sich das Interesse auch auf die Folgen dessen, daß die Soldaten mit immer kürzerer Ausbildung in den Kampf geworfen wurden und das militärische Führerkorps unter Dauerbeanspruchung und hohen Verlusten litt. Die abschließenden Überlegungen werfen die Frage auf, wie sich die Führungs- und Einsatzgrundsätze einer Situation anpaßten, in der sich zwischen dem Wünschenswerten und der tatsächlichen Leistungsfähigkeit der Armee eine unüberwindbare Kluft weitete (*Kapitel III.2*)[40].

Ein weiterer Abschnitt wendet sich dem Komplex ›inneres Gefüge‹ der Wehrmacht zu. Zunächst soll gezeigt werden, wie das Regime dem von ihm propagierten Kampf bis zum Äußersten einen positiven Sinn zu geben versuchte. Dazu werden die Zielsetzungen, Methoden und die thematischen Inhalte der Indoktrinationsanstrengungen in der Wehrmacht analysiert. Durch die differenzierte Betrachtung der Rahmenbedingungen des Vermittlungsprozesses ideologischer Inhalte werden die Möglichkeiten, aber auch die Grenzen der geistigen Beeinflussung

---

[40] Es wird in diesem Zusammenhang auch zu untersuchen sein, in welchem Umfang traditionelles militärisches Führungsdenken mit Elementen der nationalsozialistischen Ideologie verschmolz. Im vorliegenden Fall geht es nicht um das Faktum einer *insgesamt* ideologisch motivierten Kriegführung einschließlich der damit verbundenen Folgen für die Befehlsgebung des militärischen Apparates. Vgl. dazu beispielsweise Messerschmidt, Ideologie. Vielmehr betrachten wir die Überwölbung militärfachlichen Handwerks durch ideologische Vorstellungen, wie sie sich zum Beispiel in Form einer unangemessenen Geringschätzung des Gegners bei Lagebeurteilungen aufgrund verzerrter Wahrnehmungen niederschlug. Vgl. Lakowski, Zwischen Professionalismus und Nazismus.

der Soldaten, nachgerade in der Ausnahmesituation von 1944/45, sichtbar gemacht. In einem daran anschließendem Schritt werden die herausgearbeiteten Ergebnisse in Bezug zu den rezeptionsgeschichtlichen Erträgen bisher geleisteter Forschungsarbeiten zur Ideologisierung der Soldaten gesetzt. Mit der Analyse der Systematik der militärischen Gehorsamsproduktion wird im Anschluß daran komplementär ein Aspekt beleuchtet, unter dem sich das innere Gefüge der Wehrmacht konstituierte. Beschrieben werden die sichtbaren und verdeckten Folgen der Erschütterungen der militärischen Organisations- und Ordnungsstrukturen als Folge anhaltender militärischer Krisen und Niederlagen. Skizziert werden verschiedene Formen soldatischer Nonkonformität und deren quantitative Entwicklung. Ein besonderes Augenmerk finden auch die Ursachen militärischer Gehorsamsverweigerung. Detailliert wird dargestellt, wie der politische und gesellschaftliche Zusammenbruch Antagonismen heraufbeschwor. Thematisiert wird zudem die Frage, mit welchen Maßnahmen die Wehrmacht abweichendes Verhalten zu unterdrücken versuchte und wie sich diese auf das Normengeflecht, nach denen sich Konformität und Nonkonformität definierten, auswirkten (*Kapitel III.3*).

Das letzte Kapitel beinhaltet die dezidierte Auseinandersetzung mit der Akteursperspektive. Die Wehrmacht war kein abstrakter Gegenstand der Zeitgeschichte sondern eine Institution, in der viele Millionen Männer organisiert waren. Das historische Erscheinungsbild der Wehrmacht war das Ergebnis des interessengeleiteten Handelns ihrer Individuen. Menschliches Verhalten bedingt sich durch subjektive Wirklichkeitskonstruktion, die das Ergebnis von sozialer Interaktion ist. Diese Realitätswahrnehmung ließ die Wehrmachtangehörigen Handlungschancen und -schranken erkennen. Die Betrachtungen verlassen an dieser Stelle den einengenden Rahmen perpetuierter Fragestellungen, welche die Ursachenforschung für die Motivation der Wehrmachtangehörigen ausschließlich auf die Gegenpole von ideologischer Gesinnungstreue und nationalsozialistischer Wirklichkeitsdeutung auf der einen, und die einschüchternde Wirkung von Zwang und Terror auf der anderen Seite fokussieren. Alternativ dazu werden individuelle Wahrnehmungs- und Erinnerungsmomente entlang ausgewählter Topoi wie beispielsweise ›Umgang mit der Realität‹ oder ›zwischenmenschliche Wahrnehmungen‹ aggregiert. Auf diese Weise entsteht eine atmosphärisch dichte Collage von Eindrücken und Bildern, die panoramaartig aus Sicht der Betroffenen durch das Geschehen der letzten Kriegsmonate führt. Verschränkt werden dabei die Blickwinkel der Angehörigen unterschiedlicher Hierarchieebenen und Funktionsbereiche. Überwunden wird aber auch die Täter-Opfer-Dichotomie. Beobachtet werden psychosoziale Prozesse und Phänomene in einer Situation entgrenzter Gewalt und eines in Erosion begriffenen zivilisatorischen Normengefüges. Dieser abschließende Teil der Arbeit konfrontiert den Leser mit Facetten menschlichen Verhaltens in körperlich wie psychisch als bedrohlich oder als ausweglos empfundenen Situationen. Der historische Gegenstand Wehrmacht wird wie durch ein Kaleidoskop betrachtet, bei dessen Drehen sich bunte Glassteinchen zu verschiedenen Mustern und Bildern anordnen. Jenseits der anonymen Ergebnisse struktureller Analysen wird der Leser auf diese Weise zum Zeugen beispielsweise eines in einem Breslauer Offizierkasino abgehaltenen Festaktes mit Klaviermusik, während die Stadt unter dem Artilleriefeuer der Roten Armee in Schutt und Asche versinkt. Es werden Formen des individuellen Umgangs mit der Realität beobachtet, wie gewachsene zwischenmenschliche Beziehungen in der von Denunziation und persönlicher Bedrohung schwangeren Atmosphäre in den Tagen des Umsturzversuchs des 20. Juli zerbrechen oder wie junge Soldaten, während sie bei Dunkelheit und im Dämmerzustand psychischer und physischer Erschöpfung ohne Orientierung über die aktuellen Ereignisse durch eine ihnen unbekannte Gegend irren, von der Kapitulation überrascht werden. Wie Sternschnuppen leuchten auf diese Weise menschliche Verhaltensformen auf am sonst dunklen Himmel des in der Vergangenheit liegenden Geschehens. Flächendeckende Erklärungsmodelle für das Verhalten von Millionen Uniformierten lassen sich daraus zwar nicht ableiten. Der letzte Teil der Untersuchung konfrontiert statt dessen mit zutiefst menschlichen Eigenarten und Wesenszügen, mit Emotionen, Irrationalitäten und einer Masse vollkommen heterogener Persönlichkeitswerte. Auf diese Weise öffnet sich die Handlungslogik der historischen Akteure, und es wird die Tür zum Verständnis eines Geschehens weiter aufstoßen, als dies bisher möglich war (*Kapitel III.4*).

3. Quellenlage

Jeder Historiker, der sich mit der Schlußphase des Zweiten Weltkrieges beschäftigt, sieht sich einer zum Kriegsende hin dramatisch verschlechternden Quellenlage gegenüber. Systematisch wurden in den letzten Monaten der NS-Herrschaft sowohl die Akten militärischer als auch ziviler Provenienzen vernichtet[41]. Nur ein Bruchteil der Originalüberlieferung, meist das Ergebnis von Zufälligkeiten, ist erhalten geblieben[42]. Zeit war in den letzten Monaten des Krieges ein kostbares Gut, und zum Glück für die historische Forschung ließen sich ganze Waggonladungen von Aktenmaterial nicht innerhalb weniger Stunden verbrennen[43]. Durch Bombeneinwirkung und infolge von Kampfhandlungen gingen ebenfalls umfangreiche Aktenbestände unwiederbringlich verloren. Ein sich verschärfender Pa-

---

[41] Am 12.10.1944 wies das Reichsministerium des Inneren beispielsweise die Reichsverteidigungskommissare, denen die Dienststellen der Parteiorganisation und der zivilen Verwaltung unterstanden, an, »daß bei drohendem Feindeinbruch alle wichtigen Akten, insbesondere solche geheimer und politischer Art und solche, die für den Feind von Bedeutung für seine Kriegführung sein können, vernichtet werden.« Zit. nach: Brather, Aktenvernichtung, S. 116. Ende der 1980er Jahre schätzte eine Bestandsaufnahme die erhalten gebliebenen Akten aus Luftwaffenprovenienz auf lediglich 2 bis 3 Prozent der ursprünglichen Aktenmasse. Zudem wurde festgestellt, daß der ohnehin quantitativ minimale Bestand auch unter qualitativen Gesichtspunkten die ursprüngliche Zusammensetzung nicht widerspiegelte. Siehe dazu Noack, Die Schließung von Überlieferungslücken, S. 370 f.
[42] Vgl. dazu Henke, Das Schicksal; Kehrig, »... und keinen Staat im Staate bilden.«
[43] Ein anschauliches Beispiel über den Umfang der Aktenvernichtung und die damit verbundenen praktischen und organisatorischen Probleme liefert ein Vollzugsbericht des Chefs der Kriegswissenschaftlichen Abteilung im Generalstab der Luftwaffe/Teilkommando Süd vom 5.5.1945: BA-MA, RL 2 IV/69.

piermangel reduzierte von selbst die Quellenproduktion. Schließlich wurde vieles, was für den Historiker von großem Interesse gewesen wäre, gar nicht mehr zu Papier gebracht. Die Unstetigkeit der Situation und zusammenbrechende Kommunikationsstrukturen erschwerten oder verhinderten die Dokumentation von Entscheidungs-, Arbeits- und Ereignisabläufen. Auch im Aussagegehalt der erhaltenen Quellen spiegelt sich die Niederlage wider: Die Ereignisschilderungen verlieren sich in Details, das Bild des Gegners und die allgemeine Situation bleiben unklar, Schätzungen und Mutmaßungen dominieren. Durchweg kommt im militärischen Schriftgut Passivität und bloßes Reagieren zum Ausdruck[44]. Häufig bleibt unbekannt, welche Wirkung ein einzelner ›Führerbefehl‹ entfaltete, oder wie viele der in den Produktionsstatistiken ausgewiesenen Panzer tatsächlich die Truppenteile erreichten.

Insgesamt fällt die Quellenbasis sehr disparat aus. Während Akten einer bestimmten Provenienz in großer Zahl vorhanden sind, tendiert die Überlieferung in anderen Bereichen gegen Null. Ein hoher Stellenwert kommt daher der Suche nach Ersatz- und Ergänzungsüberlieferungen zu. Statt die Recherche auf ausgewählte Bestände zu beschränken, wurden für die vorliegende Arbeit weite Teile der Aktenüberlieferung der militärischen Administration systematisch wie mit einem großen Rechen ›durchpflügt‹. Da der zur Jahresmitte 1944 einsetzende Strukturwandel in der nationalsozialistischen Herrschaftsordnung die enge Verflechtung militärischer und ziviler Bereiche zur Folge hatte, erstreckte sich die Quellenrecherche auch auf die relevante ›zivile‹ Aktenüberlieferung des NS-Staates.

Im Bundesarchiv-Militärarchiv in Freiburg wurde das Schriftgut der militärischen Spitzenbehörden des Oberkommandos der Wehrmacht (OKW) und des Oberkommandos des Heeres (OKH) sowie der nachgeordneten Instanzen durchgesehen. Dazu gehörten auch, um ein Beispiel zu nennen, die Bestände der Waffeninspektionen des OKH, die aufschlußreiche Zustandsberichte einzelner Truppenteile enthalten. Relevantes Material im Sinne einer Ersatz- und Ergänzungsüberlieferung konnte bei den Feldverbänden des Heeres (hier die Hierarchieebenen der Heeresgruppen, Armeen, Generalkommandos bis einschließlich Divisionen) sowie bei den Wehrkreisen erschlossen werden. Gleiches gilt für die Bestände der Oberkommandos von Luftwaffe (OKL) und Kriegsmarine (OKM), die nicht zuletzt auch wegen spezifischer, diese beiden Wehrmachtteile betreffender Fragestellungen gesichtet wurden.

Im Militärarchiv Prag konnte ein kleinerer Aktenbestand vornehmlich aus der Provenienz der Heeresgruppe Mitte eingesehen werden[45]. Von besonderem Interesse waren hier die Monatsberichte eines Feldjägerkommandos, das ab Sommer 1944 im Bereich dieser Heeresgruppe eingesetzt war. Der Forschung ist kein an-

---

[44] Der äußere Umfang des Aktenmaterials, das beispielsweise die Seekriegsleitung produzierte, stieg seit 1944 geradezu sprunghaft an in reziprokem Verhältnis zu den tatsächlichen Möglichkeiten der Seekriegsführung. »Es fällt auf, daß die Berichterstattung immer kleinteiliger wird, schließlich werden belanglose Einzelheiten langatmig erörtert. Darüber hinaus geht auch im Aktengebilde die klare Linie zeit- und teilweise verloren«, charakterisiert Salewski den Aussagewert dieser Überlieferung. Salewski, Die deutsche Seekriegsleitung, Bd 2, S. 467, Anm. 1.
[45] Zu Informationen über diesen Bestand siehe Pivcová, Das Militärhistorische Archiv in Prag.

dernorts überliefertes Schriftgut bekannt, das in ähnlicher Weise Einblicke in die Arbeitsweise und Wirksamkeit dieser Formationen ermöglicht, mit denen Regime- und Wehrmachtführung die militärische Ordnung zu stabilisieren versuchten.

Im Bundesarchiv-Abteilung Reich in Berlin-Lichterfelde wurden ausgewählte Bestände der zentralen Herrschaftsinstanzen des NS-Staates durchgesehen[46]: Persönlicher Stab des Reichsführers-SS, sowie die nachgeordneten Führungseinrichtungen des SS-Apparates (SS-Hauptamt, SS-Führungshauptamt etc.); Parteikanzlei der NSDAP; Reichskanzlei; Reichsministerien für Rüstungs- und Kriegsproduktion sowie für Propaganda und Volksaufklärung[47]. Zum Verhältnis zwischen Wehrmacht und der herrschaftlichen Mittelinstanz im NS-Staat, den Gauleitern, ließen sich praktisch keine Quellen erschließen. Recherchen in Regionalarchiven wie dem Niedersächsischen Hauptstaatsarchiv, dem Bayerischen Hauptstaatsarchiv sowie in den Staatsarchiven in München und Augsburg führten das Ausmaß der Aktenverluste besonders eindringlich vor Augen. So beschränkte sich beispielsweise das Schriftgut zu Angelegenheiten des Volkssturms oder zu den Aufgaben der Partei im Rahmen der Reichsverteidigung auf bedeutungslose administrative Vorgänge.

Wichtige Quellen, die Aufschluß über die zentralen Entscheidungsgänge und Maßnahmenfindungen Hitlers und seines Umfeldes geben, sind in den vergangenen Jahrzehnten durch Editionen einem breiteren Publikum zugänglich gemacht worden[48]. Die veröffentlichten Kriegstagebücher des Wehrmachtführungsstabes im OKW und der Seekriegsleitung dokumentieren Ereignisabläufe, zentrale Entscheidungen sowie die Arbeitsroutine der militärischen Administration[49]. Eine besondere Erwähnung verdienen die Tagebücher von Joseph Goebbels[50]. Dessen Aufzeichnungen sind für den Untersuchungszeitraum in weit dichterer Folge und umfangreicher überliefert als für die übrigen Kriegsjahre. Die Schriften erlauben Einblicke in die Tätigkeit und die Gedankenwelt des Autors, aber auch in die der übrigen NS-Prominenz. Damit stellen die Aufzeichnungen zweifellos ein »Schlüsseldokument« dar für eine Zeit, deren wesentliches Merkmal große Überlieferungslücken sind[51]. Quellenkritisch ist allerdings anzumerken, daß es sich bei den ›Tagebüchern‹ um ein Konglomerat unterschiedlichster persönlicher, literarischer und politischer Aufzeichnungen und Diktate handelt, die mit verschiedenen Intentionen verfaßt wurden. In diesem Zusammenhang ist die propagandistische und selbststilisierende Dimension der Aufzeichnungen nicht zu unterschätzen[52].

---

[46] Das von Hans Boberach erstellte Inventar archivalischer Quellen des NS-Staates erwies sich als unverzichtbarer Wegweiser durch die Überlieferung des in einem unübersichtlichen Kompetenzen- und Zuständigkeitsgeflecht entstandenen staatlichen und parteiamtlichen Schriftgutes.
[47] Zu Genese und Aufgaben dieser Institutionen innerhalb der nationalsozialistischen Herrschaftsordnung siehe Longerich, Hitlers Stellvertreter; Rebentisch, Reichskanzlei.
[48] Vgl. Akten der Partei-Kanzlei; Deutschlands Rüstung; Hitlers Lagebesprechungen; Lagevorträge des Oberbefehlshabers der Kriegsmarine.
[49] KTB OKW; KTB Skl.
[50] Goebbels, Die Tagebücher.
[51] So die Bewertung von Fröhlich, Hitler, S. 197.
[52] Vgl. dazu die quellenkritischen Anmerkungen von Sösemann; »Ein tieferer geschichtlicher Sinn aus dem Wahnsinn«; Sösemann, Inszenierungen.

Als weitere Quelleneditionen seien abschließend die Stimmungsberichte erwähnt, die vom Sicherheitsdienst der SS und unter Federführung der Abteilung Wehrmachtpropaganda im OKW angefertigt wurden, und die wichtige Eindrücke von der Stimmungslage der Bevölkerung vermitteln[53].

Nur selten gibt das Schriftgut staatlicher bzw. offizieller Stellen Auskunft über die individuelle Perspektive seiner Verfasser. Selbstzeugnisse dieser Art enthält dagegen das unveröffentlichte Nachlaßmaterial sowie der im BA-MA verwahrte Bestand »Materialsammlungen« (MSg)[54]. Herangezogen wurden ferner die Memoiren der Wehrmachtgeneralität als auch eine Anzahl von Kriegserinnerungen ›einfacher‹ Soldaten. Daß es sich dabei um einen in seiner inhaltlichen, qualitativen und quantitativen Zusammensetzung völlig heterogenen Quellenkorpus handelt, bedarf an dieser Stelle keiner weiteren Erörterung[55]. Abgesehenen von ihrem intentionalen Charakter unterliegen Selbstzeugnisse den unbewußten Verdrängungs- und Verzerrungsprozessen des menschlichen Erinnerungsvermögens. Auf die Einbeziehung der Oral-History wurde grundsätzlich verzichtet. Die Entscheidung begründet sich nicht allein durch das Problem, daß angesichts mehrerer perspektivischer Ebenen große organisatorische Anstrengungen hätten unternommen werden müssen, um Ergebnisse aus Zeitzeugenbefragungen wenn nicht zu einem repräsentativen, so doch wenigstens zu einem charakteristischen Bild aggregieren zu können. Es ist zweifelhaft, ob der damit verbundene Aufwand im Verhältnis zum Erkenntniswert gestanden hätte. Denn mehr als 50 Jahre nach Ende des Zweiten Weltkrieges geben Zeitzeugenerinnerungen mehr Informationen über die nach-

---

[53] Berghahn, Meinungsforschung; Das letzte halbe Jahr; Meldungen aus dem Reich.
[54] Aufgrund sehr heterogener Nutzungsbeschränkungen und den unter Umständen bestehenden Anonymisierungsgeboten werden die Quellennachweise zum Bestand BA-MA, MSg namentlich nicht weiter aufgeschlüsselt. Eine besondere Quellengattung sind in diesem Zusammenhang die Ausarbeitungen von Angehörigen der militärischen Elite zum Verlauf einzelner Operationen und zu bestimmten Einzelproblemen, die während und nach dem Krieg im Auftrag der Historical Division der US-Army erstellt wurden. Über die Rekonstruktion faktographischer Details hinaus besitzen die sog. Studies des Bestandes BA-MA, ZA keinen weiteren Aussagegehalt im Sinne der vorliegenden Fragestellung. Einige Darstellungen suggerieren beispielsweise das Bild, daß Befehlshaber von Wehrkreiskommandos den Krieg über das einzige vorhandene Telefon aus dem Keller ihres Stabsgebäudes fortsetzen. Was in diesem Fall wie eine ironische Überspitzung klingt, ist in weiten Teilen das Ergebnis von Bemühungen, den alliierten Auftraggebern der Studien und, in langfristiger Zielsetzung, der Geschichte ein makelloses Bild der Wehrmacht zu präsentieren bzw. zu hinterlassen. Siehe dazu auch die quellenkritischen Anmerkungen von Wegner, Erschriebene Siege sowie Wette, Das Bild der Wehrmacht-Elite.
[55] Im Rahmen einer literaturwissenschaftlichen Untersuchungen sind die bis 1961 in Westdeutschland mehr als 200 veröffentlichten Erinnerungen von Wehrmachtsoldaten einer quantitativen Inhalts- und empirischen Wertanalyse unterzogen worden. Die Auswertungen zeigen, daß fast ¾ aller Kriegserinnerungen von Autoren verfaßt wurden, die während des Krieges einen Offizierrang bekleideten. Je höher der militärische Rang, desto häufiger werden in den Erinnerungen soldatische Tugenden und Leistungen positiv bewertet. Funktionstugenden, die auf eine möglichst effiziente Ausführung des militärischen Auftrages zielen (Tapferkeit, Kampfgeist, Pflichterfüllung), stehen ganz oben auf der Werteskala. Einen wesentlich geringeren Stellenwert haben Tugenden, die humanitär-ethische Forderungen implizieren (Ritterlichkeit, Menschlichkeit im Kriege, Ehrenhaftigkeit). Eine kritisch reflektierende Haltung gegenüber den Werten traditionellen Soldatentums nehmen dagegen Autoren ein, die den Krieg als Unteroffiziere oder Mannschaften erlebten. Vgl. dazu Düsterberg, Soldat.

trägliche Verarbeitung als über die unmittelbare Wahrnehmung des Befragungsgegenstandes wieder[56].

4. Theoretische und methodische Überlegungen

»Der Glaube an einen festen Kern historischer Fakten, die objektiv und unabhängig von der Interpretation des Historikers bestehen, ist ein lächerlicher, aber nur schwer zu beseitigender Trugschluß«, reflektiert der angelsächsische Historiker Edward Hallett Carr über das Verhältnis zwischen Historiker und der Vergangenheit[57]. Mit süffisantem Unterton zielt Carr darauf, daß Wissenschaft immer nur ein selektives System von Erkenntnisorientierungen gegenüber der Wirklichkeit sein kann. Der Zwang zur Auswahl hat für den Historiker zur Folge, daß seine Arbeit, unabhängig von der Breite der zur Verfügung stehenden Quellenbasis, immer ein selektives gedankliches Konstrukt darstellt. Geschichte ist immer das Ergebnis konstruktiver Reflexion[58].

Die seit den 1980er Jahren anhaltende Theoriediskussion in den Geschichtswissenschaften hat die Legitimität gesamtgeschichtlicher Entwürfe nachhaltig in Frage gestellt. Vorrangig Vertreter kulturgeschichtlicher Betrachtungsweisen machen geltend, daß mit der Zuweisung von Relevanz zugunsten bestimmter Perspektiven und Sachverhalte das Problem der Exklusion anderer Gegenstandsbereiche verknüpft ist. Die Kosten einer solchen Herangehensweise werden demzufolge als wesentlich höher eingeschätzt als der vermeintliche Gewinn, den eine definitorische und wissenschaftsstrategische Eindeutigkeit zu liefern suggeriert[59]. Mit Blick auf die Zeit des Nationalsozialismus ist es bemerkenswert, daß nicht ein Historiker, sondern der Schriftsteller Walter Kempowski, der in seinen Werken in aphoristischer Manier und minuziöser Betrachtungsweise die Geschehnisse der jüngsten Vergangenheit und menschliches Verhalten darstellt, mit seinem inzwischen zweiteiligen ›Echolot‹-Werk öffentlichkeitswirksam den Wert historiographischer Einheitskonstrukte mit kohärenten Deutungsmustern und impliziten Vorannahmen in Frage gestellt hat. Seine Kollagen, die Kempowski aus subjektiven Zeugnissen sowohl der Opfer als auch der Täter nationalsozialistischer Verbrechen zusammengestellt hat, zeichnen sich durch die Gegensätzlichkeit der Textkomposition

---

[56] Zu Möglichkeiten und methodischen Grenzen der Oral History siehe Plato, Zeitzeugen; Schröder, Die Vergegenwärtigung. Ergänzend greift die vorliegende Untersuchung allerdings auf die zusammenfassenden Veröffentlichungen lebensgeschichtlicher Befragungen von ehemaligen Wehrmachtangehörigen zurück. Deren Ergebnisse können mit Blick auf den Untersuchungszeitraum als charakteristisch, wenn nicht sogar typisch für einen großen Teil der Soldaten angesehen werden. Ein herausragendes Beispiel ist in diesem Zusammenhang die über 1000 Seiten starke Arbeit Hans-Joachim Schröders, die einen der seltenen Versuche darstellt, das Soldatenhandwerk im Zweiten Weltkrieg detailliert und vor allem von seinen Bedeutungen für die Handelnden her zu rekonstruieren. Schröder, Die gestohlenen Jahre.
[57] Carr, Was ist Geschichte?, S. 12.
[58] Vgl. Esch, Überlieferungs-Chance; Koselleck, Vom Sinn, S. 86 ff.
[59] Vgl. Daniel, Kompendium; Hausen, Die Nicht-Einheit der Geschichte; Lüdtke, Alltagsgeschichte; Wehler, Historisches Denken.

und ihre innere Dissonanz aus[60]. Eindringlich führt Kempowskis Arbeit vor Augen, daß sich ein Zugang zum Verständnis des nationalsozialistischen Krieges und der ihm innewohnenden Radikalität und Destruktivität in erster Linie über die Maximen der Differenzierung und Pluralisierung mittels einer dezentralisierten und individualisierten Betrachtungsweise erschließen läßt.

Diese theoretischen Vorüberlegungen regen an, diejenigen Vorstellungen, die gemeinhin mit dem Begriff ›Kriegsende‹ assoziiert werden, zu reflektieren. Denn nur auf einer abstrakten Makroebene unterscheidet sich die Vergangenheit in klar voneinander abgrenzbare Perioden von Krieg und Frieden. Der Topos der ›Stunde Null‹ besitzt einen symbolischen, aber nur im Ausnahmefall einen empirischen Gehalt. Das Kriegsende 1944/45 vollzog sich als ein Prozeß, dessen Übergänge fließend waren, und die sich nicht in das Korsett historischer Jahres- und Stichtage zwängen lassen[61]. In Abhängigkeit von Tradition, Zufall, Ideologie oder wissenschaftlicher Methodik etikettieren wir »Orte relativ hoher Gewaltverdichtung als ›Krieg‹, solche augenscheinlich geringerer Dichte als ›Frieden‹«[62]. Diese Überlegungen wirken sich auf die Festlegung des nachfolgenden Untersuchungszeitraums aus: So setzen die Betrachtungen ein mit der doppelten Regimekrise zur Jahresmitte 1944, die sich in Gestalt dramatisch überstürzender und die Reichsgrenzen bedrohender militärischer Ereignisse sowie einer inneren Bedrohung durch den Umsturzversuch vom 20. Juli manifestierte. Den zeitlichen Schluß der Darstellung bildet das Ende der Kampfhandlungen im Mai 1945, nachdem die Vertreter der Wehrmachtführung am 6. bzw. 8. Mai ihre Unterschriften unter die Kapitulationsurkunden der Alliierten gesetzt hatten.

Der Analyse von politischen Handlungsmaximen und Entscheidungen der Regimespitze, von kriegsbedingten Zwangslagen und Sachzwängen liegt ein mehrdimensionaler, d.h. interdisziplinärer Ansatz zugrunde. Insbesondere im Bereich der Kräftemobilisierung und -organisation, der Lebensverhältnisse der Soldaten und der Formen des Kriegsalltags, von sozialen Strukturen und mentalen Mustern der Umweltwahrnehmung sowie von psychosozialen Prozessen impliziert sie unterschiedliche Betrachtungs- und Darstellungsebenen. Sowohl bei der Erschließung als auch bei der Auswertung der Quellen kommt ein breites Spektrum aus politik-, struktur-, organisations-, sozial- und alltags- bzw. mentalitätsgeschichtlichen Überlegungen zum Tragen. Sie fließen ein in den Entwurf einer dichten Beschrei-

---

[60] Vgl. Kempowski, Das Echolot 1943, 1945. Siehe dazu auch die wissenschaftstheoretische Überlegungen einschließenden Rezensionen von Herbert, Zwischen Beschaulichkeit und Massenmord und Kühne, Die Leiden der Deutschen.

[61] Ein weitergehendes Verständnis des Kriegsendes als Prozeß liegt der voluminösen Studie Klaus-Dietmar Henkes über die amerikanische Besetzung Deutschlands zugrunde. Im Kontext des vom Institut für Zeitgeschichte betriebenen Projektes »Von Stalingrad zur Währungsreform« untersucht der Autor auf mehr als 1000 Seiten die Zeit zwischen Sommer 1944 und Frühjahr 1945 unter dem Gesichtspunkt der Epochenscheide: Das Kriegsende wird als Wende von der Herrschaft des Faschismus, der Weltkriege und der Dominanz des europäischen Kontinents hin zur bipolaren Welt mit amerikanischer Vorherrschaft in der demokratischen Hemisphäre untersucht. Siehe Henke, Die Amerikanische Besetzung.

[62] So Bernd Wegner in der Einführung des Sammelbandes: Wie Kriege entstehen, S. 18.

bung[63] der Funktions- und Wirkungsprinzipien, die das historische Phänomen Wehrmacht konstituierten, und welche die zugrundeliegende soziale Handlungslogik der Akteure sichtbar macht. Nicht um Vollständigkeit oder Ausschließlichkeit geht es dabei. Statt dessen soll die Vielgestaltigkeit, mit der uns die Wehrmacht in rückschauender Perspektive entgegentritt, herausgearbeitet werden:

So zeigt die Analyse von Feldpostbriefen, daß die Soldaten Ereignissen wie etwa der alliierten Invasion am 6. Juni 1944 keineswegs die gleiche politische und militärische Bedeutung zumaßen, wie wir dies in rückschauender Perspektive tun. Als Einschnitt wurden vielmehr die davon ausgehenden Veränderungen der eigenen Lebensbedingungen empfunden[64]. Auf einen jungen Offizier wirkte es vollkommen verstörend, um ein anderes die Problematik illustrierendes Beispiel anzuführen, daß ein Generalstabsoffizier einer höheren Führungsebene die ihm soeben überbrachte Meldung von außergewöhnlich hohen personellen Verlusten mit »größter Gelassenheit« entgegennahm, diese, »ohne ein Zeichen der Gemütsbewegung erkennen zu lassen«, in einen Bericht an die vorgesetzte Führungsebene umsetzte und den Meldenden anschließend zum Essen einlud:

»Generalstabsoffiziere waren bis dahin ein Gegenstand meiner Bewunderung gewesen und ein fernes Ziel meines militärischen Ehrgeizes gewesen. Jetzt spürte ich, welch hohen Grad der Abstraktion vom realen Schicksal der Menschen die Tätigkeit des Ia, des für Strategie und Taktik zuständigen Generalstäblers, verlangt. Ob ich mir eine solche Gefühllosigkeit wünschen sollte[65]?«

Ein junger Reichsarbeitsdienst-Mann, der als Angehöriger einer improvisiert aufgestellten Infanteriedivision in den frühen Morgenstunden des 21. April 1945 irgendwo südlich von Berlin eingesetzt wurde, verspürte beim Anblick abrückender deutscher Soldaten und in Erwartung der Roten Armee das »Gefühl einer unbeschreiblichen Angst«[66]. Ein anderer Zeitzeuge erinnerte sich an den psychischen Druck, der auf einem zum Kampfkommandanten ernannten Offizier lastete, als dieser von »allen Seiten und auf jede denkbare Weise unter Druck gesetzt [wurde], seine ›Festung‹ bis zum letzten Mann zu halten«[67]. Wie aus einer anderen Welt wirkt dagegen die unverhohlene Freude, mit der ein Offizier in einem Brief seine Frau am 16. März 1945 über die langersehnte Beförderung informierte[68]. Diese Beispiele belegen die Ergebnisse lebensgeschichtlicher Befragungen von Kriegsteilnehmern dergestalt, daß sich die ohnehin schon bestehende unüberschaubare »Vielschichtigkeit des Gesamtgeschehens« gegen Ende des Krieges noch einmal steigerte zu einer »Komplexität der Gleichzeitigkeit, die sich jedem ordnenden Zugriff entzieht«. Wie die »Mosaiksteine eines Panoramas, das in seinen zahllosen Einzelheiten, seinen Strukturen und Zusammenhängen viel zu groß dimensioniert

---

63 Diese Formulierung meint *nicht* die im Sinne der von Clifford Geertz entworfene gleichnamige Methode der Deutung kollektiven Verhaltens aus kulturanthropologischer Sicht. Vgl. Geertz, Dichte Beschreibung.
64 Zu dieser Feststellung kommt Kilian, Die anderen zu Worte kommen lassen, S. 162.
65 Fetscher, Neugierde, S. 182.
66 Meyer, Der 21. April 1945, S. 266.
67 Uhse, Die Kapitulation, S. 616.
68 Zit. nach: Sehr selten habe ich geweint, S. 165.

ist, als daß es sich auch nur annähernd in der Form eines ›Gesamtbildes‹ erschließen ließe«, erscheinen in der Gesamtschau die Vorgänge der letzten Kriegswochen[69]. Doch nach welchen Kriterien soll man sich der Subjektivität der Wehrmachtangehörigen nähern?

Die Auswahl autobiographischer Quellen, deren Aussagen in der sachthematisch strukturierten Darstellung mit denen aus dem amtlichen Schriftgut verschränkt werden, folgt nicht dem normativ eingeengten Ansatz einer »Militärgeschichte von unten«[70]. Die Wehrmacht ausschließlich auf eine wie auch immer geartete Militärelite und die diffuse Restgröße ›einfacher Soldaten‹, die den Entscheidungen ihrer Generäle und der kriegerischen Gewalt hilflos ausgeliefert waren, zu reduzieren, bedeutet eine unzulässige Vereinfachung des Innenlebens der Wehrmacht als einer weitverzweigten militärischen Organisation mit unterschiedlichen Hierarchieebenen, Funktions- und Aufgabenbereichen und einem raumzeitgebundenen Erfahrungsspektrum. Alternativ dazu wird als heuristische Kategorie, mit deren Hilfe die Subjektivität der vielen Kriegsenden eingefangen werden soll, das Kriterium der Betroffenheit verwendet. *Betroffen* waren die Angehörigen der Wehrmachtspitze ebenso wie die große Zahl derer, die ihrer täglichen Arbeit in der militärischen Administration nachgingen. *Betroffen* waren alle Soldaten, unabhängig davon, ob sie in den Einheiten der Fronttruppe oder in den unterschiedlichen Bereichen der rückwärtigen Unterstützungsorganisation ihren Dienst verrichteten. Mit dem Kriterium der Betroffenheit lassen sich auch institutionell begründete Trennschemata überwinden wie etwa das der Zugehörigkeit zu den verschiedenen Wehrmachtteilen. Nur ein Bruchteil der Wehrmachtsoldaten fuhr 1944/45 zur See oder gehörte dem fliegerischen Personal der Luftwaffe an. Der weitaus größte Teil der Luftwaffen- und Marinesoldaten versah seinen Dienst in den Boden- bzw. Landorganisationen und wurde ebenso wie ihre Heereskameraden in den Strudel der zusammenbrechenden Landfronten gerissen. Den Rückzug aus Frankreich deckten im Landkampf eingesetzte Soldaten einer Minensuchflottille, während der Kommandant eines Fliegerhorstes zum Kampfkommandanten einer in der Nähe befindlichen Stadt ernannt werden konnte. Die Lebenswirklichkeit der Soldaten, die im Frühjahr 1945 in einem Oder-Brückenkopf eingesetzt waren, unterschied sich nur graduell voneinander, einerlei, ob sie einer zerschlagenen Einheit des Feldheeres, einer sogenannten Marineinfanteriedivision oder einer zur Panzerabwehr eingesetzten Flakbatterie der Luftwaffe angehörten.

Erkenntnisse zum individuellen Umgang mit dem Kriegsende lassen sich in begrenztem Umfang aus amtlichem Schriftgut, vor allem aber aus Selbstzeugnissen – hierzu zählen: Feldpostbriefe, Tagebuchaufzeichnungen, Erlebnisschilderungen und nach dem Krieg verfaßte Erinnerungen – herauslesen. Die in diesem Quellengut niedergelegten Sinneseindrücke und Wahrnehmungen sind das Produkt von

---

[69] Schröder, Die gestohlenen Jahre, S. 810.
[70] Siehe dazu die programmatische Einführung Wolfram Wettes im gleichnamigen Sammelband. Erkenntnistheoretische und methodische Kritik äußert Ulrich, »Militärgeschichte von unten«. Vgl. dazu auch Tenfelde, Schwierigkeiten, S. 393.

›Alltag‹ und ›Erfahrungen‹⁷¹. Unter Erfahrungen sind in diesem Zusammenhang individuelle Deutungspositionen zu verstehen, die sich aus unterschiedlichen Dimensionen zusammensetzen: Langfristig angeeignete Sinnmuster und Elemente des sozialen Wissens verliehen dem Erlebnis über das Situative hinaus einen Bedeutungsinhalt und ließen individuelle Lebensvollzüge überhaupt erst sinnvoll werden. Eine Vielzahl von Faktoren wie religiöse Gewißheiten, weltanschauliche Selbstdeutungen und ideologische Entwürfe, Generationen- und soziale Schichtzugehörigkeiten sowie schließlich auch die kriegsbedingte Funktion des Einzelnen wirkte bewußtseinsbildend⁷². Daraus entstanden subjektive Interpretationsmuster, durch deren Filter Umwelteinflüsse, also auch Alltagserlebnisse, gedeutet wurden⁷³. Nun besteht eine zwingende methodische Voraussetzung für die Analyse langfristig angelegter Sinnmuster in dem Vorhandensein einer sich kontinuierlich über einen längeren Zeitraum erstreckenden Quellenbasis, deren Urheber und Verfasser sich überdies zu repräsentativen Personengruppen kumulieren lassen sollten. Brief- und Tagebuchaufzeichnungen aus der turbulenten Zeit des Zusammenbruchs sind allerdings ausgesprochen spärlich gesät. Es überrascht daher nicht, daß eine der profundesten und umfassendsten Arbeiten der Feldpostbriefforschung mit Blick auf die Schlußphase des Krieges darauf verzichtet, »subkutanen Stimmungsschwankungen im Kriegsverlauf« nachzuspüren⁷⁴. Im Bereich der Memoiren- und Erinnerungsliteratur läßt sich unter quellenkritischen Gesichtspunkten zumeist keine klare Unterscheidung zwischen der Perzeption des Geschehens und der Nachkriegsrezeption mit ihren Verzerrungen und Brüchen vornehmen. Die Annahme, der Quellenwert mit großer zeitlicher Nähe sei am höchsten, trägt nur bedingt. Die methodischen Imponderabilien im Umgang mit dieser Quellengattung wiegen im vorliegenden Fall allerdings nicht so schwer, wie dies bei einer faktographischen Fragestellung der Fall wäre. Denn es geht weniger um die Rekonstruktion des exakten Wortlauts eines Befehls oder um die genauen Angaben von Ort und Zeit eines Geschehens. Statt dessen werden Emotionen und Atmosphärisches aus den Selbstzeugnissen herausdestilliert, von denen anzunehmen ist, daß sie durch die Veränderungsprozesse des menschlichen Erinnerungsvermögens nur unwesentlich verändert wurden. Der Umgang mit diesen Quellen schließt gleichwohl die quellenkritische Frage nach dem intentionalen Charakter ihres Verfassers ein. Dies bedarf keiner weiteren Ausführung.

Dieses deskriptive Vorgehen ergänzt die bisherigen Ergebnisse von erfahrungs- und mentalitätsgeschichtlichen Arbeiten zur Wehrmacht gerade dort, wo selbst die

---

71 Auf eine trennscharfe Reflexion der beiden Kategorien haben weite Teile der Forschungslandschaft bislang verzichtet. Siehe dazu Buschmann/Reimann, Die Konstruktion, S. 266 f.
72 Vgl. Koselleck, Der Einfluß, S. 326 ff.; Latzel, Deutsche Soldaten, S. 125.
73 Die Militärgeschichte hat sich der von Soldaten in den Kriegen des 19. und 20. Jahrhunderts erlebten ›Alltäglichkeit‹ angenommen im Gefolge der historiographischen Perspektivenerweiterung zu einer ›Geschichte des kleinen Mannes‹ und bislang am umfangreichsten das Kriegserlebnis am Beispiel des Ersten Weltkrieges erforscht. Zur Begriffsbestimmung des Kriegserlebnisses siehe Koselleck, Der Einfluß. Einführend dazu: Frontalltag im Ersten Weltkrieg; Keiner fühlt sich hier mehr als Mensch ...; Kriegsalltag; Schröder, Die gestohlenen Jahre; Vogel, Der Kriegsalltag.
74 Latzel, Deutsche Soldaten, S. 129.

ausgefeiltesten methodischen Ansätze an die Grenze ihrer Erklärungskraft stoßen: der Frage der Verhaltens- bzw. Handlungsrelevanz identifizierter Muster mentaler Wirklichkeitsdeutung. Denn menschliche Wahrnehmungs- und Handlungsweisen sind in weiten Teilen von Inkonsistenz geprägt. Alf Lüdtke warnt davor, die Subjektivität einer größeren und langfristig wirksamen Strukturierung unterwerfen zu wollen: »Menschen operieren parallel auf unterschiedlichen Ebenen und nicht gleichsam auf einem Gleis. [...] Das Bild des sich hin- und herwindenden Mäander mag diese unkalkulierbar-sprunghafte Variationsbreite näherungsweise treffen[75].« Zu jeder Zeit verschmelzen im menschlichen Verhalten, unabhängig von Alter, Bildung, sozialer oder hierarchischer Stellung, Rationalität, Irrationalität und Emotionen. In pointiert-sarkastischer Weise beschrieb dieses Phänomen ein Angehöriger des Admiralstabes der kaiserlichen Marine aus den Tagen des Septembers 1918:

»Den ganzen Tag auf meinen Büro durchgearbeitet. Die Stimmung im Hause ist sehr ernst. Allmählich merken auch die Nicht-sehen-Wollendsten [!], daß etwas faul ist im Staate Dänemark. Es ist merkwürdig, daß diese Leute, solange die Erde besteht, anscheinend immer in der Überzahl sind. Ich glaube nicht, daß der alte Darwin recht hat, wenn er behauptet, daß die Menschen vom Affen abstammen. Ich bin vielmehr fest davon überzeugt, daß die Menschen vom Strauß abstammen. Neunzig vom Hundert aller Menschen, ach was sage ich, Neunundneunzig vom Hundert mindestens, stecken, wenn eine Gefahr auf sie zukommt, den Kopf in den Sand und wollen nichts sehen und nichts hören[76].«

Der Mensch speichert Wirklichkeit nicht in seinem kognitiven System ab, sondern konstruiert seine soziale Welt[77]. Die Schwierigkeit jeder Analyse und daraus abgeleiteter strukturierender Ergebnisse liegt in der Gefahr, entweder in eine unverbindliche Verallgemeinerung zu verfallen oder sich in der grund- und uferlosen Masse der Individualität und damit in Beliebigkeit zu verlieren. Diesem Dilemma kann nur entgangen werden ohne den Versuch, den Abguß *einer* Wirklichkeit herzustellen, die es für die historischen Akteure in dieser Art nie gegeben hat. Statt dessen konzentriert sich die Darstellung darauf, die Rahmenbedingungen aufzuzeigen, innerhalb derer sich menschliches Denken und Handeln vollzog. Dazu gehören die Analyse objektiver Handlungsspielräume, die Darstellung von Mustern individueller Selbstvergewisserung, Möglichkeiten der Standortbestimmung, die Skizzierung sozialer Verhältnisse und, wo diese greifbar werden, die Beschreibung zwischenmenschlicher Beziehungen, Gefühlslagen und Emotionen.

Schließlich verdient ein gänzlich anderes methodisches Problem die besondere Erwähnung. Einer der wenigen Bereiche, in denen sich nicht nur qualitative sondern auch quantitative Aussagen über das Geschehen herleiten lassen, ist die Ent-

---

75 Lüdtke, Alltagsgeschichte, S. 566 f. Die kontrafaktische Historiographie nimmt bislang eine Außenseiterposition ein. Gleichwohl geht es Vertretern dieses Ansatzes weniger um eine Geschichtsschreibung des ›Was-wäre-wenn?‹ sondern um das Aufzeigen der unendlichen Fülle von Entscheidungs- und Verhaltensoptionen, denen sich das historisch handelnde Individuum gegenüber sah. Vgl. dazu den Sammelband Virtual History.
76 Tagebucheintragung des Fregattenkapitäns Bogislav von Selchow vom 27.9.1918, zit. nach: Epkenhans, »Wir als deutsches Volk«, S. 178.
77 Vgl. Förster, Einführung; Die erfundene Wirklichkeit.

wicklung der personellen Verluste der Wehrmacht. In den überlieferten Verluststatistiken spiegeln sich Ausmaß und Intensität der Kämpfe wider. Im Gegensatz zur allgemeinen Quellenlage überrascht zunächst der Umfang der Schriftgutüberlieferung der Organisationsabteilung im Generalstab des Heeres, deren Angehörige die Maßnahmen der personellen Ergänzung und materiellen Ausstattung der Heeresverbände steuerten. Bis in die letzten Wochen des Krieges lassen sich Zusammenstellungen und statistische Berechnungen über den personellen Zustand des Feldheeres und die angenommenen Rekrutenaufkommen recherchieren. Auf das Quellenmaterial dieser Provenienz stützen sich einschlägige Forschungsarbeiten zur personellen Rüstung des ›Dritten Reiches‹ bis Mitte 1944 ab[78]. Verlustzahlen, die im Wege der empirischen Sozialforschung auf der Basis anderer Quellen nachträglich erhoben wurden, weichen erheblich ab von den zeitgenössisch angefertigten Statistiken. Die Gegenüberstellung dieser Ergebnisse zeigt, das personelle Meldewesen der Wehrmacht evaluierte die Verluste so unzureichend, daß die militärische Führung bereits vor dem Sommer 1944 die an der Ostfront erlittenen Ausfälle um eine halbe Million Mann zu niedrig einschätzte. Systemimmanente Verzögerungsfaktoren nahmen mit der Höhe der Hierarchieebene in der Organisationsadministration zu[79]. Die vorliegende Arbeit steht somit vor dem schwierigen Problem, eine Synthese der Ergebnisse von zwei methodisch sich grundlegend voneinander unterscheidenden Ansätzen zu erarbeiten. Den für das Verlust- und Ersatzwesen zuständigen Dienststellen war durchaus geläufig, daß eine ganze Reihe von Störfaktoren die Aussagekraft ihrer statistischen Zusammenstellungen schmälerte[80], was von Bedeutung ist. Die Arbeitsroutine folgte überdies einer verwirrenden Vielfalt an Definitionen, nach denen die Stärken von Truppenteilen zu erfassen und zu melden waren, die weder in den Quellen ausgewiesen noch konsequent und durchgängig angewendet wurden[81]. Erschwerend für den historischen

---

[78] Vgl. Kroener, Die personellen Ressourcen; Kroener, »Menschenbewirtschaftung«.
[79] Vgl. Overmans, Deutsche militärische Verluste, S. 52 ff., 309.
[80] Siehe dazu den Abschlußbericht des Sachgebietsleiters Statistik in der Abteilung Wehrmachtverlustwesen im OKW über den Aufbau einer »Zentralstatistik der Menschenverluste im Kriege« vom 30.8.1944. BA-MA, RM 7/807, sowie entsprechende Äußerungen des damaligen Leiters der Organisationsabteilung im Generalstab des Heeres, Müller-Hillebrand. BA-MA, ZA 1/1784, S. 43, 60.
[81] Nur aus einem Bruchteil des erhaltenen Zahlenmaterials geht hervor, ob beispielsweise die *Kampfstärke* oder die *Iststärke*, die sich zu mehr als der Hälfte aus Angehörigen von Trossen und Versorgungsdiensten zusammensetzte, erfaßt wurde – ein Umstand, der für die Beurteilung der Kampfkraftverhältnisse alles andere als nebensächlich war. So betrug beispielsweise die Iststärke der Divisionen auf den OKW-Kriegsschauplätzen Ende November 1944 120 000, die Tagesstärke 89 000 und die Kampfstärke 50 000 Mann. Die gerundeten Zahlen stammen aus: Jung, Die Ardennen-Offensive, S. 295 f. Anfang 1944 unternahm die Organisationsabteilung im Generalstab des Heeres den Versuch einer Neudefinition von Stärkebegriffen, um auf diese Weise »die bisher an vielen Stellen sehr unterschiedlich gehandhabte Auslegung« auf eine einheitliche Grundlage zu stellen. So umfaßten Soll-, Ist- und Tagesstärken die Zahl aller zum Stichtag tatsächlich vorhandenen oder als personelles Soll eines Verbandes vorgesehenen Soldaten. Nur die Gefechts- und Kampfstärke erlaubte Rückschlüsse auf die Kampfkraft eines Truppenteils, da hier vor allem infanteristische Kämpfer oder die Angehörigen vergleichbarer Waffengattungen erfaßt wurden. Die Verpflegungsstärke enthielt neben allen deutschen Soldaten auch das Wehrmachtge-

Betrachter ist zudem die Unklarheit darüber, wann es sich bei den überlieferten Zahlen um hochgerechnete Meldungen oder um Schätzungen handelte. Unsicherheiten dieser Art nehmen zu in dem Maße, wie ganze Heeresgruppen vernichtet wurden und die Kommunikationsstrukturen der Wehrmacht zusammenbrachen. Die Meldungen der Fronttruppenteile, welche die personelle Verlustsituation unmittelbar vor Ort erfaßten und die als Korrektiv für zusammenfassende Analysen genutzt werden könnten, weisen zu große Überlieferungslücken auf, als daß sich daraus ein repräsentatives Bild über einen auch nur kurzen Zeitraum zusammensetzen ließe. Wir müssen uns darauf beschränken, daß die amtlichen überlieferten Zahlen nur tendenziell die tatsächlichen Opferzahlen abbildeten. Auch wenn die Evaluierung der Verlustziffern von großen Unwägbarkeiten begleitet wurde, ihre Bedeutung für den Zustand des Heeres und für die Kriegführung stand den Fachleuten, wie an späterer Stelle zu zeigen sein wird, deutlich vor Augen.

---

folge und Hilfswillige. BA-MA, RH 2/60: OKH/GenStdH/OrgAbt Nr. I/1620/44 g. vom 24.2.1944.

II. Das Militär im politischen und gesellschaftlichen Kontext mit dem Zusammenbruch des ›Dritten Reichs‹

1. Eine Vergleichsgrundlage: Militär und Niederlage im Ersten Weltkrieg

Die historische Forschung hat sich dem Ende des Ersten Weltkrieges in ungleich umfangreicherer und differenzierterer Weise angenommen, als dies mit Blick auf den folgenden Untersuchungsgegenstand festgestellt werden kann[1]. Die Quellensituation zum Kriegsende 1917/18 ist dabei, dies verdient in diesem Zusammenhang eine besondere Erwähnung, keineswegs weniger problematisch. Ausgerechnet im Krisenjahr 1944 erlebte der abschließende Band des vom Reichsarchiv herausgegebenen voluminösen ›Weltkriegswerkes‹ seine Fertigstellung. Neben Memoiren und Nachlaßsplittern stellt diese amtliche Darstellung eine zentrale Quelle für Untersuchungen der kaiserlichen Armee dar. Die im Heeresarchiv in Potsdam verwahrten Akten der Verbände und Kommandobehörden der kaiserlichen Armee gingen durch Luftangriffe in den Jahren 1943 und 1945 unwiederbringlich verloren[2].

a) Das Verhältnis von Politik und Militär 1916 bis 1918

Entgegen der weitverbreiteten zeitgenössischen öffentlichen Wahrnehmung war nicht etwa das kaiserliche Hauptquartier die Zentrale der deutschen Kriegführung im Ersten Weltkrieg gewesen. Von Beginn an hatte sich Wilhelm II. jeder direkten Einwirkung auf die strategisch-operative Gestaltung des Krieges enthalten. Die eigentliche Rolle des obersten Kriegsherrn füllte der ihm als verantwortlicher Berater für alle Fragen der Landkriegführung zur Seite stehende Chef des Generalstabes des Heeres aus. Unter Generalstabschef Erich von Falkenhayn war der Kaiser faktisch ausgeschaltet worden. Die Oberste Heeresleitung (OHL) erhielt ein

---

[1] Die Weltkriegsforschung hat sich in den letzten Jahren zu einem regelrechten Experimentierfeld verschiedenster theoretischer sowie methodischer Ansätze und Perspektiven der Geschichtswissenschaft entwickelt, die auch die Militärgeschichte als historische Teildisziplin insgesamt spürbar befruchten. Zum Stand der Forschung siehe die Zusammenfassungen von Epkenhans, Neuere Forschungen sowie Thoß, Der Erste Weltkrieg; Thoß, Militärische Entscheidung.
[2] Vgl. Das Werk des Untersuchungsausschusses der Verfassunggebenden Deutschen Nationalversammlung; Der Weltkrieg 1914-1918. Zum Zusammenhang von Inhalt und Funktion bzw. Instrumentalisierung der vom Reichsarchiv verfaßten amtlichen Geschichte des Ersten Weltkrieges siehe Pöhlmann, Kriegsgeschichte.

entscheidendes politisches Gewicht jedoch erst mit der Berufung Paul von Hindenburgs und Erich Ludendorffs Ende August 1916. In der Armee und bei ihren höchsten Repräsentanten genossen die beiden ›Sieger von Tannenberg‹ größte Autorität. Die überaus große öffentliche Zustimmung verschaffte der militärischen Führung eine fast plebiszitäre Grundlage ihrer Machtstellung. Rasch entwickelte sich die Dritte OHL zur »allein entscheidenden militärischen und maßgebenden politischen Institution des Kaiserreiches«[3].

Es gab hinsichtlich des Verhältnisses des Reiches zu den Kriegsgegnern sowie zu den neutralen und verbündeten Staaten nahezu keine Frage, die ohne Hinzuziehung der OHL entschieden wurde. Nachdem ihre Friedensinitiative vom 12. Dezember 1916 gescheitert war, verzichtete die Reichsleitung unter Kanzler Theobald Friedrich Alfred von Bethmann Hollweg darauf, dem Drängen der Seekriegsleitung und der OHL nach dem uneingeschränkten U-Boot-Krieg ernsthafteren Widerstand entgegenzusetzen. Diesen Verzicht bewertet Gerhard Ritter als »die förmliche Kapitulation der politischen Autorität vor der militärischen in der entscheidungsvollsten Frage des Ersten Weltkrieges überhaupt«, führte dieser doch den Kriegseintritt der USA auf der Seite Großbritanniens und Frankreichs herbei[4]. Die eigentlichen Gründe für die amerikanische Kriegserklärung an das Deutsche Reich am 6. April 1917 lagen hinter dem spektakulären Anlaß, der beileibe nicht ohne Gewicht war, in der Veränderung der strategischen Situation, die sich im Osten abzeichnete. Mit dem Sturz des Zarenreiches wuchs die Gefahr eines russischen Zusammenbruchs, welcher die deutsche Herrschaft über Ostmittel- und Osteuropa in den Bereich des Wahrscheinlichen rückte. Die internationale Ordnung stand somit vor der Möglichkeit eines revolutionären Umbruchs, die den Einsatz Amerikas, das sich seit der Jahrhundertwende in einer »ungeschriebenen Entente« mit den Briten befand, beschleunigte[5].

Von einem diktatorischen Einfluß der OHL oder gar der Person Ludendorffs, insbesondere auf dem Feld der Innenpolitik läßt sich dennoch nicht sprechen[6]. Durch seine zunehmende Politisierung erfuhr der Generalstab eine organisatorische Aufblähung, die gestaltend und kontrollierend zu durchdringen selbst eine außerordentliche Gestalt wie Ludendorff kaum in der Lage war. Zwar behielt der Erste Quartiermeister in allen Fragen der Kriegführung die Befehlsführung in der Hand – noch während der Offensiven des Frühjahrs 1918 griff Ludendorff unmittelbar in die Tätigkeit nachgeordneter Führungsinstanzen ein und provozierte damit vielfach Widerspruch und Kritik – im politischen Bereich hingegen scheint sich Ludendorff auf die Herausgabe weitgefaßter Direktiven beschränkt zu haben. Der Gestaltungsspielraum der einzelnen Abteilungschefs der militärischen Spit-

---

[3] Deist, Militär, Staat und Gesellschaft, S. 139. Die Auffassung, daß Ludendorffs analytische Auffassungsgabe trotz des ihn umgebenden Glorienscheins eines militärischen Genies nicht über den Horizont eines Regimentskommandeurs hinausreiche, der zwar taktische Erfolge vorweisen konnte, im übrigen aber den Unterschied zur Strategie nie verstand, vertritt Herwig, The First World War, S. 420.
[4] Ritter, Staatskunst, Bd 3, S. 382.
[5] Dehio, Gleichgewicht, S. 328.
[6] Vgl. Deist, Militär, Staat und Gesellschaft, S. 150 f.

zenbehörde führte bis hin zur Verselbständigung einzelner Ressorts[7]. Darüber hinaus befand sich die oberste militärische Führung im Ringen mit dem Reichstag, der sich im Verlauf des Krieges zur führenden politischen Kraft neben der Reichsleitung entwickelte. Das Prestige militärischer Erfolge hatte anfangs das politische Übergewicht der OHL begründet. Unter dem Eindruck des zweifelhaften Erfolges des U-Boot-Krieges begann sich das Verhältnis jedoch zugunsten des Reichstages zu verschieben. Zudem besaßen die Militärs für die Gestaltung der inneren Verhältnisse kein politisch klar definiertes Ziel, auch wenn sie sich in der Auseinandersetzung mit dem Reichstag mit den konservativen Kräften zusammenzuschließen verstanden und in ihrem Selbstverständnis klar antiparlamentarisch waren. Die Initiativen auf dem Feld der Innenpolitik zielten in erster Linie auf die Mobilisierung der in der Heimat noch vorhandenen personellen und materiellen Ressourcen zur Effizienzsteigerung der Kriegführung.

Bereits zwei Tage nach ihrer Ernennung forderten Hindenburg und Ludendorff eine Verdoppelung der Versorgung der Armee mit Munition bis zum Frühjahr 1917, eine Verdreifachung der Produktion von Geschützen, Maschinengewehren und Flugzeugen. An den realen kriegswirtschaftlichen Gegebenheiten orientierte sich dieses sogenannte Hindenburg-Programm kaum. Neben den begrenzten materiellen Ressourcen stießen die zusätzlichen Mobilisierungsversuche auf die Grenzen eines immer stärker werdenden Arbeitskräftemangels. Das auf Betreiben der OHL am 2. Dezember 1916 verabschiedete ›Gesetz über den Vaterländischen Hilfsdienst‹ machte alle männlichen Deutschen im Alter zwischen 17 und 60 Jahren, soweit sie nicht zum Militärdienst eingezogen waren, dienstpflichtig[8].

Mit seiner am 6. Juli 1917 unverblümt vor dem Reichstag geäußerten Kritik an der deutschen Kriegspolitik löste der Zentrumsabgeordnete Matthias Erzberger ein politisches Erdbeben aus. Seine Rede verstärkte die Bereitschaft der im Reichstag vertretenen Mehrheitsparteien zu einer verstärkten Koordination ihrer politischen Aktivitäten[9]. Ihren institutionellen Ausdruck fand diese Zusammenarbeit in der Gründung des Interfraktionellen Ausschusses, zu dessen ersten Ar-

---

[7] Vgl. ebd., S. 144 f.
[8] Zur Genese siehe: Militär und Innenpolitik, Bd 1, S. 482 ff. Zur Bilanz der Kriegsanstrengungen siehe Herwig, The First World War, S. 254 ff. Die OHL konnte ihr Ziel der restlosen Mobilisierung der vorhandenen Arbeitskraftreserven nur im Kompromiß mit den Gewerkschaften durchsetzen, ein Umstand, der in der historischen Forschung zur Bewertung des Hilfsdienstgesetzes als einer »entscheidenden Wende in der Sozialgeschichte Deutschlands« geführt hat: Erstmals wurden die Gewerkschaften als gleichberechtigte Vertretung der Arbeiterschaft durch den Staat anerkannt. Die Kehrseite dieser Medaille war, daß die Gewerkschaften mehr als zuvor mit den Kriegsanstrengungen der wilhelminischen Eliten identifiziert wurden und somit immer weniger zur Integration einer sich radikalisierenden Arbeiterschaft in der Lage waren. Siehe Feldmann, Armee, S. 164 ff. Zur Militarisierung der deutschen Gesellschaft und zur Mobilisierung von Arbeitskräften vgl. Daniel, Arbeiterfrauen; Saul, Jugend; Schubert-Weller, »Kein schönrer Tod ...«; Ullrich, Kriegsalltag. Körperliche Überforderung am Arbeitsplatz und Mangelerscheinungen durch eine chronische Unterversorgung mit Lebensmitteln wirkten sich analog zur Rationalisierung und zur Unfähigkeit der Behörden bei der Unterbindung illegaler Selbsthilfepraktiken negativ auf die Stimmung der Bevölkerung aus.
[9] Vgl. Die Friedensversuche.

beitsschwerpunkten die Parlamentarisierung Deutschlands gehörte. Die OHL nutzte die veränderte politische Konstellation für ein Zweckbündnis mit der Mehrheit des Reichstages, um Bethmann Hollweg zu stürzen. Doch die an bedächtigen Reformen orientierten politischen Kräfte waren im Sommer 1917 weder sachlich noch personell auf den Übergang zur parlamentarischen Regierungsform vorbereitet. Hindenburg und Ludendorff gingen aus dieser Situation gestärkt hervor. Der Nachfolger Bethmann Hollwegs, der farblose Reichskanzler Georg Michaelis, verstand sich als Erfüllungsgehilfe der OHL und zeigte sich außerstande, mit dem Reichstag zu kooperieren. Daß sich das Reich allerdings nicht mehr gegen den Willen dieses politischen Gremiums regieren ließ, zeigte die Entlassung Michaelis' auf Betreiben des Reichstages. Mit der Berufung des bayerischen Ministerpräsidenten Georg Graf von Hertling besetzten erstmals auch Parlamentarier höchste Staatsämter. Eine eindeutige politische Gewichtsverlagerung zugunsten der Mehrheitsparteien blieb indes aus[10]. In Konkurrenz zur Vision einer schrittweisen Parlamentarisierung mit dem Ziel, das bestehende Herrschaftssystem an die politisch-gesellschaftlichen Herausforderungen der totalen Kriegführung anzupassen, ventilierte die Nationale Rechte bis in das Jahr 1918 hinein Überlegungen und Pläne für eine Militärdiktatur. Die wesentliche Voraussetzung dafür war jedoch das intakte Prestige der OHL. Und dieses wurde durch das Ausbleiben militärischer Erfolge zunehmend brüchiger[11].

Die extrakonstitutionelle Stellung der bewaffneten Macht im Kaiserreich und die gesamtgesellschaftlichen Erfordernisse der industrialisierten Kriegführung führten dazu, daß sich nicht nur eine das gesamte Reichsgebiet überspannende militärische Herrschaftsstruktur aufbaute, sondern der Einfluß des Militärs in weite Bereiche des zivilen Alltagslebens hineinwirkte[12]. Auf Grundlage des preußischen Gesetzes über den Belagerungszustand von 1851 war zu Kriegsbeginn den Militärbefehlshabern neben originären militärischen Aufgaben wie Rekrutierung und Ausbildung des Ersatzes für das Feldheer und Versorgung der mobilen Verbände auch die gesamte vollziehende Gewalt der zivilen Exekutive übertragen worden. Die militärische Kommandostruktur im Reichsgebiet – die Grenzen der Territorialbereiche der Militärbefehlshaber nahmen keine Rücksicht auf die föde-

---

[10] Vgl. Mommsen, Bürgerstolz, S. 741 ff., 755 ff.; Mommsen, Der autoritäre Nationalstaat, S. 422 ff.; Ullrich, Die nervöse Großmacht, S. 522 ff. Seit Mitte des Krieges griff der Reichstag mit seinem Hauptausschuß über seine ursprüngliche Kompetenz der Etatberatungen hinaus und setzte erste Zeichen für seinen Willen auch nach gesamtpolitischer Mitsprache. Da dem Reichstag jedoch die Einflußnahme auf die Kommandogewalt des Kaisers und damit auf die Kriegführung insgesamt versagt blieb, beschränkte sich die Kontrolle auf eine zunehmend schwächer werdende zivile Reichsleitung. Die inneren Bruchlinien zwischen konservativen, liberalen und sozialdemokratischen Mitgliedern verhinderten, daß sich der Reichstag zu einem geschlossenen Druckinstrument für eine weitere Parlamentarisierung entwickelte. Der Interfraktionelle Zusammenschluß der Mehrheitsparteien, die sich später in der Weimarer Koalition vereinigten, bewirkte jedoch erstmals eine parlamentarische Eigeninitiative, die beispielsweise mit der Friedensresolution des Reichstages über die konstitutionellen Beschränkungen hinausging. Vgl. Loth, Das Kaiserreich, S. 154 ff., 157 ff.
[11] Vgl. Thoß, Die nationale Rechte.
[12] Zum folgenden siehe: Militär und Innenpolitik, Bd 1, S. XL–LI, sowie zusammenfassend: Deist, Das Militär an der »Heimatfront«.

rale Struktur des Reiches und die Verwaltungsstrukturen des preußischen Staates – blockierte nachhaltig eine zentralistische und effiziente Organisation der Kriegsanstrengungen in der Heimat. Doch seine innenpolitisch begründete Sonderstellung sicherte das Militär nicht nur gegen parlamentarische Einflüsse ab. Das Immediatverhältnis der Militärbefehlshaber zum Kaiser machte diese auch unabhängig gegenüber den Reichs- und Landesbehörden.

Vor allem die mangelhafte, chaotisch organisierte Versorgung der Bevölkerung mit Lebensmitteln delegitimierte die zivile und zunehmend auch die militärische Exekutive, die mit Zensurmaßnahmen und Versammlungsverboten öffentliche Kritik und Proteste einzudämmen versuchte. Obwohl zentrale Institutionen wie beispielsweise das preußische Kriegsministerium dazu aufforderten, vor allem in Zusammenhang mit Fragen der Volksernährung von rigorosen Repressionsmaßnahmen abzusehen, zwang die Zunahme öffentlicher Proteste in der zweiten Kriegshälfte die Militärbefehlshaber immer stärker zum Eingreifen. Bei der Unterdrückung von Demonstrationen und Streiks sowie der Bekämpfung der radikalen Minderheit der Sozialdemokratischen Partei nahm die OHL direkten Einfluß. Ansonsten blieben die Militärbefehlshaber in der Ausübung ihres Regimes weitgehend selbständig. Entscheidungsschwäche, Plan- und Tatenlosigkeit der örtlichen Befehlshaber und die erwähnte dysfunktionale Kommandostruktur hatten zur Folge, daß der sich in den Oktober- und Novemberwochen des Jahres 1918 ausweitenden Umsturzbewegung kein geordneter Widerstand begegnete und das Regime der Militärbefehlshaber sich quasi über Nacht auflöste[13].

Die Art und Weise, mit der die deutschen Militärs dem Kriegsjahr 1918 entgegenblickten, war das Gegenteil einer ernüchterten Einsicht in die Niederlage. Mit dem Diktatfrieden von Brest-Litovsk hatte Deutschland einen seit dem Marne-Desaster 1914 unumgänglichen Sonderfrieden im Osten zu deutschen Bedingungen erreicht. Und im Süden schien der Zusammenbruch Italiens nach den schweren Niederlagen des Herbstes 1917 und damit eine Entlastung des schwer bedrängten Verbündeten Österreich-Ungarn im Bereich des Wahrscheinlichen. Im Westen glaubte man an ein Zeitfenster bis zur vollen Entfaltung des amerikanischen Kräftepotentials, das für eine großangelegte und überraschende Operation genutzt werden konnte, um die englischen und französischen Armeen voneinander zu trennen und soweit wie möglich zu zerschlagen.

Angesichts der beschriebenen Machtverhältnisse fanden Persönlichkeiten, deren Denken sich an den Kategorien der traditionellen Diplomatie orientierte oder die zumindest eine begleitende politische Offensive anmahnten, kein Gehör. Unter dem Primat des Kriegshandwerks wurden politische Ansätze gar nicht in Erwägung gezogen. Die Friedensverhandlungen von Brest-Litovsk trugen die klare Handschrift der OHL. Der am 3. März 1918 unterzeichnete Diktatfrieden sah vor, daß Rußland den Mittelmächten hinsichtlich der künftigen politischen Gestaltung sämtlicher Gebiete westlich einer Linie, die von der Narwa über Pleskow bis nach Witebsk reichte, sowie der Ukraine und einschließlich der Krim, freie Hand gewährte. Satellitenregime in Polen, im Baltikum und in der Sowjetunion sollten die

---

[13] Vgl. Schmidt, Heimatheer.

deutsche Vorherrschaft im Osten auf absehbare Zukunft absichern. Die territorialen Veränderungen bedeuteten für die Länder des ehemaligen zaristischen Rußlands den Verlust von einem Drittel seiner Einwohner, mehr als der Hälfte seiner Industriebetriebe sowie von fast 90 Prozent der Kohlegruben. Die Verwirklichung eines solchen wehrwirtschaftlich autarken Großraums lief auf eine »Revolution der politischen Weltordnung« hinaus[14]. Durch eine Reihe im Frühjahr 1918 abgeschlossener Zusatzverträge konnte der erreichte Status sogar noch ausgebaut werden. Die OHL schob den deutschen Herrschaftsbereich immer weiter nach Osten, schließlich sogar bis nach Georgien und zum Kaukasus. Eine Expedition wurde nach Finnland entsandt, eine weitere gegen Murmansk gerichtet und schließlich eine zur Einnahme von Petersburg vorbereitet. Motiviert wurde dieses Ausgreifen in die Weiten Rußlands und Asiens nicht nur durch militärisch-politische Ziele, sondern auch durch völkisches Denken. Unter dem Strich fiel der wirtschaftliche Nutzen von den derart ausgreifenden Zielen kraß ab. Weiterhin blieben etwa eine Million deutscher Soldaten im Osten gebunden[15]. Daß der Friedensschluß gegenüber Sowjetrußland karthagische Züge trug, geriet nach dem Ersten Weltkrieg in Vergessenheit und wird bis in die Gegenwart von einem selbstgerechten kollektiven Gedächtnis vom vermeintlichen ›Versailler Diktatfrieden‹ überdeckt[16]. Die weitreichenden Zielsetzungen der deutschen Kriegsziel- und Ostpolitik trugen dazu bei, die Auffassungen des gegnerischen Lagers zu bestätigen, wonach nur eine definitive Niederlage der Mittelmächte die Gewähr für die Neuordnung Europas nach demokratischen Grundsätzen und nach dem Selbstbestimmungsrecht der Völker bot. Der Sonderfrieden im Osten versperrte den Weg zu einem Verständigungsfrieden im Westen. »Um uns die politische und wirtschaftliche Weltstellung zu sichern, deren wir bedürfen, müssen wir die Westmächte schlagen«, brachte Hindenburg in einem Schreiben an Wilhelm II. am 7. Januar 1918 die Grundpositionen der militärischen Führung auf den Punkt[17]. Die Vorstellung, wonach sich das Reich in einem Ringen um Sieg oder Untergang befand, verkehrte das Prinzip von Ursache und Wirkung – eine bequeme Möglichkeit der Selbstrechtfertigung, die auch nach dem Krieg ihre Attraktivität nicht einbüßte[18].

---

[14] Hildebrand, Das deutsche Ostimperium, S. 117.
[15] Vgl. Baumgart, Deutsche Ostpolitik 1918; Gehrmann, Turbulenzen. Neben der OHL schwelgte auch die Marineführung bis in die Schlußphase des Krieges in Weltreichsphantasien. Vgl. dazu Epkenhans, Die Politik, S. 224 ff.
[16] Die strategischen Überlegungen, einen wehrwirtschaftlich autarken Großraum im Osten zu schaffen, waren unauflöslich mit bäuerlichen Siedlungs- und Kolonisationsgedanken verbunden, die auch ›völkische Flurbereinigung‹ und demographische Verschiebungen beinhalteten. Die Folgenschwere der Kontinuität dieser Vorstellungswelt bewertete Andreas Hillgruber: »Hitlers in den 1920er Jahren fixiertes Fernziel, ein deutsches Ostimperium auf den Trümmern der Sowjetunion aufzubauen, war [...] nicht bloß eine aus Wunschvorstellungen erwachsene ›Vision‹. Diese Zielvorstellungen besaßen vielmehr einen konkreten Ansatzpunkt in dem 1918 schon einmal Erreichten. Das deutsche Ost-Imperium war – wenn auch nur für kurze Zeit – bereits einmal Wirklichkeit«. Hillgruber, Die gescheiterte Großmacht, S. 58.
[17] Zit. nach: Der Weltkrieg 1914–1918, Bd 14, S. 15.
[18] Nach dem Krieg wurde der Entschluß zur Offensive im Westen eben mit dem Hinweis auf die Unmöglichkeit eines Verständigungsfriedens begründet. Vgl. dazu beispielsweise Kuhl, Der Weltkrieg, S. 262 ff., 293 f.

II. Das Militär im politischen und gesellschaftlichen Kontext

Die von völkischem Gedankengut durchsetzten Kriegsziele im Osten verdeutlichen, daß es sich bei dem Krieg 1914 bis 1918 nicht um einen Waffengang handelte, dessen Ziele sich bloß um Machterhalt oder Machtsteigerung drehten. Der Erste Weltkrieg war auch ein Krieg der politischen Systeme und der diese bestimmenden geistigen Traditionen. Bei den Westmächten wurde der Krieg zum Kampf für das nationale Selbstbestimmungsrecht der Völker stilisiert. Und das Deutsche Reich hatte die Neutralität Belgiens mit Füßen getreten. Im Gegensatz dazu dominierte in den meinungsführenden Schichten des Reiches die Überzeugung, daß es nicht nur um die Verteidigung der deutschen politischen Ordnung, sondern auch um die Behauptung und Stärkung der deutschbestimmten Kultur in Mitteleuropa als solcher gehe. Die geistige Elite in Deutschland trug maßgeblich dazu bei, daß sich aus den ›Ideen von 1914‹ eine Ideologie herausbildete, welche die Entstehung radikaler nationalistischer Strömungen begünstigte. Sie war gekennzeichnet sowohl von nationalistischer Überhöhung der eigenen Nation sowie ihrer geistigen und politischen Traditionen gegenüber jenen der rivalisierenden Nationen als auch durch die Bereitschaft, die eigenen Ideale anderen Völkern mit Gewalt aufzuzwingen. Unter solchen Vorzeichen wandelte sich der vermeintliche ›Verteidigungskrieg‹ in einen ›Eroberungskrieg‹, der die machtpolitischen Voraussetzungen für die Durchsetzung dieser neuen geistigen und politischen Ordnung in ganz Europa schaffen sollte. Diese Vorstellungen lieferten die ideologische Rechtfertigung für weit ausgreifende annexionistische Bestrebungen. In der Agitation der Anfang 1917 entstandenen Sammlungsbewegung der Deutschen Vaterlandspartei fand diese ihren stärksten Widerhall, der lautstark einen Siegfrieden ohne Rücksicht auf die Kosten forderte[19]. Parallel dazu hatte sich nach einer anfänglich chaotischen Presse- und Informationspolitik eine zunehmend systematisch betriebene Propagandapolitik herausgebildet, die, bereitwillig von patriotisch gesinnten Journalisten unterstützt, ein öffentliches Bild von der Kriegslage schuf, das die tatsächliche Situation bis zur Unkenntlichkeit entstellte[20]. Mit der Einrichtung des Vaterländischen Unterrichts versuchte die militärische Führung in der zweiten Kriegshälfte schließlich, die Stimmung der Armee zu konsolidieren und die Soldaten zu motivieren, sich dem Risiko des Krieges auszusetzen. Vermutlich ist es auf die plumpe Art, die jedermann die Agitation der Vaterlandspartei erkennen ließ, zurückzuführen, daß dieser frühen Form der geistigen Beeinflussung der Soldaten keine größere Wirkung beschieden war[21].

---

[19] Vgl. Kruse, Krieg und nationale Identität. Zur Rolle der Intellektuellen siehe den Sammelband Kultur und Krieg sowie Mommsen, Der autoritäre Nationalstaat, S. 407 ff. Vgl. dazu insbesondere auch die Polarisierung der kulturellen Eliten in der Schlußphase des Krieges bei Mommsen, Bürgerstolz, S. 885 ff.
[20] Vgl. Creutz, Die Pressepolitik.
[21] Zur Propaganda im Zeichen des ›Vaterländischen Unterrichts‹ siehe Militär und Innenpolitik, Bd 2, S. 805–985 sowie Mai, »Aufklärung der Bevölkerung«; Stegmann, Die deutsche Inlandspropaganda.

b) Armee und Gesellschaft am Ende des Krieges

Im Frühjahr 1917 entstand der Gedanke, durch eine entscheidungssuchende Offensive im Westen noch vor dem Aufmarsch der amerikanischen Armee in Westeuropa gegen die alliierten Armeen in Frankreich und Belgien den entscheidenden militärischen Sieg zu erringen. Ab Herbst diskutierte die OHL ausgiebig und kontrovers das geeignete operative Verfahren. Nicht thematisiert wurde hingegen die Grundfrage der deutschen Kriegführung, ob das vorhandene Kräftepotential strategisch offensiv oder strategisch defensiv eingesetzt werden sollte. Einzelne Vorstöße, die Offensive auch durch eine politische Initiative zu unterstützen, sie damit vielleicht sogar überflüssig zu machen, liefen ins Leere[22]. Die Ressourcen, mit denen die deutsche Führung bei ihren strategischen Entscheidungen am Jahreswechsel 1917/18 disponierte, waren nicht mehr regenerierbar. Das Bestreben der OHL, im Frühjahr 1918 die Entscheidung des Krieges auf dem Schlachtfeld herbeizuführen, glich somit einem Pokerspiel. Von Prinz Max von Baden am 19. Februar 1918 danach gefragt, was bei einem Fehlschlagen der Offensive geschehen solle, antwortete ein zu allem entschlossener Ludendorff trotzig: »Dann muß Deutschland eben untergehen«[23]. Das militärische Kalkül wurde »völlig überlagert durch von der rational nicht begründeten Vorstellung, daß eine siegreiche Entscheidung herbeigeführt werden konnte«[24].

Am 21. März 1918 traten drei deutsche Armeen mit einer Stärke von fast 1,4 Mill. Soldaten zum Angriff auf den von den Engländern gehaltenen Frontabschnitt zwischen Cambrai und St. Quentin an. Die Angriffstruppen überwanden die tiefgestaffelten Stellungssysteme des Gegners und drangen bis zu 60 km in das gegnerische Hinterland vor. Obwohl die ›Michael-Offensive‹ die alliierte Front an der Nahtstelle zwischen Briten und Franzosen aufriß, wurde das operative Ziel – der Durchbruch – verfehlt. Auch eine Folgeoperation der am 5. April eingestellten Offensive in Flandern erreichte trotz spektakulärer taktischer Erfolge nicht ihr Ziel *politisch wirksamer* Erfolge[25].

Die enorme Kräftekonzentration zu Angriffsbeginn erinnerte viele Zeitgenossen an das Bild der kraftstrotzenden und siegeszuversichtlichen kaiserlichen Armee des Jahres 1914. Bis in die Gegenwart ruft die taktische Leistungsfähigkeit und Kampfkraft, welche die deutsche Armee nach oder besser: trotz vier Jahren eines kräftezehrenden Stellungs- und Abnutzungskrieges zu entfalten vermochte, Anerkennung hervor[26]. Der genauere Blick auf den Zustand der deutschen Armee läßt ein differenzierteres Bild entstehen. Im Herbst 1917 hatte die OHL angeordnet, der Westfront eine größere Zahl jüngerer Jahrgänge von der Ostfront zuzuführen, wohingegen letztere als Ersatz ältere Soldaten erhielt. Zum Jahresende konnte die Gesamtstärke des Feldheeres dadurch auf 5,3 Millionen Mann angehoben werden,

---

[22] Vgl. Deist, Der militärische Zusammenbruch, S. 213 ff.
[23] Prinz Max von Baden, Erinnerungen, S. 242.
[24] Meier-Welcker, Die deutsche Führung, S. 166.
[25] Vgl. Herwig, The First World War, S. 392 ff.
[26] So beispielsweise Meier-Dörnberg, Die große deutsche Frühjahrsoffensive, S. 83.

allerdings immer noch 650 000 Mann unter der Sollstärke. Die personellen Reserven waren erschöpft[27].

Kampfkraft und Leistungsfähigkeit der Truppe hatten spürbar unter den Folgen des Abnutzungskrieges gelitten. Ernst Jüngers Beobachtungen vom Jahresende 1916 beschrieben den personellen Zustand des Westheeres charakteristisch: »Es waren gerade noch fünf Mann in der zweiten Kompanie, die das vorige Weihnachtsfest mit mir zusammen in den Schützengräben [...] gefeiert hatten[28].« Intensiv mußten die »fast vergessenen Formen des Schützengefechts und Bewegungskrieges« geübt werden, erinnerte sich Jünger[29]. Vielfach blieben die Ergebnisse der organisatorischen Anstrengungen im Vorfeld der Offensive hinter den gesteckten Erwartungen zurück, wie der Bericht eines Ausbildungskommandos verdeutlicht:

»Wir vermögen den Bewegungskrieg nicht entfernt mehr so großzügig zu führen, wie wir es im Frieden gelernt hatten. Alles vollzieht sich unendlich umständlich, schleppend und schwerfällig, in Befehlsgebung und Ausführung. Die Maschine reibt sich in allen Gelenken, weil ihr das Öl der Unterführer-Selbstständigkeit fehlt. [...] Ich fürchte also, daß wir nur mit wenig gehobener Kampfkraft in die große Entscheidung eintreten und daß wir auf ihre Güte nicht sicher zählen dürfen. Viele Unterführer sind nur notdürftig ersetzt. Wir dürfen uns nichts vormachen: Unser Schwert ist stumpf geworden und müßte noch lange und gründlich gehärtet und geschliffen werden«[30].

Auf materiellem Gebiet war die deutsche Armee in Bereichen, die insbesondere für die logistische Absicherung der Operation entscheidend waren, hoffnungslos den gegnerischen Kräften unterlegen. Ein Mißverhältnis bestand nicht nur in der Ausstattung mit Geschützen aller Kaliber (14 000 gegen 18 500) und Flugzeugen (3670 gegen 4500). Zehn deutsche Kampfwagen kamen auf 800 alliierte[31]. Die Motorisierung des Feldheeres erreichte mit 35 500 Fahrzeugen zwar ihren Höchststand während des gesamten Krieges, doch stand dem Gegner im Westen das Fünf- bis Sechsfache für die Beweglichmachung und Versorgung seiner Truppen zur Verfügung. Gummimangel führte dazu, daß die Masse der Fahrzeuge mit einer Eisenbereifung versehen wurden, welche die Fahrzeuge vorzeitig abnutzte, Straßendecken zerstörte und auf weichem Untergrund völlig versagte. Rohstoff- und Treibstoffknappheit verhinderten den Ausbau der Motorisierung, so daß die Beweglichmachung wesentlich von Pferden abhing. Ein dem zunehmenden Personal- und Materialumfang der Verbände nicht angepaßter Pferdebestand sowie die verminderte Leistungsfähigkeit der Tiere infolge von Unterernährung und schlechter

---

[27] Vgl. Der Weltkrieg 1914–1918, Bd 14, S. 26, 29. Von den etwa 2,5 Mill. Wehrpflichtigen in der Kriegswirtschaft waren etwa 1,3 Mill. kriegsverwendungsfähig. Der Mangel an geschulten Ersatzkräften verhinderte das Herausziehen, wollte man nicht Einbrüche in der Rüstungsproduktion in Kauf nehmen. In der zweiten Kriegshälfte waren etwa 4 Mill. Frauen in der deutschen Kriegswirtschaft beschäftigt. Die 300 000 Kriegsverwendungsfähigen des Rekrutenjahrganges 1900 waren als Ersatz für das Feldheer erst im Spätherbst 1918 verfügbar. Ebd., S. 517 f.
[28] Jünger, In Stahlgewittern, S. 135.
[29] Ebd., S. 248.
[30] Zit. nach: Storz, »Aber was hätte anderes geschehen sollen?«, S. 67.
[31] Vgl. Meier-Welcker, Die deutsche Führung, S. 165, Anm. 6.

werdender Pflege (Fachkräfte wurden zum Waffendienst herausgezogen) konnten das Fehl an Kraftfahrzeugen nicht kompensieren[32].

Diese Streitmacht sollte den Übergang vom Stellungs- zum Bewegungskrieg schaffen, überdies in einer Landschaft, die nach jahrelanger und intensivster Kampftätigkeit nur unter größten Anstrengungen passierbar war[33]. Zwischen dem, was die Armee objektiv leisten *konnte* und dem, was sie auf dem von der deutschen Führung eingeschlagenen Kurs leisten *mußte*, lag eine unüberwindbare Kluft. Ludendorff war sich dieses Problems bewußt, beschrieb er doch in seinen Erinnerungen die Armee nicht als »die Truppen von 1914« sondern als »eine Art Miliz mit großer Kriegserfahrung«[34]. Der Wille sollte die fehlenden Mittel und Möglichkeiten ersetzen. Offen gab Ludendorff im Gespräch zu, daß er nicht garantieren könne, mit der Offensive die Wende des Krieges herbeizuführen, »man müsse aber an den Sieg glauben«[35]. Der Wille war eine Leittugend der Taktik aller europäischen Armeen, die 1914 in den Krieg gezogen waren. Der Glaube an eine bergeversetzende Kraft des Willens begründete, wie Dieter Storz herausgearbeitet hat, bereits in der Vorkriegszeit eine Vorliebe für offensive Kampfverfahren[36]. In der spezifischen Situation des Jahres 1917/18 bot diese Mentalität die Möglichkeit, eigene Zweifel am Gelingen der Sache zu unterdrücken. Danach gefragt, »ob man sich auch endgültig klar mache, daß die geplante große März-Offensive die letzte Karte sei, die wir hätten«, trug das Umfeld Ludendorffs Ratlosigkeit, Gleichgültigkeit und Desinteresse zur Schau[37].

Die deutschen Anfangserfolge waren ein Pyrrhussieg. Denn durch die Geländegewinne verschlechterte sich der Stellungsverlauf. Für die Verteidigung der verlängerten Frontlinie standen weniger Kräfte zur Verfügung als noch vor Angriffsbeginn. Ergänzungsquellen für die während der Offensive entstandenen Verluste waren nicht mehr vorhanden. Vor allem die Kämpfe im März und April hatte ungewöhnlich hohe Ausfälle verursacht. Im April 1918 – dem verlustreichsten Monat des ganzen Krieges – fielen 55 000 Soldaten oder galten als vermißt. Hinzu kamen 488 000 Verwundete und Kranke. Die Gesamtstärke des Feldheeres sank zwischen März und Juli von 5,1 Mill. Mann auf 4,2 Mill.[38]. Zwischen Mai und August verringerte sich die Iststärke des Heeres monatlich um schätzungsweise 200 000 Mann als Folge der schweren Rückzugskämpfe, die nicht mehr örtlich begrenzt waren, sondern die gesamte Westfront erfaßt hatten. Überproportional hoch waren die Ausfälle unter den Bataillons-, Kompanie- und Zugführern, von denen die für die Kohäsion der Truppe notwendige Autorität ausging[39]. Am 18. Oktober schrieb Kronprinz Rupprecht von Bayern über den Zustand seiner Heeresgruppe:

---

[32] Vgl. Der Weltkrieg 1914–1918, Bd 14, S. 32 f., 35 f.
[33] Vgl. Storz, »Aber was hätte anderes geschehen sollen?«, S. 68 f.
[34] Ludendorff, Meine Kriegserinnerungen, S. 236.
[35] Prinz Max von Baden, Erinnerungen, S. 236.
[36] Vgl. Storz, Kriegsbild, S. 81.
[37] Thaer, Generalstabsdienst, S. 182 f.
[38] Vgl. Der Weltkrieg 1914–1918, Bd 14, S. 516 f.
[39] Vgl. Deist, Verdeckter Militärstreik, S. 149 f.

II. Das Militär im politischen und gesellschaftlichen Kontext

»Unsere Truppen sind übermüdet und in erschreckender Weise zusammengeschmolzen. Die Kopfzahl der kampffähigen Infanterie einer Division beträgt selten 3000 Mann, meist ist die Infanterie einer Division etwa gleich 1–2 Bataillonen zu rechnen, in einzelnen Fällen sogar nur 2–3 Kompagnien. Sehr viele Maschinengewehre gingen verloren, und es mangelt an ausgebildeten Schützen. Ebenso hat die Artillerie recht viele Geschütze eingebüßt und leidet an dem Mangel an ausgebildeten Richtkanonieren. Bei einzelnen Armeen sind 50 Prozent der Geschütze ohne Bespannung! Auch fehlt es an Munition und gerade für besonders wichtige Geschützarten [...]. An aktiven Offizieren sind nur noch welche in den höheren Stäben zu finden, außer den Regimentskommandeuren. Die Stimmung der Truppe hat sehr gelitten und ihre Widerstandskraft verringert sich ständig, die Leute ergeben sich scharenweise bei feindlichen Angriffen, und Tausende von Marodeuren treiben sich im Etappengebiet umher. Ausgebaute Stellungen haben wir jetzt keine mehr und es lassen sich auch keine mehr schaffen. [...] Bemerken möchte ich noch, daß bei jedem neuen Rückzug wir immer einen guten Teil unseres Materials im Stich lassen müssen[40].«

»Wir hegten keinen Zweifel, daß der große Plan gelingen würde. An uns sollte es jedenfalls nicht fehlen«, erinnerte sich Ernst Jünger, stellvertretend für viele Soldaten, an die Stimmungslage zu Beginn der Offensive[41]. Schon in den ersten Tagen zeigte sich, daß der Kampfwille der Soldaten merklich nachließ. Physische Erschöpfung durch anhaltende Kampftätigkeit, wochenlange Einsätze in Geländeabschnitten, die keinerlei Unterbringung und Schutz vor der Unbill des Wetters boten sowie eine unzureichende Versorgung setzten die Leistungsfähigkeit der Soldaten spürbar herab und untergruben die Moral der Truppe. Sprunghaft stieg die Zahl der Kranken an. Das Fehlschlagen gewahr werdend, stand die Truppe nach der Beobachtung eines Angehörigen der OHL »durchweg [...] unter der Depression einer sehr großen Enttäuschung«[42]. Präzise beschrieb dieser den inneren Zustand der Truppe:

»Wir haben jetzt hier für diesen Angriff [...] recht viele Divisionen, die eben erst in der Märzoffensive mitgemacht haben, bei dieser nochmals ihre besten Offiziere und Leute verloren haben und nun notdürftig aufgefüllt sind mit Personal, das leider immer weniger wert wird. Ich muß sagen, daß mir vielfach die Truppe weniger gefällt, die jetzt hier eingesetzt wurde. Es kommt bei Offizieren und Leuten die große Enttäuschung zum Ausdruck, daß die große lange erwartete März-Offensive sich festgefahren hat und daß nun egal wo ein Angriff auf den anderen folgen soll. Sie hatten zu sehr darauf gehofft, daß dieser große Schlag den Krieg im März beenden würde. Man hatte darauf hin noch einmal allen Schneid und alle Energie zusammengerissen. Nun ist die Enttäuschung da, und sie ist groß. Das ist der Hauptgrund, warum auch artilleristisch gut vorbereitete Angriffe sich totlaufen, so bald unsere Infanterie über die stark vertrommelte Zone hinaus kommt[43].«

Der Einbruch in die Kampfmoral erfolgte nicht plötzlich, sondern war das Ergebnis eines langfristig wirksamen Prozesses. Sozial-, alltags- und mentalitätsgeschichtliche Untersuchungen haben ein differenziert-kritisches Bild des zeitgenös-

---

[40] Zit. nach: Prinz Max von Baden, Erinnerungen, S. 439 f.
[41] Jünger, In Stahlgewittern, S. 250.
[42] Thaer, Generalstabsdienst, S. 188.
[43] Ebd., S. 182.

sischen Kriegserlebnisses, dessen Vorstellung bis vor wenigen Jahren noch von ideologisierten und mythologisierten Bildern der kriegsfreiwilligen ›Jugend von Langemarck‹, von männlicher ›Schützengrabengemeinschaft‹ und vom Kampferlebnis in ›Stahlgewittern‹ bestimmt wurde, herausgearbeitet[44]. Bedingt durch die personellen Ausfälle, Belastungen und Entbehrungen des Material-, Abnutzungs- und Zermürbungskrieges nahm die Kriegsmüdigkeit unter den deutschen Soldaten seit Mitte des Krieges stetig zu und fand ihren sichtbaren Ausdruck auch in Gehorsamsverweigerungen. Die revolutionären Vorgänge in Rußland blieben nicht ohne Wirkung auf das deutsche Ostheer. Daß jedes noch so kleine Anzeichen von Indisziplin als Keim für eine großflächige Erosion gedeutet wurde und eine hektische Betriebsamkeit der militärischen Kommandobehörden auslöste, war vor allem eine Folge der Neurose des Offizierkorps vor revolutionären Umtrieben unter den Soldaten aus der Arbeiterschaft. Insgesamt gesehen nahm die Zahl der Gehorsamsverweigerungen im Frühjahr 1918 spürbar zu. Ende Mai 1918 vermerkte der bayerische Kronprinz in seinem Tagebuch, daß viele Soldaten während der Ersatztransporte straffällig wurden und fügte mit Blick auf die innere Ordnung der Armee hinzu: »Ich sehe mit schwerster Sorge dem Fortgange des Krieges entgegen«[45]. Eine »*umfassende* Auflösung der Kommandoautorität« in der deutschen Armee ist nach dem Urteil von Christoph Jahr allerdings nur in den letzten Kriegswochen zu beobachten. Aufgrund von Aktenverlusten läßt sich die Desertionshäufigkeit nicht genau quantifizieren. Schätzungen beziffern die Gesamtzahl rechtskräftiger Verurteilungen von Soldaten wegen Desertion und wegen unerlaubter Entfernung von der Truppe auf 130 000 bis 150 000, etwa ein Drittel davon im Bereich des Feldheeres. Auch bei Berücksichtigung einer entsprechenden Dunkelziffer machen diese Zahlen im Verhältnis zu insgesamt 13,5 Mill. mobilisierten Soldaten deutlich, »daß sie keinen nennenswerten Einfluß auf den Kriegsausgang haben konnten, zumal auch die gegnerischen Armeen mit ähnlichen Problemen zu kämpfen hatten[46].«

Die Durchmischung der Verbände infolge pausenloser Kampfhandlungen ließ die Zahl der Versprengten deutlich anwachsen. Immer größer wurde die Menge derer, die angaben, ihren Truppenteil verloren zu haben. Sprunghaft nahmen auch die Vermißten zu. Einzeln und in Gruppen ließen sich die Soldaten bei gegnerischen Angriffen ›überrollen‹, um sich hernach widerstandslos gefangennehmen zu lassen. Schließlich verließen Einheiten immer häufiger ihre Stellungen selbständig. Ludwig Beck, der spätere Chef des Generalstabes, hatte den Eindruck, daß die

---

[44] Vgl. dazu Frontalltag im Ersten Weltkrieg; Hüppauf, Schlachtenmythen; Unruh, Langemarck; Ulrich, Die Augenzeugen.
[45] Kronprinz Rupprecht von Bayern, Mein Kriegstagebuch, Bd 2, S. 402.
[46] Jahr, Bei einer geschlagenen Armee, S. 263. Dessen Analyse zeigt, daß trotz des in absoluten Zahlen gesehenen sprunghaften Ansteigens der Fälle von unerlaubter Entfernung die feststellbare Tendenz zur Verschärfung der Strafmaße nicht einheitlich und mit Blick auf andere Armeen durchaus moderat ausfiel.

II. Das Militär im politischen und gesellschaftlichen Kontext

Truppe ab Sommer 1918 »einfach nicht gehalten« habe, »weil sie nicht wollte«[47]. Auch in der Erinnerung Ernst Jüngers vollzog sich eine »zunehmende Umschichtung unserer Kampfkraft«[48]. Schon im Verlauf des Jahres 1917 erreichten Kriegsmüdigkeit und Friedenssehnsucht eine bis dahin nicht gekannte Intensität und Bestimmtheit. Das Ausscheiden Rußlands aus dem Krieg und die im Dezember beginnenden Friedensverhandlungen im Osten förderten die Hoffnungen der Soldaten auf ein baldiges Kriegsende. Die Aussicht eines siegreichen Friedens ließ im Frühjahr 1918 die weitverbreitete Kriegsverdrossenheit noch einmal kurzfristig in eine regelrechte Begeisterung umschlagen. Ein Unteroffizier schrieb in diesen Wochen an seine Arbeitskollegen in der Heimat:

»Dieses tägliche ›Vorwärts‹ wirkt aufmunternd und belebend auf das durch die überlange Dauer des Stellungskampfes eingetrocknete Gemüt des Soldaten, weckt es doch von neuem die Hoffnung, daß dieser neubegonnene Bewegungskrieg die endliche Entscheidung, die heißersehnte Rückkehr in die Heimat, zur geliebten Familie, zur gewohnten friedlichen Arbeit bringen könnte. Und dieser schöne Preis, der aus der Ferne so verheißend winkt, stärkt Körper und Geist und läßt das unstete Leben, das sich hier mit seinen immer gleichen Bildern an Elend, Kummer u. Sorgen abspielt, leichter ertragen[49].«

Das Scheitern der Offensive und die darauf folgenden Rückzugskämpfe im August nahmen der Mehrheit der Soldaten die illusionären Hoffnungen und konfrontierten sie mit der Unausweichlichkeit der Niederlage. Von »fundamentaler Bedeutung« für die Stimmung und Motivation der Soldaten war aber der allgemeine physische und psychische Zustand der Truppe[50]. Die physische Erschöpfung der in ununterbrochenen Kämpfen aufgeriebenen Truppe äußerte sich in weitverbreiteter Resignation und in Fatalismus. Körperliche und gesundheitliche Überbeanspruchung, permanent hohe eigene Verluste und eine schlechte Versorgungslage bei einer ständig spürbaren materiellen und personellen Überlegenheit der Gegner förderte eine Grundhaltung bei den Soldaten, sich fatalistisch der kommenden Niederlage zu fügen und/oder das eigene Leben zu sichern[51]. Am 3. Juli schrieb ein Soldat der bayerischen 2. Infanteriedivision an seine Eltern und Geschwister:

»[...] während dieser Angriffe verlor unsere Division allein 3400 Mann und 1100 Pferde, und was sonst noch kabut war, unser Bagasche hatten die Flieger vernichtet gehabt, wir lebten nur mehr von diesen, welches wir den Toten abnahmen und Pferdefleisch könnt

---

[47] Müller, General Ludwig Beck, S. 326. Am 29.9. sah sich auch Ludendorff zu dem Eingeständnis gezwungen, »die O.H.L. und das deutsche Heer seien am Ende [...] Auf die Truppen sei *kein* Verlaß mehr«, zit. nach Thaer, Generalstabsdienst, S. 234.

[48] »Für den eigentlichen Stoß konnte man nur noch auf wenige Leute rechnen, die sich indessen zu einem Schlag entwickelt hatten, während die Masse der Mitläufer höchstens als Feuerkraft in Frage kamen. Unter diesen Verhältnissen war man oft lieber Führer einer entschlossenen Gruppe als einer zaghaften Kompanie.« Jünger, In Stahlgewittern, S. 309.

[49] Zit. nach: Frontalltag im Ersten Weltkrieg, S. 197.

[50] Jahr, Bei einer geschlagenen Armee, S. 180.

[51] Vgl. dazu auch das Stimmungsbild bei Remarque, Im Westen nichts Neues, S. 254 f. Bei den unterversorgten deutschen Soldaten kam es bei Vorstößen in die gegnerischen Linien angesichts der dort vorgefundenen Vorräte zu regelrechten Plünderungsexzessen, die zugleich ernüchternde Einblicke in die eigene materielle Unterlegenheit offenbarten. Vgl. dazu Deist, Verdeckter Militärstreik, S. 152.

Euch ein Bild machen mit denen Leichen bauten wir nur mehr Deckungen für unsere Gewehre, Ihr sollt nur einmal den Geruch riechen, niemand kann beerdigt werden, überhaupt die Pferde, es liegen Leichen herum die schon vor 4 Wochen gefallen sind, und die Hitze jetzt, ach ganz verzweifeln möchte mann, jetzt halt man zurück auch kein Ruh mehr die Flieger kehren die ganze Welt um [...][52].«

Nachlassende Kampfkraft und -motivation äußerten sich nur in Ausnahmefällen in Gestalt offener Befehlsverweigerung. Zu einem Massenphänomen wuchs sich hingegen die indirekte Risikoverweigerung der Soldaten aus. Vom militärischen Führungsapparat als ›Drückebergertum‹ moralisch abqualifiziert, erreichte diese spätestens mit dem Einsetzen der alliierten Gegenoffensiven ein militärisch-operativ relevantes Ausmaß, das Wilhelm Deist als ›verdeckten Militärstreik‹ charakterisiert: Die Zahl der Verwundeten stieg in den letzten Monaten des Krieges derart an, daß die Sanitätsdienststellen der Lage organisatorisch nicht mehr Herr wurden und der Strom der Leichtverwundeten in die Heimat zunehmend ihrer Kontrolle entglitt. Die weitverzweigte Organisation des Feldheeres bot zahlreiche Möglichkeiten, sich dem Frontdienst zu entziehen. Ersatztransporte aus der Heimat oder Truppentransporte von der Ost- zur Westfront wiesen vielfach einen Schwund von 10 bis 20 Prozent auf. Vielen Soldaten gelang es offenbar mühelos in der rückwärtigen Organisation des Heeres für längere Zeit unterzutauchen[53]. Auch vor dem Hintergrund der gravierenden lebensweltlichen Gegensätze überrascht es nicht, daß die Angehörigen der Fronttruppe in den Soldaten der Etappe eine Keimzelle der Revolution erblickten[54].

Fehlendes Aktenmaterial und eine Fülle nicht mehr rekonstruierbarer Formen, sich dem Einsatz in der Frontzone zu entziehen, haben zur Folge, daß sich die Zahl der Soldaten, die sich dem Risiko des Kampfes verweigerten, nur tendenziell schätzen läßt. Vermutlich bis zu einer Mill. Soldaten waren Teil dieser Massenbewegung der letzten Kriegsmonate, die getragen wurde von dem Ziel der eigenen Lebenssicherung. Der ›verdeckte Militärstreik‹ entzog dem Garanten des bestehenden Herrschaftssystems, der Armee, die Grundlage ihres Handelns. Dabei spielten die politischen Strömungen der Heimat nur eine nachgeordnete Rolle. Nicht ein gebündelter Protest über soziale Mißstände in der Armee oder eine revolutionäre Politisierung, sondern in erster Linie enttäuschte Erwartungen und eine kollektive Erschöpfung führten zum Zusammenbruch des Herrschaftssystems an der Westfront[55]. Schließlich war die Stimmungslage in der Armee auch das Ergebnis der Wechselwirkungen zwischen Front und Heimat. Überall registrierten die militärischen Kommandostellen, daß die Stimmung der Soldaten in den Heimatgarnisonen gärte[56]. Bei Verlegungen an die Westfront kam es wiederholt zu Insubordinationen gegenüber Vorgesetzten, Ausschreitungen und Übergrif-

---

[52] Zit. nach: Frontalltag im Ersten Weltkrieg, S. 186.
[53] Vgl. Deist, Verdeckter Militärstreik; Kruse, Krieg und Klassenheer.
[54] Vgl. Brüning, Memoiren, S. 21, 25; Wandt, Etappe Gent.
[55] Vgl. dazu insbesondere Ziemann, Enttäuschte Erwartung.
[56] Zur Wechselwirkung zwischen der Stimmungslage der Soldaten und den Lebensbedingungen in den Garnisonen, insbesondere wegen schlechter Unterbringung, unzureichender Verpflegung und menschenunwürdiger Behandlung siehe Ay, Die Entstehung einer Revolution, S. 104 ff.

fen. Bei Demonstrationen solidarisierten sich Soldaten mit Frauen, die der Protest gegen die Lebens- und Arbeitsbedingungen auf die Straße trieb[57]. Aus dem Heimaturlaub kehrten viele Soldaten demotiviert zu ihren Truppenteilen zurück, nach den Beobachtungen der Militärbehörden »wie von einem unseligen Gifthauch angesteckt«[58].

Die Wehrpflichtarmee des kaiserlichen Deutschlands stand in einem vielschichtigen Interdependenzengeflecht mit der Gesellschaft, aus der sie hervorging und deren Spannungs- und Bruchlinien auch in die Streitkräfte hineinreichten. Der vielbeschworene ›Geist von 1914‹, der eine kurzwährende Phase gesellschaftspolitischer Geschlossenheit zu Beginn des Krieges mythisch verklärte, lag nur als dünne Tünche über dem schwelenden Konfliktpotential der wilhelminischen Gesellschaft. Obwohl sich vor dem Krieg »Ansätze zu einer behutsamen Öffnung des gesellschaftlichen Systems im Sinne vertikaler Mobilität« abgezeichnet hatten, waren die Klassengrenzen nicht fließend, so daß das Kaiserreich weiterhin eine scharf segmentierte Gesellschaft »mit einer festgefügten Sozialordnung von beträchtlicher Rigidität« blieb[59]. Die katastrophale Nahrungsmittelversorgung und eine beträchtliche Verminderung des Lebensstandards wirkten spannungsverschärfend. Mit zunehmender Dauer des Krieges verschmolzen der Unmut über die materiellen Nöte und der Wunsch nach Beendigung des Krieges zu einer allgemeinen Unzufriedenheit, die sich gegen überkommene ökonomische, soziale und politische Strukturen der Gesellschaftsordnung des Kaiserreichs richtete[60]. Trotz der Anstrengungen der Zensurbehörden war die Ausstrahlung der russischen Friedenspropaganda des Petrograder Arbeiter- und Soldatenrates und danach der Bolschewiki unter Vladimir I. Lenin und Lev D. Trockij auf die öffentliche Meinung in Deutschland weitreichend. Appelle, das ›Joch des Kapitalismus‹ abzustreifen und den Krieg durch einen Frieden ›ohne Annexionen und Kontributionen‹ zu beenden, blieben bei den kriegsmüden Massen der Mittelmächte nicht ohne Wirkung; das revolutionäre Beispiel wirkte anfeuernd und reizte zur Nachahmung[61]. Die seit Sommer 1916 öffentlich geführte Kriegszieldiskussion einflußreicher annexionistischer Gruppen in Schwerindustrie, Großlandwirtschaft und in den Rechtsparteien nährte Zweifel an den offiziellen Verlautbarungen, daß das Reich einen ›Verteidigungskrieg‹ führte. Die Nachrichten von der Revolution in Rußland wirkten mobilisierend auf Friedenssehnsucht und Protestbereitschaft. Die harte

---

57 Siehe dazu Beispiele in: Ebd., S. 122, 186 f.
58 So der Stimmungsbericht des stellv. Generalkommandos XIII. A.K. vom 16.9.1918, zit. nach: Militär und Innenpolitik, Bd 2, S. 963.
59 Mommsen, Bürgerstolz, S. 70 f. Vgl. dazu auch Mai, »Verteidigungskrieg«. In seiner sozialgeschichtlichen Analyse der Ursachen für die Revolution arbeitet Jürgen Kocka heraus, daß sich die klassengesellschaftlichen Grundstrukturen der wilhelminischen Gesellschaft während des Krieges sogar noch zuspitzten. Kocka, Klassengesellschaft. Zur inneren Entwicklung Deutschlands während der ersten Kriegsmonate siehe auch Kruse, Krieg und nationale Integration; Raithel, Das »Wunder« sowie Verhey, Der »Geist von 1914«.
60 Vgl. dazu Ullrich, Kriegsalltag sowie den Literaturbericht über die große Fülle regional- und stadtgeschichtlicher Untersuchungen zum Kriegsalltag der Bevölkerung von Krumeich, Kriegsalltag.
61 Vgl. Ullrich, Die nervöse Großmacht, S. 513 ff.

deutsche Verhandlungsführung in Brest-Litovsk rief deshalb vor allem in der Arbeiterschaft Unmut und Kritik hervor, drohte diese doch den langersehnten Friedensprozeß zu torpedieren. Während die Vaterlandspartei ungehindert ihre Kriegszielagitation entfalten durfte, wurden Kriegsgegner, gleich welcher Art, unnachgiebig verfolgt. Gesellschaftspolitische Veränderungen im Inneren, allen voran die Reform des preußischen Dreiklassenwahlrechts, kamen über Lippenbekenntnisse nicht hinaus[62]. Anfang 1918 entlud sich die aufgeheizte Situation in einer großen Streikbewegung. Ein kurzes Stimmungshoch, das Soldaten wie Bevölkerung zu Beginn der Frühjahrsoffensive gleichermaßen ergriff, konnte die Bruchlinien des wilhelminischen Herrschaftssystems nicht mehr kitten. Nur zeitweilig traten Kriegsmüdigkeit und Protestbereitschaft auch in Teilen der Arbeiterschaft unter dem Eindruck eines nahe bevorstehenden Endes der Kämpfe und vielleicht sogar eines militärischen Sieges in den Hintergrund[63]. Diese Aussicht verglühte indes wie eine Sternschnuppe.

c) Wahrnehmungen und Handeln der Verantwortlichen

Mit ihrer Kriegszielpolitik im Osten und der Offensive im Westen hatte die OHL alles auf eine Karte gesetzt und sich damit in die Sackgasse manövriert. Kurz nach dem Krieg schrieb Ludendorff, daß er sich über den »Gedanken, ob es mit Rücksicht auf den Halt des Heeres und unsere Einsatzverhältnisse vorteilhafter sei, zur Abwehr überzugehen, [...] in ernstem Nachdenken Rechenschaft abgelegt« habe. Er verwarf diese Überlegung, weil er »abgesehen von der ungünstigen Einwirkung auf unsere Verbündeten« fürchtete, »daß das Heer Abwehrkämpfe, die dem Feinde das Zusammenlegen seiner gewaltigen Hilfsmittel auf einzelnen Schlachtfeldern eher gestatteten, schwerer ertragen würde als Angriffsschlachten«[64]. Als deutlich wurde, daß das Vabanquespiel nicht aufgegangen war, blieben Konsequenzen aus. Mangels konzeptioneller Alternativen klammerte sich Ludendorff an den Offensivgedanken und definierte als Ziel der deutschen Kriegführung die Zermürbung des Gegners. Dazu fehlten indes die zeitlichen und vor allem die personellen und materiellen Voraussetzungen.

Ungeachtet vorhandener Zweifel stellte Ludendorffs Umfeld das verlustreiche ›Weiterwursteln‹ des Ersten Quartiermeisters nicht nachhaltig in Frage[65]. Ludendorff selbst äußerte sich gegenüber dem Generaladjutanten des Kaisers darüber, daß »manchmal Tiefstand der Stimmungen« in den Kommandobehörden und Stäben herrschte. »Man rate ihm ab, die Offensive fortzusetzen, er überspanne den Bogen, aber er müsse es riskieren«[66]. Der bayerische Kronprinz, selbst Oberbe-

---

[62] Vgl. Ullrich, Zur inneren Revolutionierung, S. 275.
[63] Vgl. ebd., S. 278 f.
[64] Ludendorff, Meine Kriegserinnerungen, S. 516.
[65] Am 31.3.1918 notierte Wilhelm Ritter von Leeb in sein Tagebuch: »Nach Ansicht Ludendorffs soll man da weiter operieren, wo man einen taktischen Erfolg hat, mit anderen Worten, die OHL hat überhaupt keinen bestimmten Operationsplan!!« Generalfeldmarschall Wilhelm Ritter von Leeb, S. 112.
[66] Der Weltkrieg 1914-1918, Bd 14, S. 422, Anm. 1.

fehlshaber einer Heeresgruppe, war sich bereits im Mai sicher, daß die OHL »im Grunde selbst nicht mehr an die Möglichkeit einer uns günstigen Entscheidung« glaube. Doch statt daraus Konsequenzen zu ziehen, betreibe man, so der kritische Beobachter, eine »Vogel-Strauß-Politik«[67]. Die Verantwortung für das Desaster versuchte Ludendorff auf die Befehlshaber oder die Soldaten abzuwälzen[68]. Die Rastlosigkeit und sein halsstarriges Festhalten an der Offensive waren vermutlich weniger Ausdruck von ungebrochenem Ehrgeiz als vielmehr eine Flucht aus der eigenen Ratlosigkeit. In der Beschäftigung mit Einzelheiten und taktischen Detailfragen, wie sein Umfeld beobachtete, kam Ludendorff überhaupt nicht zum gründlichen Nachdenken. Eine überbordende Arbeitslast bot die Möglichkeit, unbequeme selbstkritische Überlegungen zu umgehen[69]. Noch Mitte September notierte Major Edwin von Stülpnagel, der erste Quartiermeister könne sich, trotz täglicher Warnungen seiner Mitarbeiter, nicht dazu überwinden, die Situation dem Reichskanzler ungeschminkt darzulegen[70]. Realitätsverdrängung ließ sich auch bei Teilen der Generalität beobachten.

»Die meisten Generale«, beklagte der letzte Generalquartiermeister, General Wilhelm Groener, »waren während des ganzen Krieges in einer gefährlichen Selbsttäuschung befangen. Sie erkannten nicht die wahre strategische und politische Lage, sie blieben hängen mit ihren Gedanken an den schönen Erfolgen auf den Kampffeldern, sie waren stolz auf die Haltung und die Waffentaten ihrer Truppen und waren zum Teil geneigt, selbst schwere Rückschläge leicht zu nehmen. Welche Gefahren aber in dem Nichterreichen strategischer Ziele bei Kampfhandlungen lagen, kam ihnen fast gar nicht zu Bewußtsein. Dazu kam noch als besonders gefährlich für die Entwicklung der Verhältnisse der Mangel an psychologischem Verständnis für die Masseninstinkte bei einem reinen Volksheer von nur kurzfristiger Ausbildung[71].«

Ungeachtet mentalitätsgeschichtlich nachzuzeichnender Denk- und Verhaltensmuster lassen sich viele Reaktions- und Handlungsschemata der militärisch Verantwortlichen am Ende des Ersten Weltkrieges nur sozialpsychologisch erklären[72]. Als sich Ludendorff in eine Depression flüchtete, blieb einigen jüngeren Offizieren seiner Umgebung die Initiative vorbehalten, die Reichsleitung, ohne das Wissen

---

[67] Kronprinz Rupprecht von Bayern, Mein Kriegstagebuch, Bd 2, S. 401.
[68] Vgl. ebd., Bd 2, S. 357; Generalfeldmarschall Wilhelm Ritter von Leeb, S. 109.
[69] Siehe dazu die entsprechenden zeitgenössischen Bewertungen in Storz, »Aber was hätte anderes geschehen sollen?«, S. 94 f.
[70] Asprey, The German High Command, S. 466. Am 27.6.1917 schrieb der General Ludwig von Gebsattel dem bayerischen Kriegsminister: »Von Beginn des Krieges an war bei höheren und sehr hohen Kommandostellen alsbald zu erkennen, zu fühlen und sehr deutlich zu spüren, daß Meldungen, die ungünstiges berichteten, die der betr. Stelle oder Persönlichkeit nicht ›in ihren Kram‹ paßten, sehr übel aufgenommen wurden. Die meldende Stelle oder Person wurde der Schwarzseherei, des Pessimismus, mangelnder Energie oder etwas noch Schlimmeren beschuldigt, hart angelassen, ihr sogar ziemlich deutlich gesagt, bei solchem Verhalten könne man sie nicht brauchen u. dergl. [...].« Zit. nach: Frontalltag im Ersten Weltkrieg, S. 194.
[71] Undatierte Denkschrift Groeners, zit. nach: Epkenhans, Die Politik, S. 229 f.
[72] Während der Frühjahrsoffensive fielen Truppenbefehlshaber dadurch auf, daß sie »mit kolossalem Wortschwall ihre Erfolge« meldeten und »dabei übertrieben in unverantwortlicher Weise«. »Die OHL ist darauf hereingefallen«, urteilte ein zeitgenössischer Betrachter, »glaubte, dort billige taktische Erfolge zu erringen, und hat nun die Folgen der preußischen Kaltschnäuzigkeit zu tragen. Ein Jammer!« Generalfeldmarschall Wilhelm Ritter von Leeb, S. 113.

ihres Chefs, in aller Offenheit über die aussichtslose militärische Lage aufzuklären[73].

Die deutschen Ausfälle der Frühjahrsoffensiven überstiegen die großen Verluste des Gegners, die personellen Reserven waren erschöpft und weite Fronten von kampffähigen Verbänden entblößt. Durchbrüche der alliierten Gegenoffensiven im Westen konnten nur unter Inkaufnahme weiterer hoher Verluste verhindert werden. Beim englischen Angriff bei Amiens am 8. August 1918 gingen bereits am ersten Tag etwa 27 000 Mann verloren, davon 15 000 als Gefangene – ein Indiz für die Erosion der Kampfbereitschaft und -fähigkeit der Truppe. Die Westfront ließ sich nicht mehr auf Dauer halten, die deutschen Verbände wichen Stück um Stück zurück. Ende September brach die Saloniki-Front unter den Offensiv-Schlägen englischer und französischer Verbände zusammen und bedrohte das von deutschen Truppen weitgehend freie Bulgarien. Zur gleichen Zeit stand auch die Türkei vor dem militärischen Zusammenbruch. Am 14. September wurde das Friedensersuchen Österreich-Ungarns, wenige Tage später das Bulgariens, bekannt. Damit war die Südostflanke der Mittelmächte ungeschützt[74].

Angesichts dieser Lagezuspitzung drängten die Mehrheitsparteien des Reichstages seit Anfang September darauf, die Voraussetzung für einen Verhandlungsfrieden auf der Linie der Vorschläge Woodrow Wilsons durch Umbildung der Regierung zu schaffen. Die Parlamentarier, von der OHL in Unklarheit gelassen, sahen dazu noch immer die grundsätzliche Möglichkeit[75]. Nach vorangegangenen Debatten verständigte sich die Reichstagsmehrheit auf ein förmliches Regierungsprogramm, das die Parlamentarisierung der Regierung, die Liberalisierung des öffentlichen Lebens und eine entschiedene Abkehr von den bisher immer noch offiziell vertretenen Kriegszielen vorsah. Überholt wurde diese Entwicklung durch Ludendorff selbst, der nach dem Einsetzen erneuter Angriffe der Alliierten am 26. September den Zusammenbruch der Westfront befürchtete und nun durch den raschen Abschluß eines Waffenstillstands die Notbremse zu ziehen versuchte. Dafür war der Reichstag die einzige zentrale Instanz, welche durch die Kriegsverfassung nicht in Mitleidenschaft gezogen worden war. Eine aus ihm hervorgegangene Regierung, demokratisch legitimiert und damit aus alliierter Sicht verhandlungswürdig, sollte nach dem Kalkül der OHL einen Ausweg aus der durch die Militärs herbeigeführten Situation finden[76]. Ludendorffs Äußerungen vor Offizieren am 29. September belegen, daß die Militärspitze nicht gewillt war, selbst Konsequenzen zu ziehen, sondern statt dessen begann, die Verantwortung auf andere abzuwälzen. Er habe, so erinnerte sich einer der Anwesenden, den Kaiser

»gebeten, jetzt auch diejenigen Kreise an die Regierung zu bringen, denen wir es in der Hauptsache zu danken haben, daß wir so weit gekommen sind. Wir werden also diese Herren jetzt in die Ministerien einziehen sehen. Die sollen nun den Frieden schließen,

---

[73] Aufzeichnung des Generalmajors a.D. Hans von Haeften über die Entstehung der Waffenstillstandsforderung innerhalb der OHL, wiedergegeben in: Militär und Innenpolitik, Bd 2, S. 1284.
[74] Zum Zusammenbruch der Donaumonarchie siehe Herwig, The First World War, S. 352 ff.
[75] Vgl. auch die zusammenfassenden Darstellungen des Zusammenbruchs bei Mommsen, Bürgerstolz, S. 810 ff.; Ullrich, Die nervöse Großmacht, S. 557 ff.
[76] Vgl. Deist, Militär, Staat und Gesellschaft, S. 152.

der jetzt geschlossen werden muß. Sie sollen die Suppe jetzt essen, die sie uns eingebrockt haben[77].«

Vernunft und Irrationalität, Verantwortungsbewußtsein und persönliches Interesse verschmolzen bei den militärischen Verantwortlichen zu einer unauflöslichen Melange. Ein besonders eindringliches Beispiel dafür ist das Agieren der Seekriegsleitung. Diese verfolgte mit ihrer am Tag nach der Waffenstillstandsforderung der OHL angeordneten Zusammenziehung der Hochseeflotte nicht etwa Ziele, die sich am Wohl der Nation orientierten. Die Marineführung ventilierte den selbständigen Plan, letztmalig die britische Flotte zur Schlacht zu stellen. Militärisch gesehen war ein solcher Vorstoß weder zu rechtfertigen noch zu verantworten. Hinter der Fassade eines überkommenen Ehrbegriffs verbargen sich handfeste ressortegoistisch motivierte Interessen. Mit dem pathetisch zum Opfergang verklärten Amoklauf wider alle militärische Vernunft und Verantwortung sollte die gesellschaftliche Stellung des Seeoffizierkorps und der Machtanspruch einer Marine, die trotz ihres Verbrauchs kriegswirtschaftlicher Ressourcen faktisch kaum in Erscheinung getreten war, nach dem Krieg legitimiert werden[78].

Die politischen Kräfte waren auf die Aufgabe, welche ihnen unvermittelt zugewiesen wurde, weder sachlich noch personell vorbereitet. Zudem setzte die OHL die Verhandlungen über die Regierungsbildung unter starken Druck. In der sozialdemokratischen Fraktion war die Beteiligung an der neuen Regierung nicht unumstritten. Gleichwohl sahen die führenden Kräfte keine Alternative zu einer Beteiligung, wohl wissend, daß sie damit für etwas verantwortlich gemacht werden sollten, was sie gar nicht zu verantworten hatten. In der Öffentlichkeit wirkte die Nachricht, Deutschland habe um einen Waffenstillstand nachgesucht, wie ein Schock. Fatalerweise verharrte die Regierung unter der Führung Prinz Max' von Baden in Passivität, die tatsächlichen Hintergründe öffentlich bekanntzumachen.

Mitte Oktober vollzog die militärische Führung eine erneute plötzliche Kehrtwende. Ohne eine grundlegende Änderung der Lage zeichneten die militärisch Verantwortlichen plötzlich ein wesentlich positiveres Bild und forderten von der neuen Regierung den Widerstand. So fragte die OHL am 20. Oktober an:

»Will das deutsche Volk um seine Ehre nicht nur in Worten, sondern tatsächlich bis zum letzten Mann kämpfen und sich damit die Möglichkeit des Wiederersteheens sichern oder will es sich zur Kapitulation und damit zum Untergang vor der äußersten Kraftanstrengung drängen lassen?«

Im Kabinett konnte man sich nicht des Eindrucks erwehren, daß hier höhere Werte deshalb beschworen wurden, um von der eigenen Verantwortung abzulenken[79]. Die Gedanken Ludendorffs und Hindenburgs kreisten vor allem um die

---

[77] Thaer, Generalstabsdienst, S. 235.
[78] Vgl. Groß, Eine Frage der Ehre?, S. 364 f.; Deist, Die Politik der Seekriegsleitung; Epkenhans, Die kaiserliche Marine.
[79] Vgl. Prinz Max von Baden, Erinnerungen, S. 460 ff. Selbst Truppenbefehlshaber, die genaue Einblicke in den Zustand der eigenen Verbände hatten, vollzogen plötzlich irreal anmutende Meinungs- und Argumentationswechsel. »Wir haben überall standgehalten und der Gegner nähert sich dem Ende seiner Kräfte. Die Entente wird sich ins Fäustchen lachen, pfeift selbst aus dem letzten Loch und erreicht nun alles! Ich kann es immer noch nicht begreifen, daß wir den Krieg in diesem Umfang für verloren geben. Ludendorff hat eben seine Nerven verloren und fällt von ei-

Sicherung ihrer Pfründe. Als Reaktion auf die dritte Wilson-Note, die jede Verhandlung mit den »militärischen Beherrschern und monarchischen Autokraten Deutschlands« kategorisch ausschloß[80], bezeichnete Hindenburg ohne Rücksprache mit der Reichsleitung in einem Aufruf an die Armee die Forderungen Wilsons als »unannehmbar«, als einen Beweis dafür, »daß der Vernichtungswille unserer Feinde, der 1914 den Krieg entfesselte, unvermindert fortbesteht«. Für die Soldaten, so proklamierte Hindenburg, könne die Antwort nur darin bestehen,

> »den Widerstand mit äußersten Kräften fortzusetzen [...]. Wenn die Feinde erkennen werden, daß die deutsche Front mit allen Opfern nicht zu durchbrechen ist, werden sie zu einem Frieden bereit sein, der Deutschlands Zukunft gerade für die breiten Schichten des Volkes sichert[81].«

Im völligen Gegensatz dazu stand die Einschätzung einzelner Truppenführer, wie beispielsweise die des bayerischen Kronprinzen am 16. Oktober:

> »Ernsten feindlichen Angriffen können wir bei dem Fehlen von Reserven nicht mehr standhalten. Gelingt es uns, durch Zurückgehen hinter das starke Hindernis der Maas unsere Front wesentlich zu verkürzen, können wir günstigenfalls ein bis zwei Monate dort aushalten, aber nur dann, wenn Hollands Neutralität nicht vom Gegner verletzt oder Holland nicht zur Parteinahme gegen uns gezwungen wird, und die österreich-ungarischen Truppen nicht von der Westfront abberufen werden. [...] Ludendorff erkennt nicht den Ernst der Lage. Unter allen Umständen müssen wir zum Frieden gelangen, ehe der Gegner sich den Weg nach Deutschland erzwingt, denn dann wehe uns[82]!«

In einer Aussprache mit dem Kaiser erreichte Prinz Max von Baden am 26. Oktober die Ablösung Ludendorffs. Quasi über Nacht verflog dessen Nimbus. Das Offizierkorps der Armee nahm den Weggang des »Gewaltmenschen« Ludendorff eher beiläufig zur Kenntnis[83]. Am gleichen Tag verabschiedete der Reichstag mehrere Gesetze, die den Übergang zur parlamentarischen Regierungsweise besiegelten. Im Alltag waren die Oktoberreformen [noch] nicht zu spüren. Der wilhelminische Obrigkeitsstaat schien unverändert weiterzubestehen. Der Belagerungszustand legitimierte die militärischen Stellen weiter, Zensurmaßnahmen und Versammlungsverbote zu erlassen. Statt Amnestie für alle politischen Gefangenen bestand die Repression fort. Wilhelm II. sperrte sich gegenüber allen Forderungen nach Abdankung, um damit den Friedensprozeß nicht zu blockieren und der amtierenden Regierung innen- wie außenpolitischen Handlungsspielraum zu verschaffen. Am 8. November phantasierte der Monarch den Aufzeichnungen seines letzten Flügeladjutanten zufolge von einem neuen Mirakel des Hauses Brandenburg:

> »Jetzt heißt es Kampf gegen den Bolschewismus in Europa. Es ist nicht ausgeschlossen, daß die Engländer mir noch Truppenhilfe anbieten, um den Bolschewismus in Deutschland zu unterdrücken[84]!«

---

nem Extrem ins andere. Er allein hat uns in diese mißliche Lage gebracht«, notierte Wilhelm Ritter von Leeb Anfang Oktober 1918. Generalfeldmarschall Wilhelm Ritter von Leeb, S. 142.
80 Prinz Max von Baden, Erinnerungen, S. 492 f.
81 Aufruf Hindenburgs vom 24.10.1918, wiedergegeben in: Militär und Innenpolitik, Bd 2, S. 135.
82 Prinz Max von Baden, Erinnerungen, S. 440.
83 So die Charakterisierung von Generalfeldmarschall Wilhelm Ritter von Leeb, S. 115.
84 Ilsemann, Der Kaiser, Bd 1, S. 35.

II. Das Militär im politischen und gesellschaftlichen Kontext

Währenddessen begann die Armee ihre Loyalität aufzukündigen[85].

Am 9. November proklamierte der Sozialdemokrat Philipp Scheidemann unter dem Druck der Situation von einem Fenster des Reichstagsgebäudes die deutsche Republik. Am darauffolgenden Morgen flüchtete Wilhelm II. aus Sorge, revolutionären Truppen in die Hände zu fallen, ins Exil nach Holland. Am 11. November 1918 setzte als Leiter der deutschen Waffenstillstandsdelegation der Politiker Matthias Erzberger seine Unterschrift unter das Abkommen. Der Delegation gehörte kein hochrangiger Militär an.

Mit Bezug auf das Geschehen am Ende des Zweiten Weltkrieges stellt sich zunächst die Frage, ob und in welchem Umfang persönliche Erlebnisse aus der Zeit des militärischen Zusammenbruchs des Kaiserreichs das Verhalten der Akteure im Jahr 1944/45 beeinflußten. Die Ereignisse trennte die zeitliche Distanz von fast einem Vierteljahrhundert. In den Rechtfertigungsstrategien der Verantwortlichen fehlte es nach dem Zweiten Weltkrieg nicht an Hinweisen, in den Entscheidungsgängen habe stets auch die Erinnerung an 1918 eine Rolle gespielt. Im amtlichen Schriftgut sowie in zeit- und ereignisnahen autobiographischen Aufzeichnungen tritt dieses Moment jedoch, soviel läßt sich an dieser Stelle vorwegnehmen, nicht besonders hervor. Das gleiche gilt für die Inhalte der NS-Propaganda: Deren Reminiszenzen an 1918 reihten sich ein in den schillernden Gesamtkanon ideologischer Wirklichkeitsdeutungen. Zwar steht das höhere Offizierkorps der Wehrmacht für personelle Kontinuität. Doch die Erinnerung zahlreicher Truppenbefehlshaber, die den Ersten Weltkrieg zumeist aus der Perspektive der Frontoffiziere erlebt hatten, war durch die Nachkriegsrezeption bis zur Unkenntlichkeit verzerrt. Die allgemein akzeptierte Annahme, wonach der Erste Weltkrieg eine Schlüsselerfahrung in der Biographie der meisten Wehrmachtgenerale darstellte, gründet nicht auf empirische Erkenntnisse. Die methodischen Probleme erscheinen unüberwindbar, gilt es doch, aus der im Zeitraum 1933 bis 1945 mehr als 2300 Personen umfassenden Gruppe der Generale und Admirale, trotz der schwierigen Vergleichbarkeit von Funktion und Position, Ort und Zeit, Aussagen von repräsentativem Charakter zu gewinnen. Zur Frage, inwieweit das Kriegserlebnis auf die viel weitergehenden Zivilisationsbrüche des Zweiten Weltkrieges vorbereitete, zieht Johannes Hürter eine erste desillusionierende Zwischenbilanz: »Von mehr als ›Tendenzen‹, ›Ansätzen‹ und ›Vorahnungen‹ darf wohl nicht ge-

---

85 Dieses wurde anläßlich des Besuchs von General Groener und mehreren Dutzend Truppenbefehlshabern im Hauptquartier in Spa deutlich. Über die Zusammenkunft schrieb Groener später: »Nur einer der Herren hielt einen Kampf unter dem Ruf ›für König und Vaterland‹ für möglich, freilich unter der Bedingung: ›Falls wir in der Lage sind, genügend zuverlässige Teile aus der Armee herauszulösen, muß der Kampf mit der Heimat aufgenommen werden.‹ Ein zweiter wollte den Kampf mit der Heimat mit der Parole führen: Rettung der Heimat vor russischen Greuelzuständen und Niederwerfung der Verräter, die uns im kritischen Augenblick in den Rücken fielen. Die Parole, dem Kaiser sein Reich wiederzuerobern, sei weniger zugkräftig [...]. Die übrigen Herren hielten das Heer für nicht bereit, gegen die Revolution und für den Kaiser zu kämpfen. Die Mehrzahl verlangte Verhandlungen mit der neuen Regierung, um die Monarchie zu retten, fast alle forderten aus dem gleichen Grund, daß der Kaiser sich opfere und abdanke.« Groener, Lebenserinnerungen, S. 458 f.

sprochen werden[86].« Die Sorge vor spürbaren sozialen Folgen einer Niederlage derjenigen, die nichts als das Kriegshandwerk erlernt hatten, bedurfte keineswegs erst der Erlebnisse von 1918. Die Masse derer, die den nationalsozialistischen ›Endkampf‹ als Mannschaftssoldaten oder jüngere Frontoffiziere ausfochten, konnte sich aufgrund ihres Lebensalters kaum an den Zusammenbruch von 1918 erinnern; die meisten von ihnen kannten die Ereignisse nur aus dem Schulbuch oder aus Erzählungen.

Wichtiger für die nachfolgenden Betrachtungen sind die charakteristischen Merkmale, die durch die Analyse des militärischen Zusammenbruchs der kaiserlichen Armee herausgearbeitet werden konnten. In diesem Zusammenhang ist an erster Stelle zu erwähnen, daß das Militär sowohl in der Politik als auch in der Gesellschaft des Kaiserreichs eine dominierende Stellung einnahm. Hindenburg und Ludendorff übten einen entscheidenden Einfluß in allen grundsätzlichen Fragen der Kriegführung aus. Das Denken der Militärspitze wurde bestimmt vom Primat des Kriegshandwerks, das der traditionellen Diplomatie kaum Einfluß- und Gestaltungsmöglichkeiten zugestand. Reziprok zur Verkleinerung der politischen Handlungsspielräume erfuhr die Beschäftigung mit operativ-taktischen Einzelfragen der Kriegführung einen immer höheren Stellenwert in der Gedankenwelt der obersten militärischen Führung. Die Hoffnung auf eine kriegsentscheidende Wirkung knüpfte sich schließlich an einzelne militärische Operationen. An die Stelle strategischer Konzepte trat die Kernerarbeit operativ-taktischer Detailfragen. Der Umstand, daß die Frage der Kriegsbeendigung öffentlich diskutiert wurde, sollte sich als entscheidend erweisen. Mit dem Reichstag stand, ungeachtet seiner bis dahin geringen politischen Einflußmöglichkeiten, eine entsprechende Kommunikationsplattform zur Verfügung. Und mit der Reichstagsmehrheit existierten Kräfte, die für die politische Beendigung des Krieges eintraten. Daß die Militärs wenig später die Verantwortung am Ausgang des Krieges auf die Politik abwälzten, verdient Erwähnung, fällt jedoch thematisch in die Nachkriegszeit bzw. in die Frühphase der Weimarer Republik, die nicht mehr Gegenstand unserer Betrachtungen ist.

Unter der Prämisse der Ressourcenmobilisierung dehnte sich der Einfluß der Militärbefehlshaber in nahezu jeden Bereich des öffentlichen Lebens aus. Front und Heimat waren klar voneinander getrennt. Gleichwohl erreichte die öffentliche Kontroverse über die deutschen Kriegsziele bzw. über die Fortführung des Krieges, wenn auch durch den Filter der Zensur und mit zeitlicher Verzögerung, die Fronttruppenteile. Unmittelbarer wurden die Soldaten im Reichsgebiet mit der Forderung nach einem Ende der Kämpfe konfrontiert. Die Belastungen des Kriegsalltags, zu denken ist hier insbesondere an eine sich verschärfende Lebensmittelversorgung sowie an die Mobilisierung von Arbeitskräften für die Kriegswirtschaft, ließen die der Gesellschaftsordnung des Kaiserreichs innewohnenden sozialen Spannungslinien aufbrechen. Der Versuch der repressiven Integration durch das Regime der Militärbefehlshaber scheiterte. Die öffentlichen Proteste bis hin zu Streikbewegungen vollzogen sich unter den Augen oder mit der Beteiligung

---

[86] Hürter, Kriegserlebnis, S. 770.

von Soldaten, die sich in den Garnisonen im Reichsgebiet aufhielten. Durch Rekrutentransporte übertrug sich diese Stimmungslage auf die Fronttruppe und wurde verstärkt durch die Überbeanspruchung der Armee. Die Militärjustiz, deren Aufgabe es war, mit repressiven Maßnahmen Desintegrationserscheinungen der militärischen Ordnung zu verhindern, zeigte sich in ihrer Urteilspraxis nicht wesentlich rigider als die Militärgerichtsbarkeit der gegnerischen Armeen. Auch wiesen die Möglichkeiten, sich dem Kampfgeschehen zu entziehen, besondere Charakteristika auf. Die über mehrere Wochen und Monate anhaltenden Kämpfe des Stellungskrieges vollzogen sich innerhalb festgefügter Fronten und mit einem hohen Maß an Routine und Verläßlichkeit. Die Situation war, ungeachtet der unvermindert hohen Gefahr für Leben und Gesundheit, für die Soldaten berechenbar. Der von Wilhelm Deist geprägte Begriff des ›verdeckten Militärstreiks‹ zielt auf die im ausgedehnten Bereich der militärischen Organisation vorhandenen Möglichkeiten, sich dem Kampfgeschehen zu entziehen, ohne dabei besondere Gefahr zu laufen, mit dem Disziplinierungsapparat in Berührung zu kommen. Reflexartig interpretierte die deutsche Militärjustiz nach dem Krieg die vermeintliche Schwäche militärische Disziplinierung als eine der zentralen Ursachen für den Zusammenbruch der kaiserlichen Armee. Auch die endlose Abfolge von Befehlen zur Bekämpfung des sogenannten ›Drückebergertums‹, die Gegenstand späterer Betrachtungen sein wird, steht in Kontinuität zum Geschehen in der Schlußphase des Ersten Weltkrieges.

Das Wahrnehmungs- und Verhaltensspektrum der historischen Akteure läßt sich nicht in ein klar definiertes Schema einpassen. Zunächst gilt es zu berücksichtigen, daß selbst die Material- und Abnutzungsschlachten im Westen, die unser Gesamtbild vom Ersten Weltkrieg bestimmen[87], sich mit Blick auf das Kriegserlebnis der Soldaten keineswegs ausschließlich auf Massensterben und Leid reduzieren. Inmitten von Chaos, Gewalt und Destruktivität gab es Elemente der Ordnung und der Normalität. Die Soldaten waren nicht nur passiv der kriegerischen Gewalt ausgeliefert, sondern arrangierten sich mit den Besonderheiten ihrer Umwelt[88]. Seine extremste Ausprägung fand dieser Umstand sicherlich in Gestalt landsknechtartiger Persönlichkeiten, die nach dem Krieg zum Inbegriff des ›Frontkämpfertums‹ avancierten. Dagegen konnte sich die Lebenswelt eines Offiziers, der das Kriegsjahr 1918 fernab der Heimat erlebte, als eine Mischung aus persönlicher Bewährungsprobe, mannschaftssportlicher Herausforderung, touristischer Attraktion, Kameradschaftsgeist und gesellschaftlichem Unterhaltungsprogramm dar-

---

[87] Auf die Defizite, die aus dem geringen Interesse der historischen Forschung mit dem östlichen Kriegsschauplatz resultieren, macht die instruktive Skizze von Fuller, Die Ostfront aufmerksam.

[88] Spezielle Formen der Alltagskultur gehörten zu den Mechanismen, die selbst den lebensfeindlichen Stellungskrieg erträglich machten. Sportliche Betätigung, das Singen von Liedern, das Herstellen und Lesen von Zeitungen trug dazu bei, dem Leben in den Schützengräben ein Stück Normalität zu geben. Durch stillschweigende Waffenstillstandsabkommen gaben sich die nominellen Feinde gegenseitig die Möglichkeit, unbehelligt ihren täglichen Aufgaben nachzugehen. Auf vielfältige Weise wurde so die Gewalt selbst im Stellungskrieg reguliert und begrenzt. Vgl. dazu u.a. Ashworth, Trenchwarfare; Fuller, Troop Morale.

stellen[89]. Die Routinearbeit in den Kommandostäben und militärischen Behörden scheint, um ein weiteres Beispiel zu nennen, vom militärischen Zusammenbruch und selbst durch die Ereignisse des gesellschaftspolitischen Umbruchs in der Heimat nur wenig gestört worden zu sein[90]. Von den insgesamt sieben Mill. Soldaten, die das deutsche Heer im Mai 1918 umfaßte, waren etwa vier Mill. an der Westfront eingesetzt. Fast zwei Mill. gehörten dem Besatzungsheer an. Eine Mill. Soldaten versah ihren Dienst im Osten. Hunderttausende erlebten die letzten Monate des Krieges in Garnisonen im Reichsgebiet[91]. Aus individueller Sicht gab es also, soviel läßt sich bereits aus diesen oberflächlichen Überlegungen ableiten, viele Kriegsenden!

Eine differenzierte Betrachtung ist auch geboten wenn es um die Frage geht, wie die Soldaten die Zeit nach der Einstellung der Kämpfe erlebten. Sicherlich verursachte eine als persönlich demütigend empfundene Situation der ersten Wochen nach dem Waffenstillstand bei einzelnen traumatische Erinnerungen. Dabei trat die deutsche Öffentlichkeit ihren heimkehrenden Soldaten keineswegs mit Gleichgültigkeit oder sogar Respektlosigkeit entgegen. Zivil- und Militärbehörden, aber auch die Arbeiterräte und selbst manche Arbeitgeber überboten sich förmlich bei ihren Dankbarkeitsbezeugungen in Gestalt blumen- und fahnengeschmückter Städte und Dörfer[92]. Die Demobilisierung erlebte nur eine Minderheit der Soldaten mit dem Rückzug aus den Schützengräben. Selbst diejenigen, die noch halbwegs geordnet im Rahmen von Truppentransporten in die Heimat zurückkehrten, schlugen sich zumeist spätestens mit Erreichen der Reichsgrenze auf eigene Faust nach Hause durch. Die Motivation der wenigen, die bei ihren Einheiten und in den Kasernen verblieben, speiste sich oftmals nur noch aus dem regelmäßigen Bezug von Verpflegung und Sold[93]. Die innenpolitischen Auseinandersetzungen um den Friedensschluß stießen in der Bevölkerung und bei den Zurückgekehrten kaum auf Resonanz. Konsterniert stellte beispielsweise Friedrich Naumann am 8. Juni 1919 fest, daß die Bevölkerung im ganzen ein »absolutes Bedürfnis nach Ruhe, Ernährung und Arbeit« habe und sich daher von ihr ein »unglaublicher Friede« erzwingen lasse[94]. Etwa 400 000 durch langjährigen Kriegsdienst entwurzelte, ihrer Heimat entfremdete und gewaltbereite Freikorpskämpfer haben das Bild der Frühphase der Weimarer Republik bestimmt. Repräsentativ für die insgesamt etwa 13 Mill. Männer, die während des Krieges beim Militär gedient hatten, waren sie nicht. Der sozialdemokratische und pazifistisch eingestellte Reichsbund der Kriegsopfer hatte Anfang der 1920er Jahre mehr als doppelt so viele Mitglieder. Nationalistische und rechtsgerichtete Kriegsopferverbände waren dagegen zahlenmäßig ohne größere Bedeutung[95]. Bei der überwältigenden Mehrheit der Sol-

---

[89] Vgl. dazu die Studie von Rauh-Kühne, Gelegentlich wurde auch geschossen.
[90] Diesen Eindruck vermitteln die tagebuchähnlichen Aufzeichnungen des Hauptmanns Gustav Böhm, Adjutant im preußischen Kriegsministerium.
[91] Vgl. Bessel, Die Heimkehr, S. 224 f.
[92] Vgl. ebd., S. 222.
[93] Vgl. ebd., S. 226 f.; Thaer, Generalstabsdienst, S. 289.
[94] Zit. nach: Heinemann, Die verdrängte Niederlage, S. 255.
[95] Vgl. Bessel, Germany, S. 258.

daten stand das Verlangen im Vordergrund, so schnell und so umfassend wie möglich in die aus der Vorkriegszeit gewohnte Normalität des zivilen Lebens zurückzukehren. Die Eingliederung des Millionenheeres verlief relativ reibungslos. Nach einem steilen Anstieg bis April 1919 sank die Zahl der Arbeitslosen in kurzer Zeit wieder auf ein erträgliches Maß ab[96]. Und mit der sozialen Integration nahm die Distanz zu den Erlebnissen der Militär- und Kriegszeit zu. Es war die Lobbyarbeit von Veteranenverbänden aller politischen Richtungen, die die öffentliche Bühne beherrschte und in erster Linie darum bemüht waren, für den Kriegseinsatz der Soldaten materielle und immaterielle Ansprüche geltend zu machen[97]. Nach der gesellschaftspolitischen Stabilisierung nach 1923 dominierte immer stärker eine politisch konservative Minderheit die öffentliche Auseinandersetzung um Krieg und Niederlage. Deren Schwierigkeiten, mit den sozialen Prozessen der Demobilisierung umzugehen, trugen wesentlich dazu bei, in der deutschen Öffentlichkeit ein irreführendes Bild von der Generation der ›Frontsoldaten‹ entstehen zu lassen und mit diesem politische Bezugspunkte zu schaffen oder zu verstärken, an die der Nationalsozialismus anknüpfen konnte[98].

2. Das Ende des Krieges 1944/45: Die Niederlage aus Sicht der deutschen Führung

Die Kapitulation ist der formelle Schlußstrich, mit dem die Niederlage einer Armee oder eines Landes besiegelt wird. Ihr voran geht ein langwährender Prozeß, der sich infolge struktureller Gegebenheiten und konkreter Einzelentscheidungen entwickelt. Ab welchem Zeitpunkt ist dieser Prozeß jedoch unumkehrbar, oder anders gefragt: Ab wann war der Krieg für das ›Dritte Reich‹ verloren? Mit dem Desaster von Stalingrad 1942/43, mit der erfolgreichen alliierten Landung in der Normandie im Sommer 1944, mit dem Scheitern der deutschen Ardennen-Offensive zur Jahreswende 1944/45 oder vielleicht erst mit dem Zusammenbruch der deutschen Verteidigungsfronten im Frühjahr 1945?

Für die Beantwortung dieser Frage reicht die Aneinanderreihung von militärischen Ereignissen, Fakten und Zahlen nicht mehr aus. Ebenso wichtig sind die subjektiven Blickwinkel der historischen Akteure. Unter Einbeziehung der Wahrnehmungswelt Hitlers, seiner uniformierten Berater und der militärischen Fachleute läßt sich ein Bild zusammensetzen, wie die Führung des ›Dritten Reiches‹ die Gesamtsituation einschätzte. Durch die Verschränkung dieser beiden Betrachtungsebenen wird ersichtlich, von welchen Handlungsspielräumen die politisch-militärisch Verantwortlichen ausgingen. Folgten die Entscheidungen und zentralen Weichenstellungen des Regimes, so wird im folgenden zu fragen sein, einem auf rationalen Kategorien und Annahmen beruhenden Kalkül?

---

[96] Vgl. Krieg im Frieden, S. 10 f.
[97] Vgl. Bessel, Die Heimkehr, S. 275.
[98] Vgl. ebd., S. 236.

Die These, daß das von Hitler geführte Deutschland, selbst nur mit wirtschaftlich schwachen Staaten verbündet, einen Krieg gegen die drei größten Industriemächte außerhalb des kontinentalen Europas zu keinem Zeitpunkt gewinnen konnte, entspringt nachträglichen Einsichten. Disparitäten in der Verteilung menschlicher und materieller Ressourcen und Unterschiede der politischen Kulturen bedingten nicht automatisch eine Entwicklung, die ihren Abschluß mit der bedingungslosen Kapitulation am 8. Mai 1945 fand. Die Alliierten verstanden es, ihr überlegenes kriegswirtschaftliches Potential effizienter zu nutzen und die quantitative Überlegenheit ihrer Streitkräfte auch in qualitative Stärke umzuwandeln. Als der Kräfteumschwung spürbar wurde, erwiesen sich die Achsenmächte und insbesondere das ›Dritte Reich‹ als zu schwerfällig, das Grundmuster der militärischen Organisation und der operativen Praxis zu ändern sowie die Kriegführung zu reformieren und zu modernisieren[99].

a) Einsichten in die Niederlage?

Mit der erfolgreichen Landung amerikanischer und britischer Truppen an der Küste Nordwestafrikas stellte sich eine latente Bedrohung der Südflanke des deutschen Machtbereiches in Europa ein. Anläßlich ihres Treffens vom 14. bis 23. Januar 1943 in Casablanca, um das weitere strategische Vorgehen abzustimmen, gaben Franklin D. Roosevelt und Winston Churchill fast beiläufig als Kriegsziel die bedingungslose Kapitulation Deutschlands und seiner Verbündeten bekannt – eine Forderung, die innerhalb des westlichen Bündnisses genau abgestimmt war. Früh hatte sich zwischen Roosevelt und Churchill ein Konsens dahingehend herausgebildet, daß der Krieg nur mit der Kapitulation der Gegner enden könne. Dieses radikale Kriegsziel, das jeden Verhandlungsfrieden ausschloß, resultierte aus Erfahrungen mit der brüchigen Friedensordnung nach 1918. Nur die militärische und politische Niederwerfung Deutschlands bot aus Sicht der Alliierten die Gewähr dafür, das NS-Regime zu zerschlagen, die Verantwortlichen für Kriegsverbrechen und Völkermord zur Rechenschaft zu ziehen, das Land zu entwaffnen und die – so die Fremdwahrnehmung – aggressiv-militaristische deutsche Gesellschaft umzubauen[100]. Dieses Ziel war dazu geeignet, in der Folgezeit alle Dissonanzen und politischen Kontroversen innerhalb des Zweckbündnisses zwischen den grundverschiedenen angloamerikanischen und sowjetischen Alliierten, die keinem aufmerksamen Beobachter verborgen blieben, zu überdecken.

Stereotyp betonte die deutsche Generalität nach dem Krieg, daß ihr die ›unconditional surrender‹-Forderung keine Alternative als das Weiterkämpfen ließ. Vor dem Nürnberger Kriegsverbrechertribunal danach befragt, warum kein verantwortlicher militärischer Führer in den letzten Monaten des Krieges Hitler zur Kapitulation riet, gab der Chef des Wehrmachtführungsstabes und Hitlers engster

---

[99] Vgl. dazu die Untersuchungen der deutschen Kriegswirtschaft und zur Mobilisierung personeller Ressourcen die Beiträge in den Bänden 5/1 und 5/2 des Reihenwerkes Das Deutsche Reich und der Zweite Weltkrieg; Overy, Die Wurzeln des Sieges, S. 417.
[100] Vgl. Henke, Die amerikanische Besetzung, S. 59 ff.; Weinberg, Eine Welt in Waffen, S. 474 ff.

militärischer Berater, Generaloberst Alfred Jodl, zu Protokoll, daß »der Führer [...] sich über die Gesamtlage genau so klar [war] wie wir, und er war sich wahrscheinlich sehr viel früher klar wie wir; also ihm brauchte in dieser Hinsicht nichts gesagt zu werden.« Doch im Wissen um die Unabänderlichkeit der alliierten Kriegsziele seien alle militärischen Überlegungen in der Schlußphase des Krieges, so Jodl, nur noch von dem Grundgedanken bestimmt gewesen, »möglichst viele Menschen in den westlichen Raum zu retten«[101]. Kritischen Beobachtern war klar, daß nicht wenige der Verantwortlichen sich mit diesem Argument ein Alibi für die eigene Untätigkeit zu besorgen versuchten und bemüht waren, auf diesem Weg die Verantwortung für den Fort- und Ausgang des Krieges auf die Alliierten abzuwälzen[102]. In Casablanca formulierten die Gegner kein neues Kriegsziel, sondern machten ein intern längst feststehendes Programm publik. Weltöffentlich erteilten sie allen Hoffnungen auf einen Kompromißfrieden vor bzw. ohne einen Sturz der nationalsozialistischen Herrschaft eine kategorische Absage. Dabei sagte die Forderung nach der bedingungslosen Kapitulation nichts aus über die Härte der tatsächlichen Friedensbedingungen. Da diese erst später konkretisiert wurden, ist es bezeichnend, daß auf deutscher Seite sowohl Anhänger wie Gegner des Regimes zur radikalsten Auslegung als dem des ›Finis Germaniae‹ neigten. Lange Zeit gingen insbesondere die britischen Planungsstäbe davon aus, die Wehrmacht biete von sich aus die Kapitulation an, bevor die alliierten Truppen das Reichsgebiet erreicht hatten. Damit maß man der militärischen Führungselite des ›Dritten Reichs‹ jedoch mehr Kohärenz, Rationalität und Entscheidungsfreiheit zu, als dieser tatsächlich gegeben waren[103].

Die Option eines Sonderfriedens mit der Sowjetunion war in der deutschen Führung zu keinem Zeitpunkt ernsthaft erwogen oder diskutiert worden. Ein separater Friedensschluß scheiterte grundsätzlich am obsessiven Festhalten an den Kriegszielen im Osten:

> »Hitler faßte den Entschluß zu diesem Krieg in Konsequenz seiner Lebensraumprogrammatik, in der Ostexpansion, Vernichtung des Bolschewismus und Ausrottung des Judentums untrennbar miteinander verbunden waren. Inhaltlich war ein Ziel jeweils die Voraussetzung für das andere[104].«

Nach einer vorangegangenen Konsolidierung ihrer Verteidigungsanstrengungen steigerte die Erlangung der Initiative 1942/43 durch die Rote Armee das Vertrauen der Sowjetunion in die eigenen militärischen Fähigkeiten. Zwar wiesen die westlichen Alliierten die sowjetische Forderung nach einer sofortigen Errichtung der Zweiten Front zurück, um den Preis der Entfremdung der Verbündeten. Diplomatischer Druck, die steigenden alliierten Hilfslieferungen und die Kämpfe im Mittelmeerraum sowie im Luftraum über Europa führten schließlich dazu, daß

---

101 IMT, Bd 15: Vernehmung Jodls am 5.6.1946, S. 468 f.
102 So zum Beispiel Wheeler-Bennett, The Nemesis of Power, S. 537. Vgl. dazu auch: Dönitz, Zehn Jahre, S. 305 f.; Kesselring, Soldat, S. 409 f.; Manstein, Verlorene Siege, S. 474; Westphal, Erinnerungen, S. 292 ff. Zusammenfassend dazu: Breit, Das Staats- und Gesellschaftsbild, S. 210 ff.
103 Vgl. Kettenacker, »Unconditional Surrender«.
104 Förster, Das Unternehmen »Barbarossa«, S. 1079. Die entsprechenden Neigungen oder Versuche der sowjetischen Führung beschreibt Weinberg, Zur Frage des Sonderfriedens.

sich die Sowjetunion dem Westen wieder annäherte. Auf ihrer gemeinsamen Moskauer Konferenz vom 19. bis 30. Oktober 1943 beschlossen die Außenminister nicht nur, die Kapitulation Deutschlands voranzutreiben, um das Land hernach zu entwaffnen und zu entnazifizieren. Auch die Ahndung deutscher Kriegsverbrechen wurde in den Katalog der alliierten Kriegsziele aufgenommen. Schließlich traf man eine Übereinkunft dahingehend, sich gegenseitig über Sondierungen zu Friedensverhandlungen von Seiten der feindlichen Mächte zu informieren[105].

Nach dem Krieg erlag der eine oder andere verantwortliche Militär der autosuggestiven Wirkung gebetsmühlenartig wiederkehrender Argumentationsmuster der Selbstrechtfertigungsrhetorik. Noch im August 1951 vertrat beispielsweise der ehemalige Chef des Generalstabs, Generaloberst Franz Halder, die Auffassung: »Krieg ist nur dann verloren, wenn man sich selber aufgibt[106].« Im Gegensatz dazu ließ Jodl, offenbar unter dem Eindruck der wenige Tage zuvor unterzeichneten bedingungslosen Kapitulation, durchblicken, daß ihm und Hitler durchaus bewußt geworden war, daß, »als die Katastrophe des Winters 41/42 hereinbrach [...] von diesem Kulminationspunkt des beginnenden Jahres 1942 an kein Sieg mehr errungen werden konnte[107].« Unter Jodls Führung war im Dezember 1942 im Wehrmachtführungsstab eine Denkschrift angefertigt worden, in der die politische und militärische Gesamtlage des Reiches analysiert wurde. Diese tendenziell realistische Einschätzung mündete in desillusionierende Ergebnisse, denen man in der militärischen Führung mit schlichter Rat- und Hilflosigkeit begegnete. Es ist bezeichnend, daß solch eine umfassende Auswertung über die Erfolgsaussichten der deutschen Kriegsanstrengungen zum letzten Mal während des Krieges angefertigt wurde[108]. Die Fehlschläge der Kriegsanstrengungen in den Jahren 1941 und 1942 brachten das Deutsche Reich nicht nur bei der Mobilisierung seiner kriegswirtschaftlichen Ressourcen ins Hintertreffen[109]. Mit dem Scheitern des ›Unternehmens Blau‹ war im Sommer Hitlers grundlegendes strategisches Kalkül gescheitert, den Krieg im Osten vor der vollen Entfaltung des amerikanischen Rüstungspotentials erfolgreich zu beenden[110]. Statt dessen errang die Rote Armee mit ihrer Stalingrad-Offensive die Initiative. Der alliierte Sieg in Nordafrika schuf die Ausgangsstellung eines Angriffs auf die Südflanke des europäischen Festlandes. Die damit verbundene Vielzahl strategischer Handlungsmöglichkeiten wurde für das ›Dritte Reich‹ kaum mehr kalkulierbar.

»Die deutsche Führung sah sich demnach einer strategischen Situation gegenüber, in der der kontinentaleuropäische Mehrfrontenkrieg bereits fünfviertel Jahre vor Beginn der Invasion in der Normandie eine Art ›Realität‹ darstellte, Realität nämlich im Sinne einer als unmittelbar begriffenen Bedrohung der schon im zeitgenössischen Sprachgebrauch so bezeichneten ›Festung Europa‹. Diese mit eigenen Mitteln nicht mehr ab-

---

[105] Weinberg, Eine Welt in Waffen, S. 658 ff.
[106] Brief Halders an Günther Blumentritt vom 6.8.1951, zit. nach: Förster, Die Niederlage, S. 4, Anm. 7.
[107] KTB OKW, Bd 4, Eintrag vom 15.5.1945, S. 1503.
[108] Vgl. Förster, Strategische Überlegungen.
[109] Vgl. Harrison, Ressource Mobilization.
[110] Vgl. Wegner, Dezember 1941.

wendbare Bedrohung war um so fataler, als sie nicht lokalisierbar war, mithin mehr oder minder Abwehrvorbereitungen entlang der gesamten Peripherie des ausgedehnten deutschen Herrschaftsbereichs erforderlich machte[111].«

Während der Generalstab des Heeres im Sommer 1943 noch ganz auf die Vorbereitung und Durchführung der Operation »Zitadelle« fixiert war[112], verschoben sich die Prioritäten in Hitlers strategischem Denken zugunsten einer Defensive im Westen. In der Abendlage am 20. Dezember 1943 stellte Hitler fest: »Wenn sie im Westen angreifen, (dann ent)scheidet dieser Angriff den Krieg[113].«

Wie weit indes der Aufbau einer ausgedehnten und tiefgestaffelten Abwehrfront jenseits des Machbaren lag, verdeutlichen die Kampfkraftanalysen und Stärkevergleiche im Osten. Der Zustand der Ostfront spiegelte die Schwere der Krise wider[114]. Im Oktober 1943 entfiel rechnerisch auf eine Frontlänge von 16 Kilometern je eine deutsche Division. An der Westfront im Sommer des Jahres 1918 hatte die durchschnittliche Frontbreite nur 3,5 Kilometer betragen. Dort, wo im Krisenjahr des Ersten Weltkrieges eine Division gestanden hatte, wurde im Herbst und Winter 1943/44 die Ostfront nur noch von einem Bataillon gehalten[115]. Zahlreiche Lagebeurteilungen belegen, daß bis auf die mittlere Führungsebene der Wehrmacht hinab die Einsicht vorhanden war, man besäße kaum noch operativen Spielraum. Mit anderen Worten: Man wußte nicht mehr, wie man den Krieg noch erfolgreich weiterführen konnte. Diesem Eingeständnis entfloh man indes durch die »Verlagerung der kalkulatorischen Grundlagen für die Weiterführung des Krieges auf psychologische und ideologische Hoffnungen«[116]. Geradezu beispielhaft dafür war eine Rede Jodls vor den Reichs- und Gauleitern am 7. November 1943. Nüchtern-realistisch zeigte Jodl die krisenhafte Zuspitzung der deutschen Situation auf, um bei der Frage nach der Bewältigung in propagandistische Beschwörungsformeln und ideologische Wunschvorstellungen zu flüchten:

»Im besonderen aber baut sich unsere Zuversicht auch auf einer Reihe sachlich darzulegender Gesichtspunkte auf. An der Spitze steht die ethische und moralische Grundlage unseres Kampfes, die der Gesamteinstellung des deutschen Volkes das Gepräge gibt und unsere Wehrmacht zu einem unbedingt zuverlässigen Instrument in der Hand ihrer Führung macht. Die Kraft der revolutionären Idee hat nicht nur eine Reihe unvergleichlicher Erfolge ermöglicht, sondern läßt unsere tapferen Truppen auch in der Abwehr wie im planmäßigen Rückzug Leistungen vollbringen, wie sie höchstens noch der Russe, aber sonst kein anderes Volk zuwege brächte und die jede Hoffnung unserer

---

111 Wegner, Das Ende der Strategie, S. 222.
112 Vgl. Kielmansegg, Bemerkungen.
113 Protokoll der Abendlage vermutlich am 20.12.1943, wiedergegeben in: Hitlers Lagebesprechungen, S. 444.
114 Siehe dazu die Beiträge von Kroener in Das Deutsche Reich und der Zweite Weltkrieg, Bde 5/1 und 5/2.
115 Kräftegegenüberstellung der Abteilung Fremde Heere Ost, zit. nach: Wegner, Im Schatten der »Zweiten Front«?, S. 128.
116 Messerschmidt, Die Wehrmacht, S. 230.

Gegner auf einen militärischen Zusammenbruch in das Gebiet der Utopie verweisen[117].«

Es war kein Zufall, daß Ende 1943 auf Betreiben Hitlers, der Parteiführung *und* Vertretern der Wehrmachtgeneralität mit dem Aufbau der Nationalsozialistischen Führung eine verstärkte Ideologisierung der Truppe in Gang gesetzt wurde. Die Konzepte der militärischen Führungsspitze zur Lösung der strategischen und zunehmend auch operativen Zwangslage beschränkten sich darauf, Zeit zu gewinnen und lokale Katastrophen zu vermeiden. Statt grundlegender strategischer Zielvorgaben und Rahmenweisungen erging am 8. März 1944 der Führerbefehl Nr. 11, der die Aufgaben von Kommandanten der festen Plätze und Kampfkommandanten an der Ostfront festlegte[118]. Im Generalstab des Heeres wurden »atmosphärische Störungen und Zeichen der Lethargie« sichtbar: Nach dem Verlust der Krim schrieb der Chef der Operationsabteilung, Generalleutnant Adolf Heusinger, am 10. Mai 1944, daß es »nun kein Ausweichen mehr gäbe, sondern nur stures Stehenbleiben. Sonst kämen wir an die Reichsgrenzen[119].«

Ohne eine grundlegende Veränderung der Lage ließ sich weder das militärische Gleichgewicht erhalten, noch der Status quo behaupten. Zu strategisch-operativer Passivität verurteilt, bot aus deutscher Sicht einzig die mit Sicherheit erwartete Zweite Front gedankliche Anknüpfungspunkte. So wurde die Abwehr der Invasion umgedeutet zur Chance, die deutsche Kriegslage dauerhaft zu festigen und auf diese Weise die gegnerische Kosten-Nutzen-Analyse zu beeinflussen[120]. Die Vorstellung, daß ein nachhaltiger deutscher Widerstand die Alliierten von der Niederringung Deutschlands aufgrund der damit verbundenen Kosten abbringen und die Kriegszieldiskussion des gegnerischen Lagers bis zum Bruch der Anti-Hitler-Koalition befördern würde, bot *den* Strohhalm, an den sich die politische und militärische Führung des NS-Regimes klammerte.

»Im Osten läßt die Größe des Raumes äußersten Falles einen Bodenverlust auch größeren Ausmaßes zu, ohne den deutschen Lebensnerv tödlich zu treffen. Anders im Westen! Gelingt dem Feind hier ein Einbruch in unsere Verteidigung in breiter Front, so sind die Folgen in kurzer Zeit unabsehbar«,

resümierte die ›Führerweisung‹ Nr. 51 vom 30. Oktober 1943[121]. Eine Konzentration der disponiblen Kräfte und Ressourcen im Westen sollten die Voraussetzung schaffen, die westlichen Alliierten vom Kontinent fernzuhalten.

Nach Auswertung von Kampferfahrungen konnte der Wehrmachtführungsstab bereits im Dezember 1943 die spätere Vorgehensweise und Taktik der alliierten Invasionsstreitmacht genau vorhersagen. Die haushohe materielle Überlegenheit wurde realistisch bewertet, die daraus resultierenden Folgen für die operative Kriegführung nüchtern eingeschätzt. Die Vorstellung, den Gegner nach geglückter

---

[117] Unterlagen des Wehrmachtführungsstabes (WFSt) für den Vortrag Jodls vor den Reichs- und Gauleitern über die militärische Lage am 7.11.1943, wiedergegeben in: KTB OKW, Bd 4, S. 1534–1562, hier S. 1560.
[118] Wiedergegeben in: Hitlers Weisungen für die Kriegführung, S. 281 ff.
[119] Meyer, Adolf Heusinger, S. 261.
[120] Zur Einschätzung der Risiken und der Folgen eines Scheiterns des Landungsunternehmens auf alliierter Seite siehe Salewski, Die Abwehr, S. 220 ff.
[121] Wiedergegeben in: Hitlers Weisungen für die Kriegführung, S. 270 ff.

Landung in einer Großschlacht stellen und danach ins Meer zurückwerfen zu können, mußte von Beginn an verworfen werden. Wo Soldaten, Waffen und Material fehlten, diente der Glaube an die vermeintlich überlegene kämpferische Qualität des deutschen Soldaten als das Rückgrat der Verteidigungsanstrengungen:

»Wenn der Kampf im Westen entbrennt, muß sich jeder Soldat dessen bewußt sein, daß nunmehr die Entscheidung des Krieges fällt, daß die Oberste Führung alles, was sie an Kräften besitzt, in diesen Kampf werfen wird, und daß auf jedem Platz, der ihm angewiesen wird, zu kämpfen und, wenn notwendig, zu sterben hat; ein Kapitulieren oder ein Zurückgehen gibt es nicht«,

lautete die Kampfanweisung des Wehrmachtführungsstabes an die im Westen stationierten Truppenkontingente der drei Wehrmachtteile[122].

b) Der Zusammenbruch im Westen

Anfang April 1944 schrieb der Chef des Generalstabs des Panzergruppen-Kommandos West:

»Wir warten auf die Invasion. Daß sie nicht kommt, wie manche glauben, halte ich für ausgeschlossen. Der Feind muß, um gegenüber dem Russen wieder Handlungsfreiheit vor allem politisch zu bekommen, die Invasion durchführen. Daß bei seiner Mentalität er es möglichst billig sich machen wird, ist klar. Hoffentlich kommt es bald[123]!«

Schon ein genauer Blick auf die eigenen Kräfte hätte zur Zurückhaltung mahnen müssen. Am Vorabend der Invasion unterstanden dem Oberbefehlshaber West numerisch zwar 58 Divisionsverbände. Darunter waren jedoch 22 bodenständige Divisionen, die nur einen eingeschränkten Kampfwert besaßen. Das Rückgrat der Verteidigungskräfte bildeten zwölf Infanterie- und zehn schnelle bzw. gepanzerte Divisionen. Die Verbände, die in Küstennähe stationiert waren, hatten Abschnittsbreiten von ca. 70 Kilometern Küstenlinie (normal: 15 bis 20 Kilometer). An der Normandieküste, die sich bald darauf als der eigentliche Invasionsraum herausstellen sollte, oder in unmittelbarer Nähe, befanden sich nur sieben Divisionen[124].

Die alliierte Invasionsstreitmacht unter dem Oberbefehl Dwight D. Eisenhowers faßte am 6. Juni 1944 sofort Fuß. Innerhalb eines Tages gelang es, Brückenköpfe zu bilden. 6000 Schiffe und über 11 000 Flugzeuge unterstützten die Landungsoperation. Bis zum 18. Juni warfen die Alliierten etwa 622 000 Mann und 96 000 Fahrzeuge in den Landungsabschnitt, bis zum Ende des Monats erhöhte sich diese Zahl auf 850 000 Soldaten und 154 000 Fahrzeuge[125]. Die integrierte Kampfführung der alliierten Land-, Luft- und Seestreitkräfte erreichte eine nicht gekannte Perfektion, während sich die deutsche Kriegführung weitgehend auf den Einsatz von Bodentruppen reduzierte[126]. In dieser Situation verringerte sich auch

---

[122] OKW/WFSt/Op Nr. 007774/43 gKdos. vom 12.12.1943, wiedergegeben in: KTB OKW, Bd 3, S. 1476 ff., Zitat S. 1480.
[123] BA-MA, N 147/1: Schreiben an Generalmajor Schleinitz vom 4.4.1944.
[124] Vgl. Ose, Entscheidung im Westen, S. 92 ff.
[125] Ebd., S. 150.
[126] Vgl. Vogel, Deutsche und alliierte Kriegführung, S. 152.

der Wert ansonsten kampfkräftiger deutscher Panzerverbände. Die alliierte Luftwaffe hatte vor der Invasion systematisch Flugplätze und Verkehrsknotenpunkte des Straßen- und Schienennetzes zerstört. Während der Invasionskämpfe verlagerte sich die alliierte Lufttätigkeit auf das eigentliche Kampfgeschehen und richtete sich gegen Aufstellungsräume und anmarschierende deutsche Verbände. Statt eines Volumens von 220 bis 250 Zügen erreichte den OB West nur noch ein täglicher Nachschub von 20 bis 50 Zügen. Aus den Niederlanden kommend, benötigte beispielsweise die 16. Luftwaffenfelddivision zwei Wochen für die Verlegung in den Kampfraum: Die Division mußte, da alle Verbindungen über die Seine zerstört und der Pariser Eisenbahnring ausgefallen waren, durch Deutschland transportiert und weit vor Paris ausgeladen werden, um schließlich ihren Weg an die Front zu Fuß fortzusetzen[127]. Bei einem Verhältnis von 1:16 bis 1:20 konnte die deutsche Luftwaffe der alliierten Luftherrschaft kaum etwas entgegensetzen. 95 Prozent der gesamten Verluste wurden, wie der OB West Ende Juni schätzte, durch die gegnerische Artillerie und Luftwaffe erzeugt[128]. Unter diesen Bedingungen fiel es kaum noch ins Gewicht, daß die zersplitterte deutsche Führungsorganisation mit ihren Kompetenzüberschneidungen und schwerfälligen Entscheidungsprozessen zusätzliche Reibungsverluste verursachte.

Vielleicht sprengte die Dimension der Ziel-Mittel-Relation der von den Alliierten zum Einsatz gebrachten Kräfte die Vorstellungswelt der Wehrmachtführung, die sich bis dato an dem gänzlich von Improvisation angehauchten Seelöwe-Szenario orientiert hatte. Am 10. Juni 1944 mußte sich Karl Dönitz das Eingeständnis abringen: »Angesichts der Fortschritte, die der Gegner in beiden Landeköpfen macht, muß festgestellt werden, daß die Invasion geglückt ist. Die zweite Front ist vorhanden[129].« Dies zu verhindern, war bis dahin monatelang zur ›kriegsentscheidenden Schlacht‹ mit weitreichenden strategischen und politischen Auswirkungen stilisiert worden. Nun reagierte die deutsche Führung auf die eingetretene Entwicklung mit Schweigen. In der ›Führerlage‹ am 13. Juni auf dem Berghof war es allen Anwesenden bewußt, daß, falls es dem Gegner gelang, aus dem Brückenkopf auszubrechen und die operative Freiheit zu gewinnen, Frankreich nicht mehr zu halten war.

»Nächste Verteidigungslinie Maginot-Linie bzw. alter Westwall. Feldmarschall Keitel glaubt, daß auch dann noch eine Möglichkeit zur Reichsverteidigung gegeben ist. [...] Jodl läßt diese Frage offen, da vom Ablauf der Dinge und der Zahl der zurückgeführten Truppen abhängig«,

beschrieb in schonungsloser Offenheit die Niederschrift der Seekriegsleitung die Paralyse der deutschen Führung[130]. Diejenigen, die bis in den Juni 1944 von der ›Kriegsentscheidung‹ gesprochen hatten, sahen sich vor unausweichliche Schlußfolgerungen gestellt, die sich auf den Begriff Kapitulation reduzierten. Indes, man ging über zur militärischen Tagesordnung und führte den Krieg nun auf einer

---

[127] Ose, Entscheidung im Westen, S. 116, 118.
[128] BA-MA, RH 19 IV/48: OB West/Ia Nr. 5050/44 vom 20.6.1944.
[129] Zit. nach: Salewski, Die deutsche Seekriegsleitung, Bd 2, S. 430.
[130] BA-MA, RM 7/189: 1. Skl./Ib Nr. 1750/44 gKdos. Chefs. vom 13.6.1944.

weiteren Lagekarte fort[131]. Einzig die Diskussion und gegenseitige Vorwürfe der Wehrmachtteile über Versagen, Versäumnisse und Fehlurteile beherrschten das Feld.

Die Lageunterrichtung des Wehrmachtführungsstabes am 3. Juli 1944 atmete förmlich den Geist der Konzeptions- und Ratlosigkeit und des Wunschdenkens:

»Eigene Kampfführung – an allen Fronten – jetzt auf Zeitgewinn abstellen. Wenige Monate können jetzt einfach entscheidend sein für Rettung des Vaterlandes. [...] Eigene Rüstung berechtigt zu großen Erwartungen. Laufende Steigerung eigener Fertigungen. Jäger-Produktion hoch befriedigend, schwere Panzer, Sturmgeschütze, Entwicklung von V1 und A4 große Hoffnungen. Sichere Erwartung neuer Erfolge Ubootskrieg mit neuen Bootstypen. Alles im Aufbau, Auswirkungen in absehbarer Zeitspanne. Daher Forderung Kämpfen, Verteidigen, Halten, Truppe und Führung seelisch stärken. Front festnageln, wo sie jetzt steht[132].«

Generaloberst Heinz Guderian, der von Regimegrößen und Angehörigen des Widerstandes gleichermaßen umworben wurde und in seiner Funktion als Generalinspekteur der Panzertruppen die Möglichkeit zu ausgedehnten Dienstreisen und Frontbesuchen besaß, faßte am 14. Juli 1944 seine Einschätzung der Kriegslage in die sibyllinische Formulierung, daß er politisch »leider keinerlei Aktionen« melden könne, zumindest von keinerlei Bestrebungen wisse[133].

Auch in Italien war der Krieg nach dem Zusammenbruch des deutschen Verteidigungssystems im Süden wieder in Bewegung geraten. Zwei Tage vor der Landung in der Normandie zogen die Alliierten in Rom ein, um bis zum Jahresende an den Apennin vorzurücken. In Frankreich erzwangen die Invasionstruppen Ende Juli 1944 den Ausbruch aus dem bis dahin von deutschen Kräften umschlossen gehaltenen Brückenkopf und gingen zum Bewegungskrieg über[134]. Die Vormarschgeschwindigkeit übertraf selbst die Prognosen des alliierten Hauptquartiers, denen zufolge die eigenen Truppen erst Ende des Jahres Belgien und Anfang Mai 1945 die Reichsgrenze erreichen sollten. Doch die Alliierten verfügten über eine Vielzahl motorisierter Divisionen und überlegene Luftstreitkräfte. In der Planung, Koordinierung und Leitung ihrer Operationen erwiesen sich die alliierten Führer und Kommandobehörden in den darauffolgenden Wochen als äußerst flexibel[135]. Von den deutschen Truppen, die im Kessel von Falaise Mitte August einschlossen

---

[131] Auszunehmen von dieser Feststellung sind Rommel und von Kluge, die in ihren Schreiben vom 15. und 18.8.1944 Hitler daran erinnerten, daß sie den Krieg für verloren hielten. Wiedergegeben in: KTB OKW, Bd 4, S. 1572 ff. Nach dem Krieg schrieb der General der Panzertruppen Eberbach: »Im Sommer 1944 lag es für Offiziere [...] mit Überblick auf der Hand, daß der Krieg verloren war. Daher lag es in der Luft, daß um unseres Volkes willen zu überlegen war, was unternommen werden könnte, um möglichst viel von der Volkssubstanz zu retten. [...] So kann es nicht wundernehmen, daß fast alle deutschen Oberbefehlshaber, auch Persönlichkeiten wie Feldmarschall Model, von Umsturzplänen etwas wußten [...].« BA-MA, MSg 1/1079: Bericht Eberbachs über entsprechende Äußerungen Rommels am 17.7.1944.
[132] BA-MA, RM 7/99: Auszugsweise Wiedergabe der Lagebeurteilung OKW/WFSt durch OKM/1. Skl Nr. 2004/44 gKdos. Chefs. vom 5.7.1944.
[133] BA-MA, MSg 1/1005: Brief Guderians an Eberbach vom 14.7.1944.
[134] Vgl. Ose, Entscheidung im Westen, S. 207 ff.
[135] Vgl. Vogel, Deutsche und alliierte Kriegführung, S. 576.

wurden, starben 10 000 Soldaten, weitere 50 000 gerieten in Gefangenschaft[136]. Mit ihnen wurde ein Großteil der im Westen stehenden deutschen Verbände vernichtet, so daß die Alliierten weitgehend ungehindert Richtung Paris vorrücken konnten und am 25. August 1944 nur noch 100 Kilometer von der Reichsgrenze entfernt waren. In seinem Monatsbericht faßte der Oberbefehlshaber des Marinegruppenkommandos West das Charakteristische für die Kämpfe in Frankreich zusammen:

»Es entsteht ein katastrophales Mißverhältnis zwischen der Beweglichkeit des Feindes und der eigenen, zumal der Feind mit allen Einheiten motorisiert, auf der eigenen Seite die Masse der Verbände unbeweglich oder nur ganz behelfsmäßig motorisiert ist. Hinzu tritt eine Unterlegenheit bezüglich der Materialausstattung nicht nur zahlenmäßig, besonders bei der Artillerie, sondern vor allem auch bezüglich der Waffen selbst. Beim Feind einheitliche modernste Ausstattung, auf der eigenen Seite vielfach Beutewaffen mit den damit verknüpften Munitionsschwierigkeiten. Fehlen von Panzernahbekämpfungsmitteln, Mangel an Munition und vor allem Mangel an Kraftfahrzeugen, auf die nach der restlosen Zerschlagung der französischen Eisenbahn die Versorgung alleine angewiesen ist, ohne auf diese Aufgabe vorbereitet zu sein. Die eigene Führung hatte alle Kräfte, die irgend verfügbar gemacht werden konnten, um Halten der Normandiefront herangeführt. Nachdem dies durchbrochen war und der Feind im freien, von eigenen Kräften entblößten Raum seine hohe Beweglichkeit ausnutzen konnte, lagen die Vorteile noch mehr als in den ersten Kampfwochen beim Feind[137].«

Die Anfang August an der französischen Mittelmeerküste gelandeten alliierten Truppen stießen auf nur geringen Widerstand, so daß sie sich nach wenigen Wochen mit den eigenen Kräften in Nordfrankreich vereinigen konnten. Alle kampfkräftigen Verbände der Wehrmacht waren in der Normandie vernichtet oder zerschlagen worden. Das Bild der aus dem Westen Frankreichs zurückflutenden Trümmer aller drei Wehrmachtteile glich einer heillosen Flucht und hatte wenig gemein mit den geordneten Rückzügen im Osten oder – wichtig für die zeitgenössische Wahrnehmung – mit dem langsamen und hart umkämpften Rückmarsch des Jahres 1918. Bis zum 19. September wurden mehr als 160 000 Versprengte der zusammenbrechenden Wehrmachtorganisation im Westen aufgefangen und in bestehende Verbände eingegliedert oder Neuaufstellungen zugeführt[138]. Am Ende des selben Monats meldete der OB West nach vorläufigen Schätzungen den Verlust von über 516 000 Soldaten aller Wehrmachtteile seit dem Beginn der Kämpfe[139]. Mit dem Eingeständnis, daß es nicht möglich sei, »jetzt schon eine Linie zu bestimmen, die gehalten werden muß«, leistete der Wehrmachtführungsstab am 2. September 1944 den Offenbarungseid: Die operative Kriegführung des Westheeres wurde auf die Anordnung reduziert, »verbissen in hinhaltendem Kampf jeden Fußbreit streitig zu machen«[140].

---

[136] Ebd., S. 561.
[137] BA-MA, RM 35 II/66: OB Marinegruppenkommando West/FüStab Nr. 6740/44 gKdos. Chefs. vom 15.9.1944.
[138] Vgl. Ludewig, Der deutsche Rückzug, S. 229 f.
[139] KTB OKW, Bd 4, S. 377.
[140] BA-MA, RH 2/1522: WFSt/Ic/II Nr. 773189/44 gKdos. Chefs. vom 2.9.1944 (stichwortartiger Auszug).

Das alliierte Übergewicht wuchs weiter. Zur Monatswende August/September verfügte Eisenhower im Westen über 36 amerikanische, britische und kanadische Divisionen mit 1 234 000 amerikanischen und 825 000 Empire-Soldaten. Sie wurden unterstützt von fast 7700 Panzern, mehr als 5700 Bombern, 5000 Jagdflugzeugen und 2000 Transportmaschinen[141]. Eine formalistische und von Reibungsverlusten in den Abstimmungsprozessen geprägte Operationsführung erwies sich zunehmend als Sand im Getriebe der alliierten Angriffsmaschinerie. Gleichwohl waren die Kontroversen im alliierten Lager über den weiteren Vormarsch von »weitgehend akademischer Natur«[142]. In der Hauptsache wurde das Tempo der Operationen durch logistische Probleme bestimmt. Die begrenzte Umschlagkapazität eroberter Häfen an der Kanalküste, überdehnte Versorgungswege und eine, durch vorangegangene alliierte Luftangriffe schwer zerstörte Verkehrs- und Infrastruktur wurden dem kontinuierlich steigenden Nachschubbedarf der Invasionsmacht nicht gerecht. Im August mußten 6000 Lastkraftwagen im pausenlosen Einsatz der Truppe einen täglichen Nachschubbedarf von 20 000 Tonnen zuführen, da das Eisenbahnnetz zerstört war. Unter den Folgen der logistischen Probleme litt die Einsatzbereitschaft der alliierten Verbände unmittelbar: Bei sechs Panzerdivisionen fielen zwischen dem 28. August und dem 7. September 78 Panzer im Kampf sowie 305 aufgrund technischer Mängel aus[143].

c) Kriegführung im Zeichen des Irrationalen

Offenbar unternahm nur Jodl einmal, und dies erst im Herbst 1944, einen zaghaften Versuch, Hitler zum Friedensschluß zu drängen. Nach einer knappen Abfuhr seines ›Kriegsherrn‹ ging der Chef des Wehrmachtführungsstabes wieder zum Tagesgeschäft über[144]. Bei dem überwiegenden Teil deutscher Politiker, Funktionäre und hoher Militärs im Umfeld Hitlers war zwar seit längerem die Einsicht in die Notwendigkeit einer politischen Beilegung des Konfliktes vorhanden, doch im diplomatischen Umgang wurde auf gleichlautende Mahnungen verbündeter Regierungen nur dilatorisch eingegangen[145]. Das Thema wurde in den Führungszirkeln von Partei, Staat und Wehrmacht nicht nur nicht diskutiert; es gab in der zweiten Kriegshälfte gar kein Forum, das für die Behandlung dieser für das Regime und den Bestand des Reiches existentiellen Frage überhaupt zuständig gewesen wäre. Gremien wie das Reichskabinett oder der Ministerrat für Reichsverteidigung führten nur ein Schattendasein. In seiner Person vereinigte Hitler das Amt des Staatschefs und des Oberbefehlshabers der Streitkräfte. Die Wehrmachtführung beschäftigte sich ausschließlich mit operativen Dingen. Die Diskussions- und

---

[141] Vgl. Vogel, Deutsche und alliierte Kriegführung, S. 567 ff.
[142] Weinberg, Eine Welt in Waffen, S. 800.
[143] Zahlen aus: Vogel, Deutsche und alliierte Kriegführung, S. 147.
[144] Von dieser Episode berichtet der Führer des Kriegstagebuchs im WFSt, Percy Ernst Schramm, nach dem Krieg. BA-MA, N 69/19: Anlage zum Schreiben vom 4.5.1946.
[145] Vgl. Fleischhauer, Die Chance des Sonderfriedens; Martin, Verhandlungen; Schröder, Bestrebungen; Weinberg, Zur Frage des Sonderfriedens.

Entscheidungsabläufe in der deutschen Führung konzentrierten sich daher nahezu ausschließlich auf die Person Hitlers. Bei internen Vorträgen und Lagebesprechungen wurde das Thema einer vorzeitigen Kriegsbeendigung tabuisiert und offiziell weder von ziviler noch von militärischer Seite je angesprochen. Wohl wiesen einzelne Oberbefehlshaber Hitler immer wieder auf die katastrophale Lage in ihrem Bereich hin, wie Albert Speer gegenüber dem amerikanischen Chef-Ankläger im Nürnberger Kriegsverbrecherprozeß zu berichten wußte, allerdings:

> »Ein gemeinschaftlicher Schritt der führenden Männer um Hitler fand nicht statt. Er war unmöglich, weil diese sich entweder als reine Fachleute oder als Befehlsempfänger betrachteten oder vor der Lage resignierten. Es übernahm in dieser Lage niemand die Führung, um wenigstens eine Diskussion über die Vermeidung weiterer Opfer bei Hitler herbeizuführen. [...] Es gab unter den militärischen Führern viele, die für ihren Spezialsektor Hitler sehr klar sagten, wie die Lage ist. Viele Oberbefehlshaber der Heeresgruppen haben die katastrophale Entwicklung ihm klar gesagt, und es gab darüber oft harte Auseinandersetzungen, auch in der Lagebesprechung. [...] Aber ich habe nicht feststellen können, daß die eigentlich Verantwortlichen um Hitler zu ihm hingegangen sind und ihm gesagt haben: ›Der Krieg ist verloren.‹ Ich habe auch nicht erlebt, daß diese Verantwortlichen versucht haben, untereinander Verbindung aufzunehmen, um zu einem gemeinsamen Schritt bei Hitler zu kommen[146].«

Nach dem Attentat am 20. Juli 1944 war Hitler weniger denn je solchen Argumenten zugänglich. Die Persönlichkeitsveränderungen des Diktators faßte Generaloberst Guderian, dem Hitler am Tag darauf die Geschäfte des Chefs des Generalstabes des Heeres übertrug, zusammen: Hitler glaubte

> »niemandem mehr. Die Verhandlungen mit ihm, die schon vorher schwierig genug waren, gestalteten sich nunmehr zu einer Qual, die sich von Monat zu Monat steigerte. Er verlor oft die Selbstbeherrschung und ließ sich in seinen Ausdrücken immer mehr gehen. In seiner engeren Umgebung fand er kaum ein Gegengewicht mehr [...][147].«

Die Vorstellung eines realitätsfernen und endsiegtrunkenen Hitlers demontiert Bernd Wegner in provokanter, gleichwohl differenzierter Weise[148]. Zurecht stellt Wegner die Frage, warum Hitler bei aller fortwährend zur Schau gestellten vorgeblichen Hoffnung auf den Bruch der gegnerischen Koalition, trotz der gebetsmühlenartigen Beschwörung historischer Analogien (Mirakel des Hauses Brandenburg) keinerlei Anstrengungen unternahm, durch entsprechende Initiativen die Spannungen im gegnerischen Lager zugunsten von Sonderfriedensverhandlungen auszunutzen. Das von Angehörigen der militärischen Führungselite gezeichnete Bild Hitlers als inkompetentem Dilettanten, dessen halsstarrige Eingriffe in die Kriegführung die Arbeit der militärischen Profis behinderte, ist seit langem von der historischen Forschung korrigiert worden[149]. Hitler besaß durchaus strategischen Realitätssinn und dachte anders als viele seiner Generale in den komplexen Kate-

---

[146] Speer fuhr fort: »Ich habe dies von meiner Seite aus, mit einigen Ausnahmen, auch nicht versucht, weil es zwecklos gewesen wäre, denn Hitler hatte in dieser Phase alle diese engeren Mitarbeiter so sehr eingeschüchtert, daß sie ohne jeden Willen waren.« IMT, Bd 26, Vernehmung Speers am 20 und 21.6.1946, S. 542, 584.
[147] Guderian, Erinnerungen, S. 310.
[148] Vgl. Wegner, Hitler, S. 496.
[149] Vgl. die in diesem Zusammenhang immer noch bestechende Skizze von Haffner, Anmerkungen.

gorien eines gesamtgesellschaftlichen Krieges[150]. Aber trotz seiner von Jodl bezeugten rationalen Einsicht in die militärische Aussichtslosigkeit tendierte Hitler zu permanenter Radikalisierung nach innen und außen.

Hitlers Vergegenwärtigung der drohenden Niederlage wurde überlagert von der Erinnerung an den Zusammenbruch des Kaiserreiches. Er

»empfand das Ereignis als einen absoluten und unverzeihlichen Verrat an allem, an das er geglaubt hatte, und hielt unter dem Eindruck von Schmerzen, Unbehagen und Bitterkeit Ausschau nach den Tätern, die erklären würden, wie seine Welt zusammenbrechen konnte«,

umschreibt Ian Kershaw Hitlers Rezeption des Umsturzjahres 1918 – Erfahrungen und Einsichten, die Hitler später zum Beginn seiner politischen Karriere stilisieren und mystifizieren sollte[151]. Bei seiner Suche nach den Schuldigen und Verantwortlichen schienen sich die Ansichten über Juden und Sozialdemokraten, Marxismus und Internationale, Pazifismus und Demokratie, die sich Hitler seit seinen Wiener Tagen angeeignet hatte, zu bestätigen. An der strategischen Wegescheide des Jahres 1942/43 hatte sich dieses gedankliche Konglomerat längst zu einer handlungsrelevanten dogmatischen Ideologie verdichtet. Die Ausrottung, d.h. die physische Vernichtung des europäischen Judentums war zu einem persönlichen Anliegen Hitlers, zu seiner historischen Mission geworden. Nicht zufällig fiel mit der strategischen Desillusionierung der deutschen Führung die Intensivierung und Radikalisierung des Genozids zusammen. Dem militärisch Aussichts- und damit auch Sinnlosen ließ sich mit der Erfüllung dieser selbsterkorenen Aufgabe ein Sinn verleihen[152].

---

150 So zum Beispiel in der Lagebesprechung am 19.5.1943, wiedergegeben in: Hitlers Lagebesprechungen, S. 205 ff. Im Nürnberger Gefängnis diktierte Jodl 1946: »Früher als irgend ein Mensch in der Welt ahnte und wußte Hitler, daß der Krieg verloren war.« KTB OKW, Bd 4, S. 1721.
151 Kershaw, Hitler 1936–1945, S. 145.
152 Im Frühjahr und Sommer 1942 entschloß sich das Regime, die ›Endlösung‹ nicht mehr als ein Vorhaben für die Zeit nach dem Krieg, sondern diese bereits während des Krieges mit Hilfe der ursprünglich für Massenmorde in bestimmten Regionen errichteten Mordanlagen zu vollziehen. Siehe Longerich, Politik der Vernichtung, S. 513. Das bedeutet indes nicht, daß Genese und Durchführung des nationalsozialistischen Vernichtungsprogramms kausal anzusehen sind. Statt dessen muß der Genozid eingebunden werden in äußerst komplexe politische und militärische Zusammenhänge. Als deutsche Truppen am 19.3.1944 das verbündete Ungarn besetzten, um das Land an einem Separatfrieden mit den Alliierten zu hindern, benötigten die Einsatzgruppen von SiPo und SD nur acht Wochen, um etwa 430 000 ungarische Juden nach Auschwitz-Birkenau zu deportieren und die meisten von ihnen sofort zu ermorden. Die Dynamik dieses ›letzten Kapitels‹ der nationalsozialistischen Judenvernichtung läßt sich nicht aus einem monolithischen Programm ableiten, das, einmal entschieden und in Gang gesetzt, in einem rein ideologisch begründeten Selbstlauf, einen quasi zwanghaft vollzogenen dramatischen Höhepunkt erreichte. Realpolitik und ideologische Gedankengänge waren untrennbar miteinander verflochten. Im Falle der ungarischen Juden ging es darum, das Land am Ausscheiden aus dem Krieg zu hindern und seine wirtschaftlichen, humanen und militärischen Ressourcen stärker für die eigene Kriegführung zu nutzen. An diese aktuellen politischen Fragen und Entwicklungen knüpfte der Antisemitismus an, der die Juden mit den ungarischen Sonderfriedensbestrebungen und dem aus deutscher Sicht geringen militärischen Engagement Ungarns in Verbindung brachte und auf diese Weise die rational schwer zu begreifende destruktive Dynamik entfachte. Aly/Gerlach, Das letzte Kapitel, S. 417 f.

Die Hypothek des Judenmordes schloß die Möglichkeit eines Kompromißfriedens aus. Wenige Wochen nach der Niederlage von Stalingrad hatte Joseph Goebbels zynisch niedergeschrieben:

>»Es gibt kein Entrinnen mehr. Und das ist auch gut so. Eine Bewegung und ein Volk, die alle Brücken hinter sich abgebrochen haben, kämpfen erfahrungsgemäß sehr viel vorbehaltloser als die, die noch Rückzugsmöglichkeiten besitzen[153].«

Goebbels und Hitler beeinflußten sich gegenseitig in ihren Vorstellungen und bestärkten sich in ihrer Haltung[154]. Man kann Hitler, der sich am 29. Dezember 1944 gegenüber dem Inspekteur der Panzertruppe, Generalmajor Wolfgang Thomale, mit den Worten äußerte:

>»Bei uns steht alles auf dem Spiel. Wenn der andere eines Tages sagt: Jetzt haben wir es satt, – passiert ihm nichts. Wenn Amerika sagt: Aus, Schluß, wir geben keine Jungens mehr für Europa, – passiert nichts; New York bleibt New York, Chikago bleibt Chikago, Detroit bleibt Detroit, San Franzisko bleibt San Franzisko. Es ändert sich gar nichts. Wenn *wir* heute sagen würden: Wir haben es satt, wir hören auf, – dann hört Deutschland auf zu existieren«[155],

unterstellen, daß ihm dieser Zusammenhang voll bewußt war. Doch die militärischen Führer verschlossen die Augen vor der Tatsache, daß die Alliierten angesichts der im deutschen Namen verübten Verbrechen »einen Weltanschauungskrieg führten, die alten Spielregeln der internationalen Politik und der Allianzen außer Kraft gesetzt waren«[156]. Dabei war die »Wechselwirkung zwischen dem Geschehen in den Vernichtungslagern und jenem auf den Schlachtfeldern«[157] auch der militärischen Führung bekannt. Systematisch dehnte die Führungsspitze des Regimes den Kreis der Mitwisser aus[158]. Hitler selbst führte in einer Ansprache vor Generalen und Offizieren am 26. Mai 1944 aus:

>»Indem ich den Juden entfernte, habe ich in Deutschland die Möglichkeit irgendeiner revolutionären Kernbildung oder Keimzellenbildung beseitigt. [...] Humanität wäre gerade hier wie überhaupt überall höchste Grausamkeit gegen das eigene Volk. Wenn ich mir schon den Haß der Juden zuziehe, dann möchte ich wenigstens nicht die Vorteile eines solchen Hasses missen[159].«

---

[153] Goebbels, Die Tagebücher, Bd 7, Eintrag vom 2.3.1943, S. 454. Die letzte Mitarbeiterbesprechung am 21.4.1945 verließ Goebbels mit den Worten »Ich habe ja niemand gezwungen, mein Mitarbeiter zu sein [...]. Warum haben sie denn mit mir gearbeitet! Jetzt wird ihnen das Hälschen durchgeschnitten.« Zit. nach: Ursachen und Folgen, Bd 23, S. 115.
[154] Vgl. Speer, Erinnerungen, S. 433 f.
[155] Hitlers Lagebesprechungen, S. 780.
[156] Salewski, Finale, S. 22.
[157] Wegner, Hitler, S. 507.
[158] Auf der SS-Gruppenführertagung in Posen am 4.10.1943 führte Himmler beispielsweise aus: »Ich will hier vor Ihnen in aller Offenheit auch ein ganz schweres Kapitel erwähnen. Unter uns soll es einmal ganz offen ausgesprochen sein, und trotzdem werden wir in der Öffentlichkeit nie darüber reden. [...] Ich meine jetzt die Judenevakuierung, die Ausrottung des jüdischen Volkes.« IMT, Bd 29, S. 110. Ein halbes Jahr später weitete Himmler bei einer Rede in Sonthofen am 5.5.1944 den Kreis der Mitwisser auch auf anwesende Generale des Heeres aus: »Die Judenfrage ist in Deutschland und im allgemeinen in den von Deutschland besetzten Ländern gelöst. Sie wurde entsprechend dem Lebenskampf unseres Volkes, der um die Existenz unseres Blutes geht, kompromißlos gelöst.« Himmler, Geheimreden, S. 202.
[159] Zit. nach: Longerich, Der ungeschriebene Befehl, S. 191.

Im August 1944 befanden sich über eine halbe Million Menschen jüdischer Abstammung, verschiedener Nationen, Glaubensrichtungen, ethnischer Gruppen und politischer Überzeugungen als Gefangene im weitgespannten Netz der nationalsozialistischen Konzentrationslager. In den darauffolgenden Monaten kletterte die Zahl der KZ-Häftlinge auf etwa 700 000 an[160]. Schätzungen gehen davon aus, daß im Winter bis Frühjahr 1945 200 000 bis 350 000 Menschen bei den Evakuierungen der Lager vor den heranahenden Fronten starben; ermordet von Aufsehern oder infolge der unmenschlichen Bedingungen, Mangelernährung, Hunger und Seuchen[161]. Am 27. Januar 1945 erreichten sowjetische Soldaten den Lagerkomplex Auschwitz-Birkenau. Die Bilder von den etwa 7000 zurückgelassenen, zu Skeletten geschrumpften Gefangenen, von Fabriken, Vernichtungslagern und den Bergen von Menschenhaar gingen um die Welt. Sie bestätigten eindringlich eine Tatsache, die bis dahin selbst in weiten Teilen der Bevölkerung der Kriegsgegner als plumpe Propaganda abgetan worden war.

Wo schon ein militärischer Sieg nicht mehr im Bereich des Möglichen lag, ging es Hitler darum, den Krieg auf eine Weise zu verlieren, die spätere Generationen erschauern ließe – eine Art historischer Ausweg aus der Sackgasse der Kriegsrealität. »Nicht mehr Politik und Strategie, sondern nur noch die Choreographie des Unterganges war es, worum es Hitler in den letzten zwei Jahren des Krieges ging[162].« Hitler scheint es nahezu perfekt verstanden zu haben, genau diese Absichten seinem engeren Umfeld gegenüber verborgen zu halten. Stets auf Selbstinszenierung bedacht, dürfte Hitlers bis zum Ende demonstrativ zur Schau gestellte Siegeszuversicht über redetaktische Wendungen oder Überzeugungsrhetorik hinaus kaum tatsächliche Meinungsäußerungen dargestellt haben, und das Umfeld des Diktators versäumte es, die wiederkehrenden Verweise auf geschichtliche Analogien oder Behauptungen von Kausalketten in ungezählten Tischplaudereien, Monologen und Lagebesprechungen konsequent zu hinterfragen. Statt dessen wurde begierig nach jedem Strohhalm gegriffen.

d) Die Agonie der Ostfront

Der katastrophale Ereignisverlauf im Westen absorbierte die Aufmerksamkeit der NS-Führung. Sie wurde gänzlich überrascht von der sowjetischen Sommeroffensive gegen die Heeresgruppe Mitte am 22. Juni 1944, dem dritten Jahrestag des deutschen Angriffs auf die Sowjetunion. Der Chef der Operationsabteilung im Generalstab des Heeres, Generalleutnant Heusinger, hatte noch am 29. Mai 1944 in

---

[160] Vgl. IMT, Bd 27: Aufstellung des SS-WVHA vom 15.8.1944, S. 46 ff.; Broszat, Die nationalsozialistischen Konzentrationslager, S. 131 f.
[161] Vgl. Blattmann, Die Todesmärsche, S. 1067.
[162] Wegner, Hitler, S. 509. Abweichend dazu interpretiert Kershaw Hitlers Selbsteinschätzung als die des ›tragischen Helden‹. Kershaw, Hitler, 1936–1945, S. 970, 975. Weinberg warnt zwar davor, apodiktisch die Existenz einer kohärenten deutschen Strategie in der zweiten Kriegshälfte abzusprechen, weil der Krieg in rückschauender Perspektive nach objektiven Gesichtspunkten verloren war. Weinberg räumt jedoch ein, daß die strategische Gedankenbildung auf deutscher Seite mehr denn je mit ideologischen Elementen durchsetzt war. Vgl. Weinberg, Germany.

einem Brief geschrieben, bezüglich der Ostfront könne man in den nächsten Wochen »hier ganz zuversichtlich« sein: Es seien »keine großen operativen Probleme zu wälzen«, man warte ab, was die andere Seite machen werde, »und das ist gut so«[163]. Es dauerte Tage, bis die deutsche Führung das ganze Ausmaß der sowjetischen Offensive erfaßte. Die für die Feindaufklärung an der Ostfront zuständige Einrichtung der Wehrmacht, die Abteilung Fremde Heere Ost im OKH, aber auch die Führung der Heeresgruppen und der unterstellten Armeen hatten es nicht vermocht, eine »den ganzen Umfang des gegnerischen Aufmarsches erkennende und darauf aufbauende Analyse der sowjetischen Absichten« zu erstellen[164].

Durch eine rechtzeitige realistische Lageeinschätzung hätte sich die sowjetische Großoffensive nicht erfolgreich abwehren lassen. Im Rahmen der Operation ›Bagration‹ bot die sowjetische Führung 2,5 Mill. Mann, 45 000 Geschütze, Granat- und Raketenwerfer, mehr als 6000 Panzer und Sturmgeschütze sowie über 8000 Flugzeuge auf. Die Frontbreite der Operation betrug 1100 Kilometer, die Tiefe des Vorstoßes bis zu 600 Kilometer. Bei diesem Kräfteansatz konnte die sowjetische Sommeroffensive beanspruchen, eine der größten Einzeloperationen der Militärgeschichte gewesen zu sein. Gegen die vier im großen Frontbogen zwischen Vitebsk und Bobruisk stehenden deutschen Armeen wurden sofort große Einbrüche erzielt, die sich nach wenigen Tagen zu einer Umfassung der Heeresgruppe Mitte ausweiteten. Innerhalb von drei Wochen wurden 28 Verbände der Heeresgruppe mehr oder minder zerschlagen. Abgesehen von der Somme-Schlacht des Jahres 1916 verursachte kein anderes Ereignis ähnlich hohe Verluste. So gesehen bedeutete der Zusammenbruch der Heeresgruppe Mitte in Weißrußland auch die bedeutendste Niederlage in der deutschen Militärgeschichte, die zugleich die Ostfront in die Agonie stürzte[165]. Bis in die Gegenwart hat die Größenordung der sowjetischen Operation und ihre Bedeutung für die Niederringung der nationalsozialistischen Herrschaft in der Wahrnehmung einer westlich orientierten Öffentlichkeit keinen angemessenen Stellenwert erhalten und verharrt im »Schatten der zweiten Front«[166].

Die Offensive öffnete der Roten Armee den Weg zur Rigaer Bucht, nach Ostpreußen sowie an die mittlere Weichsel und nach Warschau. Hitlers Verzicht auf die Zurücknahme der Heeresgruppe Nord hatte zur Folge, daß im Baltikum über 700 000 Soldaten – ein Drittel des Ostheeres – eingeschlossen wurden[167]. Verschiedene Motive sind von Zeitgenossen und der historischen Forschung benannt worden, die Hitlers Entschluß zu begründen versuchen. Doch alle Thesen – Wel-

---

[163] Meyer, Adolf Heusinger, S. 263.
[164] Kröker, Fehleinschätzung, S. 349.
[165] Bislang liegt keine wissenschaftlichen Kriterien genügende Darstellung der Ereignisse im Mittelabschnitt der Ostfront vor. Zumeist stützt sich die Beschäftigung mit den militärischen Ereignissen auf die knappe Zusammenfassung des ehemaligen Kriegstagebuchführers der Heeresgruppe. Vgl. Gackenholz, Zum Zusammenbruch der Heeresgruppe Mitte. Dieses Desiderat wird in absehbarer Zeit der Beitrag von Karl-Heinz Frieser des im Erscheinen begriffenen Bandes 8 des Reihenwerks Das Deutsche Reich und der Zweite Weltkrieg ausfüllen.
[166] Wegner, Im Schatten der »Zweiten Front«?, S. 117 f.
[167] Vgl. Forwick, Der Rückzug.

II. Das Militär im politischen und gesellschaftlichen Kontext 69

lenbrecher gegen die Rote Armee; Sprungbrett für eine spätere deutsche Rückeroberung; Überschätzung der Möglichkeit, gegnerische Kräfte zu binden; als Druckmittel gegenüber der schwedischen Regierung, die sich anschickte, ihre wohlwollende Neutralität gegenüber dem Reich aufzugeben – entbehren einer tieferen Logik[168]. Schon Anfang September 1944 war ein geordneter Rückzug der Heeresgruppe über See nicht mehr möglich: In der hypothetischen Annahme, daß alle Häfen und Seewege feindfrei blieben, die weiterlaufenden Zufuhrleistungen halbiert und gleichzeitig alles Gerät zurückgelassen würde, glaubte man in der Seekriegsleitung die verbliebenen etwa 520 000 Soldaten innerhalb von fünf Wochen abtransportieren zu können. Eine Rückführung mitsamt der militärischen Ausrüstung hätte den Zeitbedarf auf theoretisch fünf Monate erhöht, wobei fraglich war, ob die Ölvorräte für die dazu nötigen Schiffsbewegungen überhaupt ausreichten[169]. Erst am 8. Mai 1945 kapitulierten die Reste der Heeresgruppe, inzwischen in ›Kurlandarmee‹ umbenannt, mit über 200 000 Mann. Sechsmal wurden in dieser Zeit Versuche der Roten Armee, den Kessel aufzulösen, abgewehrt. Die materiellen und personellen Voraussetzungen dafür schuf ein pausenloser Transporteinsatz der Kriegsmarine, deren Kapazitäten schon bald andernorts bei der Evakuierung von Verwundeten und der Zivilbevölkerung fehlen sollten. Guderian plädierte lange und laut für die Räumung des Kurland-Brückenkopfes. In der Auseinandersetzung mit Hitler stürzte er schließlich als Chef des Generalstabes über diese Frage. Doch selbst, wenn sich Guderians Forderung erfüllt hätte, eine Rettung für die eingeschlossenen Truppen hätte die Rückführung nicht bedeutet. Sie wären in der sowjetischen Winteroffensive wenige Monate später mit wesentlich höheren Verlusten untergegangen.

Im Zuge einer zweiten Offensive ab dem 16. Juli erreichte die Rote Armee Lemberg und die obere Weichsel. Eine dritte Großoffensive sechs Wochen später im Bereich der rumänisch-deutschen Front führte zum Zusammenbruch der Heeresgruppe Südukraine und wies der Roten Armee den Weg zum rumänischen Erdöl, nach Bulgarien und über Siebenbürgen nach Ungarn. In der Besprechung am 31. Juli 1944 bezeichnete Hitler die Stabilisierung der Ostfront als das vordringlichste Problem und gestand mit seinem Ausspruch, »zu mehr kann man im Moment ja nicht kommen«, seine Ratlosigkeit ein. Illusionen, Phantastereien und die Beschimpfung von Oppositionellen und Gegnern beherrschen statt dessen das Feld[170]. In den Monaten Juli bis September 1944 betrug die durchschnittliche tägliche Verlustrate an der Ostfront 5750 Tote. Der Anteil dieses Quartals an den Gesamttodesfällen an der Ostfront bis zum Jahresende 1944 belief sich auf fast ein Fünftel[171].

»Wollte man sich auf die strikte Defensive beschränken«, so schrieb Guderian nach dem Krieg, »war zwar noch mit längerem Widerstand, kaum aber mit einer

---

168 Eine Zusammenfassung findet sich bei Grier, Hitler's Baltic Strategy, S. 600 ff.
169 BA-MA, RM 7/162: OKM/Skl/AdmQu VI Nr. 5294/44 gKdos. Chefs. vom 8.9.1944.
170 Besprechung Hitlers mit Jodl am 31.7.1944, wiedergegeben in: Hitlers Lagebesprechungen, S. 584.
171 Vgl. Overmans, Deutsche militärische Verluste, S. 279.

günstigen Entscheidung zu rechnen«[172]. Die vielzitierten Kontroversen in der deutschen Führung über die Verwendung der wenigen vorhandenen Kräfte zugunsten der Ost- oder der Westfront verdeckten nur den Kern des Problems: Alle Lösungsansätze blieben taktische, bestenfalls operative Improvisationen. Damit ließen sich auf örtlicher Ebene vielleicht begrenzte Erfolge erzielen. Eine Verbesserung der strategischen Gesamtlage ließ sich damit, das war auch den Verantwortlichen in der Wehrmachtführung klar, nicht erreichen. Das sollte auch bei den Planungen einer Gegenoffensive im Westen so bleiben. Alle Debatten im Vorfeld der späteren Ardennen-Offensive drehten sich um Einzelheiten, nicht aber um den strategischen Sinn der Operation. Bereits inmitten der Rückzugskatastrophen des Spätsommers hatten sich Hitler und Jodl mit dem Gedanken einer Gegenoffensive befaßt[173]. Ein Angehöriger der engeren militärischen Umgebung Hitlers erinnerte sich:

> »Angesichts dieser Lage, die durch die fast völlige Wehrlosigkeit Deutschlands gegen einen gnadenlosen Luftkrieg noch über alle Maßen verschärft und durch den Verlust des rumänischen Ölgebiets gänzlich aussichtslos geworden ist, muß es umso mehr verwundern, daß in der Besprechung vom 1. September [1944] große und weittragende Pläne für die Wiederaufnahme offensiver Maßnahmen erörtert wurden. Die auf Hitlers Stimmung gemünzte Ekstase, in der sie teilweise vorgetragen wurden, kann jedoch das offenbar allen Teilnehmern eigene [sic] Bewußtsein nicht verdecken, daß in Wahrheit alle Mittel zur Durchführung solcher Absichten fehlen[174].«

Die Festigung der Front und eine Wetterverschlechterung war überhaupt *die* Voraussetzung für die Durchführung. Die Hoffnung auf schlechtes Wetter wurde zur ›Waffe‹ gegen die alliierte Lufthoheit, die jeden Angriff sofort im Keim zu ersticken drohte. Die Überlegungen sahen vor, durch einen konzentrierten, schnellen Stoß bis zum 150 Kilometer entfernten Antwerpen die Front der Alliierten aufzuspalten und die nördlich stehenden britischen und kanadischen Kräfte zu vernichten. An einem solchen deutschen Erfolg – so das vorgebliche Kalkül Hitlers – würde die gegnerische Koalition zerbrechen. Zumindest aber würden im Westen umfangreiche Kräfteverschiebungen zugunsten der Ostfront, rechtzeitig vor dem Beginn der für den Winter erwarteten neuen sowjetischen Offensive, möglich werden. Die Kontroverse um den operativen Ansatz, die unter strengster Geheimhaltung auf Hitlers engsten Führungszirkel beschränkt blieb, drehte sich nur um handwerkliche Detailfragen unterhalb der Ebene strategischer Erörterungen. Dabei war es in dieser Phase des Krieges mittlerweile üblich geworden, operativen und selbst noch taktischen Vorhaben das Prädikat ›kriegsentscheidend‹ zuzuweisen[175]. Die Truppenbefehlshaber Gerd von Rundstedt und Walter Model ließen sich von Hitler zu einfachen ›befehlsausführenden Unteroffizieren‹ degradieren[176].

---

[172] Guderian, Erinnerungen, S. 335.
[173] Vgl. Hitlers Lagebesprechungen, S. 636 ff.
[174] BA-MA, MSg 1/2993.
[175] Jung, Die Ardennen-Offensive; Parker, Hitler's Ardennes Offensive; Vogel, Deutsche und alliierte Kriegführung, S. 619 ff.
[176] Vgl. Förster, The Dynamics, S. 206.

Am 16. Dezember traten zwei deutsche Armeen, denen seit Wochen alle verfügbaren Reserven und Verstärkungen zugeflossen waren, zum Angriff an. Nach einer kurzen Überraschungsphase versteifte sich der amerikanische Widerstand zusehends. Der deutsche Vorstoß verlor in dem schwer passierbaren Gelände der verschneiten Ardennen an Schwung. Die Angriffsspitzen hatten nur einen Treibstoffvorrat, der für eine Strecke von 60 Kilometern reichte, der Angriff kam zum Erliegen[177]. Schon vorab hatte es zu den Planungsgrundlagen der Operation gehört, die Offensivkräfte direkt aus der Rüstungsproduktion zu versorgen. Während Speer dahingehend argumentierte, daß nur durch den sofortigen Ausgleich des Mangels an Betriebsstoff, Ersatzteilen u.a. überhaupt erst die Voraussetzung für eine erfolgreiche Operation geschaffen würde, wies Guderian auf die damit verbundenen Probleme andernorts hin, wenn beispielsweise ein Drittel aus der (ohnehin angespannten) gesamten Panzerersatzteilproduktion zugunsten der Heeresgruppe B abgezweigt wurde[178].

Das operative Ziel, bis an die Küste nach Antwerpen durchzustoßen, blieb unerreichbar. Als das Wetter nach einigen Tagen aufklarte, zerstörte die alliierte Luftwaffe Marschkolonnen, Nachschublinien und das rückwärtige Transportsystem. Es war auf Querelen und Fehleinschätzungen in der alliierten Führung zurückzuführen, daß ein zögerlicher Gegenangriff die geordnete Zurücknahme der deutschen Kräfte ermöglichte. Vertan wurde dadurch die Chance, die Offensivstreitmacht einzuschließen und zu vernichten. Über 70 000 Deutsche und 80 000 Amerikaner waren tot, verwundet oder vermißt. Jede Seite verlor etwa 700 Panzer und Panzerkampfwagen. Damit waren die letzten disponiblen Kräfte der Wehrmacht verbraucht und einer operativen Rheinverteidigung bereits vorab das Rückgrat gebrochen. Und im Osten, das war der deutschen Führung bewußt, stand der Beginn der sowjetischen Winteroffensive unmittelbar bevor. Bei einer Frontlänge von etwa 700 Kilometern entfielen auf jeden Frontverband der Heeresgruppe A durchschnittlich 22,5 Kilometer[179]. Auch schnelle Kräfteverschiebungen waren kaum mehr möglich. Die alliierten Bombardierungen des Verkehrssystems verhinderten,

> »zeitlich auch nur mit weitem Spielraum berechenbare Transportbewegungen größeren Ausmaßes planmäßig zu führen [...]. Der Faktor Zeit, der gerade im Transportwesen bei der Ausnützung der inneren Linie und für die Führung von Operationen eine überragende Rolle spielt, war ein neues und besonderes Element der Unsicherheit geworden[180].«

---

[177] Vgl. Rohde, Die operativen Grundlagen.
[178] Vgl. dazu die kontroversen Schreiben Speers und Guderians vom 17. und 21.12.1944. BA, R 3/1622. Grundsätzlich dazu Janssen, Das Ministerium Speer, S. 295 ff.
[179] Vgl. BA-MA, RH 19 VI/4: Anlage zum KTB vom 3.1.1945.
[180] Rendulic, Die Rückwirkungen, S. 499.

e) Die Bedeutung von Luftwaffe und Kriegsmarine in der Schlußphase des Krieges

Durchschnittlich 10 Mill. deutsche Soldaten gehörten 1944 der Wehrmacht an. Etwa ein Drittel von ihnen trug jedoch nicht die graue Heeresuniform, sondern versah den Dienst in Truppenteilen, Schiffen und Einrichtungen von Luftwaffe und Kriegsmarine. Doch nicht zuletzt der Verlauf der Landfronten in der zweiten Jahreshälfte wirkte sich unmittelbar auf die deutsche Kriegführung zu Wasser und in der Luft aus. Die Folgen der Invasionsschlacht und die sich daran anschließenden Rückzugskämpfe aus Frankreich erschütterten die Organisationen von Luftwaffe und Kriegsmarine derart, daß diese beiden Wehrmachtteile zu Operationen im Sinne einer Gesamtkriegführung nicht mehr in der Lage waren. Die deutsche Militärmaschinerie wurde förmlich in den Landkrieg des 19. Jahrhunderts zurückkatapultiert.

Im strategischen Luftkrieg über Deutschland schwächten die Alliierten die Jagdverbände der Luftwaffe bereits im Frühjahr 1944 entscheidend. Den 329 000 alliierten Einsätzen (davon über 197 000 Jagdeinsätze) in der ersten Jahreshälfte 1944 standen nur 23 400 Jägereinsätze der Luftwaffe gegenüber. Das Einsatzverhältnis von 14:1 fand seine Entsprechung in den numerischen Stärken der beiden Luftstreitkräfte[181]. Fast noch gravierender als die Flugzeugverluste erwiesen sich die Ausfälle von Besatzungen. Zwischen Jahresbeginn 1944 und der Invasion stieg die Verlustquote der Jägerbesatzungen auf ein Viertel an. Das entsprach einem Ausfall von über 2200 Piloten bzw. 99 Prozent des durchschnittlich vorhandenen Pilotenbestandes[182]. Die Luftflotte ›Reich‹ verlor beispielsweise im April 1944 mehr als ein Drittel ihrer Flugzeugbesatzungen. Eine personelle Regeneration war unter diesen Bedingungen nicht möglich. Man lebte von der Substanz[183]. In einem Bericht hielt der General der Jagdflieger, Adolf Galland, fest:

»Die Tagjagd hat in den letzten vier Monaten weit über 1000 Flugzeugführer verloren, darunter die besten Staffelkapitäne, Kommandeure und Geschwaderkommodores. Diese Lücken sind nicht zu schließen. [...] Es ist jetzt soweit, daß man sagen muß, es besteht die Gefahr des Zusammenbruchs unserer Waffe[184].«

Fehlendes Personal und eine unzureichende Ausbildung der Piloten infolge von Zeitdruck und Treibstoffmangel ließen den Kampfwert der deutschen Flugzeugbesatzungen erheblich absinken. Ausbildungsdefizite waren der Grund dafür, daß annähernd die Hälfte der im Frühjahr 1944 ermittelten Ausfälle ohne Feindeinwirkung erfolgte. Bis zum Ende des Jahres war die Zahl der im rückwärtigen Flugbetrieb und an den Schulen ohne Feindeinwirkung eingetretenen Todesfälle etwa so hoch wie die der im Gefecht gefallenen Flieger[185].

Am 12. Mai 1944 eröffneten die Alliierten ihre Luftoffensive auf die synthetische Treibstoffherstellung des Reichs und verursachten schwerwiegende Einbrü-

---

[181] Vgl. Boog, Strategischer Luftkrieg, S. 106.
[182] Vgl. Murray, Strategy, S. 240.
[183] Vgl. Boog, Strategischer Luftkrieg, S. 266 f.
[184] Galland, Die Ersten und die Letzten, S. 281.
[185] Vgl. Boog, Strategischer Luftkrieg, S. 109 f.; Steinhoff, In letzter Stunde, S. 36 f.

che in der Flugbenzinproduktion.[186]. Nur durch den Rückgriff auf Treibstoffvorräte ließ sich der Flugbetrieb überhaupt aufrechterhalten. Dennoch war die Luftwaffe gezwungen, ihren Verbrauch von Flugbetriebstoff von Juni bis September um zwei Drittel zu kürzen. Es zeichnete sich ab, daß bei einer Fortdauer der Angriffe auf die Treibstoffproduktion die Luftwaffe bald flugunfähig würde[187]. Der Treibstoffmangel führte dazu, daß die Zahl der einsatzbereiten deutschen Verteidigungskräfte auf niedrigem Niveau blieb. Dadurch konnte »der Gegner mit nur geringen Verlusten seine Ziele im Reich beliebig anfliegen«, wie Speer am 28. Juli 1944 deutlich machte. Seine Forderung nach einem stärkeren Schutz der Hydrierwerke begründete der Reichsminister für Rüstung und Kriegsproduktion mit der Warnung, daß ansonsten schon in wenigen Wochen »ein planmäßiger Einsatz der Luftwaffe völlig unmöglich« sei[188].

Mit der Errichtung der Zweiten Front wurde die Luftwaffe zwischen der strategischen und taktischen Luftkriegführung des Gegners förmlich zerrieben. Zehn Tage vor der alliierten Invasion verfügte die im Westen eingesetzte Luftflotte 3 über etwas mehr als 900 Flugzeuge aller Art, von denen nur 510 einsatzbereit waren[189]. Die Ankündigungen und Versprechungen von Verstärkungen für den Westraum blieben mit Blick auf die Notwendigkeiten der Heimatluftverteidigung von Beginn an illusionär. Am 6. Juni 1944 betrug das Kräfteverhältnis zwischen der Luftwaffe und den Alliierten 1:20. Bis zum 1. Juli 1944 flog die Luftflotte 3 etwa 14 000 Einsätze. Dagegen beliefen sich die gegnerischen Einsätze alleine in den Kämpfen um den Landungskopf in der Normandie auf 96 000[190]. Praktisch ungehindert von deutschen Jägern konnten die alliierten Luftoperationen im Invasionsraum ihre Wirkung entfalten. Verkehrswege wurden unterbrochen, und Tiefangriffe auf Marschkolonnen reduzierten die Möglichkeit zu Transportbewegungen fast ausschließlich auf die Dunkelheit. Die Beweglichkeit der wenigen im Westen vorhandenen gepanzerten Verbände wurde drastisch eingeschränkt. Die jahrelange offensive Ausrichtung der Luftwaffe und die Überbeanspruchung der zur Verfügung stehenden Kräfte und Mittel führte dazu, daß Bomberbesatzungen provisorisch zu Jägerbesatzungen umgeschult werden mußten. Die Besatzungen waren nur wenig an die Besonderheiten ihres Einsatzraumes gewöhnt. Eine gemeinsame Ausbildung von Kampfunterstützungskräften und Einheiten des Feldheeres erfolgte nur sporadisch, die Panzerabwehr durch Flakkräfte der Bodenorganisation war ein kaum geübtes Verfahren. Zeit- und Ressourcenmangel boten kaum Möglichkeiten, diese Defizite noch systematisch auszugleichen[191].

Mit den Rückzugsbewegungen brach die Luftwaffenorganisation im Westen Zug um Zug zusammen. Mit Frankreich ging das Vorwarn- und Vorkampffeld der

---

[186] Vgl. Birkenfeld, Der synthetische Treibstoff, S. 228.
[187] Vgl. BA-MA, RW 4/v. 716: OKL/ChefGenStdLw/Gen.Qu. 4.Abt Nr. 268/44 gKdos. Chefs. vom 18.8.1944.
[188] Zweite Hydrierdenkschrift Speers vom 28.7.1944, wiedergegeben in: Birkenfeld, Der synthetische Treibstoff, S. 243 ff.
[189] Vgl. Gundelach, Drohende Gefahr, S. 306.
[190] Vgl. Gaul, Die deutsche Luftwaffe, S. 142.
[191] Vgl. Boog, Invasion to Surrender, S. 125 f.

Reichsluftverteidigung verloren. Die zweite Jahreshälfte 1944 kostete die Luftwaffe über 20 200 Flugzeuge. Die monatlichen Ausfälle entsprachen mehr als einem Drittel des verfügbaren Bestandes[192]. Das Rückgrat der Luftwaffe wurde im Westen und über dem Reich gebrochen. Doch auch die sowjetische Luftwaffe trug nach ihrer Wiederbelebung einen großen Teil zur Ausschaltung der deutschen taktischen Luftstreitkräfte bei. Dem massenhaften Einsatz sowjetischer Frontflugzeuge konnte die Wehrmacht nichts Ebenbürtiges entgegensetzen[193]. Die Verbände des Heeres kämpften praktisch ohne jede Luftunterstützung. Die anhaltenden Klagen über Schutzlosigkeit gegenüber der Bedrohung aus der Luft verursachte tiefschürfende Spannungen und Zerwürfnisse zwischen den beiden Wehrmachtteilen. Die Zerstörung deutscher Städte, lebenswichtiger Verkehrswege und industrieller Zentren ohne sichtbare Gegenwehr führte zu einem massiven Ansehensverlust und Vertrauensschwund der Luftwaffe in der Bevölkerung. Der Einfluß ihres Repräsentanten, Herrmann Göring, innerhalb der nationalsozialistischen Führungsriege sank[194]. Als der Chef des Generalstabes der Luftwaffe, General der Flieger, Werner Kreipe, Göring am 12. Oktober 1944 eine Ausarbeitung vorlegte, in der die Entwicklung der letzten Monate nüchtern analysiert und bilanziert wurde, zerriß der Oberbefehlshaber der Luftwaffe die Denkschrift mit dem Vorwurf, »sie sei defaitistisch und nur getragen von der Rechenstiftarbeit des Generalstabsoffiziers«. Kreipe nahm den Vorfall zum Anlaß, um seine Entlassung zu bitten[195].

Am Neujahrstag 1945 griffen zehn deutsche Jagdgeschwader alliierte Flugplätze in Frankreich und Holland an. Im Zuge dieser als »Bodenplatte« bezeichneten Operation sollte die gegnerische Jagdwaffe ausgeschaltet, dadurch die seit der Invasion verlorene deutsche Luftherrschaft wiedergewonnen und den über dem Reich eingesetzten strategischen Bomberkräften Einhalt geboten werden. Für diese Operation wurde die deutsche Tagjagd weitgehend von Kräften entblößt. Zwar gelang es, mehrere hundert gegnerische Maschinen am Boden zu zerstören, da die Alliierten ihre materiellen Ausfälle jedoch schnell ersetzen konnten, verfehlte die Operation ihr strategisches Ziel. Als verheerend erwiesen sich die eigenen Verluste. Etwa 200 Maschinen wurden von der gegnerischen Flugabwehr abgeschossen. Meist als Folge von Koordinationsproblemen und anderen Friktionen fielen weitere 100 der eigenen Abwehr zum Opfer. Das waren die höchsten Verluste, die die Luftwaffe bei einer Tagesoperation zu verzeichnen hatte[196]. Im gleichen Monat gingen im Jagd- und Schlachtsektor so viele Besatzungen verloren, daß der fliegerische Ersatz nur von Schulen sowie durch die Auflösung von Kampf- und Transportverbänden gestellt werden konnte. Zeitgleich stieß die Rü-

---

[192] Vgl. Boog, Die deutsche Luftwaffenführung, S. 30.
[193] Während der sowjetischen Winteroffensive gingen durch den massiven operativ-taktischen Luftwaffeneinsatz der Roten Armee die Hälfte der im Osten eingesetzten deutschen Schlachtverbände verloren. BA-MA, RW 4/v. 486: OKW/WFSt/Org (Vb) Nr. 745/45 gKdos. vom 14.3.1945.
[194] Vgl. Boog, Strategischer Luftkrieg, S. 318.
[195] BA-MA, RL 2 I/21: Pers. KTB Kreipe, Eintrag vom 12.10.1944, in der Anlage die Denkschrift »Die Luftkriegführung 1945«, Chef GenStdLw Nr. 813/44 gKdos. vom 9.10.1944.
[196] Vgl. Boog, 1. Januar 1945; Parker, To Win the Winter Sky, S. 47 f.

stungsendfertigung mehr Flugzeuge aus, als aufgrund des vorhandenen Kraftstoffs überhaupt zum Einsatz gebracht werden konnten[197].

»Der Luftwaffe wird an allen Fronten eine Vielzahl von Aufgaben gestellt, deren Durchführung in ihrer Gesamtheit die fliegenden Verbände auf Grund angespannter Betriebsstofflage in Kürze zum vollständigen Stillstand bringen muß, weil alle Betriebsstoffvorräte verbraucht sein werden«,

orakelte der Luftwaffenführungsstab am 21. Februar 1945[198]. Immer wieder mußten fabrikneue Flugzeuge gesprengt werden, weil Piloten und Treibstoff für die Räumung von Fliegerhorsten vor dem herannahenden Gegner fehlten[199]. Die Meldung des Luftflottenkommandos 6 über die Betriebsstofflage gut vier Wochen vor dem Beginn der sowjetischen Offensive am 16. April machte in dramatischer Weise deutlich, daß ein nachhaltiger Einsatz der Luftwaffe selbst an den Brennpunkten des Kampfgeschehens nicht mehr zu erwarten war.

So sah sich das Luftflottenkommando zu der Maxime gezwungen,

»daß trotz der Fülle der sich aufdrängenden, wichtigen und lohnenden Ziele der Einsatz auf das äußerste gedrosselt und auf die entscheidenden Schwerpunkte beschränkt wird, um wenigstens hier bei geringst möglichem Betriebsstoffverbrauch zu einer annähernd ausreichenden Waffenwirkung zu kommen. [...] Die derzeitige Bevorratung der Plätze erlaubt noch einen Einsatz der Verbände. Die entscheidenden ersten 3–5 Großkampftage oder auch nur der erste Großkampftag können jedoch betriebsstoffmäßig keinesfalls durchgestanden werden, wenn nicht zusätzlich zum laufenden Mindestbedarf eine den Anforderungen des Lfl.Kdos. annähernd entsprechende Bevorratung rechtzeitig ermöglicht wird[200].«

Zum Zeitpunkt der Meldung verbrauchte die Luftflotte 6 die Hälfte ihres täglichen Betriebsstoffkontingentes für die von Hitler angeordnete Luftversorgung der operativ bedeutungslosen ›Festungen‹ Breslau und Glogau. Bis zum 22. März gingen 64 Ju 52-Transportflugzeuge, die Versorgungsgüter nach Breslau transportierten, verloren[201].

Vor dem Hintergrund dieser desaströsen Entwicklung überrascht es nicht, daß sich Verantwortliche über das rational vernünftige Maß hinaus dem Glauben an eine kriegsentscheidende Bedeutung revolutionärer Waffentechnik hingaben. Diese bot Anlaß zu »Hoffnungsstrategien« gerade in diesem Teilausschnitt des Krieges, den man zum Jahreswechsel 1944/45 am spektakulärsten verloren zu haben schien[202]. Das Strahlflugzeugprojekt wurde zum mentalen Allheilmittel aller Probleme eines in seinem Fundament erschütterten Wehrmachtteils. Noch nach dem Krieg vertraten Luftwaffenführer in ihren Erinnerungen die These, daß die Produktion der Me 262 den Verlauf des Krieges entscheidend hätte beeinflussen können. Die faszinierende Wirkung der wenigen Hundert Strahlflugzeuge, die in den letzten Monaten des Krieges zum Einsatz kamen, überdeckte all die unlösbaren

---

[197] Vgl. BA-MA, RW 4/v. 486: OKW/WFSt/Org (Vb) Nr. 745/45 gKdos. vom 14.3.1945.
[198] BA-MA, RL 2 II/121: OKL/Lw.FüSt/Ia (Flieg.) Nr. 10609/45 gKdos. Chefs. vom 21.2.1945.
[199] Vgl. Steinhoff, In letzter Stunde, S. 94 f.
[200] BA-MA, RH 2/333: Luftflottenkommando 6/Führungsabteilung I Nr. 2066/45 gKdos. vom 13.3.1945.
[201] Vgl. BA-MA, RH 2/333: Chef GenStdLw/FüSt (Op 1) Nr. 20431/45 gKdos. vom 23.3.1945.
[202] Vgl. Salewski, Finale, S. 14.

Probleme, die aus dem Mangel an Rohstoffen für Fertigung und Betrieb sowie nicht ausgereifter Technik resultierten[203].

Ein ähnliches Faszinosum ging von den Wirkungsmöglichkeiten neuentwickelter Fern- und Raketenwaffen aus. Um diesen Komplex herum entstand ein Illusionsspektakel, das reichlich Ablenkungspotential bot, sich der Realität der strategischen Ausweglosigkeit zu verweigern. An anderer Stelle griff die militärische Führung auf die Vorstellung zurück, die vermeintliche kämpferische Überlegenheit des deutschen Soldaten könne die Überlegenheit des Gegners an Material und Zahl wettmachen. Hier war es der Glaube an die Überlegenheit der Technik. Andere bedingende Faktoren wie der Ausbildungsstand des Personals, die richtige Einsatzdoktrin, die Produktionsmöglichkeiten und eine ausreichende Rohstoffversorgung spielten bei diesen Vorstellungen praktisch keine Rolle[204]. Die Entwicklung und Produktion der Fern- und Raketenwaffen unterlagen den strengsten Geheimhaltungsbestimmungen. Sich ein objektives, in sich schlüssiges Gesamtbild zu bilden, blieb daher nur einem kleinen Personenkreis vorbehalten. Allein die Empirie des Kriegsalltages entlarvte die Phantastereien. Man darf mutmaßen, daß der unerschütterliche Glaube an die Erfolgsaussichten des jeweiligen Projektes, den die verantwortlichen Techniker und Konstrukteure dokumentierten, nicht zuletzt auch dem Zweck diente, Arbeitsstäbe und Personal zusammenzuhalten und in den Unwägbarkeiten der letzten Kriegsmonate vor dem Fronteinsatz zu bewahren.

Der Ressourcenverschleiß dieser ›Wunderwaffen‹ war beispiellos. In einer überstrapazierten deutschen Kriegswirtschaft verbrauchten die sogenannten V-Waffenprogramme ungeheure Kräfte und Material. Gerhard L. Weinberg geht deshalb soweit, darin eine, »if not *the*, truly significant element in a war-winning strategy« zu sehen[205]. Die Entwicklungsstufen des alliierten Bombenkrieges gegen deutsche Städte, welche die eigene Ohnmacht vor Augen führte und gleichzeitig das Verlangen nach Vergeltung entstehen ließen, waren der Schrittmacher für die Entwicklung einsatzfähiger Fern- bzw. Raketenwaffen. Verschiedene Projekte von Luftwaffe und Heer konkurrierten miteinander. Bereits 1942 hatte die Luftwaffe der Rüstungsindustrie den Auftrag erteilt, die düsengetriebene Gleitbombe Fi 103 und spätere ›V1‹ zu entwickeln und zu produzieren. Etwa zeitgleich war das Entwicklungsprogramm der A4 bzw. ›V2‹, einer großkalibrigen Flüssigkeitsrakete, durch das Heer angestoßen worden. Mit dieser Waffe sollten

> »in durch Feindeinwirkung nicht zu störender Schußfolge bei Tag und Nacht in unregelmäßigen Zeitabständen, unabhängig von der Wetterlage, sich lohnende Ziele wie London, Industriegebiete, Hafenstädte pp. unter Feuer genommen werden. Die moralische und tatsächliche Wirkung eines derartigen, monatelangen Feuers, gegen das es keine Abwehrmöglichkeit gibt, dürfte gar nicht abzusehen sein«,

---

[203] Die Produktion der Me 262 lief im Mai 1944 mit acht Stück an und erreichte bis zum Ende des Jahres 124, insgesamt bis Mai 1945 564 Flugzeuge. Boog, Strategischer Luftkrieg, S. 308 ff.; Schabel, Die Illusion, S. 291 ff.
[204] Vgl. Schabel, Die Illusion, S. 285 ff.; vgl. Neufeld, Rakete.
[205] Weinberg, German Plans, S. 220.

hatte Walter Dornberger, der Leiter der Heeresversuchsanstalt Peenemünde, im März 1942 die Idee des A4-Programms umrissen[206]. Während der Invasion wurde die Fi 103 als erste Fernwaffe eingesetzt. Technische Mängel hatten zur Folge, daß nur zwei Drittel von insgesamt 32 000 produzierten Flugbomben überhaupt verschossen werden konnten. Geschwindigkeit und Flughöhe boten die Möglichkeit zur Abwehr, so daß die gegnerische Abschußquote in der letzten Phase der V-Waffen-Offensive auf über 97 Prozent gesteigert werden konnte[207]. Einige Wochen später, Anfang September 1944, begann auch der Kriegseinsatz der A4-Rakete. Zwischen Januar 1944 und Mitte März 1945 wurden davon etwa 6500 Stück produziert und ausgeliefert[208]. In der Herstellung sowie in den Versorgungs- und Ersatzeinheiten arbeiteten allein in Deutschland mehr als 200 000 Menschen. Unter menschenunwürdigen Bedingungen schufteten Zehntausende von Zwangsarbeitern und KZ-Häftlingen in den Untertageproduktionsanlagen. Jeden Monat verschlang die Herstellung 1000 t Aluminium, zehntausende Tonnen flüssigen Sauerstoffs, reinen Alkohols und Wasserstoffsuperoxyds. Der Bedarf an elektronischen Geräten und Präzisionsinstrumenten beschnitt die Produktion von U-Booten, Radargeräten und Flugzeugen[209]. Die Neuartigkeit und der revolutionäre Charakter dieser Waffe, gegen die es praktisch keine wirksame Abwehrmöglichkeit gab, verleitete sowohl auf deutscher als auch auf alliierter Seite zur Überschätzung[210]. Bei Beginn der V2-Offensive war mehr als die Hälfte aller Raketen unklar für den Verschuß, und noch im Oktober erwiesen sich zwei Drittel als unwirksame Luftzerleger. Die technischen Probleme wogen noch schwerer durch den Umstand, daß es Unsicherheiten in der Handhabung und Bedienung der Waffen gab[211]. Die Streuung der Fernwaffe war so groß, daß sich damit keine militärischen Ziele bekämpfen ließen. Diese Ungenauigkeit der Waffenwirkung zumindest rechnerisch zu minimieren, erforderte eine überproportionale Steigerung der Verschußzahlen, die angesichts der zur Verfügung stehenden Ressourcen im Hypothetischen blieb[212]. Eine wirksame Bekämpfung des alliierten Landungskopfes in der Normandie war somit – selbst wenn die Fernwaffen früher einsatzbereit und in größerer Stückzahl vorhanden gewesen wären – kaum möglich gewesen. Das gleiche galt für die im September 1944 gestartete deutsche Fernwaffen-Offensive gegen den belgischen Tiefwasserhafen Antwerpen. Dessen Umschlagkapazität hatte für die Versorgung des Vormarsches der Alliierten eine entscheidende Be-

---

[206] Zit. nach: Müller, Albert Speer, S. 578.
[207] Ebd., S. 584 f.
[208] Vgl. Hölsken, Die V-Waffen, S. 79.
[209] Vgl. ebd., S. 77.
[210] Vgl. ebd., S. 194 f. Anders hingegen die Abwehr der, ebenfalls als Fernwaffe eingesetzten Flugbombe Fi 103, bei der die Abschüsse durch Flakartillerie und Jägerwaffe kontinuierlich gesteigert werden konnte. Ebd., S. 187 ff.
[211] Vgl. Boog, Strategischer Luftkrieg, S. 402.
[212] Die durchschnittliche Fehlleistung der deutschen Fernwaffen betrug über 15 Kilometer. »Selbst wenn die Deutschen hundertzwanzig Stück täglich abgefeuert hätten und überhaupt keine von uns abgeschossen worden wären, hätte ihre Wirkung den Abwurf von zwei bis drei Eintonnenbomben pro Quadratmeile und Woche nicht übertroffen«, urteilte Winston Churchill nach dem Krieg. Churchill, Der Zweite Weltkrieg, Bd 5, 1, Stuttgart 1953, S. 271 f.

deutung. Über 1200 A4-Raketen wurden bis zum 30. März 1945 auf die Stadt und ihre Umgebung abgefeuert. Militärisch wirkte sich der Fernwaffeneinsatz nicht aus. Es blieb die Terrorwirkung gegen zivile Ziele: In England und Belgien wurden durch Flugbomben und Raketen bis zum Ende des Krieges insgesamt mehr als 15 000 Menschen getötet und mindestens 47 000 verletzt[213].

Ihre größte Wirkung entfalteten diese Waffen in der Propaganda gegenüber der eigenen Bevölkerung. Seit Stalingrad verband die Bevölkerung mit den Fernwaffen nicht nur Hoffnung auf Vergeltung für die Verwüstung deutscher Städte. In der Erwartung, der Beschuß mit V-Waffen würde den Gegner zum Einlenken zwingen, sahen viele darin einen Weg, den Krieg siegreich zu beenden[214]. Die Propagandamaschinerie arbeitete, der Einsatz solcher Waffen ließ indes auf sich warten. In selbstdynamisierender Wirkung wurden die V-Waffen zur Entscheidung des Krieges stilisiert[215]. Der Lagebericht des Regierungspräsidenten in Augsburg vom 15. Juli 1944 nahm allerdings eine Entwicklung vorweg, die sich kurz darauf in der Einstellung des größten Teils der Bevölkerung niederschlagen sollte:

»Der Beginn der Invasion und der Beginn des Vergeltungsschlages gegen die britische Insel haben die Stimmung günstig beeinflußt. Zwar haben viele von der Vergeltung eine erheblich raschere Wirkung erwartet: wesentlich aber ist, daß das Vertrauen in die Führung wieder gestärkt wurde und daß wohl alle an die Fortsetzung der Vergeltung auch mit weiteren bis jetzt noch zurückgehaltenen Geheimwaffen glauben[216].«

»An eine Wende des Kriegsglücks glaubt schlechthin niemand mehr«, stellte ein Bericht des SD-Leitabschnitts Stuttgart Ende März 1945 fest und ließ durchblicken, daß derjenige, der noch von neuen Waffen sprach, von seinen Mitmenschen nur mitleidig belächelt wurde[217]. Die Phantasie wirkte als Verstärker der Gerüchtepropaganda, und dies um so mehr, je größer im individuellen Fall der Wunsch nach einem günstigen Kriegsende war. Diejenigen, die in den letzten Monaten des Krieges dem Glauben an Wunderwaffen anheimfielen, waren das Opfer ihrer eigenen Sehnsüchte und Wunschvorstellungen. Spätestens seit Mitte des Jahres 1944 entzog die Realität des Krieges der systemstabilisierenden Wirkung der Wunderwaffen-Illusion die Grundlage. Nur für kurze Zeit ließ sich der Durchschnittsbürger von den Verlautbarungen über solche Waffen beeindrucken, deren Massenherstellung und Einsatz den Ansturm der Feinde brechen sollte. Die Bezeichnungen von Flugzeugen und Gewehren wurden mit dem Präfix »Volk« versehen, um damit ein bis an die Zähne bewaffnetes Deutschland zu suggerieren[218].

Ähnlich wie die Luftwaffe versank auch die Kriegsmarine in der strategischen und schließlich auch in der operativen Bedeutungslosigkeit. Mehr als 800 000 Soldaten versahen im Sommer 1944 ihren Dienst in diesem Wehrmachtteil. Die Rolle jedoch, bei der Abwehr der Zweiten Front eine tragende Funktion zu erfüllen, ließ sich angesichts der vorhandenen Kräfte nicht erfüllen. Die Marinegruppe West

---

[213] Vgl. Hölsken, Die V-Waffen, S. 202.
[214] Vgl. SD-Bericht vom 18.10.1943, Meldungen aus dem Reich, S. 440 ff.
[215] Vgl. SD-Bericht vom 27.12.1943, ebd., S. 472 ff.
[216] Bayer. HStA, StK 6695: Monatsbericht des Regierungspräsidenten von Augsburg vom 15.7.1944.
[217] Zit. nach: Steinert, Hitlers Krieg, S. 569 f.
[218] Vgl. Schabel, Die Illusion, S. 251.

verfügte nur über 3 Zerstörer, 5 Torpedoboote, 34 Schnellboote und 163 Minensucher, um die alliierte Landungsflotte und deren Nachschubverkehr zu bekämpfen. Zur Unterstützung waren drei Dutzend U-Boote vorgesehen, die in den flachen Gewässern der Kanalküste nur eingeschränkt operieren konnten. Wie das Heer mußte auch die Marine praktisch ohne Sicherung und Unterstützung aus der Luft auskommen[219]. Bereits am 6. Juni 1944 stellte der Oberbefehlshaber des Marinegruppenkommandos West, konfrontiert mit der riesigen Invasionsarmada, resigniert fest: »Wie zu erwarten, ist eine wirksame Beeinträchtigung eines derart überlegenen Gegners nicht erreicht worden[220].« Durch alliierte Luftangriffe, insbesondere auf Le Havre und Cherbourg, wurde ein großer Teil der im Invasionsraum stehenden deutschen Seestreitkräfte vernichtet. Die verbliebenen Reste setzten den Kampf gegen den alliierten Nachschubverkehr, mangels Alternativen und Konzeptionen ›irgendwie‹ und ohne Aussicht auf nachhaltige Erfolge, fort[221].

Die erfolgreiche Invasion bedeutete praktisch das Ende der atlantischen Kriegführung. Strategisch war der Seekrieg bereits ein Jahr zuvor mit dem Zusammenbruch des U-Boot-Krieges verloren worden. Im Mai 1943 hatte die Konvoibekämpfung im Nordatlantik abgebrochen werden müssen, die Wiederaufnahme war im Herbst 1943 unter hohen Verlusten gescheitert. Die schweren Überwasserstreitkräfte führten seit langem nur noch ein Schattendasein, und selbst im Küstenvorfeld wurden die Kampfeinheiten der Kriegsmarine in die Defensive gedrängt. Eine schonungslose Lageanalyse war in der Marineführung konsequent vermieden worden. Nur auf diese Weise hatte sich die »Erschütterung des gesamtstrategischen Gebäudes« bequem abfedern lassen. Der Zwang zum Improvisieren war seit langem

> »so weit in das Selbstverständnis der Verantwortlichen gedrungen, daß man darin nichts Ungewöhnliches mehr sah. Die Frage nach dem Endziel der Improvisation wurde tabuisiert, und da die Planungen sich nur noch auf kurzfristige oder aber auf sich exakter zeitlicher Kalkulation entziehende längstfristige Ziele gerichtet wurden, verschwamm die Grenzlinie, jenseits derer der Zweite Weltkrieg auch zur See endgültig und unwiderruflich verloren war[222].«

Die technische und operative Realität spielte bei der Bewertung der Einflußmöglichkeiten von Luftwaffe und Kriegsmarine auf das Gesamtkriegsgeschehen allenfalls eine untergeordnete Rolle. Die Ursachenforschung für das Desaster der Luftwaffe reduzierte sich bei Hitler und Goebbels auf Vorwürfe, »daß die ganze Waffe korrupt ist, und zwar ist sie korrupt, weil ihr Chef korrupt ist«[223]. Im Gegensatz dazu gelang es Dönitz als Oberbefehlshaber der Kriegsmarine, eine vorgebliche Mentalität des ihm unterstellten Wehrmachtteils zu vermitteln, dessen Grundsatz, auch in aussichtsloser Situation weiterzukämpfen und notfalls mit wehender Flagge unterzugehen, dem Postulat Hitlers nach einem Kampf bis zum Äußersten haargenau entsprach. Bis in die letzten Tage des Krieges stand Dönitz

---

[219] Vgl. Vogel, Deutsche und alliierte Kriegführung, S. 485 f.
[220] BA-MA, RM 35 II/63: KTB Mar.Gr.Kdo. West, Eintrag vom 6.6.1944.
[221] Vgl. ebd., Eintrag vom 15.6.1944.
[222] Salewski, Die deutsche Seekriegsleitung, Bd 2, S. 306 f.
[223] Goebbels, Die Tagebücher, Bd 15, Eintrag vom 22.3.1945, S. 571.

unvermindert hoch in der Gunst Hitlers. Nicht umsonst bestimmte Hitler den Oberbefehlshaber der Kriegsmarine testamentarisch zu seinem Nachfolger. Diese Entwicklung entsprach jedoch in keiner Weise dem tatsächlichen Einfluß der Kriegsmarine auf die Fortführung des Krieges[224].

Bis zum Schluß hielt die Marineführung an der Illusion fest, durch den Einsatz neuer Typen den U-Boot-Krieg wieder aufnehmen zu können. Als Erprobungs- und Ausbildungsgebiet kam nur der Ostseeraum in Frage, so daß die Intentionen der Marineführung sich mit den operativen Zielen der Wehrmachtführung überschnitten, als sich im Sommer 1944 die Nordflanke der Ostfront und der Ostseeraum überlagerten. Die katastrophale Entwicklung der Landfronten hatte unmittelbare Auswirkungen auf die Dislozierung der Marinestreitkräfte. Die notwendige Verlegung in die mittlere und westliche Ostsee verursachte kaum zu lösende organisatorische Probleme. Im Raum Hela-Libau befanden sich ca. 50 bis 60 Prozent der U-Boot-Ausbildungskapazitäten mit 25 000 Mann. Mit der Verlegung mußten die Ausbildungsvorhaben um etwa die Hälfte gekürzt werden. Zudem war das Fassungsvermögen der westlichen und mittleren Ostseehäfen bereits zu diesem Zeitpunkt so ausgelastet, daß es fraglich war, ob die aus dem östlichen Seegebiet ausweichenden Einheiten dort überhaupt noch Liegeplätze fanden[225]. Als die Heeresgruppe Nord abgeschnitten zu werden drohte, votierte man auch in der Seekriegsleitung für eine rechtzeitige Rückführung der Heeresgruppe. Der Schutz der Danziger Bucht wurde aus der ressortspezifischen Sicht der Kriegsmarine für wichtiger erachtet als die Verteidigung der baltischen und estnischen Küste. Doch Dönitz stellte Hitler in Aussicht, die Heeresgruppe über See versorgen zu können und bestärkte dessen Haltung, die Heeresgruppe in Kurland zu belassen. In einer Lagebesprechung der Seekriegsleitung gab Dönitz die Parole aus: »Kriegsmarine hat keinerlei Verzichts- oder Rückzugsgedanken. Es muß alles geschehen, um den Widerstands- und Angriffswillen der Truppe lebendig zu erhalten[226].« Als Anfang September die Gefahr einer Einschließung der Heeresgruppe konkret wurde und eine erste hypothetische Anfrage über Möglichkeiten eines Rücktransportes über See aus dem ›Führerhauptquartier‹ eintraf, war es dafür zu spät.

Mit dem Verlust der atlantischen Stützpunkte, abgesehen von den Atlantik- und Kanalfestungen, gab es keine selbständige Seekriegführung mehr, die Zahl der Aufgaben nahm ab[227]. Gleichwohl überstiegen die materiellen und personellen Anforderungen des Seekrieges in der Ostsee die Mittel und Möglichkeiten der

---

[224] Vgl. Neitzel, Der Bedeutungswandel.
[225] Siehe dazu das Stichworteprotokoll einer Besprechung der Ressortleiter beim Chef der Seekriegsleitung am 12.7.1944. BA-MA, RM 7/162.
[226] Salewski, Die deutsche Seekriegsleitung, Bd 2, S. 464 f.
[227] Zur logistischen Versorgung eines Vorstoßes nach Deutschland war es für die Alliierten unumgänglich, leistungsfähige Tiefseehäfen in ihren Besitz zu bekommen. Gleichwohl konnten während der Kämpfe um den Landungskopf ca. 88 Prozent des Nachschubbedarfs über die Invasionsstrände direkt zugeführt werden. Die Festungsbesatzungen mußten sich ab Herbst 1944 mit der Rolle begnügen, »in einem großen, gut bewachten Gefangenenlager zu sitzen und dabei den Alliierten den Zugang zu Häfen zu verwehren, deren Bedeutung ab November 1944 bedeutungslos geworden war.« Neitzel, Der Kampf, S. 430.

Kriegsmarine. Neben der Küstenverteidigung in Skandinavien und im Westraum sowie der Sicherung der Ostseeeingänge wurden die Kapazitäten der Kriegsmarine durch die Räumungs-, Nachschub- und Erztransporte vollständig gebunden. Hinzu kamen die Evakuierung der Zivilbevölkerung, die Unterstützung der linken Heeresflanke der Ostfront durch Landzielbeschießungen sowie die U-Boot- und Minenkriegführung im gesamten Ostseegebiet[228]. Der Rückzug aus Frankreich erschütterte die gesamte logistische Infrastruktur der Kriegsmarine. Die Schiffbaukapazitäten brachen dramatisch ein. Im ersten Halbjahr 1944 hatte den Totalverlusten von 220 000 BRT nur eine Neubaurate von lediglich 60 000 BRT gegenübergestanden.

»Es ist schon heute nicht mehr möglich, mit dem vorhandenen Schiffsraum die gestellten Forderungen im Nord- und Ostseeraum zu erfüllen. Bei den weiter anhaltenden schweren Verlusten [...] kann man sich den Zeitpunkt ausrechnen, wann nicht einmal mehr die Truppe in Norwegen und Finnland mit dem erforderlichen Nachschub auf dem Seeweg versorgt werden kann«,

warnte der Beauftragte für die Handelsschiffahrt im Admiralquartiermeisteramt schon im Juli 1944[229]. Am 29. September 1944 bestätigte die Seekriegsleitung,

»daß unser Schiffsneubau seit Juni 1944 nicht mehr die Verluste ersetzen konnte und unsere Kräfte abnehmen, während der Gegner umfangreiche Kräfte freibekommt und zusätzlich gegen die schon schwachen deutschen Seestreitkräfte einsetzen kann und wird[230].«

Ende 1944 legte die Seekriegsleitung noch einmal eine Bilanz der Rüstungsstände in den einzelnen Bereichen der Flotte vor, um daraus konkrete Forderungen abzuleiten. In diesem Dokument verbanden sich realistische Lageeinschätzungen und irreal anmutende Hoffnungen und Forderungen. Fast gänzlich losgelöst von gesamtpolitischen und militärischen Fragen und der voraussehbaren Zukunftsentwicklung verfielen die Verantwortlichen im Oberkommando der Kriegsmarine in ein Ressortdenken, das durch die Fixierung auf den ›neuen U-Bootkrieg‹, »sich von den gegebenen Tatsachen zu lösen und ihren eigenen Krieg zu führen begann[231].«

Als mit dem Verlust des oberschlesischen Industrierevieres und der Lahmlegung der Förderung im Ruhrgebiet im Januar 1945 die Kohle- und Rohstoffversorgung zusammenbrach, kam der Überwasserschiffbau praktisch zum Erliegen. Durch den Verbrauch noch vorhandener Ressourcen wurden Einzelerfolge erzielt, die Ergebnisse von Zufälligkeiten, nicht aber eines Plans waren. Einzig der U-Boot-Neubau verzeichnete Zuwachsraten[232]. Erste Erfahrungsberichte priesen die technische Überlegenheit der neuen U-Boot-Generation, die die gegnerische Abwehr nahezu wirkungslos zu machen drohte. Hitler mochte bei diesen Nachrichten von einer »grundsätzliche[n] Umwälzung in den Begriffen der Seekriegsführung«

---

[228] Vgl. Salewski, Die deutsche Seekriegsleitung, Bd 2, S. 475 f.
[229] Ebd., Bd 2, S. 516.
[230] BA-MA, RM 7/161: OKM/1. Skl/Ib Nr. 29755/44 gKdos. vom 29.9.1944.
[231] Vgl. Salewski, Die deutsche Seekriegsleitung, Bd 2, S. 519. Das Dokument ist wiedergegeben in: Ebd., Bd 3, S. 384 ff.
[232] »Die augenblickliche Gesamtzahl von 450 in Dienst befindlichen U-Booten sei die höchste U-Bootszahl, die Deutschland je besessen habe«, imponierte Dönitz in der Führerlage am 15.2.1945, siehe Lagevorträge des Oberbefehlshabers der Kriegsmarine, S. 653.

schwadronieren[233]. Die Ausbildung erfahrener Besatzungen wurde durch die sich dramatisch verschlechternde Kriegslage immer kurzatmiger, selbst wenn sie quasi bis in die letzten Tage des Krieges fortgesetzt wurde. Die meisten Boote kamen gar nicht mehr zum Einsatz. Flächendeckende alliierte Luftangriffe auf Werften und Häfen entzogen der Hoffnung auf eine Wende im Seekrieg den Boden[234]. Und schließlich schränkte der Rückgang der Kohle-, schließlich auch der Heizöl- und Dieselkraftstoffversorgung Schiffsbewegungen immer weiter ein[235]. Einheit nach Einheit mußte stillgelegt werden, die Besatzungen wurden, sofern Waffen vorhanden waren, zum Landkampf abgegeben.

Unterhalb des Regiments von Dönitz folgte das Agieren der Marineführung bis in die letzten Tage ihres Daseins einer »Doppelstrategie«, die gleichzeitig geprägt war von nüchternen und realistischen Lageeinschätzungen sowie dem Bemühen um Rettung und Rückführung möglichst vieler Soldaten und Zivilisten auch unter Inkaufnahme militärischer Risiken und Verluste. Bisweilen trug das bloße Vorhandensein von Aufträgen an die Befehlshaber, jederzeit ihr Handeln so einzurichten, daß die noch verfügbaren Teile der Marine für andere Aufgaben bereit standen, zu einer psychologischen Stärkung der Besatzungen und Soldaten bei[236]. Diese »Strategie des offensiven Einsatzes« hielt die Illusion von Zielstrebigkeit, Pflichterfüllung und Ordnung selbst noch zu einem Zeitpunkt aufrecht, an dem das ›Dritte Reich‹ im Chaos versank[237]. Anfang Februar wurde der Personalbestand des OKM von 8000 auf 2800 reduziert. Dönitz nutzte den Anlaß, sich selbst und den Wehrmachtteil in einer ›Führerlage‹ imagewirksam in Szene zu setzen[238]. Dort schwelgte der Oberbefehlshaber der Kriegsmarine, räumlich getrennt von seiner höchsten Kommandobehörde und voll in das Führerhauptquartier integriert, in den Illusionen des neuen U-Boot-Krieges und war bemüht, durch sein Engagement bei der Aufstellung von ein paar Infanterieverbänden aus überschüssigem Marinepersonal sein Ansehen bei Hitler zu pflegen. Die Seekriegsleitung war indes mehr mit eigenen Stabsverlegungen beschäftigt als operativ zu führen, wo es nichts mehr zu führen gab[239]. Eine Ebene tiefer sah das anders aus: Zwischen dem 23. Januar und dem 8. Mai 1945 gelang es dem Marineoberkommando Ostsee und seinen unterstellten Einheiten durch pausenlosen Einsatz 800 000 bis 900 000 Flüchtlinge und etwa 350 000 verwundete Soldaten nach Westen abzutransportieren[240]. Mit Krieg-

---

[233] Ebd., S. 656.
[234] Vgl. Salewski, Die deutsche Seekriegsleitung, Bd 2, S. 527.
[235] Vgl. Meier-Dörnberg, Ölversorgung, S. 85 f. Das Auslaufen der kriegsbereit werdenden neuen U-Boote ließ sich im Januar 1945 nur dadurch sicherstellen, daß die Kraftstoffbestände von dieselgetriebenen Kreuzern übernommen wurden.
[236] Vgl. Salewski, Die deutsche Seekriegsleitung, Bd 2, S. 533 f.
[237] Vgl. Orth, Kampfmoral, S. 155.
[238] Vgl. Lagevorträge des Oberbefehlshabers der Kriegsmarine, Führerlage am 2.2.1945, S. 645.
[239] Die Verlegungen des OKM und der Seekriegsleitung führten zu erheblichen Störungen in der Kommunikationsstruktur der Kriegsmarine, siehe KTB Skl, Bd 66, Eintrag vom 19.2.1945, S. 203.
[240] Zur Differenz der in der Memoirenliteratur und der Forschung verbreiteten Zahl von über zwei Mill. über die Ostsee evakuierten Menschen siehe Schwendemann, »Deutsche Menschen vor der Vernichtung durch den Bolschewismus zu retten«, S. 13, Anm. 30.

führung hatten diese verlustreichen Hilfsaktionen der Kriegsmarine indes wenig zu tun.

f) Der Krieg im Reich

Die fehlgeschlagene Ardennen-Offensive zwang die Alliierten, ihre Kräfte für den abschließenden Sturm auf das Reich neu zu ordnen. Die deutsche Seite indes hatte ihre letzten Kräfte verbraucht, die zur Bildung einer operativen Reserve zur Verfügung gestanden hätten. Immer wieder drängte der Generalstab des Heeres deshalb auf eine rasche Schwerpunktverlagerung zugunsten der Ostfront. Diese war im letzten Viertel des Jahres 1944 relativ stabil geblieben. Zwischen der Ostsee und den Karpaten war die Rote Armee damit beschäftigt gewesen, als Voraussetzung für den weiteren Vorstoß nach Deutschland ihr Nachschub- und Transportsystem zu reorganisieren, ihre großen Verluste seit Juni auszugleichen und die Führungs- und Kommandostrukturen für weitere Offensivoperationen neu zu ordnen. In Ungarn drang die Rote Armee kontinuierlich vor und schloß am 26. Dezember 1944 Budapest ein[241]. In seiner Feindlagebeurteilung warnte der Chef der Abteilung Fremde Heere Ost im OKH, Generalmajor Reinhard Gehlen, am Neujahrstag 1945 eindringlich davor, daß angesichts der sowjetischen Vorbereitungen schon in Kürze

> »bestimmt mit Lageentwicklungen zu rechnen ist, welche zu einer Krise für die gesamte Ostfront führen können, wenn es nicht gelingt, durch Einsatz ausreichender Reserven, insbesondere an schnellen Verbänden, größere Anfangserfolge zu verhindern. [...] Die derzeitigen Reserven der Heeresgruppen A und Mitte können nicht mehr als ausreichend angesehen werden, um eine kritische Entwicklung rechtzeitig zu verhindern, zumal eine wirkliche operative Reserve im Osten seit Monaten nicht mehr vorhanden ist. Es kann daher die Lage an der Ostfront gegenüber der zu erwartenden russischen Offensive zur Zeit nicht als gesichert gelten[242].«

Auf nüchterne Weise beschrieb Gehlen damit die Gefahr, daß die Ostfront bei einem sowjetischen Großangriff zusammenbrechen würde wie ein Kartenhaus. Den Ausweg aus der strategisch-operativen Hilflosigkeit erblickte Gehlen in »20-30 Verbänden in der freien Operation, in der wir dem Russen überlegen sind«. Damit ließe sich, so Gehlen, nicht nur die Initiative wiedererringen. Rückschläge der Roten Armee würden die sowjetische Seite »einer politischen Lösung des Konflikts« geneigter machen. Tunlich vermied der Chef der Abteilung Fremde Heere Ost den Begriff des Separatfriedens. Zum Beginn des Jahres 1945 verschmolzen nüchterner Realitätssinn, Desillusionierung, Verzweiflung, irreale Hoffnungen,

---

241 In der letzten Kriegsphase banden die Kämpfe im Karpatenbecken etwa die Hälfte der an der Ostfront eingesetzten Panzerverbände. Drei Versuche, Budapest zu entsetzen, scheiterten. Die sowjetische Belagerung der Stadt war, abgesehen von Stalingrad und Leningrad, die längste und verlustreichste unter den Millionenstädten Europas. Bei ihrem Ausbruchsversuch im Februar 1945 verloren innerhalb von nur fünf Tagen 17 000 Mann, fast die Hälfte der deutsch-ungarischen Verteidiger, das Leben. Vgl. Ungváry, Der Ausbruch der deutsch-ungarischen Verteidiger.
242 BA-MA, RH 2/2601: Abt. Fremde Heere Ost (Chef) Nr. 190/44 gKdos. Chefs. vom 1.1.1945.

Überlegenheitsattitüden und Realitätsverweigerung zu einer unauflöslichen Melange im Denken und Handeln der Verantwortlichen. Hitler entschied sich, das Schwergewicht der Ardennen-Front, die 6. SS-Panzerarmee, herauszulösen und an den Balaton zu verlegen, um dort die Kräfte des eingeschlossenen Budapests zu entlasten. Damit sollten die einzigen noch im deutschen Machtbereich verbliebenen Ölfelder gesichert werden. Ob man dieser letzten größeren deutschen Angriffsoperation des Krieges mit Blick auf die Gesamtsituation das Prädikat ›strategisch‹ zuweisen kann, erscheint zweifelhaft. Nach wenigen Tagen ließ ein Gegenangriff der Roten Armee das Unternehmen zum Fiasko werden[243].

Der Schwerpunkt der sowjetischen Operationsabsichten lag indes auf dem Mittelabschnitt der Ostfront. Erwartungsgemäß griff die Rote Armee zwischen dem 12. und 14. Januar 1945 aus ihren Brückenköpfen an der Weichsel und am Narew auf einer Breite von 760 Kilometern an. Im Generalstab des Heeres sah man sich mit einem überwältigenden Gegner konfrontiert. Nach Guderian »konnte man von einer etwa 15fachen Überlegenheit der Erdtruppen, von einer mindestens 20fachen in der Luft sprechen, ohne sich der Übertreibung schuldig zu machen«[244]. In kürzester Zeit brachte die Rote Armee die Front im Bereich der Heeresgruppe A zum Einsturz. Schon am ersten Tag der Offensive wurden die Linien der 9. Armee und die 4. Panzerarmee durchbrochen, ein großer Teil der Verbände eingeschlossen und aufgerieben. Nur der 17. Armee gelang es, kämpfend nach Schlesien auszuweichen[245]. Goebbels notierte in den Folgetagen seinen »Eindruck, daß die gesamte Mittelfront ins Rutschen gekommen ist«, und daß die »Krise [...] Ausmaße angenommen [habe], die geradezu beängstigend wirken«[246]. Heinrich Himmler, mit der Aufgabe betraut, mit Hilfe eines improvisierten Befehls- und Kommandostabes die zurückflutenden Wehrmachtteile zur Heeresgruppe Weichsel zusammenzufassen und damit den Zusammenhang der Ostfront wiederherzustellen, beschrieb am 23. Januar 1945 die Situation, daß es keine Front mehr gäbe, »sondern nur ein großes Loch«[247]. Im Norden schnitt die Rote Armee die deutschen Truppen in Ostpreußen und Pommern ab. In nur sechs Wochen wurden weite Teile des östlichen Reichsgebietes erobert, die bis dato vom Krieg weitgehend verschont geblieben waren. Nachdem die kampfkräftigen deutschen Verbände innerhalb weniger Tage zerschlagen worden waren, spülte die sowjetische Angriffswucht die Reste des desorganisierten Heeres bis an die Oder. Am 31. Januar 1945 erreichten die Truppen Georgij Žukovs Küstrin und bildeten 60 Kilometer vor Berlin Brückenköpfe. Parallel drang die Rote Armee über Südpolen nach Schlesien vor. Bis zum Ende des Monats nahmen die Verbände von S. Konev mit dem oberschlesischen Industrierevier das einzige noch ungestört arbeitende deutsche Rüstungszentrum in Besitz. Überdehnte Frontabschnitte, große Verluste insbesondere an Panzern und Versorgungsschwierigkeiten führten

---

[243] Vgl. Maier, Drama.
[244] Guderian, Erinnerungen, S. 346.
[245] Vgl. Magenheimer, Abwehrschlacht.
[246] Goebbels, Die Tagebücher, Bd 15, Einträge vom 16.1.1945, S. 135 und vom 20.1.1945, S. 165.
[247] BA-MA, RH 2/331a: Fernschreiben Himmlers an Fegelein vom 23.1.1945.

zu einer Einstellung der Offensive. Mit der Ausschaltung der nördlichen Flankenbedrohung sollte die Voraussetzung für den späteren Angriff auf Berlin geschaffen werden.

Die Blase selbsttrügerischer Illusionen, daß sich der Krieg für das ›Dritte Reich‹ irgendwie erfolgreich beenden ließe, zerplatzte angesichts der dramatischen Ereignisse. Der stellvertretende Chef des Wehrmachtführungsstabes, Generalleutnant August Winter, brachte eine Woche nach Beginn der sowjetischen Winteroffensive in einer Denkschrift an Jodl seine Einsicht in die Aussichtslosigkeit der Lage zur Kenntnis:

»Die bisher getroffenen Gegenmaßnahmen, zwangsläufig bedingt durch die Lage auf den anderen Kriegsschauplätzen und in ihrem Ausmaß begrenzt durch die Transportmöglichkeiten und den Zeitdruck, genügen auch bei tatkräftigster Führung bestenfalls, um eine Ausweitung des operativen Durchbruchs nach Süden und Norden zu verhindern und die feindlichen Durchbruchsarmeen unter Ausnutzung des zweifellos nach einiger Zeit eintretenden Schwächemoments zeitlich begrenzt aufzuhalten. Eine Entlastung der Gesamtkriegführung durch die nicht zu hoch einzuschätzende Gefahr aus dem Osten ist jedoch nur möglich, wenn es gelingt, erhebliche Teile des Feindes entscheidend zu schlagen, dadurch verlorene, für die Kriegführung unersetzliche Gebiete zurückzugewinnen [...]248.«

Die »Rettung« und »Voraussetzung für eine weitere erfolgreiche Fortführung des Krieges« sah Winter »einzig und allein darin, daß ein wesentlicher Teil des sow.russ. Heeres sobald als möglich vernichtend geschlagen wird.« Trotz dieser drastischen Wortwahl blieben es abstrakte theoretische Gedankenspiele, in denen Winter einen Ausweg zu finden versuchte. Indirekt forderte Winter ein Ende der deutschen Kriegführung im Westen, um in einem Nachsatz einzugestehen, daß seine Ausführungen Hitlers Verhalten kaum beeinflussen würden. Es ist bezeichnend für den Zustand der militärischen Führungsspitze, daß diese nüchternen Reflexionen unter Beachtung strengster Geheimhaltungsbestimmung nur einer kleinen Personengruppe bekannt wurden. Derartige Gedanken mußte jeder rational Urteilende teilen. Öffentlich geäußert oder gar diskutiert wurden solche Überlegungen jedoch nicht. Selbst Jodl notierte ein paar Wochen später in sein Tagebuch: »Hat man keine Reserven mehr, dann hat das Kämpfen bis zum letzten Mann keinen Sinn«249. Den Beispielen Erwin Rommels und Günther von Kluges, die im Sommer 1944 in einem Akt letzter Aufwallung von Verantwortungsgefühl Hitler die Kapitulation nahegelegt hatten, folgte im Frühjahr 1945 niemand. Statt dessen erinnerte die Stimmung in Hitlers näherer Umgebung an eine Gleichgültigkeit, »die nicht allein aus Lethargie, Überarbeitung und Hitlers psychischem Einfluß erklärt werden konnte« und einer »uninteressierten Stille [gleichkam], die bereits das Ende vorwegnahm«250. Im Zentrum stand die Persönlichkeit Hitlers, der infolge seiner Lebensweise, seiner Ernährung, seines Mangels an Bewegung und durch eine gewaltige Streßbelastung nicht nur unter fortschreitendem körperlichen Verfall litt. Der mentale Druck der Situation ließ die extremen Wesenszüge Hitlers

---

248 BA-MA, RW 4/v. 457: Stellv. Chef WFSt Nr. 88124/45 gKdos. Chefs. vom 19.1.1945.
249 BA-MA, RW 4/v. 33: TB Jodl, Eintrag vom 29.3.1945.
250 Speer, Erinnerungen, S. 427.

stärker denn je zutage treten. Die vielbeschriebenen Phobien, Hypochondrien und hysterischen Reaktionen waren vielleicht auch auf Persönlichkeitsstörungen oder psychische Abnormalität zurückzuführen. Aber keineswegs war Hitler, wie sein Biograph Ian Kershaw betont, »im klinischen Sinne geisteskrank«[251]. Das »Räderwerk der obersten deutschen Führung [lief] gewohnheitsmäßig weiter ab. Alle Pläne können jedoch kaum die Planlosigkeit, alle Rede kaum den Leerlauf verdecken«, beschrieb ein Offizier seinen Eindruck vom Zustand der Regimespitze[252].

Kausale Kategorien, nach denen das Ende des Krieges aus historisch-rückschauender Perspektive beurteilt werden könnte, sind in den Gedanken- und Entscheidungsgängen der deutschen Führung nicht feststellbar[253]. Oftmals fanden am Tag zwei stundenlange Lagebesprechungen statt, in denen, um mit den Worten Guderians zu sprechen, »nur geredet und leeres Stroh gedroschen« wurde[254]. Die Geschlossenheit der NS-Führung erodierte sichtbar. »Die Lage im Osten hat alle verantwortlichen Männer mobil gemacht«, notierte Goebbels Ende Januar 1945[255]. Am 23. Januar versuchte Guderian über den Verbindungsmann des Auswärtigen Amtes den Reichsaußenminister Joachim von Ribbentrop dafür zu gewinnen, Hitler gemeinsam zur Aufnahme von Waffenstillstandsverhandlungen mit den Westalliierten zu bewegen. Auch Guderian schlug vor, nach einer stillschweigenden Übereinkunft mit dem Westen die letzten verbliebenen Kräfte bei der Verteidigung des Ostens einzusetzen – eine »schwache Hoffnung«, an die sich der Chef des Generalstabes des Heeres nach eigenem Bekunden wie ein Ertrinkender klammerte[256]. In der Lagebesprechung am 24. Januar 1945 verbot Hitler, zwischenzeitlich durch Ribbentrop in Kenntnis gesetzt, alle »Verallgemeinerungen und Schlußfolgerungen über die Gesamtlage« hinter seinem Rücken. Überdies drohte Hitler an: »Wer in Zukunft einem anderen gegenüber behauptet, daß der Krieg verloren ist, wird als Landesverräter behandelt, mit allen Folgen für ihn und seine Familie[257].«

Dessen ungeachtet unternahm Ribbentrop in der zweiten Januarhälfte, mit Hitlers Kenntnis, weitere Versuche, Fühlung mit den Westalliierten aufzunehmen[258]. Über die neutralen Hauptstädte wurde eine »Sprachregelung« versandt, in der der Reichsaußenminister den Westmächten angesichts der sowjetischen Expansion in Europa mit der Möglichkeit einer deutschen Option gegenüber dem Osten *drohte*. Den westlichen Gegnern empfahl er den Nationalsozialismus als »antikommunistisches Gegengift« und als »Lösung einer Welt-Judenfrage«. Ribbentrop lieferte damit ein Beispiel für die »Realitätsblindheit und moralische Emp-

---

[251] Kershaw, Hitler 1936–1945, S. 947.
[252] BA-MA, MSg 1/2993.
[253] Vgl. Salewski, Finale, S. 23.
[254] Guderian, Erinnerungen, S. 371.
[255] Goebbels, Die Tagebücher, Bd 15, Eintrag vom 28.1.1945, S. 251.
[256] Vgl. Guderian, Erinnerungen, S. 364 ff. Besonders anschaulich ist in diesem Zusammenhang das Protokoll der Lagebesprechung am 27.1.1945, wiedergegeben in: Hitlers Lagebesprechungen, S. 820 ff.
[257] Speer, Erinnerungen, S. 431.
[258] Vgl. Goebbels, Die Tagebücher, Bd 15, Eintrag vom 23.1.1945, S. 199.

findungslosigkeit der NS-Führung, aber auch [für] die beschränkten intellektuellen und diplomatischen Fähigkeiten ihres Außenministers«[259]. Parallel dazu trat auch Göring, durch die Entwicklung der Lage in Panik versetzt, an Goebbels heran, um dessen Unterstützung für seinen Vorschlag gegenüber Hitler zu bekommen, über seine schwedischen Kontakte Verbindung mit Großbritannien aufzunehmen[260]. Alle diese Vorstöße waren Ausdruck von Verzweiflung und Ratlosigkeit. Sie zielten nicht darauf, den Krieg möglichst schnell zu beenden, um auf diese Weise weitere sinnlose Verluste zu verhindern. Den Verantwortlichen ging es in erster Linie darum, mit heiler Haut einen Ausweg aus der Situation zu finden. Daß die Chancen dafür gegen Null tendierten, wußte Hitler nur zu genau. Nach einem Vieraugengespräch vermerkte Goebbels am 28. Januar 1945: »Überhaupt sieht er auf der westlichen Feindseite keine Möglichkeit, ins Gespräch zu kommen, gegeben[261].«

Der Angriff der Roten Armee kam an der Oder just in dem Moment zum Stehen, als im Westen die Alliierten zu einer neuen Offensive antraten[262]. Im Vorfeld kämpften sich die Amerikaner bis zum 9. Februar an den Oberrhein durch. Über 400 000 britische und kanadische, 1,5 Mill. amerikanische und mehr als 100 000 französische Soldaten verdrängten in aufeinanderfolgenden Offensiv-Operationen die Wehrmacht vom linken Rheinufer. Im März gelang den Alliierten an mehreren Stellen, die Rheinlinie zu überwinden. Spektakulär war die Inbesitznahme der zufällig unzerstörten Eisenbahnbrücke bei Remagen am 7. März 1945 durch eine Vorhut der amerikanischen 9. Panzerdivision. Die deutschen Kräfte und örtlichen Verteidigungsreserven waren verbraucht. Seit Juni des vorangegangenen Jahres hatte die militärische Führung ihr Augenmerk auf die Verteidigung im Westen gerichtet. Die Abwehr der Invasion war ebenso gescheitert wie der Versuch, mit der Ardennenoffensive die Initiative wiederzuerlangen. Auch eine erfolgreichere Rheinverteidigung hätte nur einen kurzen Zeitgewinn bedeutet. Dennoch verlieh Jodl nach dem Krieg in einer Mischung aus Selbstrechtfertigung und Realitätsverlust seiner Überzeugung Ausdruck, daß erst die alliierte Überwindung des Rheins der Zeitpunkt gewesen sei, von dem ab man »von einer Kriegführung nicht länger sprechen« konnte[263]. Zutreffender brachte Bernard L. Montgomery die Situation in seinem Befehl an die 21. Heeresgruppe am 28. März 1945 auf den Punkt:

»Es gibt keine frischen und kompletten Divisionen im Rücken, und alles, was der Feind noch tun kann, ist, Straßen und Wege zu blockieren mit Einheiten, die aus Kriegsschulen, Badeeinheiten, Taubenschlägen bestehen[264].«

In Westholland wurde ein größeres deutsches Truppenkontingent durch kanadische Kräfte abgeschnitten. Am 1. April schlossen amerikanische Verbände die Heeresgruppe B im Ruhrgebiet ein. Nur von seinen Ausmaßen her war der Kampf um den ›Ruhrkessel‹ eine der größten Kesselschlachten des Zweiten Weltkrieges.

---

[259] Stehle, Deutsche Friedensfühler, S. 541.
[260] Vgl. Goebbels, Die Tagebücher, Bd 15, Eintrag vom 28.1.1945, S. 251 f.
[261] Ebd., S. 253.
[262] Vgl. Henke, Die amerikanische Besetzung, S. 343 ff.
[263] Interview mit Jodl am 2.8.1945, zit. nach: ebd., S. 389 f.
[264] Zit. nach: Weinberg, Eine Welt in Waffen, S. 851.

Mehr als 320 000 deutsche Soldaten bzw. die Reste von 21 Verbänden befanden sich in einem Gebiet von etwa 110 Kilometern ost-westlicher und 85 nord-südlicher Ausdehnung. Mit geringen eigenen Verlusten lösten die Amerikaner den Kessel in kaum mehr als 14 Tagen auf. Am 12. April meldete die Heeresgruppe:

»Die Mittel der Heeresgruppe, die vom Gegner angestrebte Aufspaltung der Festung in mehrere Teilkessel zu verhindern, sind mit dem heutigen Tage bis zum Letzten ausgeschöpft. Waffen- und Munitionsausstattung sind völlig unzureichend (etwa 60–70 Prozent unbewaffnet)[265].«

Doch der Kessel kapitulierte nicht. Die Truppe löste sich auf, ihr Oberbefehlshaber, Feldmarschall Model, erschoß sich; eine riesige Zahl deutscher Soldaten ging in alliierte Kriegsgefangenschaft[266]. Die alliierten Angriffsspitzen stießen nur noch in Ausnahmefällen auf eine geschlossene deutsche Front. In Süddeutschland, wo Geländeverhältnisse die Verteidigung begünstigten, leisteten einzelne Truppenteile einen tagelangen und verlustreichen Widerstand gegen die vorrückenden Amerikaner[267]. Auch die britischen Truppen stießen zügig in die norddeutsche Tiefebene vor, immer wieder aufgehalten durch kleinere Gefechte und Scharmützel. Auf ihrem Vormarsch vom Rhein bis zur Elbe verzeichneten Montgomerys Truppen zwar etwa 30 000 Ausfälle, mit einer Kriegführung im eigentlichen Sinn hatten die zahlreichen ›vergessenen Schlachten‹ des Frühjahrs 1945 jedoch nichts mehr zu tun[268].

Die militärische Führungsorganisation war längst in die Agonie, eine vorgezogene Leichenstarre, verfallen. In einer Einschätzung der Kriegssituation urteilte man am 14. Februar in der Kriegswissenschaftlichen Abteilung im Generalstab der Luftwaffe:

»Seit der Wolga führen wir nur rückgängige Bewegungen durch. In Kesselschlachten und Stützpunkten sind Massen von eigenen Kräften verlorengegangen, dazu erhebliche Verluste an Material, Verpflegung, Bekleidung, Rüstungspotential und Industrie. Es fehlen Waffen und Menschen. Es wird nur bereinigt, aber keine Strategie mehr betrieben. [...] Industriegebiete und Verpflegungsbasen sind verlorengegangen. Dies muß sich auch auf die Kriegführung und die Ernährungslage katastrophal auswirken. Inwieweit die oberste Führung diese Frage tatsächlich erkennt und in der Lage ist, dagegen keine Bereinigungsmaßnahmen, sondern entscheidende Operationen zu führen, ist hier nicht bekannt[269].«

In den entsprechenden Entscheidungszentren herrschte das gleiche Bild. In einem Vieraugengespräch am 28. März forderte der Chef des Generalstabes der Luftwaffe, General Karl Koller, von Göring Rahmenvorgaben für die nächsten Monate und monierte: »Aber wir wissen nichts, niemand sagt uns etwas, es fehlt hier die Weisung von höchster Stelle.« Der Überlieferung zufolge gab Göring zu erkennen,

---

[265] BA-MA, RH 2/495: OKH/GenStdH/OpAbt (IIIc) Nr. 4594/45 gKdos. vom 12.4.1945.
[266] Vgl. Mues, Der große Kessel; Wagener, Kampf.
[267] Vgl. Brückner, Kriegsende in Bayern; Fritz, This is the Way Wars End; Die Schlacht um Crailsheim.
[268] So der Untertitel der Darstellung von Russel, No Triumphant Procession.
[269] BA-MA, RL 2 IV/68: Beurteilung der Lage vom 14.2.1945.

»er wüßte auch nichts. F[ührer] sagte nichts. Auch politisch dürfte nicht das Geringste gemacht werden«[270].

Der Verlauf der Landfronten und die Auswirkungen des strategischen Luftkrieges bewirkten die regelrechte Strangulierung der kriegswirtschaftlichen Versorgung des Reiches. Es war der günstigen Lagerhaltung Speers zuzuschreiben, daß zur Jahresmitte 1944 und in den darauffolgenden Monaten die Rüstungsindustrie ihre höchsten Ausstoßziffern während des ganzen Krieges erzielen konnte. In einem ›Rechenschaftsbericht‹ konnte Speer zwar darauf verweisen, daß die Leistungen der Rüstungsindustrie im Jahr 1944 dazu ausreichten, 225 Infanterie- und 45 Panzerdivisionen vollständig neu auszustatten[271]. Unausgesprochen blieb die Einsicht, daß sich diese Kraftanstrengung, nach dem Krieg zum ›Rüstungswunder‹ stilisiert, nicht noch einmal wiederholen ließ. Ein rüstungsmäßiger Vorsprung gegenüber dem Gegner konnte damit nicht erreicht werden. Das Gegenteil war der Fall: Während auf deutscher Seite die materiellen Verluste des Jahres 1944 nicht mehr ausgeglichen werden konnten, bauten die Alliierten ihre Überlegenheit aus und begannen bereits, in einigen Bereichen die Produktion mit Blick auf das absehbare Ende des Krieges zu drosseln[272]. Die beeindruckenden Zahlen der deutschen Rüstungsendfertigung in den Sommermonaten 1944 verstellen den Blick darauf, daß zur gleichen Zeit die Substanz der Kriegswirtschaft erodierte. Mit dem Verlust der besetzten europäischen Gebiete versiegte nicht nur die Quelle der Fremd- und Zwangsarbeiter, von deren Arbeitsleistung die deutsche Kriegswirtschaft abhängig war[273]. Zugleich knickte ein tragender Pfeiler der deutschen Rohstoffwirtschaft ein. Vorerst blieb die Rüstungsendfertigung von diesen Einbrüchen noch unberührt. Im September 1944 konnte Speer die verbleibende Frist für die deutsche Rüstungsproduktion selbst bei Verlust fast aller besetzten und sonstigen Lieferländer noch mit einem bis anderthalb Jahre angeben[274]. Doch hinter dem zahlentechnischen Blendwerk verbarg sich »ein stufenweiser, fraktionierter, mitunter verzögerter Zusammenbruch der Kriegsproduktion«[275].

Einen wesentlichen Anteil daran hatten die alliierten Luftstreitkräfte, die in kontinuierlich steigender Leistung ihre Bombenlasten über Deutschland abwarfen. Ungehindert wurden bei Tag und bei Nacht Städte und Ballungszentren angegriffen. Anfang November 1944 warnte Speer davor, daß die alliierten Luftangriffe auf das deutsche Verkehrs- und Transportsystem »eine Produktionskatastrophe [erzeugten], die für die Weiterführung des Krieges von ausschlaggebender Bedeu-

---

[270] Gesprächsprotokoll in: BA-MA, RL 2 I/24.
[271] Rechenschaftsbericht Speer vom 27.1.1945, wiedergegeben in: Janssen, Das Ministerium Speer, S. 341.
[272] Vgl. Müller, Albert Speer, S. 772.
[273] Nach der letzten verfügbaren statistischen Übersicht vom 30.9.1944 arbeiteten reichsweit knapp 6 Mill. ausländische Zivilarbeiter in der deutschen Kriegswirtschaft. Diese Zahl stellt jedoch allenfalls eine Untergrenze dar, da beispielsweise die sog. ›Schutzangehörigen des Deutschen Reiches‹ im Gauarbeitsamtsbezirk Wartheland, wo fast 85 Prozent der 4,2 Mill. Menschen umfassenden Bevölkerung ethnische Polen waren, statistisch nicht erfaßt wurden. Spoerer, NS-Zwangsarbeiter, S. 668 ff.
[274] Vgl. Eichholtz, Der Anfang, S. 100.
[275] Ebd., S. 96.

tung« würde. Im Vergleich zur ersten Jahreshälfte halbierte sich das Rohstahlaufkommen, die Leistung des öffentlichen Elektrizitätsnetzes schrumpfte um etwa ein Drittel. Zahlreiche Betriebsanlagen der Reichsbahn waren zerstört, Zugmaterial schwer beschädigt und in den Bahnhöfen stauten sich wegen Gleisunterbrechungen die Züge zurück[276].

Durch den Verlust des oberschlesischen Industrierevieres und durch die nachhaltige Zerstörung der Infrastruktur des Ruhrgebietes durch alliierte Luftangriffe schmolz das Gesamtvorkommen an Steinkohle auf etwas mehr als die Hälfte des Vorjahresniveaus zusammen, die Fördermöglichkeiten reduzierten sich durchschnittlich auf weniger als ein Viertel, die Energieversorgung brach um 50 Prozent ein[277]. Gravierend waren nicht nur die Folgen für die Versorgung der Bevölkerung. In einer Denkschrift an Hitler bezeichnete Speer die Rüstungsindustrie als »nicht mehr in der Lage [...], auch nur im entferntesten die Bedürfnisse der Front an Munition, Waffen und Panzern, die Verluste an der Front und den Bedarf für die Neuaufstellungen zu decken[278].« Die Produktion erreichte nur einen Bruchteil der ursprünglichen Planzahlen; bei Panzern 64, bei Flugzeugen 62 und bei Munition 64 Prozent[279]. Ein von Speer initiiertes und von Hitler unterschriebenes sogenanntes Rüstungsnotprogramm enthielt Dringlichkeitsstufen und Prioritätensetzungen, um einen Mindestausstoß der Rüstungsproduktion sicherzustellen. Der Einsatz der verbliebenen Mittel und Ressourcen sollte sich auf die Komplettierung und Fertigstellung der wichtigsten Waffen der Wehrmacht konzentrieren. Auf diese Weise sollte, so das Kalkül, die Wehrmacht in die Lage versetzt werden, das Ruhrgebiet und Oberschlesien zurückzugewinnen, um damit eine Grundlage der Rüstungsproduktion zu rekonstituieren. Schon nach wenigen Wochen zeigte sich, daß das ›Notprogramm‹ auf Sand gebaut war. Zwar lieferten einige Gebiete in Mitteldeutschland auch weiterhin einen beachtlichen Waffenausstoß, andere Regionen hingegen fielen völlig aus. So erreichten beispielsweise in Südwestdeutschland die Kohlezulieferungen einen so niedrigen Stand, daß kaum die Kraftwerke und der Ernährungssektor ausreichend versorgt und der Bedarf des Notprogramms nur zu zehn Prozent gedeckt werden konnte[280]. Die Kriegswirtschaft zerfiel in regionale Teile, deren zentrale Koordination durch das Rüstungsministerium obsolet wurde.

Am 7. März 1945 wandte sich der Wehrmachtführungsstab an den Chef des Heeresstabes:

»Die Auswirkung dieser Tatsache ist von so einschneidender Bedeutung für die operative Führung, daß um Angabe gebeten wird, mit welchem Ausstoß an Waffen und Kriegsgerät überhaupt noch zu rechnen ist bzw. wann die Fertigung der hauptsächlichsten Waffen ausläuft[281].«

---

[276] BA-MA, RW 4/v. 719: Schreiben Speers Nr. 3217/44 gRs. an Keitel vom 7.11.1944.
[277] Vgl. Mierzejewski, Bomben.
[278] BA, R3/1535: Denkschrift Speers »Zur Rüstungslage Februar–März 1945« vom 30.1.1945.
[279] Vgl. Wagenführ, Die deutsche Industrie, S. 116 f.
[280] Vgl. Eichholtz, Geschichte der deutschen Kriegswirtschaft, Bd 3, S. 615 ff.
[281] BA-MA, RW 4/v. 711: WFSt/Qu 1 Nr. 002267/45 gKdos. vom 7.3.1945.

Dem Chef des Heeresstabes waren am 5. Januar 1945 die Dienststellen und Einrichtungen der Heeresrüstung, die bisher dem Zuständigkeitsbereich des Chefs H Rüst u BdE angehört hatten, unterstellt worden[282]. Vier Monate vor Ende des Krieges erfolgte damit der grundsätzliche Schritt in Richtung einer Zentralisierung und Koordinierung der Rüstungsbelange der Gesamtwehrmacht, dessen Ausbleiben in den vorangegangenen Jahren des Krieges eine effiziente Nutzung der zur Verfügung stehenden Ressourcen blockiert hatte. Eine Verbesserung der materiellen Basis als Voraussetzung für eine Fortführung des Krieges ließ sich durch diesen administrativ-organisatorischen Akt nicht herbeiführen. Mitte März verdüsterten sich Speers Prognosen weiter. Angesichts des dramatischen Ausfalls von Produktions- und Transportkapazitäten ließ sich »sowohl die Kohleversorgung der Seeschiffahrt, der Reichsbahn, der Gas- und Elektrizitätswerke, der Ernährungswirtschaft als auch der schon an letzter Stelle stehenden Rüstungswirtschaft in keiner Weise mehr« durchführen. »Es ist daher in 4–8 Wochen mit dem endgültigen Zusammenbruch der deutschen Wirtschaft mit Sicherheit zu rechnen«, prophezeite der Minister für Rüstungs- und Kriegsproduktion[283].

Die Bombardierung kriegswirtschaftlicher Ziele wechselte sich ab mit massiven Angriffen gegen die Zivilbevölkerung in den Ballungszentren. Die Schlußphase des Krieges sah eine enorme Ausweitung der alliierten Luftangriffe. In den letzen vier Kriegsmonaten wurden 471 000 Tonnen Bomben auf Deutschland abgeworfen; doppelt soviel wie im ganzen Jahr 1943. Im März 1945 betrug die Abwurfmenge das Dreifache des *gesamten* Jahres 1942[284]. Am 29./30. August zerstörten die Alliierten Königsberg und Stettin, am 11./12. September Darmstadt, am 5. Oktober Saarbrücken, am 14./15. Oktober Duisburg, am 23./24. und 25. Oktober Essen, am 4./5. November Bochum und Solingen, am 27. November Freiburg, am 4. Dezember Heilbronn und Karlsruhe, am 17. Dezember Ulm. Seit Februar 1945 wurde Berlin nahezu täglich bombardiert. Am 16. März versank Würzburg in Schutt und Asche, am 22. März Hildesheim, am 27. März Paderborn, am 14. April Potsdam, am 22. April Bremen. Das Stadtzentrum von Kiel wurde am 4. Mai verwüstet. Seinen Höhepunkt erreichte der Luftkrieg mit der Bombardierung Dresdens am 13./14. Februar 1945. Tausende von Spreng- und Brandbomben, die von britischen und US-amerikanischen Luftstreitkräften abgeworden wurden, verwandelten die mit Flüchtlingen überfüllte Stadt in ein brennendes Inferno, in dem nach groben Schätzungen 35 000 Menschen starben. Schätzungsweise ein Drittel der Bevölkerung litt direkt unter dem Bombenkrieg. Fast ein Fünftel aller Wohnungen im Reichsgebiet, 650 000 bis 700 000 Wohngebäude, wurden zerstört, in den Großstädten durchschnittlich 50 bis 60 Prozent des Wohngebäudebestandes. 14 Mill. Menschen verloren einen Teil ihres Besitzes durch Bomben; zwischen 17 und 20 Mill. Menschen waren zeitweilig oder dauerhaft ohne Elektrizität, Gas oder

---

[282] Vgl. BA, NS 19/3271: Der Führer/Chef OKW/Heeresstab (II) Nr. 2067/45 vom 5.1.1945; BA-MA, RH 10/127: OKH/GenStdH/OrgAbt Nr. II/85292/45 vom 26.1.1945.
[283] BA, R 3/1536: Denkschrift Speers »Wirtschaftslage März–April 1945 und Folgerungen« vom 15.3.1945.
[284] Vgl. The United States Strategic Bombing Survey, vol. 4: «The Effects of Strategic Bombing on German Morale", S. 7.

Wasser. 1944 wurden schätzungsweise 180 000, in den verbleibenden vier Monaten des Krieges weitere 115 000 Menschen infolge der Bombardierungen getötet, vor allem Frauen, Kinder und Greise[285]. Neben der Zerstörung ihrer Wohnungen und Arbeitsplätze litt die Bevölkerung städtisch-industrieller Regionen unter den psychischen und physischen Belastungen der tag- und nachtwährenden Luftkriegsbedrohung. Gas- und Stromausfälle sowie die angespannte Ernährungs- und Versorgungslage bekamen die Bewohner urbaner Zentren dabei wesentlich stärker zu spüren als die Landbevölkerung[286]. Die Luftangriffe verursachten zudem ein Verkehrschaos. Neben dem Gütertransport kam auch der geordnete Post- und Personenverkehr weitgehend zum Erliegen. Als die Alliierten am 23./24. März 1945 zu ihrer Offensive über den Rhein antraten, hatten sie das Ruhrgebiet verkehrstechnisch praktisch isoliert: Von strategischen Bomberkräften waren 16 größere Brücken und Viadukte sowie 20 Verschiebebahnhöfe und Stellwerke zerstört worden. Taktische Fliegerkräfte hatten weitere 113 Brücken, 4000 Lokomotiven und 28 000 Waggons zerstört und darüber hinaus 5000 Streckenunterbrechungen verursacht[287].

Als im Oktober 1944 ein sowjetischer Vorstoß erstmals die ostpreußische Reichsgrenze erreichte, besetzte die Rote Armee für kurze Zeit Teile der östlichen Kreise. Die nach der Rückeroberung vor allem im Ort Nemmersdorf (Kreis Gumbinnen) dokumentierten Greueltaten an zurückgebliebenen Zivilisten lieferten dem Regime den Anlaß zu einer massiven antisowjetischen Propaganda[288]. Die Ereignisse in Nemmersdorf beschleunigten die Fluchtbewegung nicht nur in Ostpreußen. Während der sowjetischen Winteroffensive zeigte sich, daß Raub und Plünderung, planmäßige und bisweilen unvorstellbare Mordtaten und die Vergewaltigung unzähliger Frauen gleich welchen Alters typisch für das Flucht- und Vertreibungsgeschehen werden sollten. Evakuierungs- und Räumungspläne für die Zivilbevölkerung wurden meist unzureichend erstellt und nur selten, dann in der Regel zu spät, in Kraft gesetzt. Die improvisierten, vielfach unkoordiniert, zu Fuß

---

[285] Vgl. Groehler, Der Strategische Luftkrieg, S. 342 ff.; Recker, Wohnen; The United States Strategic Bombing Survey, vol. 4: «The Effects of Strategic Bombing on German Morale", S. 7 f. Die Befragungsergebnisse des Strategic Bombing Survey vermitteln einen Eindruck von den psychologischen Folgen der Luftangriffe auf die Stimmung in der Bevölkerung: Ein Drittel der Befragten gab an, daß ihre Stimmung durch keinen anderen Einzelfaktor so stark beeinträchtigt wurde wie durch den Bombenkrieg; 90 Prozent gaben die Bombenbedrohung als die größte Belastung des Krieges an; der Prozentsatz jener, die der Führung vertrauten, lag in stark vom Bombenkrieg betroffenen Städten um 14 Prozent niedriger als in nicht bombardierten. The United States Strategic Bombing Survey, vol. 4, S. 22 ff.

[286] Die Lebenslage der Bevölkerung in der brandenburgischen Provinz beschreibt Scheel, Veränderungen.

[287] Angaben aus Eichholtz, Geschichte der deutschen Kriegswirtschaft, Bd 3, S. 621. Vgl. jetzt neu: Blank, Kriegsalltag und Luftkrieg, S. 442 ff.

[288] Vgl. Fisch, Nemmersdorf. Die überzeugende Arbeit beinhaltet nicht nur die Rekonstruktion des Geschehens, sondern auch dessen Rezeptionsgeschichte. Glaubhaft entkleidet der Autor die unbestrittenen Greuel ihres spektakulären Charakters und analysiert die propagandistische Instrumentalisierung. Der Verfasser zeichnet zudem die Wirkungsmächtigkeit der um Nemmersdorf entstandenen Legenden nach, die durch die ideologischen Frontstellungen des Kalten Krieges fast vier Jahrzehnte lang perpetuiert wurden.

oder in Eigeninitiative durchgeführten Fluchtbewegungen scheiterten an den chaotischen Verhältnissen vereister Wege und Straßen in den Wintermonaten des Jahres 1945 und der Unpassierbar- und Unerreichbarkeit von Räumungsstraßen und Aufnahmegebieten durch den unerwartet schnellen Vorstoß der Roten Armee[289]. Der Zustrom der kontinuierlich anschwellenden Flüchtlingsbewegungen aus den feindbedrohten Gebieten des Reiches wuchs sich zu einem der »größten und kompliziertesten Probleme der Innen- und Wirtschaftspolitik des Regimes«[290] aus. Vor allem mit Einsetzen der sowjetischen Winteroffensive schnellten die Flüchtlingszahlen in die Höhe: Am 28. Januar 1945 befanden sich im Osten 3,5 Mill. Menschen auf der Flucht vor der herannahenden Roten Armee. Bis zum 6. März hatte sich diese Zahl nach internen Informationen für Behörden und Parteidienststellen im Osten auf 8,35 Mill. erhöht. Hinzu kamen 1,42 Mill. Flüchtlinge aus den westlichen Reichsgebieten sowie weitere 4,88 Mill. Menschen, die aus den luftkriegsgefährdeten Gebieten evakuiert worden waren[291]. Die Bevölkerungsverschiebungen verursachten vielfältige Probleme bei der sozialen Integration der Flüchtlinge und der Bewältigung der psychologischen Folgen der Flucht bzw. der späteren Vertreibung. Die Massen der Flüchtlinge, die alles Hab und Gut zurückließen, steigerten den Bedarf an Konsumgütern in einem für die Kriegswirtschaft des Jahres 1944/45 nicht zu stillenden Ausmaß. Die Ernährungslage verschärfte sich, die aufnehmenden Gebiete des Reiches gerieten aus ihrem wirtschaftlichen Gleichgewicht[292]. Der Verlust der ostdeutschen Gebiete war gleichbedeutend mit dem Wegfall von fast einem Drittel der landwirtschaftlichen Nutzfläche. Die staatliche Verwaltung richtete sich darauf ein, die Bevölkerung »im Rahmen eines Verbrauchssatzes, der zum Teil unter den Sätzen von 1917 liegt, unter Inkaufnahme eines Leistungsabfalls« zu ernähren[293].

g) Der Zerfall der militärischen Führungsorganisation

Vor dem Hintergrund der katastrophalen Ereignisse konnte sich Speer nicht des Eindrucks erwehren, »daß der Generalstab [... des Heeres] es endgültig aufgegeben habe, Hitler sachgerecht zu informieren und statt dessen gewissermaßen mit

---

[289] Seit 1950 erfaßte das Bundesministerium für Vertriebene systematisch bereits entstandene Sammlungen von Erlebnisberichten und anderen Aufzeichnungen privater Herkunft und ergänzte sie durch moderne Befragungsmethoden. Der bis heute auf etwa 40 000 Erlebnisberichte angewachsene Bestand der sog. Ost-Dokumentation des Bundesarchivs bildete die Materialgrundlage für das mehrbändige Publikationsprojekt Dokumentation der Vertreibung der Deutschen. Siehe dazu auch die Schilderungen bei Thorwald, Es begann an der Weichsel; Thorwald, Das Ende an der Elbe sowie den Sammelband Vertriebene in Deutschland. Zu den Ursachen und Hintergründen der sowjetischen Übergriffe siehe Naimark, Die Russen in Deutschland, S. 69 ff.; Zeidler, Kriegsende im Osten, S. 135 ff.
[290] Eichholtz, Geschichte der deutschen Kriegswirtschaft, Bd 3, S. 632.
[291] Vgl. Förster/Lakowski, 1945, Dok.-Nr. 17, S. 116. Zu den Luftkriegsevakuierungen siehe auch Groehler, Der strategische Luftkrieg, S. 339 f.
[292] Vgl. Eichholtz, Geschichte der deutschen Kriegswirtschaft, Bd 3, S. 634 f.
[293] BA-MA, RW 4/v. 702: Notiz WFSt/Qu 2 (I) vom 16.2.1945.

Kriegsspielen beschäftigte«[294]. Mit der Zielvorgabe Iosif Stalins, innerhalb von 12 bis 15 Tagen die Reichshauptstadt einzunehmen, trat die Rote Armee am 16. April 1945 mit etwa 2,5 Mill. Soldaten ihre letzte Offensive auf Berlin an. Für den Angriff aus den Brückenköpfen beiderseits Küstrins wurde eine – gemessen an der räumlichen Verteilung – nie dagewesene Konzentration von Feuerkraft an Panzern und Geschützen zusammengezogen. Die Soldaten der 9. Armee westlich der Oder auf den Seelower Höhen konnten den sowjetischen Angriff für drei Tage verzögern. Dabei starben auf deutscher Seite 13 000 Soldaten, die Rote Armee verlor durch rücksichtslose Kampfweise schätzungsweise bis zu 60 000 Mann[295]. Mit dem Durchbruch bei Seelow war der Weg nach Berlin frei. In einem Anfall von Resignation entschloß sich Hitler, in der Reichshauptstadt zu bleiben. Als die beiden sowjetischen Angriffskeile den Ring um Berlin schlossen, befanden sich in der Stadt noch etwa 2 Mill. Menschen. Auf sie wurde bei der Verteidigung keine Rücksicht genommen. Ein buntes Konglomerat von 90 000 Mann aus Wehrmacht, Waffen-SS, Volkssturm, Polizei und paramilitärischen Formationen kämpfte im Straßenkampf gegen einen weit überlegenen Gegner[296]. Nur wenige Angehörige des engsten Führungszirkels verblieben in der Stadt. Die erhaltengebliebenen Akten geben wieder, wie noch bis in die letzten Tage eingespielte Prozedere und Abläufe, losgelöst von der Wirklichkeit, fortdauerten[297]. Die überlieferten Quellen vermitteln das gespenstische Bild eines Hitlers und seiner militärischen Berater und Mitarbeiter, die, während die Reichskanzlei unter dem Beschuß sowjetischer Artillerie lag, jeder Meldung über zur Verfügung stehende *einzelne* Panzer förmlich entgegenfieberten[298]. Den euphorischen Ausbrüchen beim Eintreffen der Nachricht über Roosevelts Tod folgten tiefe Depression, nackte Angst und Verzweiflung. Nach dem Abreißen der Fernsprechverbindungen ergingen Hitlers Befehle für einen Entlastungsangriff nur noch über eine einzige verbliebene Funkerverbindung an die Außenwelt. Am 30. April 1945 erschoß sich Hitler. Zwei Tage später kapitulierten die Verteidiger Berlins. Eine Kette von 289 Luftangriffen und tagelange Straßenkämpfe hatten mehr als ein Drittel aller Wohnungen in der Stadt zerstört oder unbewohnbar und über 385 000 Menschen obdachlos gemacht[299].

Außerhalb des ›Führerbunkers‹ versank das Reich und mit diesem die militärische Organisation in Chaos und Anarchie. Angesichts der sich abzeichnenden Verbindung angloamerikanischer und sowjetischer Kräfte in Mitteldeutschland hatte Hitler am 11. April die Vorbereitung von zwei Führungsstäben, die den

---

[294] Speer, Erinnerungen, S. 463.
[295] Vgl. Frieser, Die Schlacht um die Seelower Höhen; Lakowski, Seelow 1945.
[296] Vgl. BA-MA, N 265/126: Hans Refior, Berliner Tagebuch; BA-MA, MSg 2/1096: Bericht Wöhlermann; Berlin 1945; Scheel, Die Befreiung Berlins; Zerstört, besiegt, befreit. Vgl. auch: »Berliner Tagebuch 1945«, in: Dokumente deutscher Kriegsschäden, S. 162 ff.; Lüdicke, Straßenkämpfe; Weidling, Der Endkampf. Zum Ablauf des Kampfgeschehens siehe Le Tissier, Der Kampf um Berlin 1945.
[297] Siehe dazu die Beschreibungen der gespenstischen Szenerie bei Kershaw, Hitler 1936–1945, S. 1027 ff.
[298] Diesen Eindruck vermittelt beispielsweise die Notiz des Generalinspekteurs der Panzertruppen/Abt Org Nr. F 640/45 gKdos. zum Führervortrag vom 20.4.1945. BA-MA, RH 10/91.
[299] Vgl. Demps, »Berlin, halt, besinne Dich, Dein Tänzer ist der Tod.«, S. 148, 155.

Kampf im Nordraum (Mecklenburg, Schleswig-Holstein, Dänemark und Norwegen) und im Süden (Böhmen und Bayern) fortsetzen sollten, angeordnet[300]. Der Befehl Hitlers am 24. April 1945, im Südraum ein »Bollwerk fanatischen Widerstandes« zu errichten, entsprach zwar der Logik einer mythenstiftenden Inszenierung eines historischen Abgangs, mit der Wirklichkeit hatte die ›Alpenfestung‹ indes nichts gemein, auch wenn alliierte Feindaufklärung und Presse noch längere Zeit durch die Chimäre aufgeschreckt wurden[301]. Das Aufeinandertreffen amerikanischer und sowjetischer Truppen am 25. April 1945 bei Torgau an der Elbe spaltete den verbliebenen deutschen Machtbereich in zwei Teile auf.

Für den Nordraum bestimmte Hitler Dönitz als Oberbefehlshaber aller dort befindlichen Kräfte der drei Wehrmachtteile, von Feld- und Ersatzheer, Waffen-SS und der Polizei, im Südraum wurde Feldmarschall Albert Kesselring der Oberbefehl übertragen. An dem Grundsatz, daß alle Operationen weiterhin von Hitler persönlich geleitet wurden, änderte sich nichts[302]. Ein Zusatzbefehl beließ die Verantwortung für die »Fortführung der Gesamtoperationen« beim OKW. So sollte »durch Angriff mit allen Kräften und Mitteln und unter größter Beschleunigung von Nordwesten, Südwesten und Süden her eine breite Verbindung mit Berlin« hergestellt und damit die »Schlacht von Berlin siegreich« entschieden werden[303]. Zu diesem Zweck ordnete Hitler die Unterstellung der Führungsgruppe im Generalstab des Heeres unter den Chef des Wehrmachtführungsstabs und damit die Fusionierung der beiden Führungsorganisationen des Heeres an[304]. Zwei Wochen vor der bedingungslosen Kapitulation wurde damit die militärische Spitzenorganisation vereinfacht, deren Defizite in den vorangegangenen Jahren ein effizientes militärisches Management nachhaltig behindert und bis in die letzten Wochen des

---

300 Vgl. BA-MA, RH 7 H 6/145: Der Führer/OKW/WFSt/Org/Qu Nr. 003511/45 gKdos. vom 11.4.1945.
301 BA-MA, RH 2/330: Der Führer/WFSt/Org Nr. 88854/45 gKdos. Chefs. vom 24.4.1945. Mit dem Bestreben, den Krieg so schnell und mit so wenig eigenen Opfern wie möglich zu beenden, erhielt das Szenario eines nationalen ›Reduits‹ einen zentralen Stellenwert in der alliierten Kriegsplanung. Christoph Mauch weist darauf hin, daß der amerikanische Geheimdienst OSS Ende 1944 nur vage Vorstellungen über das Szenario des antizipierten Zusammenbruchs hatte. Die Fehleinschätzung, daß die Deutschen sich als unbelehrbare und fanatisch-blindwütige Nationalsozialisten zeigen würden, führte auch zur Überbewertung von Äußerungen einzelner Exponenten des Regimes und der beobachteten Verteidigungsanlagen in der Alpenregion. Bis Mitte Februar 1945 verdichtete sich der »Mythos Alpenfestung« zur vermeintlichen Tatsache. Erst einen Monat später erkannte man in Washington, daß trotz einzeln feststellbarer Verteidigungsvorbereitungen von einer ›Festung‹ nicht gesprochen werden konnte und der Alpenraum über keine ausreichenden Ressourcen für einen ›Endkampf‹ verfügte. Die Einschätzung der Geheimdienste allerdings, daß sich die Alpenregion als Terrain für einen Guerillakrieg eignete, beeinflußte erheblich Eisenhowers Entscheidung, seinen weiteren Vormarsch in Deutschland nach Süden abzudrehen, siehe Mauch, Schattenkrieg, S. 258 ff. Vgl. dazu auch: Henke, Die amerikanische Besetzung, S. 937 ff.; Minott, The Fortress; Rauchensteiner, Der Krieg in Österreich, S. 285 ff.
302 BA-MA, RM 7/850: Der Führer/OKW/WFSt/Op Nr. 88813/45 gKdos. Chefs. vom 15.4.1945.
303 BA-MA, RW 44 I/33: Der Führer/OKW/WFSt/Op Nr. 88875/45 gKdos. Chefs. vom 24.4.1945.
304 Vgl. BA-MA, RW 4/v. 33: TB Jodl, Eintrag vom 25.4.1945; BA-MA, RW 44 I/58: OKW/WFSt/OrgAbt (H) Nr. 5808/45 gKdos. vom 1.5.1945.

Krieges zu grotesken Erscheinungen geführt hatten[305]. Denn bis dahin bestand die bürokratische Aufteilung des Krieges in der militärischen Spitzenorganisation fort. Der Wehrmachtführungsstab im OKW war zuständig für die operative Führung auf den sogenannten OKW-Kriegsschauplätzen. Das waren im Grundsatz alle Kampfzonen mit Ausnahme der Ostfront, deren Führung dem Generalstab des Heeres im OKH oblag. Mitte April 1945 war die Lage soweit fortgeschritten, daß *zwischen* den Verbänden des Westens und denen im Osten die Grenze der Zuständigkeits- und Verantwortungsbereiche festgelegt werden mußte[306]. Hinzu kam der fortwährende Abstimmungsbedarf zwischen den territorialen Befugnissen der Wehrkreisbefehlshaber und den operativen Aufgaben des Feldheeres in den Momenten, in denen sich das Kampfgeschehen auf Teile des Reichsgebietes verlagerte. Durch zahllose Befehle mußten die Zuständigkeiten bei sich fast täglich ändernden Lagen neu geregelt werden. Führungsstäbe, welche die Abwehranstrengungen im Fall von gegnerischen Landungen oder Durchbrüchen an Nord- und Ostseeküste koordinieren sollten, verstärkten das Dickicht sich überlagernder Entscheidungsstrukturen.

Der Krieg atomisierte sich[307]. »Durch die schnelle Entwicklung der Lage bedingt, hat die Führung z.Zt. nicht mehr überall die Kontrolle über Raum und Verlauf der Kämpfe«, stellte die Tagesmeldung der Heeresgruppe Weichsel vom 22. April 1945 fest[308]. Teile der 9. Armee, die südöstlich von Berlin im Kessel von Halbe eingeschlossen wurden, brachen unter Inkaufnahme großer Verluste nach Westen zu den Linien der 12. Armee durch, die im Zuge ihres Entsatzangriffes auf Berlin bis südlich von Potsdam gelangt war[309]. Als sich die 12. Armee auf einen Brückenkopf an der Elbe bei Tangermünde zurückzog, fehlte den Nachhuten der Armee bereits die Munition[310]. In den darauffolgenden Tagen strebten Zehntausende deutscher Soldaten entlang der Demarkationslinie von Elbe und Mulde der amerikanischen Gefangenschaft entgegen[311]. In surreal anmutenden Szenen versuchte Wilhelm Keitel mit dem Marschallstab in der Hand auf mecklenburgischen Straßen die nach Westen flüchtenden Truppen der 3. Panzerarmee aufzuhalten, die zusammen mit zahlreichen Flüchtlingen die britisch-amerikanischen Linien bis zum 3./4. Mai erreichten[312]. In Italien zeichnete sich Ende April eine Teilkapitulation ab, welche die örtlichen Befehlshaber ohne Zustimmung der Wehrmachtführung vorbereiteten. Dies sollte jedoch die einzige selbständige Kapitulation eines

---

[305] Vgl. dazu grundlegend Megargee, Inside Hitler's High Command.
[306] BA-MA, RH 10/126: OKH/GenStdH/OpAbt/LdsBef Nr. 6097/45 gKdos. vom 17.4.1945.
[307] Vgl. die Erinnerungen des Chefs der Führungsgruppe im GenStdH, General Dethleffsen. Auszug in: BA-MA, N 265/126.
[308] Vgl. BA-MA, RH 2/501.
[309] Vgl. Lakowski/Stich, Der Kessel von Halbe.
[310] Vgl. Gellermann, Die Armee Wenck, S. 105.
[311] Etwa 118 000 deutschen Soldaten blieb durch den Akt ›amerikanischer Fluchthilfe‹ das Los einer sowjetischen Kriegsgefangenschaft erspart. Siehe Henke, Die amerikanische Besetzung, S. 683.
[312] Keitel selbst beschreibt die Szene in seinen Erinnerungen. Generalfeldmarschall Keitel, S. 341 ff.

größeren Heeresteils vor dem Tod Hitlers bleiben[313]. Die Heeresgruppe Mitte, die am Nordrand der Sudeten und in Nordmähren stand, bildete Anfang Mai den einzigen noch zusammenhängenden Heereskörper. Nach dem Prager Aufstand sahen sich die Soldaten der Heeresgruppe einer offen feindlich gesinnten Umwelt gegenüber. Die Linie der Westalliierten in Böhmen erreichte die Masse der Heeresgruppe erst nach dem 9. Mai und geriet in sowjetische bzw. tschechische Kriegsgefangenschaft[314]. Auf dem Balkan wichen die Verbände der Heeresgruppe E zügig nach Norden aus, um bei dem absehbaren Ende der Kämpfe nicht in die Hände der Roten Armee oder der Tito-Partisanen zu fallen. Versuche des Oberbefehlshabers Südost, Generaloberst Alexander Löhr, mit dem britischen Oberbefehlshaber im Mittelmeer-Raum eine Übereinkunft zur Aufnahme der deutschen Verbände im britisch-besetzten Kärnten und der Steiermark zu treffen, waren nur Teilerfolge beschieden. Die Masse der Heeresgruppe befand sich am 8. Mai noch drei Tagesmärsche von der österreichischen Grenze entfernt. Während ein Teil kapitulierte, versuchten sich zahlreiche Verbände in einer fluchtartigen Rückmarschbewegung, die bis zum 15. Mai anhielt, einer jugoslawischen Gefangennahme zu entziehen. Zu den 150 000 deutschen Soldaten, die dabei von Yosip Titos Verbänden gefangengenommen wurden, kamen 220 000 Angehörige der kroatischen Streitkräfte, die nach ihrer Kapitulation vor den Briten ausgeliefert wurden[315].

Zur gleichen Zeit befanden sich in Norwegen und Dänemark etwa eine halbe Million Wehrmachtangehörige, die sich ausreichend versorgt und in gut ausgebauten Stellungen seit Jahren auf eine Verteidigung der ihnen zugewiesenen Gebiete vorbereitet hatten. Doch in den Überlegungen der obersten deutschen Führung spielte die ›Festung Norwegen‹ in der Schlußphase des Krieges praktisch keine Rolle[316]. Und die Einsatzszenarien für den Fall einer alliierten Landung, die in den deutschen Hauptquartieren in Norwegen und Dänemark durchgespielt wurden, hatten nur theoretischen Charakter. Die Lageberichte der Wehrmachtbefehlshaber in Dänemark und Norwegen in den ersten Maitagen vermittelten Dönitz ein völlig ungeschminktes Bild, das jeden Gedanken an die Möglichkeit einer Fortsetzung des Kampfes mit den in Skandinavien befindlichen Truppenteilen ausschloß. Mit Hilfe martialisch klingender Tagesbefehle waren die militärischen Befehlshaber darum bemüht, die Disziplin einer mehrere Hunderttausend Mann starken Truppe, fern der Heimat, in der Untergangsstimmung des Frühjahrs 1945

---

[313] Siehe dazu die Ausarbeitungen und Erinnerungen zur Kapitulation der Heeresgruppe C im Nachlaß des Chefs des Generalstabes der Heeresgruppe, General Hans Röttiger. BA-MA, N 422/1-6 sowie BA-MA, N 318/2, 4.

[314] Vgl. den Bericht des Chefs des Generalstabes der Heeresgruppe Mitte, Generalleutnant von Natzmer, über die letzten Tage der Heeresgruppe. BA-MA, N 60/55.

[315] Siehe dazu die Erinnerungen des Chefs des Generalstabes der Heeresgruppe E, Generalmajor Schmidt-Richberg, Der Endkampf auf dem Balkan sowie Hnilicka, Das Ende auf dem Balkan.

[316] Die fast täglichen Einträge im Kriegstagebuch des Oberkommandos der Wehrmacht und in den Protokollen von Hitlers Lagebesprechungen behandeln ausschließlich den Abzug von Verbänden an andere Fronten, Sabotage- und Widerstandstätigkeit oder Fragen des Seekriegs. Keine Hinweise gibt es indes auf Pläne für ein Ausweichen der deutschen Führung nach Norwegen, um dort den ›Endkampf‹ nach dem Zusammenbruch auf dem Festland weiterzuführen.

aufrechtzuerhalten, um die Kapitulation und Entwaffnung nicht in Chaos und Anarchie abgleiten zu lassen[317].

Hitler hatte Dönitz als seinen Nachfolger testamentarisch dazu verpflichtet, den Krieg fortzuführen. Sowohl in seiner Vernehmung vor dem Internationalen Militärgerichtshof in Nürnberg als auch in seinen Memoiren beteuerte Dönitz stets, daß es ihm in den letzten Kriegstagen nur darauf angekommen sei, möglichst viele Menschenleben zu retten und einen Modus für die geregelte Übergabe in den noch deutsch besetzten Gebieten zu finden[318]. Nach einer vorangegangenen Teilkapitulation für die Teile der Wehrmacht in Holland, Nordwestdeutschland und Schleswig-Holstein am 4. Mai unweit der Stadt Lüneburg unterzeichnete Jodl am 7. Mai in Reims vor Vertretern des alliierten Oberkommandos die bedingungslose Kapitulation der Wehrmacht, die am 8. Mai 1945 in Berlin-Karlshorst vor Repräsentanten der sowjetischen Führung wiederholt wurde[319].

3. Parteiherrschaft und ›totaler Krieg‹

a) Zum Verhältnis zwischen Militärelite und NS-Regime

Diejenigen, die als Spitzenrepräsentanten oder als Entscheidungs- und Verantwortungsträger die Geschicke der Wehrmacht bestimmten, hatten bereits den Ersten Weltkrieg als Soldaten erlebt und waren vielfach in den letzten Jahren der Weimarer Republik in wichtigen, teilweise in leitenden Stellen der Reichswehr tätig gewesen. Ihr gesellschaftspolitisches Selbstverständnis, mit dem sie auch die Armee prägten, war das Ergebnis einer aus dem Weltkriegserlebnis hervorgegangenen und vom Sturz der Monarchie geprägten Erfahrung staatlicher und nationaler Identität[320]. Elemente der Ordnung, der Stärke und der Abstinenz von der Tagespolitik nahmen darin eine dominierende Rolle ein. Mehr als jede andere Verfas-

---

[317] Vgl. Moll, Kapitulation.
[318] Vgl. IMT, Bd 13, Aussage Dönitz am 9.5.1946, S. 340 ff.; Dönitz, Zehn Jahre, S. 450 ff. In jüngster Zeit bemüht sich die historische Forschung darum, die Legende, der Einsatz der Kriegsmarine sei eine einzige großangelegte Rettungstat mit der persönlichen Urheberschaft Dönitz' gewesen, zu hinterfragen. Unbestritten ist, daß es vor allem auf die Initiative und das Engagement der mittleren und unteren Hierarchieebene zurückzuführen ist, daß überhaupt so viele Menschen über die Ostsee nach Westen transportiert wurden. Der militärische Primat, den zur Verfügung stehenden Schiffsraum bei knappen Brennstoffvorräten vorrangig zugunsten von Truppentransporten und Nachschub für das AOK Ostpreußen und die Heeresgruppe Kurland einzusetzen, muß jedoch nicht zwangsläufig der Absicht widersprechen, möglichst große Teile der Zivilbevölkerung vor der Roten Armee zu retten. Diese Auffassung vertritt Schwendemann, »Deutsche Menschen vor der Vernichtung durch den Bolschewismus zu retten«, S. 12; Schwendemann, Strategie, S. 236 ff. Voraussetzung für die Flüchtlingstransporte war das Offenhalten der Häfen bzw. das Stabilisieren der Landfronten. Überdies kann die Auswahl der Einheiten als Indiz dafür gewertet werden, daß die Marineführung anfänglich die Größenordnung der anfallenden Flüchtlingstransporte unterschätzte. Salewski, Die deutsche Seekriegsleitung, Bd 2, S. 532.
[319] Eine ausführliche Beschreibung der Prozedere von Teil- und Gesamtkapitulation enthält Steinert, Die 23 Tage der Regierung Dönitz, S. 172 ff.
[320] Vgl. Graml, Die Wehrmacht; Weinberg, Rollen- und Selbstverständnis.

sungsinstitution stellte die Staatsgewalt den Orientierungspunkt des Militärs in der Zwischenkriegszeit dar. In idealistischer Weise wurde dem Staat eine sittliche Aufgabe gegenüber der ganzen Nation zugewiesen. Die Janusköpfigkeit dieses Staatsverständnisses bestand in der Geringschätzung der freiheitlich-demokratischen Staats- und Gesellschaftsordnung. Militärische Stärke, Zentralisierung aller Macht im Inneren und die geistige Uniformierung der Bevölkerung waren die hervorstechenden Merkmale eines Ziele- und Wertekanons, den die militärische Führung der 1930er Jahre als Voraussetzung für eine wirkungsvolle Effektivitätssteigerung der Armee betrachtete. Verachtung der Demokratie, der Glaube an die vermeintlichen Vorteile eines autoritären Systems, die sichere Erwartung eines neuen Krieges und die Akzeptanz einer Einstellung, wonach der Zweck die Mittel heiligt, bestimmten das Verhalten der militärischen Elite in der Phase der nationalsozialistischen Machtübernahme. Lange bevor die Verantwortlichen nach 1945 ihre Gefolgschaft zu Hitler mit dem Hinweis auf die Eidbindung des Soldaten zu rechtfertigen versuchten, hatten sie den geleisteten Eid auf die Weimarer Verfassung und ihre Gesetze gebrochen.

Die Erfahrungen der Weltkriegsgeneration mit den umfassenden gesellschaftspolitischen Anforderungen des modernen Krieges verschmolzen mit dem Erlebnis des deutschen Zusammenbruchs 1918. Ludendorffs 1935 veröffentlichte Schrift vom ›Totalen Krieg‹ markierte den Höhepunkt breit angelegter publizistischer Erörterungen über die Voraussetzungen zukünftiger kriegerischer Auseinandersetzungen und machte diesen Topos fast zu einem Modewort. Das Traktat stellte eine gedankliche Verknüpfung zwischen der Vorstellungswelt der Reichswehr- bzw. Wehrmachtgeneralität und spezifischen gesellschaftspolitischen Ordnungsprinzipien des Nationalsozialismus dar; sie gingen weit über die bloße, vielzitierte Teilidentität außen- und sicherheitspolitischer Ziele wie etwa die Revision des Versailler Vertrages hinaus. Der Erste Weltkrieg hatte gezeigt, daß der Waffenkrieg nur noch eine Komponente des Gesamtkrieges war. Nicht allein waffentechnische Innovationen und militärische Effizienzsteigerungen würden in zukünftigen kriegerischen Auseinandersetzungen eine ausschlaggebende Rolle spielen. Als ein gleichermaßen kriegsentscheidender Faktor wurde die Fähigkeit angesehen, die wirtschaftlichen Ressourcen zu mobilisieren. Daraus abgeleitete, gesellschaftsübergreifende und alle Lebensbereiche der Nation berührende Kriegsanstrengungen hatten nicht nur militärische, sondern auch weitreichende innenpolitische Folgewirkungen. Die Kriegsbegeisterung einer kleinen Minderheit im August 1914 wurde als Begeisterung der deutschen Öffentlichkeit insgesamt rezipiert[321]. Die mythische Verklärung des ›August-Erlebnisses‹ einerseits und die Erinnerung an 1918 andererseits führten dazu, daß der psychologischen Mobilisierung der Gesellschaft eine zentrale Bedeutung beigemessen wurde. Auch die Ordnungsprinzipien der nationalsozialistischen Weltanschauung waren Teil und Folge der Weltkriegsrezeption.

Der Niedergang der parlamentarischen Demokratie in den 1930er Jahren begünstigte die Herausbildung eines ideologisch-politischen Konzeptes vom ›totalen

---

[321] Vgl. Ullrich, Vom Augusterlebnis; Verhey, Der »Geist von 1914«.

Krieg‹, in dem beide Entwicklungsstränge miteinander verschmolzen[322]. Die Erscheinungen des Ersten Weltkrieges wurden verabsolutiert, begleitet von der Vorstellung der Unausweichlichkeit der nächsten großen kriegerischen Auseinandersetzung. Mittels diktatorisch-politischer Gewalt, die sich der Propaganda bediente, sollte die effiziente Organisation der kriegswirtschaftlichen Ressourcen gesteuert, die Stimmung der Bevölkerung positiv beeinflußt und damit die ›seelische Geschlossenheit‹ des Volkes gewahrt werden. Diese totale Mobilmachung implizierte notwendigerweise die radikale Umformung von Politik und Gesellschaft. Der Sozialdarwinismus war das Ferment der völkisch geprägten Lehre vom ›totalen Krieg‹, in der Kampf und Rasse zu zentralen Kategorien wurden. Der Kampf wurde zum Lebensprinzip der Völker erhoben. Die permanente Bereitschaft zum kollektiven Lebenskampf konnte indes nur aus geschlossenen ›Volkskörpern‹ hervorgehen. Um diesen gesund sowie lebens- und damit kampffähig zu erhalten, mußten Fremdkörper durch Rassenhygiene und eine zwangsintegrative Volksgemeinschaftsideologie ferngehalten bzw. ausgeschieden werden. Bei einer Verabsolutierung dieses Prinzips war der Führungsanspruch der Partei gegenüber Bevölkerung und Militär unausweichlich und damit zugleich die Veränderung der Gewichte zwischen politischer und militärischer Führung[323]. Mit seiner Forderung:

»Alle Theorien von Clausewitz sind über den Haufen zu werfen. Krieg und Politik dienen der Lebenserhaltung des Volkes, der Krieg aber ist die höchste Äußerung völkischen Lebenswillens. Darum hat die Politik der Kriegführung zu dienen«,

hatte Ludendorff die militärpolitische Dominanz bei der Verwirklichung einer ideologisch-machtpolitischen Gesamtkonzeption für die Kriegführung gefordert[324]. Die Staats- und Gesellschaftsform im Deutschland der Jahre 1944/45 hatte mit einer Militärdiktatur indes nichts gemein.

Unmittelbar nach der Ernennung Hitlers zum Regierungschef verzichtete der ebenfalls neu berufene Reichswehrminister Werner von Blomberg auf die Ausübung der innenpolitischen Ordnungsfunktion der Streitkräfte[325]. Die von Blomberg ausgegebenen Parolen der Entpolitisierung und Überparteilichkeit des Militärs bedeuteten die konsequente Nichteinmischung der Reichswehr in innenpolitische Auseinandersetzungen. Das Interesse der Reichswehrführung beschränkte sich auf die Wahrung ihrer Zuständigkeitsrechte und Organisationsgewalt in allen Fragen der Landesver-

---

[322] Zur Genese des ›totalen Krieges‹ und der nationalsozialistischen Rezeption siehe Herbst, Der Totale Krieg, S. 35 ff.
[323] Vgl. Deist, Auf dem Wege, S. 394.
[324] Ludendorff, Der totale Krieg, S. 10. In der deutschen Kriegstheorie bis zum Ersten Weltkrieg war die Rezeption Karl von Clausewitz' geprägt von der zunehmenden Entleerung ihres theoretisch-philosophischen Inhalts bei gleichzeitiger Reduzierung auf eine rein technizistische Kriegslehre. Bei Clausewitz war der Frieden der Normalzustand in der Beziehung der Staatenwelt untereinander. In den Vorstellungen Ludendorffs als Exponent einer weitverbreiteten publizistischen Strömung kehrte sich dieses Verhältnis um: Der Krieg selber bzw. das Leben auf den Krieg hin wurde zum Normalfall. Mit der spezifisch nationalsozialistischen Auffassung, Politik a priori als Krieg zu verstehen, der rassenideologischen Vorstellung eines völkisch geschlossenen Staats- und Gesellschaftskörpers und der damit eng verbundenen totalitär integrativen Formel des Volksgemeinschaftsgedankens fand das gedankliche Konglomerat Ludendorffs einen seiner rezeptiven Ausläufer. Vgl. Wehler, »Absoluter« und »totaler« Krieg.
[325] Vgl. Carsten, Reichswehr, S. 447 f.

teidigung[326]. Während der Konsolidierungsphase des NS-Regimes stimmte die militärische Führung einer repressiven Innenpolitik aus Zwangsintegration und Abschottung zu. Ein verbreiteter Antikommunismus in der Militärelite, die Abwehrreaktion auf einen als neuartig empfundenen Gegner, der selbst ankündigte, im Kampf gegen den Klassenfeind auf keine tradierten Konventionen Rücksicht zu nehmen, förderte deren Bereitschaft, im Kampf gegen den ideologischen Gegner auch überkommene Moral- und Wertvorstellungen zu übertreten[327]. Die Militarisierung der Nation wurde als die alles bestimmende Leitlinie der Innenpolitik akzeptiert; ihr wurden grundsätzliche Zweifel an den Inhalten, Formen und Methoden der ›Wiederwehrhaftmachung‹ nachgeordnet. Die Reichswehrführung unter Blomberg ignorierte die Demontage der rechtsstaatlichen Ordnung durch das Regime, konzentriert darauf, ihre Unabhängigkeit durch institutionelle Abgrenzung zu wahren[328].

Hinzu kam die politisch-ideologische Öffnung des Militärs. Diese äußerte sich zunächst in Form kleiner aber symbolisch bedeutsamer Schritte, sei es durch die Übernahme des NS-Hoheitsabzeichens auf die Uniform oder die Einführung des ›Arierparagraphen‹ als konkrete personalpolitische Maßnahme. Ausbildungsrichtlinien verpflichteten dazu, die Soldaten auf der Grundlage des nationalsozialistischen Gedankengutes zu erziehen[329]. Die Auseinandersetzungen um die Formen und Institutionen der ideologischen Ausrichtung waren von nachrangiger Bedeutung. In langfristiger Perspektive bedeutete der Kurs der militärischen Führung die Weichenstellung zu einer schrittweisen geistigen Assimilierung des Militärs durch den Nationalsozialismus[330]. Wesentlich trug dazu der ›Trend von unten‹ bei. Die Wiedereinführung der Wehrpflicht 1935 beschleunigte einen Prozeß, der zu einem wachsenden Verlust an sozialer und mentaler Homogenität in der Armee führte. Die innere Geschlossenheit der Reichswehr wurde unterspült und löste sich auf[331].

Der 1939 vom Regime angezettelte Krieg war von Beginn an ideologisch motiviert; die Politisierung der Soldaten das Ergebnis der ›Wiederwehrhaftmachungs-Politik‹[332]. Zunächst wurde das Aufgabenfeld der Wehrgeistigen Führung weitgehend in institutioneller Eigenständigkeit der Wehrmacht betrieben. Das Menetekel von Stalingrad, sich häufende Demoralisierungserscheinungen in der Truppe und die unablässige Propagandatätigkeit des Nationalkomitees Freies Deutschland lieferten der Parteikanzlei jedoch zunehmend die Argumente für eine Neuorganisation und damit für die durchgreifende weltanschauliche Beeinflussung der

---

[326] Vgl. Messerschmidt, Die Wehrmacht im NS-Staat, S. 8 ff.
[327] »Nicht Zielreflexionsabstinenz, vielmehr ganz im Gegenteil äußerste Anstrengung in der Selbstverschaffung eines guten Gewissens durch Orientierung an den ideologisch gewiesenen höheren Zwecken konstituiert die entscheidende legitimatorische Bedingung der Möglichkeit fürs Tun des beispiellos Schlimmen«, faßt Hermann Lübbe die Folgen dieses Kausalzusammenhanges von Rationalität und Ideologie zusammen. Siehe Lübbe, Terror.
[328] Vgl. Volkmann, Von Blomberg zu Keitel.
[329] Vgl. Messerschmidt, Die Wehrmacht im NS-Staat, S. 58 ff.
[330] Vgl. Thamer, Die Erosion, S. 422 f.
[331] Von den über 22 000 Mann, die Ende 1938 das aktive Offizierkorps der Wehrmacht bildeten, war nur etwa ein Siebtel bereits vor 1933 in der Reichswehr Offizier gewesen. Kroener, Die personellen Ressourcen, S. 733.
[332] Vgl. Förster, Geistige Kriegführung; Förster, Verbrecherische Befehle.

Wehrmacht zur »Förderung eines gesteuerten politischen Bewußtseins der Soldaten«[333]. Mit der Einführung des Nationalsozialistischen Führungsoffiziers ab Herbst 1943 endete die organisatorische Autonomie der Wehrmacht auf dem Feld der weltanschaulichen Erziehung der Soldaten. Viele Angehörige der Generalität maßen der Weltanschauung nur eine Hilfsfunktion für die Konsolidierung und Steigerung der militärischen Stärke bei. Doch hinsichtlich der Wirkung in der Truppe, so urteilt Manfred Messerschmidt, lief es auf dasselbe hinaus, ob die ideologische Infiltration um ihrer selbst willen oder zum Zwecke der Stärkung der militärischen Schlagkraft betrieben wurde[334]. Hitlers anläßlich einer Besprechung mit dem neuernannten Chef des Nationalsozialistischen Führungsstabes der Wehrmacht, General Hermann Reinecke, am 7. Januar 1944 vorgetragene Forderung nach einer »völligen Vereinheitlichung von Wehrmacht, Partei usw.« führte zu administrativen Maßnahmen mit weitreichendem Symbolgehalt: Ausgehend von Hitlers Äußerung, »heute gibt es nur noch eine Weltanschauungsflagge, keine Vereinsflagge mehr«, diskutierte der Beraterkreis des Diktators nicht nur die Abgabe der Traditionsfahnen der Regimenter, sondern auch die Einführung des ›Deutschen Grußes‹ anstelle der traditionellen militärischen Grußform. Nicht mehr das Ob, sondern nur noch das Wie war umstritten, ging es doch um »Dinge, die an allen möglichen Werten rütteln, und die können nicht mit einem kurzen Befehl von fünf Zeilen erledigt werden«, wie der Chef des Heerespersonalamtes, Generalleutnant Rudolf Schmundt, ungeachtet seiner grundsätzlichen Zustimmung anmerkte[335]. Die letzten Vorbehalte und Bedenken sollten freilich erst nach dem 20. Juli 1944 fallen[336]. Gleichermaßen programmatisch war auch die Verordnung, künftig beim Zeremoniell des Großen Zapfenstreiches an die Stelle des stellvertretend für ein Gebet der Soldaten gespielten Liedes ›Ich bete an die Macht der Liebe‹ Beethovens Hymne ›Die Himmel rühmen des Ewigen Ehre‹ zu setzen[337]. In seiner überlieferten Form enthielt der Große Zapfenstreich keine martialischen Drohgebärden. Wer für feine Töne sensibel war, konnte den Bruch der hochgradig symbolischen Tradition hören.

Das Abseitsstehen der Militärelite in der Phase der nationalsozialistischen Herrschaftskonsolidierung und ihr Kurs der ideologischen Konformität entsprach der freiwilligen Integration in die Expansionspolitik des Regimes. Während Hitler die außen- und innenpolitischen Weichenstellungen vornahm, wurde die Aufmerksamkeit der Wehrmachtführung durch den für damalige Verhältnisse gigantischen Aufrüstungsprozeß absorbiert, obwohl dieser gravierende außen- und sicherheitspolitische Risiken induzierte. Opponierende Haltungen unter den Militärs waren in

---

[333] Zoepf, Wehrmacht, S. 65 ff.; Förster, Geistige Kriegführung, S. 560 ff.
[334] Vgl. Messerschmidt, Die Wehrmacht im NS-Staat, S. 477; vgl. auch Thamer, Die Erosion, S. 435.
[335] Das Protokoll der Besprechung ist wiedergegeben in: Weinberg, Adolf Hitler, Zitate S. 455.
[336] Während bereits einen Tag nach dem Umsturzversuch die Grußordnung geändert wurde, ließ die Anordnung Hitlers, anstelle der Truppenfahnen und -standarten künftig nur die Reichskriegsflagge zu zeigen, noch bis Ende August 1944 auf sich warten. BA-MA, RH 19 II/203: Chef OKW/AWA/W Allg./IId Nr. 5505/44 vom 28.8.1944.
[337] Chef OKW/AWA/W Allg (IIc) Nr. 1514/44 vom 7.5.1944, wiedergegeben in: Marineverordnungsblatt, 75 (1944), H. 27, S. 480.

der Minderheit; ihre Stimmen blieben ohne Einfluß. Der Chef des Generalstabes des Heeres, Generaloberst Beck, der den Widerstand gegen den Kurs von Regime- und Wehrmachtführung zu mobilisieren versuchte, blieb mit seinem Anliegen isoliert, gleichwohl in der Sudetenkrise 1938 die Gefahr eines für Deutschland aussichtslosen Krieges mit den Händen zu greifen war, und trat resigniert zurück[338]. Mit Mißfallen bemerkte nach der Münchner Konferenz der Staatssekretär im Auswärtigen Amt, Ernst Freiherr von Weizsäcker, welchen Gefallen manche Generäle an der expansionistischen Politik zu finden begannen[339].

Die 1937 von Blomberg verfaßten Weisungen für Vorbereitungen auf den Krieg beschränkten die Planungen der Wehrmachtspitze auf »ein rein instrumental-technisches Denken«, »das jederzeit für jeden Zweck manipulierbar« erschien[340]. Die Kompetenzwahrnehmung der obersten militärischen Führung erschöpfte sich in Fragen der operativen Kriegführung, ohne dabei strategische Impulse zu geben. Das Jahr 1938 war die entscheidende Zäsur im Verhältnis von Politik und der sich bis dahin politisch verstehenden Militärelite. In Übereinstimmung mit dem traditionellen Selbstverständnis der preußisch-deutschen Militärs besaß diese ungeachtet aller taktischen und methodischen Differenzen immer noch den »Anspruch, eine Art politisch autonomer Faktor im Staat zu sein, eine Kraft, die am Entscheidungsprozeß und damit an der Machtausübung teilhatte«[341]. Die Blomberg-Fritsch-Affäre im Frühjahr 1938 benutzte Hitler dazu, die letzten personellen und institutionellen Relikte dieses Dualismus von politischer und militärischer Führungsmacht zu beseitigen. Entfernt wurden nicht nur die Vertreter dieses überkommenen Selbstverständnisses. Indem Hitler selbst den direkten Oberbefehl über die Streitkräfte übernahm, den er mittels des Oberkommandos der Wehrmacht als einen militärischen Arbeitsstab ausübte (der Hitler direkt unterstehende Chef des OKW übernahm weitgehend die Funktionen des Kriegsministers), besaß die Militärelite fortan mangels eigener Spitzenrepräsentanz institutionell keine Möglichkeit mehr, eine eigenständige politische Rolle zu spielen. Die

---

[338] Nach seiner Demarche wurde Beck im Auftrag Hitlers durch den Oberbefehlshaber des Heeres, Walther von Brauchitsch, ersucht, seinen Rücktritt ›aus außenpolitischen Gründen‹ vorerst nicht publik werden zu lassen. Trotz inneren Widerstrebens und starker Verstimmung fügte sich Beck und verzichtete darauf, seinen Abgang Generalstab, Offizierkorps und Armee in aller Offenheit und Deutlichkeit bekannt zu geben. »Damit brachte er sich zweifellos um den möglichen Effekt seines Rücktritts in Truppe und Nation«, urteilt Klaus Jürgen Müller, Das Heer und Hitler, S. 340. Die Sudetenkrise bewirkte andererseits entscheidende Entwicklungsschübe in der Ausbildung einer national-konservativen Opposition gegen das NS-Regime. Beck repräsentierte im militärischen Bereich eine Anti-Kriegs-Partei, deren Bestrebungen zur Kriegsverhinderung durch das Zusammengehen mit Vertretern der Diplomatie in Person des Staatssekretärs von Weizsäcker in Teilen zusammenflossen; zeitweilig mit Erscheinungen eines innenpolitischen Machtkampfs. Beck schloß den möglichen Einsatz militärischer Macht zur Verwirklichung einer deutschen hegemonialen Großmachtstellung in Mittel- und Mittel-Ost-Europa zwar keineswegs aus, eine derartige Machtpolitik durfte seiner Auffassung nach jedoch nicht das letztlich unkalkulierbare Risiko eines allgemeinen europäischen Krieges implizieren. Siehe dazu im Überblick: Müller, Struktur, S. 102 ff.
[339] Vgl. Weizsäcker, Erinnerungen, S. 194.
[340] Müller, Das Heer und Hitler, S. 237.
[341] Armee und Drittes Reich, S. 36.

neuen Männer in den Spitzenpositionen des Heeres und des Oberkommandos der Wehrmacht strebten nicht mehr nach Teilhabe an den wesentlichen Entscheidungen im Staat. Sie beschränkten sich völlig auf den militärisch-professionellen Bereich und auf exekutive Funktionen gemäß den Weisungen des politisch alleinverantwortlichen Staatsführers und Oberbefehlshabers der Streitkräfte. Aus dem Blickwinkel eines demokratisch verfaßten Staats- und Gemeinwesens erscheint diese Rollenverteilung unter der Formel des ›Primats der Politik‹ als selbstverständlich. Die damit verbundene Entwicklung bedeutete nach der Einschätzung Klaus Jürgen Müllers indes eine klare Diskontinuität in der Geschichte der preußisch-deutschen Militärtradition[342].

Die Militärelite mochte sich in der Folgezeit in die selbsttrügerische Hoffnung flüchten, wonach die politische Führung die Probleme des Krieges insgesamt im Griff hatte. Damit wurde die Wehrmachtgeneralität zu einer rein funktionalen Elite, die sich innerhalb der Gewalt- und Willkürherrschaft Hitlers prinzipiell austauschen ließ. »Das bißchen Operationsführung kann jeder machen«, teilte Hitler dem Chef des Generalstabes des Heeres, Generaloberst Halder mit, als er am 19. Dezember 1941 auch den Oberbefehl über das Heer übernahm, während zahlreiche Befehlshaber des Ostheeres ausgetauscht wurden[343]. Mit der Verschlechterung der Kriegslage verlor Hitler schließlich jeden Respekt vor der Führung des Heeres. »Über die Generalität fällt der Führer nur negative Urteile. Sie beschwindelt ihn, wo sie nur könne. Außerdem sei sie ungebildet und versteht nicht einmal ihr eigenes Kriegshandwerk, was man doch zum mindesten erwarten könne«, kommentierte Goebbels im März 1943 das Ausmaß der Geringschätzung und die Haßtiraden Hitlers, die »etwas ab[zu]wiegeln statt auf[zu]wiegeln« selbst der Propagandaminister für angebracht hielt[344].

Die Feststellung, daß nur das Militär über die notwendigen Machtmittel verfügte, den Lauf der Nation in den Abgrund aufzuhalten und ein Ende des Regimes herbeizuführen, ist so zutreffend wie banal. Entscheidende Impulse oder konsequente Schritte zugunsten einer Beendigung des Krieges waren seitens der Wehrmachtführung je weniger zu erwarten, desto weiter die nationalsozialistische Herrschaft in ihre Agonie driftete. Seinen Status als institutioneller Machtfaktor hatte das Militär schrittweise verloren, professioneller Sachverstand und Expertise übten zunehmend weniger Einfluß auf den Lauf der Dinge aus. Analog zur prozessualen politischen und sozialen Entmachtung degenerierte die militärische Führung zu einer »in viele Einzelteile zersplitterten funktionalen Elite [...], die zwar einen großen Teil der Nation im Krieg organisierte, die jedoch ihre vorgegebenen Ziele nicht mehr beeinflußte«[345]. Das Werte- und Normengefüge, das Orientierungshilfen bei der Unterscheidung von Richtig oder Falsch, Gut und Böse, Zweckmäßig oder Sinnlos hätte geben können, war erodiert. Ideologische Affinitäten und die Gewöhnung an den latenten Unrechtscharakter des Regimes und seiner Kriegfüh-

---

[342] Ebd., S. 37.
[343] Vgl. Halder, Hitler, S. 45.
[344] Goebbels, Die Tagebücher, Bd 7, Eintrag vom 9.3.1943, S. 514.
[345] Dülffer, Vom Bündnispartner zum Erfüllungsgehilfen, S. 299.

rung hatten bei vielen zu einer moralischen Indifferenz geführt. Die Idee einer deutschen Hegemonie oder gar Weltstellung, im Verlauf des Krieges die Vorstellung einer deutschen Großmachtstellung, die es zu bewahren galt, waren offensichtlich auch dazu geeignet, den innenpolitischen Machtverlust der traditionellen Militär-Elite zu kompensieren. Und schließlich stellte sich bei den Betroffenen die Erkenntnis ein, daß die eigene funktionale Führungsposition nicht nur mit der deutschen Machterhaltung, sondern auch mit der Erhaltung des Systems unlösbar verknüpft war[346].

b) Strukturelle Veränderungen in der nationalsozialistischen Herrschaftsordnung ab Sommer 1944

Mit der sichtbaren Verschlechterung der Kriegslage ab 1943/44 sank bei mehreren Exponenten der nationalsozialistischen Herrschaft die Hemmschwelle gegenüber forcierten Kriegsanstrengungen, die auf eine Stärkung des Durchhaltewillens der Bevölkerung und auf die umfassende Inanspruchnahme aller materiellen und emotionellen Kräfte zielten. In der Winterkrise 1942/43 hatte Goebbels den ›totalen Krieg‹ erstmals zum Leitmotiv einer Propagandakampagne gemacht, die ihren Höhepunkt in der berüchtigten Berliner Sportpalast-Veranstaltung am 18. Februar 1943 fand. Strukturelle Veränderungen im Machtgefüge des Regimes blieben indes aus[347]. Während Speer mit Unterstützung Hitlers seine Kontrolle über die gesamte Kriegswirtschaft ausweitete, sah sich Goebbels hinter den neugebildeten Dreierausschuß zurückgesetzt. Diesem Gremium, das sich aus den Chefs der drei Kanzleien, Keitel, Martin Bormann und Hans Heinrich Lammers, zusammensetzte, wurde die Aufgabe zuteil, weitere personelle Reserven für die Kriegführung zu mobilisieren. Die Ergebnisse des Dreierausschusses blieben hinter den gehegten Erwartungen zurück. Deshalb bildete sich zu Jahresbeginn 1944 innerhalb der NS-Führungsriege ein Konsens dahingehend heraus, daß ein erneuter Anlauf zur Mobilisierung der vorhandenen Kriegsressourcen nötig war. Es blieb allein Goebbels vorbehalten, sich mit diesen Gedanken direkt an Hitler zu wenden, die indirekt auch eine Kritik an dessen Person und seiner Führungsrolle darstellten[348].

Der desillusionierende Verlauf der Invasionsschlacht verschaffte Goebbels den Rahmen, seine Totalisierungsgedanken mit neuer Vehemenz zu vertreten. Wochenlang setzten Goebbels und Speer gemeinsam Hitler unter Druck: Goebbels lieferte den ›stimmungsmäßigen‹ Beitrag, indem er das Vorhandensein eines öffentlichen Drucks zugunsten seiner Totalisierungspläne suggerierte. Der Propagandaminister drängte auf eine weitere Einschränkung des Lebensstandards und auf eine noch rationellere Ausschöpfung des vorhandenen Potentials an Menschen und Material; Speer lieferte dazu die technisch-planerischen Details. Denkschriften sollten belegen, daß in der Heimat und in der Wehrmacht noch nennenswerte

---

[346] Armee und Drittes Reich, S. 44.
[347] Vgl. Herbst, Der Totale Krieg, S. 198 ff.; vgl. Kroener, »Nun Volk steh auf ...!".
[348] Vgl. Hancock, National Socialist Leadership, S. 105 ff.

personelle Reserven vorhanden waren[349]. In einer am 18. Juli 1944 an Hitler gerichteten Denkschrift schlug Goebbels eine organisatorische Regelung vor, die mit der bisherigen Praxis der Herrschaftsausübung unterhalb der Ebene Hitlers vollkommen brach. Ohne Rücksicht auf die vorhandenen bürokratischen Strukturen sollte für jeden kritischen Problembereich eine Person mit unbeschränkten Vollmachten ernannt und der Propagandaminister selbst als koordinierende und überwachende Instanz eingesetzt werden. Diese Gedanken liefen auf die Verwirklichung der nationalsozialistischen Utopie einer ›Regierung ohne Verwaltung‹ hinaus und hätten die Improvisation endgültig zur eigentlichen Regierungsform gemacht[350]. Zunächst entzog sich Hitler einer Entscheidung, bedeutete die Vergabe derartiger Vollmachten doch den Zugriff auf die innere Macht und damit die Relativierung seiner Rolle als Dreh- und Angelpunkt des ›Führerstaates‹.

Am 20. Juli 1944, als die Aufmerksamkeit des Regimes vollkommen auf den katastrophalen Kriegsverlauf gerichtet war, detonierte im ›Führerhauptquartier‹ im ostpreußischen Rastenburg die Bombe des Oberst Claus Graf Schenck von Stauffenbergs. Getarnt als Alarmierungsmaßnahme zur Niederschlagung von inneren Unruhen sowie von Fremdarbeiter- und Kriegsgefangenenaufständen versuchten die Verschwörer in den darauffolgenden Stunden die vollziehende Gewalt im Reich an sich zu bringen, die Führung des NS-Regimes zu entmachten und damit in der Heimat und an der Front einen Umsturz herbeizuführen. Dabei gelang es nicht, das Nachrichtenmonopol in die Hand zu bekommen. In nur kurzer Zeit konnte das Regime daher die Nachricht von Hitlers Überleben verbreiten. Gegenbefehle aus dem ›Führerhauptquartier‹ ergingen zum Teil noch vor den Anordnungen des Widerstandes und verhinderten so die Mobilisierung der bewaffneten Kräfte in der Heimat. Dementsprechend zögerlich oder gar nicht wurden die Anordnungen der Verschwörer in den Wehrkreisen ausgeführt[351]. Am Abend des 20. Juli 1944 stand

> »nicht das Militär, die Wehrmacht gegen die Reste des seines Führers beraubten Regimes, sondern eine Gruppe von Verschwörern innerhalb des Führungsstabes des Ersatzheeres gegen die ganze übrige Wehrmacht und gegen die völlig intakte Führung des Dritten Reiches«,

resümiert Peter Hoffmann[352]. Mit der Feststellung, daß der deutsche Offizier mit seiner Truppe »nicht einfach machen konnte, was er wollte«, brachte Fabian von

---

[349] Siehe dazu Goebbels' Darstellung seiner dreistündigen Unterredung mit Hitler am 22.6.1944 in: Goebbels, Die Tagebücher, Bd 12, Eintrag vom 22.6.1944, S. 518 ff. Speers Denkschriften sind wiedergegeben in: Bleyer, Pläne. Zur Überzeugungsrhetorik von Goebbels siehe auch Longerich, Joseph Goebbels und der totale Krieg, S. 299. Speers Vorstöße zur Verschärfung der bisherigen Kriegsanstrengungen dürften beeinflußt worden sein von einer Studie über die Problemfelder des kriegswirtschaftlichen Kräfteeinsatzes, die der Chef des Planungsamtes im Speer-Ministerium, Hans Kehrl, angesichts des besorgniserregenden Arbeitskräftemangels im ersten Quartal 1944 erarbeiten ließ. Kroener, »Menschenbewirtschaftung«, S. 935 f.
[350] Vgl. Longerich, Joseph Goebbels und der totale Krieg, S. 303, dort auch die Wiedergabe der Denkschrift.
[351] Aus der Vielzahl der Publikationen siehe die immer noch grundlegenden Arbeiten von Hoffmann, Widerstand; Hoffmann, Zum Ablauf des 20. Juli 1944. Vgl. jetzt neu: Heinemann, Der militärische Widerstand.
[352] Hoffmann, Widerstand, S. 541.

Schlabrendorff, Angehöriger des militärischen Widerstandes, das Kernproblem des Umsturzversuches auf den Punkt: »Der Nationalsozialismus hatte auch das Heer so stark durchsetzt, daß ein Weg gefunden werden mußte, um der Truppe ihr Handeln verständlich zu machen«[353]. Die Formel vom »Widerstand ohne Volk«, dem Fehlen einer breiteren gesellschaftlichen Akzeptanz und Unterstützung für jede Form der Opposition gegen die NS-Herrschaft, kann uneingeschränkt auf die militärische Massengesellschaft übertragen werden[354].

Erste Berichte ließen in der Bevölkerung keine Zustimmung gegenüber der Sache der Verschwörer erkennen[355]. Seit langem war den mit der Meinungsforschung beauftragten Institutionen des ›Dritten Reiches‹ allerdings bewußt, daß die Menschen kaum noch bereit waren, offen ihre Meinung in der Öffentlichkeit zu artikulieren. Hinter der Fassade regimekonformer Äußerungen und Treuebekundungen verbarg sich eine bis zum Sommer kumulierende gegen das Regime gerichtete Stimmung, die auch vor der persönlichen Kritik an Hitler nicht haltmachte[356]. Das Attentat führte vor allem zu einer Polarisierung der Einstellungen. Ein nicht geringer Anteil der Bevölkerung bedauerte das Scheitern, betrachtete man doch Hitlers Überleben als Hindernis für eine Beendigung des Krieges. Bei anderen führten die Ereignisse zu einem kurzen aber heftigen Aufleben der seit längerem verblichenen Hitler-Begeisterung. Der großen Masse der Schwankenden führten der Hochlauf der nationalsozialistischen Propagandamaschine und massive Loyalitätsbekundungen nach Meinung Ian Kershaws vor Augen,

»daß der Hitler-Mythos immer noch voller Lebenskraft war und das Regime sich weiterhin eines beträchtlichen Maßes an Unterstützung erfreute, die sich wie immer um die Bindungen an den Führer konzentrierte. Kombiniert mit dem drastisch erhöhten Standard an Kontrollen und Unterdrückung diente die Breite der Massenanhängerschaft für den ›Führer‹ immer noch als Abschreckung vor weitergehenden Gedanken an aktiven Widerstand[357].«

Über Nacht fielen in der Regimeführung alle Bedenken gegenüber einer weiteren Radikalisierung des Krieges. Der Abwehrreflex des Regimes setzte lahmgelegte Handlungspotentiale frei und leitete einen weiteren Strukturwandel in der national-

---

[353] Offiziere gegen Hitler, S. 93 f.
[354] Vgl. Mommsen, Die Opposition gegen Hitler.
[355] So der Tenor der entsprechenden SD-Berichte in: Spiegelbild einer Verschwörung. Zum Widerstandsbegriff siehe Kershaw, »Widerstand ohne Volk?«.
[356] Vgl. Kershaw, Der Hitler-Mythos, S. 263 ff. Just in diesem Zeitraum traf das Regime die Entscheidung, die SD-Berichterstattung des Reichssicherheitshauptamtes einzustellen. Diese tendenziell realistische Beobachtung der öffentlichen Meinung im ›Dritten Reich‹ stellte seit der Niederlage von Stalingrad die kontinuierliche Zunahme fatalistischer und regimekritischer Stimmungsäußerungen fest. Steinert, Hitlers Krieg, S. 42. Je stärker die Auflösungstendenzen wurden, desto mehr verzichtete die NS-Propaganda auf Inhalte. Die Kluft zwischen Alltagserfahrung der Bevölkerung und der Realitätsinterpretation der Medien wurde unüberbrückbar. Das gleiche galt für die Unvereinbarkeit von persönlicher Überlebens- und propagandistisch geforderter Opferhaltung. Durch eine pseudoklassenkämpferische Mobilisierungsdemagogie wurden soziale Gruppen gegeneinander ausgespielt. In der zweiten Kriegshälfte setzte die Propaganda nicht mehr auf Überredung, sondern auf Einschüchterung, indem sie Abschreckungsurteile in den Zeitungen veröffentlichte und immer unverhohlener mit dem KZ-System drohte. Bohse, Inszenierte Kriegsbegeisterung, S. 95, 136.
[357] Kershaw, Der Hitler-Mythos, S. 268.

sozialistischen Herrschaftsordnung ein. In der existentiellen Bedrohung des Regimes verschmolzen Mobilisierung und Revolutionierung miteinander. Durchgängig wurde die Auffassung vertreten, daß es ein Fehler gewesen sei, die traditionellen Eliten im Interesse kurzfristiger Erfolge zu funktionalisieren und damit in ihren Herrschaftspositionen zu belassen. Der Blick auf den äußeren Gegner bestärkte diese Haltung: Die ideologisch als rassisch-minderwertig und als militärisches Leichtgewicht eingeschätzte Sowjetunion hatte sich in der Wahrnehmung des Regimes durch die Revolutionierung ihrer Kriegsanstrengungen zu einem offenkundig ernstzunehmenden militärischen und einem weltanschaulich ebenbürtigen Feind entwickelt, mit dem man um die Existenz rang. »Am 20. Juli 1944 fielen manche Hemmnisse. Er spülte viel Sand aus unserem Getriebe, und es läuft nun besser«, tönte der Völkische Beobachter zwei Tage nach dem gescheiterten Attentat und kündigte damit sowohl die Intensivierung der Kriegsanstrengungen als auch die bevorstehende Umorganisation des Herrschaftsapparates an[358].

In Berlin hatte Goebbels bei der Niederschlagung des Aufstandes seine Kaltblütigkeit unter Beweis gestellt und konnte nun die Schockwirkung der Ereignisse für die Verwirklichung seiner Ziele nutzen. Die Einigung der Ministerbesprechung am 22. Juli, Hitler die Vergabe von Vollmachten zur Überprüfung der personellen Reserven vorzuschlagen – Himmler für die Wehrmacht, Goebbels für den Staatsapparat und für das öffentliche Leben – war nur noch Akklamation. Unter dem Eindruck des Anschlages ließ Keitel ressortegoistisch motivierte Widersetzlichkeiten fallen und beeilte sich, den Vorschlag, Himmler mit besonderen Vollmachten zur Überprüfung der Wehrmacht auszustatten, zu unterstützen:

»Die Wehrmacht sei aufgrund ihrer Bindung an ihre Tradition oft nicht in der Lage, die Widerstände gegen durchzuführende Reformen in ihrem eigenen Bereich zu überwinden. So sei es, was völlig unerträglich sei, dazu gekommen, daß vom Führer ständig Entscheidungen über kleinste militärische Fragen erbeten würden. Er, der Chef des OKW, habe unter diesem Zustand besonders leiden müssen und sich im besonderen gegenüber den Chefs der Wehrmachtteile nicht genügend durchsetzen können. Er würde es deshalb als Erleichterung empfinden, wenn seine Verantwortung auf eine zweite Schulter gelegt würde[359].«

Am 25. Juli 1944 ernannte Hitler seinen Propagandaminister zum »Reichsbevollmächtigten für den Totalen Kriegseinsatz«[360]. Hitlers uneingeschränkten Führungsanspruch berührte diese Neuregelung nicht. Goebbels blieb formell dem Vorsitzenden des Ministerrats für die Reichsverteidigung unterstellt und konnte Weisungen, nicht aber Rechtsvorschriften und grundsätzliche Verwaltungsanordnungen erlassen. Diktatorische Vollmachten, wie sie sich Goebbels selbst erhofft hatte und mittels einer geschickten Propaganda zu suggerieren versuchte, waren mit dieser Bestellung nicht verbunden[361].

---

[358] Völkischer Beobachter, 57. Jg., vom 22.7.1944.
[359] BA, R 43 II/664a: Protokollvermerk zur Chefbesprechung am 22.7.1944.
[360] RGBl. I, 1944, S. 161 f.
[361] Vgl. Rebentisch, Führerstaat, S. 516 f.

Am 2. August wurde Himmler mit der personellen Überprüfung der militärischen Organisation in der Heimat beauftragt[362]. Dabei spielte es keine Rolle, daß Hitler nur wenige Monate zuvor mit dem General Heinz Ziegler einen Sonderbeauftragten für die Vereinheitlichung der Wehrmachtorganisation ernannt hatte, der ebenfalls mit dem Ziel angetreten war, zusätzliche personelle Kräfte für den Kampf im Osten zu erschließen. Die Durchführung des neuen Auftrages delegierte Himmler an den Chef des SS-Wirtschaftsverwaltungshauptamtes, SS-Obergruppenführer Oswald Pohl. Der mußte kurz darauf melden, daß sich nun zwei Arbeitsstäbe mit ein- und demselben Gegenstand beschäftigten. »Damit diese Paradoxie angesichts der dem doppelten Auftrag zu Grunde liegenden Aufgabe ›Menschen zu sparen‹ nicht sichtbar werde, habe ich es für richtig gehalten, bisher nichts zu tun«, machte Pohl auf die pikante Lage aufmerksam[363]. Als Ziegler Mitte Oktober 1944 Denkschriften über die Zusammenlegung der Nachschub- und Verwaltungsdienste der Wehrmachtteile vorlegte, erklärte Keitel die Ergebnisse der monatelangen Arbeit mit Verweis auf die geänderten Zuständigkeiten kurzerhand für »bedeutungslos und überholt«; ohnehin lehnten Göring und Dönitz die Anstöße aus ressortegoistischen Gründen grundsätzlich ab[364].

»Ich habe schon oft bitter bereut, mein Offizierkorps nicht so gesäubert zu haben, wie es Stalin tat«, soll Hitler gegenüber seiner Umgebung in den Wochen nach dem 20. Juli 1944 geäußert haben[365]. Unmittelbar nach dem Attentat ernannte Hitler den Reichsführer SS zum Befehlshaber des Ersatzheeres, um dem obersten Polizeichef den bis dato verwehrten direkten sicherheitspolizeilichen Zugriff auf Wehrmachtangehörige gleich welchen Ranges zu ermöglichen[366]. Die Verschwörung lieferte nicht nur den Vorwand, gegen einen wie auch immer gearteten Gegner im Inneren vorzugehen. Das Attentat lenkte zugleich von den eigentlichen Problemen der deutschen Führung ab. In seinem am 26. Juli über Rundfunk verbreiteten ›Rechenschaftsbericht‹ konnte Goebbels der Bevölkerung einen für die ununterbrochene Reihe militärischer Rückschläge verantwortlichen Sündenbock präsentieren. Der Umsturzversuch verschaffte dem Regime nach langer Zeit wieder einen Gegner, der (an)greifbar war. Nun entlud sich lange angestaute machtpolitische und ideologische Frustration:

Auch das Heer, so wußte Goebbels zu berichten, wollte

---

[362] Vgl. BA, NS 19/4043: Der Führer/WFSt/Org (I) Nr. 05699/44 g. vom 2.8.1944. Bei seiner Vernehmung durch die »Sonderkommission 20. Juli« gab der Adjutant von Generaloberst Zeitzler zu Protokoll, daß Zeitzler bereits am 30.6.1944 die Einsetzung Himmlers als »Heimatdiktator« in einer Besprechung bei Hitler vorgeschlagen habe. BA, NS 6/33: Aufzeichnungen Oberstleutnant i.G. Smend vom 1.8.1944.
[363] BA, NS 19/3191: Schreiben Pohls an Himmler vom 17.8.1944. Himmler zeigte sich indes unsensibel. »Es ist völlig uninteressant, ob Herr General Ziegler noch da ist oder nicht. Dies ist höchstens eine Frage von Wochen, vielleicht nur von Tagen«. BA, NS 19/3191: Himmler an Pohl am 19.8.1944.
[364] Vgl. BA-MA, RM 7/192: Niederschrift über die Besprechungen des ObdM im Führerhauptquartier vom 13./14.10.1944.
[365] So die Erinnerung von Adolf Heusinger, Befehl, S. 367.
[366] Vgl. Generalfeldmarschall Keitel, S. 333.

»nun auch von den letzten kümmerlichen Überbleibseln einer reaktionären Rückständigkeit befreit werden, von jenen zweifelhaften Gestalten, die noch in den Vorstellungen des 17. Jahrhunderts leben, die unseren Volksstaat nicht verstehen wollen und nicht verstehen können, die dem Führer nie verzeihen, daß er auch dem Sohn des Volkes den Weg zur Offizierslaufbahn eröffnet hat, daß der Soldat wegen Tapferkeit dieselben Auszeichnungen erhält wie der Offizier und daß in unserem Regime jeder nur nach der Leistung und nicht nach Namen, Geburt und Vermögen gemessen wird. Soweit sie von diesem Standpunkt nicht loskommen können, gehören sie nicht an die Führung des Volkes, auch nicht auf dem militärischen Sektor. Soweit sie die Hand gegen unseren neuen, aus der nationalsozialistischen Revolution hervorgegangenen Staat erheben oder gar das Leben des Führers antasten, werden sie im Namen des Volkes vernichtet werden[367].«

Es folgte eine Welle der Repression. Eine eigens eingerichtete ›Sonderkommission 20. Juli‹ nahm die Verfolgung der Verschwörer auf und ließ in den darauffolgenden Wochen schätzungsweise 600 bis 700 Personen verhaften. Zu ihnen gehörten auch zahlreiche Familienangehörige der am Umsturzversuch Beteiligten, die auf Grundlage einer im August 1944 eingeführten ›Sippenhaft‹ festgesetzt wurden[368]. Die darüber hinaus vom Reichssicherheitshauptamt durchgeführte ›Aktion Gewitter‹ richtete sich gegen völlig Unbeteiligte. Umfangreiche Verhaftungswellen sollten die Neubildung jeder politischen Opposition verhindern. Schätzungsweise mehrere Tausend Menschen wurden verhaftet, wenngleich viele von ihnen nach relativ kurzer Zeit wieder entlassen werden mußten. Wesentlich gebremst wurde der Repressionseifer durch das Unverständnis und die Unruhe, welche die Verhaftungswellen in der Bevölkerung auslösten[369].

Verfolgung und Repression machten auch vor der Wehrmacht nicht halt. Zwei Tage nach dem gescheiterten Attentat frohlockte Goebbels:

»Die Folgen des Attentats werden sicherlich sehr weitgehend sein. Zuerst wird die Reinigung stattfinden. Der Führer ist entschlossen, den ganzen Generalsclan, der sich gegen uns gestellt hat, mit Stumpf und Stiel auszurotten, um damit die Wand niederzubrechen, die von dieser Generalsclique künstlich zwischen dem Heer einerseits und Partei und Volk andererseits aufgerichtet ist. Zweifellos ist dieser Ausrottungsprozeß mit einer momentanen Krise verbunden, ähnlich den Krisen, die bisher immer mit den Putschen innerhalb der Partei oder des Staates verbunden gewesen sind[370].«

Jodl, der offensichtlich selbst noch unter dem Schock seiner durch das Attentat erlittenen Verletzungen stand, ließ in einer Rede vor Mitarbeitern des Wehrmachtführungsstabes erkennen, daß Goebbels auf die breitwillige Unterstützung der militärischen Führung setzten konnte:

»Jetzt aber wird eine Generalabrechnung 100prozentig durchgeführt. Mitleid ist nicht angebracht, und die Zeit für Laune ist vorbei. Rücksichtsloser Haß allen denen, die entgegenwirken! [...] Nach der Ausmerzung alles Faulen kommt es darauf an, den verbleibenden Rest zusammenzuschließen. [...] Ich hege die Erwartung, daß unter all den Offi-

---

[367] Die Rede Goebbels ist wiedergegeben in: Keesings Archiv der Gegenwart, 1944, S. 6464 ff., Zitat S. 6565.
[368] Vgl. Hoffmann, Widerstand, S. 607 ff.
[369] Vgl. Heit/Tuchel, Die Reaktionen des NS-Staates, S. 382 f.
[370] Goebbels, Die Tagebücher, Bd 13, Eintrag vom 23.7.1944, S. 142.

zieren, denen ich in die Augen zu schauen habe, sich nicht ein Lauer befindet. Ich bin überzeugt, daß wir diese Lage durchstehen werden, aber selbst, wenn uns das Glück nicht hold sein sollte, dann müßten wir entschlossen sein, uns als die letzten mit der Waffe um den Führer zu scharen, damit wir vor der Nachwelt gerechtfertigt sind[371].«

»Wer an der Lage verzweifelt, der mag sich selbst erschießen, aber er soll seinen Eid respektieren«, forderte Jodl vor den anwesenden Offizieren. Das Gegenteil trat ein. Die Ergebenheitstelegramme aus allen Teilen der Wehrmacht schwollen zu einer regelrechten Flut an, so daß Goebbels argwöhnte: »Zum Teil sind diese durchaus ernst gemeint, zum Teil sollen sie nur als Alibi dienen«[372]. Noch am Tag des Attentats gehörte beispielsweise Generalfeldmarschall a.D. Brauchitsch zu den ersten, die Hitler zur Errettung seines Lebens gratulierten. Der ehemalige Oberbefehlshaber des Heeres war Ende 1941 von Hitler auf entwürdigende Weise entlassen worden und lebte seitdem von der Öffentlichkeit zurückgezogen. Einen Monat später veröffentlichte die Deutsche Allgemeine Zeitung darüber hinaus eine Erklärung Brauchitschs, in der es hieß:

»Der 20. Juli 1944 war der dunkelste Tag in der Geschichte des deutschen Heeres. Männer, die den Ehrenrock des Soldaten getragen haben, sind zu Verbrechern und Meuchelmördern geworden. Sie haben einen Dolchstoß zu führen versucht, dessen Gelingen den Untergang Deutschlands bedeutet hätte. [...] Das Heer selbst hat den geplanten Anschlag im Keime erstickt. Es hat die Unwürdigen ausgestoßen und damit äußerlich und innerlich alle Bande der Kameradschaft zu ihnen durchschnitten. Ihre Namen werden ausgelöscht[373].«

Der wenig später ins Leben gerufene ›Ehrenhof‹ war ein Beispiel politischer Justiz par excellence. In seinem Erlaß an Keitel stellte Hitler die Vorgeschichte des ›Ehrenhofes‹ so dar, als ob das Heer ihm selbst den Wunsch unterbreitet habe, die Säuberungsaktion durch den Volksgerichtshof abschließen zu lassen[374]. In Wirklichkeit war Hitler dem Vorschlag des Reichsjustizministers Otto Georg Thierack gefolgt, das Verfahren nicht dem Reichskriegsgericht, sondern dem Volksgerichtshof zuzuweisen. Zu diesem Zeitpunkt war die Zuständigkeit des Volksgerichtshofes für Wehrmachtangehörige formell noch gar nicht begründet. Zusammengesetzt aus einer Handvoll gesinnungstreuer Generäle stieß dieses Gremium unter Führung Keitels bis Mitte September 1944 insgesamt 55 Offiziere des Heeres aus der Wehrmacht aus, weitere 29 wurden auf dessen Vorschlag hin aus der Wehrmacht entlassen und damit dem Volksgerichtshof zur Aburteilung überlassen[375]. Weder die Beschuldigten selbst noch eine Verteidigung durften vor dem Tribunal erscheinen. Manfred Messerschmidt sieht in der Einsetzung des ›Ehrenhofs‹ auch

---

[371] BA-MA, N 69/61: Abschrift der Ansprache Jodls am 24.7.1944.
[372] Goebbels, Die Tagebücher, Bd 13, Eintrag vom 23.7.1944, S. 146.
[373] Erklärung Brauchitschs, wiedergegeben in: Ursachen und Folgen, Bd 21, S. 472 f. Die Beweggründe dafür sind unbekannt. Brauchitschs Familie vermutet, er habe etwas zugunsten seiner Neffen, der Gebrüder von Haeften, die in den Fokus der Verfolgung geraten waren, unternehmen wollen. Siehe dazu die biographische Skizze von Janssen in: Die Militärelite, S. 95.
[374] Eine Abschrift vom Befehl Hitlers an Keitel über die Bildung und Zusammensetzung des »Ehrenhofes« vom 2.8.1944 findet sich in BA-MA, N 670/14. Vgl. dazu auch das Kommuniqué über den Zusammentritt zwei Tage später, wiedergegeben in: Domarus, Hitler, Bd 4, S. 2137 f.
[375] Vgl. Messerschmidt, Die Wehrmacht im NS-Staat, S. 372 f.

eine psychologische Raffinesse: »Wo Generale durch Generale dem Volksgerichtshof überantwortet wurden, mußte die Nation sich davon überzeugen, daß es sich bei den Verschwörern um ›Volksschädlinge‹ und ›Verbrecher‹ gehandelt hatte«[376].

Zeitweiliger Beisitzer des ›Ehrenhofes‹ war auch der unmittelbar nach dem Attentat von Hitler mit der Wahrnehmung der Geschäfte des Chefs des Generalstabes des Heeres beauftragte Generaloberst Guderian. Die Person Guderians hat sowohl bei Zeitgenossen als auch in der historischen Forschung ein zwiespältiges Urteil hervorgerufen. Vergegenwärtigt man sich die Summe seiner Verlautbarungen nach dem Umsturzversuch, so kann man sich nur schwer der Auffassung verschließen, in Guderian »das Hitler bis wenige Wochen vor Kriegsende willig ergebene Instrument der würdelosen ›Selbstreinigung‹ der Wehrmacht« zu sehen[377]. In einem Aufruf am 29. Juli 1944 forderte Guderian von jedem Generalstabsoffizier eine »vorbildliche Haltung in politischen Fragen«. »Ich erwarte, daß sich jeder Generalstabsoffizier unverzüglich zu meiner Auffassung bekehrt und bekennt, und zwar öffentlich. Wer das nicht kann, beantrage seine Entfernung aus dem Generalstab[378].« Es verwundert daher nicht, daß der neuernannte Nationalsozialistische Führungsoffizier beim Chef des Generalstabes des Heeres es noch im März 1945 zu seiner vordringlichen Aufgabe erklärte, »unermüdlich dafür zu kämpfen, daß jeder Generalstabsoffizier – soweit das noch nötig sein sollte – an den Führer und damit an den Sieg glaubt [... um] in der Partei dem Generalstab des Heeres wieder das Ansehen zu verschaffen«[379]. Guderians Äußerungen mochten von dem Versuch motiviert gewesen sein, einen rasenden Hitler, der am liebsten den Generalstab des Heeres als Führungsorgan gänzlich abgeschafft hätte, zu beschwichtigen[380]. Gleichwohl waren diese Aufrufe Programm: Wenige Tage zuvor waren die Sachbearbeiter des Heerespersonalamtes durch den neuen Chef dieser militärischen Behörde, General Wilhelm Burgdorf, angewiesen worden, fortan bei allen Stellenbesetzungen und Veränderungen, besonders mit Blick auf die Generalität, die weltanschauliche Zuverlässigkeit der Offiziere zu überprüfen[381]. Die militärischen Dienststellen wurden dazu angehalten, der Partei auf Nachfrage die Offizier-Stellenbesetzungslisten für die Erstellung von politischen Beurteilungen auszuhändigen[382]. In einem Grundsatzbefehl verfügte der Chef des Heerespersonalamtes am 16. Dezember 1944, künftig Offiziere, die für die Besetzung von Schlüsselstellungen vorgesehen waren, einer besonders genauen Überprüfung hinsichtlich ihrer politisch-weltanschaulichen Eignung zu unterziehen[383].

---

[376] Messerschmidt/Wüllner, Die Wehrmachtjustiz, S. 203.
[377] Dieses Urteil fällt Steinbach in seiner biographischen Skizze über Generalfeldmarschall Kluge. Steinbach, Hans Günther von Kluge, S. 308.
[378] BA-MA, RH 15/179.
[379] BA-MA, RW 6/v. 405: Aufruf des NSFO beim Chef GenStdH Nr. 394/45 g. vom 4.3.1945.
[380] Vgl. Guderian, Erinnerungen, S. 360 f.
[381] Tätigkeitsbericht des Chefs des Heerespersonalamtes, Eintrag vom 24.7.1944.
[382] OKH/HPA/Ag P2/Chefgr./Ia Nr. 9792/44 vom 27.8.1944, wiedergegeben in: Korpsverordnungsblatt des Stellvertretenden Generalkommandos X, 6 (1944) Nr. 36. BA-MA, RHD 49/70. Vgl. dazu auch Tätigkeitsbericht des Chefs des Heerespersonalamtes, Eintrag vom 1.9.1944.
[383] BA-MA, RH 7/v. 658: Befehl Chef HPA vom 16.12.1944.

Die Diskussion über die Ursachen und Hintergründe des Umsturzversuches kam in den allgemeinen Dienst- und abendlichen Kasinogesprächen der Wehrmacht noch Wochen später nicht zur Ruhe, so daß sich das Regime zur Herausgabe eines ›Maulkorb-Erlasses‹ genötigt sah. »Derartige Erörterungen tragen nur den Keim neuer Zersetzung in sich«, begründete Keitel das Denk- und Redeverbot[384]. Vorangegangen war die Feststellung des Heerespersonalamtes, daß durch

»die Ereignisse selbst und die sich daran anschließenden Verhaftungen [...] eine erhebliche Unruhe in das Offizierkorps getragen worden [war]. Diese Unruhe hat sich bis zur Unsicherheit in den verschiedensten Dienststellungen der Heimat und auch in der Front ausgeweitet. Es besteht die Gefahr, daß ernste Rückwirkungen daraus entstehen können[385].«

Tatsächlich wurde der Führungsapparat gerade im Augenblick der größten militärischen Krise nachhaltig in seiner Arbeits- und Funktionskontinuität gestört. Als Guderian am 21. Juli sein Amt als Generalstabschef antrat, war der Posten drei Wochen vakant gewesen. Guderians Vorgänger, Generaloberst Kurt Zeitzler, war nach einem Herzanfall während einer heftigen Auseinandersetzung mit Hitler über die Ursachen des Zusammenbruchs an der Ostfront ausgefallen. Nach dem 20. Juli schrieb der Ordonnanzoffizier des Chefs der Operationsabteilung im OKH nieder: »Fast alle Abteilungschefs verhaftet, die Lage an der Front noch mehr als schlimm. Fast jeden Tag wurde einer der Offiziere des Hauptquartiers bei Nacht und Nebel von SS-Leuten in Uniform abgeholt«[386]. Schließlich zwang der Mangel an eingearbeiteten Fachleuten dazu, »auch an sich unerwünschte Offiziere weiter zu verwenden«[387].

Die Zahl derer, die sich im Stillen mit den Verschwörern solidarisierten, liegt im Dunklen. Das Stimmungsbild dominierten andere. Bezeichnend dafür war das nachstehende Beispiel: In einem Brief an den neuernannten Chef der Operationsabteilung, Oberst i.G. von Trotha, beklagte der Oberbefehlshaber der Heeresgruppe Mitte, Feldmarschall Ferdinand Schörner, dessen »Einstellung zur Partei wäre gelegentlich etwas zurückhaltend«, man könnte den Eindruck bekommen, von Trotha würde »auf manche Dinge, wie z.B. auf die nationalsozialistische Führung des Heeres, gleichberechtigt neben der taktischen, nicht genügend Wert legen«. Unverhohlen drohte Schörner: »Entweder gelingt es, wirklich fanatische Anhänger und bedingungslose Getreue des Führers dort oben zu haben, oder die Dinge gehen wieder schief[388].« Bei »vielen höheren Offizieren« löste der Vorwurf einer Kollektivschuld des Offizierkorps am Attentat regelrechte Empörung aus;

---

[384] VHA, WM-Bevollmächtigter, K 6/6: Erlaß Keitels vom 10.9.1944.
[385] Tätigkeitsbericht des Chefs des Heerespersonalamtes, Eintrag vom 17.8.1944.
[386] Meyer, Adolf Heusinger, S. 265, 279.
[387] So äußerte sich Guderian gegenüber dem Chef der Organisationsabteilung im GenStdH, Oberst i.G. Fett. BA-MA, MSg 1/1595. Vgl. auch Guderian, Erinnerungen, S. 307 ff.; Praun, Soldat, S. 218 ff.
[388] BA-MA, N 60/17: Schreiben Schörners vom 22.2.1945.

man fühlte sich durch die maßlosen Hetztiraden beispielsweise des Führers der Deutschen Arbeitsfront, Robert Ley, verunglimpft[389].

Die militärische Massengesellschaft war, wie die Gesellschaft im allgemeinen, durchsetzt mit Gesinnungstreuen. So hatte die Zahl der Parteigenossen in den Reihen der Wehrmacht im Mai 1943 fast 230 000 betragen, die der Angehörigen der Allgemeinen SS etwa 120 000, davon 8000 Reserveoffiziere (Stand Jahreswechsel 1942/43)[390]. Gut ein Drittel der Soldaten einer durchschnittlichen Heeresdivision war gegen Kriegsende Mitglied in einer oder mehreren NS-Organisationen. Der Schwerpunkt der Mitgliedschaften lag mit einem Anteil von über 85 Prozent bei SA und HJ.[391]. Diese Zahlen lassen erahnen, wie stark der ›Trend von unten‹ war. Darauf konnte auch der Entwurf eines ›Führerbefehls‹ aufbauen, der die Erweiterung der Kompetenzen für die Nationalsozialistischen Führungsoffiziere bis hin zur Schaffung eines eigenen Melde- und Beschwerdeweges und das Beurteilungsrecht über alle Offiziere vorsah. Hitler unterschrieb die Befehlsvorlage mit anders verklausuliertem Inhalt erst im März 1945[392]. Die Neuregelung bedeutete de facto »die offizielle weltanschauliche Beschwerdeinstanz in der Truppe«[393], welche die Einrichtung des Nationalsozialistischen Führungsoffiziers »zum politischen Kommissar nationalsozialistischer Prägung« werden ließ, auch wenn sich die Wirkung durch das frühzeitige Ende des Krieges nicht mehr entfalten konnte[394]. Parallel zum öffentlichen Aufruf, Vorschläge oder Anzeigen über Mißstände einzusenden, wurde im Reichsministerium für Volksaufklärung und Propaganda unter der Bezeichnung »Feldpost-Nr. 08 000 Totaler Krieg« eigens zu diesem Zweck ein Referat eingerichtet. Innerhalb von vier Monaten registrierte man die Gesamtzahl von fast 110 000 Einsendungen. Nach der Einschätzung der zuständigen Bearbeiter ermöglichten diese einen Einblick

»in Institutionen, in die er auf den bisherigen Wegen niemals so unverschleiert zu erreichen gewesen wäre. Dienststellen des Staates und der Partei, behördliche und kirchliche Einrichtungen, insbesondere jedoch die drei Wehrmachtteile und die Rüstungsindustrie erfuhren eine Durchleuchtung, wie sie nur auf diesem Wege der Anteilnahme des ganzen Volkes möglich war«,

resümierte ein Bericht des Ministeriums[395]. Kritik entzündete sich zumeist an der vermeintlichen Überbesetzung bzw. personellen Verschwendung in den Heimatdienststellen und -garnisonen der Wehrmacht oder an der Einziehungspraxis von Arbeitskräften zum Dienst an der Waffe. In den Eingaben brachen sich häufig

---

[389] So die Erinnerung des stellvertretenden Chefs des Wehrmachtführungsstabes, General Warlimont. Warlimont, Im Hauptquartier, S. 480. Leys Rede ist in Auszügen wiedergegeben in: Keesings Archiv der Gegenwart 1944, S. 6458.

[390] Zahlen aus: Pätzold/Weißbecker, Geschichte der NSDAP, S. 478; Wegner, Hitlers politische Soldaten, S. 306.

[391] Der Erfassungsgrad stieg parallel zu den Altersgruppen an: Bis zum Geburtsjahrgang 1916 bewegte sich dieser bei etwa 30 Prozent, und überschritt beim Jahrgang 1919 die 50-Prozent-Marke. Die Jahrgänge 1914 und 1915 waren bis zu 90 Prozent erfaßt, Rass, Menschenmaterial, S. 122 ff. Jetzt auch: Rass, Das Sozialprofil von Kampfverbänden, S. 686 f.

[392] Vgl. Zoepf, Wehrmacht, S. 357 f.

[393] Messerschmidt, Die Wehrmacht im NS-Staat, S. 453.

[394] Zoepf, Wehrmacht, S. 360.

[395] BA, R 55/1394: Bericht der Abteilung Pro. vom 24.1.1945.

angestaute Frustrationen Bahn. Sozialneid und das Gefühl persönlicher Benachteiligung beispielsweise bei denen, deren Angehörige zum Militär eingezogen waren, mündeten bisweilen in Polemik und nicht selten in die Denunziation vermeintlicher ›Drückeberger‹. Ob die Einsendungen ein repräsentatives Bild der öffentlichen Meinungen abgaben, wird kritisch zu hinterfragen sein. Doch allein der zahlenmäßige Umfang deutet darauf hin, wie groß das Potential derer war, die das Regime mit seinen Mobilisierungsversuchen anzusprechen versuchte.

c) Die ›nationalsozialistische Volksarmee‹

Die Folgewirkungen der Krise beschränkten sich nicht auf die Bekämpfung oppositioneller Zentren. Auch die strukturelle Komposition der bewaffneten Macht unterlag weitreichenden Veränderungen. Langfristig angelegte Entwicklungslinien vermischten sich dabei mit Umständen des Augenblicks. Das Bestreben der Herrschaftskonsolidierung verband sich mit der Hoffnung auf bisher ungenutzte Energien, mit denen sich die Krise überwinden ließe. Programmatisch verkündete der Völkische Beobachter unter der Überschrift »Volk und Heer« eine Woche nach dem Umsturzversuch:

»Die deutsche Wehrmacht dieses Krieges stellt etwas in der deutschen Kriegsgeschichte völlig Neues dar. Die Armee des nationalsozialistischen Reiches ist eine Revolutionsarmee, deren innere Moral und politische Haltung genau dem Geiste entsprechen, von dem das ganze deutsche Volk heute erfüllt ist. Es gibt keinen Gegensatz zwischen Heer und Volk, zwischen Front und Heimat: denn beide sind durch den gleichen nationalsozialistischen Willen ideenmäßig aufs engste miteinander verbunden[396]«.

Der weithin sichtbare Ausdruck dieser Entwicklung war die Einführung des ›Deutschen Grußes‹ anstelle der traditionellen militärischen Grußform. Hatten im Frühjahr 1944 noch Skrupel bestanden, so beeilten sich Keitel, Göring und Dönitz unmittelbar nach dem Attentat, Hitler als »äußeres Zeichen der unerschütterlichen nationalsozialistischen Weltanschauung der Wehrmacht und der treuen Ergebenheit der 3 Wehrmachtteile zum Führer« die Einführung der nationalsozialistischen Grußform vorzuschlagen[397] – dies zu einem Zeitpunkt, »wo jeder Soldat den nahen Zusammenbruch des Systems, den dieser Gruß symbolisierte, ahnte [...]«[398]. Einige Wochen später folgte eine gemeinsam vom Chef des Oberkommandos der Wehrmacht und dem Leiter der Parteikanzlei herausgegebene Anordnung, die zum gegenseitigen ›Deutschen Gruß‹ zwischen Wehrmacht und Partei als ein »für die ganze Welt [...] sichtbares Zeichen unseres Zusammenstehens in der nationalsozialistischen Idee« verpflichtete[399].

Die Novelle des Wehrgesetzes am 24. September 1944 entzog der Wehrmacht die Kontrolle über die politische Betätigung von Soldaten. Die Gesetzesänderung

---

[396] Völkischer Beobachter, vom 28.7.1944.
[397] Vgl. den Erlaß Dönitz' aus »Anlaß der Errettung des Führers« vom 23.7.1944. BA-MA, RM 7/101 sowie das Rundschreiben Görings vom 24.7.1944. BA-MA, RH 15/109.
[398] Speidel, Aus unserer Zeit, S. 193.
[399] BA, NS 6/347: Gemeinsamer Erlaß Keitels und Bormanns vom 26.8.1944.

zielte auf die Aktivierung der Parteigenossen innerhalb der Wehrmacht, denn fortan wurde es den Soldaten sogar zur gesetzlichen Pflicht gemacht, »dienstlich und außerdienstlich im Sinne nationalsozialistischer Weltanschauung zu wirken und sich jederzeit für sie einzusetzen«[400]. Ganz auf dieser Linie lag der Führererlaß vom 20. September 1944, der bei politischen Straftaten von Wehrmachtangehörigen, »die sich gegen das Vertrauen in die politische oder militärische Führung richten«, die Zuständigkeit von der Militärgerichtsbarkeit auf den Volksgerichtshof übertrug[401]. Die Räderwerke der politischen Justiz und der in ihrem Selbstverständnis funktional-instrumentalen Wehrmachtjustiz griffen damit nahtlos ineinander.[402]. Programmatisch gab Guderian in einem Rundschreiben an die militärische Führungselite die Losung aus: »Es gibt keine Zukunft des Reiches ohne den Nationalsozialismus. Deshalb stelle Dich bedingungslos vor das nationalsozialistische Reich[403].«

Zufrieden vermerkte Goebbels Anfang August: »Das Heer wird jetzt endlich den Weg zum Volke finden. Die nationalsozialistische Revolution ist durch den 20. Juli gewissermaßen vollendet worden[404].« »Der unpolitische Charakter der Generalität und damit des Heeres soll schnell gebrochen werden. Die Erziehung auch des Generalstabes muß nach strikten nationalsozialistischen Grundsätzen vor sich gehen«, forderte der Propagandaminister wenige Tage später[405]. Im internen Kreis seiner Mitarbeiter äußerte sich der Chef des Sicherheitsdienstes der SS, Otto Ohlendorf, im Oktober 1944:

> »Schon heute, nachdem kaum 8 Wochen vergangen sind, ist bereits eine Revolution im Heer losgegangen. Wir hätten in Jahren nicht die Möglichkeit gehabt, so in unserer deutschen Wehrmacht zu wirken, wie das jetzt selbstverständlich ist. Wenn heute nicht ein Wehrmachtteil, eine Inspektion, die Lehrgänge der Generalstäbler, der Kriegsakademien sich entgehen lassen, eine Reihe von SS-Führern auf ihrem Rednerprogramm zu haben, dann lassen wir selbstverständlich auch nicht nach, diese Wehrmacht zu revolutionieren, nachdem auch ihre wesentlichen Repräsentanten selbst jetzt nur in der revolutionären Umgestaltung die Chance neuer Kraftentfaltung sehen[406].«

---

[400] RGBl. I, 1944. Die Novelle ist jedoch nicht zwingend im unmittelbaren Zusammenhang mit dem 20.7.1944 zu sehen. Der Führerbefehl zur Nationalsozialistischen Führungsarbeit in der Wehrmacht sah explizit die Zugehörigkeit der NSFO zur Partei vor, die bis dahin kategorisch ausgeschlossen war. Zoepf, Wehrmacht, S. 256 f.

[401] BA-MA, RW 4/v. 724: Erlaß des Führers über die Verfolgung politischer Straftaten von Angehörigen der Wehrmacht, Waffen-SS und Polizei. Vgl. dort dazu auch die weitgesteckte Definition des Deliktes ›politische Straftat‹ in der Durchführungsverordnung vom 12.1.1945.

[402] Auf das funktional-instrumentale Selbstverständnis der Wehrmachtjustiz ist in diesem Zusammenhang nicht weiter einzugehen. Verwiesen wird auf die grundlegende Arbeit von Messerschmidt und Wüllner, wonach sich die Militärjustiz infolge konservativ-nationalistischer als auch nationalsozialistischer Rechts-, Staats- und Gesellschaftsvorstellungen als «systemkonformer Motor« definierte, »der von sich aus Energien erzeugte«. Messerschmidt/Wüllner, Die Wehrmachtjustiz, S. 305.

[403] BA-MA, RH 19 II/203: Rundschreiben Guderians »an alle Generalstabsoffiziere des Heeres« vom 24.8.1944.

[404] Goebbels, Die Tagebücher, Bd 13, Eintrag vom 3.8.1944, S. 215.

[405] Ebd., Eintrag vom 24.8.1944, S. 314.

[406] BA, R 58/990: Stenogramm der Ansprache Ohlendorfs vom 31.10.1944, S. 14.

Unverhohlen versuchte die Parteikanzlei, ihrem Monopolanspruch auf die Indoktrinationsarbeit in der bewaffnete Macht organisatorische Veränderungen folgen zu lassen. Im Rahmen seiner Jahresbilanz betrachtete der für die Nationalsozialistische Führung in der Wehrmacht (NSF) zuständige Arbeitsstab in der Parteikanzlei Anfang November 1944 die »Erziehung des gesamten deutschen Volkes zur nationalsozialistischen Gemeinschaft im Sinne der nationalsozialistischen Idee« und die Herausbildung einer neuen nationalsozialistischen Elite als »unveräußerliche Hoheitsrechte« der Partei[407]. Die »weltanschauliche Erziehungsarbeit in der Wehrmacht [sollte ausschließlich] nach den Grundsätzen der Partei« erfolgen. Dieser Führungsanspruch beschränkte sich nicht allein auf die inhaltliche Deutungs- und Auslegungshoheit. »Wir wehren uns dagegen, daß heute Männer, die bisher die zahlreichen Gelegenheiten, in der Partei mitzuarbeiten, versäumten, nunmehr nationalsozialistische Führungsstellen in der Wehrmacht beanspruchen«, bekundete der zuständige Dienstleiter Willi Ruder. Dieser forderte die Einsetzung von hauptamtlichen NSFO bis auf die Regimentsebene, direkte Einflußnahme der Partei auf die Besetzung von Schlüsselpositionen in der Personal- und NSFO-Arbeit und die Abstellung von Verbindungsoffizieren der Wehrmachtteile zur Parteikanzlei[408]. Im Februar 1945 ging von der Parteikanzlei schließlich der Vorstoß zu einer grundsätzlichen Neuordnung der NS-Führungsorganisation aus. Der Entwurf eines entsprechenden ›Führerbefehls‹ sah vor, die NS-Führungsstäbe direkt den Oberbefehlshabern der Wehrmachtteile zu unterstellen. Durch einen neuzubildenden Führungsstab in der Parteikanzlei, so das Ziel dieser Initiative, sollte die politische Aktivierung der Wehrmacht künftig unabhängig vom OKW betrieben werden. Da Hitlers Unterschrift unter die Befehlsvorlage am Ende doch nicht erfolgte, wurde zumindest die formell-institutionelle Oberaufsicht der Partei über die Indoktrination der Soldaten nicht sanktioniert.[409].

Im Verhältnis zwischen Wehrmacht und Waffen-SS beschleunigten sich Entwicklungen und Prozesse, die in langfristiger Zielsetzung auf die Etablierung einer neuen, spezifisch nationalsozialistischen Wehrordnung hinausliefen. Politisch-ideologische Intentionen, individuelle machtpolitische Ambitionen, strukturelle Eigendynamik und durch die Kriegsereignisse bedingte Zwangslagen verdichteten sich zu einem komplexen Beziehungsgeflecht. Die Rezeption der drohenden Niederlage katalysierte die Verwirklichung von Zukunftsplänen, von denen sich das Regime die Überwindung der aktuellen Krise erhoffte. Indem sie den Selbstanspruch eines ideologischen ›Garde du Corps‹ verkörperte und ihren Ruf als militärische Feuerwehr auf allen Kriegsschauplätzen festigte, hatte sich die Waffen-SS längst als ein zweiter, im Sinne des Regimes sogar besser legitimierter Waffenträger etablieren können. Innerhalb weniger Jahre hatte sich die Waffen-SS geradezu explosionsartig vergrößert und ihren ursprünglichen Umfang bis zum Krisenjahr

---

[407] BA, NS 6/361: »Die Mitwirkung der Partei bei der politischen Aktivierung der Wehrmacht«, undat. Vortragsmanuskript des Dienstleiters Ruder; daraus auch die folgenden Zitate.
[408] BA, NS 6/782: »1 Jahr NS-Führung in der Wehrmacht«, undat. Jahresbilanz der NSF-Arbeit – Ergebnisse der Arbeitstagung der Grp II F bzw. des NSF-Arbeitsstabes der Parteikanzlei, hier S. 20.
[409] Vgl. Zoepf, Wehrmacht, S. 357 ff.; Förster, Geistige Kriegführung, S. 636 f.

1944 verdreißigfacht. Tempo und Größe dieser Expansion orientierten sich nicht primär an objektiven Größen wie Verlustzahlen oder vorhandenen Ausbildungskapazitäten. Entscheidend dafür war vor allem der Spielraum, den die Reichsführung SS gegenüber der politisch impotenten Wehrmacht- und Heeresführung in der zweiten Kriegshälfte hatte gewinnen können. Trotz immenser Verluste nahm der Gesamtumfang der Waffen-SS auch in der ersten Jahreshälfte 1944 um ein weiteres Fünftel zu (Ende 1943: 501 049, Mitte 1944: 594 443)[410]. Analog dazu verdoppelte sich die Zahl der Waffen-SS-Divisionen binnen Jahresfrist[411]. In welchem Umfang die Waffen-SS dabei Zugriff auf personelle, insbesondere aber die materiellen Ressourcen erhielt, verdeutlicht die Kampfkraft der Waffen-SS-Verbände. Obwohl ihre effektive Stärke zu keinem Zeitpunkt mehr als 5 Prozent des Gesamtumfanges der Wehrmacht ausmachte, gehörten Anfang 1944 ein Viertel aller Panzer- und zwei Drittel aller Panzergrenadierdivisionen der deutschen Landstreitkräfte zur Waffen-SS[412]. Das Prinzip der Freiwilligkeit und strenge personalpolitische Auswahlkriterien genügten längst nicht mehr den Erfordernissen

---

[410] Vgl. BA, NS 19/1471: Statistisch-Wissenschaftliches Institut des Reichsführers-SS, Tgb.-Nr. I/150/44 gKdos. vom 19.9.1944. Die Gesamtstärke der SS betrug am 30.6.1944 797 941 Mann, davon gehörten 597 443 der Waffen-SS (aktiv und Reserve), weitere 200 498 der Allgemeinen SS an. Der Personalbestand der Waffen-SS gliederte sich wie folgt auf: Feldtruppenteile 368 654, Neuaufstellungen 21 365, Ausbildungs- und Ersatztruppenteile 127 643, Schulen 10 822 und SS-Hauptämter 65 959. BA, NS 19/1471: RFSS/Stat.-wiss. Institut Tgb.Nr. I/153/44 gKdos. vom 19.9.1944. Im Juni 1944 bezifferte das OKH die Stärke der Feldverbände der Waffen-SS auf 345 600 Mann bei fast einem Fünftel Fehlstellen. BA-MA, RH 2/847a: OrgAbt Nr. I/28420/44 vom 8.6.1944.

[411] Vgl. BA-MA, RH 2/1387: undatierte Übersicht »Anzahl der Div.Verbände Heer (einschl. fremdl. Verbände m. deutschem Personal)« zu den Stichtagen 1.1. und 1.12.1944. Demnach betrug die Zahl der Waffen-SS-Verbände zu Jahresbeginn 12, am Ende des Jahres 1944 27 Divisionen, weitere 5 waren in der Aufstellung.

[412] Vgl. Stein, The Waffen-SS, S. 288. Mit fast 28 Prozent der Gesamtverluste lagen die personellen Verluste der Waffen-SS im Rahmen der ›Endkämpfe‹ wenig höher als die des Heeres (20,5 Prozent). 37 Prozent ihrer tödlichen Verluste erlitt die Waffen-SS im Osten, 13,7 Prozent im Westen, und zwar hauptsächlich in der zweiten Jahreshälfte 1944. Entgegengesetzt dazu verhielten sich die Verlustrelationen des Heeres: 58,8 Prozent der Heeressoldaten fielen an der Ostfront, 5 Prozent im Westen. Diese Zahlen geben Anlaß dazu, das gängige Bild der Waffen-SS als ›Feuerwehr‹ an der Ostfront‹ zu hinterfragen, Zahlen aus: Overmans, Deutsche militärische Verluste, S. 268 f. Andererseits waren Verbände der Waffen-SS allein aufgrund ihrer materiellen Ausstattung zum Kämpfen in der Lage, als die entmotorisierten Kolonnen bodenständiger Infanteriedivisionen das leichte Opfer der gegnerischen Luftwaffe wurden. Der Ausbau der Waffen-SS zur Massenarmee und die Aufgabe des Freiwilligkeitsprinzips führten zu einem eklatanten qualitativen Leistungsgefälle, und es erodierte die geistige Geschlossenheit der Truppe. Berufskriegertum, fanatische Gesinnungstreue, Unfreiwilligkeit und das Wissen darum, daß der Gegner mit den Angehörigen der Weltanschauungstruppe kurzen Prozeß zu machen drohte, standen nebeneinander. Die Perspektiv- und Aussichtslosigkeit, die sich insbesondere bei den mit dem ›Dritten Reich‹ kollaborierenden ›germanischen‹ Freiwilligen einstellte, begünstigte Fälle von massenhafter Desertion. Als Beispiel sei die 17. SS-Panzergrenadierdivision ›Götz von Berlichingen‹ angeführt: Im März 1945 meldete die Divisionsführung eine Vermißtenzahl, die fast einem Drittel der Sollstärke der Division von 16 000 Mann entsprach. Das Urteil des Kommandeurs über den Kampfwert seiner Division stützt die Vermutung, daß viele der Vermißten einen Ausweg aus dem Krieg durch den Gang in die Kriegsgefangenschaft suchten: »Die Truppe ist willig und gehorsam, die volle persönliche Einsatzbereitschaft bis zur Opferung des Lebens ist nicht mehr bei allen vorhanden.« BA-MA, RS 3-17/32: Zustandsbericht vom 31.1.1945.

dieser organisatorischen Aufblähung. Der Anteil der Freiwilligen an den personellen Verlusten der Waffen-SS bis Oktober 1944 war mit 320 000 Mann so hoch, daß der zuständige Hauptabteilungsleiter im SS-Ergänzungsamt, Robert Brill, zu dem Ergebnis kam, »daß bis Kriegsende mehr Eingezogene in der Waffen-SS waren als Freiwillige«[413]. Schon seit Herbst 1942 waren die zwangsweisen Aushebungen von Personalersatz für die Waffen-SS zum »Normalfall« geworden[414]. Da die personellen Ressourcen im Reich von der Wehrmacht beansprucht wurden, wich die Reichsführung SS auf die Rekrutierung im Ausland aus. Bis Ende 1944 waren neben 410 000 Reichsdeutschen und 300 000 Volksdeutschen auch 150 000 Fremdvölkische und weitere 50 000 ›germanische‹ Soldaten in die Waffen-SS einberufen worden[415]. Von den insgesamt 38 Divisionen, die die Kriegsgliederungen des Jahres 1945 auswiesen, hatte kein einziger Verband mehr einen rein deutschen Personalbestand; 19 Divisionen setzten sich ausschließlich aus ausländischem Personal zusammen[416].

Im Krisenjahr 1944 war die Waffen-SS auf der einen Seite als militärisches Instrument längst unentbehrlich geworden. Doch der rapide Aufbau zur Massenarmee führte die Waffen-SS in die strukturelle Krise. Der Führungsapparat der Reichsführung SS wurde von der zunehmenden Komplexität der Truppe und der nicht in gleichem Maße steigerungsfähigen Führungsleistung der SS-Bürokratie administrativ überfordert. Die faktische Aufgabe des Freiwilligkeitsprinzips war gleichbedeutend mit der Erosion der Waffen-SS als ideologischer Ordensgemeinschaft und löste den Zerfall der Truppe als ein militärisch homogenes Elitekorps aus, in der sich zwischenzeitlich ein starkes Leistungsgefälle herausbildete[417]. Die Expansion und Aufgabenausweitung stellte die Legitimationsgrundlage der Truppe, den Anspruch, eine militärische, ideologische und soziale Elite des Nationalsozialismus‹ zu sein, in Frage. Es ist davon auszugehen, daß Himmler die Zuspitzung der inneren und äußeren Situation des Regimes im Sommer 1944 dazu nutzte, diese Probleme durch eine kraftvolle Usurpation von Zuständigkeiten im Verantwortungsbereich der Wehrmachtführung mit dem Ziel einer kompletten Neuordnung der bisherigen Wehrordnung zu lösen.

Die Vorgänge im Stab des Befehlshabers des Ersatzheeres im Zusammenhang mit dem Umsturzversuch lieferten den Anlaß dafür, das Gewaltmonopol der Partei auch auf die bewaffneten Kräfte im Heimatkriegsgebiet auszudehnen. Am Tag des Attentats wurde Himmler zum Befehlshaber des Ersatzheeres und Chef der Heeresrüstung ernannt, sein Vorgänger, Generaloberst Friedrich Fromm, abgelöst. Mit der Installation des Reichsführers SS, seit 1943 auch Reichsinnenminister und Chef der deutschen Polizei, versuchte das Regime in Erinnerung an die Ereignisse vom November 1918 eine mögliche Keimzelle revolutionärer Bestrebungen aus-

---

413 IMT, Bd 20: Aussage Brills am 5.8.1945, S. 373.
414 Vgl. Wegner, Hitlers Politische Soldaten, S. 276.
415 Vgl. IMT, Bd 20: Aussage Brills am 5.8.1945, S. 377. Vgl. dazu auch Daugherty, The Volksdeutsche.
416 Vgl. Stein, The Waffen-SS, S. 287.
417 Vgl. Wegner, Hitlers Politische Soldaten, S. 294 f.

zuschalten[418]. Auf diese Weise bekam Himmler weitreichende Einflußmöglichkeiten auf dem Feld der personellen und materiellen Rüstung in die Hand. Bereits einige Tage *vor* dem Umsturzversuch waren Himmler truppendienstlich die Verbände des Feldheeres unterstellt worden, die ab Spätsommer als Ersatz für die an der West- und Ostfront zerschlagenen Divisionen aufgestellt wurden. Diese Neuaufstellungen waren die ›crème de la crème‹ dessen, was das ›Dritte Reich‹ militärisch zu diesem Zeitpunkt aufzubieten in der Lage war. Die Maßnahme war offenkundig von der Hoffnung getragen, der Nimbus der militärischen Schlagkraft und der ideologischen Standhaftigkeit der Waffen-SS ließe sich auch auf das Heer übertragen. Wie zur Bestätigung wurden die Divisionen der 29. und nachfolgender Wellen als sogenannte Volksgrenadierdivisionen aufgestellt. Unter der Überschrift »Volksgrenadier-Divisionen. Einzelkämpfer mit modernen Waffen« pries die NS-Propaganda die Verbände als Mittel, mit denen »dem feindlichen Ansturm der Masse die höhere Qualität der Materie und der bessere Kampfgeist entgegengesetzt« werden sollten, als »bahnbrechend [...] für das künftige Gefüge des gesamten deutschen Heeres«[419].

Weitreichend waren Himmlers Einwirkungsmöglichkeiten auf das innere Gefüge der Verbände[420]. Noch am Tage der Herausgabe des entsprechenden ›Führerbefehls‹ kündigte er neben einem »bestimmenden Einfluß« auf die Stellenbesetzungen der Offiziere und Unteroffiziere auch den Personalaustausch mit der Waffen-SS an. Seine Forderung, durch Bildung eines neuen Generalkommandos der Waffen-SS eine geeignete Führungsorganisation zu schaffen, stieß in der Wehrmacht- und Heeresführung auf keine Gegenwehr[421].

Vieles deutet darauf hin, daß die Volksgrenadierdivisionen nicht etwa ein Sonderheer, sondern die Keimzelle eines größeren Projektes waren. Es dürfte kaum ein Versprecher Himmlers gewesen sein, als dieser am 3. August vor den versammelten Gau- und Reichsleitern der NSDAP in Posen davon sprach, daß Hitler ihm mit der Aufstellung der neuen Divisionen und durch die Unterstellung des Heimatheeres »die Rechte des Oberbefehlshabers des Heeres« zuteil werden ließ. »Der Auftrag des Führers, den er mir gegeben hat, ist, daß ich die Armee neu aufbaue

---

[418] Vgl. Kroener, Generaloberst Fritz Fromm, S. 419.
[419] Das Reich, 1945, Nr. 1 vom 7.1.1945.
[420] Vg. BA, NS 19/3910: Der Führer/Chef OKW/Heeresstab (I) Nr. 1833/44 gKdos. vom 15.7.1944. Himmler wurden alle Befugnisse in Fragen der Erziehung, der nationalsozialistischen Führung, des Disziplinarstrafrechts und der Gerichtsbarkeit übertragen. Bereits während der Aufstellungsphase, die bis zum 20. Juli 1944 dem Befehlshaber des Ersatzheeres, Generaloberst Fromm unterlag, wurde es Himmler »freigestellt«, sich in die entsprechenden Fragen »einzuschalten«. Die weltanschauliche Erziehung der Verbände war »in der gleichen Weise und nach den gleichen Grundsätzen« durchzuführen wie in den Divisionen der Waffen-SS. BA, NS 19/750: Befehlsentwurf des Chefs des SS-Hauptamtes, undat.
[421] Vgl. BA, NS 33/274: SS-Führungshauptamt/Amt II Org/Abt Ia Nr. 2106/44 gKdos., Besprechungsvermerk vom 18.7.1944. In seiner Funktion als neuer Chef der Heeresrüstung und Befehlshaber des Ersatzheeres ernannte Himmler den Chef des SS-Führungshauptamtes, SS-Obergruppenführer und General der Waffen-SS, Hans Jüttner, zu seinem Stabschef und ständigen Vertreter. Da Himmler wenig in die Geschäfte des Ersatzheeres eingriff, avancierte Jüttner zum eigentlichen Nachfolger des Generalobersten Fromm. Vgl. die biographische Skizze von Schulte, Hans Jüttner, insbes. S. 285.

und reorganisiere, und er will mir Stück für Stück davon in die Hand geben«, verkündete Himmler. Es gelte, den »heilige[n] Volkskrieg« zu führen, »und die Armee, die diesen Krieg gewinnen muß und mit gewinnen muß, ist die nationalsozialistische Volksarmee, wobei klar ausgedrückt ist, sie kann nur weltanschaulich-politisch-nationalsozialistisch ganz klar ausgeprägt sein[422].« Nebulös blieb freilich die konkrete Beschaffenheit dieser Armee. Himmlers Ausschweifungen mit Blick auf die Nachkriegsjahre bieten indes Anlaß genug zu Spekulationen darüber, ob der Reichsführer etwa über eine Wehrordnung schwadronierte, in der Heer und Waffen-SS letztendlich gemeinsam aufgingen[423].

Konsequent griff Himmler öffentlich auf die Bezeichnung »nationalsozialistische Volksarmee« zurück, wie beispielsweise in seinem Tagesbefehl an das Ersatzheer am 1. August 1944. Der Völkische Beobachter kommentierte:

»Die Berufung des Reichsführers SS durch den Führer war [...] eine gleichnishafte Tat. Die innere Vermählung zwischen Partei und Wehrmacht [...] ist heute [...] lebendige Wirklichkeit geworden, Volk und Heer sind zur wahrhaft inneren Einheit verschmolzen[424].«

Auch Goebbels zeigte sich optimistisch,

»daß Himmler nun endlich die so dringend erforderliche Reform des Heeres mit starker Hand durchführen wird. Er wird den Aufbau des Heeres nach nationalsozialistischen Grundsätzen vornehmen, so wie er die Waffen-SS aufgebaut hat«[425].

Im Oktober wies Himmler an, künftig nur noch von den »Soldaten aller Wehrmachtteile« zu sprechen; die Waffen-SS galt als ein Teil der Wehrmacht[426]. Wenig später regelte ein Erlaß des OKW die Befehlsbefugnisse zwischen Angehörigen von Wehrmacht und Waffen-SS neu. Fortan besaßen Offiziere, Unteroffiziere und Soldaten der Wehrmacht und entsprechende Dienstgrade der Waffen-SS in Abhängigkeit des Dienstgrades gegeneinander Befehlsbefugnis[427]. Die gemeinsame Erziehung des Offizier- und Führernachwuchses in Nationalpolitischen Erziehungsanstalten und Adolf-Hitler-Schulen war bereits im Herbst durch Hitler ver-

---

[422] Rede Himmlers vor den Gauleitern, Zitate S. 389, 391 f. Ähnlich auch die Reden Himmlers vor Offizieren der Dienststelle des Chefs der Heeresrüstung und Befehlshabers des Ersatzheeres und des Allgemeinen Heeresamtes am 21.7.1944 und vor Offizieren der Volksgrenadierdivisionen auf dem Truppenübungsplatz Grafenwöhr am 25.7.1944. BA, NS 19/4015.

[423] Verläßliche Quellen darüber, wie diese nationalsozialistische Wehrordnung konkret aussehen könnte, liegen nicht vor. Die Akten der Ausbildungsabteilung des Generalstabes des Heeres enthalten *eine* Ausarbeitung, welche an die strukturellen Veränderungen nach dem 20. Juli 1944 anknüpft, deren Verfasser, Entstehungs- und Überlieferungszusammenhang ansonsten aber unbekannt sind. Vgl. dazu die inhaltliche Auswertung bei Förster, Vom Führerheer der Republik, S. 323 f. Zu Recht weist Bernd Wegner darauf hin, daß diese Vorstellungen entfernte Zukunftsmusik waren, der die nüchterne Realität des Jahres 1944 entgegenstand. Denn ungeachtet aller Expansionspläne war auch Himmler bewußt, daß die militärfachliche Abhängigkeit der Waffen-SS vom Heer zu groß und ihr Traditionsgefüge viel zu wenig gefestigt war, als daß sie dem Heer bei einer wie auch immer gearteten Synthese den Stempel kurzfristig hätte aufdrücken können. Wegner, Hitlers Politische Soldaten, S. 309.

[424] Völkischer Beobachter vom 3.8.1944.

[425] Goebbels, Die Tagebücher, Bd 13, Eintrag vom 4.8.1944, S. 222.

[426] BA-MA, RH 53 6/59: Abschrift von OKH/Chef H Rüst u BdE/Stab NSF Nr. 8329/44 vom 16.10.1944.

[427] Vgl. BA-MA, RH 15/186: OKW/AWA/W Allg (II) Nr. 400/45 vom 17.1.1945.

fügt worden – die Vorstufe zum Aufbau eines ideologisch einheitlich ausgerichteten Führerkorps beider Waffenträger[428].

Sorgsam war Himmler darauf bedacht, alle Beeinflussungs- und Eingriffsversuche seitens der Wehrmacht- und Heeresführung in seinen Zuständigkeitsbereich als Befehlshaber des Ersatzheeres und Chef der Heeresrüstung abzuwehren[429]. Im Schutz dieser Funktion betrieb Himmler Neuordnungen zugunsten der Waffen-SS und sicherte der SS-Administration den Zugang zu weiteren personellen Ressourcen. Ein Jahr zuvor, im August 1943, waren die mit den Ersatzangelegenheiten der Wehrmacht betrauten Dienststellen als Wehrersatzamt zusammengefügt und dem Chef OKW unmittelbar unterstellt worden. Jetzt war eine der ersten Maßnahmen Himmlers, daß die ausschließlich zum Heer gehörenden Teile wieder dem Befehlshaber des Ersatzheeres zurückunterstellt wurden[430]. Nur wenige Wochen später wurden die Annahmestellen für Offizieranwärter des Heeres und die Ergänzungsstellen der SS zusammengelegt, in die SS-Administration eingegliedert und auf diese Weise die Kontrollen durch die Wehrersatzdienststellen beseitigt[431]. Himmlers Einfluß machte sich auch bei der Quotenfestsetzung zur Verteilung der Rekruten eines Geburtsjahrganges bemerkbar. Mit einem Anteil von 17,3 Prozent (absolut 95 000) am Aufkommen des Geburtsjahrgangs 1928 wurden der Waffen-SS so viele Rekruten zugewiesen wie nie zuvor[432]. Als das Wehrersatzamt im OKW dem SS-Hauptamt schließlich das Recht einräumte, aus den Jahrgängen 1927 und

---

[428] Vgl. BA, NS 6/142: Befehl Hitlers vom 7.12.1944. In die Grundsatzentscheidung zugunsten einer Reform der Offizierspersonalpolitik im Herbst 1942 flossen angesichts militärischer Sachzwänge aufgestellte Überlegungen ebenso ein wie weltanschauliche Gesichtspunkte. Die großen Verluste unter den Offizieren schon in der ersten Phase des Ostkrieges hatten es unumgänglich gemacht, zum Ausgleich die Einstellungsvoraussetzungen für Offizieranwärter zu lockern und die Beförderungsstrukturen zu dynamisieren. In der Personalpolitik des Offizierkorps wurde quasi im Windschatten der strukturellen Zwänge das nationalsozialistische Leistungsprinzip implementiert. Zum Leitbild wurde der Offizier, der nicht nach Herkunft, sondern nur auf Grund seiner Persönlichkeit ausgelesen wurde und sich vor dem Feind bewährte. Die verklärte charismatische Führergestalt des Frontoffiziers des Ersten Weltkriegs stand unverkennbar Pate. Die soziale Zusammensetzung des Heeresoffizierkorps in den Jahren 1944/45 kann als Beleg für die Nachhaltigkeit der in der zweiten Hälfte des Krieges einsetzenden strukturellen Veränderungsprozesse angesehen werden. 1928/30 entstammten noch fast 63 Prozent der Führerelite der Reichswehr sozial gehobenen Schichten, nur 36,7 Prozent kamen aus dem mittleren Bürgertum und 0,4 Prozent aus den Unterschichten. Schon Ende 1942 hatte sich dieses Verhältnis radikal verändert: 51 Prozent aller Offizieranwärter kamen aus dem mittleren und 28 Prozent aus den unteren Gesellschaftsschichten. Es ist daher nicht überraschend, »daß die Siegermächte nach dem Kriege unter den Offizieren der Feldverbände des Heeres die Merkmale des klassischen deutschen Militarismus, wie er sich ihnen noch im Ersten Weltkrieg präsentiert hatte und dessen Bekämpfung sie sich zum Ziel gesetzt hatten, nicht mehr vorfanden.« Kroener, Auf dem Weg zu einer »nationalsozialistischen Volksarmee«, S. 670, Zitat S. 652. Vgl. dazu Knox, 1 October 1942; Stumpf, Die Wehrmacht-Elite. Den Forschungsstand zum Thema ›Nationalsozialismus und Modernisierung‹ faßt zusammen: Kershaw, Der NS-Staat, S. 351 ff.

[429] In der Notiz für eine Unterredung Himmlers mit Guderian am 31.7.1944 lautete der erste Besprechungspunkt: »Kein Eingreifen in das Ersatzheer«. BA, NS 19/1449.

[430] Vgl. BA, NS 19/2409: OKW/WFSt/Org I/II/WZA Ag WZ I vom 21.7.1944.

[431] Vgl. BA-MA, RH 14/50: Befehl Himmlers vom 20.11.1944. Bis dato bedurfte jeder Freiwillige für die Waffen-SS der offiziellen Freistellung durch das zuständige Wehrbezirkskommando. Wegner, Hitlers Politische Soldaten, S. 310.

[432] Zahlen aus KTB OKW, Bd 4, S. 1303.

1928 vorab 20 Prozent der Kriegsfreiwilligen selbst einzuberufen, da die Wehrbezirkskommandos »in der heutigen Zeit keine Kontrolle führen«, frohlockte der Chef des SS-Hauptamtes Gottlob Berger, daß der Kampf, den man im Jahre 1940 begonnen habe, nun zum Abschluß gekommen sei[433]. Daran konnte auch der Widerstand des Heeres gegen den Versuch des SS-Hauptamtes, Freiwillige bei Erreichen des 16. Lebensjahres ohne die Zustimmung des gesetzlichen Vertreters einzuziehen, nichts ändern[434]. Ende 1944 setzte sich die Waffen-SS zu etwa einem Fünftel aus Angehörigen der Geburtsjahrgänge 1927 und 28 zusammen – mit anderen Worten: Im letzten halben Jahr des Krieges dienten etwa 150 000 Teenager in den Reihen der Waffen-SS[435]!

Personaltransfers aus allen drei Wehrmachtteilen sollten die Kampfkraft der Waffen-SS konsolidieren. Wenige Wochen nach dem 20. Juli 1944 gab das Heer ein personell vollständiges Generalkommando nebst Korpstruppen an die Waffen-SS ab, in der es als XI. SS-Armeekorps zum Einsatz kam. Auch die kurz darauf geschaffenen XII. und XIII. SS-Armeekorps wurden mit personeller Unterstützung durch das Heer aufgestellt[436]. Im Spätsommer 1944 waren die Stellen der Generalstabschefs von sieben der insgesamt 13 SS-Armeekorps mit Heeresoffizieren besetzt[437]. Nach einer Zusammenstellung des Heerespersonalamtes wurden von Januar bis September 1944 insgesamt 519 Offiziere des Heeres zur Waffen-SS versetzt[438]. In die im Westen eingesetzten SS-Divisionen wurden, da kein Ersatz

---

[433] BA, NS 19/4: Chef SS-Hauptamt/Be/Ji, Tgb.Nr. 8572/44 g. vom 19.12.1944. Im Gegensatz zu einer auch im fünften Kriegsjahr ungebrochen hohen Kriegsfreiwilligenquote des Jahrganges 1928 blieb der Anteil der Freiwilligenmeldungen jetzt weiter im Tief. Der prozentuale Anteil der Freiwilligenmeldungen entwickelte sich bei den Geburtsjahrgängen wie folgt: 1925 31, 1926 29, 1927 21 und 1928 21 Prozent. BA-MA, RH 2/1341: OKW/WEA/Abt E (Ch b) Nr. 802/44 gKdos. vom 30.9.1944 und BA-MA, RH 7/v. 638: OKH/PA/Ag P1/1. (Zentral-)Abt/IIIa, betr. Verteilung des Geburtsjahrganges 1928 vom 14.11.1944. Vermerkte eine Meldung des Landrates des oberbayerischen Kreises Bad Aibling vom 31.3.1945, daß sich die ortsansässigen Jugendlichen des Geburtsjahrganges 1929 fast vollständig zur Waffen-SS gemeldet haben, so beleuchtete der Bericht eines Gendarmeriepostens die genauere Praxis dieser Freiwilligenmeldungen: »Sehr viel geschimpft wird [...] darüber, weil die noch jugendlichen – 15 bis 17 – Burschen förmlich zum angeblichen freiwilligen Eintritt in die Waffen-SS gezwungen werden. Diese jungen Burschen werden zu irgend einem kurzen Ausbildungskurs einberufen. Dort werden sie dann zum freiwilligen Eintritt in die Waffen-SS aufgefordert. Kommen sie dieser Aufforderung nicht nach, werden sie solange unter allerlei strengen Dienstverrichtungen zurück behalten, bis sie sich hiezu [sic] bereit erklären.« StA München, LRA 113.813.
[434] Vgl. BA-MA, RH 2/849a: Chef GenStdH/OrgAbt Nr. I/30518/44 vom 10.12.1944. Die Verordnung über die Annahme und Einstellung von Freiwilligen in die Deutsche Wehrmacht und Waffen-SS vom 21.12.1944, wiedergegeben in HVBl., 1944 entschied diesen Konflikt zugunsten Bergers.
[435] Vgl. Rempel, Gottlob Berger and Waffen-SS Recruitment, S. 116.
[436] Die Aufstellung dieser drei Generalkommandos diente der Wahrnehmung von Himmlers Befugnissen über die Volksgrenadierdivisionen. Ein von der Versetzung betroffener Heeresoffizier erinnert sich, daß ihm bei dem Versuch, etwas genaueres zu erfahren, die Antwort vom zuständigen Heerespersonalamt zuteil wurde: »Wer in der Waffen-SS keinen Dienst tun will, ist auch im Heere unmöglich.« MGFA, AIF III/N1-1925.
[437] Vgl. Wegner, Hitlers Politische Soldaten, S. 290 f.
[438] Vgl. BA-MA, RH 7/v. 637: OKH/PA/Ag P1/1. (Zentral-)Abt/IIIa betr. Abgabe von Offizieren für Waffen-SS vom 31.10.1944.

zugewiesen werden konnte, Heeressoldaten eingegliedert[439]. Ab August 1944 wurden im Rahmen des ›totalen Krieges‹ auch personell umgeschichtete Soldaten der Luftwaffe an die Waffen-SS abgegeben, davon im September 10 000 Mann zum IV. SS-Panzerkorps[440]; in den letzten Kriegswochen wurden auch Soldaten der Kriegsmarine in die Waffen-SS überführt[441].

Die Führungsriege des Regimes erwartete von Himmler regelrechte Wunder. »Der Wehrmachtführungsstab ist müde und abgekämpft und für große Operation nicht mehr zu gebrauchen«, klagte Goebbels Anfang September. »Die ganze Heeresgeneralität, sowohl in der Heimat wie an der Front, hat versagt. Das Debakel im Westen ist eine ausgesprochene Generals- oder besser gesagt eine Führungskrise[442].« An die Omnipotenz des Reichsführers SS knüpfte sich die Hoffnung, Himmler könnte die Lage an besonderen Krisenherden der Fronten bereinigen. Im Herbst 1944 wurde dem militärischen Laien Himmler die Stelle des neuernannten Oberbefehlshabers Oberrhein einschließlich der Befugnisse eines Heeresgruppenoberbefehlshabers zuteil, wenngleich sich diese nur auf ein hastig zusammengestelltes Konglomerat aus Einheiten des Ersatzheeres, den Volkssturm, Grenzschutz und Polizeieinheiten erstreckten[443]. Als die Rote Armee im Januar 1945 den dünnen Schleier der deutschen Front zerriß, war Himmler dazu auserkoren, als »starke Hand« die militärische Auflösung zu stoppen und als Oberbefehlshaber der neuzubildenden Heeresgruppe Weichsel den Zusammenhang der Front wiederherzustellen[444]. In den ersten Wochen des Jahres 1945 stand Himmlers Stern so hoch, daß Goebbels Hitler sogar vorschlug, Himmler die Nachfolge als Oberbefehlshaber des Heeres zu übertragen. Hitler reagierte sofort: »Der Führer möchte zu dieser weitgehenden Maßnahme noch nicht greifen, solange Himmler sich nicht mit der Bewältigung großer operativer Aufgaben bewährt hat[445].« Angesichts der Ereignisse erlosch Himmlers Stern wie eine Sternschnuppe[446].

Viele der skizzierten Veränderungen waren im militärischen Alltag direkt sichtbar und hatten für diejenigen, die durch personalpolitische Maßnahmen des Amal-

---

[439] Vgl. BA-MA, RH 2/847b: OrgAbt (I) Nr. I/8042/44 g. vom 26. und 27.7.1944.
[440] Vgl. BA-MA, RW 4/v. 865: Chef OKW/Id, Stellungnahme zur Vortragsnotiz Op (L) vom 26.10.1944.
[441] Vgl. ebd.: OKW/WFSt/Org (II) (1) Nr. 388/45 gKdos. vom 8.2.1945.
[442] Goebbels, Die Tagebücher, Bd 13, Eintrag vom 3.9.1944, S. 394.
[443] Vgl. KTB OKW, Bd 4, Eintrag vom 26.11.1944, S. 419 f.
[444] Vgl. BA-MA, RH 2/1930: OKH/GenStdH/OpAbt (Ia) Nr. 450037/45 gKdos. Chefs. vom 22.1.1945; Goebbels, Die Tagebücher, Bd 15, Eintrag vom 20.1.1945, S. 165; Guderian, Erinnerungen, S. 366 f. An die Übergabe der Dienstgeschäfte erinnerte sich der Chef des Generalstabes des OB West, General Westphal: »Von einer ordnungsgemäßen Übergabe der Geschäfte des Oberbefehlshabers Oberrhein an die Heeresgruppe G war – man möchte sagen: selbstverständlich – keine Rede. Zurück blieb ein Waschkorb voll unsortierter Meldungen und einiger Befehle. Ein Kriegstagebuch war auch nicht geführt worden.« Westphal, Erinnerungen, S. 317.
[445] Goebbels, Die Tagebücher, Bd 15, Eintrag vom 23.1.1945, S. 195.
[446] Einblicke in die Marotten Himmlers als Oberbefehlshaber der Heeresgruppe Weichsel bieten die Erinnerungen des Ia der Heeresgruppe, Oberst i.G. Eismann, insbesondere die Schilderung von Himmlers Tagesablauf als Oberbefehlshaber. BA-MA, N 265/127, bes. S. 66 ff. Am 12.3.1945 vermerkte Goebbels: »Ich habe es überhaupt für falsch gehalten, daß Himmler sich mit der Führung einer Heeresgruppe hat betrauen lassen. [...] Himmler hat sich damit vorläufig seine Avancen als Oberbefehlshaber des Heeres verscherzt.« Goebbels, Die Tagebücher, Bd 15, S. 480.

gamierungsprozesses von Wehrmacht und Waffen-SS betroffen waren, unmittelbare Folgen. Gleichwohl stellen die geschilderten Veränderungen nur die Spitze eines Eisberges dar. Innerhalb der nationalsozialistischen Herrschaftsordnung aus konkurrierenden Machtträgern ging vom SS-Komplex die mit Abstand größte Expansionsdynamik aus. Die zunehmende Destabilisierung und Desintegration des NS-Regimes begünstigte die Herausbildung eines Himmler unterstehenden »Zentrums für eine totalitäre Durchrationalisierung des Systems«, dessen umfassende Machtstellung sich auf einen Komplex aus SS, Gestapo, Polizei, Sicherheitsdienst und Waffen-SS stützte[447]. Besonders weitreichend war dieser Zentralisierungs- und Konzentrationsprozeß auf dem Feld der personellen Rüstung. Im Verlauf dieser Arbeit werden an anderer Stelle Spielräume und Engpässe der Arbeitskräftemobilisierung in der deutschen Kriegswirtschaft zwischen Sommer 1944 und Frühjahr 1945 untersucht. Im Spätsommer 1944 waren etwa ein Drittel der in der deutschen Wirtschaft beschäftigten Arbeiter und Angestellten Ausländer. Insgesamt etwa 7,9 Mill. ausländische Fremd- und Zwangsarbeiter, Kriegsgefangene und KZ-Häftlinge arbeiteten im Reich. In der Landwirtschaft lag der Anteil der ausländischen Arbeitskräfte bei 46, im Bergbau bei 36 Prozent. In Einzelbetrieben mit einem besonders hohen Anteil an ungelernten und Hilfsarbeitern bestanden bis zu 80 Prozent der Belegschaften aus Ausländern[448]. Die Fehlschläge in der Beschaffung dringend benötigter weiterer Arbeitskräfte lieferten Speer die Argumente dafür, auch die Organisation des Generalbevollmächtigten für den Arbeitseinsatz seinem Rüstungsministerium unterzuordnen[449]. Gleichzeitig wuchs aber auch die Bedeutung der etwa eine halbe Mill. Arbeitssklaven, die sich zur Jahresmitte 1944 in den Konzentrationslagern der SS befanden[450].

Entsprechend seinem gemeinsam mit Goebbels unternommenen Vorstoß zugunsten einer Totalisierung der Kriegsanstrengungen hatte Speer den umfassenden Arbeitseinsatz von Gefangenen gefordert[451]. Dabei gelang es Speer im Sommer 1944, die Kontrolle über die Steuerung des Arbeitseinsatzes der KZ-Häftlinge in die Hand zu bekommen[452]. Gleichwohl war das Kräftereservoir an Häftlingen, deren Arbeitsleistung für die Fertigung in vielen Rüstungsbetrieben, beim Wiederaufbau der Mineralölindustrie, bei der Untertageverlagerung und bei der Reparatur des bombardierten Verkehrssystems unverzichtbar war, schnell erschöpft.

Im Gegenzug kam Mitte 1944 das Kriegsgefangenenwesen der Wehrmacht unter den Einfluß der SS. Als Befehlshaber des Ersatzheeres war Himmler unmittelbarer Vorgesetzter der Wehrkreisbefehlshaber, denen wiederum die Komman-

---

[447] Vgl. Herbst, Der Totale Krieg, S. 452. Gültigkeit besitzt diese Feststellung allerdings nur bei isolierter Betrachtung des SS-Machtkomplexes, denn die Übertragung der Heeresrüstung auf Himmler blockierte die seit Jahren angestrebte und zwischenzeitlich in Bewegung gekommene Zusammenlegung und damit Konzentration der Waffenämter der Rüstungsadministration.
[448] Zahlen aus der Einleitung des Sammelbandes Europa und der »Reichseinsatz«, S. 7.
[449] Vgl. Eichholtz, Geschichte der deutschen Kriegswirtschaft, S. 231 ff.; Kroener, »Menschenbewirtschaftung«, S. 896 ff.
[450] Belegstärken der Konzentrationslager: August 1943: 224 000 / August 1944: 524 000 / Januar 1945: 707 000. Zahlen aus Schulte, Zwangsarbeit, S. 402.
[451] Vgl. BA, R 3/1583: Schreiben Speers an Himmler vom 23.2.1944.
[452] Führerbesprechung am 3. bis 5.6.1944, wiedergegeben in: Deutschlands Rüstung, S. 376 f.

deure des Kriegsgefangenenwesens unterstanden. Die Wehrmacht blieb nur für die personelle Gestellung der Bewachungsorganisation zuständig[453]. Vordergründig wurden diese organisatorischen Veränderungen mit Blick auf das erhöhte Sicherheitsbedürfnis des Regimes angesichts der wachsenden Sorge vor Fluchtversuchen und Aufständen der Millionen von Zwangsarbeitern und Kriegsgefangenen im Reich begründet[454]. Die Koordination des Arbeitseinsatzes der Kriegsgefangenen delegierte Himmler an Pohl[455]. Seine Kompetenzen als Chef des Kriegsgefangenwesens übertrug Himmler hingegen auf Berger. Der Chef des SS-Hauptamtes propagierte seit langem als Kriegsziel die Vernichtung der Sowjetunion und die Errichtung eines pangermanischen Reiches unter Achtung ›rassisch verwandter‹ Volksgruppen. Ebenso wie slawische und russische Freiwilligeneinheiten Bestandteil der Waffen-SS waren, geriet das Projekt aufzubauender nationalrussischer Streitkräfte in die Zuständigkeit der SS. Das Personal dieser unter dem Kommando des vormals sowjetischen Generals Andrej Vlasov stehenden Verbände rekrutierte sich aus sowjetischen Kriegsgefangenen im Gewahrsam der Wehrmacht[456].

Diese organisatorischen Veränderungen waren Teil eines Expansionstrends der SS in die Steuerungs- und Koordinierungsinstanzen für die Mobilisierung personeller Leistungsreserven, auch wenn dieser zeitweilig von konkurrierenden Machtträgern konterkariert wurde. Die Destabilisierung des ›Dritten Reiches‹ ermöglichte es der SS-Administration, Fuß zu fassen bei der Vereinfachung der Wehrmachtverwaltung, die Hitler am 27. November 1943 zum Zwecke der Personaleinsparung angeordnet hatte. Von den sechs vorgesehenen Kommissionen sollten drei mit leitenden Mitarbeitern Pohls besetzt werden. Während dem Chef des SS-Wirtschaftsverwaltungshauptamtes Anfang November 1944 die Gesamtkoordinierung der Verwaltungsvereinfachung des Heeres, der Waffen-SS, der Polizei und der Organisation Todt übertragen wurde, übernahm der Chef des SS-Hauptamtes der Ordnungspolizei, August Frank, mit der Führung des Heeresverwaltungsamtes im OKH das gesamte Verwaltungs-, Verpflegungs- und Bekleidungswesen des

---

[453] Vgl. Führer-Erlaß vom 25.9.1944, wiedergegeben in: ›Führer-Erlasse‹, S. 460 f.; Streit, Keine Kameraden, S. 289 ff.
[454] Diesen Zusammenhang verdeutlicht die Bekanntmachung Bormanns über die Neuordnung des Kriegsgefangenenwesens vom 30.9.1944. BA, NS 6/351.
[455] Im August 1944 befanden sich bereits 1,9 Mill. Kriegsgefangene im Arbeitseinsatz, davon 630 000 Angehörige der Sowjetunion und 430 000 italienische Militärinternierte. Während des Krieges gerieten etwa 5,7 Mill. sowjetische Kriegsgefangene in deutschen Gewahrsam, von denen 3,5 Mill. in der Gefangenschaft umkamen. Die gerundeten Zahlen stammen aus der Einleitung des Sammelbandes Europa und der »Reichseinsatz«, S. 8, 11.
[456] Der Ansatz, mittels einer ›politischen Kriegführung‹, d.h. durch die Mobilisierung nationalrussischer Kräfte für den gemeinsamen Kampf gegen die Stalinistische Herrschaft, eine militärische Wende im Osten einzuleiten, verfing sich während des Krieges im Gestrüpp sich überschneidender Zuständigkeiten innerhalb des NS-Herrschaftsapparates und wurde durch den Widerstreit von ideologischem Dogma und rationalem Handeln blockiert. Der Übergang der Zuständigkeit für die Freiwilligenverbände von der Wehrmacht auf die SS war das Ergebnis verschiedener, dynamisch verlaufender Prozesse. Vor dem Hintergrund der massiven Expansion der Waffen-SS ließ Himmler seine Vorbehalte gegenüber einer Zusammenarbeit mit Vlasov fallen. Als Chef H Rüst u BdE war Himmler zudem auch formell für die Aufstellung von Freiwilligenverbänden zuständig. Hoffmann, Die Geschichte der Wlassow-Armee, S. 22 f.; Schröder, Deutschbaltische SS-Führer, S. 160 ff.

II. Das Militär im politischen und gesellschaftlichen Kontext

Heeres[457]. Auch die nachgeordneten Schlüsselpositionen des Heeresverwaltungsamtes wurden mit SS-Führern besetzt[458]. Himmler untersagte Pohl im Oktober 1944, in diesen Angelegenheiten »dem OKW auch nur das geringste Zugeständnis zu machen«[459].

Der Chef des SS-Ergänzungsamtes, Berger, wiederum, der »Rekrutierungsoffizier und Organisator der Waffen-SS«, versuchte den ineffizienten Wettbewerb um Soldaten zwischen OKW und SS zugunsten letzterer zu ordnen. Sein Vorhaben, das gesamte Ersatzverfahren neu zu strukturieren und unter seiner Führung zusammenzufassen, endete allerdings im hierarchischen Gestrüpp des NS-Staates[460]. Den Aufzeichnungen Goebbels zufolge gab Berger in den Wochen nach dem Umsturzversuch einzelnen Vertretern des Regimes Kenntnis von einer aus seiner Feder stammenden Denkschrift zur »Menschenökonomie des Reiches«[461]. Diese sah unter anderem die Zusammenlegung der Wehrbezirkskommandos und Arbeitsämter zu einem einheitlichen Gau-Einsatzamt unter Leitung der Reichsverteidigungskommissare vor[462]. Der Vorstoß scheiterte an Hitlers Ablehnung; vorangegangen war ein Vorschlag Goebbels', die Wehrbezirkskommandos aus der Zuständigkeit des OKW herauszunehmen und Himmler zu unterstellen[463]. Nur wenige Tage später erhielten Frank und Hans Jüttner federführende Vollmachten für einen ersten Großversuch beim Aufbau eines reichsweiten Personalkatasters auf der Grundlage einer systematischen Einzelerfassung der gesamten Bevölkerung einschließlich der ausländischen Arbeitskräfte. Am 28. Dezember 1944 ernannte ein ›Führererlaß‹ Frank zum Generalbevollmächtigten für das Berichts- und Auswertungswesen zum Zwecke der »raschen Erfassung aller persönlichen und sachlichen Kräfte und ihrer Lenkung nach den jeweiligen Erfordernissen des totalen Krieges«. Zu diesem Zweck ordnete Hitler auch die Vereinheitlichung bzw. Zentralisierung der Erfassungspraxis von Personal »auf allen Gebieten der Wehrmacht, der öffentlichen Verwaltung und der wirtschaftlichen Selbstverwaltung« an[464]. Das Ziel war die regelrechte Inventarisierung aller Menschen nach Merkmalen, und dies nicht mehr nur periodisch, sondern bei jedem behördlichen Kontakt. Das totalitäre Regime antizipierte die Methoden des modernen Staates. Allein die sich ständig verschlechternden Rahmenbedingungen verhinderten die schlagartige Bestandsaufnahme der Bevölkerung[465].

---

[457] Vgl. BA, NS 19/3191: Befehl Himmlers vom 5.8.1944.
[458] Vgl. Schulte, Zwangsarbeit, S. 423 ff.
[459] BA, NS 19/3191: Schreiben Himmlers an Pohl vom 13.10.1944.
[460] Vgl. Rempel, Gottlob Berger – »Ein Schwabengeneral der Tat«, S. 50 f.
[461] Goebbels, Die Tagebücher, Bd 13, Eintrag vom 19.8.1944, S. 267.
[462] Vgl. ebd., Eintrag vom 20.8.1944, S. 274. Vier Tage später berichtet Goebbels über ein Gespräch mit Hitler, in dem erneut die Frage der Unterstellung der Wehrbezirkskommandos unter die zivile Administration thematisiert wurde. »Die Partei wird nun große Menschenführungs- und Menschenverwaltungsaufgaben übernehmen«, schloß Goebbels im Eintrag vom 24.8.1944, S. 309.
[463] Vgl. ebd., Eintrag vom 16.9.1944, S. 491.
[464] Aly/Roth, Die restlose Erfassung, S. 158.
[465] Seit 1943 wurden Methoden und ihre technische Umsetzbarkeit erprobt mit dem Fernziel einer allgemeinen statistischen Bilanz zur lückenlosen und zugleich kontinuierlichen Erfassung aller Deutschen und der in Deutschland sich aufhaltenden Ausländer. Der einzeln zu erfassende

Daß hinter dieser Kompetenzakkumulation kein monolithischer, sondern ein dynamischer und von widerstreitenden Interessen geprägter SS-Komplex stand, verdeutlicht der kometenhafte Aufstieg des Chefs der Amtsgruppe C des Wirtschaftsverwaltungshauptamtes, Hans Kammler. Kammler war mit der Durchführung von Bauvorhaben für unterirdische Produktionsanlagen der Rüstungsindustrie beauftragt worden, die Hitler im Spätsommer 1943 angeordnet hatte[466]. Angesichts des herrschenden Kräftemangels gab es zum Angebot Himmlers, Häftlinge der Konzentrationslager für den Arbeitseinsatz zur Verfügung zu stellen, keine Alternative[467]. Kammler trieb die Arbeiten der Untertageverlagerung des A4-Programms im Harz unter einem enormen Zeitdruck voran. Die dabei eingesetzten Baukommandos hatten die höchste Todesrate beim Arbeitseinsatz von KZ-Häftlingen[468]. Im März 1944 wurde Kammler Mitglied des Jägerstabes, zuständig für die Bauangelegenheiten der gesamten Untertageverlagerungen der Luftfahrtindustrie. Mit schätzungsweise 100 000 KZ-Häftlingen entwickelte sich das SS-Bauwesen unter Kammlers Führung zur größten Bauorganisation nach der Organisation Todt. Eingedenk dieser Entwicklung war es folgerichtig, daß Himmler dem SS-Gruppenführer am Jahresende 1944 das gesamte Bauwesen des Heeres unterstellte. Himmler nutzte die Unterstützung der SS bei der Arbeitskräftebereitstellung, um seinen Einfluß auf das bislang in der Verantwortung der Heeresadministration liegende Raketenprogramm auszudehnen. Mit seiner Ernennung zum Chef der Heeresrüstung erhielt der Reichsführer SS den unmittelbaren Zugriff auf die Arbeit der Heeresversuchsanstalt in Peenemünde, in der die Fernrakete entwickelt wurde. Gegen den Widerstand Speers bei gleichzeitiger Degradierung der zuständigen Heeresdienststellen zu nachgeordneten Instanzen, verfügte Himmler damit über denjenigen Organisationsbereich, in den das Regime überproportional starke Ressourcen fließen ließ[469]. Kammler, der seine Stellung durch den Masseneinsatz von Gefangenen profilierte, gelang auf diese Weise eine Machtakkumulation, die ihn weit aus der Masse der anderen Rüstungsverantwortlichen heraushob. Innerhalb weniger Monate wurden ihm durch die Protektion Hitlers und Himmlers umfassende Kompetenzen zuteil: die Ernennungen zum Bevollmächtigten für

---

Mensch sollte mit numerisch formalisierten Ordnungsmerkmalen versehen werden, die mit einer auf Lochkartenbasis arbeitenden maschinellen Zentralkartei gekoppelt werden sollten. Die eigentliche Erfassungszentrale, das sog. Maschinelle Berichtwesen, war ursprünglich im Schnittpunkt zwischen Wehrmacht und dem Rüstungsministerium Speers angesiedelt gewesen. Aly/Roth, Die restlose Erfassung, S. 150 ff.

[466] Vgl. die biographische Skizze von Fröbe, Hans Kammler.

[467] Görings Erlaß vom 4.3.1944 über die Verlagerung der Flugzeugproduktion unter Tage sah explizit vor: »Der Reichsführer SS stellt Schutzhäftlinge in ausreichendem Maße als Hilfskräfte für Bau und Fertigung.« Zit. nach: Herbert, Arbeit, S. 412 f., hier Anm. 164. Vgl. auch das Protokoll der Führerbesprechungen am 19.–22.8.1943, wiedergegeben in: Deutschlands Rüstung, S. 291.

[468] Unter mörderischen Bedingungen schufteten ab Spätsommer 1943 in der Nähe von Nordhausen Tausende von Häftlingen, um innerhalb weniger Monate in den Stollen eines geräumten unterirdischen Treibstofflagers eine Produktionsstätte für die in Peenemünde entwickelte A4-Rakete zu errichten. Zur Organisation und den Lebens- und Arbeitsbedingungen der 60 000 Häftlinge, von denen etwa ein Drittel nicht überlebte, siehe: Fröbe, Wie bei den alten Ägyptern; Wagner, Das Außenlagersystem.

[469] Vgl. Hölsken, Die V-Waffen, S. 67 ff.

das A4-Programm des Heeres, zum Sonderbeauftragten für alle Raketenprojekte der Luftwaffe und wenige Wochen vor Kriegsende schließlich zum ›Generalbevollmächtigten des Führers für Strahlflugzeuge‹ mit sämtlichen Vollmachten in Zusammenhang mit der Entwicklung und Produktion des Strahljägers Me 262. Unter Kammlers Regie entstand kurz vor Kriegsende im Harz ein »›Biotop‹ SS-eigener Hochtechnologie« auf dem Gebiet der Raketen- und Flugzeugfertigung[470].

Doch während Kammler in einem Schwerpunktbereich der Rüstung in kaum dagewesener Weise Kompetenzen anhäufte, wurde am 5. Januar 1945 das Aufgabenfeld der Heeresrüstung aus der Zuständigkeit Himmlers wieder herausgenommen und dem Hitler unmittelbar unterstehenden Chef des Heerestabes beim OKW, General Walter Buhle, übertragen[471]. In der Vielzahl der sich wechselseitig bedingenden oder behindernden strukturellen Veränderungen spiegelt sich ein elementarer Grundzug des NS-Regimes wider, den Ian Kershaw so charakterisiert: »Das ›System‹ konnte einfach nicht zur Ruhe kommen. Der Nationalsozialismus war ja gerade auf eine fortgesetzte, grenzenlose Expansion angelegt«[472]. Daß viele dieser Veränderungen durch das vorzeitige Kriegsende nicht mehr ihre volle Bedeutung entfalten konnten, ändert nichts daran, daß die ›Institution‹ Wehrmacht, so ihre Führung unterhalb der Person Hitlers nicht ohnehin die ständige Bereitschaft zur Konformität und Akzeptanz zeigte, nur als ein passiver Spielball des Geschehens erscheint.

d) Grenzenlose Mobilisierung für den Krieg: ›totaler Krieg‹, Volkssturm, Volkskrieg

Vom ersten Tag der nationalsozialistischen Herrschaft an beanspruchte die Partei die psychologische Mobilisierung der Gesellschaft als ihre ureigenste Aufgabe[473]. Als Teil seiner Selbstinszenierung hatte das Regime stets den imaginären Kampfgeist heroisiert. Angeblich ermöglichte dieser in Verklärung der ›Kampfzeit der Bewegung‹ in den 1930er Jahren den Griff nach der Macht. In der Krise 1944/45 wurde dieser Glaube an den ›Triumph des Willens‹ zu einem probaten Mittel, propagandistisch nach außen und autosuggestiv einen Weg aufzuzeigen, wie sich die Existenzkrise der NS-Herrschaft überwinden ließ.

Die Gauleiter galten als besondere Vertraute Hitlers und verkörperten in fast prototypischer Weise Formen und Inhalte nationalsozialistischer Herrschaftspraxis[474]. Gleich zu Beginn des Krieges waren einzelne Gauleiter zu Reichsverteidigungskommissaren (RVK) ernannt worden. Das Regime schuf damit ein Exeku-

---

[470] Schulte, Zwangsarbeit, S. 412 ff.
[471] Vgl. Führerbesprechung 3. bis 5.1.1945, wiedergegeben in: Deutschlands Rüstung, S. 466 f. Möglicherweise versuchte Jüttner für das unter seiner Kontrolle stehende Heereswaffenamt erweiterte Kompetenzen auf dem Rüstungssektor zu gewinnen. Damit provozierte er jedoch den Widerstand Speers, der dies wiederum zum Anlaß nahm, Jüttner als Rivalen auszuschalten. Schulte, Hans Jüttner, S. 285.
[472] Kershaw, Hitlers Macht, S. 245 f.
[473] Vgl. Mason, Legacy.
[474] Vgl. Ziegler, Gaue.

tivorgan, das den umfassenden politischen und ideologischen Führungsanspruch des Nationalsozialismus‹ in der Region durchzusetzen in der Lage war und den Gauleitern Autorität und Stoßkraft bei der Mobilisierung der wirtschaftlichen, sozialen und personellen Ressourcen verlieh[475]. Nahezu alle Lebensbereiche der Bevölkerung wurden während des Krieges dem Zugriff der Gauleiter ausgeliefert. Per Notdienstverordnung konnten sie die Bevölkerung zum Arbeitseinsatz verpflichten. In Kommissionen wirkten sie bei der personellen Überprüfung von Betrieben zugunsten der Wehrmacht mit. Ihnen oblag die Verantwortung für Vorbereitung und Durchführung des Luftschutzes sowie für die Evakuierung der Bevölkerung aus gefährdeten oder vom Feind besetzten Gebieten. In der zweiten Jahreshälfte 1944 fiel der Bau von Stellungssystemen entlang der Reichsgrenzen in ihre Zuständigkeit. Die zum Schanzeinsatz kommandierten Arbeitskräfte unterlagen dem Kontroll- und Disziplinierungsinstrumentarium der Partei zu einem Zeitpunkt, als die mit der Meinungsforschung beauftragten Institutionen des NS-Regimes die Kriegsmüdigkeit der Bevölkerung von beachtlichem Ausmaß feststellten. Für Planung und Anordnung von Auflockerungs-, Räumungs-, Lähmungs- und Zerstörungsmaßnahmen an der zivilen Infrastruktur waren ausschließlich die RVK zuständig[476].

---

[475] Mit der Verordnung vom 1.9.1939 über die Bestellung von Reichsverteidigungskommissaren wurde für jeden der 18 Wehrkreise ein RVK ernannt, der als Exekutivorgan des Ministerrates für Reichsverteidigung galt. Ihm sollte im Falle des inneren Notstandes die Steuerung der Verwaltung aller zivilen Verwaltungszweige obliegen. Bemerkenswerterweise dauerte es fast 3 Jahre, bis durch die Verordnung vom 16.11.1942 die Zahl der Reichsverteidigungsbezirke denen der 42 Parteigaue angeglichen wurde. Diese Maßnahme sollte die Hausmacht der Gauleiter für die von ihnen erwarteten Führungsaufgaben im Notfall sicherstellen. In enger Absprache mit den Wehrkreisbefehlshabern oblag den RVK die einheitliche Steuerung aller zivilen Verwaltungszweige (ausgenommen: Reichspost, Reichsbahn, Teile der Finanzverwaltung und des Grenzaufsichtsdienstes. Der Dienstaufsicht des Reichsministers des Innern unterstellt, waren die RVK Organe des Ministerrates für Reichsverteidigung und hatten den Weisungen der Generalbevollmächtigten für die Reichsverwaltung, für die Wirtschaft sowie den obersten Reichsbehörden Folge zu leisten. Bei der Durchführung grundsätzlicher Reichsverteidigungsmaßnahmen mußten sich die Obersten Reichsbehörden der RVK bedienen und diese ständig über alle getroffenen Maßnahmen unterrichten. Innerhalb ihres Wehrkreises besaßen die RVK die Kompetenz, allen Zivilbehörden in Reichsverteidigungsangelegenheiten Weisungen zu erteilen. Die Einrichtung des RVK bedeutete eine Verkomplizierung der administrativen Strukturen und Entscheidungsabläufe, denn auch die Oberpräsidenten und Regierungschefs der Länder besaßen von jeher besondere Exekutivrechte für den Ausnahmezustand. Hüttenberger, Die Gauleiter, S. 152 ff.; Rebentisch, Führerstaat, S. 132 ff.; Teppe, Der Reichsverteidigungskommissar, S. 279 f.
[476] BA, R 1501/949: Fernschreiben des Reichsministers des Innern an die Reichsverteidigungskommissare betr. Vorbereitungen für die Verteidigung des Reiches vom 10.9.1944. Die Notdienstverordnung vom 15.10.1938 ermächtigte die RVK, jeden Bewohner des Reichsgebietes in Fällen des Notstandes zum kurzfristigen Arbeitseinsatz heranzuziehen. Auch der langfristige Notstandseinsatz war möglich, sobald dieser beim zuständigen Arbeitsamt angemeldet wurde, RGBl. I, 1938, S. 1411 sowie RGBl. I, 1939, S. 1204. Hitlers (unveröffentlichter) Erlaß vom 31.7.1943 über den »umfassenden Einsatz von Männern und Frauen für die Reichsverteidigung« weitete die Befugnisse der obersten Reichsbehörden und RVK bei der Anordnung der Dienstpflicht noch stärker aus, indem sie generell dazu ermächtigt wurden, Arbeiten und Planungen einzustellen, die nicht in erster Linie zur Unterstützung der Kriegsanstrengungen dienten. Hüttenberger, Die Gauleiter, S. 158. Regionalgeschichtliche Detailstudien beleuchten nicht nur das komplexe und widerspruchsvolle Kompetenzgeflecht der mit der zivilen Reichsverteidigung be-

II. Das Militär im politischen und gesellschaftlichen Kontext

Während die zentralen Reichsbehörden in Berlin zunehmend ihre Arbeitszeit für die Wiederherstellung der vom Bombenkrieg zerstörten Akten oder für die Suche nach Not- und Ausweichquartieren verwandten, und der Arbeitsablauf der mittleren Behörden vollständig von den durch Umquartierung und Versorgung der Bevölkerung verursachten Aufgaben bestimmt wurde, wuchs die Bedeutung der Gauleiter[477]. Ihrem Einfluß waren die Landes- und Kommunalbehörden im Chaos des staatlichen Zusammenbruchs ausgesetzt. Die Folgen dieser unmittelbaren Gauleiterherrschaft traten besonders folgenschwer bei der Evakuierung der Zivilbevölkerung in den östlichen Reichsgebieten zutage: Aus Prestigegründen wurden Evakuierungsbefehle zu spät oder gar nicht erteilt. Bei der Planung, Vorbereitung und Durchführung der Evakuierungs- und Flüchtlingsbewegungen führten Versagen und Versäumnisse aufgrund persönlicher Willkür, von Großmannssucht oder wegen administrativer Unfähigkeit zu zahllosen Opfern unter der Bevölkerung. Anerkennenswerte Leistungen waren in diesem Zusammenhang die Ausnahme[478].

Indes war die Wehrmacht von allen Angelegenheiten der zivilen Reichsverteidigung grundsätzlich ausgeschlossen. Als sich im Sommer 1944 das Kampfgeschehen dem Reichsgebiet näherte, betonten Grundsatzbefehle an die Dienststellen und Truppenteile, sich bei der Ausübung ihrer Zuständigkeiten »ausschließlich auf die rein militärischen Aufgaben zu beschränken«[479]. Anfang Juli 1944 schränkte Hitler per Erlaß die Befugnisse der Wehrmacht für den Fall der Verlagerung der Kämpfe auf das Reichsgebiet stärker ein, als dies bislang bei Operationen außerhalb der Reichsgrenzen der Fall gewesen war. Nur in der »unmittelbaren Kampfzone« besaßen die militärischen Befehlshaber die unumschränkte vollziehende Gewalt. Außerhalb dieses Bereichs waren die Militärs nicht befugt, den Behörden der zivilen Verwaltung direkte Weisungen oder Befehle zu erteilen, sondern mußten sich an den jeweils zuständigen RVK wenden[480]. Die Erfahrungen des Umsturzversuches stärkte die Exekutivfunktion der Gauleiter.

---

auftragten militärischen, zivilen und parteiamtlichen Entscheidungsinstanzen. Die Darstellungen zeigen auch, wie der Stellungsbau zur Herrschaftssicherung nahezu souverän agierender Gaupotentaten instrumentalisiert wurde. Neben der Möglichkeit, am Fortschritt des Stellungsbaus die sichtbare Umsetzung der Parole vom ›totalen Krieg‹ messen zu können, boten sich vielfältige Möglichkeiten zur Selbstdarstellung regionaler wie lokaler Herrschafts- und Funktionsträger sowie die Rechtfertigung für einen personell aufgeblähten Gauführungsapparat. Nachrichten über verlustreiche Tieffliegerangriffe, Repressalien, Leerlauf durch Koordinierungsmängel, unzureichende Betreuung und schlechte Unterbringung, Verpflegung, Hygiene und ärztliche Versorgung führten in weiten Teilen der Bevölkerung zu wachsender Ablehnung. Vgl. dazu Vogt, Der Westfalenwall.

477 Vgl. Hüttenberger, Die Gauleiter, S. 172; Rebentisch, Führerstaat, S. 529 f.
478 Siehe dazu die zahlreichen Beispiele in: Dokumentation der Vertreibung. Vgl. dazu auch die biographische Skizze über den Gauleiter von Danzig-Westpreußen: Schenk, Hitlers Mann in Danzig, S. 254 f.
479 BA-MA, RW 4/v. 893: Chef OKW/WFSt/Qu 2/Verw1 Nr. 007715/44 gKdos. vom 19.7.1944.
480 Erlaß des Führers über die Befehlsgewalt in einem Operationsgebiet innerhalb des Reiches vom 13.7.1944, wiedergegeben in: Hitlers Weisungen für die Kriegführung, S. 296 ff. In einigen Fällen erstreckte sich das Gebiet eines Wehrkreises über mehrere der insgesamt 42 Parteigaue (1944). Das Interesse der Wehrmachtführung, zur Vereinfachung der Abstimmungsprozesse die Einsetzung eines federführenden RVK zu erreichen, scheiterte am Widerstand der Partei. Ein Kompromiß sah die Bestellung eines »Reichsverteidigungskommissars im Operationsgebiet« vor, des-

»Es muß einwandfrei klargestellt werden, daß niemals die Vollziehende Gewalt an Dienststellen der Wehrmacht übergehen kann. Es muß ferner klargestellt werden, daß gerade in Zeiten der Not, gerade dann, wenn Notstände gegeben sind, die Verantwortung in erster Linie bei den Männern liegt, die dem Führer verantwortlich sind, d.h. bei den Gauleitern«,

betonte Bormann intern die Stoßrichtung der Partei[481]. Eine von Bormann und Himmler ausgehende Initiative, die den Entschluß Hitlers, die vollziehende Gewalt grundsätzlich nur noch den RVK zu übertragen, zum Anlaß für eine Neuregelung nahm, wurde dem OKW nur noch »zur Kenntnis« gebracht[482]. Der Erlaß vom 20. September 1944 entzog den militärischen Befehlshabern formell die oberste vollziehende Gewalt und ermächtigte die Gauleiter, gegenüber staatlichen und kommunalen Dienststellen verbindliche Verordnungen und Rechtsvorschriften zu erlassen[483]. »Lediglich in einer Kampfzone von etwa 20 km Tiefe ist die Wehrmacht gegenüber den Dienststellen der Gauleiter und Reichsverteidigungskommissare weisungsberechtigt«, schärfte ein Grundsatzbefehl des OKW, offenbar als Reaktion auf zahlreiche Unklarheiten und Friktionen, den militärischen Dienststellen und Kommandobehörden ein[484]. Zufrieden stellte Goebbels zu Jahresbeginn 1945 fest, daß mit der Verlagerung der Kämpfe auf das Reichsgebiet »nicht mehr eine moralisch nicht ganz intakte Wehrmachtführung, sondern die politische Führung des Volkes durch die Partei das Wort ergreifen« werde[485].

Ein Instrument der Kriegführung im engeren militärischen Sinne war die Institution des Reichsverteidigungskommissars nicht. Doch wie obsolet die Unterscheidung zwischen politisch-ziviler und militärischer Sphäre in der Schlußphase des Krieges war, verdeutlicht ein Befehl Hitlers, wonach »höhere Truppenführer, die den Kampf meinen aufgeben zu müssen, die Befehlsgewalt dem Reichsverteidigungskommissar anzubieten [... haben], wenn die Weitergabe des Befehls an jüngere Truppenführer nicht durchführbar erscheint«[486]. Das Bild des selbstherrlich agierenden Gauleiters, insbesondere im Widerstreit mit den vor Ort verantwortlichen Militärs, bestimmt gemeinhin das historische Bild. Quellen, die kon-

---

sen Ernennung sich Hitler persönlich und von Fall zu Fall vorbehielt. In der Praxis wurde von dieser Regelung jedoch kein Gebrauch gemacht, so daß sich militärische Befehlshaber mit der Zuständigkeit mehrerer RVK konfrontiert sahen. BA-MA, RW 4/v. 703: OKW/WFSt/Qu (Verw. 1)/Qu 2 Nr. 0010272/44 gKdos. vom 26.8.1944; Aktenvermerk WFSt/Qu (Verw 2) über Besprechung mit Staatssekretär Stuckart vom 29.8.1944; Schreiben Bormanns an Himmler vom 20.11.1944; WFSt/Qu (Verw. 1)/2 (West) vom 2.12.1944; WFSt/Qu 2 (I) Nr. 02212/45 g. vom 11.4.1945.
[481] BA, NS 6/1: Aktenvermerk Bormanns vom 30.7.1944.
[482] BA-MA, RW 4/v. 703: RMI/II RV 1012/44 gRs. vom 9.9.1944. Im Wehrmachtführungsstab erkannte man in der Neuregelung »im Grunde nichts Neues«. Abgesehen von nachrangigen Änderungswünschen schloß die Stellungnahme vielsagend: »Überdies entspricht der Entwurf den nach dem 20.7.44 vom Führer gegebenen Richtlinien. Demnach ist grundsätzlich Zustimmung geboten.« BA-MA, RW 4/v. 703: WFSt/Qu (Verw.1) Nr. 0011122/44 gKdos. vom 11.9.1944.
[483] Zweiter Erlaß des Führers über die Befehlsgewalt in einem Operationsgebiet innerhalb des Reiches vom 20.9.1944, wiedergegeben in: Hitlers Weisungen, S. 339 ff.
[484] BA-MA, RW 4/v. 893: OKW/WFSt/Qu 2 Nr. 01372/45 g. vom 26.2.1945.
[485] Goebbels, Die Tagebücher, Bd 15, Eintrag vom 16.1.1945, S. 136.
[486] Der Befehl wurde von Keitel umgesetzt und noch am 3. Mai 1945 herausgegeben. BA-MA, RW 44 II/3: OKW/Fü.Stab B/OpAbt Nr. 20325/45 gKdos.

kreten Aufschluß über das Verhältnis und die Zusammenarbeit zwischen den militärischen Befehlshabern und den RVK geben, sind allerdings kaum überliefert[487].

Die alliierte ›unconditional surrender‹-Forderung und die öffentliche Zustimmung einzelner Politiker zum Morgenthau-Plan, Deutschland unter alliierter Besatzung zu entmilitarisieren, zu verkleinern sowie aufzuteilen und die deutsche Wirtschaftskraft auf den Status eines Agrarlandes zu reduzieren, boten den ideologischen ›Betonköpfen‹ und allen anderen in der deutschen Führung eine Möglichkeit, sich in die Vorstellung eines Kampfes um Alles oder Nichts zu flüchten. Das Prinzip von Ursache und Wirkung wurde auf den Kopf gestellt. Die sozialdarwinistischen und rasseideologischen Argumentationsmuster gestatteten es, nicht etwa in den eigenen Fehlern und Unzulänglichkeiten der Kriegführung oder in der überlegenen Stärke der Gegner ausschlaggebende Momente für den Ausgang des Krieges zu sehen. Der Kreis der Verschwörer des 20. Juli und das Nationalkomitee Freies Deutschland, dessen Mitglieder aus der sowjetischen Kriegsgefangenschaft heraus gegen das Regime agierten, eigneten sich als ›Sündenböcke‹, denen die Schuld für die eigene militärische Schwäche beliebig in die Schuhe geschoben werden konnte[488]. Der Umkehrschluß begründete die Hoffnung, daß sich durch die Geschlossenheit der ›Volksgemeinschaft‹ ein Kraft- und Energiequell schaffen ließ, mit dem sich der Krieg gegen einen eigentlich als minderwertig beurteilten Gegner gewonnen werden konnte. Ihre Inkarnation fand diese Vorstellungswelt mit Hitlers Erlaß über die Bildung des »Deutschen Volkssturms« vom 25. September 1944[489].

In der kollektiven Erinnerung ist der Volkssturm zum Inbegriff des Schlußkapitels der nationalsozialistischen Herrschaft geworden. Seither prägen beispielsweise Bilder von Kindern und Greisen, die mit Panzerfäusten bewaffnet in einem Kampfgraben in der Reichshauptstadt kauern, und ähnliche Aufnahmen maßgeblich die kollektive Vorstellung vom Kriegsende[490]. Auch in anderen Ländern dienten Teile der männlichen und sogar weiblichen Bevölkerung nicht nur in den re-

---

[487] Über die schweren Zerwürfnisse zwischen der Wehrmacht und dem schlesischen Gauleiter Hanke berichten Ahlfen/Niehoff, So kämpfte Breslau.
[488] So beispielsweise Goebbels in seiner Rede auf der Tagung der Reichs- und Gauleiter in Posen am 3.8.1944, wiedergegeben in: Goebbels-Reden, Bd 2, hier S. 365 f.
[489] Vgl. RGBl. I, 1944, S. 253 f.; Yelton, »Ein Volk steht auf«, insbes. S. 1063 f. Untersuchungen, die im Rahmen von Darstellungen des Kriegsendes auch den Volkssturm thematisieren, stützen sich fast ausschließlich auf die Arbeiten von Kissel, Der deutsche Volkssturm; Mammach, Der Volkssturm oder Seidler, Deutscher Volkssturm; die alle auf einer nur schmalen Quellenbasis beruhen und wichtige Problembereiche ausblenden. Es ist unverständlich, daß die voluminöse Studie von Yelton, The Last reserves von der deutschsprachigen Historiographie praktisch nicht rezipiert wird. Als regionalgeschichtliche Darstellungen seien hervorgehoben: Rackmann, Der Möllner Volkssturm; Schönherr, Der Deutsche Volkssturm; Siebenborn, Der Volkssturm.
[490] Zu den bekanntesten Motiven zählen die letzten von Hitler aufgenommenen Wochenschauaufnahmen: Am 20.3.1945 begrüßte Hitler 20 im Garten der Reichskanzlei angetretene ›kampfbewährte‹ Hitlerjungen. Hitler näherte sich in Begleitung von Reichsjugendführer Axmann und anderen langsamen Schrittes der Gruppe. Er ließ sich die Gruppe melden, schritt die Reihe ab und klopfte diesem oder jenen die Schulter oder tätschelte seinen Kopf. Der jüngste unter den angetretenen Hitlerjungen war der 12jährige Albert Czech, der mit dem Eisernen Kreuz ausgezeichnet war und dem Kommuniqué zufolge »12 Verwundete geborgen und einen russischen Spion [!] gestellt« hatte. Zit. nach: Domarus, Hitler, Bd 4, S. 2215.

gulären Streitkräften, sondern ebenso in Milizen. Die British Home Guard oder die zur Verteidigung Moskaus, Leningrads und Stalingrads aufgestellten sowjetischen Arbeiter-Bataillone hatten in Deutschland zunächst keine Nachahmung gefunden[491]. Die Rücksichtnahme auf die öffentliche Stimmung hatte das Regime vor einem solchen Schritt zurückschrecken lassen, bedeutete dieser doch auch das Eingeständnis einer angespannten Kriegslage. Diese Einstellung änderte sich erst, als die Ergebnisse nüchterner Zahlen-, Stärke- und Lageanalysen verdrängt wurden und sich die Kriegführung von kalkulatorischen Grundlagen auf ideologische Wunschvorstellungen verlagerte. Doch die Bildung des Volkssturms erfolgte vollkommen unabhängig und ohne Mitwirken der Wehrmacht. Denn diese hatte sich aus Hitlers und der Sicht anderer Angehöriger der NS-Führungsriege als untauglich bei der Austragung des Weltanschauungskrieges erwiesen. Auf dem vorläufigen Höhepunkt der militärischen Krise im Sommer 1944 wurde im GenStdH die Idee eines Landsturms zur Sicherung Ostpreußens entwickelt. Mit den neuzuschaffenden Formationen sollte, so die ursprünglichen Überlegungen, das tiefgestaffelte und befestigte Verteidigungssystem hinter den dünnen Fronten gesichert und dadurch Kräfte des Heeres freigemacht werden[492]. Im September scheiterte ein entsprechender Vorstoß Guderians an der Ablehnung Hitlers[493]. Statt dessen erreichte Bormann, daß Hitler dem Plan einer reichsweiten Miliz unter Führung der Partei zustimmte[494]. Die später gewählte Bezeichnung ›Volkssturm‹ drückte die Hoffnung der Regimespitze auf eine eruptive fanatische Kampf- und Durchhaltebereitschaft der Deutschen aus, der die Gegner nichts Gleichwertiges entgegensetzen können würde, trotz ihrer materiellen und personellen Überlegenheit. Folgerichtig nannte der grundlegende Ausbildungsbefehl für den Volkssturm zuvorderst die »weltanschauliche Aktivierung nach den Richtlinien des Leiters der Partei-Kanzlei« und erst an zweiter Stelle die eigentliche militärische Ausbildung[495]. Stellvertretend brachte der Gauleiter von München-Oberbayern, Paul Gießler, die mit dem Volkssturm verknüpften Erwartungen öffentlich zum Ausdruck:

---

[491] Einzelne Gauleiter begannen in der Mitte des Krieges damit, gaueigene Parteitruppen aufzubauen, mit denen sie im Fall von Fremdarbeiter- und Kriegsgefangenenaufständen ihre Hausmacht abzusichern trachteten. Vgl. Hüttenberger, Die Gauleiter, S. 162. Als beispielsweise der Gauleiter in Schwaben im Sommer 1943 eine bewaffnete »Heimatschutztruppe« aus Parteiangehörigen seines Gaues aufstellen wollte, stieß er in kürzester Zeit auf die Ablehnung Himmlers. Der Vorgang ist überliefert in: StA Augsburg, NSDAP/Gauleitung Schwaben 1/25.

[492] Vgl. Guderian, Erinnerungen, S. 328.

[493] Guderian unternahm noch einen zweiten Versuch, indem er den Stabschef der SA, Wilhelm Schepmann, an der Konzeption beteiligte und die Integration von SA und Landsturm vorschlug. Da über 80 Prozent der etwa 1,2 Mill. SA-Angehörigen (Stand 1.11.1944) zur Wehrmacht eingezogen waren, schied die SA-Organisation ohnehin als organisatorisches Gerippe des Volkssturms aus. Zahlen aus: Die Lage. Zentralinformationsdienst der Reichspropagandaleitung der NSDAP und des Reichsministeriums für Volksaufklärung und Propaganda. Folge 128 C vom 23.12.1944, S. 9 (VHA, OT, 6/4).

[494] Siehe dazu die am 14.9.1944 von Bormann im Mitzeichnungsgang an Keitel übersandten Entwürfe. BA-MA, RW 4/v. 494: Schreiben Bormanns an Keitel vom 14.9.1944. Bereits am nächsten Tag ließ Keitel mitteilen, daß seinerseits »keine grundsätzlichen Vorbehalte« bestünden. BA-MA, RW 4/v. 494: OKW/WFSt/Org/F. Nr. 0011277/44 gKdos. vom 15.9.1944.

[495] StA Augsburg, NSDAP, Kreisleitung Sonthofen 15/23: RFSS und BdE/Deutscher Volkssturm/Stabsführer V.S. Tgb.Nr. 6396/44 g. vom 16.10.1944.

»Wir erliegen nicht dem Bann, der in dem augenblicklichen [sic] materiellen Übergewicht des Feindes ruht, sondern werden alle Hoffnungen des Feindes zuschanden machen durch den langersehnten Aufschwung unserer Kraft im Deutschen Volkssturm. In ihm liegt die große, nie wiederkehrende Gelegenheit, unseren Volksgeist zum Kriegsgeist zu formen, um den nationalsozialistischen Volksstaat mit allem Fanatismus zu verteidigen[496].«

Die sozialintegrative ›Volks‹-Phraseologie war ebenso Programm wie die Überlegung, daß durch die Erfassung und Heranziehung des größten Teils der männlichen Bevölkerung eine stärkere ideologische Beeinflussung und Kontrolle zum Zwecke der System- bzw. Herrschaftsstabilisierung erreicht werden könnte[497]. Im rasseideologischen Existenz- und Überlebenskampf ging es darum, alle Waffenfähigen der Nation zu mobilisieren. Nur die Partei schien dazu imstande. Bürokratische Routine, Standards oder Regulative spielten dort, wo es allein auf die vermeintliche Kraft durch ›Willen‹ ankam, nur eine nachgeordnete, z.T. als Hemmnis empfundene Rolle. Tatsächlich entwickelte sich der ›Volkssturm‹ zu einem bürokratischen Ungetüm ersten Ranges.

Volkssturmpflichtig waren alle Angehörigen der männlichen Bevölkerung des Reichs im Alter zwischen 16 und 60 Jahren. Es waren mehr bevölkerungsstatistische Zahlenspielereien denn realisierbare Planungen, welche die Organisatoren mit einer Gesamtstärke von etwa sechs Mill. Männern jonglieren ließ[498]. Die konzeptionellen Vorüberlegungen mußten sich nicht nur an der unterschiedlichen Alters- und Tauglichkeitsstruktur der Volkssturmpflichtigen orientieren. Insbesondere galt es, Leistungseinbrüche in der Kriegswirtschaft durch Dienstverpflichtungen zum Volkssturm so gering wie möglich zu halten. Dementsprechend wurde das personelle Aufkommen vier Aufgeboten zugeordnet. Die ersten beiden Aufgebote umfaßten alle zum Kampfeinsatz tauglichen Angehörigen der Geburtsjahrgänge 1884 bis 1928. Dem ersten gehörten Männer an, die jederzeit zum Volkssturmdienst herangezogen werden konnten, ohne dabei kriegswichtige Funktionen im öffentlichen und Wirtschaftsleben zu beeinträchtigen. Die meisten Angehörigen dieses Aufgebots hatten bereits im Ersten Weltkrieg gedient und wiesen ein Durchschnittsalter von über 50 Jahren auf. Diejenigen, die aufgrund ihrer Tätigkeiten in Rüstungsbetrieben, im Transportwesen oder anderen kriegswichtigen Bereichen unabkömmlich gestellt und somit auch nicht zur Wehrmacht eingezogen worden waren, gehörten dem zweiten Aufgebot an. Hier befanden sich die meisten zwischen 30 und 50 Jahren. Das dritte Aufgebot umfaßte die männlichen Geburtsjahrgänge 1925 bis 1928, ausgenommen diejenigen, die bereits zur Wehrmacht eingezogen worden waren. Da die Angehörigen dieser Jahrgänge bereits in der Hitlerjugend organisiert oder zum Reichsarbeitsdienst eingezogen worden waren,

---

[496] Münchener Neueste Nachrichten vom 25.11.1944. Bayer. HStA, Reichsstatthalter Epp 686/3.
[497] Diesen Aspekt betont insbesondere Mammach, Der Volkssturm.
[498] Diese Zahl geht aus einer Notiz der Organisationsabteilung des OKH hervor. Für die Bedarfskalkulation an Waffen zirkulierten dort Zahlen über 6700 aufzustellende Volkssturmbataillone. BA-MA, RH 2/849a: OrgAbt (I) Nr. II/39698/44 g. vom 16.12.1944.

waren sie auch im Rahmen dieser beiden Organisationen volkssturmpflichtig[499]. Im vierten Aufgebot wurden schließlich die zum Kampfeinsatz nicht Tauglichen im Rahmen von Wach- und Sicherungsaufgaben organisiert. Als die zuständigen Instanzen zu Beginn des Jahres 1945 eine Bestandsaufnahme der bisher geleisteten Organisationsarbeit in Sachen Volkssturm vornahmen, kam man schnell zu dem Ergebnis, daß die Gauleiter auf dem Papier so viele Einheiten des ersten Aufgebotes zusammengestellt hatten, womit die Mobilisierung die Leistungs- und Funktionsfähigkeit der Kriegswirtschaft gravierend zu beeinträchtigen drohte[500].

Auf dem Gebiet der materiellen Ausstattung des Volkssturms waren die organisatorischen Probleme unüberwindbar[501]. Jedem Verantwortlichen mußte klar sein, eine theoretisch sechs Mill. Mann starke Miliz konnte nicht innerhalb kurzer Zeit bewaffnet werden. Vielfach standen nur veraltete oder ausländische Waffen zur Verfügung, die nach dem Verschuß der wenigen vorhandenen Munition gänzlich unbrauchbar wurden. In großem Umfang verfügbar waren dagegen Panzerfäuste. Mit dieser Waffe sollten die Volkssturmangehörigen die Wehrmacht bei der Bekämpfung gegnerischer Panzerdurchbrüche unterstützen. Noch im März 1945 waren über drei Mill. solcher Handgeschosse verfügbar. Angesichts der Tatsache, daß diese Waffe von Jugendlichen und älteren Männern mit nur oberflächlicher Ausbildung, ohne Erfahrung und weitgehend schutzlos auf kurze Entfernung auf feindliche Panzerkolosse abgefeuert werden mußte, kann Rolf-Dieter Müllers Mutmaßung zugestimmt werden, daß sich die meisten ihrer Waffen in »Straßengräben und Tümpeln« entledigten[502]. Selbst die einheitliche Uniformierung der Volkssturmleute erwies sich als unmöglich. Da die Kette von Meldungen über Eingriffe der örtlichen Parteiorganisation in die Herstellung und Lagerung von Waffen, Ausrüstungsgegenständen und Bekleidung nicht abriß, warnte der von Himmler als Chef des Heeresverwaltungsamtes eingesetzte SS-Obergruppenführer Frank Ende Februar 1945 eindringlich davor, »daß die Bestände der Wehrmacht durch die militärischen Ereignisse der jüngsten Zeit, im besonderen auch der Luftangriffe, in keinem Falle und weniger denn je für die Einkleidung des Volkssturms ausreichen«. Wenn die unkontrollierten Eingriffe nicht unterblieben, prophezeite

---

[499] Zu diesem Zweck ordnete Reichsjugendführer Arthur Axmann am 3.10.1944 die vormilitärische Ausbildung der 15jährigen in vierwöchigen ›Wehrertüchtigungslagern‹ an. Während einer sechswöchigen Ausbildungsphase sollten darüber hinaus die 16jährigen eine zusätzliche Ausbildung an der Waffe erhalten, dies »auf der Grundlage der weltanschaulichen Erziehung«. StA München, NSDAP 466. Vor dem Hintergrund der Ersatzplanungen der Wehrmacht erging im März 1945 das Verbot, die Volkssturmangehörigen der Geburtsjahrgänge 1928 und jünger zu Kampfeinsätzen heranzuziehen, um die personellen Planungen der Wehrmacht nicht zu gefährden. BA, NS 6/99: Anordnung Nr. 36/45 gRs. des Ltr. PKzl. vom 7.3.1945.
[500] Vgl. BA-MA, RH 2/331b: OpAbt/Abt LdsBef Nr. 249/45 g. vom 5.1.1945, Notiz über die Volkssturm-Besprechung beim SS-Obergruppenführer am 4.1.1945.
[501] Siehe dazu auch die organisationsgeschichtliche Darstellung von Kissel, Der Deutsche Volkssturm. Kritisch ist anzumerken, daß der Verfasser, der ab November 1944 Chef des Führungsstabes des Volkssturms war, einer rein militärfachlichen Perspektive bei der Beschreibung und Bewertung des Volkssturms verhaftet ist.
[502] Müller, Albert Speer, S. 627.

Frank in plakativer Weise, »daß im Sommer dieses Jahres die Soldaten des Heeres selbst mit der Armbinde auf den Kasernenhof rücken müssen[503].«

Der Volkssturm wurde zum Beispiel für die strukturelle Zerrissenheit und Unbeständigkeit des NS-Regimes. Die Wehrmacht blieb bei der organisatorischen Gestaltung der Miliz vollkommen außen vor. Alle grundsätzlichen Befugnisse für Aufstellung und Führung wurden in die Hände der Partei gelegt. Himmler, in seiner Eigenschaft als Befehlshaber des Ersatzheeres und Chef der Heeresrüstung wurde die militärische Organisation, Ausbildung, Bewaffnung und Ausrüstung übertragen; der Stabschef der SA, Wilhelm Schepmann, mußte sich mit dem vielklingenden und dennoch bedeutungslosen Amt eines ›Inspekteurs für die Schießausbildung‹ zufriedengeben. Die Reibungsverluste und Friktionen innerhalb der Regimespitze übertrug sich auch auf die Arbeitsebenen. Hinzu kam der Hang der Gauleiter, an welche die konkrete Erfassung der Volkssturmpflichtigen, die Führung und der Aufbau der Gliederungen, analog zur gebietsmäßigen Organisation der Partei, delegiert wurde, sich als Regionalpotentaten zu verselbständigen. Bormann selbst übte sich in Aktionismus, indem er die Gauleiter anwies, »wir sollen nicht nach Befehl und Schema neue Wehrmachteinheiten aufstellen, sondern die waffenfähigen Volksgenossen der Heimat sollen aufgerufen werden«[504]. Goebbels, der eifersüchtig die Aktivitäten Bormanns und Himmlers beäugte, resümierte gut zwei Monate nach der Ausrufung des Volkssturms:

»Die Volkssturmarbeit macht uns große Schwierigkeiten. Es hat sich schon eine erhebliche Bürokratie eingeschlichen, und es kommen Rundschreiben von seiten Bormanns, oder Himmlers, die geradezu lächerlich wirken. Es werden Vorschriften erlassen über die Art der Briefumschläge oder Stempel, als wenn das in der gegenwärtigen Kriegslage das wichtigste wäre[505].«

Die volle Einsatzbereitschaft der nationalsozialistischen Miliz bis zum 31. März 1945 war ein unerreichbares Ziel[506].

Die militärische Bedeutung des Volkssturms hing nicht nur von den vielbeschworenen Problemen in der Ausstattung mit Waffen und Munition ab. Schon die Alarmierung scheiterte oft an dem Angewiesensein der zuständigen Stellen auf das störungsanfällige zivile Telefonnetz. Die mangelhafte Ausstattung mit Bekleidung und Schuhzeug war in den kalten Wintermonaten des Jahresbeginns 1945 eine nachhaltige Bedrohung für Gesundheit und Moral der Volkssturmangehörigen, die aufgrund ihrer altersbedingten körperlichen Verfassung erheblich anfälliger waren als ein durchschnittlicher Wehrmachtsoldat. Materialmangel und organisatorische Schwierigkeiten behinderten die zumeist nur sonntäglich stattfindende Ausbildung. Einen repräsentativen Eindruck vom Zustand des Volkssturms vermittelt der Einsatzbericht eines fränkischen Volkssturmbataillons, das Anfang Februar 1945 die deutschen Linien der Ostfront verstärken sollte:

---

503 BA-MA, RW 4/v. 711: Chef Heeresverwaltungsamt Nr. 11/45 g. vom 28.2.1945.
504 HStA Hannover, 122a/7082: Rundschreiben des Ltr. PKzl. 270/44 vom 26.9.1944.
505 Goebbels, Die Tagebücher, Bd 14, Eintrag vom 17.12.1944, S. 432.
506 Vgl. StA Augsburg, NSDAP, Kreisleitung Sonthofen 15/23: RFSS und BdE/Deutscher Volkssturm/Stabsführer V.S. Tgb.Nr. 6396/44 g. vom 16.10.1944.

»Die Männer sind innerhalb dreier Tage einberufen, eingekleidet und abtransportiert worden, so daß sie teilweise nicht einmal von ihren Familien Abschied nehmen konnten. Als ich das Bataillon übernahm, waren die Männer 10 Tage an der Front eingesetzt, ohne daß eine Feldpostnummer oder sonstige Postverbindung mit der Heimat vorhanden war. [...] Die Ausrüstung besteht in braunen Uniformen und Mänteln mit italienischen Stahlhelmen; Schneehemden sind nicht vorhanden, so daß die Männer besonders deutlich bei Schneelagen sich deutlich abhoben. Die Folgen sind Verluste, die vermieden werden könnten [...]. Hinzu kommt, daß eigene Truppen, in der Meinung, daß es Russen sind, auf das Bataillon schossen. [...] Die Bewaffnung besteht aus Gewehren. MGs und sonstige schwere Waffen sind nicht vorhanden. [...] Da der Einsatz sofort vom Transport aus erfolgte, hat keinerlei Ausbildung an irgendeiner Waffe oder im Felddienst stattgefunden. 60 Prozent der Männer sind völlig unausgebildet, der Rest sind alte Soldaten[507].«

Die Integration des Volkssturms in die Verteidigungsorganisation wurde durch eine Fülle von Friktionen behindert. Eine nur oberflächliche Abstimmung und geringe Kooperation der Parteileitung und der Wehrmachtführung hatten zur Folge, daß der Volkssturm inmitten einer Kette sich widersprechender und überschneidender Zuständigkeiten und Kompetenzen stand[508]. Selbstherrlich verschoben Gauleiter ›ihre‹ Bataillone ohne Absprache mit den militärisch Verantwortlichen. Als pragmatischer erwies sich bisweilen die Zusammenarbeit zwischen Kreisleitern und örtlichen militärischen Befehlshabern. Auf der anderen Seite waren sich viele militärische Truppenführer darüber unklar, wie sie den Volkssturm in ihre eigenen Planungen einbeziehen sollten.[509] Die im Osten eingesetzten Armeen integrierten die Volkssturmeinheiten in ihre Verteidigungs- und Abwehrpläne und unterstützten diese im Rahmen ihrer engbegrenzten Möglichkeiten bei Aufstellung, Ausrüstung und Ausbildung. Die im Westen kämpfenden Truppenteile der Wehrmacht entwickelten zunächst kein besonderes Interesse an der Einbindung des Volkssturms, zumal sich die Kämpfe erst im Januar/Februar 1945 auf das Reichsgebiet verlagerten; eine Voraussetzung für den Einsatz der örtlich gebundenen und zugleich verwurzelten Miliz[510]. Später waren Klagen an der Tagesordnung, daß militärische Führer auf Kosten des Volkssturms den Rückzug der Wehrmacht deckten[511]. Als Quintessenz für die Ausbildung des Volkssturms wur-

---

[507] Loringhoven, Das letzte Aufgebot, S. 86 f.
[508] Kategorisch ordnete Bormann am 19.10.1944 an: »In den Gauen haben lediglich die Gauleiter Befehls- und Weisungsrecht nach den vom Reichsführer SS als BdE und mir gegebenen Anweisungen.« Bayer. HStA, Reichsstatthalter Epp 686: Anordnung Nr. 111/44 des Ltr. PKzl.
[509] Vgl. Yelton, The Last reserves, S. 459.
[510] Aus diesem Grund wurde der Einsatz von Volkssturmeinheiten außerhalb der Reichsgrenzen von der Regimespitze untersagt. BA-MA, RW 4/v. 505, OKW/WFSt/Org (III) Nr. 7356/44 g. vom 13.12.1944.
[511] Vgl. Yelton, The Last Reserves, S. 571 ff. »Aus zahlreichen Anträgen ist zu entnehmen, daß die Oberbefehlshaber und Truppenkommandeure immer noch nicht über das Wesen und den Sinn des ›Volkssturms‹ im Bilde sind", monierte so beispielsweise das OKH am 13.1.1945. BA-MA, RH 19 V/58: OKH/GenStdH/Op/Abt LdsBef Nr. 452/45 gKdos. Auch der Oberbefehlshaber der HGr G beklagte die bisweilen anzutreffende »völlige Verständnislosigkeit gegenüber der Eigenart des Volkssturms«. Anlaß war ein Bericht des Gauleiters Westmark gewesen, »daß die Einstellung der Truppe dem Volkssturm gegenüber mancherorts verächtlich ist, weil der Volkssturm nur mangelhaft uniformiert, ungenügend bewaffnet und in seinem Gefüge von einer mobilen

de die Losung ausgegeben: »Der Kampf geht um jeden Stützpunkt, jedes Haus, jede Sperre bis zum letzten Mann. Der Feind muß geschädigt werden, wo und wie immer es möglich ist[512].« In der Praxis wurde der Volkssturm eingesetzt als Sicherheitsbesatzungen im Hinterland der Front angelegter Stellungs- und Befestigungssysteme sowie als Teil der Besatzungen von zu ›Festungen‹ erklärten Städten. Volkssturmangehörige waren tätig im Rahmen lokaler Verteidigungsaufgaben, bei der Evakuierung der Zivilbevölkerung, der Sicherung der rückwärtigen Heeresgebiete und dienten nicht zuletzt als schlichte Arbeits-Bataillone. Hinzu kam die Funktion des Volkssturms als eine Art Hilfspolizei, die bei der Suche nach abgeschossenen gegnerischen Flugzeugbesatzungen, entkommenen Kriegsgefangenen, vermeintlichen oder tatsächlichen Agenten und Saboteuren sowie, mit Blick auf die östlichen Provinzen des Reiches, bei der Bekämpfung von Partisanen unterstützte[513].

Letztlich hing es somit entscheidend von den örtlichen Initiativen und Maßnahmen der Wehrmacht ab, ob der Volkssturm die ihm zugedachte taktische Rolle erfüllen konnte. Die Voraussetzungen dafür waren bei der regulären Truppe, die unter dem rapiden Verfall ihrer eigenen Leistungskraft aufgrund fehlender personeller und materieller Ressourcen litt, zunehmend weniger gegeben. Insbesondere beim Kampf eingeschlossener ›Festungen‹ stellten die Volkssturmformationen einen gewissen taktischen Wert unter Beweis. Doch auch in den Fällen, wo der Volkssturm die in ihn gesetzten militärischen Erwartungen leidlich erfüllte, bedeutete dieser ›Erfolg‹ in der Regel die praktische Vernichtung der eingesetzten Formationen und die massive Zerstörung der durch sie ›verteidigten‹ Lebenswelt der Menschen. Als sich während der sowjetischen Winteroffensive herausstellte, daß die auf sich gestellten Volkssturmeinheiten kein ernstzunehmendes militärisches Hindernis für die Rote Armee waren, ordnete Hitler für den Fall des Kampfgeschehens grundsätzlich die Eingliederung des Volkssturms in die Verbände des Feldheeres an[514].

Das Regime war besonders an der völkerrechtlichen Anerkennung des Volkssturms seitens der Kriegsgegner interessiert. Stimmungsberichten zufolge herrschte in der Bevölkerung die Auffassung, wonach gefangengenommene Volkssturmangehörige den Partisanen zugerechnet und folglich ohne Umschweife erschossen würden. Die jahrelange Kriminalisierung der Partisanenaktivitäten in den von der Wehrmacht besetzten Gebieten erwies sich nun als kontraproduktiv. Sprachregelungen innerhalb der Wehrmacht wiesen daher an,

»daß bei Kämpfen gegen aufständische oder irreguläre Truppenteile Ausdrücke wie ›Heckenschützen‹ oder ›Flintenweiber‹ usw. nicht mehr zu verwenden sind, da wir im

---

Truppe weitgehend verschieden ist«. BA-MA, RH 19 XII/23: OB HGr G/Ia Nr. 293/45 g. vom 26.1.1945.
[512] BA-MA, RH 14/3: RFSS und BdE/Deutscher Volkssturm/Stabsführer V.S. Tgb.Nr. 6674/44 g., undat. Abschrift.
[513] Vgl. Yelton, The Last Reserves, S. 440 f.
[514] Vgl. OKW/WFSt/Op/Org, Nr. 00937/45 gKdos. vom 28.1.1945, wiedergegeben in: Hitlers Weisungen für die Kriegführung, S. 346.

Hinblick auf eigene Organisationen, wie den Volkssturm, zu einer sprachlichen Umstellung gezwungen sind«[515].

Der körperliche und gesundheitliche Zustand vieler Volkssturmangehöriger verringerte die Überlebenschancen für den Fall, daß diese in sowjetische Kriegsgefangenschaft gerieten. Das Durchschnittsalter ostpreußischer Volkssturmeinheiten betrug etwa 47 Jahre, fast zwei Drittel aller Volkssturmangehörigen hatten ein Lebensalter von 45 Jahren. Gerade in den älteren Jahrgängen war die Härte der russischen Kriegsgefangenschaft noch aus der Zeit des Ersten Weltkrieges präsent[516].

Volkssturmpflichtige aus den östlichen Gebieten des Reiches, die sich ihren Familien bei der Flucht nach Westen anschließen wollten, liefen Gefahr, an einer der unzähligen Kontroll- und Sperrlinien aufgegriffen und als Deserteur erschossen oder erhängt zu werden. Andererseits schienen die oberflächlich ausgebildeten und vielfach völlig unzureichend bewaffneten Truppen, die die sowjetische Führung wegen der großen Verluste ihres Vormarsches aufbieten mußte, die von rassischen Überlegenheitsattitüden durchzogene Wirklichkeitsdeutung des Regimes zu bestätigen. Und die Greuel sowjetischer Soldateska, die fast jeder der Volkssturmangehörigen aus dem Osten entweder aus persönlichen Erzählungen oder eigenem Erleben kannte, ließen den vom Regime ausgerufenen Existenzkampf, der nunmehr auf bisherige Konventionen ebenso wenig Rücksicht nahm wie auf die Unterscheidung zwischen Kombattanten und Nichtkombattanten, als real erscheinen. Volkssturmeinheiten, die im Westen kämpften, wurden nicht von dieser Mischung aus Angst, Verzweiflung und ideologischem Fanatismus getrieben. Allein am Oberrhein mochte vielleicht die sich abzeichnende Eroberung durch französische Verbände, insbesondere durch Kolonialtruppen, eine ähnliche Angstmotivation auslösen[517]. Der Kontrast der schieren Überlegenheit der alliierten Kriegsmaschinerie und der geschlagenen und in Auflösung begriffenen Wehrmacht erschütterte das Selbstvertrauen der Volkssturmangehörigen. Die Anwesenheit regulärer Verbände verlieh dem Volkssturm bisweilen mehr Standfestigkeit, dies allerdings in doppelter Hinsicht. Denn Truppenführer der Wehrmacht standen Kommandeuren der Waffen-SS wenig darin nach, aufkeimenden Widerstand gegen oder die verzögernde Ausführung von Halte- und Verteidigungsbefehlen mit Gewalt zu brechen. Ebenso wie die Soldaten sahen sich auch Volkssturmangehörige, welche die Absicht hegten, ihre Einheit zu verlassen, einem weitgespannten Kontroll- und Überwachungsapparat gegenüber. Und dieser ließ seinen öffentlichen Ankündigungen zufolge wenig Zurückhaltung erwarten bei der Vollstreckung von Todesurteilen. Hinzu kam die Unsicherheit in den eigenen Reihen: Immer wieder berichteten die alliierten Einheiten, daß sich der Fanatismus der Hitlerjugend als ›Stolperstein‹ herausstellte beim ansonsten mit wenigen Hindernissen versehenen Vormarsch in das Innere des Reichs[518].

---

[515] So beispielsweise ein vom SS-Hauptamt über den Chef H Rüst u BdE/Stab NSF am 14.10.1944 verbreiteter »Führershinweis«. BA-MA, RH 53-6/59.
[516] Vgl. Yelton, The Last Reserves, S. 506.
[517] Beispiele ebd., S. 553.
[518] Vgl. ebd., S. 558.

Die rudimentäre Quellenüberlieferung bietet keine ausreichende Grundlage für die Erarbeitung eines vollständigen Katasters aller Volkssturmaktivitäten. Auch bleibt die Zahl derer, die zeitweilig oder länger einer der zahlreichen zumindest auf dem Papier existierenden Volkssturmformationen angehörten, im Dunkeln. Im Chaos des Zusammenbruchs vermischten sich Volkssturm- und Wehrmachteinheiten[519]. Die Auswertung überlieferter Unterlagen unter Verwendung von Methoden der empirischen Sozialforschung kommt zu dem Ergebnis, daß etwa 78 000 Jugendliche und Männer des Volkssturms in den sieben Monaten seiner Existenz ihr Leben verloren. Überproportional groß war der Anteil der Toten unter den aus den östlichen Reichsgebieten stammenden[520].

In der Wahl der Mittel warf das Regime alle Hemmnisse ab, um seine klinisch tote Herrschaft künstlich am Leben zu erhalten. Die Radikalisierung des Krieges kannte praktisch keine Grenzen. Angesichts einer lawinenartigen Erosion der Kampfmoral der Wehrmachtsoldaten im Westen kam im engsten Führungszirkel Hitlers im Februar 1945, gleich einem Akt ohnmächtiger Raserei, die Idee auf, durch den Austritt aus der Genfer Konvention die Soldaten zu härterem Kämpfen anzutreiben. Die Befehle zur Zerstörung der zivilen Infrastruktur legitimierte Hitler mit der zynischen Bemerkung:

»Wenn der Krieg verloren geht, wird auch das Volk verloren sein. Es ist nicht notwendig, auf die Grundlagen, die das deutsche Volk zu seinem primitivsten Weiterleben braucht, Rücksicht zu nehmen[521].«

Am 19. März 1945 befahl Hitler:

»Der Kampf um die Existenz unseres Volkes zwingt auch innerhalb des Reichsgebietes zur Ausnutzung aller Mittel, die die Kampfkraft unseres Feindes schwächen und sein weiteres Vordringen behindern. [...] Es ist ein Irrtum zu glauben, nicht zerstörte oder nur kurzfristig gelähmte Verkehrs-, Nachrichten-, Industrie- und Versorgungsanlagen bei der Rückgewinnung verlorener Gebiete für eigene Zwecke wieder in Betrieb nehmen zu können. Der Feind wird bei seinem Rückzug uns nur eine verbrannte Erde zurücklassen und jede Rücksichtnahme auf die Bevölkerung fallen lassen[522].«

Die Durchführung des Befehls wurde bezeichnenderweise in die Hände der Gauleiter und des Militärs, nicht aber in die Zuständigkeit des Ministeriums Speers und seiner unterstellten Rüstungsorganisation gelegt. Eine Befolgung bis zur letzten Konsequenz hätte Deutschland quasi in die Steinzeit zurückkatapultiert[523]. Ob

---

[519] Hitler selbst hatte befohlen, Volkssturmeinheiten bataillonsweise in die Heeresdivisionen an ruhigen Fronten einzugliedern: »Sie dienen der Auffüllung der Gefechtsstärken, sowie der Streckung der Front, um hierdurch kampfkräftige Reserven freizubekommen.« BA-MA, RH 2/331a: OKH/GenStdH/OpAbt/Abt LdsBef (I) Nr. 766/45 gKdos. vom 19.1.1945.
[520] Vgl. Overmans, Deutsche militärische Verluste, S. 258 ff. Zu den methodischen Problemen siehe S. 50 f.
[521] Speer, Erinnerungen, S. 446.
[522] Wiedergegeben in: Hitlers Weisungen für die Kriegführung, S. 348 f.
[523] Was auf den Rückzügen der Wehrmacht aus dem besetzten Europa unter dem Schlagwort ›Verbrannte Erde‹ kompromiß- und bedenkenlos praktiziert worden war, schlug nun auf die eigene Bevölkerung zurück. Daß die Folgen dennoch absehbar blieben, war das Ergebnis eines Obstruktionsverhaltens, das bei Speer, bei zahlreichen Vertretern aus der Wirtschaft und einzelnen militärischen Verantwortungsträgern bis hin zu den Belegschaften der Betriebe anzutreffen war. Chaotische Befehlsverhältnisse bewirkten ein übriges. Eichholtz, Geschichte der deutschen

Hitlers Verzicht auf den Einsatz der während des Krieges in großen Mengen hergestellten Gas-Kampfstoffe auf die zusammenbrechenden Transport- und Kommunikationsstrukturen zurückzuführen ist, muß mangels Quellen offenbleiben[524].

Der im Herbst 1944 fertiggestellte Durchhaltefilm »Kolberg« spiegelte auf geradezu paradigmatische Weise die Bereitschaft des Regimes wider, die Herrschaft auf Kosten der Bevölkerung zu verlängern. Der Produktionsaufwand des letzten Großfilms der nationalsozialistischen Propagandafabrik sprengte alle Dimensionen der Filmproduktion im ›Dritten Reich‹. Der Kopienversand im Reich war groß angelegt, ging in den Wirren der letzten Kriegsmonate jedoch unter[525]. Die Produktionskosten erreichten eine für damalige Verhältnisse gigantische Höhe von 8,5 Mill. Reichsmark. Bei den Aufnahmen traten insgesamt etwa 187 000 Statisten auf. Oft waren über Zehntausend zur gleichen Zeit am Drehort. Zum überwiegenden Teil wurden diese von der Wehrmacht gestellt, in der zeitgleich die Entbehrlichkeit auch des letzten Schreibstubensoldaten überprüft wurde. Wohl auch um zu verbergen, daß ganze Wehrmachteinheiten als Statisten in Babelsberg, Königsberg und Kolberg versammelt wurden, unterlagen die Dreharbeiten einer strengen Geheimhaltung. Eigens für den Film wurden 10 000 Uniformen angefertigt, während die Bevölkerung Bekleidungs- und Ausrüstungsgegenstände für die Ausstattung der Soldaten neuaufgestellter Verbände sammeln sollte. Aus Gründen der Authentizität wurde in der Nähe von Berlin Kolberg einschließlich Wassergräben nachgebaut, um es während der Aufnahmen Stück für Stück niederzubrennen. Die Ladung mehrerer Güterzüge voll Salz imitierte die Winterlandschaft. In keinem anderen Film richtete sich die Propaganda so direkt an die Bevölkerung wie in »Kolberg«. Der nationalsozialistische Krieg wurde in die Geschichte der französischen Eroberung der Stadt 1806 bis 1807 projiziert. Fast wortgetreu sprachen die Darsteller die Parolen Goebbels' nach. Heinrich George mimte den Führer der Kolberger Bürgerwehr und verkündete gegenüber dem Gneisenau-Darsteller:

»Und wenn wir uns mit unseren Nägeln in unseren Boden einkrallen, an unsere Stadt, wir lassen nicht los. Nein, da muß man uns die Hände einzeln abhacken, einem nach

---

Kriegswirtschaft, S. 663 ff.; Speer, Erinnerungen, S. 464. Die größte Gefahr einer blinden und bedenkenlosen Umsetzung dieses Befehls ging gleichwohl, wie Speer nach dem Krieg aussagte, von der Wehrmacht aus: Bei Generälen wie Guderian, Heinrici, Thomale und dem General der Waffen-SS Hausser fand der Rüstungsminister Unterstützung. Andere, wie beispielsweise Walter Model, entzogen sich einer klaren Entscheidung. Als größter Problemfaktor bei Speers Rettungsversuchen erwies sich »das in seiner Haltung völlig verrannte OKW«. IMT, Bd 41, Dok. Speer-42, S. 494, Vernehmung Rohland, 20.5.1946.

[524] Den ganzen Krieg über, auch im Spätsommer und Herbst 1944, setzten sich einige wenige Militärs für einen auf einzelne Kampfabschnitte beschränkten Gaskrieg ein. Auch Hitler deutete am 5.8.1944 in einem Gespräch mit Antonescu den Einsatz von Gaskampfmitteln »in einer äußersten Notlage« an. Demgegenüber hatten die Alliierten zu keinem Zeitpunkt Zweifel an ihrer Entschlossenheit gelassen, in einem solchen Fall den strategischen Bombenkrieg über Deutschland um die Gaskomponente zu erweitern. Die Folgen wären für die deutsche Bevölkerung im wahrsten Sinne des Wortes verheerend gewesen. Zudem gelang es der deutschen Rüstungsindustrie nicht, gegenüber den Alliierten einen Vorsprung in der Kampfstoffherstellung zu erzielen. Im Herbst 1944 mußte die Produktion zugunsten der Pulver- und Sprengstofferzeugung gedrosselt werden. Müller, Albert Speer, S. 705 ff.

[525] Vgl. Donner, Propaganda, S. 119 ff.

dem anderen [...]. Lieber unter Trümmern begraben, als kapitulieren«, worauf dieser zur Antwort gab: »So wollt ich's von Ihnen hören, Nettelbeck. Jetzt können wir zusammen sterben[526]|«

Am Ende des Streifens liegt Kolberg in Schutt und Asche. Der Film sollte ein opulentes historisches Vorbild für den Volkssturm liefern. Die begeistert zur Bürgerwehr drängenden Zivilisten der Stadt symbolisierten die Einheit von Volk und Armee. Den Zuschauern wurde suggeriert, daß nicht etwa Waffen, sondern die Geisteshaltung den Soldaten ausmachten. Mit Tanz, Jubel und Gesang verrichtete die Kolberger Bevölkerung Maßnahmen, die dem Feind nichts hinterließen als verwüstetes Land. Wie ein Volksfest wurde das Überschwemmen und Niederbrennen von Teilen der Stadt inszeniert. Viele der überaus realistischen Darstellungen des Kriegshorrors fielen der Zensur Hitlers und Goebbels' zum Opfer, die in die Filmproduktion wie in keinem anderen Fall eingriffen. Zu offensichtlich erinnerte die filmische Umsetzung des Pathos vom Kämpfen und Durchhalten bis zum Letzten an die Realität zerbombter Städte oder an die Bilder von der Zerstörung Warschaus.

»Kolberg«, dessen spätere Eroberung durch die Rote Armee die NS-Propaganda verschwieg, blieb keine filmische Fiktion. Zum Jahrestag der Völkerschlacht von Leipzig trat der Volkssturm in Ostpreußen erstmals öffentlich bei einem Appell an. In seiner Rede vor den Volkssturmformationen machte Himmler deutlich, daß das Regime von der Bevölkerung keinen bloßen symbolischen Beitrag für die Erhaltung seiner Existenz erwartete:

»Wie damals im Freiheitskrieg der Landsturm, so hat heute der Volkssturm die Aufgabe, überall dort, wo der Feind unseren Heimatboden betritt, [...] ihn fanatisch anzupakken, festzuhalten und ihn womöglich aufzureiben. Unsere Gegner müssen begreifen lernen: Jeder Kilometer, den sie in unser Land vordringen wollen, wird sie Ströme ihres Blutes kosten. Jeder Häuserblock einer Stadt, jedes Dorf, jedes Gehöft, jeder Graben, jeder Busch, jeder Wald wird von Männern, Knaben und Greisen, und, wenn es sein muß, von Frauen und Mädchen verteidigt. Auch in dem Gebiet, das sie glauben erobert zu haben, wird immer wieder in ihrem Rücken deutscher Widerstandswille auflodern, und wie die Werwölfe werden todesmutige Freiwillige dem Feind schaden und seine Lebensfäden abschneiden[527].«

In einem kleineren Kreis vor Vertretern von Partei, Wehrmacht und Wirtschaft schmückte Himmler dieses Kriegsszenario weiter aus:

»Es läßt sich nichts so ausgezeichnet verteidigen wie eine Großstadt oder ein Trümmerfeld. Hier müssen wir – das leitete auf das Kapitel des Volkssturms über – das Land verteidigen. Es muß so sein, daß man sich im Trümmerfeld wirklich bis zum allerletzten wehrt. Das Wort, ›bis zur letzten Kartusche und Patrone‹ darf keine Redensart, sondern es muß eine Tatsache sein. Es muß heiliger Ernst sein, daß das für uns leidvolle und verlustvolle Vorbild, das Warschau uns gegeben hat, für jede deutsche Stadt, die durch irgend ein Unglück umgangen und belagert wird, von der Wehrmacht und vom Volkssturm vorgelebt wird[528].«

---

526 Zit. nach: UFA-Magazin, Nr. 20 »Kolberg«, S. 2.
527 Rede Himmlers im ostpreußischen Bartgenstein am 18.10.1944, wiedergegeben in: Keesings Archiv der Gegenwart, 1944, S. 6563.
528 BA, NS 19/4017: Redeauszug vom 3.11.1944.

Der nationalsozialistische Volkskrieg ignorierte die Maßstäbe einer regulären Kriegführung. Eine weitere Stufe der Radikalisierung erklomm das NS-Regime, als von verschiedenen Stellen Initiativen zu einem Partisanenkrieg in Deutschland ausgingen. Es ist bezeichnend für den Zustand des Regimes, daß diese isoliert voneinander oder in gegenseitig konkurrierender Weise betrieben wurden und sich im Kampf um knappe Ressourcen wie Personal, Waffen und Munition gegenseitig behinderten. Die Tabuisierung der Kapitulation blockierte systematische Vorbereitungen für einen Guerillakrieg im Reich. Die rasche Entwicklung der Kriegslage ließ schließlich keine Zeit mehr für langfristig wirksame Maßnahmen. Himmler beanspruchte zunächst die verdeckte Kriegführung für sich und beauftragte den SS-Obergruppenführer und General der Waffen-SS Hans Adolf Prützmann mit der Planung, Vorbereitung und Durchführung dieser Aktivitäten. Es sollte eine Organisation geschaffen werden, die unter der Bezeichnung »Werwolf« den Kampf auf deutschem Boden im Rücken des Feindes fortsetzte[529]. Auch die Wehrmacht bereitete vereinzelt Maßnahmen vor, um, wie im Fall der Heeresgruppe Süd, »im unmittelbaren Zusammenhang mit taktischen Kampfhandlungen den Kleinkrieg im Rücken des Feindes einzuleiten« und »bei günstigen Voraussetzungen für einen Volksaufstand die Kerntruppe zu bilden«[530]. Wenige Tage nach dem Beginn der sowjetischen Winteroffensive forderte der Oberbefehlshaber der Heeresgruppe A, Feldmarschall Schörner, Himmler dazu auf, aus Volkssturmangehörigen

> »besondere ›Vernichtungsgruppen‹ zusammenzustellen«, welche »die feindlichen Marschgruppen an sich vorbeilassen, um zwischen und hinter ihnen den Kampf nach Partisanenart zu führen, indem sie marschierende oder rastende Truppen, Kolonnen und Panzerrudel mit Gewehr [...] und Panzerfaust anfallen«[531].

Es lag in der Tendenz zur Radikalisierung, daß die Vorbereitungen für eine verdeckte Kriegführung bald den konspirativen Rahmen verließen. Angesichts der fortschreitenden gegnerischen Erfolge, gegen die sich auch die Aufstellung und der Einsatz des Volkssturms als untaugliches Mittel erwies, engagierte sich die Partei zunehmend in der von der SS betriebenen Werwolf-Organisation[532]. Am 10. März 1945 forderte der Leiter der Parteikanzlei dazu auf, in den Gauen »tapfere Männer und Frauen jeden Alters« für eine Partisanentätigkeit zu rekrutieren. Gezielt sollten dabei Flüchtlinge aus den vom Feind besetzten oder feindgefährdeten Gebieten

---

[529] Vgl. BA-MA, RH 2/1186: OKH/Abt Op/FHO/Ausb. Abt (I) Nr. 3/45 gKdos. Chefs. vom 6.2.1945.
[530] BA-MA, RH 19 V/59: Oberkommando Heeresgruppe Süd/Abt Ia/Ic/Id Nr. 259/45 gKdos. vom 23.1.1945. Einer Anordnung des Oberbefehlshabers des Ersatzheeres zufolge wurde in der zweiten Januarhälfte 1945 die Aufstellung derartiger »Streifkommandos« für jeden Truppenteil des Heeres angeordnet. BA-MA, RH 12-2/40: OBdE/AHA/Stab II (2) Nr. 336/45 gKdos. vom 24.1.1945. Vgl. auch die Vorbereitungen zur »Kleinkriegführung im Rücken des Feindes« der im Osten eingesetzten 253. Infanteriedivision/Abt IIb Nr. 88/45 gKdos. vom 1.3.1945. VHA Prag, Varia I, K 53.
[531] BA-MA, RH 19 XV/2: Oberkommando Heeresgruppe A/Ia Nr. 493/45 g. vom 23.1.1945.
[532] Vgl. Biddiscombe, Werwolf!, S. 126 ff.

angeworben werden⁵³³. Es war Goebbels, der als eine letzte Stufe in der Totalisierung des Krieges Ende März 1945 den Versuch unternahm, nicht durch Organisation, sondern durch massive Propaganda den Volkskrieg zu entfesseln. Bereits im vorangegangenen Sommer hatte Goebbels gegen eine aus seiner Sicht »bürgerliche Kriegführung« gewettert und in Gedanken geschwelgt, »im Falle einer Invasion auf deutschem Boden einen radikalsten revolutionären Krieg zu proklamieren«⁵³⁴. Nun, im Frühjahr 1945, hielt Goebbels seine Zeit für gekommen:

»Die ›Werwolf‹-Aktion soll für die gegenwärtige Kriegslage das werden, was der ›Angriff‹ in unserer Kampfzeit nicht nur für den Kampf um Berlin, sondern für den Kampf um das Reich gewesen ist, nämlich eine Sammlungsstätte für alle Aktivisten, die mit dem kompromißlerischen Kurs nicht einverstanden sind«,

notierte der Propagandaminister gut vier Wochen vor dem Ende des Krieges⁵³⁵. Die erstmals am 1. April 1945 ausgestrahlten Aufrufe eines vom Propagandaministerium betriebenen Werwolf-Senders richteten sich an den harten Kern der Gläubigen und sollten durch ihre Reminiszenzen an die propagandistisch verklärte ›Kampfzeit der Bewegung‹ letzte Energien freisetzen. Es dürfe nicht zugelassen werden,

»daß eine tausendjährige Geschichte des deutschen Reiches von ein paar hundert amerikanischen Panzern deshalb ausgelöscht wird, weil es noch einigen Teilen der kämpfenden Truppe und unserer Bevölkerung an der nötigen Einsicht und Härte fehlt«,

gab der Staatssekretär im Propagandaministerium, Werner Naumann, den Leitern der Reichspropagandaämter am 4. April 1945 unter der programmatischen Überschrift »Jetzt scheiden sich die Geister!« als Parole aus⁵³⁶.

»Wer nach einem oberflächlichen Kräftebild urteilt, irrt. Jetzt gilt es dem Gegner zu beweisen, daß er unser Volksgefüge weder sprengen noch zerbrechen kann, daß seine Verhetzungsversuche Partei gegen Wehrmacht und Wehrmacht gegen Partei und dergleichen scheitern. [...] Dem Feind muß beigebracht werden, daß er gegen den heimlichen Krieg, gegen den Werwolf, keine Waffe besitzt«,

ließ Bormann wenige Tage darauf im gleichen Tenor alle Reichs- und Gauleiter wissen⁵³⁷. Die Reichsjugendführung ihrerseits entwickelte eigene Initiativen zum »Aufbau einer Organisation ähnlich ›Werwolf‹«⁵³⁸. Es ist kaum mehr rekonstruierbar, in welchem Ausmaß solche Pläne umgesetzt wurden⁵³⁹. Bedenkt man, daß für einen großen Teil der Jugendlichen der Opfermythos ein fester Bestandteil ihrer

---

⁵³³ BA, NS 6/354: Rundschreiben 128/45 gRs. vom 10.3.1945. Innerhalb der Reichsleitung der NSDAP wurde zur Koordinierung der Meldungen ein Hauptbereichsleiter eingesetzt, der Bormann wenige Wochen zuvor durch seine Vorschläge zum Aufbau einer antibolschewistischen Widerstandsbewegung in den besetzten Ostgebieten aufgefallen war. Die Ausführungen Dotzlers übersandte Bormann am 8.2.1945 an Himmler. BA, NS 19/882.
⁵³⁴ Goebbels, Die Tagebücher, Bd 12, Eintrag vom 24.6.1944, S. 540.
⁵³⁵ Ebd., Bd 15, Eintrag vom 30.3.1945, S. 637.
⁵³⁶ BA-MA, RH 19 XV/9a.
⁵³⁷ BA, NS 6/134: Rundschreiben Bormanns vom 7.4.1945.
⁵³⁸ Dieses gab einer Aktennotiz aus dem Stab der Heeresgruppe Weichsel vom 9.4.1945 zufolge der sog. Beauftragte für den Osteinsatz der Hitlerjugend, Obersturmbannführer Schimmelpfennig, zu erkennen. BA-MA, RH 19 XV/9a.
⁵³⁹ Ein entsprechendes Beispiel ist wiedergegeben in: Jahnke/Buddrus, Deutsche Jugend, Dok. 280, S. 410 ff.

Sozialisation war, worin sich auch die Gewaltanwendung als ein selbstverständliches Mittel der Konfliktlösung zeigte, läßt sich das große Gewaltpotential abschätzen, dessen sich das Regime bei einem Rückgriff auf mehrere Hunderttausend überdies vielfach vormilitärisch ausgebildete Jugendliche bedienen konnte[540].

Die von den treibenden Kräften der NS-Herrschaft gehegte Hoffnung auf einen extensiven Partisanen- und Guerillakrieg in Deutschland erfüllte sich nicht. Die Vielzahl von Mustern einer verdeckten Kriegführung, die sich in ihrer Zahl kaum abschätzen lassen, blieben ohne Auswirkung auf den Verlauf der Kriegsereignisse. Alliierte Gegenmaßnahmen provozierten sie dennoch[541]. Auch wenn der Steppenbrand eines nationalsozialistischen Volkskrieges ausblieb, so lassen sich die Folgen von Willkür, Terror und Gesetzlosigkeit für die Bevölkerung kaum abschätzen, die unter dem Deckmantel des Partisanenkampfes sich auch gegen ›innere Feinde‹ richtete. Die Ermordung des von den Alliierten eingesetzten Aachener Bürgermeisters Franz Oppenhoff am 25. März 1945 war die spektakulärste Aktion eines Werwolf-Kommandos[542]. Im Frühjahr 1945 blieb niemand, der sich mit dem Gedanken an die Übergabe einer Stadt umtrieb, der den herannahenden Soldaten des Gegners eine weiße Fahne entgegenschwenken wollte oder der seine Zweifel am Sinn der Fortsetzung des Krieges nach außen kehrte, unbeeindruckt von derartigen Meldungen. Welche Gewaltexzesse die Werwolf-Aufrufe förderten, belegen die Vorgänge im oberbayerischen Penzberg. Als am 28. April 1945 ein über Rundfunk verbreiteter Aufruf der ›Freiheitsaktion Bayern‹ den Zusammenbruch der nationalsozialistischen Herrschaft verkündete, wagten einige Bürger der kleinen Bergbaustadt im Landkreis Weilheim die Absetzung des nationalsozialistischen Bürgermeisters. Angehörige einer in der Nähe befindlichen Wehrmachteinheit beendeten den Aufstandsversuch, indem sie die Initiatoren verhafteten und auf Geheiß des Münchener Gauleiters Gießler ohne Verfahren exekutierten. Wenige Stunden später traf ein Werwolf-Kommando im Ort ein und ermordete weitere Bewohner. Unmittelbar vor der amerikanischen Besetzung wurden so insgesamt 16 Menschen getötet[543].

Das Verhalten des Kriegsgegners im Westen strafte alle propagandistischen Horrormärchen Lügen und nahm dem proklamierten Partisanenkrieg die Argumente, die in der Bevölkerung großflächig auf Desinteresse und Ablehnung stießen[544]. Dessen ungeachtet weckten die Berichte von Übergriffen der Roten Armee

---

[540] Vgl. Biddiscombe, Werwolf!, S. 57 ff.
[541] Vgl. ebd., S. 252 ff.
[542] Vgl. ebd., S. 38 f.
[543] Vgl. Tenfelde, Proletarische Provinz, S. 376 ff.; Troll, Aktionen, S. 660 ff. Eine anschauliche Fallstudie über einen Werwolf-Mord liefert auch Pöhlmann, Vom Tod.
[544] Ein Zeitzeuge, der im Auftrag des OSS aus der englischen Emigration im Frühjahr 1945 nach Stuttgart entsandt worden war, erinnerte sich: »Ab März 1945 erschienen in vielen Teilen Stuttgarts Werwolfzeichen, die sogenannte ›Wolfsangel‹. Sie wurde rot an die Häuserwände gemalt. In Stuttgart-Münster erfolgte das Anmalen schlagartig in einer Nacht der ersten Aprilhälfte. Ich habe an Ruinen selber noch solche Zeichen gesehen. Die meisten Einwohner machten sie rasch ab, obwohl die Nazis damals noch drohten: ›Diese Zeichen müssen bleiben, es kommen noch mehr.‹ Angesichts der Haltung der Mehrzahl der Einwohner haben auch Ängstliche die Zeichen nach einigen Tagen abgewaschen.« Zit. nach: Zwischen Befreiung und Besatzung, S. 58 f.

und der nichtdeutschen Bevölkerung das Bedürfnis nach Selbstschutz und begünstigten gewaltvolle Vergeltungen. Alle diese Einzelerscheinungen unter den Hut eines *Massen*phänomens ›Werwolf‹ zwängen zu wollen, hieße allerdings zum einen, die organisatorischen Fähigkeiten und Möglichkeiten des Regimes zu überschätzen[545], und zum anderen, die Folgen einer sich in Auflösung befindlichen Staats- und Gesellschaftsordnung nicht ausreichend zu berücksichtigen.

Zunächst füllten die privaten Versorgungs- und Überlebensinteressen den Alltag der Menschen so sehr aus, daß alle Versuche zu einer radikalen Mobilisierung der Bevölkerung ins Leere liefen[546]. Hinter der zwangsharmonisierten Fassade der ›Volksgemeinschaft‹ kam die Wirklichkeit einer atomisierten Trümmer- und Zusammenbruchgesellschaft zum Vorschein, geprägt von einem Klima willkürlicher Gewaltausübung. Zivilisiertes gesellschaftliches Zusammenleben hängt wesentlich von einer stabilen Umgebung ab, in der die Menschen Vertrauen zueinander finden. Die Situation der letzten Kriegsmonate war jedoch von der großflächigen Zerstörung funktionierender Nahmilieus bestimmt. In nahezu jeder Familie waren einer oder mehrere männliche Angehörige zur Wehrmacht eingezogen worden, zahlreiche Kinder befanden sich in der Kinderlandverschickung, und Verwandte, Freunde und Bekannte gehörten zu den Hunderttausenden Evakuierter. Weite Teile der Gesellschaft prägte eine zunehmende Anonymisierung und die Auflösung überkommener sozialer Beziehungen. Die ständige Präsenz von Gewalt und Zerstörung ließ die zwischenmenschlichen Wahrnehmungen abstumpfen. Die Notwendigkeit, alle Energien auf die Frage des täglichen Durchkommens und Überlebens zu richten, verstärkte den Trend zur Individualisierung. Der Lebensalltag vieler reduzierte sich auf den Stand primitivster Daseinssicherung, eine »tendenzielle Umkehr des Prozesses der Zivilisation«[547].

Während sich in der völlig aus den Fugen geratenen Gesellschaft die traditionellen Normen gesellschaftlicher Integration auflösten, kappte der NS-Maßnahmenstaat die letzten Bindungen an rechtsstaatliche Normen. Das ganze Reichsgebiet wurde »mit einem gnadenlosen Durchhalte-Terrorismus« überzogen, es war die »planlose Raserei eines delegitimierten Regimes«, das die Menschen »nicht nur

---

[545] Zu einer solchen Einschätzung neigt Biddiscombe: »a few primary conclusions arise. Perhaps the most basic of these points is the very existence in 1944–5 of a significant Werwolf movement". Biddiscombe, Werwolf!, S. 275.

[546] Vgl. Bajohr, Hamburg, S. 320.

[547] Rusinek, »Maskenlose Zeit«, S. 186. Vgl. auch Mallmann/Paul, Herrschaft, S. 409 ff.; Teppe, Trümmergesellschaft. Die Berichte der britischen 21. Armeegruppe aus den ersten Tagen der Kapitulation bestätigen diese Eindrücke: »There seemed little interest in the life around them, or in the future of Germany. Housing, food, clothing and the reunification with the lost members of their families preoccupied the Germans [...]. The Germans had feelings only for themselves; it seemed that the general situation was too awful to cope with it. Concentration on one's personal problems meant often shocking indifference towards all those who had suffered under National Socialism." Marshall, German Reactions, S. 222 f. Frank Trommler erklärt das Durchhalten der Bevölkerung, obwohl das NS-Regime längst keine Zukunftsprogrammatik mehr entwickeln konnte, damit, daß sich die Menschen in einen »Arbeits- und Leistungsexistentialismus« hineinflüchteten. Die »Konzentration auf das gegenwärtige Tun, auf das Wiederingangsetzen der Maschinerie, das Wiederingangsetzen der individuellen Gegenwart [lieferte] in der Arbeit eine Art Lebenstrotz«, so seine These. Trommler, »Deutschlands Sieg oder Untergang«, S. 221.

temporär und zumindest potentiell zu Vogelfreien« machte[548]. Mit der Verordnung über die Errichtung von Standgerichten vom 15. Februar 1945 trat neben den polizeilichen und justiziellen Terrorapparat und die Militärjustiz ein weiteres Disziplinierungsmittel, das für alle »Straftaten« zuständig war, von denen eine Gefährdung für die »deutsche Kampfkraft und Kampfentschlossenheit« ausging – eine »Waffe zur Vernichtung aller Volksschädlinge«, wie Bormann die Gauleiter richtungsweisend in Kenntnis setzte[549]. Diese Tribunale setzten sich aus einem Strafrichter, einem Funktionär der Partei und einem Offizier der Wehrmacht bzw. der Waffen-SS oder der Polizei zusammen. Freispruch oder die Verzögerung der Urteilssprechung und -vollstreckung lagen in der Kompetenz dieser »Vernichtungsinstrumente in juristischer Drapierung«, doch in einer »Atmosphäre des Ausmerzens und Abknallens« stellte das vorgebliche Ziel, die Stärkung der Widerstandskraft der Deutschen, oft nur das Alibi, nicht aber den wirklichen Beweggrund für die Standgerichtstätigkeit dar[550]. Aber auch die Tätigkeit des polizeilichen Überwachungs- und Repressionsapparates unterlag einem Prozeß der kumulativen Radikalisierung. Der Verlust vormals besetzter oder annektierter Gebiete setzte zahlreiche Sicherheitskräfte für den Einsatz im Reichsgebiet frei[551]. Zur Bereitschaft, mit den Feinden im Inneren und dem militärischen Gegner abzurechnen, gesellte sich die allgemeine Verrohung von Angehörigen der Polizei- und Sicherheitsorgane, als Folge eines längeren Prozesses dezivilisatorischer Enthemmung von Gewaltpotentialen. Hinzu kam eine »Sicherheitsparanoia«, ausgelöst durch das Gefühl einer durch den 20. Juli erfahrenen Verletzlichkeit, durch die Sorge vor Fremdarbeiteraufständen und durch die Furcht vor Rache- und Sühnemaßnahmen nach dem Ende der NS-Herrschaft, die ihrerseits die Spirale der Gewalt anheizten[552]. Dienststellen, deren Zuständigkeitsbereich Kriegsgebiet zu werden drohte, wurde ein Höchstmaß an Eigenständigkeit zugewiesen. Es blieb nicht mehr bei der Beschränkung auf sicherheitspolizeiliche Aufgaben. Der Einsatz von mobilen Kommandos auch für sogenannte Sperraufgaben und Kampfeinsätze war eine Mischung aus militärischen Einsatzformen der Wehrmacht und dem Wüten der Einsatzgruppen im Osten.

Öffentliches Erhängen und Massenerschießungen erinnern an die im Osten angewandten Terrormethoden. »Als am Ende des Krieges tatsächliche Front und Heimatfront zusammenzufallen begannen, hielten so auch die Methoden des weltanschaulichen Vernichtungskrieges ihren Einzug [...][553].« Eine unübersichtliche,

---

[548] Henke, Die amerikanische Besetzung, S. 29 f.
[549] RGBl. I, 1945; BA, NS 19/3705: Rundschreiben Bormanns an die Gauleiter von Anfang Februar 1945.
[550] Henke, Die amerikanische Besetzung, S. 845.
[551] Vgl. Mallmann/Paul, Die Gestapo, S. 620.
[552] Vgl. Paul, »Diese Erschießungen haben mich innerlich gar nicht mehr berührt«, S. 545 ff. Zu den Überlebensproblemen und Formen von Verweigerung und Widerstand der Millionen von Fremd- und Zwangsarbeitern, von denen in der Schlußphase des Krieges vermutlich Zehntausende durch das Chaos des Bombenkrieges, Betriebsstillegungen und Evakuierungen ziellos und sich jeder Kontrolle entziehend im Reichsgebiet umherirrten, vgl. Herbert, Von der »Arbeitsbummelei« zum »Bandenkampf«.
[553] Schmid, Die Geheime Staatspolizei, S. 538 f.

sich ständig radikalisierende Befehlslage, Erlasse ›von oben‹ und die Dezentralisierung der Entscheidungsstrukturen beschleunigten die willkürliche Gewaltausübung. Der Terror richtete sich gegen widerspenstige oder verdächtige Ausländer und Kriegsgefangene, gegen aufgegriffene Soldaten, die in den Verdacht der Desertion gerieten, Zivilisten, die für politisch unzuverlässig gehalten wurden oder ihrem Zweifel am ›Endkampf‹ in Wort und Tat Ausdruck gaben, gegen Juden sowie die Häftlinge in Gefängnissen und Lagern. Groben Schätzungen zufolge fielen diesem Endphasenterror mehr als 10 000 Menschen zum Opfer[554].

Der willkürlichen Gewaltausübung bot das Regime keinen Einhalt[555]. In den wenigsten Fällen wurden die Täter von ideologischen Beweggründen oder dem Gedanken der Vaterlandsverteidigung motiviert.

»Die Morde der Endphase gründeten viel häufiger in dem Verlangen nach einer definitiven Bereinigung schon länger zurückliegender Konflikte, in der Entladung alter Reibereien und Animositäten im politisch-gesellschaftlichen Leben des jeweiligen Ortes. Manche Endphasenverbrechen wiederum entsprangen einfach dem ›Esprit de Corps‹ einer Einheit, dem Loyalitäts- und Bekenntnisdruck innerhalb eines kleinen Funktionärszirkels. Einige Täter hatten nur einen Moment lang die Nerven verloren, und oftmals ist als Antrieb der Amokläufer wenig mehr auszumachen als eine individuelle Disposition zu kalter Vernichtung von Menschenleben. Das Begleichen offener Rechnungen, privater Machtrausch, pathologischer Blutdurst, die Wut und desperate Aggression von schwer belasteten ›Hoheitsträgern‹ oder SS-Offiziere, denen es auf ein Opfer mehr oder weniger nicht ankam, bestimmten die Szene vor allem.«

– so charakterisiert Klaus Dietmar Henke den Zustand der deutschen Gesellschaft im Frühjahr 1945[556]. Das Regime schuf bei seinem Abgang die latente Situation eines ›Bürgerkrieges‹[557]. Die Wehrmacht führte somit den Krieg gleichermaßen gegen äußere und innere Gegner, einen Krieg an mehreren und zugleich zwischen den Fronten. Das Verhalten der Soldaten, die ab Herbst 1944 den Kampf im eigenen Land fortsetzten, vollzog sich weder im luftleeren Raum noch unter den spezifischen Vorzeichen weit entfernter Kriegsschauplätze.

---

[554] Diese Schätzung von Gerhard Paul beruht auf den Urteilen der bundesrepublikanischen Justiz gegen die Beteiligten sog. Endphasenverbrechen. Am bekanntesten sind die Tötungsaktionen im Raum Köln 1944/45. In der zerstörten Stadt lieferten sich Untergrundgruppen aus entflohenen Ostarbeitern und Wehrmachtdeserteuren einen regelrechten Bürgerkrieg mit der Gestapo. In der Zeit zwischen August 1944 und Februar 1945 wurden allein in Köln und Umgebung mehrere Hundert Menschen ermordet. Vgl. dazu: Justiz und NS-Verbrechen; Paul, »Diese Erschießungen haben mich innerlich gar nicht mehr berührt«, S. 543; Rusinek, Gesellschaft, S. 452 ff.
[555] Vgl. dazu auch Jäger, Verbrechen, S. 371 f.
[556] Henke, Die amerikanische Besetzung, S. 846 f.
[557] So Hans Mommsen in einem Vortrag, wiedergegeben in: Frankfurter Allgemeine Zeitung, Nr. 23 vom 27.1.2001, S. 46.

III. Die Wehrmacht im ›Endkampf‹

1. Die personelle Rüstung im letzten Kriegsjahr

a) Militärische Verluste infolge der ›Endkämpfe‹

Seit sich der Krieg im Osten zu einem Abnutzungskrieg entwickelt hatte, sah sich die Wehrmachtadministration mit dem wachsenden Problem konfrontiert, gleichbleibend hohe personelle Verluste ausgleichen zu müssen. Die für die Koordination des Ersatzwesens zuständige Organisationsabteilung im Generalstab des Heeres beschränkte schon nach kurzer Zeit ihre Arbeit auf das Beschaffen von Aushilfen, um die quantitative Situation der Wehrmachtteile zu stabilisieren. Eine qualitative Verbesserung oder auch nur die Konsolidierung der Kampfkraft wurde damit jedoch immer weniger erreicht. Mit der Forderung, aus den Personalbeständen der Wehrmachtteile und der Waffen-SS in kurzer Zeit »mindestens eine Million Männer dem Fronteinsatz zuzuführen«, löste ein Befehl Hitlers vom 27. November 1943 weitreichende Organisationsanstrengungen aus[1]. Der Umfang von Versorgungstruppen und Kommandostäben wurde gekürzt, überzählige Trosse und militärische Dienststellen aufgelöst. Eine große Zahl von Prüfungskommissionen strich in der weitverzweigten Wehrmachtstruktur bis zum Sommer über 715 000 Planstellen ersatzlos. Zusätzlich wurden innerhalb eines halben Jahres über 200 000 Mann zugunsten der kämpfenden Truppe gewonnen, doch die Dynamik des Krieges ließ die Ergebnisse dieser organisatorischen Anstrengungen schnell Makulatur werden. Anfang 1944 waren sich die Verantwortlichen im klaren darüber, daß in der Wehrmacht wie in der Kriegswirtschaft der Rekrutierungsspielraum, den das NS-Regime in seinem Machtbereich besaß, ausgeschöpft war[2].

Im Juli 1944 bezifferte das OKH die Verluste des Feldheeres in den vorangegangenen zwölf Monaten auf über 2,1 Mill. Tote, Verwundete und Vermißte. Trotz der regulären Ersatzzuführung und Mobilisierung erheblicher zusätzlicher personeller Leistungsreserven hatte man die Verluste in der Höhe von einer halben Mill. Soldaten nicht ersetzen können[3]. Allen Konsolidierungsbemühungen zum Trotz war die Personalbestandsstärke des Feldheeres auf weniger als vier Mill.

---

[1] Der Führer/OKW/WFSt/Org. Nr. 007436/43 g., wiedergegeben in: Führer-Erlasse, S. 373 ff.
[2] Vgl. Kroener, »Menschenbewirtschaftung«, S. 1000.
[3] Vgl. BA-MA, RH 2/1339: Anl. zu OKH/GenStdH/OrgAbt Nr. 17881/44 gKdos. vom 3.7.1944.

Soldaten und damit sogar unter den Stand vom Jahresende 1943 gefallen[4]. Dabei waren zu diesem Zeitpunkt die verheerenden Folgen der Invasionsschlacht in Frankreich und die Auswirkungen des Großangriffs der Roten Armee gegen die Heeresgruppe Mitte ab dem 22. Juni 1944 nur teilweise in die Verluststatistiken eingeflossen. Innerhalb weniger Wochen wurden im Mittelabschnitt der Ostfront mehrere Dutzend Divisionen vernichtet oder mußten aufgelöst werden. Die Verluste erreichten Größenordnungen, die nach dem Empfinden des damaligen Chefs der Organisationsabteilung »im Kriege bis dahin noch nicht annähernd erreicht worden waren.«[5] In einem Schreiben an Keitel bezifferte Guderian die Gesamtverluste des Feldheeres in den Monaten Juni und Juli auf mindestens 740 000 und prognostizierte das Anwachsen der Fehlstellen bis zum 1. November auf etwa eine Mill. Soldaten. Das entsprach fast einem Viertel des personellen Bestands des Feldheeres; eine Entwicklung, die, so Guderian, »schwerste Gefahren für Volk und Reich« heraufbeschwor[6]. Die sich überstürzenden militärischen Ereignisse machten es zunächst unumgänglich, den kurzfristigen Ersatz zur Stärkung der Ostfront zu verwenden. Im internen Kampf der Wehrmachtadministration um die Verteilung der knappen personellen Ressourcen vertrat Guderian die Auffassung, eine Stabilisierung der nicht weniger schwer angeschlagenen Verbände im Westen ließe sich dadurch erreichen, »daß Zehntausende von herumlungernden, faulen Etappenhengsten an die Front geschickt werden«[7].

Unlängst erhobener Daten der empirischen Sozialforschung zufolge erreichte die Zahl der Todesfälle im dritten Quartal 1944 allein an der Ostfront eine Größenordnung von über 517 000 Soldaten. Im Tagesdurchschnitt fielen 5750 Wehrmachtangehörige, jede Woche kam zahlenmäßig eine Division in voller Friedensstärke ums Leben[8]. Die von der Wehrmachtadministration evaluierten Verlustziffern lagen zwar deutlich unter diesen Erhebungen, doch die Folgenschwere der militärischen Entwicklung offenbarte sich auch den verantwortlichen Dienststellen und Entscheidungsträgern: In weniger als einem Quartal verringerte sich die berechnete Iststärke von insgesamt 334 Verbänden des Feldheeres um 15 Prozent auf kaum mehr 3,4 Mill. Mann (Stand: 1. August 1944). 83 Divisionen waren erst im Verlauf des selben Jahres aufgestellt worden[9]. Immer wieder beklagten Truppenbefehlshaber den katastrophalen Zustand der Feldverbände. Das Oberkommando der Heeresgruppe Süd-Ukraine meldete beispielsweise für die Zeit vom 28. August bis zum 19. September 1944 7300 Ausfälle bei den unterstellten zehn Divisionen und Divisionskampfgruppen. Innerhalb von drei Wochen hatte sich

---

[4] Vgl. BA-MA, RH 2/3035: OKH/GenStdH/OrgAbt Nr. I/18941/44 gKdos. IV. Ang. vom 7.9.1944.
[5] Müller-Hillebrand, Das Heer, Bd 3, S. 168.
[6] BA-MA, RH 2/847b: Chef GenStdH Nr. 2600/44 gKdos. vom 26.7.1944.
[7] BA-MA, RH 2/847b: Chef GenStdH Nr. 2554/44 gKdos. vom 27.7.1944.
[8] Vgl. Overmans, Deutsche militärische Verluste, S. 279.
[9] Vgl. BA-MA, RH 2/1341: OKH/GenStdH/OrgAbt Nr. I/19941/44 gKdos. I. u. II. Ang. vom 13. bzw. 19.10.1944.

die infanteristische Kampfstärke der Heeresgruppe um ein Viertel verringert[10]. Für den Monat August meldete die 9. Armee 29 145 Ausfälle, davon 700 Offiziere. Für die Armeeführung waren diese Zahlen um so schwerwiegender, als die zahlreichen neuzugeführten Verbände nicht einmal während des ganzen Meldezeitraums im Einsatz standen. Die Ersatzzuführung betrug im gleichen Zeitraum nur 130 Offiziere und 3700 Unteroffiziere und Mannschaften[11]. Bei der 4. Panzerarmee standen zum Stichtag 1. September auf 100 Meter Frontbreite nur noch drei bis vier Grabenkämpfer. Der Armee fehlten 12 Bataillons-, 121 Kompanie- und 140 Zugführer[12]. Nicht weniger dramatisch stellte sich die Lage im Westen dar: Ende September schätzte der OB West die Zahl der Gesamtverluste aller Wehrmachtteile seit Invasionsbeginn überschlägig auf 516 000 Mann[13]. Die 42 Infanterie- und Grenadierdivisionen, die im Oktober 1944 nominell auf den Lagekarten des OB West geführt wurden, besaßen den Kampfwert von nur 27 vollwertigen Verbänden. Noch schlechter war der Zustand der schnellen Truppen. Die vorhandenen 30 Panzer- und Panzergrenadierdivisionen hatten zusammen eine Kampfkraft von gerade einmal 6,5 vollen Verbänden[14]. In der zweiten Oktoberhälfte kritisierte der Wehrmachtführungsstab die Ungenauigkeit der Verlustmeldungen, weil diese »noch immer nur einen Bruchteil der tatsächlichen in den Vormonaten entstandenen Verluste« enthielten und laufend nachgebessert werden mußten[15].

Als Ersatz für die im Zeitraum August/September geschätzte Zahl von 1,1 Mill. Gefallenen, Verwundeten und Vermißten wurden dem Feldheer 450 000 Soldaten zugeführt; weitere 510 000 Mann flossen in neuaufzustellende Verbände. Im Durchschnitt reichte die Ersatzzuführung nur dazu aus, die Verluste der bestehenden Verbände zu etwa einem Drittel aufzufüllen. Die Zahl der Fehlstellen im Feldheer erhöhte sich weiter auf 600 000[16]. Über die Folgen dieses personellen Aderlasses auf das Kräfteverhältnis zum Gegner war man sich in der militärischen Führung durchaus im klaren: Nach den Schätzungen der Abteilung Fremde Heere Ost im OKH verschlechterte sich das personelle Stärkeverhältnis zur Roten Armee infolge des Absinkens der Iststärke des Ostheeres von 1:2,2 (Stand: 1. Januar 1944) auf 1:2,9 (Stand: 1. Oktober 1944). Während man sich eingestehen mußte, daß sich nur 57 Prozent der eigenen Ausfälle ersetzen ließen, wurde vermutet, daß die Quote der Ersatzzuführung in der Roten Armee bei 92 Prozent lag. Darüber hinaus ging man davon aus, daß durch den Gewinn von wehrfähigen Männern in den 1944 wiederbesetzten Gebieten und durch den in Ausbildung befindlichen

---

[10] Vgl. BA-MA, RH 19 V/51a: OBKdo HGr Süd-Ukraine/Chef GenSt/Ia Nr. 3664/44 gKdos. vom 23.9.1944.
[11] Vgl. BA-MA, RH 10/113: OKH/GenStdH/OrgAbt Nr. IZ/46650/44 gKdos., Stellungnahmen der HGr und AOK zu den Zustandsberichten (1.8.1944) vom 8.9.1944.
[12] Vgl. ebd.: OKH/GenStdH/OrgAbt Nr. IZ/47220/44 gKdos., Stellungnahmen der HGr und AOK zu den Zustandsberichten (1.9.1944) vom 11.10.1944.
[13] Wiedergegeben in: KTB OKW, Bd 4, S. 376. Die Höhe der Verluste des Heeres bezifferte der OB West auf 363 000 Soldaten.
[14] Meldung OB West vom 19.10.1944, wiedergegeben in: KTB OKW, Bd 4, S. 450.
[15] Vgl. BA-MA, RM 7/806: OKW/WFSt/Org (Vb) Nr. 3524/44 gKdos. vom 21.10.1944.
[16] Vgl. BA-MA, RW 4/v. 865: Chef OKW/Id Nr. 8/44 gKdos. vom 11.11.1944.

Jahrgang 1927 es der Roten Armee gelingen werde, »auch in den kommenden Monaten die entstehenden Verluste voll auszugleichen«[17].

Erst als sich der alliierte Vormarsch im Herbst 1944 verlangsamte, erhielt die Wehrmacht die Möglichkeit zur Bestandsaufnahme und Reorganisation: Die geschätzten Gesamtverluste in einer Höhe von 2 275 000 Soldaten bis zum November entsprachen etwa 88 Prozent der für den 1. Juni 1944 angenommenen Iststärke des Feldheeres (2 570 000). Im gleichen Zeitraum hatten die Feldverbände Ersatz in einer Höhe von 1 654 000 Soldaten erhalten. Die Gesamtstärke verringerte sich somit um etwa 17 Prozent auf 2 129 000[18]. Statistisch gesehen wurden mehr als Dreiviertel des gesamten Personalbestands des Feldheeres innerhalb eines halben Jahres von der personellen Fluktuation erfaßt. Auch wenn Hunderttausende Genesener nach einigen Wochen zu ihren Einheiten zurückkehrten, so zeigen diese Zahlen, wie stark die für Regeneration und Kampfkraft der Verbände notwendigen ›Stämme‹ zusammenschmolzen. Analog zum Organisationsgefüge des Heeres wiesen die Verlustzahlen eine deutliche Binnendifferenzierung auf: Überproportional hoch waren nicht nur die Verluste in den sogenannten fechtenden Einheiten der Divisionsverbände. Da die jüngeren und körperlich leistungsstarken Geburtsjahrgänge vorrangig diesen Einheiten als Ersatz zugewiesen wurden, waren die personellen Ausfälle unter den jüngeren Soldaten automatisch höher als bei den älteren, die hauptsächlich den weniger gefährdeten rückwärtigen Diensten angehörten[19]. Weitere Disproportionen entstanden dadurch, daß die angeführten Werte sich im Durchschnitt auf alle Kampffronten bezogen, die sich in der Intensität des Kampfgeschehens erheblich voneinander unterschieden.

Der personelle Aderlaß setzte sich fort. Zu Jahresbeginn 1945 ging die Ersatzorganisation davon aus, daß die Fehlstellen des Feldheeres im letzten Quartal 1944 auf fast eine Mill. Soldaten angewachsen waren[20]. Dabei hatte die scheinbare Stabilisierung der Fronten im Herbst Möglichkeiten zur Konsolidierung suggeriert. Zeitweilig kam sogar die Hoffnung auf, man könne nun erstmals seit Monaten nicht nur die aktuellen Verluste vollständig ersetzen, sondern darüber hinaus auch den Fehlbestand des Feldheeres schrittweise reduzieren[21]. Ein genauer Blick auf die Verlustzahlen zeigt allerdings, daß dieser Eindruck trog. Die Kämpfe entlang der Reichsgrenze nahmen den Charakter eines material- und personalverschleißenden Stellungs- und Abnutzungskrieges an. Zwischen September und Dezember gerieten dabei 95 000 deutsche Soldaten in alliierte Gefangenschaft[22]. Aus dem Bereich der Heeresgruppe B wurden im Dezember ca. 67 000 verwundete Solda-

---

17 BA-MA, RH 2/315: Vortragsnotiz der Abt. Fremde Heere Ost (IIa) Nr. 174/44 gKdos. Chefs. vom 29.11.1944.
18 Vgl. BA-MA, RH 2/1341: OrgAbt Nr. I/20973/44 gKdos. betr. Personallage des Feldheeres im 2. Halbjahr 1944 vom 1.12.1944.
19 Vgl. dazu die Ergebnisse der soziodemographischen Fallstudie von Raß, Menschenmaterial, S. 137 ff.
20 Vgl. BA-MA, RH 15/126: Personelle Auswertung Heer für den Zeitraum 1.8.–31.12.1944, Anl. 2 zu OBdE/AHA/Stab II (1) Nr. 450/45 gKdos. vom 17.1.1945.
21 Vgl. ebd.: undat. Auswertung der personellen Lage des Heeres für November 1944.
22 Vgl. MacDonald, The Siegfried Line Campaign, S. 616 f.

ten in das Innere des Reiches abtransportiert – Verluste, die vor allem auf die Ardennen-Offensive zurückzuführen waren[23]. Weitere detaillierte Zahlen, die einer kritischen Überprüfung standhalten, sind nicht überliefert. Wie gravierend jedoch die deutschen Verluste dieser letzten zusammenhängenden Operation der Wehrmacht zum Jahreswechsel 1944/45 waren, zeigt das Urteil des OB West über den Zustand der ihm unterstellten Verbände. Demnach verloren die im Zuge der Offensive eingesetzten Volksgrenadierdivisionen im Durchschnitt 3000 bis 4000, die Panzergrenadier- und Panzerdivisionen 2000 bis 3000 Mann[24].

Zusammenfassende Analysen, wie sie bis Ende 1944 die personelle Situation der Wehrmacht beschreiben – mögen sie auch noch so sektoral gewesen sein – sind für das Jahr 1945 nicht überliefert. Es ist zu vermuten, daß entsprechende Auswertungen gar nicht mehr angefertigt wurden. Denn mit Beginn der sowjetischen Großoffensive im Januar 1945 geriet die personelle Situation der Wehrmacht endgültig aus den Fugen. Jeder gesicherte Überblick ging verloren. In einer als Hilfeschrei zu bezeichnenden Stellungnahme forderte Guderian »Sofortmaßnahmen [...], die sich noch im gleichen Monat auf die Kampfkraft der Div[isionen] auswirken« und reklamierte für das Feldheer »in den kommenden Monaten« zur Deckung seiner Verluste und für die Aufstellung neuer Divisionen einen durchschnittlichen monatlichen Ersatzbedarf von etwa 360 000 Soldaten, der nach Planung gerade zur Hälfte aufgeboten werden konnte[25]. Der alliierte Vorstoß Ende Januar zur Gewinnung der Rheinlinie kostete das Feldheer innerhalb weniger Wochen ein Drittel seiner im Westen eingesetzten Kräfte[26].

Wochen später schätzte der Generalstab des Heeres die Verluste des Feldheeres in den ersten beiden Monaten des Jahres 1945 auf eine Höhe von 660 000 Mann bei gleichzeitiger Ersatzgestellung von nur 300 000 Soldaten. Zugleich erwarteten die Organisationsfachleute, daß »sich der Unterschied zwischen Abgang und Ersatzzuführung im 1. Viertel des Jahres 1945 noch erheblich vergrößern« würde[27]. Die Wehrmachtadministration mußte sich die Unmöglichkeit eines Schließens der Schere zwischen Verlusten und Ersatzzuführung eingestehen und die Verantwortlichen realisierten die regelrechte Auflösung des kämpfenden Teils der Wehrmacht. Gleichwohl ist zu bemerken, daß selbst die pessimistischsten Situationseinschätzungen die tatsächliche Dimension der Verluste nicht erfaßten. Nachträglich mittels Stichprobenverfahren erhobene Ergebnisse weisen daraufhin, daß die Zahl der toten Wehrmachtsoldaten im ersten Monat des Jahres 1945 mit 450 000 seinen absoluten Höchststand während des ganzen Krieges erreichte, gefolgt von jeweils über 280 000 Gefallenen in den Monaten Februar bis April und noch einmal 95 000 Toten im Mai 1945. Auf die letzten viereinhalb Monate des Krieges entfiel somit ein Drittel aller toten deutschen Soldaten! Um das Ausmaß dieser Entwicklung anschaulicher zu machen: In jedem Monat der sogenannten

---

[23] Vgl. Cole, The Ardennes, S. 674.
[24] Stellungnahme des OB West zu den Zustandsberichten der Divisionen vom 27.1.1945, wiedergegeben in: KTB OKW, Bd 4, S. 1358.
[25] BA-MA, RH 2/923: Chef GenStdH/OrgAbt (I) Nr. 1457/45 gKdos. Chefs. vom 8.2.1945.
[26] Vgl. Gruchmann, Totaler Krieg, S. 217.
[27] BA-MA, RH 2/923: OKH/GenStdH/OrgAbt Nr. 1493/45 gKdos. Chefs. vom 23.3.1945.

Endkämpfe überstieg der Blutzoll der Wehrmacht sogar den erinnerungsmächtigen Untergang der 6. Armee in Stalingrad[28].

Nicht nur die Zahl der Toten, sondern auch die sprunghaft ansteigenden Zahlen an Verwundeten und Vermißten ließen das personelle Fundament des Feldheeres großflächig erodieren. Der überwiegende Teil der vermißten Soldaten geriet in gegnerische Gefangenschaft. Mit dem Beginn des Rückzugs aus Frankreich schnellten die Zahlen erstmals empor. Zwischen Juni und September 1944 betrugen sie das Sechsfache der Toten, während die Vermißten der anderen Kriegsschauplätze nur knapp das Dreifache der tödlichen Verluste ausmachten[29]. Seit 1942 waren etwa 370 000 deutsche Soldaten einschließlich der Kämpfe in Italien in amerikanische Gefangenschaft geraten und hatten bis Ende 1944 ihren Weg in Kriegsgefangenenlager in den USA gefunden. Das Oberkommando der alliierten Streitkräfte in Europa meldete dagegen bereits im September 1944 die Gefangennahme weiterer 550 000 Wehrmachtsoldaten. Die Zahl wuchs bis Ende des Jahres auf über 800 000 und überschritt im April 1945 die Millionengrenze. Die Zahl der deutschen Kriegsgefangenen am 1. Mai schätzten amerikanische Dienststellen in ihrem Bereich auf drei, eine Woche später auf vier Mill.[30]. Tendenziell ähnlich entwickelte sich auch die Zahl der deutschen Soldaten in sowjetischem Gewahrsam. Im Januar 1944 befanden sich etwa 43 000 in den Lagern der sowjetischen Kriegsgefangenenverwaltung. Im Juli waren es 92 000, im August 202 000 und im Dezember 1944 schließlich fast 400 000. Noch bevor der Krieg zu Ende ging, befanden sich annähernd 700 000 deutsche Soldaten in sowjetischer Kriegsgefangenschaft[31].

b) Der Gordische Knoten: die Forderung nach Soldaten und Waffen

Die Entwicklung der militärischen Verluste in der zweiten Jahreshälfte 1944 stellte die Wehrmacht vor zweierlei Probleme: Zum einen war man gezwungen, mittels ausreichender Ersatzzuführung die Kampfkraft der bestehenden Verbände zu konsolidieren, zum anderen galt es, unter Einsatz immenser materieller und vor allem personeller Ressourcen eine große Zahl neuer Divisionen für zerschlagene und vernichtete Verbände aufzustellen. Doch der seit Sommer 1944 zum Wehrdienst anstehende männliche Geburtsjahrgang 1927 war seit Monaten im Rahmen der vorangegangenen Bedarfsplanungen festgelegt. Die Erfassung und Musterung der Rekruten des Geburtsjahrganges 1928 stand erst für das vierte Quartal 1944, die Einziehung zur Wehrmacht sogar erst ab Jahresbeginn 1945 an. In dieser Situation zeigte man sich seitens der Wehrmacht empfänglich für die großspurigen Versprechungen, die Goebbels als frischbestallter Reichsbevollmächtigter für den »Totalen« Kriegseinsatz verlautbaren ließ. Schon zwei Wochen nach seiner Ernen-

---

[28] Vgl. Overmans, Deutsche militärische Verluste, S. 238.
[29] Vgl. Müller-Hillebrand, Das Heer, Bd 3, S. 171.
[30] Die gerundeten Zahlen sind entnommen aus: Henke, Die amerikanische Besetzung, S. 400 ff.; Smith, Die »vermißte Million«, S. 24.
[31] Die gerundeten Zahlen sind entnommen aus: Hilger, Deutsche Kriegsgefangene, S. 391 f.

nung legte dieser Zielplanungen für den ›totalen Krieg‹ vor, die eine monatliche Einziehung von je 150 000 militärisch Ausgebildeten und bisher Uk-Gestellten im August und September, von weiteren 100 000 nicht Ausgebildeten ebenfalls im September sowie im Oktober und Dezember von monatlich je 200 000 nicht ausgebildeten Soldaten in Aussicht stellte[32]. Und darauf baute die weitere Ergänzungsplanung der Organisationsfachleute im OKH auf.

Auf Basis der bis September 1944 fortgeschriebenen kriegswirtschaftlichen Kräftebilanz und der zusammenfassenden Analyse der Ist- und Bedarfszahlen der Uk-Stellungen in den verschiedenen Bereichen der Kriegswirtschaft wurde der ›Wehrersatzplan 1945‹ erstellt. Demzufolge betrug die Zahl der im Spätsommer 1944 im Reichsgebiet befindlichen männlichen deutschen Erwerbspersonen etwa 13,5 Mill. Davon gehörten ca. 7,4 Mill. Männer den Jahrgängen 1894 bis 1929 an, die als militärischer Ersatz grundsätzlich in Betracht kamen. Von den Angehörigen der Geburtsjahrgänge 1897 bis 1927 waren Anfang Oktober 1944 ca. 3,5 Mill. aufgrund ihrer Tätigkeit in der Rüstungsindustrie, im Verkehrswesen oder in der Verwaltung als unabkömmlich eingestuft und damit von Einziehungen zum Wehrdienst ausgenommen[33]. In vielen Betrieben bildeten deutsche Facharbeiter nur noch das Korsett der Belegschaft. Denn weit über sieben Mill. ausländische Fremd- und Zwangsarbeiter sowie Kriegsgefangene standen im Arbeitseinsatz[34]. Eine weitere Rekrutierung ausländischer Arbeitskräfte in nennenswertem Umfang war, so ließen die Berichte des Generalbevollmächtigten für den Arbeitseinsatz erkennen, nicht mehr zu erwarten[35].

Entgegen den vorläufigen Meldungen und unsicheren Hochrechnungen, an denen sich Goebbels seinen Tagebuchaufzeichnungen zufolge regelmäßig berauschte, blieben die tatsächlichen Einziehungsergebnisse des ›totalen Krieges‹ hinter den gesteckten Zielen zurück. Ausweislich des Wehrmachtersatzplanes wurden zwischen Juni und September 1944 591 600 Männer aus der Kriegswirtschaft zur Wehrmacht eingezogen[36]. Etwas mehr als die Hälfte davon ging auf Überprüfungen durch sogenannte gemischte Kommissionen zurück[37]. Auf der Gauebene setzten sich diese Kommissionen unter dem Vorsitz des Gauleiters aus dem leitenden Beamten der geschäftsführenden Behörde des Reichsverteidigungskommissars, dem Kommandeur der Wehrersatzinspektion, dem Präsidenten des Gauarbeitsamtes, dem Vorsitzenden der Rüstungskommission bzw. -unterkommission und »anderen geeigneten Männern aus Partei und Staat«, die vom Gauleiter berufen wurden, zusammen[38].

---

[32] Vgl. BA, R 43 II/666b: Führerinformation Nr. A.I. 462 über den Stand der Planungen für den totalen Kriegseinsatz vom 9.8.1944.
[33] Vgl. BA-MA, RW 6/v. 416 D.
[34] Vgl. Herbert, Fremdarbeiter, S. 270.
[35] Vgl. BA, NS 19/2844: Der Beauftragte für den Vierjahresplan/Der Generalbevollmächtigte für den Arbeitseinsatz Nr. 520/44 g., betr. Ergebnisse des Arbeitseinsatzes im ersten Halbjahr 1944 vom 7.7.1944; BA, R 43 II/664a: Protokoll zur Chefbesprechung am 11.7.1944.
[36] Vgl. BA-MA, RW 6/v. 416 D, Wehrmachtersatzplan 1945, Teil B.
[37] Vgl. BA-MA, RH 15/126: OBdE/AHA/Stab II Nr. 6250/45 g. vom 26.1.1945 sowie AHA/Stab II, Stand der Goebbels-Aktion am 30.12.1944 vom 1.1.1945.
[38] BA, R 43 II/666a: Anordnung für die Durchführung des totalen Kriegseinsatzes vom 16.8.1944.

Persönliche machtpolitische Interessen und die Einsicht in die Notwendigkeit einer Forcierung der Kriegsanstrengungen hatten das Zweckbündnis zwischen Goebbels und Speer begründet. Der Zielkonflikt zwischen der Forderung nach möglichst großen personellen Abgaben zugunsten der Front einerseits und den Belangen einer bis zur Grenze ihrer Leistungsfähigkeit beanspruchten Kriegswirtschaft andererseits führten unweigerlich zu Spannungen zwischen den beiden Protagonisten. Unmittelbar nach seiner Ernennung zum Reichsbevollmächtigten für den Totalen Kriegseinsatz hatte Goebbels keinen Zweifel daran aufkommen lassen, daß sich die Kampagne des ›totalen Krieges‹ nicht auf bloße propagandistische Beschwörungsformeln beschränken sollte:

> »Es ist klar, daß wir in diesem Schicksalskrieg um unser Leben unsere Kräfte nicht im geringsten schonen dürfen, im Gegenteil, sie so unbeschränkt und vorbehaltlos zum Einsatz bringen müssen, als das überhaupt nur möglich ist. Das will auch das ganze Volk; es ist in einem Maße bereit, das Letzte, und wenn es möglich ist, das Allerletzte in diesem Krieg hinzugeben, das nur Bewunderung verdient. Aufgabe der Führung aber ist es, diese Bereitschaft in die Tat umzusetzen und die organisatorischen und gesetzlichen Voraussetzungen dafür zu schaffen, daß die Lasten gerecht verteilt werden und jeder so viel davon trägt, als er überhaupt davon tragen kann. Das ist heute zweifellos noch bei weitem nicht der Fall. Wir verfügen im Lande selbst über ein ungeheures Kräftepotential, das zwar zu einem beachtlichen Teil, aber keineswegs ganz zur Ausschöpfung kommt. Das darf nicht sein. Der Krieg erfordert unsere gesamte Kraft, aber setzen wir diese ein, dann ist uns der Sieg auch sicher[39].«

Doch statt systematischer Arbeit ging es vor allem um die kurzfristig wirksame Effekthascherei:

> »Wir müssen so handeln [...] als stünden die Russen nicht vor Warschau, sondern vor Berlin. Wir haben keine Zeit für die Aktenscheißerei der herkömmlichen Ministerialbürokratie. Nicht auf Akten und Schriftstücke kommt es an, sondern allein auf Handlungen«,

gab Goebbels als Arbeitsrichtlinie aus[40]. Hinzu kamen die unkoordinierten und unkontrollierten Eingriffe der Gauleiter in den Personalbestand der Rüstungsbetriebe, hervorgerufen durch die widersprüchlichen Weisungen Speers und Goebbels' oder einfach nur begründet aus der Selbstherrlichkeit dieser nationalsozialistischen Mittelinstanz. Obwohl mehrfach von Speer und Goebbels angerufen, entzog sich Hitler einer eindeutigen Prioritätensetzung. Das Ausbleiben einer Entscheidung war weniger Ergebnis der Herrschaftstechnik Hitlers als vielmehr eine Folge des Dilemmas, daß man zur Fortführung des Krieges Waffen und Soldaten benötigte und doch keine der beiden Forderungen erfüllt werden konnte[41]. Der ziellose Aktionismus und die mangelnde Koordinierung fanden ihren Niederschlag nicht zuletzt auch in widersprüchlichen Zahlenüberlieferungen, die einen nur an-

---

[39] Goebbels in einer Rundfunkrede vom 26.7.1944, wiedergegeben in: Keesings Archiv der Gegenwart, 1944, hier S. 6465.
[40] Oven, Mit Goebbels bis zum Ende, Bd 2, S. 98.
[41] Vgl. Hancock, National Socialist Leadership, S. 164 ff.; Janssen, Das Ministerium Speer, S. 275 ff.

III. Die Wehrmacht im ›Endkampf‹

nähernden Überblick über die Wirksamkeit der Vielzahl der Maßnahmen ermöglichen[42].

So veränderte sich der Bestand der Unabkömmlich-Gestellten in Wirtschaft, Verwaltung, Kultur und sonstigen Bereichen der Jahrgänge 1897 bis 1927 wie folgt[43]:

	Tauglichkeit kv. und bed. kv.			Tauglichkeit av.			
Jahrgänge	1.1.1943	1.1.1944	1.5.1944	1.10.1944	1.12.1944	1.1.1945	1.5.1945
1897–1900	1 060 900	913 400	1 248 800	1 251 000	1 142 200	516 300	181 900
1901–1905	1 552 900	1 286 000	1 424 400	1 293 900	1 270 100	326 700	147 900
1906–1927	1 600 900	1 041 200	1 270 500	1 010 500	906 200	559 200	439 900
gesamt	4 214 700	3 240 600	3 943 700	3 555 400	3 318 300	1 402 800	769 700

Im Zeitraum zwischen dem 1. Januar 1943 und dem 1. Januar 1944 war die Zahl der Uk-Gestellten mit Tauglichkeit kv. und bed.kv. demnach bereits um 947 100 zurückgegangen. Die stärksten Rückgänge hatte die Jahrgangsgruppe 1906 bis 1927 zu verzeichnen. Der starke Anstieg bis zum Frühjahr 1944 ging zurück auf eine Änderung in den Tauglichkeitsgraden infolge der Absenkung der Kriterien für Kriegstauglichkeit, die zu einer Verlagerung von Wehrpflichtigen aus der Gruppe der nur eingeschränkt für den Militärdienst Gemusterten führten. Korrespondierend dazu sank die Zahl der Uk-Gestellten mit Tauglichkeitsgrad av. um mehr als 600 000 Personen. Ausgehend vom Höchststand im Mai 1944 sank die Zahl der Uk-Gestellten der Jahrgänge 1897 bis 1927 bis zum 1. Dezember 1944 kontinuierlich in einem Umfang von insgesamt 625 000 ab. Im Durchschnitt verringerte sich die Zahl aller Uk-Gestellungen in den 31 Bedarfsträgergruppen um etwa zehn Prozent. Der Rückgang des UK-Anteils in der als militärischer Ersatz besonders wichtigen Jahrgangsgruppe 1906 bis 1927 betrug 28,6 Prozent.

Angesichts der Überprüfungsergebnisse hielt der Wehrmachtersatzplan am Ende des Jahres 1944 fest:

»Die Jahrgänge 1897–1927, insbesondere aber die 1901–1927, sind mittlerweile so oft und so gründlich durchgekämmt, daß, von wenigen Ausnahmen abgesehen, die noch in der Heimat verbliebenen Männer in Schlüsselstellungen stehen und Führungsaufgaben erfüllen. Von ihrem Vorhandensein hängt nicht nur die Kontinuität des Betriebsablaufes, sondern die Arbeitsfähigkeit von Betrieben und Verwaltungsstellen überhaupt ab. Die Untersuchung der Kräftelage in den einzelnen Bedarfsstellen hat ergeben, daß sie, wenn einige wenige Ausnahmen außer Betracht bleiben, nur noch mit einem Minimum an volltauglichen Männern der Jahrgänge 1897–1927 ausgestattet sind. Einige von ih-

---

[42] Einen Überblick über die vielfältigen Maßnahmen und gesetzlichen Bestimmungen enthält die Übersicht »3 Monate ›Totaler Kriegseinsatz‹« vom 21.10.1944. BA, R 3/149.
[43] BA-MA, RW 6/v. 416 D, Wehrmachtersatzplan 1945, Teil C: OKW/WEA/Ch Gr., Übersicht über die Uk- und zurückgestellten Wehrpflichtigen der Jahrgänge 1897–1927 mit Tauglichkeit kv. und bed. kv. geh. o.Dat.

nen werden nur noch sog. Anerkennungsbeiträge leisten können, die aus grundsätzlichen Erwägungen zu fordern sind[44].«

Die infolge der Einziehungen entstehenden Lücken sollten durch zusätzlich zu mobilisierende Arbeitskräfte wieder geschlossen werden. Zu diesem Zweck wurde das Dienstpflichtalter für Männer und Frauen heraufgesetzt. Bis zum Jahresende 1944 wurden dadurch 582 800 Personen für den Arbeitseinsatz gewonnen. Zusätzliche Maßnahmen, die auf eine Steigerung der Arbeitseffektivität zielten, wie beispielsweise die Einführung der 60-Stunden-Woche, Urlaubssperren etc., verstärkten die latente physische und psychische Überanstrengung der Arbeitnehmer[45]. Infolge von Einsparungen und Einschränkungen in der Verwaltung, in gewerblichen Betrieben und in Einrichtungen des öffentlichen Lebens wurden 608 500, vorrangig weibliche Personen erfaßt. Etwa zwei Drittel von ihnen wurden als Ersatz für an die Wehrmacht abzugebende Männer ›umgesetzt‹[46]. Aufgrund unzureichender beruflicher Qualifikationen kam es vielfach zu langen Anlernzeiten, die ihrerseits die Einziehung der freizumachenden Kräfte blockierten. Im landwirtschaftlich geprägten Gau Bayreuth beispielsweise wurden von den ca. 32 000 überprüften meldepflichtigen Frauen zwar immerhin 21 900 für einsatzfähig befunden, bis Mitte Oktober konnten davon jedoch nur 8300 ›umgesetzt‹ werden. Der zuständige Regierungspräsident kritisierte deshalb, »ob unter diesen Umständen der angeordnete weitgehende Kräfteabzug der öffentlichen Verwaltung für die Rüstung gerechtfertigt [...] oder doch wenigstens nicht zu früh erfolgt« sei[47]. Organisationsmängel und unkoordinierte Eingriffe waren die Ursache dieser Form von Beschäftigungslosigkeit. Infolge der Kriegseinwirkungen ab Jahresbeginn 1945 weitete sich dieses Phänomen aus: Die Unterbrechung der Verkehrswege und Gebietsverluste führten zu Einbrüchen in der Energie- und Rohstoffversorgung, die wiederum Stockungen oder Stillstände der Produktionsabläufe verursachten. Die dadurch entstehende ›künstliche‹ Arbeitslosigkeit wurde mit herannahendem Kriegsende auch im Alltag sichtbar[48].

Ein Teil der von der Meldepflichterweiterung betroffenen Frauen sollte zum Dienst in der Wehrmacht herangezogen werden, um als Ersatz für insgesamt mehrere hunderttausend feldverwendungsfähige Soldaten der Luftwaffe zu dienen, deren Abgabe wiederum an das Heer vorgesehen war. Diese Umschichtungen waren eine der wichtigsten Komponenten der militärischen Ersatzplanung für die verbleibenden Monate des Jahres 1944. Die Luftwaffenführung machte die Durchführung jedoch von der zeitgerechten Gestellung von 250 000 bis 300 000 weiblichen Angehörigen jüngerer Geburtsjahrgänge abhängig. Dazu entstanden im Spätsommer 1944 separat voneinander zwei Programme, die sich in ihrer Initialphase gegenseitig in der Entwicklung behinderten, schließlich jedoch zu einem »riesigen

---

[44] BA-MA, RW 6/v. 416 D, Wehrmachtersatzplan 1945, Teil C, Zusammenfassung der Uk-Stellungen in den Bedarfsgruppen 1–31, S. 4.
[45] Vgl. Werner, »Bleib übrig!«.
[46] Vgl. Eichholtz, Geschichte der deutschen Kriegswirtschaft, S. 235.
[47] Bayer. HStA, StK 6696: Monatsbericht des Reg.Präsidenten Niederbayern-Oberpfalz vom 10.10.1944.
[48] Siehe z.B. die Schilderung bei Kästner, Notabene 45, S. 48 f.

Mobilisierungsprojekt« verschmolzen[49]. Für die Übernahme vorhandener und die Wiederingangsetzung zwischenzeitlich stillgelegter Scheinwerferbatterien der Luftwaffe sollten bis Anfang November 20 000 Mädchen des Reichsarbeitsdienstes, im Anschluß daran weitere 80 000 Frauen und Mädchen durch den Generalbevollmächtigten für den Arbeitseinsatz dienstverpflichtet werden. Weitere Einziehungen zur Übernahme von Nebelkompanien, Sperrbatterien und der Funkmeßeinrichtungen bei den schießenden Flak-Abteilungen der Luftwaffe waren vorgesehen[50]. Parallel zu diesen Planungen strebte Goebbels einen gesonderten Führererlaß für einen »Wehrhilfsdienst der weiblichen Jugend« an, der *alle* weiblichen Angehörigen der Geburtsjahrgänge 1914 und jünger wehrdienstpflichtig gemacht hätte. Die Einziehung von vorerst bis zu 400 000 Frauen bei geschätzten Jahrgangsstärken von je 600 000 drohte erhebliche administrative Belastungen in der Organisation des Arbeitseinsatzes zu verursachen. Zudem kam in der Regimespitze die Sorge auf, daß die »negative stimmungspolitische Auswirkung der Heranziehung einer großen Anzahl von Frauen zum Wehrhilfsdienst beträchtlich« sein würde[51]. Der wochenlang diskutierte Gesetzentwurf, den Goebbels bereits mit Keitel und dem Reichsarbeitsdienstführer abgesprochen hatte, scheiterte Anfang November am Widerstand Bormanns. Dem Leiter der Parteikanzlei ging es dabei vor allem um die Führungsrolle der Partei wegen der effektiven ideologischen Durchdringung der zum Dienst in der Wehrmacht herangezogenen Frauen, galt es doch, einen Paradigmenwechsel im nationalsozialistischen Frauenbild vor dem Hintergrund des Einsatzes mit der Waffe einzuleiten[52]. Man verständigte sich schließlich darauf, Frauen ab dem 18. Lebensjahr auf der Grundlage der Notdienstverordnung des Jahres 1938 »zum langfristigen Notdienst ohne Begründung« zur Wehrmacht einzuziehen und im neugeschaffenen »Wehrmachthelferinnenkorps« organisatorisch zusammenzufassen[53]. Bis zum Jahresende 1944 stieg der Umfang des weiblichen Wehrmachtgefolges auf eine halbe Million Frauen an. Während der schrumpfende Personalbedarf der Luftwaffe durch die Rückführung zahlreicher Wehrmachthelferinnen infolge weiter Gebietsverluste zu Jahresbeginn 1945 gedeckt war[54], lief die Dienstverpflichtung von Frauen zum Heer unvermindert weiter, um in Kommandobehörden, Stäben, Dienststellen und Einheiten Soldaten für den Fronteinsatz freizumachen[55]. Das weibliche Wehrmachtgefolge wurde in den Strudel des militärischen Zusammenbruchs gerissen, wie das OKW feststellte:

---

49 Morgan, Weiblicher Arbeitsdienst, S. 420.
50 Schreiben Goebbels an Lammers vom 19.10.1944, wiedergegeben in: Gersdorff, Frauen, S. 454 f.
51 BA, R 43 II/666c: Vermerk betr. Weiblicher Wehrhilfsdienst vom 28.10.1944.
52 Schreiben Bormanns an Goebbels vom 16.11.1944, wiedergegeben in: Gersdorff, Frauen, S. 465 f. Die ideologische Begleitkampagne erwies sich als schwierig, da ein solcher Einsatz von Frauen längst gängige Praxis war, gegenüber der Bevölkerung jedoch ausdrücklich in Bezug auf den Waffeneinsatz verschwiegen wurde. Morgan, Weiblicher Arbeitsdienst, S. 428.
53 BA-MA, RW 4/v. 499: Zweite Anordnung für die Durchführung des totalen Kriegseinsatzes vom 29.11.1944.
54 Rundschreiben Ltr PKzl 57/45 betr. Ablösung von Soldaten durch Wehrmachthelferinnen vom 6.2.1945, wiedergegeben in: Gersdorff, Frauen, S. 501.
55 Vgl. BA-MA, RH 2/1114: OKH/GenStdH/OrgAbt Nr. II/70665/45 g. vom 27.2.1945.

»Die Erfahrungen, insbesondere nach der Invasion in Frankreich, haben leider gezeigt, daß dem Schutz der deutschen Frau im Einsatz als Gefolge der Wehrmacht nicht die notwendige Aufmerksamkeit zugewendet worden ist. Über den Verbleib zahlreicher Stabs- und Nachrichtenhelferinnen, insbesondere in Frankreich, können viele Dienststellen noch heute keine genaue Auskunft geben. Vielfach ist eine rechtzeitige Rückführung verabsäumt worden. Nach einer abschließenden Meldung des OB. West über die Frage des Abtransports deutscher Frauen aus Südfrankreich ergab sich z.B., daß sich die Zahl der [...] nach Deutschland zurückgeführten, und die Zahl der als vermißt anzusehenden deutschen Frauen auch nicht annähernd mehr klären läßt[56].«

Die Wirksamkeit der ›totalen Kriegs‹-Maßnahmen unter personal- und organisationsplanerischen Gesichtspunkten der Wehrmacht läßt sich aufgrund der spärlichen Quellenlage nur annäherungsweise abschätzen. Einen ersten Anhalt geben die organisatorischen Umwälzungen im Bereich des Feldheeres. Am Ende des Jahres 1944 existierten insgesamt 313 Divisionsverbände des Heeres (einschließlich fremdländischer Verbände und Waffen-SS). Im Vergleich zum Jahresanfang war die Zahl sogar leicht gestiegen. Indes täuscht der Eindruck von Stabilität und Kontinuität, den die Vergleichzahlen suggerieren. Denn zu Dutzenden wurden in der zweiten Jahreshälfte 1944 die Divisionen des Heeres entweder ganz vernichtet oder ihre zerschlagenen Trümmer mußten aufgelöst werden[57]. Durchschnittlich fast jede zweite Infanteriedivision wurde im Verlauf des Jahres zerschlagen und neu aufgestellt. Die konstant bleibende Zahl der Panzer- und Panzergrenadierdivisionen läßt erahnen, in welchem Umfang Rüstungsgüter und Personal in den Erhalt dieser Verbände gepumpt werden mußten, um damit das Rückgrat einer motorisierten Kriegführung zu erhalten. Der verbleibende Rüstungsausstoß reichte nur für die Ausstattung schwerfälliger Infanterie- bzw. Volksgrenadierdivisionen.

Das im dritten Quartal anfallende Ersatzaufkommen von etwa 510 000 Mann floß fast ausschließlich in die Neuaufstellungsprogramme. Für den Erhalt seiner personellen Substanz erhielt das Feldheer hingegen 342 000 bisher Uk-Gestellte und weitere 108 000 Soldaten von Luftwaffe und Marine. Dies entsprach nur einem Drittel der tatsächlichen Verluste, so daß sich die Kampfkraft älterer bzw. erprobter Divisionen kontinuierlich verringerte, wohingegen frisch aufgestellte Verbände aufgrund der Kriegslage vorzeitig eingesetzt werden mußten. »Die Neuaufstellungen zerflattern im Wind. Dort sind die Durchbrüche. Dort die Waffenverluste. Eine Division lebte nur 11 Tage«, vermerkte ein im Organisationsbereich tätiger Generalstabsoffizier kritisch[58]. Der Versuch, durch massive Neuaufstellungen nicht nur die entstandenen Ausfälle zu kompensieren, sondern darüber hinaus auch operative Reserven zu bilden, schlug fehl[59].

Den Einziehungswellen von Soldaten aller Jahrgänge, Ausbildungs- und Tauglichkeitsgrade zu Beginn der Goebbels-Aktion zeigte sich die Aufnahmekapazität der Wehrmacht nicht gewachsen. Die Wehrersatzorganisation sah sich einem

---

[56] BA-MA, RW 4/v. 702: Chef OKW/WFSt/Qu 2 Nr. 09660/44 g. vom 27.11.1944.
[57] Siehe dazu die organisatorischen Übersichten über die Divisionsverbände für das Jahr 1944. BA-MA, RH 2/1085: OKH/GenStdH/OrgAbt Nr. I/1442/45 gKdos. Chefs. vom 24.1.1945.
[58] Vgl. BA-MA, N 712/13, Eintrag vom 24.9.1944.
[59] Vgl. BA-MA, RW 4/v. 865: Chef OKW/Id Nr. 8/44 gKdos. Chefs. vom 11.11.1944.

Abbildung 1:
Divisionsverbände des Heeres und der Waffen-SS:
Anzahl, Verluste und Zugänge
im Zeitraum 1. Januar bis 1. Dezember 1944

	Stand 01.01.1944	Stand 01.12.1944	Verluste	Neuaufstellungen
Infanteriedivisionen	132	149	62	73
Panzergrenadierdivisionen	11	10		
Panzerdivisionen	21	24		2
sonstige Divisionsverbände des Heeres	131	90	29	12
Divisionen der Waffen-SS	13	28		29

Erläuterungen:
Die Zusammenstellung beinhaltet auch fremdländische Verbände mit deutschem Stammpersonal. Nicht berücksichtigt wurden Aufstellungsvorhaben, die zum Stichtag 1.12.1944 noch nicht abgeschlossen waren.
Die Kategorie »sonstige Divisionen« umfaßt: bodenständige Infanteriedivisionen (28/24), Luftwaffenfelddivisionen (20/5), Gebirgsdivisionen (7/9), Jägerdivisionen (10/12), Sicherungsdivisionen (11/6), Reservedivisionen (20/4), Ersatzdivisionen (26/25) sowie »sonstige Divisionen« (9/5) [Ist-Zahlen der Stichtage].

Detailliertere Angaben über Auflösungen, Aufteilungen und Neubildungen enthalten die »Organisatorischen Übersichten über Divisionsverbände [des Feldheeres] für das Jahr 1944«, OKH/GenStdH/OrgAbt. Nr. I/1442/45 gKdos. Chefs. vom 24.1.1945 (BA-MA, RH 2/1085).

kaum zu bewältigenden organisatorischen und administrativen Arbeitsaufwand gegenüber. Mit seinen verschiedenen Karteikartensystemen war beispielsweise das Heerespersonalamt nur eingeschränkt in der Lage, die vielen Offizierstellen der kurzfristig aus dem Boden zu stampfenden Verbände systematisch zu besetzen[60]. Um den Eindruck in der Öffentlichkeit zu erhalten, »daß im Rahmen der Maßnahmen für den totalen Krieg überlegt und zielbewußt gehandelt« würde, mahnte Keitel nachdrücklich die Einberufung von Wehrpflichtigen unmittelbar nach der Freistellung von ihrem bisherigen Arbeitsplatz an[61]. Im Diensttag verursachte insbesondere die Einziehung älterer, z.T. bereits gedienter Soldaten zahlreiche Probleme. Der Kasernenhofton junger, unerfahrener Ausbildungsunteroffiziere gegenüber diesen Rekruten war Gegenstand häufiger Beschwerden, die mit Blick auf das innere Gefüge der Truppe und – wichtiger noch – hinsichtlich ihrer negativen Wirkung auf die Stimmung in der Bevölkerung sorgsam beobachtet wurden[62]. Im September stufte man im Allgemeinen Heeresamt die Realisierung der Neuaufstellungen bei »äußerster Anspannung aller Kräfte des Ersatzheeres« als

---

60 Vgl. Tätigkeitsbericht des Chefs des Heerespersonalamtes, Eintrag vom 23.8.1944.
61 BA-MA, RH 53-7/882: OKW/Wehrersatzamt/Abt. E Nr. 6200/44 g. vom 15.8.1944.
62 Vgl. BA-MA, RH 53-7/233b: Stellv. Gen.Kdo VII. A.K. (Wehrkreiskommando VII)/NSF Nr. 10627/44 g. vom 2.8.1944.

machbar ein. Die Erfüllung künftiger Ersatzforderungen für die bestehenden Verbände des Feldheeres machte man aber »einzig und allein abhängig von der zeitlich und ausbildungsmäßig vollen Erfüllung des Goebbels-Programms«[63]. Doch diese blieb nach dem Strohfeuer der ersten Einziehungszahlen kontinuierlich hinter den Erwartungen und Planungen zurück[64].

Zum Jahreswechsel 1944/45 stellten die Organisationsfachleute in OKW und OKH ernüchtert fest, daß bei dem tatsächlichen Gesamtaufkommen von 560 000 zusätzlichen Soldaten nur 360 000 aus der Kriegswirtschaft herausgelöst worden waren. Davon waren etwa zwei Drittel militärisch nicht ausgebildet und standen somit für kurzfristige Ergänzungsplanungen nicht zur Verfügung[65]. Hinzu kam die schleppende Abgabe von Luftwaffensoldaten an das Heer. Mit 380 000 Soldaten bis Ende Oktober blieb diese ebenfalls hinter den Berechnungen zurück. Unkritisch hatte man sich der Illusion hingegeben, daß wehrhilfsdienstpflichtige Frauen innerhalb kürzester Zeit in die Luftwaffenorganisation eingegliedert werden konnten, ohne dabei Einbrüche in die Arbeits- und Funktionskontinuität zu verursachen[66]. Am Ende war es aber vor allem die Entwicklung der Verlustziffern, die alle Personalplanungen der Wehrmacht zum Einsturz brachte.

Die strategische Asymmetrie bei den personellen Ressourcen der kriegführenden Mächte ließ sich durch einen umfassenden Maßnahmenkatalog des ›totalen Krieges‹, zu dem u.a. Theaterschließungen oder Einschränkungen im Post- und Beförderungswesen gehörten, nicht ausgleichen. Die im Alltagsleben erfahrbaren Einschnitte im öffentlichen Leben entfalteten vorrangig eine kosmetische Wirkung, die den Umstand, daß dem ›Dritten Reich‹ schlechterdings die Soldaten ausgingen, verschleierte. Denn im Krisenjahr 1944 wurden – verglichen mit den Vorjahren – die *wenigsten* Soldaten zur Wehrmacht eingezogen. Die Einziehungen zum Heer in einem Umfang von etwas mehr als 800 000 Soldaten erreichten nur die Hälfte des Vorjahres und zugleich den niedrigsten Stand während des ganzen Krieges[67]. Der ›Sparstoff Mensch‹ war aufgebraucht. Doch unbeirrt arbeitete die Wehrersatzadministration weiter. Die verantwortlichen Fachleute sahen sich vor die Aufgabe gestellt, das Dogma des Kampfes bis zum Letzten personalplanerisch umzusetzen. Der Kern der personellen Rüstungsplanung für das Jahr 1945 war die Forderung nach weiteren 1,5 Mill. Soldaten, die ausschließlich aus der Kriegswirtschaft zu rekrutieren waren. Konstitutiv für solche Forderungen wurden immer häufiger ressortverengte und isolierte Betrachtungsweisen, Illusionen und gegenseitige Schuldzuweisungen zwischen Wehrmacht und Speer-Sektor. Beispielsweise

---

[63] BA-MA, RH 2/847b: Vortragsnotiz AHA/Stab Ia Nr. 6850/44 gKdos. vom 2.9.1944.
[64] Vgl. BA-MA, RM 7/806: OKW/WFSt/Org (Vb) Nr. 3524/44 gKdos. vom 21.10.1944.
[65] Vgl. BA-MA, RH 15/126: OBdE/AHA/Stab II Nr. 6250/45 g. vom 26.1.1945; BA-MA, RH 15/126: AHA/Stab II, Stand der Goebbels-Aktion vom 30.12.1944 vom 1.1.1945.
[66] BA-MA, RW 4/v. 865: Anl. zu Chef OKW/Id Nr. 7/44 gKdos. Chefs., betr. Abrechnung über den Wehrersatz August–Oktober 1944, vom 11.11.1944.
[67] Die Einziehungen zur Wehrmacht verteilten sich über die einzelnen Kriegsjahre lt. Overmans, Deutsche militärische Verluste, S. 225 wie folgt:

1939 und früher	1940	1941	1942	1943	1944	1945
4,674 Mill.	4,109 Mill.	2,507 Mill.	2,466 Mill.	2,006 Mill.	1,308 Mill.	0,225 Mill.

verwies das OKW darauf, daß die grundstoff- sowie die eisen- und metallverarbeitenden Industrien schon aufgrund der schlichten Tatsache, daß diese über den umfangreichsten Bestand an wehrfähigen jungen Männern verfügten, Masse des Ersatzes aufbringen *mußten*, weil der Wehrmachtersatzplan anders gar nicht erfüllt werden könne[68]. Man habe schließlich Zeit genug gehabt, sich auf größere personelle Abgaben zugunsten der Wehrmacht vorzubereiten. Die Rüstung sei nicht Selbstzweck und der Arbeitskräfteeinsatz müsse »in einem wohlabgewogenen Verhältnis zum Kräftebedarf der Wehrmacht« stehen[69], lautete ein anderer Vorwurf, um die eigene Ratlosigkeit zu verdecken und exkulpatorisch den Ball abzuspielen. Das Bild der kommenden Monate war allerdings durchaus ambivalent:

»Insgesamt ist [...] festzustellen, daß die 1,5 Mill. noch einmal – unter Schwierigkeiten – aufgebracht werden können. Dann sind wir jedoch an dem Punkt angelangt, an dem von der obersten Führung eine klare Entscheidung darüber gefällt werden muß, ob der Menschenbedarf der Wehrmacht angesichts der militärischen Situation einen so großen Vorrang vor allen anderen kriegswichtigen Aufgaben – auch der Rüstung – hat, daß diese eine personelle Unterbesetzung hinnehmen müssen. Mit diesem Plan sind alle Möglichkeiten des Männerabzuges erschöpft. Weitere Einberufungen aus UK-Gestellten heben – das muß offen und mit dem erforderlichen Nachdruck ausgesprochen werden – das Führen einer geordneten Verwaltung und den Fortgang selbst der wichtigsten Produktion auf[70].«

Die alliierten Frühjahrsoffensiven entzogen allen Versuchen einer zentralen Planung oder Steuerung die Grundlage. Der Zusammenbruch der zivilen und militärischen Infrastruktur verhinderte das Entstehen eines ganzheitlichen Bildes über den Arbeitseinsatz. Die Auswirkungen des Bombenkrieges, Gebietsverluste, Bevölkerungsverschiebungen durch Evakuierungen und Rückführungen in das Reichsinnere sowie die Heranziehung von Arbeitskräften zum Stellungsbau machte alle planerischen und organisatorischen Gestaltungsversuche, die über punktuelle und Ad-hoc-Maßnahmen hinausgingen, zunichte. Zeitgleich nahmen Produktionsausfälle der Grundstoffindustrie durch Feindeinwirkung und Versorgungsschwierigkeiten zu, die auch die verarbeitende Industrie in ihrer Produktion beeinträchtigten, so daß deren Beschäftigte folglich nicht mehr gleichmäßig und vollständig ausgelastet, zeitweilig oder dauerhaft sogar ›arbeitslos‹ waren.

Luftschlössern gleich wurden auch jetzt noch Übersichten erstellt, deren Grundlage die Annahme einer weiteren Million zusätzlicher Soldaten in der ersten Jahreshälfte 1945 war. Die Organisationsfachleute mußten sich eingestehen, daß sich selbst die optimistischsten Einschätzungen und hypothetischen Berechnungen des Ersatzaufkommens als nicht mehr ausreichend für die Deckung des tatsächlichen Bedarfs erwiesen[71]. Am Ende des ersten Quartals 1945 zeigte sich dann auch deutlich die Diskrepanz zwischen den illusionären Erwartungen und der Realität:

---

[68] Vgl. BA-MA, RW 6/v. 416 D, Wehrmachtersatzplan 1945, Teil B, Abschnitt 2, keine Seitenzahl, eigene Hervorhebung.
[69] Ebd., Teil C, Abschnitt H, keine Seitenzahl.
[70] Ebd., Teil C, Zusammenfassung der Uk-Stellungen in den Bedarfsgruppen 1–31, S. 4 f.
[71] Vgl. BA-MA, RH 15/126: AHA/Stab II, Zusammenstellung des für Anfang 1945 verfügbaren ausgebildeten Personals vom 22.12.1944.

Die Zahl von 58 000 Rekruten des Jahrganges 1928, 150 000 Soldaten der Luftwaffe und 95 000 ehemalig Uk-Gestellten aus der Goebbels-Aktion betrug gerade einmal die Hälfte der erwarteten personellen Zugänge zum Heer[72]. Trotz umfangreicher Stillegungen von Betrieben meldeten zahlreiche Wehrkreise, daß die auferlegten Abgabequoten aus der Rüstungsindustrie nicht erfüllt und statt dessen die Namhaftmachungen zur Einberufung bis zu einer Höhe von 80 Prozent zurückgezogen wurden[73]. Die Wahrung ihrer Personalbestände begründeten die Betriebe mit dem Hinweis auf die Priorität des Rüstungsnotprogramms. Gebietsverluste ließen das Ersatzaufkommen zusätzlich schrumpfen[74]. Ein Beleg für das planungstechnische Chaos, unter dem die entsprechenden Dienststellen litten, war eine 30prozentige Differenz in einer jeweils vom Wehrersatzamt im OKW und vom Allgemeinen Heeresamt ausgearbeiteten Statistik[75]. Langfristigen Planungen fehlte eine solide Datenbasis. Der Rekrutenjahrgang 1928 war bereits seit Herbst 1944 verplant, der nachfolgende Jahrgang 1929 konnte jedoch nicht vor 1946 einberufen werden. Die Wehrersatzorganisation blickte einer »Durststrecke von ¾ jähriger Dauer, während derer junges Personal nicht zur Einstellung kommt« entgegen[76]. Man gestand sich den Bankrott ihrer Anstrengungen ein, wenn nicht

»nunmehr endlich die immer wieder geforderte erhöhte Aufbringung von Ersatz aus dem zivilen Sektor für das Ersatzheer durch drakonische Sofortmaßnahmen wirksam wird. [...] Anderseits steht in absehbarer Zeit dem Ersatzheer nach Aufbrauch des noch in Ausbildung befindlichen Ersatzpersonals nur noch der Jahrgang 28, das Stammpersonal (Ausbilder) und das unausgebildete Personal als Ersatz zur Verfügung. [...] Der ständige Abzug von Ausbildern und Waffen des Ersatzheeres und der Zeitdruck, unter dem Ausbildung des Ersatzpersonals und Aufstellung der Verbände als Folge des schleppenden Anfalls von Ersatz stehen, mindert mehr und mehr den Kampfwert der im Ersatzheer aufgestellten Verbände. [...] Je später die geforderte Zuführung aus dem zivilen Sektor erfolgt, umso mehr muß zu Aushilfen gegriffen werden. Insbesondere bedeutet hierbei die in steigendem Maße notwendig werdende Abstellung unfertig ausgebildeten Personals einen Vorgriff auf die Folgemonate und führt in rapidem Tempo, spätestens in 3–4 Monaten, zum Bankrott der Feldabstellung ausgebildeten Personals, d.h. es kann dann nur noch der soeben eingetretene Rekrut unfertig an die Front geworfen werden[77].«

Im Februar 1945 reklamierte die Wehrmacht einen Ergänzungsbedarf von nicht weniger als 815 000 Mann bis zum Juli des Jahres, von denen 768 000 durch den ›totalen Krieg‹ aufgebracht werden sollten[78]. Man kann sich des Eindrucks nicht

---

[72] Vgl. ebd.: AHA/Stab II (1) Nr. 2884/45 gKdos. (handschriftl. ergänzt), Notiz betr. Zugänge in das Heer im 1. Vierteljahr 1945 vom 30.3.1945.
[73] Vgl. BA-MA, RW 4/v. 865: OBdE/AHA/Stab II Nr. 1600/45 gKdos. vom 23.2.1945.
[74] Durch die Gebietsverluste im Osten hatte sich bis Februar 1945 das Ersatzaufkommen um ca. 19 Prozent verringert, BA-MA, RH 15/126: AHA/Stab II: Notiz zur Forderung OB West für volle Unterstellung der West-Wehrkreise vom 24.2.1945.
[75] Vgl. BA-MA, RW 4/v. 26: Wehrersatzamt/Abt E (Ch) Nr. W 13/45 gKdos. vom 11.4.1945.
[76] BA-MA, RH 15/126: AHA/Stab II, Vortragsnotiz betr. Einstellung des Jahrganges 1928 vom 9.1.1945.
[77] BA-MA, RW 4/v. 865: OBdE/AHA/Stab II Nr. 1600/45 gKdos. vom 23.2.1945.
[78] Vgl. BA-MA, RH 2/923: OKW/WFSt/Org (II) Nr. 368/45 gKdos., Notiz für RBK als Unterlage zur Führerinformation vom 6.2.1945.

erwehren, daß die Zuständigen in der Wehrmachtbürokratie selbst nicht mehr an den Inhalt dieser Zahlenspiele glaubten und darum bemüht waren, die Verantwortung für die Machbarkeit des Unmöglichen auf andere abzuwälzen.

Mit dem Geburtsjahrgang 1928 wurden ab Jahresbeginn 1945 die jüngsten Rekruten zum Waffendienst eingezogen. Sie waren vorgesehen als personeller Grundstock für neuaufzustellende Divisionen und Regimenter[79]. Zu einem Zeitpunkt, an dem fanatische Gesinnungstreue und ideologische Verblendung zur Allzweckwaffe mutierten, verbanden sich mit der Einziehung von Jugendlichen, die vollständig während der nationalsozialistischen Herrschaft sozialisiert worden waren, besondere Erwartungen. Tatsächlich meldeten sich fast 70 Prozent dieses Jahrganges kriegsfreiwillig zur Wehrmacht, eine Quote, die vom Regime als Zeichen einer besonderen weltanschaulichen Zuverlässigkeit interpretiert wurde[80]. Damit dieser, auf absehbare Zeit letzte Rekrutenjahrgang nicht vorzeitig im Kampf verbraucht oder die planmäßige Ausbildung behindert wurde, ergingen Anordnungen, die Rekruten aus feindbedrohten Teilen des Reiches in die inneren Wehrkreise zu verlegen[81]. Vor den Wehrkreisbefehlshabern rechtfertigte Himmler im September 1944 präventiv Einwände gegen den Rückgriff auf Jugendliche und Kinder durch den Verweis auf die ›Erfolge‹ stalinistischer Terrormaßnahmen:

»Straßenbahner, Frauen, Arbeiter – alles was laufen konnte – wurden an die Front getrieben, alles. Das geschah mit einer Brutalität sondergleichen. Hier würde bei uns in unserer sehr europäischen und manchmal sehr degenerierten Erziehung dann der Einwand kommen: ›Wissen Sie, das können Sie nicht verlangen. Wie können Sie Frauen, wie können Sie 16jährige opfern?‹ Sehen Sie, ich habe einmal vor Generalstabsoffizieren [...] darüber gesprochen, daß eine Nation willens sein müßte und daß wir willens sind, wenn es notwendig ist, [...] 15jährige an die Front zu schicken, um das Volk zu erhalten. Ich weiß [...] daß das bei vielen Kopfschütteln hervorgerufen hat. Die Herren haben nicht konsequent gedacht. Es ist besser, es stirbt ein junger Jahrgang und das Volk wird gerettet, als daß ich den jungen Jahrgang schone und ein ganzes 80–90 Millionenvolk stirbt aus[82].«

Bei der Musterung des Geburtsjahrganges 1928 erfüllte etwa ein Viertel nicht die Tauglichkeitskriterien für den Waffendienst[83]. Obwohl die Ersatzlage wiederholt

---

[79] Vgl. BA-MA, RH 15/126: AHA/Stab II, Notiz über Einberufung des Geburtsjahrganges 1928 vom 9.2.1945.
[80] Vgl. dazu das Antworttelegramm Hitlers auf eine entsprechende Meldung des Reichsjugendführers vom 8.10.1944, wiedergegeben in: Jahnke/Buddrus, Deutsche Jugend, Dok.-Nr. 265, S. 392. Zu ergänzen ist in diesem Zusammenhang, daß die Freiwilligenmeldung zur Wehrmacht die Wehrpflichtigen vor der Einziehung zur Waffen-SS schützte. Da ohnehin jeder kriegstauglich gemusterte männliche Jugendliche zum Wehrdienst eingezogen wurde, bestand in der Freiwilligenmeldung eine Möglichkeit, die spätere Verwendung aktiv mit zu beeinflussen und damit beispielsweise der Einziehung zu Waffengattungen zu entgehen, die unter besonders hohen Verlusten litten.
[81] Vgl. BA-MA, RW 4/v.702: Chef OKW/WFSt/Org (III) Nr. 281/45 gKdos. vom 28.1.1945; Hitlers Lagebesprechungen, S. 846.
[82] BA, NS 19/4015: Manuskript für Himmlers Rede vor den Wehrkreisbefehlshabern und Schulkommandeuren am 21.9.1944.
[83] Vgl. BA-MA, RH 15/126: Chef Wehrersatzamt im OKW/Abt E (Ic) Nr. 1340/45 g. vom 19.1.1945. Im Herbst 1944 betrug die Zahl der zeitlich untauglich Gemusterten der Jahrgänge 1925–1927 noch über 120 000. BA, NS 19/7: Schreiben Bergers an Himmler vom 3.10.1944.

die Absenkung der Bestimmungen erzwungen hatte, bewerteten die Dienststellen der Wehrmacht den körperlichen Entwicklungsstand vieler Jugendlicher als unzureichend. Bereits bei der Musterung des Jahrganges 1926 hatte die Quote 20 Prozent betragen[84]. In den bayerischen Regierungsbezirken mußten durchschnittlich 40 bis 60 Prozent der in der Hauptsache ab Juli 1944 zum aktiven Wehrdienst einberufenen Rekruten des Jahrganges 1927 bis zur Dauer eines Jahres zurückgestellt werden[85]. Immer jünger war der Teil der männlichen Bevölkerung geworden, der zur Wehrmacht eingezogen wurde. Der frühe Arbeitseinsatz und Mangelernährung hemmten die körperliche Entwicklung der Jugendlichen. Selbst bei den uneingeschränkt kriegstauglich gemusterten Rekruten traten nach einer körperlich anstrengenden Ausbildung wie beispielsweise beim Geschützexerzieren der Artillerie ungewohnte Erschöpfungszustände auf[86]. Frontbefehlshaber nahmen die geringe Belastbarkeit der jungen Soldaten zum Anlaß für die Kritik, daß der körperliche Entwicklungszustand der 17- bis 18jährigen Rekruten »im allgemeinen nicht den Anforderungen [entsprach], die an einen leistungsfähigen Soldaten zu stellen« waren[87].

Infolge der Kriegsereignisse kollabierte die Wehrersatzorganisation schließlich. Einen großen Teil ihrer Arbeitszeit verwendeten die zuständigen Dienststellen und Einrichtungen auf die Wiederherstellung vernichteter Akten oder auf die Suche nach Notunterkünften und Ausweichquartieren. Die Erfassung und Einberufung von Wehrpflichtigen orientierte sich zumeist nur noch an den Möglichkeiten des Augenblicks[88]. Die Parteiorganisation wurde maßgeblich daran beteiligt, alle Wehrpflichtigen, die sich infolge von Rückführungs- und Flüchtlingstransporten aus den feindbedrohten Teilen im Reichsinneren aufhielten oder deren Arbeitsstätten zerstört oder stillgelegt worden waren, zu erfassen. In den frontnahen Bereichen wurden die Heeresgruppen ermächtigt, eigenständig Wehrpflichtige zu erfassen und einzuziehen[89]. Hitlers Erlaß vom 25. September 1944, der »alle waffenfähigen Männer im Alter von 16 bis 60 Jahren« volkssturmpflichtig machte[90], gab Frontbefehlshabern wie beispielsweise dem Oberbefehlshaber der Heeresgruppe Mitte die Möglichkeit an die Hand, unterschiedslos auf jeden erreichbaren und irgendwie geeigneten Waffenfähigen zurückzugreifen:

»Die Erfassung auch des letzten waffenfähigen deutschen Mannes zum Kampf ist für die jetzige das Schicksal des Reiches entscheidende Schlacht von ausschlaggebender

---

[84] Vgl. BA-MA, H 20/872: OKW/Chef Wehrmacht-Sanitätswesen Nr. 802/43 g. vom 30.8.1943. Aus einer dem Dokument beigelegten Gegenüberstellung der Musterungsergebnisse mit denen der Geburtsjahrgänge 1924 und 1925 geht hervor, daß sich der Anteil der zeitlich untauglich gemusterten Rekruten im Beobachtungszeitraum verdreifacht hatte.

[85] Siehe dazu die Monatsberichte des Regierungspräsidenten in München Nr. 169 vom 8.2.1944. Bayer. HStA, StK 6695, des Regierungspräsidenten in Ansbach Nr. 49 vom 8.2.1944. Bayer. HStA, StK 6696 und des Regierungspräsidenten in Regensburg Nr. 401 vom 10.2.1944.

[86] Vgl. BA-MA, H 20/284: Bericht des Beratenden Wehrphysiologen beim Heeres-Sanitätsinspekteur über einen Besuch beim Art.Ers.u.Ausb.Rgt. 112 vom 29.11.1944.

[87] BA-MA, RH 2/847a: Armeearzt beim PzAOK 4 Nr. 506/44 g. vom 6.6.1944.

[88] Vgl. BA, R 3601/3020: Chef OKW/Wehrersatzamt/Abt E (Chefgr.) Nr. 228/45 vom 17.2.1945.

[89] Vgl. BA-MA, RH 2/923: OKH/GenStdH/OrgAbt Nr. I/1150/45 gKdos. vom 24.2.1945.

[90] RGBl. I, 1944: Erlaß des Führers über die Bildung des deutschen Volkssturms vom 25.9.1944.

Bedeutung. [...] Jetzt in der Stunde der höchsten Gefahr muß mit äußerstem Fanatismus der Volkskrieg entfesselt werden. Irgendwelche Bedenken wegen formaler Verordnungen oder Vorschriften kenne ich dabei nicht. So kann daher neben Volkssturmmännern, Eisenbahnern und Beamten überhaupt jeder im Kampfgebiet befindliche deutsche Mann zum Kampf eingestellt werden, wenn es die Lage gebietet[91].«

Ebenso wie die Wehrersatzinspektion München als Arbeitsrichtlinie herausgab, daß es auf eine »schnellstens« durchzuführende Einberufung ankam, »unerheblich, ob die Karteimittel vorliegen oder [...] ob der Tauglichkeitsgrad einwandfrei feststeht«[92], häuften sich die unkoordinierten Eingriffe in die Personalbestände anderer Einheiten und ›wilde‹ Rekrutierungsmaßnahmen von Verbänden der Wehrmacht und Waffen-SS. »Jeder griff sich die Kräfte, deren er habhaft werden konnte, so daß der Zusammenhalt nur bei größter Aufmerksamkeit und Rücksichtslosigkeit gewahrt werden konnte«, beschrieb der Chef des Generalstabes der 7. Armee die Situation[93]. Der Oberbefehlshaber der 11. Panzerarmee, Obergruppenführer und General der Waffen-SS Felix Steiner, wurde Anfang März von Hitler und Himmler damit beauftragt, Soldaten an Ort und Stelle unter Verzicht auf »irgendwie entbehrliche bürokratische und listenmäßige Registrierung« zu erfassen, in Marschbataillonen zusammenzustellen und mit Hilfe der örtlichen Dienststellen auszurüsten«[94].

Der Übergang zu einer zunehmend willkürlichen Rekrutierungspraxis von männlichen Angehörigen der Reichsbevölkerung, die je nach Situation als waffenfähig betrachtet wurden, überkreuzte sich mit den Folgen des vom Regime ausgerufenen ›Volkskrieges‹. Jugendliche Luftwaffenhelfer, die als Wehrmachtgefolge in ortsfesten Flakbatterien eingesetzt wurden, sahen sich mit dem Vormarsch der Alliierten auf das Reichsgebiet in Kämpfe verwickelt, in denen gerade die Flakwaffe zum Rückgrat der Panzerabwehr wurde. Die Abschußerfolge wurden mit hohen materiellen und personellen Verlusten erkauft[95]. Für die sogenannte Wehrhaftmachung des dritten Aufgebotes des Volkssturms verfügte Himmler am 1. Oktober 1944, daß bereits Jugendliche im Alter von 15 Jahren in vierwöchigen Wehrertüchtigungslagern der Hitlerjugend vormilitärisch auszubilden waren[96]. Die Verordnung Keitels vom 5. März 1945 dehnte die Wehrpflicht schließlich grundsätzlich auf die männlichen Angehörigen des Geburtsjahrganges 1929 aus[97]. Daß die NS-Führung keine Skrupel besaß, Kinder und Jugendliche einer längst verlorenen

---

[91] VHA, Feldjg.Kdo. (mot.) II (OKW), K3: OBKdo HGr Mitte/Ia Nr. 562/45 g. vom 25.1.1945.
[92] StA Augsburg, NSDAP, Kreisleitung Günzburg Nr. 1/47: Schreiben des Kreisleiters an Ortsgruppenleiter vom 19.3.1945.
[93] BA-MA, ZA 1/144, S. 37 f.
[94] BA, NS 6/353: Rundschreiben 121/45 des Ltr Pkzl vom 5.3.1945.
[95] Siehe dazu auch die zahlreichen Erinnerungsberichte ehemaliger Luftwaffenhelfer in: Nicolaisen, Die Flakhelfer; Tewes, Jugend. Gerüchte und Erfahrungen über die Behandlung von gefangenen Luftwaffenhelfern, deren Kombattantenstatus aus Sicht der Kriegsgegner gerade durch das Szenario eines vom Regime angekündigten Partisanenkrieges unklar war, führten dazu, daß bei Flakbatterien, denen der Erdkampf bevorstand, die Luftwaffenhelfer noch schnell zu regulären Soldaten gemacht wurden. Schätz, Schüler-Soldaten, S. 458 f.
[96] Anweisung Himmlers zur Wehrhaftmachung des 3. Aufgebotes des Volkssturms vom 1.10.1944, wiedergegeben in: Jahnke, Hitlers letztes Aufgebot, Dok.-Nr. 34, S. 89.
[97] Vgl. BA, NS 6/353: Verordnung über die Erweiterung der Wehrpflicht vom 5.3.1945.

Sache zu opfern, zeigt das Beispiel einer sogenannten Hitler-Jugend-Brigade. Diese Formation wurde aus Jugendlichen der Jahrgänge 1928 und 1929 zur Verstärkung der hinteren Linien der Heeresgruppe Weichsel gebildet. Zahlreiche Angehörige fanden in den Kämpfen in und um Berlin den Tod[98]. Noch Ende April 1945 beschäftigte man sich in der Organisationsabteilung im Generalstab des Heeres mit dem Gedanken, die Angehörigen des Jahrganges 1929 in den Wehrertüchtigungslagern vollständig zur weiteren Durchführung der vormilitärischen Ausbildung in die illusionäre Alpenfestung zu verlegen[99]. Auch der für den Gau Franken überlieferte Einsatz eines »Regiment[s] Panzervernichtungstrupps der HJ«[100] ist eines der zahlreichen Beispiele für den militärisch sinnlosen und mit Blick auf das Alter der Betroffenen verbrecherischen Versuch, durch den Rückgriff auf diese Altersgruppe die Lebensdauer des Regimes um wenige Tage zu verlängern. Derartige Einsätze vollzogen sich im Rahmen der Wehrmacht, des Volkssturms oder auf Eigeninitiative von Gefolgschaftsführern der Hitlerjugend. Die überaus spärliche Quellenlage erlaubt es nicht, diese klar voneinander abzugrenzen oder quantitativ zu evaluieren und auf diese Weise ein auch nur annähernd vollständige Bild zu konstruieren.

c) Die personelle Substanz schwindet.
Die Mobilisierung von Ressourcen

In den Denkschriften, mit denen Goebbels und Speer im Frühsommer zu weiteren Kriegsanstrengungen drängten, fehlte es nicht an Hinweisen über vermeintliche personelle Leistungsreserven innerhalb der militärischen Organisation selbst, verbunden mit dem Vorwurf mangelnder Effizienz und personeller Verschwendung[101]. Die Vergabe entsprechender Vollmachten an Himmler und später auch an Goebbels setzten die Wehrmachtadministration unter einen entsprechenden Handlungszwang. Dabei konnte man auf bewährte Instrumente zurückgreifen. In den vorangegangenen Kriegsjahren hatte sich eine gewisse Routine dahingehend herausgebildet, durch lineare Kürzungen von Planstellen in bestimmten Funktions- und Aufgabenbereichen Personal freizumachen, um damit die infanteristische Kampfstärke der bestehenden Divisionen zu konsolidieren. Die im Herbst 1943 mit großem Organisationsaufwand durchgeführte Umgliederung der Feldverbände des Heeres zu Infanteriedivisionen ›neuer Art‹ (n.A.) war jedoch bereits im Früh-

---

[98] Vgl. BA-MA, NS 6/785: Vermerk Bormanns vom 28.2.1945. Über die Beteiligung von Angehörigen der Hitlerjugend an den Kämpfen um das Reichssportfeld in Berlin berichtet Altner, Totentanz Berlin, S. 160 ff.
[99] Vgl. BA-MA, RH 2/849b: OKH/GenStdH/OrgAbt Nr. I/1601/45 gKdos. Chefs., Notiz betr. Personalbewirtschaftung im Südraum vom 24.4.1945.
[100] BA, NS 6/277: Lagebericht Gau Franken vom 17.4.1945.
[101] Siehe dazu die Denkschriften Speers vom 12. und 20.7.1944. BA, R 3/1522, Goebbels' Tagebucheintragung über die Unterredung mit Hitler am 22.6.1944. Goebbels, Die Tagebücher, Bd 12, S. 518 ff., Goebbels' Denkschrift vom 18.7.1944 wiedergegeben in: Longerich, Joseph Goebbels und der Totale Krieg, S. 305 ff.

jahr 1944 mit der Einführung der ›Infanteriedivision 44‹ als neuer Grundgliederung überholt. Zugrunde lagen stets die gleichen Überlegungen[102]: Die Erhaltung der infanteristischen Kampfstärken ohne die Kürzung der Waffengattungen, die in einem Verband zusammenwirkten, ließ sich nur durch personelle Einsparungen auf Kosten der Versorgungstruppen, Trosse und sonstigen rückwärtigen bzw. nichtfechtenden Teile erfüllen. Zwar hatten im Oktober 1943 mehr als die Hälfte der über 2,5 Mill. Soldaten des Ostheeres rückwärtigen Diensten und Versorgungseinrichtungen angehört[103]. Die personelle Stärke und materielle Ausstattung der Logistikorganisation des Heeres war in den Folgemonaten jedoch so knapp berechnet worden, daß Ausrüstung, Gepäck und Versorgungsgut der Truppe bei Verlegungen vielfach nur noch im Pendelverkehr bewegt werden konnten. Eine stärkere Motorisierung, welche die Personalintensität hätte verringern können, lag angesichts der Rüstungslage fernab der Möglichkeiten. Die mit der Erarbeitung der Organisationsgrundlagen beschäftigten Dienststellen behalfen sich mit der Ausflucht, die kontinuierlich absinkenden infanteristischen Kampfstärken führten automatisch zu Überhängen in den rückwärtigen Diensten.

Die Voraussetzung für die Straffung der rückwärtigen Dienste und für die Zusammenlegung von Einheiten war indes nur bei stabilen Frontlagen gegeben. Gerieten diese infolge von Kämpfen in Bewegung, das war auch den Fachleuten in der Organisationsabteilung im OKH bewußt, war die Gefahr groß, daß die Truppen von ihren Versorgungsteilen getrennt würden. Bei der Artillerietruppe versuchte man beispielsweise durch eine Erhöhung der Geschützzahlen in den Batterien, bei gleichzeitiger Halbierung der Ausstattung mit schwerer Munition, Personal in nennenswertem Umfang einzusparen. Nicht eine Änderung der taktischen Einsatzgrundsätze oder waffentechnische Innovationen, sondern ausschließlich die personelle und materielle Notlage diktierte die Veränderungen in der Heeresorganisation. Als im Spätsommer und Herbst 1944 nur begrenzte Ressourcen für die kurzfristige Aufstellung Dutzender neuer Divisionen zur Verfügung standen, erhielten auch die als Volksgrenadierdivisionen bezeichneten Verbände eine neue Organisationsgrundlage. Dazu vermerkte der Chef der Infanterieabteilung im OKH in seinem Tagebuch:

»Wir Infanterie- und Artilleriefachleute [...] raufen uns die Haare, wenn wir diese unbeweglichen Volksgrenadierdivisionen sehen. Was werden wir im Bewegungskrieg an Waffen liegen lassen müssen. Welchen Munitionsmangel werden sie haben. Furchtbar, wenn diese Divisionen daherschleichen. Was wird das für Opfer kosten. Die armen Verwundeten[104]!«

Vor dem Hintergrund der sich zuspitzenden Lageentwicklung muß auch die Einführung der Divisionsgrundgliederungen ›44‹ und ›45‹ für sämtliche Infanterie-, Panzergrenadier- und Panzerdivisionen des Feldheeres in der Schlußphase des Krieges gesehen werden. Angesichts eines von Chaos und Improvisation domi-

---

[102] Die folgenden Ausführungen wurden entnommen aus der Vortragsnotiz OrgAbt, betr. Kürzung der Gesamtstärke der Div. (n.A.) vom 9.1.1944. BA-MA, RH 2/847a.
[103] Vgl. BA-MA, RH 2/1339: Gliederung des Ostheeres Stand 1.10.1943, ohne Waffen-SS und Lw.-Feldverbände, Anl. 3 zu Org I/5170/43 gKdos. o. Dat.
[104] Müller, Gegen eine neue Dolchstoßlegende, Eintrag vom 28.7.1944, S. 101.

nierten Kriegsalltags blieben diese Veränderungen meist auf das Papier beschränkt. Nennenswerte Kräfte ließen sich auf diese Weise ohnehin nicht erschließen.

Spontane Maßnahmen wie der Versuch, durch den Rückgriff auf zehntausende umherreisender Soldatenurlauber eine operative Reserve zu bilden – bis zum 28. Juli 1944 wurden auf diese Weise etwa 67 900 Soldaten erfaßt und weiteren Verwendungen zugeführt[105] – oder der im Herbst 1944 ergehende Aufruf zur Meldung Freiwilliger für die Verteidigung Ostpreußens, dem Soldaten aller Wehrmachtteile in einer Gesamtstärke von etwa 10 000 Soldaten folgten[106], waren aus der Not geborene Aushilfen. Mit Blick auf den Gesamtzustand des Feldheeres bedeuteten diese Schritte nur einen Tropfen auf den nicht nur heißen, sondern glühenden Stein. Andere organisatorische Maßnahmen wie beispielsweise die Auflösung sämtlicher Musikkorps hatten nur eine kosmetische Wirkung, die sich allenfalls propagandistisch verwerten ließ[107]. Die Wehrmacht war den ganzen Krieg über einem fortwährenden Veränderungsprozeß unterworfen. Doch besonders in den letzten Monaten des Krieges prasselte eine regelrechte Flut von Maßnahmen auf die militärische Organisation nieder, mit denen vermeintlich brachliegende personelle Ressourcen mobilisiert werden sollten. Militärische Sachzwänge, die Eigendynamik der Verluste, eine sich ausbreitende Konzeptions- und Ratlosigkeit der militärischen Fachleute und eine ideologische Überwölbung militärischer Organisations- und Funktionsstrukturen, die den Stellenwert des ›Kämpfers‹ überhöhte, griffen dabei ineinander.

Durch Fortführung der zum Jahreswechsel 1943/44 begonnenen Überprüfung wurden im Personalbestand des Heeres bis zum Sommer etwa 730 000 Planstellen gekürzt und durch Umschichtungen etwa 235 000 Soldaten den kämpfenden Verbänden zugeführt. Ende Juli wies Guderian an, weitere 100 000 Soldaten aus den rückwärtigen Einheiten und Dienststellen aller Wehrmachtteile im Bereich der Heeresgruppe Nord zur Stärkung der Ostfront zu gewinnen. 10 000 zusätzliche ›Kämpfer‹ konnten durch die Auflösung der rückwärtigen Einrichtungen der Heeresgruppe Mitte erworben werden. Im Westen wurde die Zahl derer, die aus dem Strom der aus Frankreich zurückfließenden Wehrmacht von der Auffangorganisation erfaßt und einem kämpfenden Truppenteil oder der Westwallbesatzung zugeführt wurde, auf 50 000 Mann geschätzt. Alles in allem bezifferte die Organisationsabteilung im OKH die personellen Einsparungen in der Heeresorganisation bis zum dritten Quartal 1944 auf über 1,2 Mill. Soldaten[108]. Diese Zahl entsprach nicht annähernd dem Umfang an Soldaten, die damit auch tatsächlich zur Konsolidierung der Kampfkraft zugeführt wurden. Doch mit der gleichen Zielsetzung setzten sich die organisatorischen Anstrengungen fort.

Ein Erlaß Hitlers vom 23. Oktober ordnete die zehnprozentige Kürzung der Iststärke bei sämtlichen Truppenteilen, Dienststellen, Stäben und Einrichtungen, vorrangig bei Soldaten der Jahrgänge 1906 und jünger, an. Ausgenommen von

---

[105] Vgl. BA-MA, RH 2/847b: OrgAbt (I) Nr. I/8151/44 g. vom 28.7.1944.
[106] Vgl. BA-MA, RH 2/849a: OrgAbt (I) Nr. I/11629/44 g. vom 5.10.1944.
[107] Vgl. BA-MA, RH 2/867: Chef GenStdH/OrgAbt Nr. I/10535/44 g. vom 13.9.1944.
[108] Vgl. BA-MA, RH 2/847b: OrgAbt (I) Nr. I/10136/44 g. vom 6.9.1944.

dieser Regelung waren im Heer die Truppengattungen der Infanterie und Panzertruppe sowie die Volksgrenadierdivisionen. Im Zuge dieser als »Sonderaktion Feldheer (SAF)« bezeichneten Organisationsänderung wurden bis zum 1. April 1945 insgesamt 108 600 Soldaten gemeldet, die je zur Hälfte im Bereich des Feldheeres verwendet bzw. dem Ersatzheer überordnet wurden zur Umschulung vorrangig als infanteristischer Ersatz[109]. Auch der Führererlaß zur Überprüfung der Wehrmacht, Waffen-SS und Polizei im Heimatkriegsgebiet vom 10. Dezember 1944 (»Fronthilfe 1945«) fand seine entsprechende Anwendung auf die Teile des Feldheeres, die nicht zum Kampf oder zur unmittelbaren Kampfführung eingesetzt waren. Eine Neufassung von Hitlers Grundlegendem Befehl Nr. 22 aus dem Jahr 1943 verlangte ab dem 20. Januar 1945 für alle in frontfernen Dienststellen, Einrichtungen und Einheiten der Wehrmacht eingesetzten, frontverwendungstauglich gemusterten Soldaten, die jünger als 45 Jahre waren, einen Unabkömmlichkeitsnachweis. Das Ergebnis dieser als »Fronthilfe 1945 W« bezeichneten Aktion schätzte man Mitte April im OKH überschläglich auf ca. 50 000 Mann[110].

Angesichts der Maßgabe, den Kampfwert der eingesetzten Divisionen zu stärken, besaßen die Ergebnisse dieser Handlungsweisen einen zweifelhaften Erfolg. Die umfassende Personalbestandsanalyse des Feldheeres zur Jahreswende 1943/44 hatte gezeigt, daß jeder zweite Soldat älter als 34 Jahre war[111]. Die Einziehungen im Verlauf des Jahres 1944 führten zu keiner wesentlichen Veränderung in der Altersstruktur der Wehrmacht. Zwar gehörte die Hälfte der eingezogenen Rekruten den Geburtsjahrgängen 1921 und jünger an, doch die bereits über 40jährigen stellten fast genauso viele Soldaten wie die mittleren Jahrgänge[112]. Vor diesem Hintergrund überrascht der Auszug aus einem alarmierenden Zustandsbericht über die gesundheitliche Verfassung der auf diese Weise zusätzlich gewonnenen Soldaten nicht:

»In neu aufgestellten Volksgrenadierdivisionen sehr viele alte Leute, die bereits nach Märschen von 6 km ausfallen. Bei LXXXI. Korps mußte aus einem Bataillon 100 Leute zurückgeführt werden, da sie den Anstrengungen nicht gewachsen waren[113].«

Über ein schlüssiges Gesamtbild der personellen Zusammensetzung des Feldheeres verfügte die militärische Administration in der zweiten Jahreshälfte 1944 nicht. So teilte die Organisationsabteilung im OKH in einem Fernschreiben an den WFSt Anfang Dezember 1944 mit:

»Die Ergebnisse der letzten genauen Erfassung der einzelnen Jahrgangsgruppen (Grundlegender Befehl Nr. 22) sind infolge der Kampfhandlungen und durch die Aus-

---

[109] Vgl. BA-MA, RW 4/v. 702: Chef OKW/WFSt/Org (F) Nr. 0012705/44 gKdos. vom 23.10.1944 und BA-MA, RH 2/923: OrgAbt (I), Notiz betr. Ergebnis der Selbsthilfe-Aktionen des Feldheeres zur Stärkung der kämpfenden Truppe vom 13.4.1945.
[110] Vgl. BA-MA, RW 4/v. 702: Der Führer/OKW/WFSt/Org (II) (1) Nr. 430/45 g. vom 20.1.1945; BA-MA, RH 2/923: OrgAbt (I), Notiz betr. Ergebnis der Selbsthilfe-Aktionen des Feldheeres zur Stärkung der kämpfenden Truppe vom 13.4.1945.
[111] Vgl. BA-MA, RH 2/1341: GenStdH/OrgAbt (I) Nr. I18211/44 gKdos. vom 20.7.1944.
[112] Vgl. Overmans, Deutsche militärische Verluste, S. 222.
[113] BA, R 3/1539: V.O. GenStdH beim Reichsminister für Rüstung und Kriegsproduktion Nr. 385/44 gKdos., Bericht über die Reise Speers in den Westen vom 14.9.1944.

wirkung der laufend innerhalb des letzten Jahres durchgeführten personellen Verlagerung als überholt anzusehen[114].«

Erst auf der Grundlage der zum Stichtag 20. Dezember 1944 eingegangenen Meldungen der Truppenteile konnte letztmalig eine ganzheitliche personelle Bestandsanalyse durchgeführt werden: Dabei trat zutage, daß sich im Zeitraum von nur einem Jahr die Zahl der im Feldheer befindlichen Soldaten um mehr als 660 000 verringert hatte. Die Verluste betrafen hauptsächlich die Angehörigen der Jahrgangsgruppen 1906 und jünger, während die Zahl der über 40jährigen keinen großen Veränderungen unterworfen worden war. Gemessen an den Vorjahreszahlen blieb die Zahl der Soldaten in den fechtenden Einheiten, die den Jahrgangsgruppen 1906 bis 1913 sowie 1914 und jünger angehörten, relativ konstant. Die numerische Stärke der fechtenden Verbände hatte nur auf Kosten der logistischen bzw. rückwärtigen Organisation konsolidiert werden können. Da das im gleichen Zeitraum zugeführte Ersatzpersonal in der gesamtstatistischen Auswertung jedoch nicht gesondert ausgewiesen wurde, tritt die tatsächliche personelle Dynamik, die innerhalb des militärischen Organisationsgefüges herrschte, gar nicht in Erscheinung. Innerhalb eines Jahres reduzierten Verluste, vor allem aber die Maßnahmen zur personellen Umschichtung, die Stärke der rückwärtigen Einheiten des Feldheeres um etwa eine halbe Mill. Soldaten auf 65 Prozent des Vorjahresstandes[115]. Zugleich erhöhte sich der Anteil der über 40jährigen und minderkriegstauglich Gemusterten im logistischen Apparat des Heeres[116].

Die organisatorischen Veränderungen schlugen sich sichtbar in der Leistungsfähigkeit der Versorgungstruppen nieder. Nach der Einschätzung der Organisationsfachleute war durch

»diese einschneidenden Maßnahmen [...] in den rückwärtigen Einheiten ein fühlbarer Leistungsabfall eingetreten, der sichtbar in teilweisen Störungen des Verkehrs- und Nachschubwesens während der [Ardennen-] Offensive im Westen zum Ausdruck kam.«

Eine weitere Kürzung des Bestandes ohne die Gestellung von qualifiziertem Ersatzpersonal würde, so warnte man, »daher in Zukunft nur noch durchgeführt werden [können], wenn schwerwiegende Nachteile und Schädigungen des Kampfes und der Kampfführung in Kauf genommen werden«[117]. Die Zwänge des Augenblicks boten keinen Handlungsspielraum. Angesichts der Wucht der sowjetischen Winteroffensive gab die Organisationsabteilung dem Drängen der Vertreter von Goebbels' ›totalem Krieg‹ nach, kurzfristig weitere 20 000 Soldaten als Waffenträger herauszulösen:

---

[114] BA-MA, RH 2/849a: OKH/GenStdH/OrgAbt Nr. I/14563/44 g. vom 6.12.1944.
[115] Vgl. BA-MA, RH 2/849b: Notiz OrgAbt (I) vom 23.1.1945.
[116] Siehe dazu die Aufschlüsselung der drei Jahrgangsgruppen nach Tauglichkeitsgraden in OKH/GenStdH/OrgAbt I/1499/45 gKdos. vom 16.3.1945. BA-MA, RH 2/923.
[117] BA-MA, RH 2/849b: OrgAbt Nr. I/12/45 gKdos. vom 23.1.1945.

III. Die Wehrmacht im ›Endkampf‹ 175

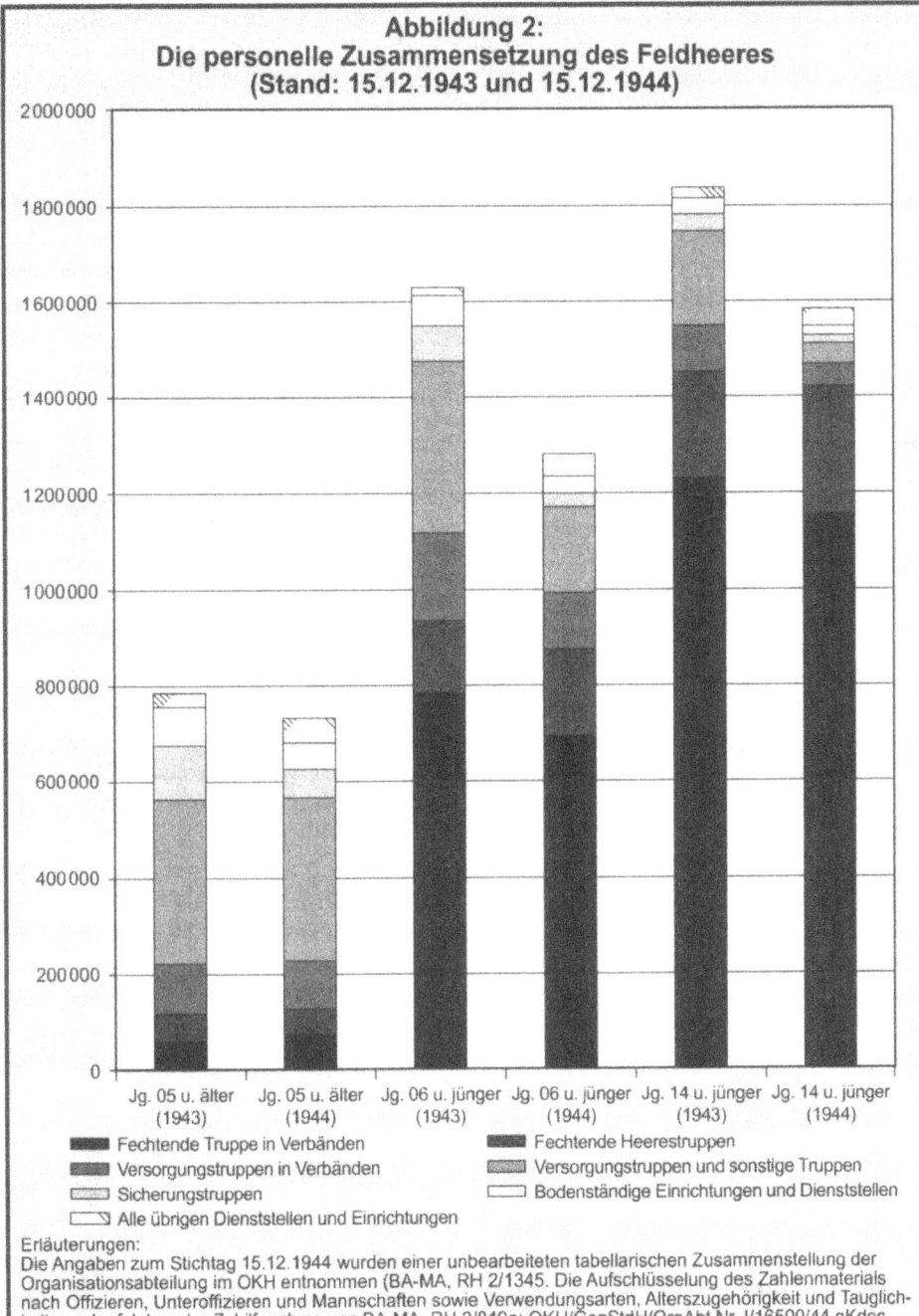

Abbildung 2:
Die personelle Zusammensetzung des Feldheeres
(Stand: 15.12.1943 und 15.12.1944)

Erläuterungen:
Die Angaben zum Stichtag 15.12.1944 wurden einer unbearbeiteten tabellarischen Zusammenstellung der Organisationsabteilung im OKH entnommen (BA-MA, RH 2/1345. Die Aufschlüsselung des Zahlenmaterials nach Offizieren, Unteroffizieren und Mannschaften sowie Verwendungsarten, Alterszugehörigkeit und Tauglichkeitsgrad erfolgte unter Zuhilfenahme von BA-MA, RH 2/849a: OKH/GenStdH/OrgAbt Nr. I/16500/44 gKdos. IV. Ang. vom 28.11.1944). Die Daten wurden bereits aufgearbeitet im Rahmen der, auf der Basis deutscher Beuteakten von den Alliierten erstellten und in den National Archives verwahrten »Study of the Employment of German Manpower from 1933–1945«. Für die Überlassung einer Kopie danke ich Herrn Prof. Dr. Bernhard R. Kroener. Die Referenzdaten des Vorjahresstandes stammen aus: Kroener, »Menschenbewirtschaftung«, S. 974a.

»Für das rückwärtige Gebiet muß [...] eine Art Notstand geschaffen werden, der gerade noch tragbar ist und einen Zusammenbruch, z.B. des Verkehrs- und Nachrichtenwesens, gerade noch vermeidet. Denn jede noch so gut funktionierende Versorgung, oder jedes noch so reibungslos laufende Verkehrsnetz ist wertlos, wenn die Front mangels ausreichender Ersatzzuführung nicht hält[118].«

Die Vielzahl der Einsparungs-, Kürzungs- und Umschichtungsbefehle war unübersichtlich und neu erlassene Anordnungen überschnitten sich mit der laufenden Umsetzung älterer Erlasse. Infolge von zusammenbrechenden Kommunikationsstrukturen und von Improvisationszwängen entstand ein organisatorisches und administratives Chaos. Bereits im Oktober 1944 beobachtete das Feldjägerkommando (mot) II (OKW), zu dessen Aufgabenbereich die Überprüfung der Fronthilfe-Bestimmungen gehörte, daß sich in der Truppe angesichts mehrfacher Überprüfungen der gleichen Dienststelle kritischer Sarkasmus dahingehend äußerte,

»daß durch Auflösung doppelt und mehrfach vorhandener Überprüfungsorganisationen der kämpfenden Truppe zahlreiches Personal zugeführt werden könnte. [...] Meldungen der überprüften Dienststellen lassen erkennen, daß die vorgenommenen Überprüfungen in den meisten Fällen nicht mit der erforderlichen Sachkenntnis und Gründlichkeit vorgenommen werden. Die Erfahrung hat gezeigt, daß Fronterfahrung, Kenntnis des Aufbaus der rückwärtigen Dienste, Versorgungs- und Nachschubeinrichtungen und der für die Auskämmung und Einsparung erlassenen Befehle bei den überprüfenden Offizieren unerläßliche Voraussetzung ist, wenn Prüfungen positive Ergebnisse zeitigen sollen. [...] Hoheitsträger der Partei aller Rangstufen und Arbeitsgebiete, Bürgermeister und Forstbeamte können, da ihnen die notwendigen Kenntnisse fehlen, ebenfalls nicht als vollwertig geeignet zu Überprüfungsaufgaben angesehen werden, zudem sie vielfach von völlig abwegigen Voraussetzungen ausgehen, z.B. beinahe jeden nicht an der Kampffront eingesetzten Wehrmachtangehörigen als überflüssig, wenn nicht gar als Fahnenflüchtigen oder Drückeberger ansehen[119].«

Nicht allein dem Historiker fällt es schwer, sich in einer vergleichsweise geordneten Rückschau einen Überblick über die verschiedenen Erlasse und Folgeanordnungen zu verschaffen. Für Zeitgenossen konnten Irrtümer und Versäumnisse in dieser Angelegenheit schwerwiegende Konsequenzen haben. Die Verordnung zur Sicherung des Fronteinsatzes vom 26. Januar 1945 bedrohte Personen, die gegen die verwirrende Vielfalt der Fronthilfe-Bestimmungen verstießen, mit schwersten Konsequenzen bis hin zur Todesstrafe[120].

In den letzten Kriegsmonaten gingen Frontbefehlshaber vermehrt dazu über, in Eigeninitiative überzählige Trosse und nicht mehr benötigte Versorgungstruppen aufzulösen. Ein ›Führerbefehl‹ ordnete im März 1945 an, die organisatorische Gliederung der Infanteriedivisionen grundsätzlich an den infanteristischen Kampfstärken zu orientieren: Infanteriebataillone und Artilleriebatterien sollten bei abgesunkenen Kampfstärken aufgelöst, der Umfang der Versorgungstruppen je nach Stärke der vorhandenen Infanterie um bis zu 30 Prozent verringert werden. Sämt-

---

[118] BA-MA, RH 2/923: Anl. zu OrgAbt Nr. I/11/45 gKdos. vom 20.1.1945.
[119] VHA, Feldjg.Kdo. (mot) II (OKW), K1: Feldjg.Kdo. (mot) II (OKW)/Ia Tgb.Nr. 235/44 gKdos. vom 9.11.1944.
[120] Vgl. RGBl. I, 1945, S. 20.

liche durch Kürzung und Auflösung freiwerdenden Soldaten und solche, die ihre Großwaffen verloren hatten, waren ausschließlich dem infanteristischen Einsatz zuzuführen[121]. Der Kampfwert von Soldaten aus Trossen, Bäckereikompanien oder Registraturen, die nur mit Handwaffen ausgestattet gegen einen überlegenen Gegner kämpfen sollten, war ein zweifelhafter.

Die Angehörigen der mittleren und unteren Führungsebene waren in überproportional höherem Maß als das restliche Offizierkorps von sprunghaft steigenden personellen Verlusten betroffen. Dabei besaß das Truppenoffizierkorps eine Schlüsselfunktion für die Erhaltung der militärischen Schlagkraft und die Kohäsion der Truppe. Den Offizieren oblag nicht nur die Ausbildung und Erziehung der Soldaten, sondern auch deren Führung im Einsatz. Sie waren für die kompromißlose Umsetzung von Befehlen, aber gleichzeitig auch für den Erhalt der Kampfkraft der ihnen unterstellten Truppe durch sorgsame Führung und effizienten Einsatz verantwortlich. Diese Aufgaben erforderten hohes fachliches Können, charakterliche Eignung und eine entsprechende Lebenserfahrung. Offiziere waren für die Aufrechterhaltung der militärischen Ordnung und Disziplin, gleichzeitig aber auch zur Fürsorge gegenüber ihren Soldaten verpflichtet. Nicht exponierte Persönlichkeiten, wie der Chef des Generalstabes des Heeres oder der Oberbefehlshaber einer Heeresgruppe, standen im Mittelpunkt der Wahrnehmung der Soldaten; deren Aufmerksamkeit richtete sich vielmehr auf die ihnen vorgesetzten Zug-, Einheits- und Bataillonsführer.

Am 1. Mai 1944 umfaßte das Offizierkorps von Feld- und Ersatzheer insgesamt 204 643 Offiziere im aktiven Dienst. Annähernd zwei Drittel davon waren Reserve-Offiziere. Die Stärkemeldungen von 249 Divisionen des Feldheeres wiesen für die gleiche Zeit ein Fehl von insgesamt 12 887 Offizieren auf. Die größten Ausfälle hatte die kämpfende Truppe zu verzeichnen: 40 Prozent der Fehlstellen entfielen auf die Infanterie, 11 Prozent auf die Panzertruppe und weitere 14 Prozent auf die Artillerie. Unter besonders großen Verlusten litten Offiziere, die bei der Verrichtung ihres täglichen Dienstes an exponierter Stelle der feindlichen Waffenwirkung ausgesetzt waren. So fehlten im Frühjahr 1944 insgesamt 136 Bataillonskommandeure, 1723 Kompanie- und 8028 Zugführer. 3825 Kompanien des Feldheeres wurden von Leutnanten geführt[122]. Die Abwehr- und Rückzugsschlachten auf allen Kriegsschauplätzen verschärften auch die personelle Krise des Offizierkorps dramatisch. Mit einem durchschnittlichen Verlust von 317 Offizieren an jedem Tag wurde der September 1944 nach der Einschätzung des Heerespersonalamtes der bis dahin »verlustreichste Monat des Krieges«; Tage, an denen sechs bis acht Divisionskommandeure gleichzeitig ersetzt werden mußten, waren »keine Seltenheit mehr«[123]. Bis zum 1. November 1944 wuchs die Zahl der Fehlstellen auf 25 900 Offiziere an[124]. Die Aufstellung von insgesamt 46 Divisionen

---
[121] Vgl. BA-MA, RH 2/1108: Der Führer/OKH/GenStdH/OrgAbt Nr. I/800/45 gKdos. vom 12.3.1945.
[122] Vgl. BA-MA, RH7 H 6/265: OKH/PA/Ag P1/1. (Zentral-) Abt/IIIa Nr. 1535/44 gKdos. vom 20.6.1944.
[123] Tätigkeitsbericht des Chefs des Heerespersonalamtes, Eintrag vom 15.10.1944.
[124] Vgl. BA-MA, RH 2/849b: OrgAbt (I) Nr. IP/636/45 g. vom 17.1.1945.

und 60 Sonderverbänden bis Brigadestärke sowie die stärkere Durchsetzung von Einheiten mit Heeresoffizieren, die sich vorrangig aus früheren Luftwaffen- und Marinesoldaten bildeten, ließ bis zum Jahresende 1944 einen Mehrbedarf von ca. 15 000 entstehen[125].

Die für die Bearbeitung der Offizier- und Unteroffizierpersonalien zuständigen Dienststellen verloren zunehmend den Überblick über die Verwendung und den Verbleib des zu steuernden Personals. Im Spätsommer 1944 mußten sich die Sachbearbeiter im Heerespersonalamt die eigene Unwissenheit in der Frage eingestehen, »wo die vielen Offiziere der zahlreichen Kommandanturen aus den aufgegebenen Ostgebieten sind«[126]. Im gleichen Zusammenhang wurde kritisiert, daß sich die personalpolitischen Steuerungsinstrumente als ineffizient und zu schwerfällig erwiesen[127]. Um die entstehenden Stellen besetzen zu können, wurde eine größere Zahl von Offizieren anderer Waffengattungen zur Infanterie versetzt. Da es »erhebliche Schwierigkeiten« bereitete, geeignete Bataillons- und Kompanieführer zu finden, mußten selbst die militärischen Spitzenbehörden des OKW und OKH nach geeignetem Personal durchforstet werden[128]. Trotz der dramatischen Verluste wuchs das Truppenoffizierkorps im Vergleich zu 1943 bis Januar 1945 mit 266 221 Mann um fast ein Drittel an[129]. Da in den meisten Einheiten des Heeres geeignete Unteroffiziere die Führungsaufgaben ausgefallener Offiziere wahrnehmen mußten, sind an dieser Stelle einige wenige Anmerkungen zum Zustand des Heeresunteroffizierkorps angebracht. Da Unteroffiziere und Mannschaften gemeinsam in Stärke- und Verlustmeldungen genannt wurden, besaßen die personalbearbeitenden Stellen im Sommer 1944 keinen Gesamtüberblick über die tatsächliche personelle Lage des Unteroffizierkorps und konnten die Verluste nur überschlägig schätzen. Am 1. Juli 1944 bezifferte man das Fehl auf 23 800 Mann bei einem Gesamtumfang des Unteroffizierkorps von Feld- und Ersatzheer von etwa 964 000 Mann[130]. Als Mitte September 1944 schließlich *erstmalig* dazu übergegangen wurde, eine differenzierte Analyse der Personalstärken des Unteroffizierkorps zu erstellen, zeigten die eingegangenen Heeresgruppen-Meldungen, daß die Schere zwischen dem personellen Bedarf und den Möglichkeiten einer Ergänzung offener war, als bisher angenommen. Den 380 500 Unteroffizieren des Feldheeres am Stichtag 1. Oktober 1944, unter denen sich zahlreiche Unteroffizierschüler aus den Auskämmaktionen befanden, stand ein Fehl von 77 800 Mann gegenüber. Im Bereich des OB West wurde das Fehl auf mehr als ein Drittel der Sollstärke beziffert[131].

---

[125] Vgl. Tätigkeitsbericht des Chefs des Heerespersonalamtes, Eintrag vom 15.10.1944.
[126] Ebd., Eintrag vom 3.9.1944.
[127] Vgl. ebd., Eintrag vom 23.8.1944.
[128] Vgl. ebd., Einträge vom 17.8.1944 und vom 5.9.1944.
[129] Vgl. BA-MA, RH 7/v. 674: Anl. zu Chef Ag P1/1. (Zentral-) Abt/IIIa betr. Arbeitsanfall und Personallage vom 20.1.1945; BA-MA, RH 7/v. 639: Vortragsnotiz des stellv. Chefs des Heerespersonalamtes zu Arbeitsanfall und Personallage vom 28.1.1945.
[130] Vgl. BA-MA, RH 12-2/30: OKH/Chef H Rüst u BdE/Truppen-Abt (Uffz. I) Nr. 860/44 gKdos. vom 14.9.1944.
[131] Vgl. BA-MA, RH 2/849a: OrgAbt (I), Notiz betr. Uffz.-Lage des Feldheeres vom 22.11.1944.

Die personalplanerische Konsolidierung des Offizierkorps erforderte schnelle Improvisationen, die wenig Gemeinsamkeiten hatten mit dem systematischen und nachhaltigen Aufbau des Führerkorps der Reichswehr. Schon 1942 hatte das Regime im Gefolge militärischer Sachzwänge eine tiefgreifende organisatorische Neuordnung der Offizierergänzung und -beförderung durchgesetzt:
»Eine weitgehende Durchlässigkeit zwischen den einzelnen Laufbahnen, eine uneingeschränkte Leistungsbeförderung für alle Angehörigen des Truppenoffizierkorps, soweit sie im Kampf standen, und schließlich eine deutliche Verbreiterung der sozialen Rekrutierungsbasis im Sinne einer engeren Bindung von Volk und Armee bildeten [fortan] die zentralen Bestandteile einer nationalsozialistisch orientierten Strukturreform des Offizierkorps«,
benennt Bernhard R. Kroener die Eckpfeiler dieser auch unter herrschaftspolitischen und ideologiespezifischen Gesichtspunkten durchgeführten Personalpolitik[132]. In den ersten neun Monaten des Jahres 1944 wurden die Folgen dieser strukturellen Weichenstellung sichtbar. Die Zahl der ideologisch gewünschten, sogenannten vorzugsweisen bzw. leistungsorientierten Beförderungen betrug fast das Doppelte der planmäßigen Beförderungen von Truppenoffizieren. Anwendung fanden die veränderten personalpolitischen Richtlinien in den Waffengattungen, die nicht nur die höchsten personellen Ausfällen zu verzeichnen hatten, sondern die überdies das ideologische Leitbild des ›Kämpfers‹ verkörperten (Infanterie 45, Panzertruppen 16 und Artillerie 21 Prozent). Da bei den Leistungsbeförderungen das Lebensalter nur eine untergeordnete Rolle spielte, verjüngte sich der Offiziersbestand in den Dienstgradgruppen dieser Waffengattungen. Im Sommer 1944 betrug das Durchschnittsalter der Regimentskommandeure der Infanterie 43 Jahre, in der Nachschubtruppe dagegen 50 Jahre[133]. Im November 1944 kritisierte das Heerespersonalamt, daß vor dem Hintergrund der überdurchschnittlich hohen personellen Verluste in den Kompaniechef- und Bataillonskommandeurstellen »mit weiterem Verlauf des Krieges immer mehr junge Offiziere schnell in hohe, verantwortungsvolle Stellen kommen, die ihrer Lebenserfahrung und Reife in keiner Weise entsprechen«[134]. Als Korrektiv wurde die Dienstgradherabsetzung zwar heftig und kontrovers in der Regimespitze und innerhalb des Offizierkorps diskutiert; eine Lösung des Problems fand sich indes nicht. Während das Prinzip der Leistungsbeförderung anfänglich bei der Auswahl der jüngsten Einheitsführer einen gewissen Modernisierungsschub ausgelöst hatte, verkehrte es sich in der zweiten Kriegshälfte im Hinblick auf die Zusammensetzung und Qualität des mittleren Truppenführerkorps häufig in sein Gegenteil[135].

Wegen des steigenden Nachwuchsbedarfs wiesen die personalbearbeitenden Dienststellen die Truppenteile an, alle ›nur irgendwie geeigneten‹ Soldaten ohne

---

132 Kroener, »Menschenbewirtschaftung«, S. 857.
133 Vgl. BA-MA, RH 7/v. 637: OKH/PA/Ag P1/ 1. (Zentral-) Abt/IIIa, Vortragsunterlagen zur personellen Situation des Heeresoffizierkorps vom 5.10.1944.
134 BA-MA, RH 7 H 4/18: OKH/PA, Vortragsnotiz vom 22.11.1944.
135 Vgl. Tätigkeitsbericht des Chefs des Heerespersonalamtes, Eintrag vom 14.8.1944; Protokoll der Lagebesprechung am 27.1.1945, wiedergegeben in: Hitlers Lagebesprechungen, S. 872 ff. Vgl. dazu auch: Absolon, Wehrgesetz, S. 357 ff.; Kroener, »Menschenbewirtschaftung«, S. 860; Messerschmidt, Die Wehrmacht im NS-Staat, S. 383 ff.; Stumpf, Die Wehrmacht-Elite.

Alters- und Zahlenbeschränkung für die Offizierausbildung namhaft zu machen[136]. »Mut, Verantwortungsgefühl und Umsicht« waren die Kriterien, nach denen zu prüfen war, ob Unteroffiziere und Mannschaften für eine Förderung und Weiterbildung zum Offizier in Frage kamen[137]. Weltanschauliche Ausrichtung und jugendliche Begeisterungsfähigkeit und nicht etwa intellektuelle Auffassungsgabe waren Auswahl- und Förderungskriterien. Die Offizier- und Reserveoffizierbewerber (OB und ROB) waren, unmittelbar nachdem sie ihre Eignung zum Fahnenjunker unter Beweis gestellt hatten, zu den entsprechenden Lehrgängen zu kommandieren: »Dies ist der Fall, sobald sich herausgestellt hat, daß der OB bzw. ROB ›ein ganzer Kerl‹ ist, also oft schon nach nur wenigen Tagen Zugehörigkeit zur Kompanie«, lautete die Beurteilungsrichtlinie einer Infanteriedivision[138]. Die festgelegten Quoten boten kaum die Möglichkeit, dem Nachwuchs bei mangelnder Eignung die Beförderungen bzw. die Nichternennung zum Offizier vorzuenthalten[139]. In großer Zahl standen diese jungen Männer nach einer kurzen, improvisierten Ausbildung in der Verantwortung, als Vorgesetzte von gleichaltrigen Rekruten einen Weg durch die Wirren des Zusammenbruchs zu finden.

Im August 1944 leitete das Heerespersonalamt erste Schritte ein, auch die Angehörigen des Truppensonderdienstes (Verwaltungslaufbahn), die den Geburtsjahrgängen 1914 und jünger angehörten, für Frontverwendungen abzustellen[140]. Ein Umschulungsprogramm sollte in kurzer Zeit aus uniformierten Beamten vollwertige Frontoffiziere machen. Die ersten Lehrgänge konnte ein Drittel der erfaßten Offiziere (TSD) aufgrund mangelnder körperlicher Tauglichkeit gar nicht erst antreten. Der überwiegende Teil der Lehrgangsteilnehmer wurde zum Zugführer ausgebildet[141]. Angesichts der offiziellen Sprachregelung, wonach sich die strategische Asymmetrie der Kriegslage und selbst taktische Unzulänglichkeiten durch Glauben und Willenskraft kompensieren ließen, kamen Zweifel am Wert dieser Maßnahmen nicht auf:

> »Wenn den Lehrgangsteilnehmern die praktische Erfahrung in der Führung einer Kompanie oder eines Zuges fehlt, so werden sie im Felde diese Mängel zweifellos durch ihren Eifer, ihre Lebendigkeit und ihre jetzt im besten Sinne unserer NS-Führung erfolgte Ausrichtung zum politischen Offizier voll und ganz wettmachen[142].«

Zahlreiche Meldungen berichteten hingegen von massiven Motivationsproblemen ehemaliger Wehrmachtbeamter, die unmittelbar nach ihrer Entlassung sofort als

---

[136] Vgl. OKH/PA/Ag P4 (IIId) o. Nr. vom 31.8.1944, abgedruckt in: Heeresverordnungsblatt, 26. Jg. (1944) Teil C, Nr. 47 vom 5.9.1944 sowie BA-MA, RH 26-180/4: Stellv. Gen.Kdo. X. A.K. (Wehrkreiskommando X)/Abt IIa/FN (ON) Nr. 835/45 vom 16.2.1945.
[137] Vgl. BA, NS 6/353: Arbeitsrichtlinie Chef HPA vom 7.3.1945. »Entscheidend für die Auswahl der Führer ist allein die Leistung. Herkunft und Schulbildung bleiben unberücksichtigt. Die Soldaten, die für eine Förderung vorgesehen sind, werden in einem besonderen Fahnenjunkerlehrgang unter tüchtigen Offizieren zusammengezogen.«
[138] BA-MA, RH 26-305/28: Arbeitsrichtlinie 305. Infanterie-Division/Abt IIa vom 24.3.1945.
[139] Vgl. BA-MA, RH 12-1/110: OKH/General der Infanterie im OKH/Höh. Offz. f. Jäg. u. Geb. Jäg. Einh. Nr. 30/45 vom 19.3.1945.
[140] Vgl. BA-MA, RH 15/192: Schreiben Chef HPA an Chef Ag P6 vom 12.8.1944.
[141] Vgl. BA-MA, RH 7 H 11/49: Kommando Artillerieschule II, Ref. Ia vom 5.1.1945.
[142] Ebd.: Bericht über den Besuch des GIF, General von Hellermann, beim Umschulungslehrgang für Offiziere im TSD, Lager Bernreuth (Grafenwöhr/Oberpfalz) am 25. und 26.11.1944.

Offizierschüler wieder zur Wehrmacht eingezogen und als Führernachwuchs ausgebildet werden sollten:
> »Der Lehrgang besteht aus 80% ehemaligen Wehrmachtbeamten mit einem Durchschnittsalter von 35 Jahren. [...] Ein Grossteil der Fahnenjunker dieses Lehrgangs legt [...] eine durchaus merkantile Haltung an den Tag. Den meisten fehlt die innere Berufung zum soldatischen und politischen Führer, vielen auch der Wille Offizier zu werden. Äußerungen und das Verhalten mancher Fhj. zeigen, dass sie sich durch die Entlassung aus dem Wehrmachtbeamtenverhältnis und Wiedereinstellung in einem Unteroffizierdienstgrad degradiert und benachteiligt fühlen. Sie sind infolge dessen unzufrieden, unwillig und alles andere als mit Interesse beim Dienst. Ein Teil ist nicht freiwillig gekommen und ist verbittert. Die Leistungen sind entsprechend ihrem hohen Alter, der völligen Unerfahrenheit im Kriege, vor allem aber der Einstellung entsprechend unnormal gering[143].«

»An den unendlich vielen Lehrgängen nehmen [...] sehr viele Soldaten teil, die weder zum einen noch zum anderen taugen. Teils werden sie hineingepreßt, teils drängen sie sich hinein«, beobachtete ein kritischer Zeitgenosse im Frühjahr 1945. Offensichtlich kamen hier individuelle Überlebensstrategien zum Ausdruck: »Das letzte ist jetzt häufiger geworden, weil die Zahl derjenigen immer größer wird, die sich in der Erwartung, daß der Krieg bald zu Ende sein wird, eine Galgenfrist von dem Kursus erhoffen, während der sie nicht ins Felde geschickt werden[144].«

Einem Grundsatzbefehl des Heerespersonalamtes über die »Verwendung von Offizieren des Heeres im 6. Kriegsjahr« zufolge hatten
> »alle im aktiven Wehrdienst stehenden Offiziere, soweit sie in der Lage sind, die Waffe [zu] tragen, im Dienst [zu] bleiben, auch wenn sie auf Grund ihrer Leistungen und ihres Könnens bei den immer mehr eintretenden Einsparungen von Verwaltungs- und Stabs-Stellen nicht mehr eine dienstgradmäßige Verwendung finden können[145].«

Ausschließlich Offiziere, die älter als 60 Jahre waren oder die aufgrund ihrer körperlichen Leistungsfähigkeit als gänzlich frontuntauglich eingestuft wurden, schieden aus dem Dienst in der Wehrmacht aus (um damit sofort volkssturmpflichtig zu werden)[146]. Alle sonst im aktiven Wehrdienst stehenden truppendienstfähigen Offiziere (einschl. Beamte und Sonderführer), für die eine Verwendung entsprechend ihrem Dienstgrad nicht mehr möglich war, wurden unmittelbar nach ihrer Entlassung wieder in dem Dienstgrad zur Wehrmacht eingezogen, der ihrer »Eignung für den Truppendienst« entsprach. Diese »Eignung« sollte in einem unter der Regie des Heerespersonalamtes eingerichteten Offizier-Ausbildungs-Regiment durch Lehrgänge vermittelt werden[147]. Für die Teilnahme waren grundsätzlich auch alle Offiziere des Ersatzheeres sowie der bodenständigen Einrichtungen und Dienststellen des Feldheeres vorgesehen, die während des Krieges noch nicht im

---

[143] BA-MA, RH 12-1/110: Schule X für Fahnenjunker der Infanterie/Abt NS-Führung, Bericht über die Zusammensetzung des 18. Fahnenjunker-Lehrganges vom 28.3.1945.
[144] BA-MA, N 271/3, Eintrag vom 14.3.1945.
[145] BA, NS 6/354: Chef Heerespersonalamt Nr. 61/54 vom 31.1.1945.
[146] Vgl. BA-MA, RH 7/v. 674: Chef Ag P1, Arbeitsrichtlinie betr. Entlassung älterer Offiziere vom 24.1.1945.
[147] Vgl. BA, NS 6/354: Chef Heerespersonalamt Nr. 61/45 vom 31.1.1945.

Truppendienst eingesetzt worden waren. Aus einer Richtlinie des Heerespersonalamtes geht hervor:

> »Bedenken dienstlicher Art gegen eine Kommandierung haben zurückzutreten. Geringfügige Störungen des frontfernen Dienstbetriebes sind eher in Kauf zu nehmen, als das Versagen von Offizieren als Führer und Vorkämpfer im Kampf um die Heimat.«

Dementsprechend bestanden die Ausbildungsinhalte neben der »Festigung der inneren Kampfbereitschaft« vor allem in der taktischen Ausbildung zum Kampf- und Ortskommandanten[148]. Ein über 50jähriger Oberst, der während der bisherigen Dauer des Krieges Leiter einer fast friedensmäßig arbeitenden Garnisonsdienststelle im Reichsgebiet war, konnte sich im Frühjahr 1945 plötzlich dazu bestimmt sehen, zum Kampfkommandanten mit dem Auftrag, einen Ort bis zum Letzten zu verteidigen, ernannt zu werden.

Ein ganzes Maßnahmenbündel, eingeleitet durch Hitlers Befehl zur Wiederherstellung der Kampfkraft der Front vom 27. November 1943, hatte bis zum Sommer 1944 zu tiefgreifenden Strukturveränderungen im Personalbestand des Ersatzheeres geführt. Mindestens ein Viertel aller Soldaten und Beamten in den nicht zum Kampf oder zur unmittelbaren Kampfunterstützung eingesetzten Kommandobehörden, Dienststellen und Einheiten hatte eingespart werden müssen. Instanzen, nicht mit kriegswichtigen Aufgaben betraut, waren gänzlich aufzulösen, der Verwaltungsapparat »in großzügiger Weise zu vereinfachen«. Für jüngere als 40jährige frontverwendungsfähige Soldaten mußte bei Einsatz im Bereich des Ersatzheeres – mit Ausnahme der Ausbildungs- und Lehrtruppen – eine namentliche Unabkömmlichkeitsbescheinigung ausgestellt werden[149].

Die von Goebbels und Speer im Frühsommer 1944 vorgetragene Kritik, in der Wehrmacht seien noch größere Personalreserven vorhanden, bezog sich insbesondere auf die Wehrmacht im Heimatkriegsgebiet[150]. Und daß sich der Stab des Chefs der Heeresrüstung und Befehlshabers des Ersatzheeres als Ausgangspunkt für den Umsturzversuch am 20. Juli herausstellte, machte es dem Regime leicht, sich dem Glauben an Sabotage in der organisatorischen Steuerungs- und Koordinierungszentrale hinzugeben und die Augen vor den wirklichen Gründen für die folgenschweren militärischen Niederlagen der vergangenen Monate zu verschließen[151]. Mit dem Argument, die »Wehrmacht neige von Natur aus dazu, mit Menschen etwas luxuriös umzugehen«, versuchte Goebbels seine Totalisierungskampagne auch auf die militärische Organisation auszudehnen. Da jedoch Himmler zum Chef H Rüst und BdE ernannt wurde, mußte Goebbels die erhofften Vollmachten und Befugnisse mit dem Ziel, den »Apparat in der Heimat und in der Etappe [...]

---

[148] BA-MA, RH 7/v. 674: OKH/PA/Ag P1/1. (Zentral-)Abt/Ib Nr. 02074/45 g. vom 25.3.1945.
[149] Vgl. Der Führer/OKW/WFSt/OrgNr. 007436/43 g. vom 27.11.1943, wiedergegeben in: ›Führer-Erlasse‹, S. 373 ff.; BA-MA, RH 12-2/26: Chef H Rüst u BdE/AHA/IaIV Nr. 6666/43 gKdos. vom 4.12.1943.
[150] Siehe dazu Speers Denkschrift an Hitler vom 20.7.1944. BA, R 3/1522 sowie den Inhalt der Unterredung Goebbels' mit Hitler am 22.6.1944. Goebbels, Die Tagebücher, Bd 12, S. 518 ff.
[151] In diesem Sinne die Äußerungen Hitlers in der Lagebesprechung am 31.8./1.9.1944, wiedergegeben in: Hitlers Lagebesprechungen, S. 617 f.

III. Die Wehrmacht im ›Endkampf‹

rigoros zugunsten der Front« einzuschränken, an den Reichsführer SS abtreten[152]. Der ‚Führererlaß', der Himmler am 2. August 1944 beauftragte, die gesamte Organisations- und Verwaltungsgrundlage des Heeres, der Waffen-SS, der Polizei und der Organisation Todt zu überprüfen und zu vereinfachen, war verbunden mit dem Eingeständnis, daß die »Möglichkeiten der Menscheneinsparung nach den bisherigen Methoden [...] keine wesentlichen Ergebnisse mehr« versprachen. Zum wiederholten Male erging die Anordnung, Einrichtungen zusammenzulegen, Personal auszutauschen und die Tätigkeiten bei minderkriegswichtigen Aufgaben einzuschränken oder ganz aufzulösen[153].

»Es kommt nicht darauf an, daß gearbeitet wird, sondern daß nur kriegs- und siegwichtige Arbeit geleistet wird. Alle Dienststellen und Einrichtungen sowie alle Aufgaben, die nicht diesem Zweck dienen, sind zu beseitigen, mögen sie nach bisherigen Auffassungen auch wichtig, für die Durchführung des ›Totalen Krieges‹ aber nicht erforderlich sein«,

lautete ein Grundsatzbefehl des neu ernannten Befehlshabers an die Soldaten und zivilen Angehörigen des Heimatheeres[154]. Jede Kommandobehörde und gleichgeartete Dienststelle des Ersatzheeres mußte ihren Personalumfang erneut um 20 Prozent kürzen. Die freiwerdenden Soldaten und eine Quote von weiteren 5000 Soldaten aus den Ersatz- und Ausbildungseinheiten eines jeden Wehrkreises waren Sofortmaßnahmen, mit denen das reguläre Ersatzaufkommen erhöht werden sollte[155].

Himmlers Auftrag war noch nicht beendet, da erging am 10. Dezember 1944 ein weiterer ›Führerbefehl‹ zur Überprüfung der Wehrmacht im Heimatkriegsgebiet[156]. Nach wochenlangem Drängen hatte Goebbels bei Hitler erreichen können, daß auch die Personalbestände der Wehrmachtdienststellen und Einheiten im Reichsgebiet durch die gemischten Kommissionen des ›Totalen Krieges‹ überprüft wurden. Der Eifer, mit dem sich der Reichsbevollmächtigte in die Arbeit stürzte, steigerte sich schließlich zu der autosuggestiven Vision, »gleichzeitig mit der Freimachung von Soldaten eine Heeresreform von Scharnhorst'schem Ausmaß durchzuführen«[157]. Wiederum dem Drängen Goebbels' war es zuzuschreiben, daß ein ›Führerbefehl‹ am 20. Januar 1945 die restriktiven Bestimmungen über die Ausstellung von Unabkömmlichkeitsbescheinigungen im Ersatzheer nun auf die Jahrgänge 1897 bis 1905 ausdehnte. Die Überprüfung der damit verbundenen personellen Umschichtung zugunsten des Feldheeres wurde ebenfalls den gemischten

---

[152] Protokoll der Besprechung über die Einsetzung eines Reichsbevollmächtigten für den Totalen Krieg vom 3.8.1944, wiedergegeben in: Bleyer, Pläne, S. 1326 ff.
[153] Vgl. BA, NS 19/4043: Der Führer/WFSt/Org (I) Nr. 05699/44 g. vom 2.8.1944.
[154] BA-MA, RH 53-7/1182: OKH/Chef H Rüst u BdE/AHA/Stab/Chef Abt Nr. 40000/44 g. vom 8.8.1944.
[155] Vgl. BA-MA, RH 2/847b: OKH/Chef H Rüst u BdE/AHA/Chef Abt Nr. 36106/44 g. vom 10.8.1944.
[156] Der Erlaß mit Durchführungsbestimmungen ist enthalten in: BA-MA, RM 7/1238: OKW/WFSt/Org (I) Nr. 7138/44 g. vom 15.12.1944.
[157] Oven, Mit Goebbels bis zum Ende, Bd 2, S. 189.

Kommissionen übertragen[158]. Vom Leiter der Parteikanzlei ging die Handlungsanweisung an die in den Kommissionen sitzenden Angehörigen des Parteiapparates aus, ihre Tätigkeit nicht darauf zu beschränken, nur »einzelne Männer abzulösen oder freizustellen«, sondern »die Einstellung oder Aufhebung ganzer Dienststellen oder Abteilungen« anzustreben[159]. Der ziellose und hektische Aktionismus, mit dem Goebbels seine Mitarbeiter antrieb, provozierte schnell Widerstände. Ende Januar 1945, als die sowjetische Winteroffensive den Druck auf den Organisationsbereich weiter erhöhte, klagte Jüttner darüber, daß sich der Reichsbevollmächtigte für den ›Totalen Kriegseinsatz‹ »in einem Maße in das innere Gefüge der Wehrmacht allgemein und des Ersatzheeres insbesondere einzuschalten beabsichtigt[e], wie es sich mit dem Begriff der verantwortlichen Führung nicht mehr vereinbaren läßt«[160].

Bis in die letzten Tage des Krieges verrichteten Millionen von Soldaten ihren Dienst in den Garnisonen und Dienststellen des Heimatheeres. Der numerische Umfang des Ersatzheeres legte die Vermutung nahe, hierbei handelte es sich um bislang ungenutzte personelle Leistungsreserven[161]:

| 1. August 1944: | 2 337 000 | 1. Oktober 1944: | 2 547 000 |
| 1. Dezember 1944: | 2 497 000 | 1. Februar 1945: | 2 132 600 |

Hinter den beeindruckenden Zahlen verbarg sich ein riesiges Konglomerat aus Ersatz- und Ausbildungseinheiten, Kommandobehörden und höheren Stäben, Dienststellen und Einrichtungen des Feldzeugwesens, der Kraftfahrparkorganisation, des Sanitätsdienstes, der Heeresverwaltung, des Veterinärwesens sowie Kommandanturen und zahllose andere Einrichtungen mit den verschiedensten Funktionen[162].

Der größte Teil der in der weitverzweigten Organisation des Ersatzheeres eingesetzten Soldaten besaß aufgrund seiner Ausbildung eine nur geringe Bedeutung

---

[158] Siehe dazu die Einträge in Goebbels, Die Tagebücher, Bd 15 vom 18.1. (S. 147) und 19.1.1945 (S. 155). Der Erlaß Hitlers vom 20.1.1945 ist wiedergegeben in: ›Führer-Erlasse‹, S. 475 f.
[159] BA, NS 6/354: Rundschreiben 25/45 g. des Ltr Pkzl vom 24.1.1945.
[160] BA-MA, RH 15/126: ObdE/AHA/Stab II Nr. 6250/45 g. vom 26.1.1945.
[161] Zahlen aus BA-MA, RW 4/v. 865: Anl. 2 zu ObdE/AHA/Stab II Nr. 1600/45 gKdos. vom 23.2.1945.
[162] Erläuterungen zu Abb. 3: *Ersatzpersonal* = Rekruten, Genesene, Umschuler, Überholer (bisher Uk-Gestellte, Luftwaffenabgaben, SAF, Ausgekämmte), Genesende in Genesenden-Einheiten; *Stammpersonal der Ausbildungs- und Lehr-Truppen* = Ausbilder, Funktions-Personal, Schreiber der Ersatz- und Ausbildungstruppenteile, Schulen und Lehrgänge; *Lehrgangsteilnehmer an Schulen und Lehrgängen* = Fahnenjunker, OB und ROB, UB und RUB, Anwärter für Sonderlaufbahnen an Schulen und Lehrgängen; *Landesschützen* = Angehörige der zur Kgf.-Bewachung, zum Objektschutz und »im Bandenkampf« eingesetzten Landesschützeneinheiten; *Standorteinheiten* = Angehörige der Standortkompanien, Heimat-Feldzeug-, Heimat-Verwaltungs-Kompanien; *sonstige Dienststellen und Einheiten* = Kommandobehörden, Feldzeug-Dienststellen, Versuchseinheiten und -dienststellen, Verpflegungs-Dienststellen, Parke aller Art, Stammpersonal der Reserve-Lazarette und Sanitätseinrichtungen. BA-MA, RH 15/126: Beilage zur Anl. 4b ObdE/AHA/Stab II Nr. 1600/45 gKdos. vom 23.2.1945.

III. Die Wehrmacht im ›Endkampf‹

Abbildung 3:
Umfang und Gliederung des Ersatzheeres
im Zeitraum Juli 1944 bis April 1945

Iststärke des Ersatzheeres nach dem Stand vom 1.7.1944

	Unteroffiziere	Mannschaften	
Ausbildungstruppenteile	72 818	457 259	530 077
Ersatztruppenteile	178 896	591 143	770 039
Landesschützeneinheiten, Standorteinheiten, Schulen	154 231	478 589	632 820

Gliederung und Stärken des Ersatzheeres zwischen Dezember 1944 und April 1945

	Monat	Geb.Jg. 1896 u. älter	Geb.Jg. 1897 u. jünger, kv. u. bed.kv	gesamt
I. Ersatzheer Ersatzpersonal einschließlich Genesene (etwa 15%)	12/1944	40 000	674 000	714 000
	01/1945	68 000	630 000	698 000
	02/1945	66 000	480 000	546 000
	03/1945	67 000	536 000	603 000
	04/1945			514 000
Stammpersonal der Lehr- und Ausbildungstruppenteile	12/1944	99 000	121 000	220 000
	01/1945	77 000	143 000	220 000
	02/1945	50 000	97 000	147 000
	03/1945	51 000	79 000	130 000
	04/1945			130 000
Lehrgangsteilnehmer an Schulen und ständigen Lehrgängen	12/1944	1 000	159 000	160 000
	01/1945	1 000	159 000	160 000
	02/1945	8 300	105 000	113 000
	03/1945	2 700	84 000	86 700
	04/1945			86 700
II. dem OBdE unterstellte Einheiten				
Landesschützen	12/1944	185 000	40 000	225 000
	01/1945	155 000	70 000	225 000
	02/1945	145 000	60 000	205 000
	03/1945	111 500	50 000	161 000
Standorteinheiten	12/1944	24 000	2 000	26 000
	01/1945	20 000	6 000	26 000
	02/1945	16 000	2 500	18 500
	03/1945	19 000	1 500	20 500
Sonstige Dienststellen und Einheiten	12/1944	153 000	39 000	192 000
	01/1945	128 000	64 000	192 000
	02/1945	102 000	41 000	143 000
	03/1945	67 000	42 500	109 500
In I. und II. nicht erfaßtes Personal	12/1944			280 000
	01/1945			300 000
	02/1945	60 000	250 000	310 000
	03/1945	43 000	182 500	225 500
Lazarettinsassen	12/1944			680 000
	02/1945			650 000

Quellen: BA-MA, RH 2/847b: OrgAbt Nr. I/7951/44 g. vom 27.7.1944; RH 2/923: Zusammenstellung vom 5.4.1945; RH 2/1361: undat. Zusammenstellung.

für die Hebung der Kampfkraft in Verbänden des Feldheeres. Als Folge der strukturellen Veränderungen des Personalaufbaus des Ersatzheeres wies ein hoher Prozentsatz des Stammpersonals ein im Vergleich zum normalen Ersatzpersonal fortgeschrittenes Lebensalter und eine geringere körperliche Leistungsfähigkeit auf.

Etwa 250 000 bis 300 000 Soldaten hielten sich als Dienstreisende, Kommandierte oder als Angehörige von Erkundungs- und Verbindungskommandos zwar ständig im Reichsgebiet auf, waren aufgrund der starken Fluktuation jedoch weder genau zuzuordnen noch zu erfassen. Durchschnittlich etwa 600 000 Lazarettinsassen gingen zwar nicht in die Stärkemeldungen ein, bestimmten aber ebenfalls das Alltagsbild des Militärs in der Heimat. Das Anwachsen des Personalumfangs im zweiten Halbjahr 1944 ging vor allem auf die Einziehungen der Goebbels-Aktionen zurück. Hinzu kam die immer größer werdende Zahl ›ausgekämmter‹ Heeres- und zu Infanteristen umzuschulender Luftwaffensoldaten. Die Personalmenge, welche als tatsächlicher Ersatz für das Feldheer zu bestimmten Stichtagen zur Verfügung stand, war größeren Schwankungen unterworfen. Über das reguläre Ersatzaufkommen hinaus gab das Ersatzheer zwischen August und Dezember 1944 weitere 400 000 Soldaten aus seinem Bestand ab[163]. Die an Himmlers Ersatzheer gerichtete Forderung, Kräfte in nennenswertem Umfang zu mobilisieren, kollidierte mit der Aufgabe, Massen an frisch rekrutierten bzw. umgesetzten Soldaten durch dessen Einrichtungen zu schleusen. Die Folge war ein fortwährender Rückgang in der Leistungsfähigkeit des Heimatheeres, der Front nicht nur zahlenmäßig ausreichende, sondern auch gut ausgebildete Soldaten zuzuführen. Das fortwährende ›Auskämmen‹ von jüngerem fronttauglichen Personal führte zu einer deutlichen Überalterung. In der zweiten Jahreshälfte 1944 verringerte sich der Umfang des jüngeren Stammpersonals in den Ersatz- und Ausbildungsabteilungen kontinuierlich. Das Durchschnittsalter der Ausbilder stieg an, die Leistungsfähigkeit bei der Vermittlung des Kriegshandwerks sank. Am 1. Februar 1945 war etwa ein Drittel aller Soldaten in den Dienststellen und Einheiten des Oberbefehlshabers des Ersatzheeres älter als 50 Jahre oder frontuntauglich gemustert.

Paradoxerweise führten ausbleibende Material- und Waffenzuweisungen zu Personalrückstaus in den Kasernen. Anfang März 1945 vermerkte der Kommandeur einer Ersatz- und Ausbildungsabteilung sarkastisch:

»Wir ersticken in Menschen [...]. Was soll man jetzt, wo uns die höchste Not droht, mit diesen Massen tun? Abtransportieren kann man sie nicht. Also müssen sie marschieren. Was sollen sie aber an der Front ohne Waffen? Also wird man sie dalassen.«

Die Dienststellen und Einrichtungen sahen sich bei der Bewältigung der organisatorischen und administrativen Probleme alleingelassen: »Lethargie der Führung des Ersatzheeres« konstatierte der kritische Beobachter[164].

Für den Fall »außergewöhnlicher Notstände« – dabei ging es um die Bekämpfung von antizipierten Zwangarbeiter- und Kriegsgefangenenaufständen oder feindlichen Luftlandungen im Reichsgebiet – sollten aus Ersatz- und Ausbil-

---

[163] Vgl. BA-MA, RW 4/v. 865: OBdH/AHA/Stab II Nr. 1600/45 gKdos. vom 23.2.1945.
[164] BA-MA, N 271/3, Eintrag vom 3.3.1945.

III. Die Wehrmacht im ›Endkampf‹ 187

dungstruppenteilen, Schulen, Lehrgängen und Lehrtruppen des Heimatheeres improvisierte Kampfverbände gebildet werden[165]. Nachdem die älteren Walküre-Pläne zur Mobilisierung von Kräften ein integraler Bestandteil des militärischen Umsturzversuchs gewesen waren, liefen die Vorbereitungen für den Kampfeinsatz von Teilen des Ersatzheeres nun unter dem Stichwort Gneisenau[166]. Zwischen Herbst 1944 und Frühjahr 1945 erfolgte der sukzessive Aufruf und Einsatz von Einheiten des Ersatzheeres, deren Wehrkreis zum Operationsgebiet zu werden drohte oder wurde. Allein zur Verstärkung der Kampfkraft des OB West wurden in der Zeit zwischen September und Jahresende 1944 aus den drei westlichen Wehrkreisen V, VI und XII Stamm- und Rekrutenpersonal in einer Höhe von etwa 195 000 Mann zugeführt. Zur Entlastung der an der Ardennen-Offensive beteiligten Verbände zogen weitere Einheiten der gleichen Wehrkreise bei weitgehendem Verzicht auf eine Fortsetzung der Ausbildung als Sicherheitsbesatzungen in den Westwall ein[167]. Die Wucht der sowjetischen Winteroffensive zwang schließlich dazu, auch im Osten 155 000 Soldaten in Gneisenau-Einheiten sowie weitere 70 000 in sonstigen Verbänden und Formationen außerplanmäßig zur Stützung der Front zu mobilisieren[168]. Überdies ordnete ein ›Führerbefehl‹ die Bildung von Kampfverbänden an, in denen Offizier- und Reserveoffizierbewerber, die sich noch in der Ausbildung befanden, das Gerüst bildeten und bis zu einem Viertel der Mannschaftsstärken stellten[169]. Etwa 33 500 Offizier- und Unteroffizierschüler wurden im Rahmen von Gneisenau-Kampfgruppen und insgesamt zwölf sogenannten Führernachwuchsregimentern dazu eingesetzt, die Löcher der aufgerissenen Fronten zu stopfen[170]. Der improvisierte und überhastete Einsatz dieser nur oberflächlich ausgebildeten Offizierschülereinheiten wurde mit schwersten Verlusten bezahlt[171]. Unter solchen Bedingungen brach der ohnehin zu knappe Offizier- und Unteroffiziernachwuchs völlig zusammen[172]. Trotz des Personalmangels mußten Unterführer des Feldheeres versetzt werden, um für die Stammbildung und Ausbildung neuaufzustellender Verbände überhaupt erst die Grundlage zu schaffen[173]. Im Februar 1945 konnte die Ausbildungstätigkeit des

---

165 Vgl. BA-MA, RM 7/979: OKW/WFSt/Org (I) Nr. 1852/44 gKdos. vom 15.7.1944.
166 Vgl. BA-MA, RH 2/331a: GenStdH/OrgAbt (I) Notiz betr.: Gneisenau, Blücher und Scharnhorst im Ersatzheer vom 30.1.1945. Mit »Scharnhorst« erfolgte der Aufruf von SS-Verbänden in Anlehnung an die Mobilisierungs-Aufrufe des Ersatzheeres.
167 Vgl. BA-MA, RH 15/126: AHA/Stab II: Notiz zur Forderung OB West für volle Unterstellung der West-Wehrkreise vom 24.2.1945.
168 Vgl. BA-MA, RH 15/126: AHA/Stab Ia Nr. 972/45 gKdos. vom 1.2.1945. An anderer Stelle wird die Zahl der im Januar vom Ersatzheer zur Stabilisierung der Lage im Osten über die normale Planung hinaus abgegebenen Soldaten mit 275 000 Mann beziffert. BA-MA, RH 15/126: OBdE/AHA/Stab II Nr. 6250/45 g. vom 26.1.1945.
169 Vgl. BA-MA, RH 19 XV/3: ›Führerbefehl‹ vom 2.2.1945.
170 Vgl. BA-MA, RH 15/126: Generalinspekteur für den Führernachwuchs Nr. 99/45 gKdos., Notiz über Einsatz und künftige Sicherstellung des Führernachwuchses für das Heer vom 19.2.1945.
171 Siehe dazu auch die anschauliche Erlebnisschilderung bei Kriegl, Sinnlos in den Krieg gejagt. Am 8.3.1945 verbot Hitler den geschlossenen Einsatz dieser Formationen. BA-MA, RH 12-1/65.
172 Vgl. BA-MA, RH 15/126: Generalinspekteur für den Führernachwuchs Nr. 99/45 gKdos., Notiz über Einsatz und künftige Sicherstellung des Führernachwuchses für das Heer vom 19.2.1945.
173 Vgl. BA-MA, RH 2/847b: OKH/GenStdH/OrgAbt Nr. I/19313/44 gKdos. vom 17.9.1944.

Ersatzheeres nur dadurch aufrechterhalten werden, indem auf genesende Soldaten und Offizieranwärter zurückgegriffen wurde[174]. Die Ausbildung des Offiziernachwuchses selbst mußte drastisch verkürzt werden. Offizierschüler wurden zu Frontverbänden kommandiert, um dort ohne die entsprechende Ausbildung und Erfahrung binnen kürzester Zeit zum Offizier befördert zu werden[175].

Eine geregelte und nachhaltige Ausbildungstätigkeit, an den Erfordernissen und Besonderheiten einer funktional ausdifferenzierten militärischen Organisation ausgerichtet, gab es in den letzten Wochen des Krieges nicht mehr. Mit der Feststellung, »daß es unverantwortlich [sei], in einer Stunde, die den Einsatz des letzten Mannes erfordert, Personal für künftige, nicht in Kürze durchführbare Planungen zu horten«[176], leitete Keitel Anfang März 1945 einen Maßnahmenkatalog ein, der ausschließlich auf eine infanteristische Verstärkung zielte: kurzfristige Umschulung der Masse des in der Ausbildung befindlichen Ersatzes zu Infanteristen und Pionieren, Herabsetzung der Einstellungsquoten der einzelnen Waffengattungen zugunsten der Infanterie und die Freigabe von einem großen Teil der im Feldheer eingesetzten Spezialisten zum infanteristischen Einsatz[177]. Die militärische Organisation löste sich in eine konturlose Masse von Gewehrträgern auf, die gegen hochgerüstete Gegner kämpfen sollte. Angesichts des verzweifelten Bemühens, Kräfte für die Fortsetzung des Krieges zu mobilisieren, verwundert es nicht, daß am Ende selbst die mit der Rechtspflege betrauten Stellen des Ersatzheeres zur Vereinfachung bzw. Aussetzung von Strafverfahren zugunsten einer Frontabstellung von Straffälligen angehalten wurden. Ausgenommen waren davon Verfahren wegen Verstößen gegen die Mannszucht, politische Straftaten oder »erhebliche Korruptionsfälle«[178].

Als sich in der zweiten Märzhälfte 1945 der Zusammenbruch der Rheinfront abzeichnete, aber auch zur Verstärkung der Oderfront in Erwartung einer bevorstehenden sowjetischen Offensive gegen Berlin, ordnete Hitler am 19. März die Verlegung sämtlicher Ausbildungs- und Ersatzeinheiten in frontnahe Räume an[179]. Im Zuge dieser als Aktion Leuthen bezeichneten Gesamtmobilisierung des Ersatzheeres wurden zumindest auf dem Papier noch einmal annähernd 300 000 Mann Rekruten und Stammpersonal aufgeboten[180]. Für einen Verantwortlichen im Ersatzheer war es »endlich der aus der Not geborene aber erlösende Befehl, der der Tatsache Rechnung trägt, daß [...] eine Scheidung von Feld- und Ersatzheer jede Berechtigung verloren hat.« Doch sei »die Maßnahme selbst ein Zeichen des

---

[174] Vgl. BA-MA, RH 53-7/882: OKH/General der Infanterie/Infanterieabteilung I/Org Nr. 1731/45 g. vom 25.2.1945.
[175] Vgl. BA-MA, RH 15/126: Generalinspekteur für den Führernachwuchs Nr. 99/45 gKdos., Notiz über Einsatz und künftige Sicherstellung des Führernachwuchses für das Heer vom 19.2.1945.
[176] BA-MA, RH 10/116: Chef OKW/Heeresstab (Org) Nr. 656/45 gKdos. vom 3.3.1945.
[177] Vgl. BA-MA, RH 2/849b: Chef GenStdH/OrgAbt Nr. IP/1300/45 gKdos. I. Ang. vom 13.3.1945 und BA-MA, RH 2/923: Chef GenStdH/OrgAbt Nr. IP/1300/45 gKdos. II. Ang. vom 13.3.1945.
[178] BA-MA, RH 26-172/11: OBdE/Ag HRWes. (Str.Vz.) Nr. 38/45 vom 31.1.1945.
[179] Vgl. BA-MA, RH 2/333: Adjutant des Chefs GenStdH Nr. 897/45 gKdos., Notiz nach Führervortrag am 19.3.1945 vom 19.3.1945.
[180] Vgl. Kunz, Die »Aktion Leuthen«.

III. Die Wehrmacht im ›Endkampf‹ 189

beginnenden Todeskampfes – im physischen Sinne – unseres Volkes«, folgerte dieser Zeitgenosse bedeutungsschwer. Welche chaotischen Verhältnisse der Leuthen-Aufruf verursachte, war den Entscheidungsträgern nur zu klar:

> Die frontnahe Verlegung sollte mit der »Bahn oder im Fußmarsch durchgeführt werden. Mit der Bahn wird es nicht gehen, wenn man die Verstopfung der noch befahrbaren Strecken nicht total machen will. Und wie man sich einen Fußmarsch [...] durch überfüllte Ortschaften mit dem schlechten Schuhzeug, fast ohne Gespanne und Lkw's vorstellt, bleibt, schon rein verpflegungsmäßig, ein Geheimnis. Geschütze können wir überhaupt nicht mitnehmen, da wir keine haben, und die Handwaffen reichen entfernt nicht aus[181].«

Von Ausnahmen abgesehen besaßen die mobilisierten Teile zu keinem Zeitpunkt eine geeignete Kampfkraft und waren vorrangig damit beschäftigt, einen Weg durch das Chaos des Zusammenbruchs zu finden. Mit dem Anlaufen der Aktion Leuthen hörte die Organisation des Ersatzheeres, die schon seit Monaten in der Agonie gelegen hatte, auf zu existieren. Noch zuvor waren mehrere Hunderttausend Mann an Stammpersonal den fechtenden Heeresverbänden zugeführt worden[182]. Nun, Ende März, konnten die verbliebenen Trümmer der Ersatzorganisation die angeordnete Aufstellung von je drei Infanteriedivisionen aus den Führernachwuchsschulen des Heeres und dem Reichsarbeitsdienst nur noch mit Einzelpersonal unterstützen, materielle Aushilfen waren gar nicht mehr möglich[183]. Bemühungen, das Ersatzheer soweit zu reorganisieren, daß weiterhin Personal abgestellt und Neuaufstellungen durchgeführt werden konnten, belegen einen administrativen Selbstlauf, losgelöst von der Wirklichkeit[184].

d) Veränderungen in den Personalbeständen von Luftwaffe und Kriegsmarine

Weit über zweieinhalb Millionen Männer verrichteten ihren täglichen Dienst in der Luftwaffe und in der Kriegsmarine. Gemeinhin werden mit diesen Soldaten Flugzeug- und Schiffsbesatzungen assoziiert, eine Vorstellung, die mit der Realität indes wenig gemein hat. Denn weniger als ein Drittel der 1,9 Mill. Luftwaffensoldaten (Stand: 1. Juni 1944) gehörte der Fliegertruppe samt Bodenpersonal an. Die Mehrheit verteilte sich gleichmäßig auf die Flak- sowie die Luftnachrichten- und Fallschirmtruppe[185]. Bei der Kriegsmarine fuhr im Sommer 1944 nur etwa ein Siebtel der insgesamt 735 000 Unteroffiziere und Mannschaften zur See. 115 000 Marinesoldaten unterstanden dem Marinegruppenkommando West, weitere 150 000 dem Marineoberkommando Ostsee. Einige von ihnen verrichteten ihren

---

181 BA-MA, N 271/3, Eintrag vom 24.3.1945.
182 Vgl. BA-MA, RH 2/923: Anl. zu OBdE/AHA/Stab II (1) Nr. 3143/45 gKdos. vom 10.4.1945.
183 Vgl. BA-MA, RH 15/126: OBdE/AHA/Stab Ia Nr. 2860/45 gKdos. vom 30.3.1945.
184 So beispielhaft BA-MA, RH 15/403: Chef OKW/WFSt/Op (H) Entwurf ohne Nr. vom 11.4.1945 und BA-MA, RH 2/923: OKW/FSt B/Org Abt Nr. I/2001/45 gKdos, Grundsätzlicher Befehl für die Personalbewirtschaftung im Raum des Führungsstabes B des OKW vom 27.4.1945.
185 Vgl. BA-MA, RH 2/1341: OrgAbt (I) Nr. I/8925/44 g. vom 12.8.1944.

Dienst auf den im Küstenvorfeld eingesetzten Vorposten-, Sicherungs-, Minen- und Schnellbooten[186]. Die große Masse der Luftwaffen- und Marinesoldaten war also in der weitverzweigten Boden- und Landorganisation der beiden Wehrmachtteile eingesetzt und wurde, als die großen Rückzugsbewegungen in Frankreich und an der Ostfront begannen, in den Strudel der zusammenbrechenden Heeresfronten gerissen. Im allgemeinen Chaos vermischten sich die Einheiten und Dienststellen von Heer, Luftwaffe und Kriegsmarine. Viele Frontbefehlshaber griffen eigenmächtig auf die Personal- und Materialbestände der anderen Wehrmachtteile zu, um damit ihre eigenen Kräfte zu verstärken. Die organisatorische Verwirrung nahm ein so großes Ausmaß an, daß das OKW im Herbst 1944 schließlich nur noch in dem harschen Verbot weiterer unkoordinierter Übergriffe einen Weg sah, die personelle Steuerung und den Austausch zwischen den Wehrmachtteilen wieder auf eine geordnete Grundlage zu stellen[187]. Obwohl Luftwaffe und Marine längst ohne strategische Bedeutung für die Kriegführung waren und mit ihren unterlegenen Kräften kaum noch in das Kriegsgeschehen eingriffen, waren auch diese Wehrmachtteile, gemessen am kurzen Zeitraum, mit überproportional hohen Verlusten an den ›Endkämpfen‹ beteiligt[188]. Besonders anschaulich wird dies am Beispiel der im Erdkampf eingesetzten Flakverbände der Luftwaffe. Bei den Abwehrkämpfen im Januar und Februar 1945 verlor die Luftflotte Reich bis zu 30 Prozent ihrer Flak- und Scheinwerferbatterien. Als vorläufige Verlustzahlen nur für die Zeit vom 12. bis 31.1.1945 meldeten die im Bereich der Luftflotte 6 eingesetzten Flakkorps den Verlust von 575 Geschützen 8,8 cm Flak. Da die Verluste so groß waren, mußte der größte Teil des im Januar neugefertigten beweglichen Flakgeräts der Ostfront für Nachschub und Auffrischungen zugeführt werden[189].

Gegenüber der personellen Sogwirkung des Feldheeres hatten Luftwaffen- und Marineführung ihre Personalbestände stets zu sichern gewußt. In den Verteilungskämpfen um Ressourcen spielten neben Sachargumente auch Ressortegoismen und nicht zuletzt die persönliche Nähe der Entscheidungs- und Verantwortungsträger zu Hitler eine Rolle. Dönitz gelang es, entgegen der tatsächlichen militärischen Bedeutung der Kriegsmarine, seinen politischen Einfluß buchstäblich bis zu Hitlers Tod stetig zu steigern. Ein wesentlicher Grund dafür lag in der Mentalität des Weiterkämpfens in aussichtsloser Lage und des Untergehens mit wehender Flagge, die in geistiger Analogie zum Gedankengut des Nationalsozialismus stand, und die Dönitz in ›seinem‹ Wehrmachtteil kultivierte[190]. Selbstzufrieden wurde im Kriegstagebuch der Seekriegsleitung am 21. Februar 1945 vermerkt, »daß beim

---

[186] Vgl. BA-MA, RM 7/99: Mar Wehr Tr/Ia B.Nr. 2912/44 gKdos. vom 29.6.1944.
[187] Vgl. BA-MA, RW 4/v. 494: Chef OKW/WFSt/Org F Nr. 0012112/44 gKdos. vom 8.10.1944.
[188] In der 9 Monate währenden Phase der ›Endkämpfe‹ hatte die Luftwaffe ca. 30, die Kriegsmarine fast 19 Prozent ihrer Gesamtverluste während des Krieges zu verzeichnen. Zahlen aus: Overmans, Deutsche militärische Verluste, S. 269.
[189] Vgl. BA-MA, RW 4/v. 486: OKW/WFSt/Org (Vb) Nr. 745/45 gKdos., Beurteilung der personellen und materiellen Rüstungslage der Wehrmacht im Januar 1945 vom 14.3.1945 sowie Völker, Die Deutsche Heimatluftverteidigung, S. 163.
[190] Vgl. Neitzel, Der Bedeutungswandel, S. 252 f.

Heer Drückeberger und Deserteure in größerem Umfang aufzutreten scheinen« – ein Phänomen, das in der offiziellen Selbstdarstellung der Kriegsmarine nicht existent war[191]. In einer solchermaßen legitimierten Exklusivstellung bereitete es Dönitz keine große Mühe, Personalbestandskürzung oder Überprüfungen der Kriegsmarine durch die Vertreter des ›totalen Krieges‹ abzuwehren[192]. Im Gegensatz dazu schwand der machtpolitische Einfluß Görings und mit ihm die Absicherung der Luftwaffenführung vor Eingriffen von außen. Goebbels' Tagebuchaufzeichnungen belegen, daß die Kritik an der Person Görings und an der Luftwaffe ein Dauerthema innerhalb der Regimespitze war[193].

Ausgelöst durch den ›Führerbefehl‹ vom 27. November 1943 hatte die Luftwaffe innerhalb eines halben Jahres 174 000 Soldaten aus ihrem Personalbestand ›ausgekämmt‹ und dem Heer überstellt[194]. Zwischen Juli und August 1944 wurden weitere 160 000 Luftwaffenangehörige für Neuaufstellungen des Heeres abgegeben, 30 000 Mann ersetzten die Verluste der luftwaffeneigenen Fallschirmtruppe. Da das Aufkommen von Ersatzpersonal durch die Maßnahmen des ›totalen Krieges‹ schleppend ausfiel, konnten diese kurzfristigen Bereitstellungen nur durch »umfangreiche Auflösungen« vor allem auf Kosten des personalintensivsten Bereichs der Luftwaffe, der Flakartillerie, durchgeführt werden[195]. Dieser Teil der Luftwaffenorganisation war zum Schutz der Städte und Industrie in zahlreichen Schwerpunkträumen eingesetzt und bildete das Rückgrat der Reichsluftverteidigung[196]. Die Abgabe fronttauglicher Soldaten und der Austausch von Reichsarbeitsdienst- und Luftwaffenhelfern, die nun zur Wehrmacht eingezogen wurden, verursachte Fluktuationen, die zwischen Juni und Oktober 1944 80 Prozent des Gesamtpersonalbestandes der im Reichsgebiet eingesetzten Flakartillerie betrafen[197]. Ein repräsentatives Bild vermittelt das Beispiel einer Flakbatterie; sie war als Teil der Luftverteidigung zuständig für den Schutz wichtiger Hydrierwerke nahe bei Stettin.

Die Batterie hatte einen Offizier, ein Teil der Unteroffizierstellen war nicht besetzt. Einschließlich Koch und Schuhmacher verfügte die Einheit über 10 bis 15 ältere, bedingt taugliche Soldaten. Die Geschützstaffel war mit Luftwaffenhelfern im Alter von 15 und 16 Jahren besetzt, die Meßstaffel von 18- bis 19jährigen Flakwaffen-Helferinnen. Munitionskanoniere waren 20 russische Kriegsgefangene,

---

[191] Vgl. KTB Skl, Bd 66, Eintrag vom 21.2.1945, S. 238.
[192] Siehe beispielsweise den Einspruch der Marine gegen die zehnprozentige Kürzung. KTB Skl, Bd 63/I, Eintrag vom 4.11.1944, S. 74 und Niederschrift über die Teilnahme Dönitz' an der Führerlage am 11.2.1945, wiedergegeben in: Lagevorträge des Oberbefehlshabers der Kriegsmarine, S. 651.
[193] Gleichwohl ist in diesem Zusammenhang besondere quellenkritische Vorsicht angebracht, denn Göring besaß unvermindert Zugang zu Hitler und traf den Diktator phasenweise häufiger als Goebbels selbst. Sösemann, Inszenierungen, S. 37.
[194] Vgl. BA-MA, RW 4/v. 489: WFSt/Org (I) Nr. 1826/44 gKdos. vom 7.6.1944.
[195] Vgl. RL 2 III/1158: Anl. 9 zu Gen.Qu. 6. Abt (V) Nr. 9054/44 gKdos. betr. Monatsmeldung Stand 31.8.1944 vom 12.9.1944.
[196] Vgl. Völker, Die Deutsche Heimatluftverteidigung, S. 158.
[197] Vgl. BA-MA, RL 2 III/1158: Anl. 9 zu OKL/Gen.Qu./6. Abt (V) Nr. 11404/44 gKdos., Monatsmeldung Stand 31.10.1944.

die von Luftwaffenhelfern bewacht und bei Alarm an die Kanonen geführt wurden. Ein russischer Feldwebel war ihr ›Obmann‹. Später traten Flakwehrmänner (Flak-V-Soldaten) an die Stelle der Russen. Die Scheinwerferbedienung bildeten 17- bis 18jährige Maiden des RAD, denen ›fachtechnisch‹ ein Flak-Unteroffizier vorstand[198].

Mitte September 1944 beeilte man sich im Oberkommando der Luftwaffe festzustellen, daß man von einer kolportierten und sogleich von der Ersatzorganisation des Heeres begierig aufgegriffenen Äußerung Görings, wonach die Luftwaffe insgesamt eine Million Mann an das Heer abgeben werde, keine Kenntnis habe und eine Abgabe in derart hohem Umfang auch gar nicht für durchführbar hielt[199]. Statt dessen blieb nach den ersten umfangreichen Abgaben die Zahl der freiwerdenden Soldaten bereits im September und Oktober deutlich hinter den Erwartungen zurück. Stockungen bei der Einziehung von älterem Ersatz- und zivilem Behelfspersonal durch den ›totalen Krieg‹ bremste die Umschichtung jüngerer fronttauglicher Luftwaffensoldaten[200]. Mit Unwillen reagierte man im Allgemeinen Heeresamt auf die Bekundungen der Luftwaffenführung »daß die Luftwaffe in ihrem Bestand nicht angegriffen werden dürfe, sondern daß lediglich Personal aus aufgelösten Bodenorganisationen in Ost, West und Südost für die Abgaben zur Verfügung ständen« und warf dem OKL eine »mangelhafte Vorbereitung« und eine falsche Prioritätensetzung vor, die zuerst luftwaffeneigene Neuaufstellungen, die personelle Versorgung der Fallschirmtruppe und erst an letzter Stelle den Bedarf von Heer und Waffen-SS [sic!] berücksichtigte. Der Kritik begegnete die Luftwaffenführung mit dem Argument, die Umschichtungen seien an Voraussetzungen gebunden gewesen und würden die Leistungsfähigkeit der Flakartillerie ohnehin stark herabsetzten. Einbrüche im Flugbetrieb, so betonte man, blieben nur wegen der erzwungenen Einschränkungen infolge von Betriebsstoffmangel aus. Der Hinweis, es bringe die Eigenart der Fliegertruppe mit sich, »daß ein weitverzweigtes Netz von bodenorganisatorischen Anlagen und ein umfangreiches, sich überlagerndes Nachrichtennetz mit einem erheblichen Aufwand an Menschen benötigt werden, die zum großen Teil in Spezialfunktionen eingesetzt« waren und folglich das Ersatzpersonal einer gründlichen Schulung bedurfte, warf ein bezeichnendes Licht auf das gegenseitige Verständnis von Besonderheiten und Funktionsweisen des jeweils anderen Wehrmachtteils[201].

Im September und Oktober 1944 wurden je 100 000 Soldaten an das Heer abgegeben – die Hälfte des vorgesehenen Umfangs[202]. Etwa 40 000 Luftwaffenangehörige, die vor allem den unter personalplanerischen Gesichtspunkten besonders wertvollen Jahrgängen 1914 und jünger angehörten, wurden als Ersatz für die Fallschirmtruppe umgeschult. Weitere 50 000 Luftwaffensoldaten waren als perso-

---

[198] Vgl. Koch, Flak, S. 303.
[199] Vgl. BA-MA, RH 2/847b: OrgAbt Nr. I/10706/44 g. vom 16.9.1944.
[200] Vgl. BA-MA, RW 4/v. 865: Chef OKW/Id Nr. 7/44 gKdos. vom 11.11.1944.
[201] Vgl. BA-MA, RL 2 III/1158: Anl. 9 zu OKL/Gen.Qu./6. Abt (V) Nr. 12693/44 gKdos. betr. Monatsmeldung Stand 30.11.1944 vom 11.12.1944.
[202] Vgl. BA-MA, RW 4/v. 489: Der Chef des Heeresstabes beim Chef OKW, betr. Ersatzbedarf September/Oktober 1944 vom 21.9.1944.

neller Grundstock für die Aufstellung weiterer Fallschirmverbände vorgesehen[203]. Nicht das Bestreben, mit der Schaffung eines ›Sonderheeres‹ Einfluß auf den Landkrieg zu nehmen, sondern schlichte Besitzstandswahrung dürfte das Motiv für den Ausbau dieser Luftwaffenerdkampfverbände gewesen sein. Außer, daß sie in der Befehlshierarchie der Luftwaffe standen, hatten sie mit der elitären Fallschirmtruppe nichts mehr gemein[204]. Mehr noch: Die überhastete Aufstellung mit nur oberflächlich ausgebildetem und unerfahrenem Personal provozierte Verlustraten, die eine regelrechte Ersatzspirale anheizten: Das sogenannte Fallschirm-Panzer-Korps »Hermann Göring« meldete zwischen dem 13. Januar und 8. März 1945 Gesamtverluste von 37 730 Mann, davon 1050 Offiziere. Von 106 Grenadierkompanien wurden 45 durch Unteroffiziere geführt, »der Rest zum Teil von jungen ungeschulten, kaum geeigneten Offz., Zahlmeister usw.«; die Grenadierkompanien »wechselten durchschnittlich in jeweils 9-12 Tagen ihren gesamten Personalbestand[205].« Doch noch im März 1945 ergingen Befehle zur Aufstellung von weiteren vier Verbänden[206].

Mit seiner Äußerung gegenüber Jodl in der Januarmitte 1945,

»die befohlenen umfangreichen Personalabgaben treffen die gesamte Luftwaffe augenblicklich sehr hart, so daß sie allgemein bereits an der Grenze angekommen ist, die eine Gefährdung der Einsatzbereitschaft bei allen Waffengattungen [...] bedeutet«,

umschrieb der Chef des Generalstabes der Luftwaffe eine Entwicklung, die auch das nachstehende Schaubild wiedergibt[207]: Zwischen dem 1. November 1943 und dem 1. April 1945 verringerte sich der Personalbestand der Luftwaffe an kriegstauglichen und bis 40 Jahre alten Soldaten von 1,4 Mill. um 70 Prozent auf etwas mehr als 380 000. Ein Teil davon floß als Personal für die Stammbildung und als Ersatz in die Verbände der Fallschirmtruppe, die am 15. Februar 1945 mit einer Stärke von 196 000 Soldaten ihren größten Umfang während des Krieges erreichte[208]. Laufende Verluste, vor allem aber die Umschichtungen im Zuge des ›totalen Krieges‹ führten zu einem rapiden Absinken der Luftwaffenstärke im August 1944 und den nachfolgenden Monaten. Nach einer Zusammenstellung des OKL wurden bis zum 15. Februar insgesamt 530 000 Mann an das Heer, 29 000 an die Waffen-SS und weitere 283 000 Soldaten als laufender Ersatz an die Fallschirmtruppe abgegeben. Im Gegenzug erhielt die Luftwaffe bis Mitte Januar 1945 einen Gesamtersatz von 220 000 Soldaten, von denen die Hälfte älter als 40 Jahre

---

[203] Vgl. BA-MA, RL 2 III/1158: Anl. 9 zu OKL/Gen.Qu./6. Abt (V) Nr. 10436/44 gKdos., betr. Monatsmeldung Stand 30.9.1944 vom 14.10.1944. Zur Wieder- und Neuaufstellung von insgesamt Divisionen zwischen September 1944 und Mai 1945 siehe Stimpel, Die deutsche Fallschirmtruppe, S. 285 ff.
[204] Zum Problem der ›Sonderheeres‹ vgl. Stumpf, Die Luftwaffe.
[205] BA-MA, RH 2/333: Funkspruch Fallschirm-Panzer-Korps »Hermann Göring«/Ia an OKH/OpAbt vom 11.3.1945.
[206] BA-MA, RL 2 III/182: OKL/Lw.Org.Stab Nr. 1023/45 gKdos. vom 2.3.1945, Nr. 1252/45 gKdos. und 1253/45 gKdos. vom 17.3.1945.
[207] BA-MA, RL 2 II/39: Chef GenStdLw/Ia Nr. 242/45 gKdos. vom 13.1.1945.
[208] Vgl. BA-MA, RL 2 VI/214: Anl. 2 zu OKL/GenStdLw/9. Abt Nr. 376/45 gKdos. 2. Ang. vom 6.4.1945 (in der Quelle ist irrtümlich der 6.4.1944 als Entstehungsdatum angeführt).

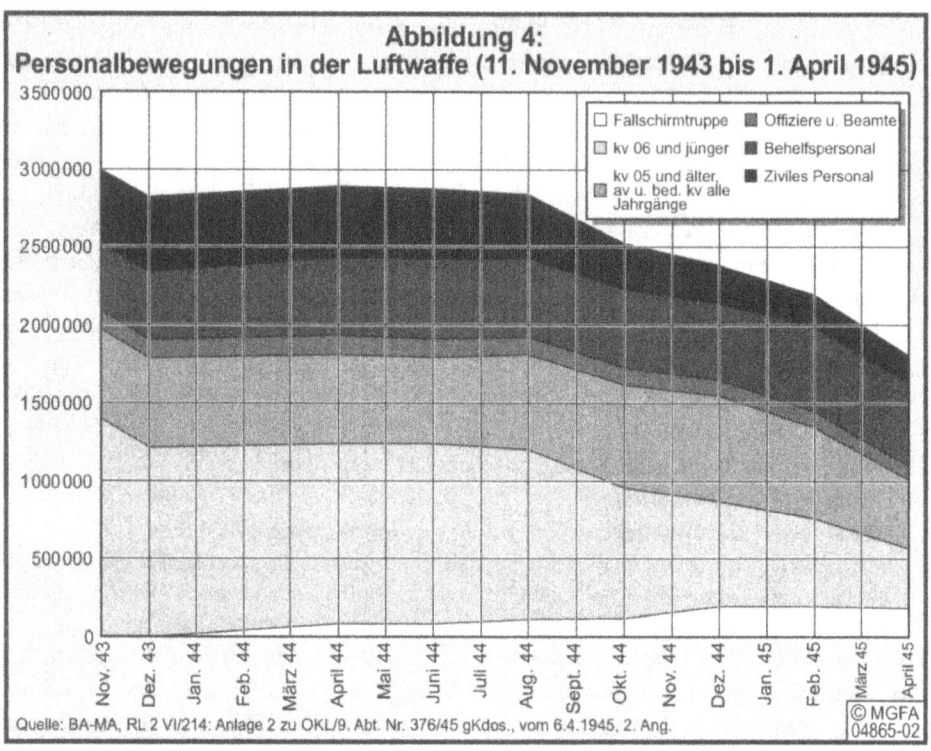

war. Hinzu kamen 168 000 Mann deutsches und 40 000 ausländisches Behelfspersonal[209].

Vor diesem Hintergrund verwundert es nicht, daß die Luftwaffenführung im Frühjahr meldete, daß infolge »laufender Abgänge von kv. Soldaten für [den] Einsatz mit der Waffe [...] nunmehr die Grenze der Aufnahmefähigkeit sowohl für Behelfspersonal als auch für Soldaten alter Jahrgänge (Jahrg. 96 und älter) und av. Soldaten erreicht« worden sei und weitere Personalabgaben »nur durch organisatorischen Abbau möglich« waren[210].

Ist die Quellenüberlieferung zur personellen Situation von Heer und Luftwaffe für das letzte Kriegsjahr sehr fragmentarisch, so fehlt sie für die Kriegsmarine fast gänzlich. Offenkundig war die Marinebürokratie vollauf damit beschäftigt, sich einen Überblick über ihren Personalbestand zu verschaffen, der binnen weniger Wochen fundamental erschüttert wurde, nachdem insbesondere die Frontlage im Westen in Bewegung geraten war. An die »Ausmaß[e] einer historischen Tragödie« fühlte sich der Oberbefehlshaber des Marinegruppenkommandos West angesichts der eingehenden Meldungen über die Rückmarschbewegungen der ihm unterstellten Einheiten und Dienststellen von der französischen Atlantik- und Mittelmeer-

---

[209] Vgl. BA-MA, ZA 3/332: Anl. zu OKL/GenStdLw/9. Abt Nr. 367/45 gKdos. undat.
[210] BA-MA, RL 2 III/1159: GenStdLw/Gen.Qu./6. Abt (V) Nr. 165/45 gKdos. Beurteilung der personellen und materiellen Rüstungslage der Luftwaffe, Berichtszeit: Monat Februar 1945 vom 29.3.1945.

küste erinnert²¹¹. Die Klagen über Probleme bei der Zusammenarbeit der Wehrmachtteile rissen nicht ab:

> »Schwierig war während dieses ganzen Rückzuges das Verhältnis der Marine zu den unteren Heeresdienststellen. Die dem Heer im Landkampf zufallende Wehrmachtbefugnis wurde über die erteilten Befehle hinausgehend in der unteren Instanz verständnislos und vielfach unkameradschaftlich gehandhabt. Während Kraftfahrzeuge vom Heer und vor allem auch von der Luftwaffe mehr oder minder unbehelligt ihre Aufgaben durchführen konnten, waren Beschlagnahmungen von Marinekraftfahrzeugen, Wegnahme von Brennstoff, Festhalten von Marinepersonal zu nicht vorgesehenen Aufgaben an der Tagesordnung. [...] An anderen Stellen wurden die Schiffstammbesatzungen, ohne daß sie mit ihren Rekruten nach Ausbildung, Bewaffnung und Führung dazu geeignet waren, zu Sicherungs- und Kampfaufgaben eingesetzt. Infolge der genannten Mängel war der Nutzen im Kampf gering, die Verluste hoch. Ganze Abteilungen sind ohne Nachricht verschollen²¹².«

Erst als sich die Kriegslage im Herbst ein wenig stabilisierte, erhielt die Seekriegsleitung die Atempause zu einer Bestandsaufnahme. Einschließlich der Ausfälle an den übrigen Fronten hatte die Kriegsmarine seit Invasionsbeginn etwa 200 000 Unteroffiziere und Mannschaften verloren oder an das Heer abgegeben. Diese Zahl entsprach etwa einem Viertel ihres Personalbestandes und umschloß fast den gesamten in Grundausbildung befindlichen Nachwuchs an jungem Personal nebst Ausbildern²¹³. Schätzungsweise 35 000 Marinesoldaten wurden in den Kanal- und Atlantikfestungen eingeschlossen²¹⁴. Der Verlust der französischen Atlantik- und Mittelmeerküsten und die Reduzierung der Schiffsbaukapazitäten durch den Bombenkrieg verursachten wiederum einen Personalrückstau. Doch der Personalbestand der von Dönitz definierten »4 Säulen der Kriegsmarine: U-Bootswaffe, Sicherungsstreitkräfte, Flak und Küstenartillerie« blieb von Überprüfungen und Personalkürzungen ausgenommen²¹⁵. Bereits im Frühjahr 1943, auf dem verlustreichen Höhepunkt des U-Boot-Krieges hatte Dönitz Hitlers Zustimmung für sein Marinebauprogramm gewinnen können, das die monatliche Produktion von bis zu 40 Booten und einer großen Zahl leichter Überwasserstreitkräfte zum Inhalt hatte. Der damit verbundene Personalmehrbedarf bezifferte sich auf 440 000 Mann bis zum September 1944. Die Zahl der Neubauten blieb zwar erheblich hinter den Planungszielen zurück, das dafür vorgesehene Personal reichte aber aus, noch am 1. Mai 1945 annähernd 400 U-Boote in Dienst zu halten und neue Boote auch in den letzten Kriegswochen mit ausgebildeten Besatzungen versehen zu können²¹⁶.

---

211 BA-MA, RM 35 II/68: Eintrag vom 19.9.1944.
212 BA-MA, RM 35 II/66: Oberbefehlshaber Marinegruppenkommando West/Führungsstab Nr. 6740/44 gKdos. Chefs., Monatsrückblick für August 1944 vom 15.9.1944. Eindrücke von den Zuständen beim Rückmarsch von der Atlantikküste bis zum Elsaß vermittelt der anschauliche Bericht des Chefs der 2. Minensuchflottille: BA-MA, RM 7/137: Anl. zu OB Marinegruppenkommando West/Führungsstab Nr. 4864/44 gKdos. vom 4.10.1944.
213 Vgl. BA-MA, RM 7/806: OKW/WFSt/Org (Vb) Nr. 3860/44 gKdos. vom 21.11.1944.
214 Vgl. BA-MA, RW 6/v. 535: OKM/Mar Wehr/Tr I Nr. 4736/44 gKdos. vom 20.10.1944.
215 BA-MA, RW 4/v. 482: OKW/WFSt/Org (Vb) Nr. 3524/44 gKdos. vom 21.10.1944.
216 Vgl. Mulligan, Neither Sharks nor Wolves, S. 167 ff.

Die katastrophale Lageentwicklung im Osten zu Jahresbeginn 1945 zwang die Marineführung dazu, Ausbildungseinheiten in einer Stärke von 20 000 Mann an die Landfronten abzugeben[217]. Teile der Landorganisation waren bereits im Sommer, als sich die Gefahr einer Abschneidung der Heeresgruppe Nord von der Landverbindung abzeichnete, im Landkampf eingesetzt worden[218]. Als die Rote Armee mit Stettin und Swinemünde die ohnehin schon knappen Dislozierungsmöglichkeiten der Marine noch weiter einzuengen drohte, ordnete Dönitz die Einreihung der verbliebenen Regimenter der Marineschützenbrigade in die Landfront der Heeresgruppe Weichsel an[219]. Ebenso wie sich die Seekriegsleitung an die Illusion einer baldigen Wiederaufnahme des U-Boot-Krieges klammerte, beharrte Dönitz darauf, daß Personalabgaben geschlossen und in der Organisationsgewalt der Kriegsmarine für den Landkrieg abgegeben wurden. Zu einem späteren Zeitpunkt sollten diese dann, so die Argumentation, wieder ihren ursprünglich vorgesehenen Verwendungen zugeführt werden. Im Bereich der Heeresgruppe Weichsel wurden die verschiedenen Abgaben zu einer Marine-Division zusammengezogen, der bis Kriegsende weitere folgen sollten. Der Kampfwert dieser Formationen, deren Aufbau durch das Heer in materieller Hinsicht und durch Gestellung von erfahrenem Rahmen- und Führungspersonal unterstützt werden mußte, war gering. Dönitz ging davon aus, daß »die Truppe an sich bei längerer Gewöhnung auch für bewegliche Kampfführung geeignet würde«, hatte jedoch Zweifel daran, »daß die mittleren Führer, vom Btl. Kommandeur an aufwärts, den Anforderungen des modernen Landkriegs mangels Vorbildung gewachsen sein werden«[220]. Warnungen aus dem Stab der Heeresgruppe Weichsel, der sich mit den vielfältigen personellen und organisatorischen Schwierigkeiten dieses Unterfangens konfrontiert sah und auf die kritischen Erfahrungen mit den gleichermaßen aus ressortegoistischen Motiven aufgestellten und mit hohen Verlusten eingesetzten Luftwaffenfelddivisionen der Jahre 1942/43 hinwies, verhallten ungehört. Ebenso wenig erfüllte sich auch die Hoffnung, die Marinesoldaten würden direkt in die Heeresgruppe eingereiht[221]. Anfang April 1945 verweigerte Dönitz die Freigabe von 160 000 Marineangehörigen des Marineoberkommandos Nordsee, die Generalfeldmarschall Ernst Busch als frisch ernannter Oberbefehlshaber des »Führungsstabes Nordküste« reklamierte, um auf diese Weise eine ›Weserverteidigung‹ aufzubauen[222].

---

[217] Vgl. Niederschrift über Teilnahme des OB.d.M. an der Führerlage am 20.1.1945, wiedergegeben in: Lagevorträge des Oberbefehlshabers der Kriegsmarine, S. 634.
[218] Vgl. Niederschrift über die Besprechung des OB.d.M. im Führerhauptquartier (Berghof) vom 11. bis 13.7.1944, wiedergegeben in: ebd., S. 599.
[219] Vgl. Niederschrift über die Teilnahme des OB.d.M. an der Führerlage am 30.1.1945, in: ebd., S. 641 f.
[220] Vgl. Teilnahme des Ob.d.M. an der Führerlage am 14.2.1945, in: ebd., S. 652.
[221] So eine im Stab des OBKdos der HGr. Weichsel am 7.3.1945 niedergeschriebene Notiz. BA-MA, RH 19 XV/7b.
[222] Vgl. Teilnahme des Ob.d.M. an der Führerlage am 18.3.1945, wiedergegeben in: Lagevorträge des Oberbefehlshabers der Kriegsmarine, S. 680 f. sowie Teilnahme des Ob.d.M. an der Führerlage am 3.4.1945, wiedergegeben in: ebd., S. 692.

Die Ablehnung des Oberbefehlshabers der Kriegsmarine war nicht etwa dadurch motiviert, den sinnlosen Einsatz von unerfahrenen, in den wenigsten Fällen ausgebildeten und nur dürftig für den Landkrieg ausgerüsteten Marinesoldaten zu verhindern. Die Frontlage diktierte die scheibchenweise Abgabe kleinerer Kontingente mit pathetisch klingenden Namen wie »Aktion Posen«, »Tsingtau« oder »Kamerun« an das Heer[223]. Als der Betriebsstoffvorrat für die schwimmenden Einheiten der Marine auf wenige Tage zusammenschmolz, verhinderte vor allem der geringe Waffenbestand den Landeinsatz von Schiffsbesatzungen[224]. Trotzdem erging von Dönitz die Weisung, »die bei [der] Kriegsmarine durch Ausfall u. Stillegung von Kriegsschiffen freiwerdenden Soldaten u. Waffen mit größter Beschleunigung für [den] Landkrieg nutzbar zu machen«[225]. Das Angebot des höchsten Marineoffiziers, »3000 junge Soldaten der Kriegsmarine, die mit leichtem Gepäck und Panzerfaust auszurüsten wären, für den Kampf im Hintergelände der Westfront gegen die feindlichen Nachschublinien zur Verfügung zu stellen«[226], bedeutete deren sinnlose Opferung. Selbst Hitlers Befehl, »durch [die] Kriegsmarine und Luftwaffe alles noch irgendwie verfügbar zu machende [...] Personal zum Einsatz« im Kampf um Berlin zuzuführen[227], beabsichtigte Dönitz noch am 25. und 26. April 1945 bedenkenlos auszuführen, indem er die Luftverlegung von 1800 Marinesoldaten in das eingeschlossene Berlin und weiterer bunt zusammengewürfelter und lediglich mit ausländischen Handwaffen bewaffneter Marineeinheiten für den Kampf nördlich der Reichshauptstadt anordnete[228].

2. Widerlegung der Legende von der ungebrochenen Kampfkraft der Wehrmacht

a) Der materielle Zustand der Wehrmacht

Neben der Entwicklung der personellen Verluste läßt sich auch an der materiellen Ausstattung der militärischen Organisation ablesen, wie weit die Wehrmacht seit Jahresmitte 1944 fähig war, den Krieg fortzuführen. Das statistische Blendwerk des Speer-Ministeriums, welches im Sommer 1944 den höchsten Stand der Rüstungsendfertigung während des ganzen Krieges vermeldete, verschleierte die materiellen Verluste an der Ostfront, die seit Spätsommer 1943 vierteljährlich eine Größenordnung der Katastrophe von Stalingrad angenommen hatten[229]. Am Bei-

---

[223] Vgl. BA-MA, RH 2/849b: OrgAbt (I), Notiz betr. Abgabe Kriegsmarine an Heer vom 1.4.1945.
[224] Vgl. Teilnahme des Ob.d.M. an der Führerlage am 12.4.1945, wiedergegeben in: Lagevorträge des Oberbefehlshabers der Kriegsmarine, S. 697.
[225] BA-MA, RM 7/851: Adm. z.b.V. beim Ob.d.M. Nr. 1458/45 gKdos. vom 18.4.1945.
[226] Teilnahme Ob.d.M. an der Führerlage am 14.4.1945, wiedergegeben in: Lagevorträge des Oberbefehlshabers der Kriegsmarine, S. 699.
[227] BA-MA, RH 2/337: Chef OKW/WFSt/Org (I) 1 Nr. 1089/45 gKdos. vom 19.4.1945.
[228] Vgl. BA-MA, RM 7/851: Funkspruch Dönitz an Hitler vom 25.4.1945. Die Rahmenbedingungen verhinderten die volle Umsetzung dieser Ankündigung. Siehe dazu auch Kuhlmann, Endkampf.
[229] Vgl. Müller, Albert Speer, S. 653 und S. 753 ff.

spiel der Motorisierung der Heeresverbände lassen sich die Folgen des für alle Bereiche der militärischen Organisation charakteristischen Abnutzungs- und Verschleißprozesses besonders deutlich herausarbeiten. In der Anfangsphase des Krieges waren es die Erfolge der Panzerwaffe gewesen, die eine bis in die Gegenwart reichende fast mythische Verklärung der Wehrmacht, gerade auch durch die ehemaligen Gegner, als Beispiel für militärische Schlagkraft und Effizienz begründeten[230]. Die Wehrmacht der Jahre 1944/45 hatte damit nichts mehr gemein! Eine zu Jahresbeginn 1945 vom Stab des Generalinspekteurs für die Panzertruppen im OKH erstellte Übersicht enthält einen letzten verläßlichen Gesamtüberblick über die Ausstattung des Heeres mit Panzern. Demnach hielten massive Neuzuführungen die Zahl der an der Ostfront eingesetzten etwa 1500 Panzer IV bis VI und Sturmgeschütze (Stand 1. Dezember 1944) trotz der immensen Verluste in den vorangegangenen Monaten einigermaßen konstant. Dramatisch entwickelte sich dagegen die Ausstattung der Panzerverbände auf den OKW-Kriegsschauplätzen im Westen und Süden. Die im Sommer 1944 vorhandenen 2000 Panzer verringerten sich bis zum Jahresende um die Hälfte. Von den etwa 780 Panzern, die sich Ende 1944 im Reichsgebiet befanden, stand etwa die Hälfte in einer längeren Instandsetzung von schweren Gefechtsschäden[231].

Als die Alliierten zu Jahresbeginn 1945 zum Sturm auf das Reich antraten, betrug die Überlegenheit der angloamerikanischen Divisionen an Panzern das Sechsfache, die der Roten Armee mehr als das Dreifache gegenüber den deutschen Kräften[232]. Angesichts des versiegenden Zustroms neugefertigter Panzerfahrzeuge mußte man sich Ende Februar im OKH eingestehen, daß »eine aktive Kriegsführung [praktisch] nicht mehr möglich« war. Mit dem verbliebenen Panzerbestand wurde allenfalls eine vorübergehende Verteidigung, auch wegen der unzureichenden Ausstattung des Heeres mit (weitreichenden) Panzerabwehrwaffen und der geringen Kampfkraft der Infanterie als realistisch eingeschätzt[233]. Nur ein Teil des zugewiesenen Fahrzeugnachschubs erreichte seine Bestimmungsorte, oft mit wochenlanger Verspätung. Viele der frisch ausgelieferten Panzer wiesen Fertigungsmängel auf, die von der Fronttruppe durch aufwendige Nacharbeiten beseitigt werden mußten[234]. Anfang März war kaum die Hälfte der Panzer in den deutschen Verbänden fahr- oder einsatzbereit[235]. Fast durchweg zeigen die Zustandsberichte, daß Panzerdivisionen in den letzten Wochen und Monaten des Krieges meist nur noch über eine Handvoll Panzer oder Sturmgeschütze verfügten. Es war die normative Kraft des Faktischen, die im Frühjahr 1945 eine letzte Änderung der orga-

---

[230] Vgl. Strachan, Die Vorstellungen.
[231] BA-MA, RH 8/v. 1019: Gen.Insp.d.Pz.Tr./AbtOrg Nr. 5/45 gKdos. vom 5.1.1945.
[232] Zahlenangaben aus Overy, Die Wurzeln des Sieges, S. 292.
[233] Vgl. BA-MA, RH 10/116: Insp. d. Pz.Tr./In 6 (IIIa) Nr. 446/45 gKdos. vom 26.2.1945.
[234] Vgl. BA-MA, RW 4/v. 636: WFSt/Op (H)/West Nr. 002919/45 gKdos., Übersicht über Panzerzuweisungen für OB West vom 25.3.1945 und BA-MA, RH 10/116: Ins. d. Pz.Tr./In 6 (IIIa) Nr. 446/45 gKdos. vom 26.2.1945.
[235] Vgl. BA-MA, RH 10/91: Vortragsnotiz Gen.Insp.d. Pz.Tr./Führungsstaffel/Abt Org K vom 9.3.1945; BA-MA, RW 4/v. 636: Zusammenstellung der vorhandenen Panzer, Sturmgeschütze und Panzerjäger im Westen, Stand 15.3.1945.

nisatorischen Grundlagen der Panzerverbände erzwang: Die Grundgliederung der ›Panzerdivision 45‹ kürzte das Ausstattungssoll an Panzern im Vergleich zur vorangegangenen ›Panzerdivision 44‹ um zwei Drittel. Vielen Verbänden gelangten diese administrativen Veränderungen gar nicht mehr zur Kenntnis. Nur dadurch, daß einer noch so geringen Zahl von Panzern immer auch Infanterie beigegeben wurde, konnten solchermaßen improvisierte Kampfgruppen überhaupt den Kampf bis zu einem gewissen Punkt fortführen. Vielen Soldaten ist gerade das Bild eines einzelnen Sturmgeschützes als ›Fels in der Brandung‹ in Erinnerung geblieben. Angesichts der erdrückenden Masse des Gegners ging von den wenigen, qualitativ überlegenen Tiger- und Panther-Panzern kein entscheidendes Moment für die Kämpfe insgesamt mehr aus.

Die umfassende Motorisierung der Heeresverbände war eine entscheidende Voraussetzung für die Durchführbarkeit von Angriffs- und Verteidigungsoperationen in Zeiten einer modernen, d.h. beweglichen Kriegführung. Die umfangreichen Zuführungen aus der Fertigung und der Heimatinstandsetzung hatten nicht verhindern können, daß der Kraftfahrzeugbestand des Heeres in den ersten acht Monaten des Jahres 1944 um mehr als 15 Prozent hinter den vom Jahresbeginn zurückfiel. Im August 1944 entsprachen die Kfz-Verluste der Panzer- und Panzergrenadierdivisionen von Heer und Waffen-SS dem vollen Ausstattungssoll von sechs Verbänden. Diese Entwicklung wirkte sich nicht nur folgenschwer auf die Transportkapazitäten von Personal und Material aus. Unter dem Verlust von Zugmaschinen und Kraftfahrzeugen für den Munitionstransport litt insbesondere die Kampfkraft der Heeresartillerie. Nur durch die Zusammenlegung von zerschlagenen Abteilungen ließ sich die für die Beweglichmachung erforderliche Kfz-Ausstattung aufbringen. Dadurch sank wiederum die Zahl der an der Ostfront eingesetzten motorisierten Artillerie-Abteilungen zwischen Jahresbeginn und Herbst 1944 um ein Viertel ab. Die Neuproduktion wurde vollständig durch die Neuaufstellungsprogramme absorbiert. Eine übergroße Typenvielfalt – ein Drittel aller Fahrzeuge stammte aus ausländischer Produktion – verursachte bei zunehmendem Ersatzteilmangel unüberwindbare logistische Probleme. »Wird die aufgezeigte langsame, aber automatische Entmotorisierung der Schnellen Verbände und der mot. Heerestruppen in Kauf genommen?«, mahnte die Generalquartiermeisterabteilung des Heeres im Herbst 1944 vergeblich an[236]. Produktionsausfälle ließen die Zuweisungen an Lastkraftwagen und Zugmaschinen im Januar 1945 um mehr als ein Drittel schrumpfen. Die im gleichen Zeitraum eingetretenen Verluste konnten nur zur Hälfte ersetzt werden[237]. Auch hier erwies sich eine Stafette von Kürzungen des materiellen Ausstattungssolls als ein ›bewährtes‹ Mittel, das Problem der Entmotorisierung zwar nicht realiter, aber wenigstens administrativ in den Griff zu bekommen. Die immer schnellere Abfolge von neu einzuführenden Divisionsgrundgliederungen, die der Mangelsituation angepaßt wurden, ging in den

---

[236] BA-MA, RH 2/919: Generalquartiermeister/General des Kraftfahrwesens Nr. I/014061/44 gKdos. vom 18.10.1944.
[237] Vgl. BA-MA, RW 4/v. 486: OKW/WFSt/Org (Vb) Nr. 745/45 gKdos., Beurteilung der personellen und materiellen Rüstungslage der Wehrmacht Januar 1945, vom 14.3.1945.

letzten Monaten des Krieges schließlich zu pauschalen Bestandskürzungen über. Für den Transport und die Versorgung ihrer über 10 000 Soldaten standen einer ›Infanteriedivision 45‹ nach Papierlage maximal 60 Lkw zur Verfügung[238].

Zum eigentlichen Rückgrat des Transportsystems der Feldwehrmacht wurden Pferde, deren Bestandsumfang im Januar 1945 auf eine Mill. Tiere angewachsen war[239]. Zu Beginn des Krieges besaß eine durchschnittliche Infanteriedivision mit ihren ca. 17 000 Soldaten und 48 Geschützen mehr als 600 Kraftfahrzeuge und 900 Pferdegespanne mit 4800 Pferden. Ein vergleichbarer Truppenkörper des Jahres 1944 umfaßte zwar nur noch 12 000 Soldaten und 39 Geschütze. Überproportional waren jedoch die Transportkapazitäten verringert worden: 370 Kraftfahrzeuge und etwa 1300 Fuhrwerke, bewegt allerdings von nur noch 3200 Pferden[240]. Die Betriebsstoffversorgung deckte Ende Januar 1945 die Hälfte des Bedarfs des Feldheeres ab[241]. Die Heeresgruppe Weichsel konnte nur durch unmittelbare Entnahme aus der Treibstoffproduktion beweglich gehalten werden[242]. Eine Forderung des Wehrmachtführungsstabes, »an der gesamten Westfront die Idee des Panzerkampfes und der Panzerabwehr aller Waffen zur Grundlage der Kampfführung bei allen Wehrmachtteilen sowie allen sonstigen Verbänden und Dienststellen« zu machen, versah man im Stab des Höheren Panzer-Kommandeurs West mit dem sarkastischen Vermerk »Erst mal fahren!«[243] Per ›Führerbefehl‹ wurde die Verwendung von Betriebsstoff für andere als unmittelbar zum Kampf eingesetzte Fahrzeuge verboten. Selbst für Führungs- und Versorgungszwecke durfte in den Wehrmachtteilen und in der Waffen-SS Kraftstoff nur noch in Ausnahmefällen zugewiesen werden[244]. Eisenbahntransporte litten zunehmend unter unkalkulierbaren und zeitraubenden Störungen im Betriebsablauf. Um gerade bei Truppenverlegungen auf kürzere Entfernungen tagelange Zeitverzögerungen zu verhindern, wurde im Befehlsbereich des OB West angeordnet, die Truppe bei einer Entfernung von zwei Tagesmärschen zum neuen Einsatzort grundsätzlich im Landmarsch zu verlegen. Aus Gründen des Betriebsstoff- und Ersatzteilmangels mußten die dazugehörigen Panzer und Kraftfahrzeuge allerdings per Bahn transportiert werden[245]. Es bedarf keiner großen Vorstellungskraft, sich das heillose Chaos räumlich zerrissener Einheiten und Verbände in einer Zeit zusammenbrechender militärischer und ziviler Kommunikations- und Organisationsstrukturen auszumalen. Unter solchen Bedingungen wurden Fahrräder ein immer

---

[238] Vgl. BA-MA, RH 2/1125: OKH/GenStdH/OrgAbt Nr. Z/5642/45 gKdos. vom 16.4.1945.
[239] Vgl. BA-MA, RW 4/v. 711: Chef Ag V III Nr. 1050/45 g. vom 21.3.1945.
[240] Vgl. DiNardo, Mechanized Juggernaut, S. 93.
[241] Vgl. BA-MA, RW 4/v. 719: Stellungnahme Qu 3 vom 29.1.1945 zu Gen.Insp.d.Pz.Tr./Abt Org I Nr. 409/44 g. vom 6.1.1945.
[242] Vgl. BA-MA, RH 19 XV/7b: OBKdo HGr Weichsel/Chef des GenSt Nr. 324/45 gKdos. vom 11.3.1945.
[243] BA-MA, RH 2/1125: OKW/WFSt/Op (H)/Gen.Insp.d.Pz.Tr. Nr. 003434/45 gKdos. vom 9.4.1945.
[244] Vgl. BA-MA, RW 4/v. 495: Der Führer/WFSt/Org Nr. 002847/45 gKdos. vom 28.3.1945.
[245] Vgl. BA-MA, RH 20-19/5: AOK 19/Ia Nr. 2853/45 gKdos. vom 11.4.1945.

wichtigeres Mittel zur Beweglichmachung der Soldaten. Im November 1944 reklamierte das Heer einen monatlichen Nachschubbedarf von 30 000 Stück[246].

Wochenschauaufnahmen prägen bis in die Gegenwart das Bild der Wehrmacht als das eines mechanisierten Molochs[247]. Tatsächlich zeichnete den weitaus größten Teil des Heeres eine weitgehende Bewegungsunfähigkeit aus. In Frankreich konnte die Wehrmacht ihre Rückzugsbewegungen angesichts eines zerschlagenen Verkehrsnetzes und der absoluten gegnerischen Luftherrschaft nur noch bei Dunkelheit und zumeist zu Fuß durchführen. Rückzugsstraßen, die nach feindlichen Tieffliegerangriffen übersät waren von brennenden Fahrzeugtrümmern, toten Soldaten und Tierkadavern, waren ein alltägliches Bild. Noch im Herbst 1944 mußte der für Ausbildung und Entwicklung von Einsatzgrundsätzen zuständige Inspekteur der Panzertruppen allerdings feststellen, daß weder die Marschgliederungen noch die Grundsätze für den taktischen Einsatz der Panzerwaffe »auf ständige stärkste feindliche Luftbedrohung bei Tage und bei Nacht und auf fast fortlaufende Artilleriebeobachtung aus der Luft« umgestellt waren[248]. Dagegen gehörte es zu den im Frühjahr 1945 formulierten Einsatzgrundsätzen für eine Infanteriedivision, daß bei Verlegungen »das zum Kampf und zum Leben unbedingt Notwendige« unter Zurückstellung aller Bequemlichkeitsansprüche und nötigenfalls durch abschnittsweise Nachführung von Material durchzuführen war. Den nötigen Transportraum für »größere Märsche, Angriffe und weite Absetzbewegungen« sollten sich die Verbände falls notwendig durch Requirieren »aus dem Lande« beschaffen[249]. Es wurde zur gängigen Praxis, »durch möglichst zahlreiche Sprengungen von Verkehrsobjekten« das schnelle Vordringen des Gegners zu verzögern und auf diese Weise die eigene Unbeweglichkeit zu kompensieren. Einzig der Mangel an Pionierkräften und Sprengmaterial behinderte dieses Verfahren, wie sich der Chef des Stabes einer im Westen eingesetzten Armee erinnerte[250].

Überhaupt litt die Kampfkraft unter dem Zusammenbruch der Munitionsversorgung. Als das Ruhrgebiet und das oberschlesische Industrierevier in gegnerische Hände zu fallen drohten, prognostizierten die für die Heeresrüstung zuständigen Stellen den Rückgang der Munitionsfertigung im ersten Vierteljahr 1945 um rund ein Drittel gegenüber dem Vorjahresherbst, sogar um die Hälfte im Vergleich zum Frühjahr 1944:

»Weder die ganz verschwindend kleinen Heimatreserven noch die Bevorratungen an der Front vermögen die Senkung des Nachschubs auch nur für beschränkte Zeit ohne unmittelbare Auswirkung auf die Front zu überbrücken. [...] Ob unter dieser Munitionslage das Heer seine im Jahr 1945 gestellten Aufgaben erfüllen kann, hängt weitgehend vom Feindverhalten ab. Ein gleichzeitiger Großkampf an allen Fronten ist munitionsmäßig nicht mehr hinreichend zu versorgen und muß zu Katastrophen führen[251].«

---

246 Vgl. BA-MA, RW 4/v. 485: WFSt/Org (IVb) Nr. 6834/44 g. Nr. 19.11.1944.
247 Vgl. DiNardo, Mechanized Juggernaut, S. 107 ff.
248 BA-MA, N 254/40: Insp. der Panzertruppen/In 6/Ausb. (I) Nr. 18813/44 vom 13.10.1944.
249 BA-MA, RH 2/1280: OKH/GenStdH/AusbAbt (Ia) Nr. 1000/45 g. vom 15.4.1945.
250 Vgl. BA-MA, ZA 1/144, S. 134.
251 Notiz der Generalquartiermeisterabteilung des GenStdH über die Munitionslage des Heeres vom 14.1.1945, zit. nach: Förster/Lakowski, 1945, Dok.-Nr. 6, S. 96 f.

Dabei überstieg im Februar die tägliche Verschußmenge der Ostfront den unter optimistischen Annahmen ermittelten Nachschub für die *gesamte* Wehrmacht[252]. Trotz der von der Wehrmachtführung angeordneten Verschußkontingentierungen, um »den Munitionsverbrauch an Fronten ohne größere Kampfhandlungen für Mangelmunition rücksichtslos einzuschränken, für einzelne Abschnitte ganz zu sperren« und dabei selbst auf die »Bekämpfung lohnender Ziele« zu verzichten, konnten Munitionsreserven nicht gebildet werden[253]. Infanterie- und Handwaffen sollten den Ausfall der Feuerkraft von Artillerie und schweren Waffen wegen Munitionsmangels kompensieren. »Mit allen Mitteln der Erziehung, Belehrung und Ausbildung [sei] zu *erzwingen*, daß der infanteristische Einzelkämpfer [...] von seiner [...] Handfeuerwaffe Gebrauch macht«, lautete eine Anregung der Infanterieabteilung im OKH. Derweil stand die eigene Truppe einem Gegner gegenüber, der im Osten seine Angriffe mit ausgedehnten und langanhaltenden ›Feuerwalzen‹ mit größtem Munitionsaufwand vorbereitete, und der im Westen in Ergänzung zur pausenlosen Bekämpfung aus der Luft seine Artillerie schnell, treffsicher und nicht weniger munitionsintensiv einsetzte[254]. Häufig fürchteten die Soldaten, durch den Gebrauch ihrer Waffen die überlegene feindliche Feuerkraft auf sich zu lenken. Ausbildungsmängel und die Versuchung, sich angesichts des postulierten Kampfes bis zur letzten Patrone möglichst schnell der Munition zu entledigen, führten dazu, daß die alliierten Verluste fast ausschließlich durch deutsches Artilleriefeuer verursacht wurden[255].

Keineswegs jeder Soldat trug in der Schlußphase des Krieges ein Gewehr. Zwischen Januar und Oktober 1944 verlor die Wehrmacht Waffen in einem Umfang von 3,85 Mill. Gewehren und 280 000 Maschinengewehren[256]. »Einem nackten Mann könne man bekanntlich nichts mehr [...] abnehmen«, reagierte der Chef des Allgemeinen Heeresamtes auf den Antrag der Partei, aus Wehrmachtbeständen mehrere 100 000 Handwaffen an die Parteiführerschaft und den Volkssturm abzugeben. Der Waffenbedarf für Neuaufstellungen und die Ersatzversorgung überstieg »in einem beträchtlichen Umfang die gegebenen Möglichkeiten«, so daß neuaufgestellte Verbände ohne die volle Waffenausstattung ins Feld abrücken mußten[257]. Die Waffendichte sank »bei den eingesetzten erfahrenen Verbänden ständig, während die neuaufgestellten und vollaufgefrischten Verbände auf Grund von Kampfunerfahrenheit große Verluste haben«, stellte die Generalquartiermei-

---

[252] Vgl. BA-MA, RW 4/v. 711: Chef OKW/WFSt/Qu 1 Nr. 001731/45 gKdos. vom 26.2.1945. Siehe dazu ergänzend die Angaben im dienstlichen Tagebuch Jodls vom 10.2.1945. BA-MA, RW 4/v. 33.
[253] BA-MA, RW 4/v. 711: Chef OKW/WFSt/Qu 1 Nr. 0081/45 gKdos. vom 10.1.1945.
[254] BA-MA, RH 11-1/25: General der Infanterie im OKH/Ia Nr. 350/45 gKdos. vom 19.3.1945; eigene Hervorhebung.
[255] Stellvertretend dazu der Erfahrungsbericht des Kommandierenden Generals des XIII. SS. Armeekorps/Ia Nr. 634/44 g. vom 13.12.1944. BA-MA, RH 26-16/101.
[256] Vgl. BA-MA, RW 6/v. 405: NS-Führungsstab der Wehrmacht Tgb.-Nr. 1031/45 g. vom 2.3.1945.
[257] BA, NS 6/313: Vermerk über Gespräch mit General Kennes über die Versorgung der NSDAP und des Volkssturms mit Waffen und Munition vom 7.10.1944.

sterabteilung im OKH im Dezember 1944 fest[258]. Während der sowjetischen Winteroffensive im Januar und Februar 1945 schnellten die Ausfälle bei Karabinern auf das Zehnfache des gleichzeitigen Frontnachschubs hoch[259]. »Der materielle Ausrüstungszustand der Truppe entspricht [...] dem Jahr 1918. Von den modernen Waffen sind meist nur wenige Musterstücke vorhanden oder der Munitionsnachschub hat so gut wie ganz aufgehört«, beschrieb der Oberbefehlshaber der 1. Armee Mitte März den Zustand seiner Truppe im persönlichen Vortrag beim OB West[260]. Die Umverteilung innerhalb der Wehrmacht sollte den dringendsten Bedarf der Kampftruppen decken: Im Sommer 1944 hatten sämtliche Versorgungstruppen und rückwärtige Dienste, die in das Reich verlegt wurden, die Hälfte aller, im Frühjahr 1945 schließlich alle vorhandenen Gewehre und Pistolen abzugeben[261]. Zur Vermeidung von Verzögerungen bei Ersatzzuführungen wegen mangelhafter Ausrüstung und fehlender Handwaffen waren schließlich Rekruten auch ohne Rücksicht auf ihre Waffenausstattung ›ins Feld‹ zu schicken[262]. Fast 40 Prozent der 100 000 Soldaten, die sich unter der Führung der 12. Armee am 5. Mai 1945 nahe Stendal in amerikanische Gefangenschaft begaben, besaßen keine Waffen[263]. Ob sie nie eine erhalten oder sich dieser längst entledigt hatten, läßt sich heute kaum mehr feststellen.

Die unter großem Propagandagetöse 1944 durchgeführte Volksopfer-Sammlung dekuvrierte die desolate Versorgungslage der Wehrmacht selbst bei den gängigsten Gütern des alltäglichen Bedarfs. Die Sammlung war initiiert worden mit dem Ziel, Altspinnstoffe, Uniform- und Ausrüstungsgegenstände aller Art zu sammeln, um damit die neuaufzustellenden Verbände und den Volkssturm überhaupt erst einkleiden und ausstatten zu können[264]. In dem vielfach dokumentierten Bild des zerlumpten, abgerissenen und ein Holzwägelchen mit Gepäck ziehenden Soldaten kommt der logistische Zusammenbruch der militärischen Organisation besonders sinnfällig zum Ausdruck. Die Versorgung der Truppe hing in erster Linie von der Initiative und vom Ideenreichtum der zuständigen Stellen ab. Während an einem Tag vollkommen intakte Sturmgeschütze nach dem Verschießen der Munition wegen Betriebsstoffmangels und fehlender Bergungsfahrzeuge gesprengt werden mußten, konnten die Soldaten schon Tags darauf wieder im Überfluß verschiedener Nachschubgüter schwelgen. Doch selbst eine Vorratshaltung war nicht möglich, da diese wegen des geringen Transportraums bei Rückwärtsbewegungen nicht mitgeführt werden konnten[265]. Himmlers Anweisung, die für

---

[258] BA-MA, RH 8/v. 1019: Anl. 5 zu OKH/GenStdH/GenQu/Adj. Nr. I/08869/44 gKdos. vom 6.12.1944.
[259] Vgl. BA-MA, RH 3/v. 255: Zusammenfassende Beurteilung der Waffenlage, Stand 10.2.1945, der Generalquartiermeisterabteilung im OKH vom März 1945.
[260] BA-MA, N 281/31: Nachträgliche Zusammenfassung des Lagevortrags am 12.3.1945.
[261] Vgl. BA-MA, RW 4/v. 494: OKW/WFSt/Org Nr. 007773/44 gKdos. vom 19.7.1944 und BA-MA, RW 4/v. 495: Der Führer/OKW/WFSt/Org (IVb) Nr. 900/45 gKdos. vom 2.4.1945.
[262] Vgl. BA-MA, RH 15/126: Notiz AHA/Stab II (1) vom 8.3.1945 und BA-MA, RH 19 XV/7b: OBKdo HGr Weichsel/Chef GenSt/Id Nr. 3067/45 g. vom 14.3.1945.
[263] Vgl. BA-MA, MSg 1/236.
[264] Vgl. BA-MA, RH 53-4/56: OKW/AWA/W All (II) Nr. 7152/44 vom 28.12.1944.
[265] Vgl. BA-MA, ZA 1/144, S. 35.

»seine« Heeresgruppe bestimmten Munitions-, Betriebsstoff- oder Waffenzüge mit Begleitkommandos zu versehen, damit »unterwegs kein Waggon widerrechtlich abgehängt, gestohlen, der Zug in falsche Fahrtrichtung geleitet oder abgestellt wird«, war charakteristisch für eine Situation, in der unkoordinierte und unkontrollierte Beschlagnahmen und Übergriffe auf fremde Besitzstände zum Regelfall wurden[266]. Der Anblick der gegnerischen Überlegenheit an Material, mit dem die deutschen Soldaten im Augenblick ihrer Gefangennahme konfrontiert wurden, gehörte oft zu den prägendsten und desillusionierendsten Eindrücken des ganzen Krieges[267].

Besonders nachhaltig wirkte sich der Materialmangel auf das Ersatzheer aus, in dessen Garnisonen Rekruten ausgebildet und neue Verbände aufgestellt wurden. Da der Materialnachschub nicht dazu ausreichte, gleichzeitig die Frontverluste an Panzern, Fahrzeugen, Waffen und Gerät auszugleichen und umfangreiche Neuaufstellungen auszustatten, mußte in immer stärkerem Umfang auf den Waffen- und Gerätebestand der Wehrkreise und die Depots der Feldzeugämter zurückgegriffen werden. Als schließlich Teile des Ersatzheeres im Herbst 1944 mobilisiert wurden, zogen die Einheiten vorwiegend mit den zur Ausbildung vorgesehenen Waffen in den Kampf[268]. Ein Drittel des ohnehin zu kleinen Fahrzeugparks der Ersatz- und Ausbildungseinheiten befand sich regelmäßig in der Instandsetzung[269]. Von den etwas mehr als 1100 Panzern und Sturmgeschützen, über die das Heimatheer am 1. März 1944 verfügte, bestand die Hälfte aus den Fahrgestellen des hoffnungslos veralteten Panzerkampfwagens III[270]. Da Militärkraftfahrer aufgrund von Fahrzeug- und Betriebsstoffmangel kaum praktisch unterrichtet werden konnten, kam es vor, daß Kraftfahrer neue Fahrzeuge schon beim Abholen vom Bahntransport aus Unerfahrenheit gegen Bäume fuhren[271]. Im Februar 1945 wurden im Wehrkreis X (Hamburg) durchschnittlich über 70 Rekruten an einem Maschinengewehr ausgebildet. Ein weiteres Abzweigen für Neuaufstellungen drohte den Bestand auf eine Waffe für rechnerisch 2600 Soldaten schrumpfen zu lassen[272]. An der Artillerieschule in Prag konnten im Frühjahr 1945 die über 1000 zugewiesenen Rekruten kaum sinnvoll beschäftigt werden, da zur Ausbildung kein einziges Geschütz mehr vorhanden war[273].

---

[266] Vgl. BA-MA, RH 19 XV/6: Fernschreiben Himmlers an Jüttner vom 4.2.1945.
[267] So beispielsweise: Juchter, Formeln, S. 272.
[268] Vgl. BA-MA, RH 15/126: OKH/OBdE/AHA/Stab Ib Nr. 1860/45 gKdos. vom 1.3.1945.
[269] Vgl. BA-MA, RH 10/334: OKH/OBdE/AHA/Stab Ia (1) Nr. 7005/45 g. vom 1.2.1945.
[270] Vgl. BA-MA, RH 10/91: Panzer-Bestand im Ersatzheer (Stand 1.3.1945), undat. Zusammenstellung.
[271] Vgl. BA-MA, RH 15/126: OKH/OBdE/AHA/Stab Ib Nr. 1860/45 gKdos. vom 1.3.1945.
[272] Vgl. BA-MA, RH 15/126: OBdE/AHA/Stab Ia Nr. 1691/45 gKdos. vom 26.2.1945.
[273] Vgl. BA-MA, N 271/3, Eintrag vom 23.3.1945.

b) Die Auswirkungen der personellen Verluste und des Zusammenbruchs der Rüstungsindustrie auf die Leistungsfähigkeit der militärischen Organisation

Zur Deckung der Verluste des Feldheeres wurde kontinuierlich auf den Personalbestand des Ersatzheeres zurückgegriffen. Der Mangel an erfahrenem Personal und ausreichender materieller Ausstattung im Heimatheer führte dazu, daß die Rekruten unzureichend ausgebildet in der Handhabung ihrer Waffen und nicht gewöhnt an die Bedingungen des Truppen- und Frontalltags dem Feldheer überstellt wurden. Die katastrophale Entwicklung der Kriegslage erzwang überdies die Zuführung von personellem Ersatz zu den Feldersatzbataillonen der Heeresgruppen, ohne daß die Ausbildung der Rekruten bereits abgeschlossen gewesen wäre.

In der zweiten Jahreshälfte 1944 häuften sich die Klagen der Frontbefehlshaber über die mangelnde Eignung des zugeführten Personalersatzes. So bot beispielsweise der Zustand des ›Marschbataillons z.b.V. 580‹, das im September 1944 als Ersatz für die an der Ostfront kämpfende 2. Armee bestimmt war, Anlaß zu starker Kritik: Der überwiegende Teil dieser Soldaten war zwischen 30 und 38 Jahren alt, darunter mehr als 50 Väter von fünf und mehr Kindern. Nach oberflächlicher, zwei- bis dreiwöchiger Ausbildung waren gerade einmal 13 Mann mit der Bedienung eines Maschinengewehrs vertraut. Die Masse der Soldaten hatte nur eine Übung mit ihrem Karabiner geschossen, ein Drittel war im Umgang mit Handgranaten unerfahren[274]. Eine spürbare Steigerung des Kampfwertes bedeutete diese Form der Ersatzzuführung nach dem Urteil der Heeresgruppe Mitte »durch das hohe Durchschnittsalter und durch die auffällig mangelhafte Waffenausbildung (scharfer Schuß) der 4- und 8-Wochen-Rekruten« nicht. Immer wieder »spielte neben psychologischen Momenten die geringe allgemeine körperliche Leistungsfähigkeit eine wesentliche Rolle« in den Zustandsberichten der Fronttruppe. Sie erlaubt vielsagende Rückschlüsse auf die Einziehungspraxis des ›totalen Krieges‹[275]. Nach dem Urteil des Kommandeurs der 30. Infanteriedivision bereitete das dem Verband im Herbst 1944 zugeführte Ersatzpersonal mehr Probleme, als daß es eine wirksame Verstärkung darstellte:

»Von den mit Marsch.-Btl. 673 zugeführten Uffz. und Mannsch[aften] sind 40% bedingt kv. Die Masse dieser Soldaten hat eine völlig unzureichende infanteristische Ausbildung und keinerlei Kampferfahrung, so daß 46 Uffz. und 47 Mannsch[aften] = 52% dem Feld-Ersatz-Bataillon 30 zugewiesen werden mußten, damit sie dort in einer Kurzausbildung die notwendigen Kenntnisse in der Waffenhandhabung und im Infan-

---

[274] Vgl. BA-MA, RH 2/847b: OBKdo HGr Mitte/Ia Nr. 13255/44 g. vom 21.9.1944. Die Stellungnahme des AOK 2 zu den im gleichen Monat angefertigten Zustandsberichten zeigt, daß das angeführte Beispiel keine Ausnahme mehr war. BA-MA, RH 10/113: OKH/GenStdH/OrgAbt Nr. IZ/47220/44 gKdos., Stellungnahmen der HGr und AOK zu den Zustandsberichten (Stand 1.9.1944) vom 11.10.1944.
[275] BA-MA, RH 2/331b: OrgAbt Nr. IZ/30140/45 gKdos., Auszug aus den Stellungnahmen der HGr und AOK zu den Zustandsberichten (Stand 1.12.1944) vom 11.1.1945.

teriedienst bekommen. Die äußere Haltung, Stimmung und Befehlsgebung war ausgesprochen schlecht. Der Division ist nie so schlechter Ersatz zugeführt worden[276].«
Die Probleme des Frontalltags erlaubten zumeist keine nachträgliche Ausbildung. Bei häufigen Verlegungen und kräftezehrenden, Tag und Nacht währenden Schanz- und Sicherungseinsätzen konnte den Soldaten kaum das nötige Wissen zum Überleben an die Hand gegeben werden. Die Weisung des OKH, Rekruten erst bei voller Feldverwendungsfähigkeit in die Front einzureihen, entsprach nicht der Realität sich permanent überstürzender Lagen[277]. Die abgesunkenen Kampfstärken der Infanterieregimenter machten immer wieder den überhasteten Einsatz unausgebildeter und unerfahrener Soldaten unumgänglich[278]. Daraus entwickelte sich eine fatale Eigendynamik, die der Zustandsbericht der kurz zuvor aufgefrischten 47. Volksgrenadierdivision wiedergibt:

> Durch die Zuführung von Ersatz »wurden die Grenadier-Bataillone auf 4 mittelstarke und 2 durchschnittliche aufgefüllt. Infanteristische Ausbildung des Ersatzes war mittelmäßig, zum Teil gering. Drei Bataillone hatten keine Gelegenheit, die Ausbildung zu fördern, da sie auch während der Auffrischungszeit eingesetzt waren, die 3 neuaufgestellten konnten nur an 2 Tagen behelfsmäßig ausbilden. [...] In den ersten 6 Einsatztagen sanken die Bataillone auf 1 durchschnittliches und 5 schwache ab. Das Feldersatzbataillon mußte bereits alle nach ihrem Ausbildungsstand geeigneten Leute an die Truppe abgeben[279].«

Im Spätsommer 1944 beklagten die Oberbefehlshaber der Heeresgruppen und Armeen unisono das ungebremste Absinken des Ausbildungsstandes der Truppe[280]: So bewertete die 2. Armee den Ausbildungsstand der zugeführten Marsch-Bataillone als »nicht immer ausreichend« – ein Umstand, der sich dann umso folgenschwerer auswirkte, wenn die Kampflage die sofortige Eingliederung des zugeführten Ersatzes in die Fronttruppe ohne die Zeit zur Vervollständigung der Ausbildung erzwang und dadurch »erhöhte, bei gründlicher Ausbildung vermeidbare Verluste« verursachte. Die 4. Armee beurteilte den Ausbildungsstand aller unterstellten Divisionen insgesamt als »unzureichend«. Im Stab der 3. Panzerarmee traf man die durchaus repräsentative Feststellung, daß der Kampfwert der älteren Verbände wegen des Ausbleibens ausreichender Ersatzzuführungen auf ein Mindestmaß absank, hingegen den ab Sommer 1944 neuaufgestellten Divisionen trotz hoher personeller Stärken sowohl die Ausbildung als auch der innere Zusammenhalt fehlten[281]. Angesichts des herrschenden Mangels an erfahrenen Offizieren und Unterführern und der nur mit geringen Kenntnissen des im Schnelldurchgang ausgebildeten jüngeren Offizier- und Unteroffizierkorps, sah man bei der 6. Armee

---

[276] BA-MA, RH 24-1/299: Gen.Kdo. I. A.K./Abt. IIa, Tätigkeitsbericht der Gruppe II für die Zeit 8.10. bis 3.12.1944 vom 13.12.1944.
[277] Vgl. BA-MA, RH 2/849b: OKH/GenStdH/OrgAbt Nr. IP/1145/45 g. vom 4.2.1945.
[278] Vgl. BA-MA, RH 19 V/53: OB HGr Süd/Ia Nr. 4289/44 gKdos., Stellungnahme zu den Zustandsberichten (Stand 1.10.1944) vom 3.11.1944.
[279] BA-MA, RH 24-81/129: 47. Volks-Grenadier-Division/Ia Br.Tgb.Nr. 342/44 g. vom 13.12.1944.
[280] Vgl. BA-MA, RH 10/113: OKH/GenStdH/OrgAbt Nr. IZ/46650/44 gKdos, Stellungnahmen der HGr und AOK zu den Zustandsberichten (Stand 1.8.194), vom 8.9.1944.
[281] Vgl. BA-MA, RH 10/113: OKH/GenStdH/OrgAbt Nr. IZ/47220/44 gKdos., Stellungnahmen der HGr und AOK zu den Zustandsberichten (Stand 1.9.1944) vom 11.10.1944.

kaum Möglichkeiten, dieser dramatischen Entwicklung wirksam entgegensteuern zu können. Die Zustandsanalysen kritisierten nicht nur die Einzelausbildung der Soldaten. Auch die Verbandsausbildung wurde als »sehr förderungsbedürftig« eingeschätzt. Den einzigen Ausweg, die »bisher noch überlegene Qualität der Infanterie« erhalten zu können, sah die Heeresgruppe Mitte im November 1944 in der monatlichen Zuführung von gründlich ausgebildeten 1000 Gruppenführern, 300 Zug- und 150 Kompanieführern; eine gemessen an den Realitäten unerfüllbare Forderung[282].

Besondere Sorgen bereiteten die neuaufgestellten Volksgrenadierdivisionen. Die Ursachen für die geringe Kampfkraft dieser Verbände wußte der Chef des SS-Hauptamtes aufzuzeigen:

»1. Zu kurze und ungenügende Gefechts- und Verbandsausbildung, 2. schlechte Stimmung der aus dem Westen Zurückgekehrten und mangelnde Einsatzbereitschaft bis zum letzten vieler bisher Uk-Gestellter, 3. noch nicht wiedergewonnenes Zutrauen zu den Offizieren (Rückzugserlebnisse usw.)«[283].

Da die Divisionen förmlich aus dem Boden gestampft wurden, blieb für eine strukturierte Ausbildung vielfach nicht genügend Zeit. Das Mannschafts- und Unterführerpersonal traf zeitlich stark gestaffelt und mit unterschiedlicher militärischer Vorbildung ein. Die schleppende Zuweisung von Waffen und Gerät behinderte die Ausbildung erheblich[284]. Noch bevor die Verbände einen organischen Zusammenhalt ausbilden konnten, erfolgte die Verlegung an die Front. Der Kampfwert der im September 1944 in Ungarn aufgestellten 277. Volksgrenadierdivision war unter diesen Umständen gering. Nach einem sechstägigen Bahntransport wurde die Division im Westen eingesetzt. Ein Zugführer beispielsweise war erst drei Wochen zuvor zur Division kommandiert worden und mußte sein gesamtes Personal, vom Unteroffizier bis zum letzten Mannschaftssoldaten, komplett ausbilden, wobei selbst der Offizier mit dem zugewiesenen Geschütztyp unvertraut war[285].

Divisionen, deren Infanterie sich nur zu einem Drittel aus Frontkämpfern und ansonsten aus Angehörigen von Versorgungstruppen zusammensetzte, waren zunehmend die Regel[286]. Ohne den Rückgriff auf Soldaten aus den rückwärtigen Diensten konnte auch die von der Landverbindung abgeschnittene Heeresgruppe Nord ihre Verluste nicht mehr ausgleichen, so daß die »Hälfte, in vielen Divisionen sogar 2/3 bis 3/4 der inf. Kampfstärke [...] durch die ›Ausgekämmten‹ gestellt« wurde[287].

»Außergewöhnliche Ausfälle bei Führern und Mannschaften, die Eingliederung von kampfunerfahrenen und kampfuntauglichen Troßangehörigen sowie mangelhafter Aus-

---

[282] Vgl. BA-MA, RH 2/849a: OrgAbt Nr. IZ/47810/44 gKdos., Auszug aus den Stellungnahmen der HGr und AOK zu den Zustandsberichten (Stand 1.10.1944), vom 7.11.1944.
[283] BA, NS 19/751: Schreiben Chef SS-Hauptamt an Himmler vom 17.11.1944.
[284] Vgl. BA-MA, RH 2/2902: Anl. 1 zu OKH/GenStdH/Ausb.Abt. (Ia) Nr. 4732/44 vom 3.11.1944.
[285] Vgl. Dülffer, Vom Westwall zu den Rheinwiesenlagern, S. 145 f.
[286] Vgl. BA-MA, RH 19 V/51b: HGr Süd/Chef des GenSt/Ia Nr. 11034/44 g. vom 9.10.1944.
[287] BA-MA, RH 2/849a: OrgAbt Nr. IZ/47810/44 gKdos., Auszug aus den Stellungnahmen der HGr und AOK zu den Zustandsberichten (Stand 1.10.1944), vom 7.11.1944.

bildungstand des größeren Teils der kämpfenden Truppe haben die Standhaftigkeit und die Schlagkraft der Infanterie sehr stark herabgesetzt«,

lautete die für weite Teile des Feldheeres typische Zustandsanalyse der 18. Armee. Auch die Führung der 4. Panzerarmee stellte im Herbst 1944 fest, daß der Ausbildungszustand des zugeführten Ersatzes, »in der Masse Ausgekämmte und Uk-Gestellte, [...] nicht den Anforderungen des Ostheeres« entsprach[288]. Der Oberbefehlshaber der 8. Armee beklagte »eine Vernichtung deutschen Menschenmaterials ohne Kampferfahrung«:

»Division wurde in der Normandie und bei Budapest eingesetzt und zerschlagen. Von beiden schweren Belastungen hat Div[ision] bisher sich nicht erholt. Dies wirkt sich in der inneren Haltung und im Vertrauen zu sich selbst stark aus. [...] Letzter Ersatz aus SAF setzte sich aus ausgekämmten Landesschützen, Eisenbahnpionieren, Kraftfahrern von Versorgungstruppen und ehemaligen Luftwaffenangehörigen ohne besondere inf. Ausbildung zusammen. [...] Die mangelnde Kampferfahrung und Waffenausbildung des Ersatzes kann nur unzureichend behoben werden, da neben dem noch vorhandenen Fehl an Waffen übriggebliebener Stamm der Regimenter zum Großteil ungeeignet und schlecht ausgebildet ist. Eine Reihe von Unterführern sind nicht einmal mit dem M.G. vertraut[289].«

Der Angriff der Divisionen der Heeresgruppe B in den Ardennen am Jahresende 1944 traf einen Abschnitt der alliierten Front, in dem hauptsächlich unerfahrene und abgekämpfte Truppenteile eingesetzt waren. Eine selbstbewußte amerikanische Memoirenliteratur beschreibt, wie trotz großer eigener Material- und Personalverluste dieses letzte Aufbäumen der Wehrmacht zurückgeschlagen wurde[290]. Indirekt trägt die gegnerische Rezeption zur Überhöhung der Kampf- und Schlagkraft der Wehrmacht bei. Tatsächlich wurden die für die Offensive im Westen vorgesehenen Verbände bevorzugt mit Waffen und Personal ausgestattet. Doch auch hier traten weitreichende Abnutzungserscheinungen in der Funktions- und Einsatzfähigkeit der militärischen Organisation zutage. Ein Erfahrungsbericht, der wenige Tage nach dem Beginn der Operation im Stab der Heeresgruppe erstellt wurde, zeigt, wie sehr der Motor der deutschen Kriegsmaschine stotterte[291]: »Es hat sich erneut bewiesen, daß die Volks-Gren.Divn. mehr und stärkere Stämme, mehr Unterführer, besser vorgeschulte Kommandeure und längere Ausbildungszeit benötigen.« Auf Ausbildungsdefizite wurden »zahlreiche Reibungen in der Befehlsübermittlung« zurückgeführt. Selbst innerhalb der Verbände, so stellte sich heraus, arbeiteten die Führungsapparate nicht störungsfrei zusammen. »Das Meldewesen aller Stellen innerhalb der Divisionen ist schlecht, zu langsam und nicht klar genug. [...] Günstige Lagen werden nicht ausgenutzt. Es fehlt an schneller Auffassung und Wendigkeit«, setzte sich die Liste an Defiziten und Unzulänglichkeiten fort. Ausbildungsversäumnisse beeinträchtigten auch den Einsatz der Artillerie und der schweren Waffen. »Vorgesetzte mußten sich ständig in Einzelheiten,

---

[288] Vgl. BA-MA, RH 10/113: OKH/GenStdH/OrgAbt Nr. IZ/47220/44 gKdos., Stellungnahmen der HGr und AOK zu den Zustandsberichten (Stand 1.9.1944) vom 11.10.1944.
[289] BA-MA, RH 19 V/60: HGr Süd/Chef des GenSt/Ia/Id Nr. 406/45 gKdos. vom 4.2.1945.
[290] Vgl. Cole, The Ardennes; MacDonald, Battle of the Bulge.
[291] BA-MA, RH 19 IX/14: OBKdo HGr B/Ia Nr. 11805/44 gKdos. vom 26.12.1944.

diese Grundlage jeder Führung innerhalb der unterstellten Verbände, einschalten, was nicht immer in ausreichendem Maße möglich war und die Kräfte der Truppenführer zusätzlich beansprucht«, fuhr der Bericht fort. Eine unzureichende Marschdisziplin und Verkehrsregelung wurde als Ursache genannt für weitere Stockungen und Verzögerungen während der Operation. Umgang und Pflege von Kraftfahrzeugen und Pferden ließen einen nach der Einschätzung der Heeresgruppe »bedenklichen Tiefstand« erkennen.

Dieses Bild bestätigten eine ganze Reihe weiterer Auswertungen, Reise- und Erfahrungsberichte, die in Zusammenhang mit der Offensive angefertigt wurden[292]: Die Verbände traten demzufolge ihren Angriff mit der Hälfte des zum Erreichen der gesteckten Ziele notwendigen Betriebsstoffvorrates und ohne einen nennenswerten Vorrat an Ersatzteilen und Verbrauchsmitteln an. Die Soldaten waren unzureichend mit Winterbekleidung ausgestattet, so daß allein die klimatische Unbill des Winterkampfes zu zahlreichen Ausfällen führte. Eine ausgesprochen restriktiv gehandhabte Geheimhaltung im Vorfeld des Angriffs konnte zwar das Überraschungsmoment wahren. Sie war jedoch auch die Ursache für eine völlig unzureichende artilleristische Aufklärung. Aus Gründen der Tarnung wurden weit hinter der Hauptkampflinie liegende Feuerstellungen bezogen, so daß die Artillerie ihre Schußweiten nicht offensiv ausnutzen konnte. Zu späte Befehlsgebung, ungenügende Marschregelung und unzureichende Betriebsstoffzuweisungen hatten zur Folge, daß Teile der Artillerie bei Angriffsbeginn ihre Stellungsräume noch gar nicht erreicht hatten. Aus Zeitmangel war die Bekämpfung der feindlichen Artillerie, die der eigenen Truppe erfahrungsgemäß die schwersten Verluste zufügte, nicht ausreichend vorbereitet worden. Geringe Bevorratung und die Ungewißheit des Nachschubs erschwerten die Ausarbeitung der Feuerpläne und führten zu geringen Munitionseinsätzen. Feuerleitung und Meldewesen wurden erheblich durch den Mangel an Nachrichtenmitteln behindert[293]. Die Zusammenarbeit zwischen Infanterie und Artillerie wies schwerwiegende Friktionen auf. Meldungen der Infanterie waren ungenau oder erfolgten zu spät, ein Mißstand, der sich nachteilig auf eine wirksame artilleristische Bekämpfung des Gegners auswirkte. Gegenseitige Unterrichtungen blieben vielfach aus. Konsterniert stellte ein Beobachter fest, daß die gegnerische Infanterie im Gegensatz zur eigenen Truppe stärkeren Gebrauch von ihren Waffen machte und sich entgegen leichtfertiger Erwartungen als widerstandsfähig erwies. Auch bei den schnell zusammengestellten Panzerverbänden, die aus Geheimhaltungsgründen ihr Funk- und Nachrich-

---

[292] Die folgenden Angaben sind entnommen aus: BA-MA, RH 11-1/24: Gen.d.Art. i. OKH/Ia Nr. 870/45 g., Artilleristische Erfahrungen bei den Angriffen im Westen, vom 19.1.1945; BA-MA, RH 11-2/24: Höh.Offz.f.Pz.Art Nr. 839/45 g., Auszug aus Bericht von der Reise zur HGr B (7.–14.1.1945) vom 19.1.1945; BA-MA; RW 4/v. 789: WFSt/Op (H)/West Nr. 00193/45 gKdos. vom 6.1.1945; BA, R 3/1544: V.O. GenStdH/Rm.f.Rü.u.Kr.Prod. Nr. 8/44 gKdos. vom 9.1.1945; Lagebesprechung am 29.12.1944, wiedergegeben in: Hitlers Lagebesprechungen, S. 760; KTB OKW, Bd 4, S. 1349 f.

[293] Die Vorschrift für die Führung der Volksgrenadierdivision machte es angesichts der geringen nachrichtentechnischen Ausstattung zur Maxime, den Mangel durch »eine sehr wendige Führung und Aushilfen« zu kompensieren. BA-MA, RH 2/79: OKH/GenStdH/AusbAbt (Ia) Nr. 4187/44 g. vom 25.9.1944.

tenwesen nicht hatten einspielen können, traten während der Operation gravierende Ausbildungs- und Führungsmängel hervor. Die Truppenfunker zeigten sich nicht dem Problem gewachsen, bei den schwierigen Geländeverhältnissen der Ardennen die für die Führung der Verbände wichtigen Funkverbindungen zu unterhalten. Die Defizite gingen nicht zuletzt auch auf die materielle und personelle Vernachlässigung der Nachrichtentruppe auf den sogenannten Wehrmachtkriegsschauplätzen zugunsten der Ostfront zurück. Schon im Zuge der Rückwärtsbewegungen im Westen war die auf Funk- und Drahtverbindungen basierende Führungs- und Kommunikationsorganisation zusammengebrochen[294]. Neben den Ausbildungsmängeln des Mannschaftsersatzes wurde auch der Zustand des Offizierkorps als besorgniserregend beschrieben: Kompanieführer zeigten sich demnach oft nur in der Lage, Stoßtrupps von 20 bis 40 Mann zu führen, die Bataillonsführer waren ungeübt in der Koordinierung der ihnen zur Verfügung stehenden Waffen, und das Meldewesen insbesondere durch die Regiments- und Bataillonsadjutanten wurde allgemein als ungenügend bewertet. Die anläßlich der Ardennen-Offensive kommandierten Luftwaffen-Offiziere gewannen den Eindruck, daß viele der jungen Heeresoffiziere hinsichtlich Können und Erziehung abfielen. Ein Großteil der während der Offensive sichtbar werdenden Mängel hatte nach diesen Beobachtungen seine Ursache »in der durch den Offz.-Mangel der Erdtruppe bedingten absinkenden Qualität der Einheitsführer und Kommandeure«[295].

Zu Beginn des Krieges hatte die Ausbildungsdauer eines Panzerverbandes 21 Wochen betragen. 1944 waren es nur noch wenige Wochen, sofern es die Frontlage überhaupt zuließ[296]. Mehr als der Hälfte der Kampfeinheiten der 6. Panzerarmee, dem kampfkräftigen Kern der deutschen Offensivkräfte, war nur sechs bis acht Wochen ausgebildet worden. Vor allem der Treibstoffmangel hatte die Verbandsausbildung über die Bataillonsebene hinaus verhindert[297]. Zudem fehlten erfahrenere Offiziere, die auch kritische Situationen zu überblicken in der Lage waren. Nach dem Bericht des Kommandeurs der 18. Flakdivision (mot) zeigten sich während des Zusammenbruchs der Heeresgruppe Mitte jüngere Offiziere »trotz guten Willens in der Mehrzahl Lagen, die über den Rahmen ihrer dienstgradmäßigen Aufgaben hinausgingen, nicht gewachsen«[298]. Immer wieder kamen Auswertungen und Analysen zu dem Ergebnis, daß nicht nur die starke materielle Überlegenheit und der gute Ausbildungsstand des Gegners die eigenen Gegenangriffe scheitern ließen. Zur ungenügenden Ausbildung der Truppe und dem »mangelnden Kampfgeist der unteren und mittleren Führung« kam die Er-

---

[294] Vgl. Praun, Soldat, S. 225.
[295] BA-MA, RL 2 II/124: Lw.Führungsstab/Ausb.Abt. Nr. 1705/44 gKdos. vom 15.1.1945.
[296] Vgl. DiNardo, Germany's Panzer Arm, S. 65.
[297] Aussagen des Oberbefehlshabers der 6. Pz.Armee, SS-Oberstgruppenführer Sepp Dietrich, in einer Vernehmung am 10.7.1945, wiedergegeben in: Parker, Hitler's Ardennes Offensive, S. 16.
[298] BA-MA, RL 7/522: 18. Flakdivision (mot)/Kommandeur: Bericht über den Zusammenbruch der Heeresgruppe Mitte vom 26.8.1944.

kenntnis von einer »vielfach unzureichenden Führung auf dem Gefechtsfelde«[299]. Der Folgen der Defizite in der taktisch-operativen Ausbildung des Offizierkorps wurde auch Rüstungsminister Speer anläßlich eines Besuches bei der Panzer-Lehr-Division, einem der Eliteverbände des Heeres, im Raum Bitburg im September 1944 gewahr:

> »Ihr, in vielen Kriegsjahren erprobter Kommandeur zeigte mir das Kampffeld, auf dem sich vor einigen Tagen die Tragödie einer neu aufgestellten, unerfahrenen Panzerbrigade ereignet hatte. Ungenügend ausgebildet, hatte sie während des Anmarsches durch Fahrschäden zehn der zweiunddreißig neuen ›Panther‹ verloren. Die auf dem Gelände ankommenden restlichen zweiundzwanzig ›Panther‹ wurden [...] ohne sachgemäße Aufklärung auf offenem Feld so unglücklich geführt, daß fünfzehn von ihnen durch eine amerikanische Pakeinheit wie auf dem Übungsfeld abgeschossen werden konnten[300].«

Daß die von Speer geschilderte Episode kein Einzelfall war, bestätigte ein im Frühjahr 1945 von der US-Army herausgegebener Ausbildungsleitfaden mit der Feststellung, »while the Germans have many excellent tacticians, they tend to repeat the same type of maneuvers, a fact which has been fully exploited by Allied commanders[301].« Mit geharnischten Erlassen versuchten die Oberbefehlshaber dieser Entwicklung entgegenzusteuern:

> »Unzulänglich vorbereiteter und ortwidersprechender Einsatz von Panzern hat in der letzten Zeit mehrfach zu untragbaren Verlusten geführt. Führer verschiedenster Dienstgrade haben Einsätze befohlen, die taktisch undurchführbar waren, im Widerspruch zu den gegebenen Richtlinien über Pz.-Einsatz standen und das Verständnis für die technischen Leistungsgrenzen vermissen ließen. Taktische oder technische Vorschläge der Panzer-Führer wurden verschiedentlich nicht berücksichtigt oder ihre sachlich berechtigten Bedenken falsch ausgelegt[302].«

Planungsschwächen, die nur zum Teil auf die Unwägbarkeiten der Kriegslage zurückzuführen waren, eine zunehmende Desorganisation und die Zerrüttung kommunikativer Strukturen im militärischen Führungsapparat offenbarte das Beispiel dreier mechanisierter Divisionen, die für die Offensive in den Ardennen vorgesehen waren. Der Zeitansatz von nur acht Tagen für die Auffrischung der Verbände war so kurz angesetzt, daß Personal- und Materialzuführungen erst unmittelbar vor dem Angriff, zum Teil sogar danach eintrafen. Somit konnten weder alle Fehlstellen aufgefüllt noch das zugeführte Personal ausreichend ausgebildet und in den Verband integriert werden[303]. Dabei wies das Allgemeine Heeresamt etwa zur gleichen Zeit eindringlich darauf hin, für Materialzuweisungen bei Aufstellungen und Auffrischungen einen Zeitansatz von etwa drei Wochen, aufgrund der Transportschwierigkeit in luftgefährdeten Gebieten von bis zu vier Wochen einzukalkulie-

---

[299] BA-MA, RH 19 IX/92: OBKdo HGr B/Ia Nr. 9338/44 gKdos., »Auswertung von Erfahrungen zur erfolgreichen Führung von Gegenangriffen mit begrenztem Ziel in der Abwehrschlacht«, Anfang November 1944.
[300] Speer, Erinnerungen, S. 408.
[301] Handbook on German Military Forces, S. 209.
[302] BA-MA, RH 26-47/3: Erlaß Rundstedts, wiedergegeben mit 47. VGD/Ia Nr. 79/44 gKdos. vom 29.11.1944.
[303] Vgl. BA-MA, RH 10/114: V.O. GenStdH/OrgAbt b. WFSt/Op (H) Nr. 0015186/44 gKdos. vom 29.12.1944.

ren[304]. Aufgestellte Einheiten wurden so kurzfristig zum Einsatz abtransportiert, daß nicht einmal die Möglichkeit dazu bestand, fabrikneue Panzer anzuschießen geschweige denn Verbandsausbildung zu betreiben[305].

Der Blick auf die obere militärische Führung rundet das Bild ab: Wider besseres Wissen ließen sich die militärischen Verantwortlichen mit der Ardennen-Offensive auf ein Vorhaben ein, bei dem jede nüchtern durchgeführte Lagebeurteilung zu dem Ergebnis kommen mußte, daß die zur Verfügung stehenden Ressourcen nicht ausreichten, um die gesteckten Ziele zu erreichen[306]. Die Eindrücke seiner Reise in das Operationsgebiet vor Augen resümierte Speer, daß das »operative Denken der oberen Führung und die daraus entstehenden Befehle [...] bestimmt nicht immer auf die damit zusammenhängenden Nachschubprobleme abgestimmt« waren. In seinen Erinnerungen wurde der Rüstungsminister noch schärfer, indem er feststellte, »daß dem Heer seine ehemals berühmte Organisationsfähigkeit abhanden gekommen war«[307].

In der Zusammenarbeit zwischen den einzelnen Wehrmachtteilen häuften sich die Störungen und Friktionen. So monierte das Luftflottenkommando 4 im Herbst 1944, »daß die in 5 Kriegsjahren gesammelten Erfahrungen [...] entweder vom Heer noch immer nicht voll ausgenutzt werden oder sogar einzelnen Verbänden und Kommandodienststellen nicht ausreichend bekannt sind«[308]. Anläßlich eines Besuchs beim Generalinspekteur für den Führernachwuchs bemängelten Vertreter der Ausbildungsabteilung des GenStdLw, daß an den Führernachwuchsschulen des Heeres »keinerlei Unterricht über Luftwaffenfragen« stattfand. Damit erklärten sich auch die Klagen des Luftwaffenlehrers an der Heereskriegsakademie, »wie schimmerlos selbst Führergehilfenanwärter den einfachsten Luftwaffenfragen gegenüber[standen]«[309]. Auch in der Luftwaffe selbst wurden die Auswirkungen des Abnutzungsprozesses sichtbar. So bereitete beispielsweise das Sammeln der für die am Jahresbeginn 1945 im Rahmen der Operation »Bodenplatte« eingesetzten Angriffskräfte vielen der meist unerfahrenen Piloten Probleme und führte zusammen mit Verspätungen von Lotsenflugzeugen zu weiteren Komplikationen. Die Folgen waren Friktionen in der ohnehin durch die Geheimhaltung erschwerten Koordination mit der Bodentruppe. Etwa ein Drittel der Verluste ging auf Abschüsse der eigenen Flugabwehr zurück[310]. Von Göring darauf angesprochen, daß infolge mangelnder Kommunikation zwischen Luftwaffe und Kriegsmarine 20 eigene Flugzeuge von der Marineflak abgeschossen wurden, gab Dönitz' Vertreter im ›Führerhauptquartier‹ zur Antwort, man habe schließlich mit dem Auftreten

---

[304] Vgl. BA-MA, RH 10/121: OKH/Chef H Rüst u BdE/AHA/Stab Ia (2) Nr. 66155/44 g. vom 25.12.1944.
[305] Vgl. BA-MA, RH 10/114: OKW/WFSt/Op (H) West Nr. 00230/45 gKdos. vom 8.1.1945.
[306] Zur Kontroverse um den operativen Ansatz der sog. ›großen‹ und ›kleinen‹ Lösung vgl. Vogel, Deutsche und alliierte Kriegführung.
[307] BA-MA, RW 4/v. 497: Bericht Speers über seine Reise in den Westen (15. bis 31.12.1944) vom 18.1.1945; Speer, Erinnerungen, S. 424.
[308] BA-MA, RL 2 II/134: Lfl.Kdo. 4/Chef d. GenSt/Ia Nr. 3025/44 g. vom 15.11.1944.
[309] BA-MA, RL 2 II/132: Vortragsnotiz der Ausbildungsabteilung im GenStdLw vom 19.2.1945.
[310] Vgl. Boog, 1. Januar 1945.

größerer fliegender Verbände seit langem nicht mehr rechnen können[311]. Nach dem Krieg evaluierte das amerikanische Strategic Bombing Survey, daß die Gesamt-Ausbildungszeit deutscher Flugzeugbesatzungen im Jahr 1944 nur die Hälfte des Standes zur Jahresmitte 1942 erreichte. Die Piloten der US Air Force erhielten zur gleichen Zeit das Vierfache an Flugstunden[312]. Schließlich kritisierten auch Marinedienststellen den »mäßigen Ausbildungsstand« ihres Wehrmachtteils[313]. Im Frühjahr 1945 gehörte es nicht mehr zu den generell gegebenen Fähigkeiten, ein Schiff von einem Punkt zum anderen unfallfrei bewegen zu können. Einem Eintrag im Kriegstagebuch der Seekriegsleitung zufolge fielen zeitweilig mehr Schiffe durch Havarien aus als durch Feindeinwirkungen[314].

Um die porösen und aufgerissenen Fronten abzudecken und den gegnerischen Vorstößen in das Innere des Reiches Kräfte entgegenstellen zu können, wurden im letzten Vierteljahr des Krieges noch einmal mehrere Verbände zusammengestellt. Dabei potenzierten sich die organisatorischen Probleme der vorangegangenen Monate. Von einer zentralen Steuerung oder Koordinierung dieser Aufstellungen konnte keine Rede mehr sein. Zu dieser Zeit waren beispielsweise die »Transport- und Fernsprechverhältnisse so katastrophal [...], daß für alle Teile, die nicht im Landmarsch herankommen können, das Eintreffen bzw. bereits die Befehlsgebung zum Abmarsch nicht sichergestellt werden kann«, vermerkte ein interner Bericht des OKH[315]. Teilweise blieben die Fahrzeuge auf ihrem Weg in die Aufstellungsräume infolge einer zu geringen Mitgabe von Betriebsstoff in einem Umkreis von bis zu 90 Kilometern von den Zielorten liegen[316]. Die Realität hinter der bürokratischen Wirklichkeitskonstruktion der Aufstellungsbefehle und Organisationserlasse schilderte ein Bericht des Oberbefehlshabers der 9. Armee:

»Jüngere Off[iziere], größtenteils kriegsunerfahren, kennen sich nicht, daher noch wenig Zusammenhalt. Ausbildungsstand in der ganzen Div.: Unter Durchschnitt, noch kein Zusammenhalt auf Grund der kurzen Aufstellungszeit. Die Truppe verfügt über keine Erfahrung im Zusammenwirken der Waffen eines Pz.Gren.Rgt. und in der Zusammenarbeit Panzer – Pz.Grenadiere. Kraftfahrer mit ungenügender Fahrpraxis im Gelände und bei Nacht. Pz.Besatzungen nicht aufeinander eingespielt. [...] Masse der Pz., Spw. und Lkw fabrikneu und noch nicht eingefahren. I[nstandsetzungs]-Dienste der Pz.Abt. fehlen. Flak-Abt. besitzt kaum Fahrzeuge. Von 120 to Transportraum, die zugesagt sind, sind nur 90 to vorhanden und davon nur 56 to einsatzbereit. [...] An der Kampfkraft einer Pz.Division fehlen: 1 Pz.-Abt., 1 Pz.Gren.Rgt., Stab und 2 Pi.Komp., Stab u. 1 Komp. Stu.Gesch.Abt., Art.Rgt.Stab, 1 SF Art.Abt., 1 s Art.Abt[317].«

---

[311] Vgl. BA-MA, RM 7/101: Fs. Admiral F.H.Qu. 19/45 gKdos. Chefs. vom 7.1.1945.
[312] Vgl. United States Strategic Bombing Survey, European Report Nr. 59 (»The Defeat of the German Air Force«).
[313] Vgl. BA-MA, RM 7/131: Fs. des Admirals Polarküste an die Seekriegsleitung vom 3.11.1944.
[314] Vgl. KTB Skl, Bd 67, Eintrag vom 11.3.1945, S. 159 f.
[315] Vgl. BA-MA, RH 10/116: Insp. der Pz.Tr./In 6 (IIIa) Nr. 527/45 gKdos., Stellungnahme zu den Schwierigkeiten bei der Aufstellung der Pz.Div. Müncheberg vom 11.3.1945.
[316] Vgl. BA-MA, RH 10/91: Anl. 1 zu Gen.Insp.d.Pz.Tr. Nr. 920/45 gKdos., Notiz über den Stand der Aufstellung der Pz.Divisionen Jüterbog und Schlesien vom 25.2.1945.
[317] BA-MA, RH 10/124: Zustandsbericht des OB 9. Armee, übermittelt mit OB HGr Weichsel/Ia Nr. 2640/45 g. vom 7.3.1945.

Auch der ungewohnt drastische Wortlaut, in dem die diesbezügliche Stellungnahme der Heeresgruppe Weichsel abgefaßt wurde, konnte bei allen Verantwortlichen keinen Zweifel am Kampfwert dieser Formationen aufkommen lassen:
»Aufstellung wurde in kürzester Zeit durchgeführt und nicht an ein und demselben Aufstellungsort. Verladung zur Front erfolgte schnellstens. Seit dem 28.2. dauernd in Verlegung. Hierdurch Verbandsausbildung unmöglich. Kommandeure kennen sich nicht einmal untereinander. Prozentsatz 1:17 Kriegserfahrener und Kriegsunerfahrener, unter letzteren viele junge Offiziere. Es fehlen die primitivsten Grundlagen allen Könnens und Wissens über Panzerkampf und Zusammenwirken der Waffen in einer Pz.Division. Wissen und Verständnis der Führer über gepanzerte und Kettenfahrzeuge sehr gering. Wenig oder gar kein technisches Verständnis. Fahrer aller Sorten, auch der Panzer, unerfahren und ohne genügende Einsatzpraxis. Wenig oder keinerlei Verständnis für Meldetätigkeit. Sowohl in der Unterkunft wie in der Bewegung. Es erfolgen nicht einmal Meldungen über Beziehen einer Unterkunft oder Standort der einzelnen Truppenteile an die Division. Munitionsausstattung vorhanden, jedoch ohne genügend Laderaum, so daß Nachschub beschränkt[318].«

Die an gleicher Stelle überlieferte Zuversicht des Kommandeurs, in wenigen Tagen die Einsatzbereitschaft seines Verbandes »wesentlich zu verbessern«, kann vor diesem Hintergrund nur als Realitätsblindheit oder Zweckoptimismus interpretiert werden. In der Welt der Führungsstäbe und Lagekarten wurden derartige Truppengebilde unter der Bezeichnung Divisionen geführt. Im Alltagsgeschehen dürften die Verbände jedoch mehr mit sich selbst beschäftigt gewesen sein, als selbst wirksam in das Kampfgeschehen einzugreifen.

Bis in die letzten Kriegstage ergingen immer wieder Befehle an die Wehrkreise, weitere Verbände zusammenzustellen. Eine vollständige Übersicht darüber, ob und wieweit diese Maßnahmen eingeleitet und angesichts der chaotischen Nachrichten- und Transportschwierigkeiten und der endlosen Fülle von Problemen bei der personellen und materiellen Ausstattung noch durchgeführt wurden, läßt sich nicht mehr erstellen. Die überlieferten Akten sind das Ergebnis einer militärischen Administration mit ungebrochener Produktivität, losgelöst von der Wirklichkeit des Kriegsgeschehens. Ein Angehöriger des OKH nannte nach dem Krieg eine Erklärung für den bürokratischen Selbstlauf:
»Vom Parkinson'schen Gesetz hatten wir noch keine Kenntnis, aber wir lieferten schon den Beweis seiner Richtigkeit«, so der selbstkritische Beobachter. »Wenn Dienststellen groß genug geworden sind, können sie intern auf volle Touren laufen und sozusagen vom eigenen Saft leben. Was unsere Arbeit betraf, so wurde der Übergang vom Sinnvollen zum Grotesken täglich sichtbarer. [...] Man weiß nicht, ob man den Bienenfleiß, der an solchen offensichtlichen Sinnlosigkeiten verschwendet wurde, als konsequente Pflichterfüllung bewundern oder ob man ihn als Dummheit anprangern soll. Manche haben sich wahrscheinlich bewußt an ihn geklammert, weil nur das Festhalten an diesem Formalismus es ihnen erlaubte, das nahe, aber keineswegs zugegebene Ende zu negieren[319].«

Mit den Befehlen zur Aufstellung von Divisionen der 35. Welle fanden die organisatorischen Anstrengungen der Wehrmacht ihr Ende. Je drei Verbände waren aus

---

[318] BA-MA, RH 19 XV/7b: OBKdo HGr Weichsel/Chef GenSt Nr. 2763/45 g. vom 9.3.1945.
[319] Leyen, Rückblick, S. 176 f.

Offizier- und Unteroffizierschülern mitsamt ihren Ausbildern sowie aus dem Personalbestand des Reichsarbeitsdienstes zusammenzustellen[320]. Nur noch einzelne Geschütze oder Kraftfahrzeuge und eine geringe Menge an Handwaffen stand für die Aufstellung zur Verfügung. Neben vagen Zusicherungen irgendwann erfolgender Neuzuweisung von Material sah das Allgemeine Heeresamt keine andere Möglichkeit, als die mit der Organisation Betrauten auf den Weg der Beschlagnahme von Fahrzeugen und Gerät zu verweisen[321]. Am 7. April 1945 unterrichtete der stellvertretende Chef des Wehrmachtführungsstabes, General August Winter, den frisch ernannten Oberbefehlshaber dieser als 12. Armee bezeichneten Verbände über den Zustand der ihm unterstellten Truppenteile:

»Die drei Führer-Nachwuchs-Divisionen werden im großen und ganzen am 8.4. abends stehen können. Ihre Zusammensetzung besteht aus rund 18 000 Fahnenjunkern der Infanterie und etwa 3000 Fahnenjunkern der Artillerie, außerdem aus Stämmen und Trossen zerschlagener, aber bewährter West-Divisionen. Das ›Menschenmaterial‹, um diesen häßlichen Ausdruck zu gebrauchen, ist also zweifellos sehr gut. Ich muß jedoch feststellen, daß es natürlich nicht zusammengeschweißt ist und somit die Führungsgrundlagen (taktische und Versorgungsführung, Kampftechnik) lückenhaft sein werden. [...]

Der Kampfwert der drei RAD-Divisionen wird wesentlich geringer sein. Sie setzen sich zusammen aus insgesamt 7000–8000 ehemaligen Angehörigen des RAD, die mit geringen Ausnahmen noch keine MG-Ausbildung gehabt haben, also praktisch nur über eine infanteristische Grundausbildung verfügen. Die sogenannten Unterführer sind, wie mir gemeldet wird, fast durchweg noch nicht im Felde gewesen, verfügen also über keine Kampferfahrung. Die Divisionen erhalten ferner etwa 8000 Rekruten, die auch lediglich die infanteristische Grundausbildung (ohne le. M.G. und schwere Waffen) des RAD durchgemacht haben. [...]

Die Ausstattung der Divisionen ist auch auf dem Gebiet des allgemeinen Heeresgeräts beschränkt. So erhalten z.B. die Divisionen keine Feldküchen, sondern nur eine Behelfsausrüstung mit Kochkisten, soweit nicht der RAD aus uns bisher nicht zugänglichen Beständen eine bessere Ausrüstung für seine drei Divisionen doch noch beibringt. Über diese Lücke kann vielleicht die vom Führer angeordnete Gepäckbeschränkung und weitgehende Ausstattung mit Konzentratverpflegung während der ersten Phase der ihnen befohlenen Operationen hinweghelfen. [...]

Ich halte es für richtig, daß Sie über diese durch Willenskraft allein nicht zu beseitigenden Tatsachen Bescheid wissen, damit Sie ihre Planungen von vornherein auf richtige Grundlagen abstellen«,

schloß Winter sein Schreiben, um zugleich die Führung der Armee darauf zu verpflichten, »unabhängig von diesen genannten Daten alles daran zu setzen, den vorwärtstreibenden Willen des Führers nicht zu enttäuschen[322].«

---

[320] Vgl. BA-MA, RW 4/v. 501: OKH/GenStdH/OrgAbt (Z) Nr. I/5442/45 gKdos. vom 4.4.1945.
[321] Vgl. BA-MA, RH 15/126: OBdE/AHA/Stab/Ia Nr. 2860/45 gKdos. vom 30.3.1945.
[322] BA-MA, RW 4/v. 457: Brief Winters an Wenck vom 7.4.1945. Vgl. Pechmann, Die RAD-Infanterie-Division.

c) Führungsverantwortung und Führungspraxis

Die ausgewiesene Elite des militärischen Führerkorps waren die Offiziere des Generalstabsdienstes. Ein »Höchstmaß an Charakterstärke und Taktgefühl« verlangte das unmittelbar vor Kriegsbeginn ausgearbeitete Handbuch für den Generalstabsdienst. »Klares, schöpferisches Denken und folgerichtiges Handeln, ruhige Überlegung, entschlossene Tatkraft« wurden darin ebenso gefordert wie die Verpflichtung, »den Pulsschlag der Truppe [zu] fühlen, um ihre Leistungsfähigkeit bei der Beratung seines Führers richtig bewerten zu können«[323]. Bis zum Kriegsende behielt diese zentrale Dienstvorschrift der Wehrmacht ihre formelle Gültigkeit. Den Alltag bestimmten indes andere Prinzipien.

Bereits seit der Krise 1941/42 wurde der Typus des nüchternen, abwägenden und einem rationalen Kalkül verpflichteten Generalstabsoffiziers durch das Ideal der ideologiegebundenen ›Führerpersönlichkeit‹ systematisch verdrängt. Guderians Tagesbefehl an alle Generalstabsoffiziere vom 29. Juli 1944, für Manfred Messerschmidt »ein für die Geschichte des deutschen Generalstabes einzigartiges Dokument«, umriß programmatisch die Inhalte eines professionellen Selbstverständnisses, das sich im Einklang mit den Intentionen des Regimes befand. Guderians Auffassung über das Führungsdenken und den Begriff der Führungsverantwortung besaßen für die militärische Elite im Besonderen und das gesamte Offizierkorps im Allgemeinen Gültigkeit:

»Jeder Generalstabsoffizier muß ein NS-Führungsoffizier sein, d.h., er muß sich durch vorbildliche Haltung in politischen Fragen, durch tätige Unterweisung und Belehrung jüngerer Kameraden im Sinne des Führers auf dem politischen Gebiet ebenso als Angehöriger der ›Auslese der Besten‹ zeigen und bewähren, wie auf dem Gebiet der Taktik und Strategie. Bei der Beurteilung und Auswahl von Generalstabsoffizieren durch Vorgesetzte sind die Eigenschaften des Charakters und des Herzens über die des Verstandes zu stellen. [...] Ich erwarte, daß sich jeder Generalstabsoffizier unverzüglich zu meiner Auffassung bekehrt und bekennt, und zwar öffentlich. Wer das nicht kann, beantrage seine Entfernung aus dem Generalstab[324].«

Solche Verlautbarungen waren keine Ausnahmeerscheinung, sondern spiegelten einen in vollem Gang befindlichen Prozeß wider. Der Neujahrsappell 1945 aus der Feder des Chefs des Heerespersonalamtes trug schließlich die Rollenerwartung an das Offizierkorps heran, in blinder und fanatischer Gefolgschaft das eigene Schicksal auf Gedeih und Verderb mit dem des Nationalsozialismus‹ zu verbinden:

»Wo ein Offizier sich in der Stille von Zweifeln erfassen läßt, ist er bereits wankelmütig und dadurch wertlos geworden. Seine Handlungsweise ist dem Verrat gleichzusetzen. Ein derartiger Offizier verliert die Kraft, andere Menschen von vorherrschenden Notwendigkeiten zu überzeugen oder selbst aus innerster Überzeugung voranzugehen und Opfer zu bringen. Er ist für die nachteilige Auswirkung einer Kampfhandlung mit verantwortlich zu machen. [...] Die Erziehung und Ausrichtung des Offizierkorps dient der

---

[323] Handbuch für den Generalstabsdienst, Teil I, S. 2.
[324] Messerschmidt, Die Wehrmacht im NS-Staat, S. 434 ff.

Stärkung des Willens, des Kampfgeistes und der bedingungslosen politischweltanschaulichen Zuverlässigkeit[325].«
Gesinnungs- und Gefolgschaftstreue wurden somit zu *den* Maßstäben erhoben, nach denen Leistung und Versagen militärisch Verantwortlicher zu beurteilen waren. »Der Offizier ist gehorsam. Erhaltene Befehle führt er ohne Kritik oder inneren Widerspruch aus«, lautete die Richtlinie des höchsten, für die innere Verfassung des Offizierkorps zuständigen Militärs. Den Soldaten verbot der Chef des Heerespersonalamtes damit nicht nur, ihre Meinung kundzutun. Abweichendes Verhalten wurde zum Verbrechen stilisiert. Folgerichtig reduzierte die Ausbildungsabteilung im OKH die »unverrückbar feststehenden Grundbegriffe jedes Offiziers« auf den Verhaltensgrundsatz »Ein Offizier kämpft und fällt auf seinem Posten, aber ergibt sich nie!«[326].

Es blieb dem Oberbefehlshaber einer Heeresgruppe vorbehalten, es als »soldatisches Verbrechen« zu brandmarken, »Befehle nicht auf die Minute und auf den Meter genau einzuhalten oder im äußersten Notfall augenblicklich den Hintergrund zu melden«[327]. Gepredigt wurde die »Heiligkeit des Befehls«, »d.h. eiserner Gehorsam und härteste Pflichterfüllung durch jeden Führer und durch jeden Mann«[328]. Truppenführern, die in der Verantwortung für Tausende unterstellter Soldaten standen, wurde verboten, sich mit der Realität der operativ-taktischen Lage ihrer Truppe kritisch auseinanderzusetzen. Eben solche Gedanken »aus den Köpfen der Führer und der Truppe auszumerzen«, forderte ein Erlaß Rundstedts. Kritische Gedanken waren aus Sicht des greisen Generalfeldmarschalls »letztenendes nur der Beginn einer nicht mehr aufzuhaltenden Ausweichbewegung«[329]. Sein Nachfolger, Feldmarschall Kesselring, sah noch nach dem Krieg »Höchstes Soldatentum« darin begründet, »allen Zweifeln zum Trotz die ›schändliche‹ Kritik zum Schweigen zu bringen und den Verbänden so vorzuleben, daß die nachgeordneten Einheiten eben nicht anders können als bedingungslos zu folgen und zu kämpfen[330].«

Die Verabsolutierung des Befehls, das Dogma des bedingungslosen Gehorsams, bestimmte die Führungspraxis. Das Prinzip des Führens nach Auftrag, innerhalb der interessierten Öffentlichkeit und Teilen der militärgeschichtlichen Forschung als »ein wesentlicher Faktor der häufig konstatierten taktischoperativen Überlegenheit der deutschen Wehrmacht«[331] identifiziert, war in der Schlußphase des Krieges ein Relikt aus fern zurückliegenden Reichswehrzeiten. Während des Zusammenbruchs der Heeresgruppe Mitte zeigte sich, daß die Auftragbefehlsgebung, die militärischen Führern eine gewisse Entscheidungs- und

---

325 Ebd., S. 438 f., Erlaß Burgdorffs vom 2.1.1945
326 BA, NS 19/3912: OKH/GenStdH/Ausb.Abt. (Ia) Nr. 3831/44 g. vom 27.8.1944.
327 BA-MA, RH 19 III/727: Befehl Schörners an die Oberbefehlshaber der Armeen vom 3.10.1944.
328 BA-MA, RH 19 VI/33: Rundbrief des OB HGr Mitte an alle Offiziere vom 12.2.1945.
329 BA-MA, RH 20-19/202: Befehl OB West, übermittelt mit HGr G/Chef des GenSt/Ia Nr. 857/45 gKdos. vom 20.2.1945.
330 Kesselring, Soldat, S. 380.
331 So die Bewertung des zur Genese dieses Führungsideals instruktiven Beitrages von Leistenschneider, Die Entwicklung der Auftragstaktik, S. 189.

Handlungsfreiheit gewährte, ein Schattendasein fristete. Besonders in Krisenlagen bedurfte es eines zügigen und vor allem selbständigen Handelns. Die Realität sah anders aus, wie eine kritische zeitgenössische Bestandsaufnahme verdeutlicht:

»Die Truppenführer wurden ganz straff am Zügel geführt und Unternehmungen selbst in Zug- und Komp.-Stärke bedurften der Genehmigung höchster Dienststellen. Vollkommen der Verantwortung entwöhnt, d.h. aufgrund der *eigenen* Beurteilung der Lage und des eigenen Entschlusses zu handeln, wurde von Truppenführern in Krisenlagen versucht, die Genehmigung des gefaßten Entschlusses von der vorgesetzten Dienststelle einzuholen³³².«

Hitlers Befehl vom 19. Januar 1945 unterstrich den Vollzug des Paradigmenwechsels. Er verpflichtete alle Oberbefehlshaber, Kommandierenden Generale und Divisionskommandeure dazu, sämtliche Entschlüsse über operative Bewegungen, die über Stoßtrupptätigkeiten [sic] hinausgingen, geplante Rückzugsbewegungen und über »jede beabsichtigte Aufgabe einer Stellung, eines Ortsstützpunktes oder einer Festung« so rechtzeitig anzuzeigen, daß er einen Eingriff in den örtlichen Führungsvorgang ermöglichte³³³.

Durch Interventionen bis hinab in die Entscheidungsvorgänge der untersten taktischen Führungsebene ließ sich die Angriffswucht der Roten Armee nicht aufhalten, wenngleich der erwähnte ›Führerbefehl‹ seitdem als fester Bestandteil der Rechtfertigungsrhetorik ehemaliger Wehrmachtgenerale diese vorgeblich von ihrer Verantwortung als Truppenführer entband. Die schnellen Vorstöße der Alliierten in Mitteldeutschland ließen das Ende März 1945 von Kesselring erlassene Verbot für jede »weiträumige Zurücknahme« der Front und die Anordnung, »daß die Truppe sich grundsätzlich nur noch schrittweise zurückzukämpfen hat und auf in jedem Einzelfalle von der Führung genau festzulegende Stellungen, oder Linien, die mir in jedem Falle unverzüglich zu melden sind«, ohne Wirkung bleiben³³⁴. Ratlosigkeit und das verzweifelte Festklammern an der illusionsspeisenden Welt der militärischen Lagekarten fanden in diesem Zeugnis militärischer Führungstechnik aus den letzten Wochen des Krieges ihren Niederschlag. Druck und Zwang pflanzten sich in den nachfolgenden Hierarchieebenen fort. Die gesamte Führungsorganisation der Wehrmacht durchzog ein Klima der Repressivität. Es verwundert daher nicht, daß der Wehrmachtführungsstab »die Scheu der unteren und mittleren Führung, auch unangenehme Dinge offen in ihrer vollen Tragweite anzusprechen«, beklagte³³⁵. Als Oberbefehlshaber der Heeresgruppe Mitte deutete Schörner nicht nur die Berichte der Frontkommandeure über hohe personelle Ausfälle als einen »Versuch zum Ungehorsam bzw. zur feigen Flucht«. Zustandsmeldungen, die den dramatischen Zustand der Truppe enthüllten, stempelte er ab als den »geradezu verbrecherische[n] Versuch eines Stabes, einen noch höheren

---

[332] BA-MA, RL 7/522: Bericht des Kommandeurs einer Flieger-Division an den Chef des GenSt des Luftflottenkommandos 6 vom 30.8.1944.
[333] BA-MA, RW 4/v. 571. Siehe dazu auch Förster, The Dynamics, S. 210.
[334] Vgl. BA-MA, RH 20-19/138: Befehl OB West, überliefert durch AOK 19/Ia Nr. 2458/45 gKdos. vom 31.3.1945.
[335] BA-MA, RH 2/333: OKW/WFSt/Op (H)/West Nr. 002206/45 gKdos. vom 4.3.1945.

Stab zu beeinflussen – offensichtlich doch zum Davonlaufen[336].« Daß der Inhalt der wechselseitig ausgetauschten Lagemeldungen und Informationen sich immer weiter von der Realität entfernte oder bestimmte Aspekte einfach nicht mehr thematisiert wurden, geschah unter solchen Umständen fast zwangsläufig. Die von Schörner geforderten Führungsprinzipien waren dazu geeignet, jeden Ansatz von selbständiger Meinungsbildung, rationalem Urteilsvermögen und kritischer Reflexion zumindest im Befehlsbereich dieses Truppenführers einzuebnen:

»Wir alterfahrenen Truppenführer und Frontsoldaten sagen der Truppe, was von der Härte des Kampfes zu halten ist; wir setzen den Auftrag; wir kennen das wahre Gesicht des Krieges und wissen, daß in diesen Zeiten nur das offene Gesicht der Wahrheit ziemt. Wir sind es aber auch, die krassen Anfängern, kühlen Rechnern der Stäbe, oder feigen und dummen Leuten an anderer Stelle das Gesetz des Handelns und der Härte vorschreiben.«

Für die Kriegsmarine bezeichnete es Dönitz in einer seiner »Kurzlagen« am 23. März 1945 eines deutschen Soldaten als »unwürdig, sich gleich Dilettanten und Schwätzern ohne Kenntnisse der Zusammenhänge in große strategische Diskussionen und kluge politische Kombinationen einzulassen«[337]. Während der Abwehrkämpfe in der Normandie hatte sich ein Generalstabsoffizier nicht des Eindrucks erwehren können, nachgeordnete Dienststellen und Kommandobehörden würden »bisweilen aus Prinzip über die große Lage in Unkenntnis gelassen, in der Annahme, daß die Bekanntgabe einer großen Gefahr den Widerstandswillen der Truppe beeinträchtigen könne«[338]. »Dringende Bitte um klare Orientierung und vernünftige Befehlsführung durch Korps und Armee wurden unter Drohung kriegsgerichtlicher Ahndung schroff abgewiesen«, beschrieb ein ehemaliger Divisionskommandeur das Zusammenspiel der militärischen Führungsinstanzen im Frühjahr 1945[339]. »Es ist Führerbefehl, daß sich jeder an seiner Stelle totschlagen zu lassen hat«, kommentierte ein anderer Zeitzeuge die Situation[340].

Die Forderung des ›Kampfes bis zum Letzten‹ ersetzte präzise Aufgabenstellungen und prägte zugleich die Führungskultur. Einen deutlichen »Schlußstrich unter die deutsche Offizierstradition« setzte Hitlers Erlaß vom 25. November 1944 über die Befehlsführung bei abgeschnittenen Truppenteilen[341]:

»Glaubt ein Truppenführer, der auf sich selbst gestellt ist, den Kampf aufgeben zu müssen, so hat er erst seine Offiziere, dann Unteroffiziere, danach die Mannschaften zu befragen, ob einer von ihnen den Auftrag erfüllen und den Kampf fortführen will. Ist dies der Fall, übergibt er diesem – ohne Rücksicht auf den Dienstgrad – die Befehlsgewalt und tritt selbst mit ein. Der neue Führer übernimmt das Kommando mit allen seinen Rechten und Pflichten[342].«

---

[336] BA-MA, RH 19 VI/33, Besprechungsnotizen OB HGr Mitte von Anfang April 1945, daraus auch das folgende Zitat.
[337] BA, NS 6/134: 28. Kurzlage des ObdM vom 23.3.1945.
[338] Alvensleben, Lauter Abschiede, S. 415 f.
[339] Vgl. BA-MA, MSg 1/538b.
[340] BA-MA, N 271/3, Eintrag vom 7.4.1945.
[341] Messerschmidt, Die Wehrmacht im NS-Staat, S. 483.
[342] BA-MA, RW 4/v. 702: Befehl Hitlers vom 25.11.1944, übermittelt durch Chef OKW/WFSt/ Qu 2 Nr. 1409/44 vom 28.11.1944.

Verweigerte sich ein Vorgesetzter der Durchführung der Anordnung, eine Festung, einen Ortsstützpunkt oder seinen abgeschnittenen Truppenteil bis zum Äußersten zu verteidigen, *verpflichtete* ein Zusatzbefehl Keitels die nachfolgenden Hierarchieebenen darauf, die Befehlsgewalt zu übernehmen. Ausdrücklich wurde dazu sogar das Prinzip von Befehl und Gehorsam außer Kraft gesetzt[343]. »Keine Rücksicht auf Dienstalter, nur entschlossene und fanatische Persönlichkeiten« waren die vom OB West Anfang April 1945 verkündeten Kriterien zur Auswahl von Kampfkommandanten[344].

Trotz der insgesamt spärlichen Quellenlage sind Befehle, Anordnungen und Weisungen der verschiedensten Hierarchie- und Kommandoebenen zahlreich überliefert, die Zeugnis darüber ablegen, wie Führungsdenken, Befehlssprache und Ideologie inhaltlich und in ihrem Duktus unauflösbar amalgamierten. Vom Oberbefehlshaber der Heeresgruppe Mitte mußten sich die Befehlshaber und Kommandeure im Januar 1945 vorschreiben lassen, in ihren Lagemeldungen die größeren sowjetischen Verbände mit dem Zusatz »sogenannt« zu bezeichnen. »Wir tun Stalin nicht den Gefallen, die von ihm aus Zweckgründen gewählten täuschenden Bezeichnungen mit unseren sachlichen Begriffen zu verwechseln«, lautete die Begründung. Zudem ordnete Schörner an, Begriffe wie ›Absetzen‹ aus dem militärischen Wortgebrauch zu streichen[345]. Die sowjetischen Panzerverbände, die nach ihren Ausbrüchen aus den Weichsel-Brückenköpfen völlig ungehindert in die Tiefe des ostpreußischen und schlesischen Raumes vorstießen, verglich Schörner mit

»Mongolenstürme[n], die einst mit ihren zahlreichen Reiter-Rudeln Furcht und Schrecken verbreiteten. Einem zähen Widerstand und einer unerbittlich harten Führung gelang es damals, diese Horden aufzufangen und dann entscheidend zu schlagen. Heute wird es ebenso gelingen, die bolschewistischen Panzerrudel zu vernichten«[346].

»Die Rückzugsmentalität, eine teilweise vorhandene und beschämende Überschätzung des Bolschewisten, ein teilweise defaitistischer Ic-Dienst und eine durchaus unsoldatische Scheu vor fdl. Artl.-Schüssen, sogenannten ›Pakriegeln‹ und dauernder ›Flankierung‹ müssen augenblicklich mit allen möglichen Bedenklichkeiten wenig kühner Rechner in Stäben über Bord[347]!«

Eingedenk der Tatsache, »daß mit taktischen [sic!] Mitteln allein dieser Krieg nicht zu gewinnen ist«, verlangte Schörner von Offizieren und Soldaten, sich auf »die moralischen Kräfte des Glaubens, der Treue und eines heiligen Fanatismus« zu stützen[348]. Der Kampf mit Schlagworten statt mit dem Rechenschieber – für den damaligen General Geyr von Schweppenburg eine »Todsünde wider Verantwortungsbewußtsein und Nüchternheit«[349] – wurde wenige Wochen vor Kriegsende durch einen Befehl Hitlers zum Führungsgrundsatz für eine ganze Armee erhoben:

---

[343] Vgl. ebd.: Chef OKW/WFSt/Op/Qu 2 (II) Nr. 0850/45 g. vom 30.1.1945.
[344] BA-MA, RH 20-19/180: OB West/Chef des GenSt/Ia Nr. 3808/45 gKdos. vom 6.4.1945.
[345] BA-MA, RH 19 VI/33: Erlaß Schörners an alle Oberbefehlshaber und Kommandierenden Generale vom 25.1.1945.
[346] Ebd.: Erlaß Schörners an alle Generale der HGr Mitte vom 28.1.1945.
[347] Ebd.: OB HGr Mitte/Ia Nr. 706/45 gKdos. vom 2.2.1945.
[348] Ebd.: Erlaß des OB HGr A an alle Generale vom 20.1.1945
[349] Geyr von Schweppenburg, Gebrochenes Schwert, S. 78.

»Wer ein ganzer Kerl ist, läßt sich nicht unterkriegen. Oberbefehlshaber und Kommandeure aller Dienstgrade müssen den Schwerpunkt ihrer Führungsaufgabe darin sehen, durch Vorbild und persönliche Einwirkung auf der einen, rücksichtslose Härte auf der anderen Seite das Gift der Tatenlosigkeit unermüdlich zu bekämpfen und schwächliche, untätige oder gar defaitistische Persönlichkeiten sofort auszumerzen. Wer nur auf Befehle wartet und an Zuständigkeiten klebt, ist für diese Zeit unbrauchbar[350].«
Nach der Erinnerung des damaligen Chefs des Generalstabes der Heeresgruppe B war während der Einschließung der Heeresgruppe im ›Ruhrkessel‹ »irgendeine grundlegende Weisung für die Fortführung des Kampfes, die der Gesamtlage Rechnung trug, [...] trotz wiederholter Anträge nicht zu erreichen«[351]. Und die alliierte Feindaufklärung konnte im Frühjahr 1945 im gegnerischen Verhalten keine Strategie, Planmäßigkeit oder Systematik mehr erkennen[352]. Die Tätigkeit des Wehrmachtführungsstabes reduzierte sich auf das Abfassen und Herausgeben von Weisungen, jeden Absetzgedanken »aus den Köpfen der Führer aller Dienstgrade auszurotten«[353]. Atavistische Kämpfervorstellungen und Landsknechtmentalität wurden zu Leitbildern der Truppenführung. Ein ›Führerbefehl‹, der vom Generalstab des Heeres als Operationsbefehl an die Heeresgruppe Süd umgesetzt wurde, demonstriert, wie verbale Kraftakte, Einschüchterungen und Worthülsen die Unzulänglichkeit der Mittel, sowie Ideen- und Konzeptionslosigkeit der militärischen Führungsspitze ersetzten: »Unter Aufbieten aller Hilfsmittel, einerlei, woher sie stammen, und mit drakonischen Mitteln« hatte die Heeresgruppe den gestellten Auftrag zu erfüllen. Die Armeen hatten »keinen Schritt weiter zurück[zu]weichen«, ihren Flügel »vorzureißen« oder »unter allen Umständen zum Stehen gebracht [zu] werden«[354]. Mit Operationsbefehlen, die nach herkömmlichem Verständnis das Ergebnis einer differenzierten Lageanalyse und daraus abgeleiteten Schlußfolgerungen waren, hatte dieses Dokument nichts mehr gemein.

Hitlers militärisches Umfeld fügte sich widerstandslos dessen befehlsmäßig proklamiertem Grundsatz, »daß alle Verantwortung auch der höchsten Befehlshaber nur noch darin bestehen sollte, seine Befehle wortgetreu und bedingungslos auszuführen«[355]. Zum Ende des Krieges hin war dies die Maxime für militärisches Führungsverhalten schlechthin geworden. Das Moment selbständiger Urteilsfindung war aus der militärischen Führungstradition verbannt worden. In Abhängigkeit von situativen Gegebenheiten, intellektuellen Fähigkeiten und kultureller Prägung mußten die militärischen Führer ihre individuelle Verantwortung selbst definieren. Orientierungshilfen dafür bot das bereits zitierte Handbuch für den Generalstabsdienst. Von zentraler Bedeutung war darin der Grundsatz: »Der [militärische] Führer trägt die Verantwortung für die Tat.« Dem Truppenführer als Gehilfe zur Seite gestellt, hatte der Generalstabsoffizier demnach »der gewissen-

---

350 BA-MA, RH 2/336: OKH/GenStdH/OpAbt (Ia) Nr. 4350/45 gKdos. vom 10.4.1945.
351 Wagener, Kampf, S. 548.
352 SHAEF, G-2, Weekly Intelligence Summary Nr. 55 vom 8.4.1945, zit. nach: Henke, Die amerikanische Besetzung, S. 400.
353 BA-MA, RW 4/v. 502: OKW/WFSt/Op (H)/West Nr. 003497/45 gKdos. vom 11.4.1945.
354 BA-MA, RH 2/1930: OKH/GenStdH/OpAbt (Ia) Nr. 450256/45 gKdos. Chefs. vom 3.4.1945.
355 Warlimont, Im Hauptquartier, S. 492 f.

hafte Vollstrecker der Entschlüsse und Befehle seines Führers« zu sein[356]. Zugleich war es aber auch »das Recht und die Pflicht« des engsten militärischen Beraters des Truppenführers, »seine Ansicht vorzutragen und Vorschläge zu machen«[357]. Der Versuch Guderians, seine Tätigkeit als Chef des Generalstabes des Heeres mit dem Hinweis auf das auch in der militärischen Führungsorganisation gültige Führerprinzip von genau dieser Mitverantwortung freizusprechen, beschreibt zwar die Praxis, nicht jedoch die ungebrochene Gültigkeit verpflichtender berufsethischer Maßstäbe[358].

Repressivität und Drohgebärden ersetzten Führungstechnik. Zehn Tage, nachdem bei Remagen eine Rheinbrücke unzerstört in alliierte Hände gefallen war, kritisierte Kesselring, daß die »Art der Durchführung von Befehlen und Kampfaufträgen durch die Kommandeure und die teilweise unbefriedigende Kampfweise der Truppe [...] ein bedenkliches Absinken der Autorität der Führung erkennen« ließen.

»Ihre sofortige Wiederherstellung ist zwingende Notwendigkeit, da unabsehbare Folgen eintreten können. Ich verlange von jedem Führer, daß Kampfaufträge so wie sie gegeben sind durchgeführt werden. Wenn z.B. ein Kampfkommandant eingesetzt wird, um einen Ort zu verteidigen, so hat er diesen Auftrag bis zur letzten Patrone und bis zum letzten Blutstropfen kämpfend zu erfüllen. Er hat nicht das Recht, seinen Platz aus eigenem Entschluß aufzugeben. Tut er es dennoch, so hat er Stellung und Kopf verwirkt[359].«

Verantwortungsbewußte Truppenkommandeure nutzten allerdings den Spielraum, den ihnen zusammenbrechende Kommunikationsstrukturen eröffneten. Akte offener Verweigerung oder Obstruktion wie im Fall des Kommandeurs der 116. Panzerdivision, der es vor seinem Offizierkorps im September 1944 ablehnte, einen künstlich verlängerten Krieg weiterführen zu wollen, blieben zwar die Ausnahme[360]. Verschiedentlich lassen sich aber im überlieferten Schriftgut Versuche erkennen, den Weisungen höherer Kommandobehörden auszuweichen oder deren Befehle zu unterlaufen. So drohte im Bereich der Heeresgruppe Mitte Anfang April 1945 wenigstens zwei Regimentskommandeuren die kriegs- bzw. standgerichtliche Aburteilung, weil sie Befehle zum Angriff ihrer Truppen praktisch ignoriert hatten. Glaubt man einem Erlaß Schörners, dann war das Erstellen sogenannter Deckungs-Befehle ein weitverbreitetes Phänomen, »d.h. ein formvollendeter Befehl wird geschrieben, an die Durchführung geht niemand ernstlich heran«[361]. Die martialisch klingenden Durchhaltefunksprüche der Kommandanten der Atlantik- und Kanalfestungen waren Beispiele einer »Wortspielerei zwischen Führung und Truppe«, die zwar der vorgegebenen Diktion folgte, die aber keine militärische

---

[356] Handbuch für den Generalstabsdienst, T. I, S. 2.
[357] Ebd., S. 15.
[358] Vgl. Guderian, Erinnerungen, S. 420. Siehe dazu auch die Entgegnung von Hoßbach, Verantwortlichkeit.
[359] BA-MA, RH 20-19/196: OB West/Ia Nr. 3137/45 gKdos. vom 18.3.1945.
[360] Vgl. die auszugsweise Wiedergabe eines 1945/46 angefertigten Berichts von General der Panzertruppe a.D. Gerhard Graf von Schwerin in: Poll, Das Schicksal Aachens, T. 2, insbes. S. 61.
[361] BA-MA, RH 19 VI/33, Besprechungsnotizen OB HGr Mitte von Anfang April 1945.

Lagebeurteilung von Wert mehr darstellte³⁶². Meldungen, wonach man vor einem überlegenen Gegner ›ausgewichen‹ war, waren an der Tagesordnung. Die nächsthöhere Kommandobehörde wußte diese entsprechend zu interpretieren, wie auch umgekehrt Armeebefehle so gedeutet wurden, daß ihre praktische Ausführung der Truppe überlassen blieb. »Vieles mußte auch unausgesprochen bleiben, weil [...] das offene Wort gefährlich war« erinnerte sich ein Generalstabsoffizier an das von Mißtrauen, Unsicherheit und Angst dominierte Führungsklima³⁶³. Ein intaktes Offizierkorps und ein eingespielter Führungsapparat waren Rahmenbedingungen, unter denen sich dieser Pragmatismus entfalten konnte. Doch repräsentativ waren in den letzten Monaten des Krieges zusammengewürfelte Einheiten, in denen sich häufig die Offiziere untereinander nicht kannten. Da bedurfte es der individuellen Überwindung der Angst vor der Gefahr für Leib und Leben und ein gewisses Maß an Skrupellosigkeit, um, wie im Fall des Kampfkommandanten von Hannover, eine Stadt angesichts der bevorstehenden feindlichen Besetzung kampflos zu räumen und trotzdem an die übergeordnete Führungsebene ›schwere Kämpfe‹ zu melden³⁶⁴. An der Absicht, jede Form der Selbständigkeit zu bekämpfen, ließ das Regime indes keinen Zweifel:

»Die Zurücknahme ganzer Abschnitte ohne Befehl, um sich dem durchgebrochenen Gegner wieder vorzulegen, muß in der jetzigen Lage als Ungehorsam oder schwere Dienstpflichtverletzung gewertet werden. Der Führer wird künftig gegen jeden Truppenkommandeur, der, ohne dazu aufgefordert zu sein, Anträge auf Absetzbewegungen stellt oder diese eigenmächtig durchführt oder genehmigt, ein standgerichtliches Verfahren anordnen³⁶⁵.«

»Man tat nur noch so als ob«, erklärt eine rückschauende Betrachtung des Chefs des Generalstabes beim OB West, General Siegfried Westphal, das Weiterfunktionieren der Wehrmachtmaschinerie³⁶⁶.

d) Zum Zusammenhang von Kampfverhalten und Destruktivität in der Schlußphase des Krieges

Als der Gegner im Herbst 1944 die Reichsgrenzen erreichte, waren die großen deutschen Industriegebiete und damit die wirtschaftliche Basis jeder weiteren Fortsetzung des Krieges unmittelbar bedroht. Die Landesverteidigung war weder langfristig durchdacht noch vorbereitet worden. Sofern ältere Überlegungen und Planungen überhaupt noch bekannt waren, ließen sie sich nicht auf die Situation der Jahre 1944/45 übertragen³⁶⁷. Größere Gebietsverluste konnten aus deutscher Sicht nicht mehr ins Kalkül gezogen werden. Zu mehr als einer örtlich gebundenen, weitgehend von Passivität geprägten Kampfführung war die Wehrmacht jedoch,

---

³⁶² Neitzel, Der Kampf, S. 397.
³⁶³ Gersdorff, Soldat, S. 179 f.
³⁶⁴ Vgl. HStA Hannover, ZGS 1, Nr. 6: Undatierter Erinnerungsbericht des Hptm. Schulze-Kaiser.
³⁶⁵ BA-MA, RH 2/330: OKW/WFSt/Op (H) Nr. 88764/45 gKdos. vom 5.4.1945.
³⁶⁶ Westphal, Erinnerungen, S. 333.
³⁶⁷ Vgl. BA-MA, N 245/47: Stellungnahme Generaloberst Reinhardts zu einer Ausarbeitung des MGFA über den Endkampf in Ostpreußen, o. Dat.

wie aus dem Vorangegangenen deutlich geworden ist, nicht mehr in der Lage, am allerwenigsten zu großen operativen Befreiungsschlägen. Es entbehrt nicht einer gewissen geschichtlichen Ironie, daß ausgerechnet der Mentor der in den dreißiger Jahren geschaffenen deutschen Panzerwaffe – Sinnbild für ein modernes, von Operationen motorisierter Großverbände geprägtes Kriegsbild – seine Tätigkeit als Chef des Generalstabes des Heeres auf die Ausgestaltung einer alternativlosen Halte-›Strategie‹ reduzierte. Zu den ersten Maßnahmen Guderians gehörte die Reaktivierung und Wiederinstandsetzung längst verwaister und verfallener Befestigungsanlagen und Grenzbefestigungen im Osten. Die Koordinierung dieser Aufgabe fiel der wenige Jahre zuvor aufgelösten und nun wiedererstehenden Abteilung für Landesbefestigung im OKH zu[368].

Festungen wurden zum »Eckpfeiler des Kampfes um Deutschland« stilisiert. Durch »vorbildliche Tapferkeit, heldenhaften Widerstand und Verteidigung bis zur letzten Patrone« sollten sie ein »Sinnbild des unerschütterlichen Kampfwillens der Nation« abgeben[369]. Unter dem Diktat des Kräftemangels war das unbedingte Halten bestimmter Plätze oder ganzer Frontabschnitte seit langem zu einem festen, mit näherrückendem Kriegsende schließlich sogar zu *dem* Muster deutscher Kampfführung geworden.

»Kapitulation, Einstellen des Widerstandes, Ausweichen oder Rückzug«, dazu hatte bereits im Februar 1944 ein OKW-Erlaß ausdrücklich verpflichtet, »gibt es [...] überhaupt nicht. Für den Festungs- und Kampfkommandanten ist der ihm anvertraute Platz sein Schicksal. Auch der Kommandant eines Schiffes geht mit ihm unter wehender Flagge unter. Die Geschichte deutschen Soldatentums hat nie eine andere Auffassung gekannt«[370].

Einige Monate später spielten der Dienstrang und die Dienststellung bei der Auswahl von Festungskommandanten nur noch eine nachgeordnete Rolle. Es sollten »Männer sein und heldische Kämpfer, die sich nicht mit einem flammenden Aufruf an die Soldaten begnügen, um alsbald im stärksten Bunker die weiße Fahne zu hissen«[371].

Auf das Betreiben Guderians hin wurden in der zweiten Jahreshälfte 1944 53 Festungs-Bataillone, 327 Artilleriebatterien sowie 217 Pak-Kompanien zur Armierung der Befestigungsanlagen im Osten aufgestellt. Ein großer Teil dieser Einheiten wurde mitsamt ihrer Waffenausstattung jedoch noch vor Jahresende an die Westfront abgegeben, um dort die für die Ardennen-Offensive dringend benötigten Kräfte freizumachen[372]. Der Kampfwert dieser Formationen war gering: In seinen Aufzeichnungen zitierte Goebbels Anfang Dezember 1944 einen Bericht über den Zustand von Festungstruppen, die zur Stärkung der HGr G an die Süd-

---

[368] Vgl. BA-MA, RH 2/911: OKH/GenStdH/OrgAbt Nr. II/39701/44 g. vom 10.1.1945 sowie Guderian, Erinnerungen, S. 326.
[369] BA-MA, RW 4/v. 570: Der Führer/OKW/WFSt/Qu 2 Nr. 0012743/44 gKdos. vom 24.10.1944.
[370] BA, NS 19/3118: OKW/WFSt/Op (H) Nr. 0906/44 g. vom 7.2.1944.
[371] BA-MA, RM 7/100: OKW/WFSt/Op (H) West Nr. 772752/44 gKdos. Chefs. vom 5.8.1944.
[372] Vgl. BA-MA, RH 2/1387: Übersicht über die Entwicklung der Festungstruppen im Jahre 1944, o.D.; Guderian, Erinnerungen, S. 327 f.

westfront verlegt worden waren. Demzufolge betrug bei manchen dieser Einheiten der Anteil der voll kriegstauglichen Soldaten nur zehn Prozent,
> »der Rest hatte teilweise schwerste Gebrechen; alte magenkranke Leute mußten eingesetzt werden. In einzelnen Einheiten waren 30 Prozent Volksdeutsche mit verschiedenen Russengeschützen eingesetzt für die kein Munitionsnachschub vorhanden war. Durch Kampfunerfahrenheit entstanden unerhörte Verluste. General Balck nannte das, was er zur Verfügung habe, fünftklassig[373].«

Von den insgesamt 150 Kompanien, die am 20. Januar 1945 als Festungs-Pak geführt wurden, war Mitte März die Existenz von gerade einmal 30 überhaupt noch bekannt. Der Verbleib von 80 bis 90 Prozent der mittleren und schweren Panzerabwehrwaffen war aufgrund des herrschenden administrativen Chaos schlicht »nicht nachweisbar«; wenig mehr als 70 feindliche Panzer waren abgeschossen worden[374].

Das von der Propaganda völlig verzerrte historische Vorbild Kolbergs fand kaum Nachfolger. Daß zu Festungen erklärte ostdeutsche Städte feindliche Kräfte in entscheidender Größenordnung binden und damit einen Einfluß auf die Kriegführung haben würden, war mehr das Ergebnis von Wunschdenken als von Realitätssinn. Immens waren indes die ›Kosten‹. Während der fast dreimonatigen Belagerung von Breslau, dessen Kampfkommandant erst am 6. Mai 1945 kapitulierte, fielen von den schätzungsweise 50 000 eingeschlossenen Soldaten und Volkssturmmännern etwa 6000, weitere 23 000 wurden verwundet. Die Zahl der Opfer unter den etwa 80 000 sich im Festungsbereich aufhaltenden Zivilisten ist unbekannt[375].

> »Nur erprobte Kampfdivisionen sind im Stande, unter den Belastungen des Großkampfes, die sich im Einschließungsfall besonders auswirken, entscheidend zu kämpfen. Will man diese Aufgabe durch Sicherheitsbesatzungen erfüllt sehen, die sich aus personell schlecht zusammengesetzten Festungstruppen, Alarmeinheiten und Volkssturm-Btl., sowie Bttr. aus Beuteständen mit beschränkter Munitionsausstattung zusammensetzen, wird man sich meist enttäuscht sehen«,

war die salomonische Schlußfolgerung einer Denkschrift, mit der die Abteilung Landesbefestigung die bisherigen Erfahrungen des Festungskampfes auswertete[376]. Doch daß gerade die Festlegung kampfkräftiger Verbände für die Verteidigung von Festungen eine unerfüllbare Wunschvorstellung darstellte, war den Fachleuten im OKH selbst nur allzu klar. Der Hinweis auf die »in diesem Kriege noch so junge« Festungstaktik mutet grotesk an, würde man sie doch einem anderen zeitlichen Kriegsgeschehen zuordnen. Es wird sich nicht mehr klären lassen, ob die zuständigen Offiziere die Bedeutung ihrer Arbeit für den Verlauf des Krieges deshalb herauszustellen bemüht waren, weil sie ihre Tätigkeit subjektiv als wichtig empfundenen Beitrag zur Landesverteidigung empfanden oder diese möglicher-

---

[373] Goebbels, Die Tagebücher, Bd 14, Eintrag vom 3.12.1944, S. 337. Siehe dazu auch BA-MA, RH 2/849a: Sonderstab IV OKH/Chef Nr. 406/44 g., Bericht über die bisherigen Prüfungen der Festungstruppen im Bereich des Wehrkreises I vom 28.10.1944.
[374] BA-MA, RH 10/124: Insp.d.Fest.-Pak-Verbände Ost/Ia Nr. 478/45 g. vom 12.3.1945.
[375] Vgl. Ahlfen/Niehoff, So kämpfte Breslau, S. 118.
[376] BA-MA, RH 2/335: GenStdH/OpAbt/Abt Lds Bef Nr. 5676/45 g. vom 6.4.1945.

weise auch nur zur Legitimierung der eigenen Tätigkeit fernab des Frontgeschehens nutzten.

Neben der Instandsetzung älterer Verteidigungsanlagen und der Befestigung größerer Städte wurden überall tiefgestaffelte rückwärtige Stellungssysteme angelegt[377]. Die Wehrmacht selbst war zur Durchführung dieser Aufgabe weder materiell noch personell in der Lage, sieht man von der Abstellung weniger Erkundungsstäbe und Pionierfachleute ab. Die Verantwortung für den Stellungsbau oblag den Gauleitern, die in ihrer Eigenschaft als Reichsverteidigungskommissare den Schanzeinsatz von reichsweit Hunderttausenden von Arbeitskräften aus der örtlichen Zivilbevölkerung, von Zwangs- und Fremdarbeitern und von Kriegsgefangenen leiteten. Improvisation und Mißmanagement waren an der Tagesordnung. Die Anlage der Stellungen und der Kräfteeinsatz waren oft mehr das Ergebnis der Selbstherrlichkeit örtlicher Parteiführer als detaillierter Absprachen und Aufgabenteilung mit der Wehrmacht. Nicht nach taktischen Erfordernissen angelegt, konnten die errichteten Stellungen vielfach gar nicht erst von den Truppenteilen bezogen werden, wenn sie nicht ohnehin zwischenzeitlich wegen fehlender Instandhaltung wieder eingefallen oder voll Wasser gelaufen waren[378]. Trotz des ungeheueren Material-, Kräfte- und Propagandaaufwands hatten die Stellungsbauten im Osten die gleiche geringe militärische Bedeutung wie die veralteten Befestigungsanlagen des Westwalls.

Hier bestanden die Sicherheitsbesatzungen aus einem Konglomerat von Splittereinheiten des Feld- und Ersatzheeres, Festungstruppen, Volkssturm-, Landesschützen- und Zollgrenzschutzeinheiten. Zustandsberichte, wie sie beispielsweise vom zuständigen LXIV. Armeekorps über die durchschnittlich 45 bis 60 Jahre alten Soldaten verfaßt wurden, ließen kaum eine wirksame Verteidigung erwarten:

»Sie sind kampfunerfahren, sie wissen nicht, was Großkampf ist mit Trommelfeuer, Fliegerangriffen und Panzereinsatz. Auch einem listigen und überraschend angreifenden Gegner gegenüber sind keine besonderen Erfahrungen vorhanden. Nach dem bisherigen Eindruck – und dazu kommt das Alter der eingesetzten Leute – sind die in Stellung befindlichen Btl. einem modernen Gegner gegenüber zur Abwehr nicht geeignet. Der Gegner wird zurzeit nach entsprechender Vorbereitung gewaltsam oder überraschend an jeder Stelle des Abschnitts Fuß fassen können[379].«

Die Anweisungen der übergeordneten 19. Armee – »Der Feind kann vielleicht die Trümmer einer Bunkerlinie und einer Stadt erstürmen, geräumt werden sie nie, es sei denn auf Befehl des Führers.« – blieben von solchen Meldungen unbeeindruckt[380]. Dabei hatte die zuvor erwähnte nachdrücklich darauf verwiesen, daß die Befestigungsanlagen des alten Westwalls überhaupt »nicht mehr den modernen

---

[377] Siehe dazu die einschlägigen ›Führerbefehle‹, wiedergegeben in: Hitlers Weisungen für die Kriegführung.
[378] Über das wenig koordinierte Zusammenwirken von militärischen und zivil-parteiamtlichen Stellen und die zahlreichen Probleme hinsichtlich der Zweckmäßigkeit des Stellungsbaus siehe die zusammenfassende Analyse in: BA-MA, RH 2/333: GenStdH/OpAbt/Abt Landesbefestigung Nr. 3642/45 g. vom 3.3.1945. Siehe dazu auch die knappe, gleichwohl differenzierte Skizze zum Ostwallbau von Noble, The Phantom Barrier.
[379] BA-MA, RH 20-19/181: Gen.Kdo LXIV. A.K./Ia Nr. 200/45 gKdos. vom 11.2.1945.
[380] BA-MA, RH 20-19/3: AOK 19/Ia Nr. 989/45 gKdos. vom 12.2.1945.

Waffen und dem Kampfverfahren unserer Gegner von 1944/45« entsprachen[381]. Ungeachtet dessen forderte ein Grundsatzbefehl des OB West, »der Truppe Zweck und die taktisch erwiesene Stärke der Westwallbefestigung mit allen Mitteln und ohne Vorbehalte einzuhämmern«. Bunker waren »bis zum letzten Atemzug« zu verteidigen, die Truppenführer »für die härteste und bedingungslose Durchführung dieser Befehle persönlich« haftbar zu machen[382].

Die konzeptionellen Vorüberlegungen von Einzelmaßnahmen zur Ardennen-Offensive atmeten nach dem Urteil von General Walter Warlimont den Geist der Dienstvorschriften der Obersten Heeresleitung für den ›Angriff aus dem Stellungskrieg‹ des Jahres 1918[383]. Mit seiner Äußerung spielte der ehemalige stellvertretende Chef des Wehrmachtführungsstabes zwar vorrangig auf den fachlichen Horizont des Weltkriegsgefreiten Hitler an. Doch tatsächlich lassen sich Parallelen zwischen den Einsatzgrundsätzen und Kampfweisen der beiden deutschen Armeen jeweils am Ende des Krieges feststellen. Auf geradezu paradigmatische Weise verdeutlicht das im Januar 1945 vom OKH für die Truppenausbildung herausgegebene Merkblatt »Der Sturmangriff, Kriegserfahrungen eines Frontoffiziers von 1917«[384], zu welchen operativ-taktischen Grundsätzen sich militärische Sachzwänge und Führungsdenken in der Schlußphase des Zweiten Weltkrieges verdichteten. Dabei mögen stellenweise die Weltkriegserfahrungen der Wehrmachtgeneralität eine gewisse Rolle gespielt haben. Vor allem aber die Realität einer hoffnungslosen materiellen Überlegenheit der Gegner diktierte den Zwang, sich mangels Alternativen in das Szenario eines Stellungskrieges hineinzudenken. Dies führte dazu, daß die konzeptionelle Gestaltung der taktischen Kampfführung den Einsatzgrundsätzen der kaiserlichen Armee in der zweiten Hälfte des Ersten Weltkrieges ähnelte[385].

Bezeichnenderweise hatte es die Wehrmacht bis zum Herbst 1944 nicht vermocht, unter Rückgriff auf die Kriegserfahrungen der Abwehrkämpfe insbesondere der zurückliegenden Monate eine für die gesamte Ostfront einheitliche und verbindliche Abwehrtaktik einzuführen. Es blieb »der Initiative, der Verantwortungsfreudigkeit und der geistigen Fähigkeit« der Truppenführer vorbehalten, die Einheitlichkeit hinsichtlich Waffeneinsatz und Kampftechnik herzustellen – ein Aspekt, dem angesichts der Schwächen auf personellem und materiellem Gebiet eine umso größere Bedeutung bei der Hebung der Kampfkraft der Truppe zukam[386]. Im Verlauf des Jahres 1944 zeigte sich, daß die Rote Armee ihre großen Angriffsoperationen durch einen starken Artillerie- und Luftwaffeneinsatz vorbereitete. Der durchgebrochenen Infanterie folgten zumeist schnelle Stöße in die Tiefe des Raumes und Umfassungsbewegungen durch Panzer- und motorisierte Verbände. Die Rote Armee hatte die Erfahrungen der ersten Kriegshälfte genutzt und die deutsche Operationsführung bei ihren Angriffen adaptiert, wie die Abteilung Fremde Heere Ost im OKH analysierte:

---

381 BA-MA, RH 20-19/138: Generalkommando LXIV. A.K./Ia Nr. 259/45 gKdos. vom 21.2.1945.
382 BA-MA, RH 20-19/198: AOK 19/Ia Nr. 1648/45 gKdos. vom 7.3.1945.
383 Vgl. Warlimont, Im Hauptquartier, S. 516.
384 BA-MA, RHD 6/18b/43.
385 Vgl. Balck, Entwickelung der Taktik; Seeßelberg, Der Stellungskrieg 1914–1918.
386 Hoßbach, Aus den Kämpfen der 4. deutschen Armee, S. 139 f.

»Die obere sowjetruss. Führung hat sich in sorgfältigem Studium der eigenen Operationen die Grundforderung der deutschen Führer, schwerpunktartige Zusammenfassung von Kräften und Feuer, wendige Zusammenarbeit verbundener Waffen, und schnelle Ausnutzung von Anfangserfolgen durch bewegliche Kräfte zu eigen gemacht. Die günstigen Voraussetzungen der SU für hohen Materialaufwand begünstigen diese Entwicklung. In der mittleren und unteren Führung konnten sich dieser Forderungen meist erst im Verlauf des letzten Jahres in ausreichendem Umfang durchsetzen. [...] Wie in den Führungsgrundsätzen ist in der Befehlsgebung das deutsche Vorbild klar zu erkennen[387].«

Der hochentwickelten Angriffstechnik des Gegners stand eine deutsche Front gegenüber, deren schwache Infanterie überdehnte Frontabschnitte nur mit einem »dünnen Postenschleier« ohne Tiefenstaffelung besetzen konnte und deren Verteidigungskraft sich in der Hauptsache auf wenige vorhandene schwere Waffen und Artillerie stützte[388]. Schlagkräftige und bewegliche operative Reserven zur Bekämpfung feindlicher Durchbrüche standen selten, aber keinesfalls in ausreichender Zahl zur Verfügung.

Die operativ-taktische Problemwahrnehmung der an der Ostfront eingesetzten Verbände kreiste um die Frage, wie der Kampf gegen einen weit überlegenen Gegner trotz der geringen eigenen Reserven aussichtsreich geführt werden kann. In der Erwartung eines neuen sowjetischen Großangriffs entwickelte der Stab der Ende 1944 im Weichselbogen stehenden Heeresgruppe A ein Konzept, das unter der Bezeichnung ›Schlittenfahrt‹ weiträumige Absetzbewegungen und eine elastische Kampfführung vorsah. Angesichts einer zu erwartenden sowjetischen Offensive kam der Generalstabschef der Heeresgruppe in seiner Lageanalyse zu folgendem Schluß: Nur durch ein überraschendes und weitreichendes eigenes Absetzen unmittelbar vor Beginn des sowjetischen Angriffs in Verbindung mit einer anschließenden Gegenoffensive aller verfügbaren Panzerverbände der Heeresgruppe konnte in einem vorher bestimmten Gelände überhaupt wieder die Initiative gewonnen werden. Die Umsetzung dieser Idee scheiterte an den unzureichenden Mitteln und Möglichkeiten und an Hitlers weitreichendem Einspruch[389]. Alternativ bildete sich in den letzten Monaten des Krieges das sogenannte Großkampfverfahren zu *dem* taktischen Konzept heraus, mit welchem das Feldheer die Abwehr sowjetischer Angriffe zu organisieren versuchte. Zu diesem Zweck wurden in den meisten Frontabschnitten der Heeresgruppen Mitte und A ›Großkampfzonen‹ eingerichtet: Durch rechtzeitiges Zurückgehen in mehrere, in einem Abstand von wenigen hundert Metern bis zu ein paar Kilometern tiefgegliederte Stellungen unmittelbar vor Beginn eines erwarteten Großangriffs, sollte die Truppe der vernichtenden Wirkung der sowjetischen Feuervorbereitung entzogen werden. Parallel dazu wurden für die Anlage und den Bau der Stellungssysteme Anleihen von

---

[387] BA-MA, RH 2/2514: OKH/GenStdH/Abt. Fremde Heere Ost (IIa) Nr. 3550/45 g. vom 12.4.1945. Siehe dazu auch Zeidler, Kriegsende im Osten, S. 96 ff.
[388] Hoßbach, Aus den Kämpfen der 4. deutschen Armee, S. 140.
[389] Vgl. BA-MA, RH 19 VI/33: HGr A/Chef des GenSt/Ia Nr. 0933/45 gKdos. Chefs. vom 27.12.1944. Siehe dazu auch Magenheimer, Abwehrschlacht, S. 71 ff.

den Grabenkampferfahrungen des Ersten Weltkrieges genommen[390]. Der Kampf in dieser ›Großkampfzone‹ sollte die gegnerischen Infanterie- und Panzerkräfte abnutzen und damit einen Durchbruch verhindern. Die Flexibilität dieses Verfahrens endete bei der Maßgabe, die sogenannte Großkampf-HKL (Hauptkampflinie) in jedem Fall zu halten und nötigenfalls durch den Einsatz aller zur Verfügung stehenden taktischen Reserven wieder in Besitz zu bringen[391]. Der Stab der Heeresgruppe Mitte wies am 25. Februar 1945 an:

»Die Entfernung zwischen HKL und Großkampf HKL müßte eigentlich durch die Tiefe des feindlichen Art.Feuers bestimmt sein, also etwa 5 bis 6 km betragen. Bei dem auf Meter zu berechnenden Kampf um den deutschen Raum und wegen der schwachen Reserven, die zum Wiedergewinnen der HKL auf große Entfernungen niemals ausreichen, ist diese Lösung nicht tragbar. Die Großkampf-HKL liegt hier etwa 1 bis 2 km hinter der HKL[392].«

Die Rote Armee stellte ihre Angriffstaktik schnell auf dieses neue Kampfverfahren ein. Und auf deutscher Seite erwies sich die Einnahme der Großkampfgliederung problematischer, als von den Verantwortlichen angenommen. So führten beispielsweise Unstimmigkeiten zwischen der Heeresgruppe A und den unterstellten Kommandobehörden dazu, daß die Truppe bei Beginn des gegnerischen Angriffs in der vordersten Stellung durch die ›Feuerwalzen‹ der sowjetischen Artillerie vernichtet wurde[393]. Unerfahrenheit und Ausbildungsdefizite jüngerer Truppenführer waren Ursache für die Vernachlässigung einer ausreichenden Tiefenstaffelung und Anzeichen des Verkennens eines bevorstehenden Angriffs[394]. Die Kämpfe der 3. Panzerarmee und der 4. Armee im ostpreußischen Grenzgebiet im Januar oder die Kämpfe der 9. Armee um die Seelower Höhen im April 1945 waren Beispiele, daß sich bei einer rechtzeitigen und konsequenten Einnahme der Großkampfgliederung örtlich und zeitlich begrenzte Abwehrerfolge erzielen ließen[395].

Durchbrüche der mit überlegenen Kräften geführten sowjetischen Angriffe ließen sich damit bestenfalls nur verzögern und es erwies sich als besonders folgenschwer, daß im Falle des gegnerischen Durchbruchs nicht nur die Stellungsinfanterie weitgehend zerschlagen wurde. Zudem gingen große Teile der weitgehend schutzlosen Artilleriestellungen und der rückwärtigen Dienste verloren. In dem von Kräften völlig entblößten Raum konnten nur operative Reserven die mit schnellen Panzerverbänden ausgeführten gegnerischen Vorstöße bekämpfen. Doch für die Bildung geeigneter Reserven standen keine Kräfte mehr zur Verfügung. Eine zusammenhängende Front konnte überhaupt nur wiederhergestellt

---

[390] Vgl. BA-MA, RH 20-4/605: OB 4. Armee/Ia Nr. 9079/44 g. vom 10.11.1944.
[391] Vgl. BA-MA, RH 19 II/221: Pz.AOK 3/Ia Nr. 10776/45 gKdos., Erfahrungen der 3. Panzerarmee in den Abwehrkämpfen 1944. Führung und Kampfweise vom 2.11.1944; BA-MA, RH 20-4/605: AOK 4/Ia Nr. 9411/44 g. vom 19.11.1944; BA-MA, RH 20-4/606: OB 4. Armee/Ia Nr. 10253/44 g. vom 11.12.1944.
[392] BA-MA, RH 19 VI/33: OBKdo HGr Mitte/Ia Nr. 1182/45 g. vom 25.2.1945.
[393] Vgl. Magenheimer, Abwehrschlacht, S. 92 ff.
[394] Vgl. BA-MA, RH 19 III/727: OB HGr Nord/Ia Nr. 150/45 g. vom 4.1.1945; Busse, Die letzte Schlacht, S. 157.
[395] Vgl. Hoßbach, Aus den Kämpfen der 4. deutschen Armee, S. 354 f.; Vgl. Frieser, Die Schlacht um die Seelower Höhen; Lakowski, Die Lage der 9. deutschen Armee.

werden, wenn die Truppe weit rückwärtsgelegene unter operativen Gesichtspunkten angelegte Stellungen erreichte, die ihr Zeit zum Absetzen gaben und den Gegner zu einem neuen Aufmarsch zwangen[396]. Offen kritisierte der Kommandeur einer im Osten eingesetzten Division, daß »noch kein Verfahren erfunden [worden sei] – und wird auch nie erfunden werden –, sich im Verhältnis 1:10 oder noch ungünstiger zu ›verteidigen‹«[397].

Noch zur Jahreswende 1944/45 unterschieden die Ausbildungs- und Einsatzgrundsätze des Heeres nach Eigenarten der östlichen und westlichen Kriegsschauplätze. Dabei diktierte auch im Westen ein sowohl am Boden als auch in der Luft erdrückender Gegner der Wehrmacht einen Krieg, der sie dazu zwang, sich buchstäblich einzugraben. Mit der Formel »Stärkster Materialeinsatz, Schonung der Menschen!« umriß das Oberkommando der Heeresgruppe B im Herbst 1944 die Grundzüge anglo-amerikanischer Angriffstechnik: Nach einem stundenlangen Artillerievorbereitungsfeuer mit hohem Munitionsaufwand wurde »Stück um Stück [...] systematisch aus der Verteidigungsfront herausgebrochen«, dabei auf eine schnelle Durchführung »weniger Wert gelegt, als auf eine gründliche, sorgfältige Vorbereitung durch starkes Artl.-Feuer und wirksame Unterstützung durch Panzer und Luftwaffe«[398]. Bei den Kämpfen im Raum Aachen im November 1944 zeigte sich, daß die eingegrabene Truppe den Kampf in einem tiefgestaffelten und von Stützpunkten durchsetzten Hauptkampffeld nur unzureichend zu führen verstand. Die Einsatzbereitschaft der neuaufgestellten Volksgrenadierdivisionen erwies sich als mit so vielen Mängeln behaftet, daß nach dem Werturteil des Oberbefehlshabers der 5. Panzerarmee »die Verluste in keinem Verhältnis zum Nutzeffekt« standen[399].

Die eigene Mangelversorgung vor Augen, wirkte der »Anblick einer nahezu selbständig arbeitenden Technik« des Gegners im Westen auf viele Soldaten regelrecht verstörend. Überlegenheitsattitüden dürften der Grund dafür gewesen sein, daß die nicht minder leistungsfähige Kriegsmaschinerie der Roten Armee keinen vergleichbaren Eingang in die Wahrnehmung der Wehrmachtsoldaten fand[400]. »Wenn sich auch gezeigt hat, daß der deutsche Soldat dem russischen an Intelligenz durch umfassende Kampf- und Waffenausbildung überlegen war, so unterlagen wir schließlich doch immer wieder der gegnerischen Zahl an Menschen und Material«, schrieb der ehemalige Generaloberst Hans Frießner nach dem Krieg und fügte wie zur Bestätigung der Wirkungsmächtigkeit rassistischer Stereotypen

---

[396] Vgl. BA-MA, RH 10/121: GenStdH/Abt Landesbefestigung Nr. 2145/45 g., Gedanken zum Stellungsbau auf Grund der Winterschlacht, vom 6.2.1945.
[397] So die Stellungnahme des Kommandeurs der 56. Infanteriedivision zur Frage der Abwehr russischer Großangriffe vom 17.10.1944. BA-MA, RH 19 II/221.
[398] BA-MA, RH 26-79/97: OBKdo HGr B/Ia Nr. 8977/44 gKdos. vom 25.10.1944.
[399] BA-MA, RH 19 II/221: OB 5. Pz.Armee/Ia Nr. 2160/44 gKdos., Auswertung der Erfahrungen aus den Kämpfen der Materialschlacht im Raum Aachen vom 16. bis 21.11.1944, vom 23.11.1944.
[400] Schröder, Die gestohlenen Jahre, S. 623.

an: »Auch die beste Maschinenwaffe nützt einem guten Kämpfer nicht, wenn er von Menschenschwärmen wie von Hornissen angefallen wird[401].«

Je näher der Krieg seinem Ende zustrebte, desto seltener wurden anhaltende Kampfhandlungen, wie sie etwa im Herbst 1944 in hügeligem und bewaldetem Terrain des Hürtgenwaldes den Charakter einer regelrechten Material- und Abnutzungsschlacht angenommen hatten[402]. Dünn besetzte Frontschleier stellten keine ernsteren Hindernisse für eine bewegliche Gefechtsführung der Alliierten dar. Die schwachen und auseinandergerissenen deutschen Verbände erhielten kaum die Möglichkeit, eine zusammenhängende Frontlinie aufzubauen. Die Unzulänglichkeit der Mittel und das Chaos des militärischen Zusammenbruchs wurden schließlich so groß, daß zwischen benachbarten Armeen keine Funk- oder Fernsprechverbindungen zustande kamen. Freund- und Feindaufklärung wurden vielfach über das ›Fräulein‹ der öffentlichen Telefonvermittlung betrieben[403]. Stellvertretende Generalkommandos ›führten‹ über den einzigen vorhandenen Fernsprechapparat im Keller des Wehrkreiskommandogebäudes *ihren* Krieg. Der Krieg atomisierte sich. Die langen Vorstöße der Alliierten wurden nur sporadisch unterbrochen von kleineren Scharmützeln. Der Gefechtsbericht der amerikanischen 65. Infanteriedivision hob Mitte April hervor:

»Eine Rückschau auf die militärischen Operationen im April vermittelt den Gesamteindruck eines besiegten und aufgeriebenen Feindes, der schnell durch das überlegene Gewicht, Zahl, Ausrüstung und Organisation unserer Kräfte überrannt wurde. Das letzte Mal, daß die Wehrmacht imstande war, irgendeinen lang anhaltenden und beständigen Widerstand [...] zu entwickeln, war an der Siegfried-Linie [d.h. Westwall, d.Verf.]. Nachdem die Division seine Grenzbefestigung Mitte März durchbrochen hatte, konnte er kurze Verzögerungsaktionen in die Wege leiten – die an manchen Sektoren außerordentlich gut geplant waren, angesichts der Kräfte, die ihm zur Verfügung standen, und die viel zu oft Blutopfer der Division forderten. Aber die Hinhaltemanöver waren nie mehr als die zeitlich befristeten Maßnahmen unentwegter Kämpfer[404].«

Täglich legten die Alliierten auf ihrem Vormarsch Dutzende von Kilometern zurück, ohne dabei überhaupt nur eine Wehrmachteinheit zu Gesicht zu bekommen. Man führte nach den Beobachtungen eines amerikanischen Chronisten

»einen seltsamen Kampf gegen einen Feind, dessen Taktiken beinahe guerillamäßig sind. Die Frontlinien können nur vermutet werden. [...] Die deutsche Armee leistet ein sinnlos hartes Rückzugsgefecht in einem Ort und im nächsten Ort verzichtet sie darauf«[405].

Treffend stellte die Feindaufklärung des Alliierten Oberkommandos in Europa fest: »Die Fähigkeiten des Feindes sind in der Tat gleich Null. Keine Schritte, die

---

[401] Frießner, Verratene Schlachten, S. 231.
[402] Vgl. dazu die Detailstudie von Rush, Hell in Hürtgen Forest.
[403] BA-MA, ZA 1/144, S. 52.
[404] After Action Report der 65. Infanteriedivision vom 15.4.1945, zit. nach: Mulert, Amerikanische Quellen, S. 276.
[405] Tagebuchaufzeichnungen eines Angehörigen der 4. US-Infanteriedivision, auszugsweise wiedergegeben in: Die Schlacht um Crailsheim, S. 588 f.

er mit den gegebenen Mitteln der Kriegführung tun kann, sind solcher Art, daß sie das Ergebnis beeinflussen oder auch nur nennenswert hinauszögern werden[406].«

Alle Überlegungen der deutschen Kriegführung kreisen um die Frage der Abwehr zahlenmäßig weit überlegener gegnerischer Panzerkräfte. Eine Verstärkung oder Kampfkraftsteigerung der vorhandenen Panzerdivisionen schied angesichts der Rüstungslage aus. Gedacht als ›Feuerwehr‹ gegen die Durchbruchsoperationen feindlicher Panzerverbände wurde im Herbst 1944 ein Dutzend sogenannter Panzerbrigaden aufgestellt. Die meisten dieser Verbände, die als überhastete Provisorien vernichtete Divisionen ersetzten mußten, wurden aufgrund unzureichender Ausbildung, schwacher infanteristischer Sicherung und einem ungenügenden Instandsetzungsapparat bis zum Jahresende wieder aufgelöst oder in bestehende Verbände integriert[407]. Eine Alternative dazu stellte der Ingenieur, SS-Brigadeführer und Generalmajor der Waffen-SS Otto Schwab Ende August 1944 vor der Panzerkommission der Speer-Organisation vor:

»Der Gegner sucht uns mit der Masse seines Materials zu erdrücken. Demgegenüber treten wir an mit der unerschrockenen Kampfmoral unserer Soldaten und unseres Volkes. Sie ist abgestellt und kommt zur Auswirkung in den Kampfleistungen der einzelnen Persönlichkeiten.«

Die Panzerfaust, die in massenhaftem Einsatz von einzelnen Schützen unter Inkaufnahme eines hohen persönlichen Risikos auf kürzeste Entfernung gegen feindliche Panzer einzusetzen war, stilisierte Schwab zur »Schwerpunktwaffe der gesamten Kriegführung«[408].

Daß derartige Überlegungen in den Folgemonaten Programm wurden, belegen die zu Jahresbeginn 1945 vom Generalinspekteur für die Panzertruppen im OKH herausgegebenen Richtlinien, nach denen das gesamte rückwärtige Heeresgebiet und die Grenzwehrkreise mit einer lückenlosen Panzerabwehrorganisation zu überziehen waren. Aus den Soldaten der rückwärtigen Einheiten und Dienststellen der Wehrmacht, insbesondere aber durch Volkssturm, Reichsarbeitsdienst und Hitlerjugend, sollten kleine Panzerjagdkommandos zusammengestellt werden für den Kampf gegen durchgebrochene feindliche Angriffsspitzen[409]. Jeweils eine Gruppe von Soldaten bildete, ausgestattet mit Gewehren, Panzerfäusten und Fahrrädern, den Grundstock fahrradbeweglicher Panzerjagdverbände – ein »Mittel der oberen Führung [sic!] zur beweglichen Bekämpfung durchgebrochener Panzerkräfte in Frontlücken«, wie ein ebenfalls im Januar 1945 vom OKH herausgegebenes Merkblatt informierte. Den Erfolg gegen die Überlegenheit des Gegners sollten »allein Geschicklichkeit und Draufgängergeist« bringen. Den Hintergrund dieser Überlegungen bestimmten insbesondere die Erfahrungen des Klein- und

---

[406] SHAEF, G-2, Weekly Intelligence Summary Nr. 56 vom 16.4.1945, zitiert nach: Henke, Die amerikanische Besetzung, S. 672.
[407] Siehe dazu die vom Gen.Insp.d.Pz.Tr./Ausb.Abt Nr. 11860/44 g. herausgegebenen »Richtlinien für Führung und Kampf der Panzer-Brigade« vom 29.8.1944. BA-MA, RH 11 III/76.
[408] BA, NS 19/3912: »Kampfmittel gegen Panzer«, Referat Schwabs in der Panzerkommission am 30.8.1944. Zum weiteren Kontext siehe auch Müller, Albert Speer, S. 625 f.
[409] Vgl. BA-MA, RH 10/372: Gen.Insp.d.Pz.Tr./General der Panzerabwehr aller Waffen Nr. 100/45 g. vom 1.1.1945.

Partisanenkrieges, dessen Wirksamkeit die Wehrmacht im Osten schmerzlich erfahren hatte. Denn die Führer der Panzerjagdkommandos sollten darüber hinaus den »Widerstand zur Verteidigung des Heimatbodens gegen den eingedrungenen Feind an Ort und Stelle [...] organisieren.« »Hierzu ist jedes noch so außergewöhnliche Mittel gerechtfertigt«, proklamierte das bereits zitierte Merkblatt: »Die ganze Bevölkerung ist zur Anlage von Panzersperren und alle waffenfähigen Männer nach kurzer Ausbildung an der Panzerfaust zur Panzerbekämpfung mit heranzuziehen«[410]. Auch an den Schulen und Lehrgängen des militärischen Führernachwuchses wurde es zur Pflicht gemacht,

> »die Panzerjagd im Rahmen von Panzerjagdkommandos auf breiter Basis und bei Tag und Nacht zu betreiben, da dieser Ausbildungszweig im besonderen Maße Kampfgeist und Vernichtungswillen weckt und stärkt und die Erziehung unseres Führernachwuchses zu selbständigen, fanatischen und gewandten Kämpfern zu fördern vermag«[411].

Adressiert an die breite Bevölkerung, wurden in Tageszeitungen einfache Bedienungs- und Gebrauchsanleitungen der Panzerfaust veröffentlicht[412]. Und schließlich erklärte Reichsjugendführer Artur Axmann die Hitlerjugend zur »Bewegung der jungen Panzerbrecher«. Die »Jugend Adolf Hitlers« habe, so verkündete Axmann in einem über die Presse verbreiteten Appell, das »Zentrum unseres nationalen Widerstandes« zu sein:

> »Dieser Vernichtungskrieg läßt keine bürgerlichen Maßstäbe mehr zu. Es gibt kein Zurück mehr, sondern nur ein Vorwärts. Es gibt nur ein Handeln bis zur letzten Konsequenz. Es gibt nur Sieg oder Untergang. Seid grenzenlos in der Liebe zu eurem Volk und ebenso grenzenlos im Haß gegen den Feind. Eure Pflicht ist es, zu wachen, wenn andere müde werden; zu stehen, wenn andere weichen[413].«

Jugendliche, als Angehörige der Hitlerjugend ohnehin volkssturmpflichtig im Rahmen des sogenannten Dritten Aufgebots, waren Teil des vom Regime inszenierten Volkskrieges. Und seitens der Wehrmacht griff man bereitwillig auf dieses Potential zurück, wie beispielsweise ein Aufruf Kesselrings an »alle Männer und waffenfähigen Jünglinge«, sich für derartige Einsätze zu melden, belegt, handelte es sich hierbei doch angeblich um »die Ehrenpflicht jedes Deutschen, der das Herz auf dem rechten Fleck hat«[414]. Aufgrund der spärlichen Quellenüberlieferung sowie der innewohnenden Eigendynamik bleibt die Zahl der Fälle, in denen Angehörige der Hitlerjugend gerade auch selbständig als Panzernahkampftrupps agierten, unüberschaubar[415].

---

[410] Merkblatt 77/9 »Einsatz und Verwendung von fahrradbeweglichen Panzerjagdverbänden« vom 30.1.1945. BA-MA, RHD 6/77/9.
[411] BA-MA, RH 12-2/121: Generalinspekteur für den Führernachwuchs/Ia Nr. 166/45 gKdos. vom 20.3.1945.
[412] So beispielsweise in der Ausgabe der Lüneburger Zeitung vom 23.2.1945.
[413] Pressebericht über eine Kundgebung Axmanns am 27.3.1945, wiedergegeben in: Ursachen und Folgen, Bd 22, Dok.-Nr. 3609, S. 542 f.
[414] BA-MA, RH 53-6/30: Befehl OB West, überliefert durch OBKdo HGr H/Ia Nr. 674/45 g. vom 30.3.1945.
[415] Siehe dazu beispielsweise die Organisationsbefehle der NSDAP/Hitlerjugend/Gebiet Osthannover (41) vom 28.3.1945. BA, Abteilung Reich, Film Nr. 10900, NSDAP/Hitlerjugend/Bann Wasserburg (593) vom 1.4.1945, StA München, NSDAP 2131 sowie die Meldung des Beauftragten des Reichsjugendführers beim OB West, die am 22.4.1945 den Stand der Aufstellung von »Pan-

Die mit großem Aufwand im Osten gebauten Stellungssysteme erwiesen sich als militärisch bedeutungslos. Die angreifenden sowjetischen Panzerverbände erlitten allerdings, so stellte sich während der Winteroffensive der Roten Armee heraus, vor allem entlang von Straßen und Ortsdurchfahrten hohe Verluste, hervorgerufen durch deutsche Panzerfaustschützen[416]. Aus dieser Erfahrung heraus erkannte man im OKH im Kampf um Ortschaften, Verkehrsknotenpunkte und Flußübergänge den wirksamsten Ansatz in der Verzögerung gegnerischer Angriffsoperationen[417]. Bei einem derartigen Kampfverhalten waren massive Zerstörungen an der zivilen Infrastruktur programmiert. Als erkennbar wurde, daß der Krieg nicht an den Reichsgrenzen halt machte, mahnte ein Erlaß Hitlers an, auf die Belange der Bevölkerung keine Rücksicht zu nehmen:

»Der Kampf im Westen hat auf weiten Abschnitten auf deutschen Heimatboden übergegriffen, deutsche Städte und Dörfer werden Kampfgebiet. Diese Tatsache muß unsere Kampfführung fanatisieren und unter Einsatz jedes wehrfähigen Mannes in der Kampfzone zur äußersten Härte steigern. Jeder Bunker, jeder Häuserblock in einer deutschen Stadt, jedes deutsche Dorf muß zu einer Festung werden, an der sich der Feind ent- oder verblutet oder die ihre Besatzung im Kampf Mann gegen Mann unter sich begräbt. Es gibt jetzt kein großzügiges Operieren mehr, sondern nur Halten der Stellung oder Vernichtung. Die Führer aller Grade sind dafür verantwortlich, daß dieser Fanatismus in der Truppe und in der Bevölkerung geweckt, ständig gesteigert und als Waffe gegen die Eindringlinge auf deutschem Boden zur Auswirkung kommt[418].«

»Dieser Kampf um Sein oder Nichtsein des deutschen Volkes macht in seiner Härte auch nicht vor Kunstdenkmälern und sonstigen kulturellen Werten halt. Er muß durchgeführt werden«, ergänzte eilfertig ein Fernschreiben von Rundstedts in seiner Funktion als OB West[419]. Um der gegnerischen Artillerie ihre Orientierungspunkte zu nehmen, sprengten Wehrmachteinheiten auch Kirchtürme[420].

Das Regime ließ keinen Zweifel daran, daß es seine propagandistischen Verlautbarungen vom ›totalen Krieg‹ wörtlich nahm. »Ein Volkskrieg dieser Art kostet schwere Opfer. Das wissen wir auch«, gab Goebbels in einem Artikel der Wochenzeitschrift Das Reich freimütig zu, um gleichwohl aus einer Gemengelage von heroischer Selbststilisierung und rücksichtsloser Kaltschnäuzigkeit heraus seine Genugtuung darüber auszudrücken,

»wie Väter, Mütter, ja Kinder sich zusammenrotten, um den Eindringlingen Widerstand zu leisten, wie Knaben und Mädchen sie mit Handgranaten und Tellerminen bewerfen, sie aus Fenstern und Kellerlöchern beschießen und dabei die Gefahr, unter der sie kämpfen, für nichts achten. Sie sind es, die dem Feinde Respekt abnötigen. Sie binden seine Kräfte, wo immer er auftritt. Sie zwingen ihn, Reserven abzuzweigen, um eine rebellische Stadt oder ein vor nationalem Fanatismus glühendes Dorf in Schach zu halten,

---

zervernichtungsbrigaden« mit einem einsatzbereiten Personal von 3000 »Mann« angab. BA, Abteilung Reich, Film Nr. 10900.
[416] Vgl. Zeidler, Kriegsende im Osten, S. 99 ff.
[417] Vgl. BA-MA, RH 10/121: GenStdH/Abt Landesbefestigung Nr. 2145/45 g., Gedanken zum Stellungsbau auf Grund der Winterschlacht, vom 6.2.1945.
[418] BA-MA, RW 4/v. 828: Chef WFSt/Op Nr. 0011273/44 gKdos. vom 16.9.1944.
[419] Vgl. BA, NS 6/348: Undat. Erlaß von Rundstedts an die Parteiführer im Westen, Anlage zum Rundschreiben des Ltr PKzl 255/44 vom 21.9.1944.
[420] Eine solche Episode beschreibt Arntz, Kriegsende 1944/45, S. 61 f.

und drosseln damit seinen Vormarsch solange ab, bis einige Kilometer weiter wieder eine neue Verteidigungslinie aufgebaut ist. Es ist eine freche Umkehrung der Tatsachen, zu behaupten, das sei ein Kampf der Verzweiflung. Die Angriffsmethoden des Feindes sind wesentlich riskanter als diese Methoden unseres Widerstandes. Sie haben einen sehr realen Hintergrund, der sich auch bald in der regulären Kriegführung bemerkbar machen wird[421].«

Der Krieg verkam zum Selbstzweck. Einen wesentlichen Anteil daran hatten die zahlreichen Anweisungen der Wehrmachtspitze wie beispielsweise ein Ende März 1945 vom Wehrmachtführungsstab herausgegebener Erlaß:

»Dem Feind muß in den nächsten Tagen zum Bewußtsein gebracht werden, daß er in ein von fanatischem Kampfwillen erfülltes Hinterland hineingestoßen ist. Er muß darüber hinaus erhebliche materielle Ausfälle erleiden. Nur dann kann es gelingen, wieder zusammenhängende Fronten in Anlehnung an geeignete Geländeabschnitte zu bekommen[422].«

»Überfälle und Kleinkrieg« hatten auf Anweisung des OB West »schleunigst Allgemeingut der Truppe« zu werden[423]. Hitler selbst dekuvrierte die Aussichtslosigkeit der Situation mit seinem Erlaß vom 18. April 1945 durch die Feststellung, die Lage an der Westfront sei »durch ein Mißverhältnis der Kräfte, des Materials und der Munition zu unseren Ungunsten gekennzeichnet« und gab als Antwort auf die Frage, warum der Kampf dennoch fortzuführen war:

»Trotzdem und gerade deswegen muß die höchste Aktivität im Handeln aufrechterhalten werden. Nur der Angriff gegen Flanken und Rücken des Feindes, die Störung und Unterbrechung seiner Nachschubverbindungen verbürgt einen Erfolg. Aus der Summe der immer und überall im Rücken des Feindes zu führenden Gegenschläge in Verbindung mit dem Kleinkrieg entsteht der Gesamterfolg[424].«

Bereitwillig bot wenige Tage darauf der Oberbefehlshaber der Kriegsmarine an, »3000 junge Soldaten, die mit leichtem Gepäck und Panzerfaust auszurüsten wären, für den Kampf im Hintergelände der Westfront gegen die feindlichen Nachschublinien zur Verfügung zu stellen«[425]. Die Wehrmacht verwandelte sich de facto zu einem »Konglomerat von Guerilla-Banden«[426].

In den letzten Monaten des Krieges kämpfte das deutsche Militär inmitten der Zivilbevölkerung. Nur im Westen unternahm das Regime im Herbst 1944 den Versuch, weite Landstriche von der Bevölkerung zu räumen[427]. Sachzwänge und die Rücksichtnahme auf die stimmungsmäßigen Folgen führten dazu, von der systematischen und frühzeitigen Räumung Abstand zu nehmen. Dennoch waren Städte und Ortschaften nach einer über das Deutsche Nachrichtenbüro verbreite-

---

[421] Das Reich, Nr. 16 vom 22.4.1945, wiedergegeben in: Ursachen und Folgen, Bd 23, S. 116 f.
[422] BA-MA, RH 20-19/138: Befehl OKW/WFSt/Op Nr. 003062/45 gKdos., überliefert durch AOK 19/Ia Nr. 2480/45 gKdos. vom 31.3.1945.
[423] BA-MA, RH 20-19/5: Befehl OB West, überliefert durch AOK 19/Ia Nr. 2659/45 gKdos. vom 5.4.1945.
[424] BA-MA, RH 2/337: OKW/WFSt/Op Nr. 003655/45 gKdos. vom 18.4.1945.
[425] Teilnahme des Ob.d.M. an der Führerlage am 14.4.1945, wiedergegeben in: Lagevorträge des Oberbefehlshabers der Kriegsmarine, S. 699.
[426] Biddiscombe, Werwolf!, S. 87.
[427] Siehe dazu den Bericht der Kreisleitung Köln über die Räumungsaktion im Kreis Aachen-Land. BA, R 58/976.

ten Bekanntmachung, die von Keitel, Himmler und Bormann unterzeichnet worden war,

»bis zum äußersten [zu verteidigen und zu halten,] ohne jede Rücksicht auf Versprechungen oder Drohungen, die durch Parlamentäre oder feindliche Rundfunksendungen überbracht werden. Für die Befolgung dieses Befehls sind die in jeder Stadt ernannten Kampfkommandanten verantwortlich. Handeln sie dieser soldatischen Pflicht und Aufgabe zuwider, so werden sie, wie alle zivilen Amtspersonen, die den Kampfkommandanten von dieser Pflicht abspenstig zu machen versuchen oder gar ihn bei der Erfüllung seiner Aufgabe behindern, zum Tode verurteilt[428].«

Himmler drohte in einem Erlaß, der auch innerhalb der Wehrmacht allen Kommandodienststellen und Soldaten bekannt zu machen war.

»Keine deutsche Stadt wird zur offenen Stadt erklärt. Jedes Dorf und jede Stadt werden mit allen Mitteln verteidigt und gehalten. Jeder deutsche Mann, der gegen diese selbstverständliche nationale Pflicht verstößt, verliert Ehre und Leben«[429].

Die Entscheidung darüber, einen Ort zu ›verteidigen‹, war zumeist gleichbedeutend mit der Vernichtung der Lebenswelt seiner Bewohner. Zur Schonung der eigenen Soldaten spielten sowohl die Alliierten und in zunehmendem Maß auch die Rote Armee ihre materielle Überlegenheit aus. Ein kurzes Feuergefecht an einer Panzer- bzw. Straßensperre provozierte die massive Beschießung oder Bombardierung der Ortschaft. Im Osten stieß die Kampfführung der Wehrmacht insoweit auf Akzeptanz, als daß nationalsozialistische Propaganda und die Gerüchte über Gewaltexzesse während der Eroberung durch die Rote Armee gleichsam die nahende Apokalypse suggerierten. Anders die Situation in den Teilen des Reichsgebietes, die von den Alliierten erobert wurden. Ein Bericht der Psychological Warfare Division des alliierten Oberkommandos faßte die Erfahrungen der letzten Kriegswochen zusammen mit der Feststellung, daß von einem geschlossenen Marsch der ›Volksgemeinschaft‹ in den vom Regime verordneten Untergang keine Rede sein konnte. Ganz im Gegenteil: Die Konfliktlinien brachen nicht nur zwischen den Vertretern und Statthaltern der NS-Herrschaft und der Bevölkerung auf – auch dem Verhalten der Wehrmacht begegneten offene Feindseligkeiten:

Die drakonischen Durchhaltebefehle, »dazu unmittelbare Beobachtungen und anderes dokumentarisches Material zeigen deutlich das weitverbreitete Zögern der deutschen Zivilisten, die totale Verteidigung des Vaterlandes zu stützen. Dieses Zögern hat sich in einigen Fällen zu offener Feindseligkeit gegen die Wehrmacht gesteigert und ist zu einer ernstzunehmenden Kraft hinter Versuchen zur Beendigung der Kämpfe geworden, jedenfalls auf lokaler Ebene[430].«

Der Widerstand gegen die rücksichts- und bedenkenlose Befehlsausführung durch Soldaten aller Dienstgradgruppen und Hierarchieebenen entsprang weniger einer tradierten oppositionellen Gesinnung. Die Wahrnehmungen und das soziale Handeln der Menschen drehten sich vielfach nur um die unmittelbare Existenz des

---

[428] Abschrift einer DNB-Meldung vom 12.4.1945. BA-MA, RW 4/v. 568.
[429] BA-MA, RH 2/336: OKH/GenStdH/OpAbt/LdsBef Nr., 6217/45 g. vom 15.4.1945.
[430] SHAEF, PWD, Weekly Intelligence Summary for Psychological Warfare Nr. 31 vom 2.5.1945, zit. nach: Henke, Die amerikanische Besetzung, S. 843. Zahlreiche Beispiele enthält die Meldung des AOK 7/Ia Nr. 01405/45 gKdos. vom 5.3.1945. BA-MA, RH 19 XII/26.

Einzelnen. Erst existentiell empfundene Bedrohungen und die Sehnsucht nach dem Ende des Krieges bewirkten das Emporheben aus der verbreiteten Apathie. Vereinzelt kam es dabei zu Solidarisierungen und radikalen Auflehnungen. Die mancherorts überlieferten ›Frauenstürme‹, bei denen Angehörige der ortsansässigen weiblichen Bevölkerung den verantwortlichen Orts- und Festungskommandanten von seinem Entschluß, bis zum Letzten zu kämpfen, abzubringen versuchten, waren in erster Linie

> »existentielle, spontane Akte der Selbstbestimmung zur Rettung kleinräumiger Lebenswelten für sich und andere. [...] Antinationalsozialistischer Impetus spielte nun keine übergeordnete Rolle mehr, privates und politisches, intentionales und unbewußtes Interesse vermischten sich«[431].

Der Gefahr, ein blühendes Gemeinwesen zu zerstören, standen Soldaten oftmals gleichgültig gegenüber. Jahrelang hatte man sich an die allgegenwärtige Vernichtung von Besitz und Menschenleben durch die Kriegsfurie gewöhnt. Gerade jene Soldaten, deren Heimat dem subjektiven Empfinden nach mit der Besetzung durch die Rote Armee aufgehört hatte zu bestehen oder deren Lebensentwürfe mit dem Ende der nationalsozialistischen Herrschaft scheiterten, wiesen die Bitten der Bevölkerung, Häuser, Ortschaften und Städte vom sinnlosen Kampf zu verschonen, mit dem Hinweis auf das eigene Schicksal in zynischer Gleichgültigkeit zurück[432]. Von einer anderen Qualität indes waren die Reaktionen der Wehrmachtspitze und einzelner Truppenführer auf widerständiges Verhalten seitens der Bevölkerung, beispielsweise durch das Öffnen von Sperren, durch Verweigerungen im Volkssturmdienst oder durch die psychische Beeinflussung und tätliche Behinderung der Soldaten, das Kampfgeschehen von ihrer unmittelbaren Lebenswelt fernzuhalten. Wenige Tage vor der Einschließung der Heeresgruppe B im ›Ruhrkessel‹ wies Feldmarschall Model die ihm unterstellten Truppenteile an, bei »Zersetzungs- und Sabotagehandlungen auf dem Gefechtsfeld« unterschiedslos gegen Soldaten und Zivilisten gleichermaßen mit Waffengewalt vorzugehen[433]. Während der Begriff ›Westfront‹ längst zur Agonie geworden war, wandte sich das OKW nachdrücklich an Himmler, doch zusammen mit der Parteikanzlei polizeiliche Maßnahmen zu treffen, »die die versagenden Teile der Bevölkerung am Zeigen weißer Tücher und Sabotage von Befestigungsanlagen hindern«[434]. Aufgrund dieser Initiative erließ Himmler einen Erlaß, der von einer kaum zu übertreffenden rücksichtslosen Brutalität zeugt:

> »Gegen das Heraushängen weißer Tücher, das Öffnen bereits geschlossener Panzersperren, das Nichtantreten zum Volkssturm und ähnliche Erscheinungen ist mit härtesten Mitteln durchzugreifen. [...] Aus einem Haus, aus dem eine weiße Fahne erscheint,

---

431 Wolfrum, Widerstand, S. 551.
432 Siehe dazu Beispiele in Schnabel, »Die Leute wollten nicht einer verlorenen Sache ihre Heimat opfern«, S. 170. Siehe dazu auch Tietmann, »... die Stadt vor dem Schlimmsten bewahren«.
433 BA-MA, RH 48/32: OBKdo HGr B/Ia Nr. 3072/45 g. vom 18.3.1945.
434 So die Wiedergabe eines Schreibens des OKW/WFSt/Qu an Himmler, das nachrichtlich auch an den OB West ging: OB West/Ia/Qu (2) Nr. 1052/45 g. vom 25.3.1945. BA-MA, RH 20-19/196.

sind alle männlichen Personen zu erschießen. Es darf bei diesen Maßnahmen keinen Augenblick gezögert werden[435].«

Die Kampfmoral der Truppe leide wesentlich unter der Einstellung der Bevölkerung, »die kriegsmüde nur [den] Wunsch hat, militärische Operationen schnell über sich ergehen zu lassen, um dann Ruhe zu haben«, beklagte das stellvertretende Generalkommando VI. AK Anfang April 1945, als die Alliierten das Weserbergland durchstießen[436]. Als sich englische Angriffsspitzen durch den Teutoburger Wald schoben und auf den verstreuten Bauernhöfen Bettlaken als weiße Fahnen sichtbar wurden, hieß es nach der Erinnerung eines Wehrmachtsoldaten, »das sind Vaterlandsverräter, und unsere Scharfschützen erhielten den Befehl, die Höfe mit Phosphormunition in Brand zu schießen. Ich sah sie brennen«[437]. In Süddeutschland forderte der Oberbefehlshaber der Heeresgruppe G, General Friedrich Schulz, die schwäbische Gauleitung auf, die Bevölkerung aus der Kampfzone zu (zwangs-)evakuieren. Er betrachtete es als »einwandfrei erwiesen, daß die Bevölkerung in der frontnahen Zone alle Mittel aufwendet, um die Soldaten von irgendwelchen Kampfhandlungen und Widerstand abzuhalten, um ihr Eigentum vor der Zerstörung zu schützen«[438]. Das AOK 19 verlangte am 12. April 1945 von den unterstellten Verbänden, täglich und detailliert das abträgliche Verhalten der Zivilbevölkerung zu melden. Die Aufforderung, dabei anzugeben, »mit welchen brutalen Mitteln [dagegen] durchgegriffen wurde«, präjudizierte die Reaktion örtlicher Entscheidungsträger auf widersetzliches Verhalten[439]. Bis auf Kompanieebene, und damit blieb das Wissen um den Inhalt dieses Befehls nicht auf einen kleinen Kreis militärischer Entscheidungsträger beschränkt, wies der bereits erwähnte General Schulz an, bei allen Fällen, »in denen seitens der Zivilbevölkerung irgendwie die Kampfführung der Truppe absichtlich behindert wird«, unter Hinzuziehung von Parteifunktionären standgerichtlich einzuschreiten und unter Umständen auch ohne Verfahren zu exekutieren. In klarer Rezeption des berüchtigten ›Fahnenbefehls‹ Himmlers forderte der Wehrmachtgeneral, wo die Bevölkerung bei Annäherung des Feindes weiße Tücher zeigte, »die betreffenden Häuser zu zerstören (abbrennen) und die männlichen Bewohner dieser Häuser vom 16. Lebensjahr ab zu erschießen«[440]. Es blieb keineswegs bei einer folgenlosen Wortspielerei zwischen Führung und nachgeordnetem Bereich. So berichtete das AOK 7 wenige Tage vor Kriegsende über die Kämpfe gegen die vordringenden Amerikaner im Erzgebirge:

»Die Bevölkerung von Tippersdorf [...] ging [...] aktiv gegen einen eigenen Spähtrupp vor, die Männer wurden am Koppel festgehalten, mit Stockschlägen bedroht und sogar beschossen. Der Ort wurde daraufhin mit [eigenem] Werferfeuer belegt. Der Bürger-

---

[435] Der Befehl Himmlers ist überliefert durch Polizei HGr G/Ia Nr. 1411/45 gKdos. vom 28.3.1945. BA-MA, RH 20-19/279. In einem Zusatz definiert die HGr das Alter, von dem an männliche Personen »als verantwortlich anzusehen« waren, als 14 Jahre.
[436] BA-MA, RH 53-6/34: Stellv. Gen.Kdo. VI AK/Ia Nr. 643/45 g. vom 4.4.1945
[437] Bericht Nikolaus Ratjens, in: Schüddekopf, Krieg, S. 310.
[438] StA Augsburg, NSDAP, Gauleitung Schwaben 1/28: OB HGr G/Ia Nr. 632V/45 g. vom 8.4.1945.
[439] BA-MA, RH 20-19/5: AOK 19/Chef des GenSt/Ia Nr. 2960/45 g. vom 12.4.1945.
[440] VHA, Stellv. Gen.Kdo. IV. AK, K4: OB HGr G/Ia Nr. 701/45 g. vom 17.4.1945.

meister von Tiefenbrunn [...] hat an seinem Haus die weiße Fahne gehißt und die Gemeinde verlassen. Daraufhin wurde [...] das Haus des Bürgermeisters von der Truppe in Brand gesteckt[441].«

»Jeder, der Maßnahmen, die unsere Widerstandskraft schwächen, propagiert oder gar billigt, ist ein Verräter! Er ist augenblicklich zu erschießen oder zu erhängen!« forderte ein ›Führerbefehl‹ vom 22. April 1945, der mit dem »Panzerbär«, einem Durchhalteblättchen für die Verteidiger des eingeschlossenen Berlins, verbreitet wurde[442]. Nach der Erinnerung eines Zeitzeugen wurden in Berlin die männlichen Bewohner eines Mietshauses, an dessen Fenstern sich weiße Bettlaken zeigten, von SS- und Polizeikommandos herausgeholt und auf offener Straße erschossen[443]. Der faktisch längst herrschende Zustand willkürlicher Gewaltausübung wurde selbst seines formal-juristischen Mäntelchens in Form der Standgerichte entkleidet. Einzelne, die nur durch passives Verhalten auffielen, wurden quasi für vogelfrei erklärt. Bewohner verweigerten schließlich den während der in Berlin tobenden Straßenkämpfe leicht verwundeten Soldaten den Zugang zu ihren schutzbietenden Kellern aus Angst davor, echte oder vermeintliche Deserteure aufzunehmen. »Die betreffenden Kellerbesatzungen werden von den Angehörigen der fliegenden Feld- und Standgerichte als Mithelfer rücksichtslos erschossen«, blickt ein Zeitzeuge zurück[444].

Desillusionierende Hinweise von Soldaten gegenüber der Bevölkerung, der Krieg sei verloren, oder der Ratschlag verantwortungsbewußter Offiziere, beim Herannahen des Feindes weiße Tücher aus den Häusern zu hängen, sind in zahllosen Fällen dokumentiert. Zur gleichen Zeit wirkten jedoch auch ungezählte Angehörige der Wehrmacht unmittelbar und initiierend am Terror des untergehenden Regimes mit. Ein Beispiel dafür lieferten die Soldaten, die von einem Ortsgruppenleiter im Kreis Ulm, der ein Dorf verteidigt wissen wollte und sich deshalb einer erregten Menge gegenübersah, herbeigerufen worden waren. Zwischen diesen und den Bewohnern kam es zu einer Schlägerei und Schießerei, in deren Folge ein Soldat getötet wurde. Unter dem Kommando des vor Ort verantwortlichen Offiziers wurden daraufhin mindestens drei an den Widersetzlichkeiten beteiligte Personen erschossen und drei Häuser anderer Beteiligter in Brand gesteckt[445]. Der Krieg der Wehrmacht traf die eigene Bevölkerung: In den 50er Jahren erfaßte das Bundesministerium für Vertriebene, Flüchtlinge und Kriegsgeschädigte Dutzende von Städten und Ortschaften, deren Wohnungsbestand infolge der ›Endkämpfe‹ zur Hälfte oder bis zu Zweidritteln zerstört war – »Zerstörungen, die in einigen Fällen einer völligen Verwüstung glichen«. Die Zahl der in diesem Zusammenhang getöteten Zivilpersonen wurde, ohne dabei die Ostgebiete des Reiches zu berücksichtigen, vorsichtig auf mindestens 20 000 geschätzt[446].

---

441 VHA, Stellv. Gen.Kdo. IV. AK, K4: AOK 7/Ic/AO Nr. 01150/45 g. vom 26.4.1945.
442 Wiedergegeben in: »Führer-Erlasse«, Dok.-Nr. 403, S. 494.
443 Vgl. Bericht Paul Löwe, in: Deutsche im Zweiten Weltkrieg, S. 615.
444 Bericht des Ordonnanzoffiziers der Panzerdivision Müncheberg, wiedergegeben in: Dokumente deutscher Kriegsschäden, Bd 1, S. 164 f.
445 Vgl. Schnabel, »Die Leute wollten nicht einer verlorenen Sache ihre Heimat opfern«, S. 172.
446 Dokumente deutscher Kriegsschäden, Bd 1, S. 55, 57.

3. Fanatismus, Kriegsmüdigkeit, Verweigerung

a) Ziele, Methoden und Grenzen der ideologischen Beeinflussung

Als Wehrpflichtige mußten die Soldaten ihrer Einberufung zur Wehrmacht Folge leisten, wollten sie nicht in Konflikt mit den Repressionsorganen des Regimes geraten. Doch gleichwohl die meisten von ihnen, hätten sie eine Wahl gehabt, anderen Tätigkeiten als der des Kriegshandwerks nachgegangen wären, fügten sich die ›unfreiwilligen‹ Soldaten in das System der militärischen Ordnung ein. Das innere Gefüge der Massenarmee war Produkt des Wechselspiels von einer durch Überzeugung getragenen Bereitschaft, Leben und Gesundheit für wie auch immer geartete Ideale einzusetzen, und dem komplementären Zwang durch ein repressives militärisches Disziplinierungssystem.

Im Juli 1944 pries die Meldung des täglichen Wehrmachtberichts den Kampf deutscher Soldaten erstmals als »fanatisch« und symbolisierte damit den Stand der Bemühungen, Nationalsozialismus und bewaffnete Macht organisatorisch wie inhaltlich zu homogenisieren[447]. Bereits seit der strategischen Wegscheide 1942/43 hatte neben anderen ideologischen Wunschvorstellungen auch die Vorstellung, ›Glaube‹ und Fanatismus könnten fehlende Mittel und Ideen ersetzen, Einzug in die strategisch-operativen Lagebeurteilungen der obersten Führungsspitze des ›Dritten Reichs‹ genommen. In diesem Zusammenhang war die Verpflichtung der Soldaten auf die nationalsozialistische Weltanschauung zu einem quasi taktischen Mittel in der Abwehr gegen einen übermächtigen Gegner geworden. Die sich aus der militärischen Zwangslage heraus ergebenden Notwendigkeiten und länger gehegte ideologische Überzeugungen, hatten in einem wechselseitigen Prozeß dazu geführt, aus den Reihen der Wehrmachtführung heraus Initiativen zur Reform der Wehrgeistigen Führung anzustoßen. Sie mündeten in Hitlers Erlaß vom 22. Dezember 1943 über die Einrichtung des Nationalsozialistischen Führungsstabes des OKW. Der Chef dieser zur Intensivierung und Zentralisierung der politisch-weltanschaulichen Erziehung des Militärs gebildeten Instanz, General Wilhelm Reinecke, umriß mit seiner Forderung, in allen Richtlinien und Weisungen herauszustellen, daß der Krieg mit 51 Prozent Sicherheit durch die weltanschauliche Einstellung und Ausrichtung aller Offiziere gewonnen werden kann«, Form und Inhalt des Indoktrinationsprogramms[448]. Mit einem Flugblatt unter der Überschrift »Revolution gegen Revolution!« verkündete der NS-Führungsstab des Heeres im Februar 1945 gegenüber den Soldaten der unter den Schlägen der Roten Armee zusammenbrechenden Ostfront:

»Dem revolutionären Willen des Feindes [...] müssen wir nunmehr die ganze revolutionäre Kraft des Nationalsozialismus entgegensetzen. [...] Wehrmacht, Partei, Volkssturm

---

[447] Vgl. »Das Oberkommando der Wehrmacht gibt bekannt ...«, Bd 3, Meldung vom 26.7.1944, S. 175.
[448] Protokoll der Führerbesprechung vom 7.1.1944, wiedergegeben in: Weinberg, Adolf Hitler, Zitat S. 446.

sind die nationalsozialistische Revolution. Der deutsche Soldat kämpft demnach nur als bewaffneter Nationalsozialist. Den Krieg rein militärisch zu führen, genügt nicht[449].«
Der Transmissionsriemen für die effektive ideologische Durchdringung der Truppe waren die Nationalsozialistischen Führungsoffiziere (NSFO). Zwischen Dezember 1943 und dem Ende des Krieges waren fast 50 000 Offiziere mit dieser Aufgabe betraut, wenngleich nur ein verschwindend geringer Teil davon in hauptamtlicher Funktion tätig war und an einem der zentralen Schulungslehrgänge teilgenommen hatte (Stand 1. Dezember 1944: 1074)[450]. Bis zur Ebene der Divisionsstäbe wurden den Kommandeuren NSFO zugeteilt und direkt unterstellt. Bei den Regimentern und Bataillonen hingegen nahmen Offiziere die NSF-Tätigkeit in Nebenfunktion wahr; in den Kompanien wurde sie durch die Einheitsführer selbst belegt[451]. Dieser Umstand, der eine nicht zu unterschätzende Relevanz für die Wirksamkeit der konkreten weltanschaulichen Beeinflussung ›vor Ort‹ hatte, wurde nicht allein durch den eklatanten Offiziermangel bestimmt. Sympathisierten die Verantwortlichen einerseits mit der vom sowjetrussischen Vorbild des Kommissars der Roten Armee praktizierten weltanschaulichen Kompromißlosigkeit, so lehnte die Wehrmachtelite andererseits die Einführung eines »Politoffiziers« ab. Die Zurückweisung weitreichenderer und radikalerer Vorstellung seitens der Parteiführung gründete auf der Auffassung, sowohl die militärfachliche Führung als auch die politisch-weltanschauliche Erziehungsaufgabe in der Hand des verantwortlichen Truppenführers vereint zu wissen. Die Nationalsozialistische Führung stieß in der Führungselite der Wehrmacht auf keine grundsätzliche Ablehnung, die Soldaten als Mittel zum Zweck zu motivieren, ihr Leben für den Krieg des »Dritten Reichs« einzusetzen. Diese Entwicklung konnte für das Selbstverständnis des Offizierkorps nicht ohne Folgen bleiben. In einem wehrmachtweit veröffentlichten Erlaß vom 8. Januar 1944 stilisierte Hitler
»es zu den entscheidenden Schicksalsfragen des deutschen Volkes [...], nicht nur auf allen Gebieten des militärischen Daseins, sondern vor allem in weltanschaulicher Hinsicht eine bedingungslose Übereinstimmung zwischen Staatsführung und Offizierkorps herbeizuführen.«

Die Angehörigen der Wehrmacht waren »nicht nur Waffenträger der Nation«, sondern »in gleichem Maße auch politische Willensträger«. Für das Selbstverständnis des Offiziers ergaben sich daraus weitreichende Konsequenzen: »Ein Offizier, der seine Truppe nicht politisch erziehen und führen kann, ist in diesem Kampf ebenso fehl am Platze wie ein Offizier, der in der Ausbildung oder taktischen Führung seiner Truppe versagt[452].«

In einem Grundsatzbefehl verlangte der Chef des NS-Führungsstabs des Heeres im Frühjahr 1944, »daß beim Offizier in Wort und Tat weithin sichtbar seine nationalsozialistische Einstellung zum Ausdruck« kam. Zwischen »seiner Einsatzbereitschaft als Soldat und seinem politischen Bekenntnis [durfte] kein Widerspruch klaffen«. Eine ›bloß‹ loyale Einstellung gegenüber dem Nationalsozialismus

---

[449] BA-MA, RH 53-7/878, NS-Führungsstab des Heeres vom 5.2.1945.
[450] Vgl. Zoepf, Wehrmacht, S. 203.
[451] Vgl. Messerschmidt, Die Wehrmacht im NS-Staat, S. 452.
[452] Allgemeine Heeresmitteilungen, 11. Jg., 10. Ausgabe vom 8.5.1944.

reichte nicht aus. Dem Offizierkorps wurde es vielmehr zur *Pflicht* gemacht, gerade auch mit der Unterstützung des nationalsozialistischen Führungsoffiziers, »jede Art der Verstumpfung oder einer aufkommenden Gleichgültigkeit« in der Truppe zu bekämpfen[453]. Es wurde als eine zentrale Aufgabe des Ersatzheeres definiert, »jeden Soldaten so auszubilden und in der nationalsozialistischen Weltanschauung so zu schulen, daß er nicht nur als vollwertiger Kämpfer, sondern auch als überzeugter Nationalsozialist an die Front geht«[454]. ›Nationalsozialistisch zu führen‹, so läßt sich einer vom Oberkommando des Heeres wenige Wochen vor Kriegsende herausgegebenen Ausbildungsvorschrift zur Führung eines Grenadier-Regiments entnehmen, bedeutete,

> »Leben, Dienst und Kampf der Truppe mit dem Geist der Bewegung durchdringen, die Idee der Volksgemeinschaft und den sozialistischen Gedanken der Pflicht und Leistung zur Grundlage des kämpferischen Einsatzes zu machen und damit die Truppe zu einer politischen Kampfgemeinschaft zu formen«.

Die weltanschauliche Erziehungsarbeit galt als »gleichwertig[es] und als selbständiges Führungsgebiet« neben der militärisch-taktischen Führung[455]. Der Entwurf des ›Führerbefehls‹ vom 15. März 1945 stilisierte die nationalsozialistische Weltanschauung und die politische Haltung der Soldaten zum »stärksten Kampfmittel« und erhob die Fanatisierung der Truppe schließlich sogar zur »vordringlichste[n] Aufgabe des Truppenführers«[456].

Gleichwohl die NSFO formell den Kommandeuren unterstellt bleiben sollte, wäre es für das innere Gefüge des Offizierkorps nicht ohne Bedeutung gewesen, daß erstere Personalbeurteilungen liefern und mit Meldungen und Tätigkeitsberichten auf die Kommandeure einwirken sollten. Die Pflicht zur Weiterleitung von Abschriften an die nächsthöhere Vorgesetzten- bzw. Führungsebene hätte die nebensächliche oder willentlich verzögernde Behandlung der NSFO-Aktivitäten verhindert. Zudem sollte die regelmäßige öffentliche Bekanntgabe an die Soldaten erfolgen, »besondere Vorfälle und Mißstände, die sich als Schädigung für die Kriegführung allgemein auswirken, zu melden.« Wurde einer solchen Meldung oder Beschwerde auf dem normalen Dienstweg nicht die entsprechende Aufmerksamkeit zuteil, so sollte sich der Soldat zur Unterstützung an den NSFO seines Verbandes wenden. Zudem war die Truppe regelmäßig darüber zu belehren, daß das Unterlassen, die Ver- und Behinderung der Weiterleitung solcher Meldungen bis hin zur Todesstrafe geahndet würde[457]. Was schon lange zuvor stimmungsmäßig latent vorgeherrscht hatte, hätte mit dieser Verfügung seinen institutionellen Abschluß gefunden. »Jeder Vorgesetzte ist mir dafür haftbar, daß Miesmacherei als Pflichtvergessenheit angeprangert und geahndet wird. Wer jetzt in seiner Haltung

---

[453] BA-MA, RH 13/51: Chef des NS-Führungsstabes des Heeres: Richtlinien für die nationalsozialistische Führung im Heere vom 28.3.1944.
[454] BA-MA, H 20/558,4: Chef H Rüst u BdE/Chef des Ausbildungswesens im Ersatzheer/Stab Ia Nr. 3300/44 vom 15.5.1944.
[455] H.Dv. 130/20 Ausbildungsvorschrift für die Infanterie, Führung des Grenadier-Regiments, Ausgabe vom 21.3.1945. BA-MA, RHD 4/130/20.
[456] BA, NS 6/353: ›Führerbefehl‹ vom 13.3.1945.
[457] Ebd.

versagt, ist ein Hundsfott und gehört nicht in unsere Reihen«, drohte unabhängig davon der Befehlshaber im Wehrkreis VII (München) im Januar 1945 in einem Offiziers-Rundbrief. Im internen Kreis einer Kommandeurbesprechung wurde man noch deutlicher[458]:

> »Es kommt darauf an, daß klar und entschlossen durchgehalten wird. Ich vertraue darauf, daß die Kommandeure und Dienststellenleiter wirklich erreichen, daß kein Offizier sich dem Gebot der Stunde versagt und in und außer Dienst erkennen läßt, daß es ihm mit dem Durchhaltewillen ernst ist. Kein Wort der Brandmarkung von Versagern ist zu scharf. Hier muß jeder Kommandeur sofort so durchgreifen, daß nicht nur der Versager ausgeschaltet wird, sondern daraus auch die erzieherische Wirkung auf alle anderen Offiziere sichergestellt wird[459].«

Die Nationalsozialistische Führungsarbeit baute auf Richtlinien, Schulungs- und Indoktrinationsmaterial auf, die unter der inhaltlichen Federführung des zuständigen Arbeitsstabes in der Partei-Kanzlei vom OKW und den Oberkommandos der Wehrmachtteile zentral herausgegeben wurden. Den NSFO auf den nachgeordneten Kommando- und Führungsebenen oblag die weitere Ausgestaltung. Die Zuweisung von Unterlagen litt unter zunehmenden Herstellungs- und Verteilungsproblemen. Überdies unterblieb bei vielen Anweisungen oder Tagesbefehlen die Veröffentlichung oder Verbreitung gedruckten Materials mit Blick auf die Stimmung der Bevölkerung und um zu verhindern, daß erbeutetes Material vom Gegner propagandistisch ausgeschlachtet wurde. Die Palette reichte vom umfangreichen Schrifttum, das in erster Linie an Multiplikatoren adressiert war, über den OKW-Bericht bis hin zu primitiven Parolen wie »Sieg oder Sibirien!« oder »Wir kämpfen für das Leben unserer Frauen und Kinder!«, die beispielsweise auf Anweisung des NSFO der 19. Armee für jedermann sichtbar auf Häuserwände und Fahrzeuge zu malen waren[460]. Unverfänglich erscheinende Frontzeitungen oder persönliche Gespräche transportierten ideologisches Gedankengut. Von Flugblättern, die, von Kindern verteilt, die Soldaten dazu aufforderten, ihre Stellung nicht zu verlassen und den Vormarsch der Roten Armee aufzuhalten, ging eine besonders subtile Wirkung aus[461]. Dem Tagesdienst in den Garnisonen war eine auf die Situation bezogene Passage aus ›Mein Kampf‹ als »Führerwort« voranzustellen, das »politische Kampflied der Bewegung [... hatte] in allen Standorten des Ersatzheeres [...] den nichtssagenden Singsang eines Lola- oder Reeperbahnliedes zu verdrängen«[462]. Programmatisch war die Festsetzung der Termine für Offizierbeförderungen auf den 30. Januar, den 20. April und den 9. November[463]. Schließlich wurde kolportiert, daß am 20. April 1945 in den vordersten Linien der Heeresgruppe Mitte Hakenkreuzflaggen gehißt worden seien[464].

---

458 BA-MA, N 670/14: Aufruf an die Soldaten des Wehrkreises VII vom 21.1.1945.
459 Ebd.: Notiz zur Kommandeurbesprechung vom 5.2.1945.
460 BA-MA, RH 19 IV/250: AOK 19/Abt NSF, Mitteilungen für den NSFO Nr. 1/45 vom 7.1.1945.
461 Von diesem Beispiel wird berichtet in: Das letzte halbe Jahr, S. 268.
462 BA-MA, RW 6/v. 404: Chef H Rüst u BdE/Stab/NSF Nr. 6840/44 vom 22.8.1944.
463 Vgl. Tätigkeitsbericht des Chefs des Heerespersonalamtes, Eintrag vom 17.10.1944.
464 So wiedergegeben in einem Bericht über die Lage in Brünn, der am 21.4.1945 an Bormann gesandt wurde. BA-MA, RW 44 I/9.

Ebenso wie die äußere Form variierte die inhaltliche Bandbreite. Diese reichte vom konkreten Motiv des Beschützens von Familie und Heimat über mehr abstrakte Vorstellungen wie beispielsweise die Vaterlandsverteidigung bis hin zu den Einzelheiten der nationalsozialistischen Rassenlehre. In der Gesamtheit verschmolzen die verschiedenen Elemente zu einer inhaltlich kaum aufzulösenden Melange, inkonsistent und wenig trennscharf, die kaum zu einer inhaltsanalytischen Auswertung geeignet ist. An latente Überlegenheitsattitüden wurde appelliert und mit Rechenbeispielen versucht, mittels einer auf den ersten Blick verblüffenden Logik die Aussichtslosigkeit der eigenen Kriegslage auf den Kopf zu stellen. Die simplifizierende Gegenüberstellung des Ressourcenaufwandes bei der Produktion eines sowjetischen T 34-Panzers mit den Kosten der Schnell- und Billigproduktion einer Panzerfaust sollte die turmhohe Überlegenheit des gegnerischen Kriegspotentials auf ein harmlos erscheinendes Maß reduzieren[465]. Analog zur Volksgemeinschaftsideologie wurde das Modell einer nationalsozialistischen Kampf- und Grabengemeinschaft kultiviert, in das neben der Erinnerung an den Zusammenbruch von 1918 auch Ausgrenzungsstrategien und sozialegalitäre Vorstellungen über das Verhältnis zwischen Offizieren und Soldaten flossen. Sich ständig wiederholende Ankündigungen des Einsatzes angeblicher Wunderwaffen konnten kurzzeitig Hoffnungen oder Illusionen wecken, aber auch in enttäuschte Erwartungen und Desillusionierung umschlagen. Einfältige Kausalketten oder die Beschwörung historischer Analogien wie zum Beispiel der Verweis auf das ›Mirakel des Hauses Brandenburg‹ im Siebenjährigen Krieg verzerrten die Realität. Die Falschinformationen der Propaganda zu durchdringen oder zu hinterfragen waren die Soldaten aufgrund begrenzter Informationsmöglichkeiten zumeist nur eingeschränkt in der Lage. Selbst die Sprache transportierte durch Wortwahl ideologische Inhalte. Zur »Weckung stärksten Hasses« waren vergleichsweise wertfreie Begriffe wie Greuel im Sprachgebrauch durch Worte wie Bestialität, Mordbrennerei oder Blutrausch zu ersetzen[466]. Statt der geläufigen Bezeichnung ›Russe‹ wurde die Verwendung ideologiekonformer Verbalinjurien wie ›Bolschewisten‹, ›asiatische Horden‹ und ›rotes Untermenschentum‹ angeordnet[467]. Auch in die Terminologie militärischer Ausbildungs- und Führungssprache flossen ideologische Elemente ein[468]. Einzelworte, Redewendungen und Satzformen konnten sich durch ihre ständige Perpetuierung mechanisch einschleifen und zur unbewußten Übernahme konservierter Botschaften beitragen. Der Sprachgebrauch, den Victor Klemperer bei vielen Soldaten beobachtete, bestätigte die Ergebnisse seiner scharfsinnigen philologischen Analysen über den Sprachverfall im ›Dritten Reich‹: Zwar waren viele Soldaten überzeugt, »daß es überall zu Ende ging, aber aufgelöste Brocken der einstigen Siegersprache mischten sich doch in ihre Reden«[469].

---

[465] Ein solcher Vergleich findet sich in: BA-MA, RW 6/v. 405: »Die Richtschnur«, herausgegeben vom NSFO beim Chef GenStdH Nr. 519/45 g. vom 24.3.1945.
[466] BA-MA, RH 54/79: Führungsfernspruch Nr. 11 des OKW/NSFSt vom 9.3.1945.
[467] BA-MA, RH 53-13/154: OBdE/Abt NSF Nr. 660/45 vom 12.2.1945.
[468] Siehe dazu den Beitrag »Befehlsgebung und weltanschauliche Führung« in: Information für die weltanschauliche Führung, 7. Folge vom 15.2.1945. BA-MA, RW 6/v. 499.
[469] Klemperer, LTI, S. 295.

In der zugespitzten Situation der letzten Kriegsmonate lagen die Chancen und Grenzen einer ideologischen Beeinflussung eng beieinander. Die Grundlage für eine systematische und damit nachhaltige Nationalsozialistischen Führungsarbeit bestand zunächst in Vortragsveranstaltungen, Schulungen und in der ausreichenden Versorgung mit gedrucktem Schriftgut. Vor dem Hintergrund der chaotischen Verhältnisse, die sich ab Sommer 1944 sukzessive an allen Fronten einstellten, waren diese Möglichkeiten immer weniger gegeben. Routinemäßiger Garnisonsdienst und festgefügte, dauerhafte Frontlagen wurden für weite Teile der Wehrmachtorganisation mehr denn je zur Ausnahme. Das ständige Kampfgeschehen und überraschende Verlegungen absorbierten die physischen und psychischen Lebensenergien der Soldaten, Schulungsunterlagen gingen verloren und konnten nur schwer ersetzt werden angesichts des zum Kriegsende hin sich dramatisch verschärfenden Papiermangels. Aufgrund der dünnen Personaldecke waren NSFO infolge von Kommandierungen oder anderen Gründen häufig abwesend; schließlich gehörten sie zu dem Teil des Offizierkorps, der überproportional hoch unter den personellen Verlusten litt. Offiziere, in Nebenfunktion als NSFO tätig, waren zumeist bei der Wahrnehmung der Fülle der ihnen übertragenen Aufgaben überlastet[470]. Ein unbekannter Briefschreiber aus dem Bereich der 9. Panzer-Division schilderte im März 1945 Rahmenbedingungen, wie sie auf viele der von rastloser Bewegung und Orientierungslosigkeit betroffenen Wehrmachtverbände zutrafen:

»Einheitsführer der Fronttruppe sind zwar willig und tun ihr Möglichstes, um die Truppe über Tagesfragen zu unterrichten, jedoch fehlt ihnen das Führungsmaterial. Der NSFO ist bisher in der Einheit nicht spürbar geworden. Schriftliches kommt so gut wie gar nicht. Hin und wieder wird der Wehrmachtbericht angeschlagen, der dann aber meistens schon veraltet ist. Zeitungen kommen mit 3 bis 4-monatiger Verzögerung bei der Truppe an, desgleichen die Feldpost. Soldaten sind nachrichtenmäßig in erster Linie angewiesen auf Gerüchte, Feindsender und Feindflugblätter[471].«

In einem für die allgemeine Situation charakteristischen Erfahrungsbericht vermerkte der NSFO der Heeresgruppe B, daß eine Vortragsarbeit in den vordersten Stellungen nicht durchgeführt werden konnte, feindlicher Artillerieeinsatz und laufende Gefechtstätigkeit selbst eine »Lageorientierung« der Offiziere unmöglich machten und die Verteilerkette von schriftlichem Material nicht funktionierte[472]. Hinzu kam die steigende Notwendigkeit, der feindlichen Propaganda entgegenzutreten. Selbst an der Ostfront, wo diese »allgemein als verlogen abgelehnt« wurde, beobachtete das Oberkommando der 4. Armee, daß die Flugblatt- und Lautsprecherpropaganda auch der Roten Armee bei den eigenen Soldaten »nicht ganz wirkungslos« blieb[473].

Die Rahmenbedingungen stellten an diejenigen, die für die praktische Durchführung der weltanschaulichen Erziehungsarbeit an der Basis zuständig waren,

---

[470] Vgl. Zoepf, Wehrmacht, S. 265 f.
[471] BA, NS 6/137, wiedergegeben in einem Schreiben der Parteikanzlei an den NS-Führungsstab des Heeres vom 10.3.1945.
[472] BA-MA, RW 6/v. 404: OBKdo HGr B/NSFO, Erfahrungsbericht vom 30.12.1944, zit. nach Zoepf, Wehrmacht, S. 287.
[473] BA-MA, RH 13/49: Feldpostprüfstelle beim AOK 4, B.B.Nr. 1986 g. vom 1.10.1944.

besondere Anforderungen. Nachstehende Episode, in den Akten der Parteikanzlei überliefert, gibt Eindrücke eines zur Wehrmacht eingezogenen Parteiangehörigen von der NS-Führungsarbeit, die im Rahmen der Soldatenbetreuung durchgeführt wurde, wieder:

> »gegen Mitternacht machte dabei ein junger Leutnant Ausführungen, die auch nicht den geringsten Anforderungen an einen politischen Schulungsvortrag gerecht wurden, die vielmehr erreichten, daß der Sprecher nicht ernst genommen wurde. Der Abschluß und Höhepunkt seiner Ausführungen war die Fabel von den zwei Fröschen, die beide in ein Gefäß mit Milch fallen. Der erste gibt den Kampf auf und ertrinkt, während der andere solange zappelt und sich zur Wehr setzt, bis die Milch zu Käse geworden ist und somit sein Leben gerettet wird. Die ganze Art der Ausführungen, namentlich der Schluß, hat die Soldaten zu stürmischer Heiterkeit hingerissen[474].«

Zutage tritt hier nicht nur die prinzipiell gegebene Möglichkeit, Indoktrinierungsanweisungen durch Ironisierung ins Leere laufen zu lassen. Ob die Heiterkeit der Soldaten auf Spitzbübigkeit, eine naive und plumpe Argumentation oder auf das vielleicht ungelenke Auftreten eines jungen unerfahrenen Offiziers zurückzuführen war, muß offen bleiben. Das überlieferte Beispiel führt besonders deutlich vor Augen, daß der Erfolg ideologischer Beeinflussungsversuche primär von der Persönlichkeit des Vermittelnden abhing. Vor diesem Hintergrund verdient die Auffassung im Oberkommando der Heeresgruppe G vom Februar 1945 eine besondere Erwähnung, »50 % der NSFO [wären] unbrauchbar[475].« Der als 2. NSFO im Stab des Oberkommandos der HGr Nord eingesetzte Offizier beklagte sich über mangelnde methodisch-didaktische Kompetenzen. Das Anforderungsprofil eines ›hohen Persönlichkeitswertes‹ sah der Genannte angesichts des jungen Lebensalters der zum NSFO bestimmten Offiziere in den wenigsten Fällen erfüllt. Die daraus resultierenden Defizite wirkten sich, so die Einschätzung des Offiziers, umso kontraproduktiver aus, da »notgedrungene und lagebedrängte Offiziere und Mannschaften mit doppelt hellwachen Augen und Kritikbereitschaft Beobachter sind, die wenn auch nicht immer sofort, dann doch mit langer Nachwirkung urteilen«[476].

Umgekehrt bot die Gesamtsituation, als das Kriegsgeschehen für jedermann sichtbar auf seine Entscheidung zulief, charismatischen und überzeugungsstarken Persönlichkeiten ungemein wirkungsvollere Möglichkeiten der Überzeugungsarbeit, als dies der Fall bei frontal vor der Truppe gehaltenen Vortragsveranstaltungen war. Dies galt nicht nur für die eingeschlossenen Truppenteile, bei denen häufig die NSFO das Nachrichten- und Informationsmonopol besaßen. Durch die zielgerichtete Ansprache der Multiplikatoren in Unteroffizier- und Offizierkorps sowie in Form von ›zwanglosen‹ Einzel- und Gruppengesprächen mit den Soldaten ließen sich ideologische Versatzstücke wirksam kommunizieren. Plumpe Propagandaphrasen wurden zwar schnell von der Kriegswirklichkeit dekuvriert. Doch gerade die Wechselwirkung zwischen dem Zwang zur Vermittlung glaubhafter Aussagen in meist improvisierten Gesprächen und Diskussionen einerseits, und

---

[474] BA, NS 6/135: Vermerk PKzl/II B 4 vom 29.3.1945.
[475] BA-MA, RH 19 XII/25: KTB Ia, Eintrag vom 18.2.1945.
[476] BA, NS 6/137: Schreiben des Oberleutnants W. vom 10.3.1945.

einem parallel zur Lageverschlechterung und zum Ausbleiben von Nachrichten steigenden Informationsbedürfnis der Soldaten andererseits, schuf den geeigneten Rahmen für eine vertrauenerweckende Betreuung und geschickte geistige Beeinflussung[477]. Kaum abzuschätzen ist in diesem Kontext der Einsatz sogenannter Richtmänner, deren systematisch betriebene Mundpropaganda von den Empfängern vielfach als ›ehrliche Meinungsäußerung eines Kameraden‹ rezipiert wurde. Soziale Akzeptanz, Partei- oder Gefolgschaftsmitgliedschaft oder die Zugehörigkeit zu jüngeren und damit vollständig nationalsozialistisch sozialisierten Geburtsjahrgängen waren die Auswahlkriterien für den Einsatz von Soldaten, die sowohl Gedankengut verbreiten als auch den NSFO das Feedback ihrer Tätigkeit geben sollten. Peinlich war man darum bemüht sicherzustellen, »daß auch der Anschein eines Spitzelsystems durch die Richtmänner in der Truppe vermieden bleibt«[478]. Nicht weniger groß war das Effizienzpotential, welches sich bei der Verschränkung der ideologischen Beeinflussung mit dem Aufgabenfeld der Truppenbetreuung (die Verteilung von Zeitschriften und Marketenderwaren oder die Gestaltung von Front- und Truppenzeitungen) ergab[479]. Beim Dienst in den Garnisonsstandorten waren Soldaten des Ersatzheeres – Stammpersonal, Rekruten vor ihrer Frontabstellung und verwundete Soldaten während eines Lazarettaufenthalts – bei festen Unterrichtsplänen und durch das Bemühen, jeden geeigneten Anlaß für Appelle und Kundgebungen zu nutzen, in einem wesentlich höheren Maß der NS-Führungsarbeit ausgesetzt, als dies bei den Soldaten des Feldheeres der Fall war. Beschränkte sich der konkrete Einsatz der Partei auf Rednerdienste, so erwies sich deren logistische Unterstützung für die Tätigkeit der NSFO als hilfreich[480]. Mit Jahresbeginn 1945, als der Verlust großer Teile des Reichsgebietes die Organisation des Ersatzheeres zum Einsturz brachte, glichen sich die Verhältnisse mit Blick auf die Fronttruppe jedoch an.

Daß der wichtigste Ansatzpunkt einer wirkungsvollen weltanschaulichen Durchdringung der Wehrmacht beim militärischen Führernachwuchs lag, erkannte auch das Regime. Zur Ausbildung des ab Januar 1945 stattfindenden 18. Fahnenjunkerlehrgangs kündigte der Generalinspekteur für den Führernachwuchs, General Vollrath von Hellermann, in einem Grundsatzbefehl ein ›revolutionäres‹ Ausbildungskonzept an, in dem das nationalsozialistische Gedankengut »zur Grundlage für die gesamte Lebens- und Dienstgestaltung« werden sollte:

»Neben der Hinführung zum nationalsozialistischen Gedankengut wird zielstrebig [...] eine Erziehung zur absoluten Härte treten müssen. Besonders ein neuzugestaltender Sportbetrieb, die Gefechtsausbildung und eine Nahkampfausbildung neuer Prägung im Sinne dieser Härtung sowie eine Kräftekonzentration – nicht Vergeudung – müssen hier zur stärksten Wirksamkeit kommen. Um es an zwei praktischen Beispielen zu erläutern: Beim Scharfschießen muß der vorher geformte eiserne Wille zum Ausdruck

---

[477] Vgl. Zoepf, Wehrmacht, S. 269 ff.
[478] BA, NS 6/137: OBdE/Abt NSF vom 9.2.1945. Das gleiche Prinzip kam auch im Feldheer zur Anwendung, siehe dazu den Befehl der 346. Infanteriedivision/Abt NS-Führung vom 22.3.1945. BA-MA, RH 26-346/11.
[479] Vgl. Zoepf, Wehrmacht, S. 271 f.
[480] Vgl. ebd., S. 293 ff.

kommen, den verhaßten Feind zu töten. Es kommt darauf an, neben der Härte gegen sich selbst den zielbewussten Vernichtungswillen zu entwickeln. In den Begriffen der Taktik soll der Geist des Angriffs in erster Linie herausgestellt werden. Dabei geht es im Großen um die totale Vernichtung des Feindes. Alle blutleeren, verstandesmäßig konstruierten Begriffe müssen wieder durch klare eindeutige Vorstellungen ersetzt werden[481].«

Am 6. Februar 1945 ging Hellermann noch weiter:

»Ihr schützt deutsches Land! Ihr bewahrt Eure Schwestern vor der Schändung durch die Horden des Ostens! Ihr schützt den deutschen Menschen vor Genickschuß oder Sibirien! Nehmt heiligen Kampfeswillen, nehmt Hass und kühnen Mut mit hinaus ins Feld! [...] Der russische Panzer jagt nicht uns, wir jagen ihn! Nutzt Eure Waffen! Seid listenreich! Klärt auf, schädigt den Feind, wo Ihr könnt[482].«

b) Fanatismus oder Kriegsmüdigkeit? Annäherung an ein Stimmungsbild

Die Erkenntnisse der historischen Forschung über den dynamischen Prozeß der ideologischen Durchdringung der *gesamten* Wehrmacht stießen früh auf den Widerspruch der Betroffenen selbst. Johann Adolf Graf Kielmansegg beispielsweise, im Juli 1944 in der Operationsabteilung des Generalstabes des Heeres tätig, betonte in diesem Zusammenhang »das menschliche Beharrungsvermögen und die Beanspruchung durch Krieg und Kampf«. Diese stellten sich, so Kielmansegg, wirksam allen Intentionen und Bemühungen der militärischen Führungsspitze und der relativ kleinen Gruppe von Offizieren und Zivilisten, die in verschiedenen Stäben und Dienststellen die Weichenstellungen in Fragen der soldatischen Menschenführung vornahmen, entgegen[483]. Kielmansegg bediente sich des Bildes von einem Regenmantel, an dessen Gummihaut alle Versuche, die Soldaten ideologisch zu durchdringen, wie Wasser abperlten. ›Abperlen‹, um bei diesem Bild zu bleiben, konnte indes nur das, was von den Betroffenen als Ideologie identifiziert wurde; es setzte voraus, daß man sich dezidiert sowohl mit der Form als auch mit den Inhalten des geistigen Manipulationsprozesses auseinandersetzte. Mit anderen Worten: Die Rezeption der Versuche des Regimes, die Wirklichkeitswahrnehmung der Wehrmachtsoldaten nationalsozialistisch zu durchtränken, hing von individuell unterschiedlich ausgeprägten kognitiven, affektiven und habituellen Dispositionen ab, die durch situative Begleitumstände jeweils abgemildert oder verstärkt werden konnten.

Das Bild, welches sich dem historischen Betrachter unter dem Blickwinkel der Ideologisierung der Wehrmacht in der Schlußphase des Krieges bietet, ist somit vor allem vielschichtig und ambivalent. Eine im Herbst 1944 veröffentliche Bekanntgabe, wonach sich »der gesamte Nachwuchs aus dem Ersatzheer in einer

---

[481] BA, NS 6/139: Generalinspekteur für den Führernachwuchs des Heeres/Abt NSF Nr. 13511/44 vom 23.12.1944.
[482] BA-MA, RH 17/v. 434: Aufruf des Generalinspekteurs für den Führernachwuchs des Heeres vom 6.2.1945.
[483] Messerschmidt, Die Wehrmacht im NS-Staat, S. VII f.

steigend guten Haltung zeigt, wie wir es bisher überhaupt noch nicht erlebt haben«, befand sich ganz auf der Linie der propagandistischen Begleitmusik des ›totalen Krieges‹, mit dem das Regime Öffentlichkeit wie Wehrmacht psychologisch zu mobilisieren versuchte[484]. Im Gegensatz dazu bezeichnete es eine Meldung der Schutzpolizei im oberbayerischen Bad Aibling im August 1944 als ein »offenes Geheimnis«, daß die frisch eingezogenen und genesenen Soldaten »nur mehr ungern an die Front« gingen[485]. Auch die Feldpostprüfstelle der 17. Armee registrierte, die »bisher Uk-Gestellten [kämen] nicht mit der nötigen zu erwartenden politischen Festigung an die Front«[486]. »Die meisten Soldaten erleben alles mit einem gewissen ›Gleichmut‹«, beobachtete ein Divisionsgeistlicher im Sommer 1944 an der Ostfront: »Die militärischen Ereignisse, soweit sie direkt und persönlich betreffen, stehen im Mittelpunkt ihrer Gedanken und Erörterungen, und ihr Vertrauen richtet sich dementsprechend mehr auf die verantwortliche Führung ihrer Einheit [...][487].« Soldaten, die im Februar 1945 nach ihrer Meinung zu den von der NS-Propaganda in aller Breite ausgewalzten Ergebnissen der alliierten Konferenz von Jalta befragt wurden, hatten »meist keine Ahnung, was dort beschlossen worden« war[488]. Und schließlich fiel zeitgenössischen Betrachtern auf, wie in Feldpostbriefen die Existenz und die Tätigkeit der NSFO auffallend selten Erwähnung fand[489]. Flächendeckend sind aus Spätsommer und Herbst 1944 die monatlichen Zustandsberichte der Oberbefehlshaber der Heeresgruppen und Armeen von nahezu allen Kriegsschauplätzen erhalten. Sie werden ergänzt durch verschiedentlich überlieferte Feldpostprüfberichte, welche die Ergebnisse zeitgenössischer Stimmungsanalysen dokumentieren. Wenngleich zu berücksichtigen ist, daß die Arbeit mit der Quellengattung der Feldpostbriefe, und das gilt in einem noch viel größeren Maße für entsprechende Prüfberichte, mit vielfältigen methodischen Imponderabilien verbunden ist, so gilt doch die Feststellung, daß die überlieferten Meldungen und Berichte charakteristische Eindrücke von der Stimmung der Wehrmachtangehörigen wiedergeben. Darüber hinaus machen sie deutlich, wie abhängig diese von situativ unterschiedlichen Einflüssen und dementsprechend einer starken Veränderlichkeit unterworfen war[490].

---

[484] Chef H Rüst u BdE/Chef des Ausbildungswesens im Ersatzheer/Stab/Ia (1) Nr. 8954/44 vom 8.10.1944, wiedergegeben in: KVBl. Stellv. Gen.Kdo. X. A.K., 6. Jg., Nr. 44 vom 21.10.1944. BA-MA, RHD 49/70.
[485] StA München, LRA 113.813: Monatsbericht der Schutzpolizei Bad Aibling vom 24.8.1944.
[486] BA-MA, RH 13/49: Feldpostprüfstelle beim AOK 17, Tätigkeitsbericht August/September 1944 vom 26.9.1944.
[487] Ufer, Männer im Feuerofen, S. 390.
[488] Vgl. BA, NS 6/135: Schreiben an die Reichspropagandaleitung/Abt. Aktive Propaganda über Eindrücke aus Böhmen und Mähren vom 17.2.1945.
[489] Siehe dazu beispielsweise die Thematisierungen in BA-MA, RH 13/49: Feldpostprüfstelle AOK 14, Tgb.-Nr. 399/170/44 g. Tätigkeitsbericht für September 1944 o. Dat., Feldpostprüfstelle beim OBKdo 4. Pz.Armee, Tgb.Nr. 43/44/IV/1 g. vom 4.10.1944.
[490] Zum quellenkritischen Problem der ›inneren‹ und ›äußeren‹ Zensur bei der Arbeit mit Feldpostbriefen siehe Latzel, Deutsche Soldaten, S. 25 ff. Eine nach inhaltsanalytischen Gesichtspunkten kaum zu quantifizierende Fülle an überlieferten Sinneseindrücken und Stimmungsäußerungen enthalten die unter Federführung der Abteilung Wehrmachtpropaganda im Allgemeinen Wehrmachtamt zwischen Herbst 1944 und Frühjahr 1945 vorrangig in Großstädten aufgezeichneten

In ihren Stellungnahmen zu den Zustandsberichten vom 1. August 1944 bestätigten die Oberbefehlshaber der Heeresgruppen und Armeeoberkommandos unisono, daß die Kriegsereignisse der letzten Wochen, insbesondere auch das Bekanntwerden des Umsturzversuchs, eine nachhaltige Wirkung auf die Truppe gezeigt hatten[491]: Die Führung der 2. Armee, die der Heeresgruppe Mitte unterstellt und damit dem Hauptstoß der sowjetischen Sommeroffensive ausgesetzt war, beschrieb die Stimmung ihrer Soldaten mit der sibyllinischen Formulierung »stark beeindruckt«. Diese »litt unter den schweren Rückzugskämpfen u[nd] unter dem Eindruck der unbestrittenen mat[eriellen] Überlegenheit des Feindes«, resümierte das AOK 18 während der Abwehrkämpfe im Baltikum. Immerhin konnte der OB Südwest melden, daß eine bewegliche (d.h. aktive) Kampfführung und örtliche Erfolge »wieder ein eindeutiges Überlegenheitsgefühl der Truppe über den Feind« geschaffen hatten. Mit Blick auf die Gesamtkriegslage stufte man die Stimmung der Soldaten zwar als »ernst, aber dennoch zuversichtlich« ein. »Die Truppe verfolgt die wachsende Bedrohung Ostpreußens u[nd] die aus dem Osten des Reiches stammenden Soldaten stellen immer wieder die Frage, was seitens der Staatsführung für die Sicherheit ihrer Familien getan bzw. vorgesehen ist«, meldete allerdings die 10. Armee, deren Soldaten auf dem nördlichen Appenin in Rückzugskämpfen standen.

Im September kam die Stimmungsanalyse der auf dem Balkan eingesetzten 2. Panzerarmee zu dem Ergebnis, »doch weit häufiger als in den vergangenen Monaten [wird] das unbedingte Vertrauen in den Führer ausgesprochen«[492]. Einer Meldung der im Baltikum eingeschlossenen Heeresgruppe Nord zufolge riefen die »dem Soldaten aus der Anschauung bekannten bolschewistischen Zustände [...] einen fanatischen Kampfeswillen« hervor. Die »Befürchtung, im Falle eines verlorenen Krieges die Heimat nicht mehr wiederzusehen«, wirkte sich zusätzlich stärkend auf die Kampfmoral aus[493]. Als Kristallisationskern solcher Stimmungslagen wurden robuste Kämpfernaturen identifiziert, die von der »Überlegenheit des deutschen Einzelkämpfers« überzeugt und in ihrer subjektiven Einschätzung sicher waren, bei genügender personeller und vor allem materieller Versorgung ›den Russen wieder bis an die Wolga zurückjagen zu können‹. Immer häufiger fielen der Zensur jedoch auch Briefe auf, »deren Verfasser Gegenwart und Zukunft in finsteren Farben schildern und unter denen ausgesprochene Bedrücktheit und Mutlosigkeit hervortreten«:

»Es sind meist junger Ersatz und durch die Auskämm-Aktion herausgelöste ältere Jahrgänge, die noch unter dem Eindruck der schweren Absetzbewegungen und der damit verbundenen verlustreichen Kämpfe stehen, wobei der überlegene russische Artilleriebeschuß in Verbindung mit Schlachtfliegerangriffen immer wieder erwähnt und als nervenzermürbend bezeichnet wird. Diese Kämpfe, die Rückzugsmärsche bei Nacht, das

---

Stimmungsberichte. Siehe dazu die von Wette, Bremer und Vogel erstellte Edition Das letzte halbe Jahr.
[491] Vgl. BA-MA, RH 10/113: OKH/GenStdH/OrgAbt Nr. IZ/46650/44 gKdos. vom 8.9.1944, daraus auch die folgenden Zitate.
[492] BA-MA, RH 13/49: Feldpostprüfstelle beim PzAOK 2 Nr. 378/44 g. vom 26.9.1944.
[493] Ebd.: Feldpostprüfstelle HGr Nord, Br.B.Nr. 113/44 g. vom 5.10.1944.

III. Die Wehrmacht im ›Endkampf‹

gegenwärtige Hausen in den Stellungen, in Erdlöchern und Zelten, sowie das Erkennen der russischen Überlegenheit an Menschen und schweren Waffen haben ihre Wirkung auf diese Soldaten nicht verfehlt und sie scheinbar in ihrer Widerstandskraft erschüttert. Sie fürchten einen neuen russischen Großangriff. Die Gedanken hieran sind die Ursachen der hervorgetretenen Ängstlichkeit und Kriegsmüdigkeit.«

Die Stimmung der Soldaten war äußerst wechselhaft und in hohem Maße von den örtlichen Gegebenheiten abhängig: »Ruhe an der Front, bessere Stellungen und Unterkünfte, regelmäßiges Eintreffen der Feldpost aus der Heimat bringen eine Zunahme der Stimmungsäußerungen überhaupt und meist im positiven Sinne mit sich«, wußte die Feldpostprüfstelle der 4. Armee in Ostpreußen Anfang Oktober 1944 zu berichten[494]. Als charakteristisch für einen sehr großen Teil der Wehrmachtsoldaten kann die plastische Schilderung der 10. Armee angesehen werden[495]:

»Der Soldat der kämpfenden Truppe steht so unmittelbar unter der Einwirkung des Kampfgeschehens, daß er die einzelnen großen militärischen Ereignisse sehr schnell innerlich verarbeitet und daß von ihnen nur der allgemeine Eindruck zurückbleibt. Höhepunkt der Stimmung machten trotz Einsatzfreudigkeit auch der NSFO schon nach 1-2 Tagen den täglichen Sorgen Platz. Die physischen und psychischen Belastungen der Materialschlacht lassen den Soldaten nur noch an der Grenze des Menschenmöglichen seine Pflicht tun. Er kämpft, weil es befohlen ist und um sein nacktes Leben. Bitter empfindet er die materielle Unterlegenheit, besonders den völligen Ausfall der eigenen Luftwaffe. In den rückwärtigen Teilen, die mehr Zeit zum Nachdenken haben, tritt die Sorge um die Heimat krasser zu Tage und spielt in Briefen und in Fragen an Vorgesetzte eine ausschlaggebende Rolle.«

Einem aufmerksamen Beobachter blieb nicht verborgen, daß sich

»vielleicht zum ersten Mal im Laufe des Krieges [...] die allgemeine Stimmung [...] merklich verschlechtert hatte. Nicht daß diese Wendung nach außen hin sichtbar wurde, im Gegenteil, bei oberflächlicher Betrachtung schien alles in bester Ordnung zu sein. Aber in vielen Gesprächen [...] wurde jetzt vielfach ein Thema berührt, das bisher kaum zur Debatte gestanden hatte. Ein Thema, das in vielerlei Variationen immer sich um den gleichen Kernpunkt drehte: Was geschieht dann, wenn alle unsere Opfer, unser jahrelanges Ausharren, nun doch vergeblich sein würde[496]?«

Die Feldpostprüfstelle der Heeresgruppe A registrierte im Herbst 1944, daß »der Wunsch nach einem baldigen Kriegsende immer stärker« wurde und die pessimistischen Stimmen zunahmen[497]. Mit dem ausdrücklichen Hinweis darauf, der Tenor der überprüften Briefe stimme nicht mit der tatsächlichen Einstellung der Soldaten überein, beobachtete man bei der nördlich von Florenz und Bologna eingesetzten 14. Armee »eine gänzlich indifferente Haltung gegenüber dem augenblicklichen Zeitgeschehen«, die den »Eindruck der Ratlosigkeit und des Abwartens« erweckte:

---

[494] Ebd.: Feldpostprüfstelle beim AOK 4, B.B.Nr. 1986 g. vom 1.10.1944.
[495] Stellungnahmen der Heeresgruppen und AOK zu den Zustandsberichten (Stand 1.9.1944), OKH/GenStdH/OrgAbt Nr. IZ/47220/44 gKdos. vom 11.10.1944. BA-MA, RH 10/113.
[496] Wiswedel, Gekämpft, S. 188 f.
[497] BA-MA, RH 13/49: Feldpostprüfstelle bei HGr A, Nr. 123/44 g. vom 1.10.1944.

»Soweit man sich mit der Entwicklung der Kriegslage befaßt, tritt eine erhebliche Kriegsmüdigkeit zutage. Eine Anzahl von Briefschreibern spricht davon, daß man das Soldatensein gründlich satt habe, jedoch sieht eine gleiche Masse von Männern mehr notgedrungen als begeistert ein, daß diese schwere Belastung von Heimat und Front durchgestanden werden müsse, wenn nicht alles verloren sein soll. Aus einigen Briefen spricht aber auch unbedingtes Vertrauen auf den Führer und den Endsieg; letztere Einstellung resultiert nach dem Inhalt der Briefe größtenteils aus dem Gedanken heraus, daß es unfaßbar sei auch diesen Krieg mit einer Niederlage zu beenden, die ein unerträgliches Weiterleben ergeben würde, insbesondere unter der Herrschaft des Bolschewismus. Durch alle Äußerungen in den Briefen zieht sich aber der Wunsch und die Sehnsucht nach Frieden und die Hoffnung, ja sogar die feste Zuversicht, daß der Höhepunkt und das Ende dieses Ringens noch in diesem Jahr zu erwarten sei. Diese Auffassung wird hauptsächlich damit begründet, daß eine Weiterführung des Kampfes sowohl für den Einzelnen als auch für die Allgemeinheit auf längere Zeitdauer kaum noch tragbar erscheine. Aus diesen Erwägungen heraus und aufgrund der allgemeinen Kriegslage klammert man sich an die Hoffnung, daß die Führung noch einen Ausweg wisse und noch große Überraschungen in Vorbereitung habe, die demnächst zum Einsatz kommen und zur Herbeiführung einer entscheidenden Wendung beitragen würden. Diese Überlegungen trifft man in den Briefen recht häufig an und so wird der Ruf nach dem Einsatz der außergewöhnlichen Waffen immer lauter und dringender. Es fehlt nicht an sich mehrenden Bemerkungen, daß es nun an der Zeit sei, diese Waffen einzusetzen; ebenso aber findet man auch häufig resignierte Äußerungen, daß solche Waffen gar nicht vorhanden oder nur eine Angelegenheit der Propaganda seien.«

»Das Gesamtbild kann man dahingehend charakterisieren«, lautete das Fazit, »daß die Briefschreiber in ihren häufigen Ausführungen über die Kriegslage und die Zukunft zwischen Hoffnung, Verzweiflung und abwartender Haltung hin und her schwanken[498].«

Auch bei den Soldaten, die von den großen militärischen Zusammenbrüchen und Rückzügen nicht unmittelbar betroffen waren, verdüsterte sich die Stimmung. »Die sich mit dem Verlauf der Kämpfe im Westen stetig steigernde Beunruhigung über die allgemeine Kriegslage [...] äußerten sich in fast jedem Brief«, stellte man bei der Zensur der Feldpostbriefe in Norwegen fest. Hoffnungsfreudige Äußerungen, die am Ende vieler pessimistischer Auslassungen standen, wirkten auf die Kontrolleure wie »etwas gekünstelt und erzwungen klingende Äußerungen der Zuversicht«, die »nicht über den sorgenvollen Grundton der weitaus meisten Briefe hinwegtäuschen« konnten[499]. Noch deutlicher wurde die Führung der 10. Armee, wonach »in einigen Briefen – zum Teil aus Angst vor einer verschärften Briefüberwachung – mehr der NSFO der Division als der Schreiber selbst zum Worte kam. Die Briefe sind teilweise darauf abgestellt, die Angehörigen aufzumuntern [...], enthalten aber manchmal nicht die wahre Meinung der Absender. Das wird in einigen Briefen zugegeben. Erschütterte Menschen sprechen sich selber Mut zu durch starke Brieftöne[500].«

---

[498] Ebd.: Feldpostprüfstelle AOK 14, Tgb.-Nr. 399/170/44 g. Tätigkeitsbericht für September 1944, o.Dat.
[499] Ebd.: Feldpostprüfstelle beim AOK Norwegen, Nr. 448/44 g., o.Dat.
[500] Ebd.: Feldpostprüfstelle des AOK 10, Nr. 969/44 g. vom 1.10.1944.

III. Die Wehrmacht im ›Endkampf‹   253

Ein Angehöriger des Stabes des Wehrmachtbefehlshabers in Norwegen erinnerte sich daran, daß die zahlreichen Berichte über die Vorgänge in den von der Roten Armee besetzten Gebieten Ostdeutschlands auch fernab der Heimat ihre Wirkung hervorriefen:

»Die Meldungen über Morde, Martern, Vergewaltigungen, Verschleppungen in Bordelle, Deportationen wirken auf die Truppe verheerend. [...] Der mystische Glauben daran, daß in letzter Stunde eine Rettung erfolgen wird, scheint unausrottbar. Die Klarsehenden schweigen, denn jetzt kommt alles darauf an, die unter der Oberfläche morsch gewordene Disziplin bis zum Äußersten aufrecht zu erhalten, und dies scheint nur noch mit Hilfe falscher Hoffnungen möglich zu sein, aber von Stunde zu Stunde wächst die Sorge aller um ihre Angehörigen[501].«

Die Unterbrechung des alliierten Vormarsches an der Reichsgrenze, von der Propaganda als ›Wunder am Westwall‹ beschworen, wirkte vielerorts zuversichtstärkend. Die Konzentration neuer und unverbrauchter Verbände und erste Anfangserfolge der Ardennen-Offensive führten bei den Soldaten zu Selbstvertrauen und Optimismus, die in keiner Relation zur tatsächlichen Kriegslage standen[502]. Amerikanischen Erhebungen zufolge waren zu diesem Zeitpunkt die Hälfte der befragten deutschen Kriegsgefangenen der festen Ansicht, das ›Dritte Reich‹ würde den Krieg gewinnen. Fast zwei Drittel dieser Soldaten bejahten die Frage, ob sie nach wie vor Vertrauen in den ›Führer‹ hätten. Das waren die höchsten bei solchen Meinungsumfragen ermittelten Werte seit der alliierten Invasion in Frankreich[503]. Noch kurz zuvor hatten amerikanische Stellen die Haltung der deutschen Soldaten als fatalistisch und resignativ beschrieben. Wenige Tage vor dem Jahreswechsel 1944/45 mußte der Chef des OSS in Bern, Allen Dulles, irritiert eine gegenteilige Einschätzung nach Washington melden[504]. Gerade auch propagandistisch bedeuteten die Meldungen über die deutsche Gegenoffensive eine Entlastung für das Regime, stellte sie doch nach der Einschätzung Goebbels' »alle anderen militärischen Ereignisse in den Schatten, und das Angenehme dabei ist, daß durch sie die meisten im Volke umgehenden Fragen und Sorgen beantwortet bzw. gelöst werden[505].« Doch bereits wenige Tage später behagte die Situation dem Propagandaminister gar nicht mehr, mußte er doch feststellen, daß die Erfolgsaussichten der Offensive wesentlich überschätzt wurden: »Vor allem Soldaten, die aus dem Westen in die Heimat kommen, ergehen sich in Übertreibungen und geben der Hoffnung Ausdruck, daß wir in diesem Jahr noch nach Paris kommen würden[506].«

Die Erfolge der Ardennen-Offensive erwiesen sich nicht nur als ein operatives Strohfeuer. Mit der Wiederaufnahme der alliierten Offensiven an Ost- und Westfront zu Jahresbeginn 1945 verzeichneten die mit der Meinungsforschung beauftragten Institutionen des Regimes kaum noch positive Stimmungsimpulse seitens

---

[501] Alvensleben, Lauter Abschiede, S. 349 f.
[502] Siehe hierzu den Bericht des Oberleutnants Bremer an das Reichssicherheitshauptamt vom 20.12.1944. BA, R 58/976.
[503] Vgl. Gurfein/Janowitz, Trends, S. 81. Zur Repräsentativität dieser Befragungsergebnisse ist jedoch anzumerken, daß nur wenige hundert Kriegsgefangene befragt wurden.
[504] Vgl. From Hitler's Doorstep, Doc. 4-137, S. 418 f.
[505] Goebbels, Die Tagebücher, Bd 14, Eintrag vom 23.12.1944, S. 468.
[506] Ebd., Eintrag vom 29.12.1944, S. 486.

der Truppe: Das »Ausbleiben von Stimmen von der Front, die früher der Haltung der Heimat Stütze boten und das Nachlassen des Kampfgeistes, der bisher von den Militärlazaretten ausgeströmt ist«, führten ebenso zu einer Verschlechterung der Stimmungslage in der Bevölkerung wie die »Verbreitung von Schauergeschichten durch Flüchtlinge aus dem Osten über Untaten der Sowjets und über Versagen unserer Dienststellen«, meldete der Regierungspräsident von München Anfang März 1945[507]. Die zusammenfassende Auswertung aller Feldpostprüfberichte aus der ersten Januarhälfte bemerkte zwar »keine Anzeichen für eine allgemeine Lockerung der Disziplin oder Beeinträchtigung der Kampfmoral«. Doch was bedeutete diese Feststellung, wenn nur ca. zehn Prozent der überprüften Briefe überhaupt zum Kriegsgeschehen Stellung nahmen und die verheerende Wucht der sowjetischen Winteroffensive noch gar keinen Eingang in die Feldpost gefunden hatte? Als sich kurze Zeit später deren ganzes Ausmaß abzeichnete, mehrten sich die Zweifel am ›Endsieg‹ und Zeichen von Kriegsmüdigkeit. Zugleich nahmen die Sorgen um die Angehörigen in den Luftkriegsgebieten und im östlichen Reichsgebiet zu[508].

Soweit die lückenhafte Zusammenfassung der Zustandsberichte vom 1. März 1945 überhaupt noch auf den inneren Zustand der Verbände einging, wurden fast ausschließlich die Sorgen der Soldaten um ihre Angehörigen, begünstigt auch durch den Zusammenbruch der Feldpostversorgung, thematisiert[509]. Bei der im gleichen Monat durchgeführten Überprüfung von 12 000 Briefen von und an Soldaten der im Stellungskampf am Oberrhein eingesetzten 19. Armee zeigte sich, daß in »fast allen Briefen« der Wunsch ausgesprochen wurde, »diese [von den Soldaten als solche erkannte] Endphase gesund zu überstehen, um nachher mit den Angehörigen wieder vereint zu sein«[510]. Ein am 2. Mai angefertigter Bericht, wenige Tage nach der selbständigen Kapitulation der Heeresgruppe C in Norditalien, vermittelt einen charakteristischen Eindruck von der Gefühlswelt vieler Soldaten während der letzten Kriegswochen:

»Die Truppe hat zwar in einer physischen Müdigkeit, doch mit soldatischer Fassung die Tatsache der Waffenstreckung hingenommen. Sie betrachtete den Schritt der obersten Führung als notwendig und sah ihn in der Zielsetzung, Opfer zu ersparen, als richtig an. Bei dem immer klarer offenbar werdenden Verhältnis überwog eine verstandesmäßige Erkenntnis jede gefühlsmäßige Lösung dieser Frage. Zum anderen hat jeder Soldat aus der Kampffront das auch bisher von keiner Seite beeinträchtigte Wertgefühl, tapfer gegen eine Übermacht gekämpft und so lange es ging, ausgehalten zu haben [...]. Stimmungsmäßig drückt selbstverständlich die Ungewißheit der nächsten und weiteren Zukunft. Die bisherige Form des Propagandakrieges von beiden Seiten mußte dieser Einstellung sorgenvollen Raum geben. Daher ist allen Erscheinungen, allen Erklärungen gegenüber eine gewisse Zurückhaltung zu erwarten, soweit sie über den Rahmen des rein militärischen Bereiches hinausgehen. Andererseits ist es, dafür liegen keine Unter-

---

[507] Bayer. HStA, StK 6695: Monatsbericht des Regierungspräsidenten in München vom 7.3.1945.
[508] BA-MA, RH 2/2129: OKH/GenStdH/Heerwesen-Abteilung beim General z.b.V. beim OKH Nr. 103/2.45 g. vom 27.2.1945.
[509] Vgl. BA-MA, RH 10/118: OKH/GenStdH/OrgAbt Nr. IZ/31600/45 gKdos. vom 10.4.1945.
[510] BA-MA, RH 20-19/245: Monatsbericht März der Feldpostprüfstelle beim AOK 19 vom 3.4.1945.

lagen vor, an keiner Stelle zu Begeisterungsausbrüchen gekommen. Die Truppe nahm das Ende des Kampfes als einen schweren Schlag hin, ohne sich nun nach irgendeiner Seite in Gefühlsexzesse noch gar Ausschreitungen zu verlieren[511].«

Situative Rahmenbedingungen beeinflußten die Stimmung der Soldaten unmittelbar. Die Umweltperzeption, die Wirklichkeitsdeutung, war indes bis zu einem gewissen Grade durch Erziehung und Sozialisation präformiert und konnte die Eindrücke des Augenblicks überdauern. Eine zwingende methodische Voraussetzung für die Identifizierung und Analyse langfristig angelegter Sinnmuster liegt in dem Vorhandensein einer sich kontinuierlich über einen längeren Zeitraum erstreckenden Quellenbasis, deren Urheber und Verfasser sich überdies zu repräsentativen Personengruppen aggregieren lassen. Brief- und Tagebuchaufzeichnungen aus der turbulenten Zeit des Zusammenbruchs sind allerdings ausgesprochen spärlich gesät. Und im Bereich der Memoiren- und Erinnerungsliteratur läßt sich unter quellenkritischen Gesichtspunkten zumeist keine klare Unterscheidung zwischen der ereignisnahen Perzeption des Geschehens und der Nachkriegsrezeption mit ihren Verzerrungen und Brüchen vornehmen. Schließlich war die Armee des nationalsozialistischen Deutschlands in ihrer sozialen und altersmäßigen Zusammensetzung alles andere als homogen. Neben etwa 1,5 Mill. Soldaten, die noch vor 1900 geboren waren, dienten in der Wehrmacht etwa 650 000 Angehörige der Geburtsjahrgänge 1926 und jünger. Das Lebensalterspektrum unter den Wehrmachtsoldaten reichte somit von 16 bis 68 Jahren. Im Jahr 1944 setzte sich die Hälfte aller eingezogenen Soldaten aus Angehörigen der Geburtsjahrgänge 1921 und jünger zusammen, während die bereits über Vierzigjährigen fast genauso viele neue Soldaten stellten wie die mittleren Jahrgänge. Diese Disproportionen fanden ihre Fortsetzung in der Altersschichtung der einzelnen Wehrmachtteile. In der Kriegsmarine war der Anteil der Jahrgänge bis 1900 fast doppelt so hoch wie beim Heer, der Anteil der jungen Soldaten aus den Jahrgänge ab 1926 betrug hingegen das Vierfache des Heeres[512]. Selbst wenn man den Zeitpunkt der Einziehung und die unterschiedlichen Funktionen innerhalb der militärischen Organisation außer acht läßt wird deutlich, daß von *den* Wehrmachtsoldaten nicht gesprochen werden kann. Die Wehrmachtsoldaten bildeten eine militärische Massengesellschaft, die sich als gesellschaftliches Teilsystem hinsichtlich der geltenden Wertvorstellungen und Normen nur graduell von der Gesamtgesellschaft unterschied[513]. Allein das Verhältnis der Reserveoffiziere zu den aktiven Offiziere von 3:1 ist in diesem Zusammenhang als ein wichtiger Indikator für den Austausch gesellschaftlicher Wert- und Zielvorstellungen anzusehen[514]. Seit den 1990er Jahren untersucht die historische Forschung nicht mehr nur anonymisierende politisch-strukturelle Rahmenbedingungen oder das Handeln weniger fanatischer Einzel- oder tatferner Schreibtischtäter. Verstärkt wendet sie sich den subjektiven Deutungs- und Wahr-

---

[511] BA-MA, RH 19 X/70: OB Südwest (OBKdo HGr C)/Ic, Bericht über die Stimmung und den Gesundheitszustand der Truppe vom 7.5.1945.
[512] Die Angaben beziehen sich auf die *Gesamteinziehungen* während des Krieges. Siehe Overmans, Deutsche militärische Verluste, S. 222 ff.
[513] Vgl. Bahrdt, Die Gesellschaft und ihre Soldaten, S. 12.
[514] Vgl. BA-MA, RH 7, H 6/265: Ag P1/1. (Zentral-)Abt/IIIa Nr. 1535 gKdos. vom 20.6.1944.

nehmungsdispositionen der Masse der Deutschen zu, um auf diese Weise die gesellschaftliche Basis und die Triebfedern des nationalsozialistischen Krieges zu identifizieren[515].

Als einer der ersten Historiker, die sich der gesellschaftsgeschichtlichen Dimension des nationalsozialistischen Krieges zuwendeten, untersuchte Omer Bartov am Beispiel von drei an der Ostfront eingesetzten Divisionen die Wechselwirkung ideologischer, institutioneller und situativer Faktoren. Bartov zeigt, wie sich Vereinsamung und emotionale Depravierung der Soldaten, die einer rigiden militärischen Disziplin ausgesetzt waren, in Aggression und enthemmter Gewalt gegenüber der Zivilbevölkerung und den gegnerischen Soldaten entladen konnte. Diese fügte sich Bartov zufolge ein in ideologisch vorgeprägte Interpretationsraster, die den Gegner entmenschlicht erscheinen ließen und den Kausalzusammenhang von Ursache und Folge auf den Kopf stellten. Im Faktor Ideologie erblickte Bartov den zentralen Schlüssel zum Verständnis der über die Jahre gleichbleibend hohen und bis in die Schlußphase des Krieges anhaltenden Kampfmotivation der Wehrmacht[516]. Bartovs Ergebnisse stellten die Resultate sozialpsychologisch angelegter Befragungen von deutschen Kriegsgefangenen durch amerikanische Soziologen in Frage. Diese hatten aus ihren Arbeiten geschlußfolgert, daß bestimmte Grundprinzipien der militärischen Organisationsstruktur wie beispielsweise die Wahrung der landsmannschaftlichen Verbundenheit und die Pflege kleiner, durch persönliche Kommunikation geprägter Primärgruppen maßgeblich die Truppenkohäsion bestimmten[517]. Bis heute finden die im Vergleich zu Bartov nicht weniger pauschalen Schlußfolgerungen aus den fünfziger Jahren gebetsmühlenartig Eingang in jede militärgeschichtliche Betrachtung, die diesen Themenkomplex streift. Teilweise wird die Primärgruppenbindung in einzelnen Untersuchungen und Darstellungen zur Wehrmachtgeschichte zu *dem* Eckpfeiler einer (implizit unideologischen!) Kampf- und Widerstandskraft stilisiert[518]. Von den gleichbleibend hohen personellen Verlusten läßt sich zwar nicht automatisch auf eine breit angelegte Zerstörung dieser Primärgruppenbindung schließen. Gerade in als existentiell bedrohlich empfundenen Ausnahmesituationen gehen Individuen zwischenmenschliche Beziehungen zum Zwecke gegenseitiger praktischer und emotionaler Unterstützung ein. Angesichts der Erschütterungswellen und Umbrüche, die den personellen Aufbau der Wehrmacht durchliefen, dürften funktionierende soziale Nahmilieus jedoch mehr die Ausnahme denn die Regel gewesen sein[519].

Zum Inbegriff für seine Sinnlosigkeit wurden die aus den letzten Monaten des Krieges stammenden Fotoaufnahmen mit den zum Weinen verzerrten Gesichtern von jugendlichen Soldaten in schlottrigsitzenden Uniformen. Diese waren der Teil der militärischen Massengesellschaft, dem wegen seiner Zugehörigkeit zur durch den Nationalsozialismus ›mißbrauchten Generation‹ gemeinhin ein hohes Maß an

---

[515] Vgl. Kühne, Der nationalsozialistische Vernichtungskrieg, insbes. S. 587 ff.
[516] Vgl. Bartov, Hitlers Wehrmacht, insbes. S. 19 ff.; Bartov, Extremfälle.
[517] Vgl. Shils/Janowitz, Cohesion.
[518] Vgl. Creveld, Kampfkraft; Fritz, We are trying.
[519] Vgl. dazu jetzt im Detail: Rass, Das Sozialprofil von Kampfverbänden, insbes. S. 723 ff.

Verführbarkeit und damit zugleich fanatische Opfer- und Kampfbereitschaft zugeschrieben wird. Diese jüngsten Soldaten der Wehrmacht gehörten einer Altersgruppe an, die unter dem weitläufigen Etikett der ›Hitlerjugend-Generation‹ (Jahrgänge 1926 bis 1929) an herausgehobener Position des politikwissenschaftlichen, soziologischen und historischen Interesses steht. Nicht ohne Grund richtete das Regime sein ganzes Augenmerk darauf, wenn es darum ging, vornehmlich aus den Rekruten dieser Geburtsjahrgänge neue Divisionen aufzubauen, von denen man einen besonderen Fanatismus und Kampfbereitschaft erwartete. Diese Personengruppe war am stärksten den Sozialisationswirkungen der nationalsozialistischen Herrschaft ausgesetzt. Gegenüber dem Nationalsozialismus und dem ›Dritten Reich‹ befanden sich die Angehörigen dieser Geburtsjahrgänge aber auch in einer von Euphorisierungen, Traumatisierungen und Ernüchterungsprozessen, also einer hochgradig vom Faktor der emotionalen Bindungen bestimmten inkonsistenten Systemloyalität[520]. Eine Jugend im Sinne eines Lebensabschnitts, der außerhalb der militärischen Verpflichtung stand, war vollkommen aus dem Blick- und Begriffsfeld verschwunden. Die Jugendlichen wurden unmittelbar zum Kriegshandwerk ausgebildet und kannten nichts anderes als das soldatische Ideal. Damit fand ein bereits Ende des 19. Jahrhunderts angelegter Prozeß der Militarisierung der männlichen Jugend seinen Höhepunkt[521]. Gesamtgesellschaftliche Mobilisierung, Erfassung, Steuerung und Fremdbestimmung blockierten den Lernprozeß, in dem Jugendliche die Fähigkeit erwerben, autonom über das eigene Leben entscheiden zu können. Zum Zeitpunkt des Beginns des Erwachsenenlebens knüpfte die Sozialisation in der Wehrmacht nahtlos an die bisherige in den paramilitärischen Formationen der Hitlerjugend an[522]. Mit dem Eintritt in die Wehrmacht kollidierte die Vorstellungswelt der Jugendlichen mit der tatsächlichen Lebenswelt. Eine wirksame Auseinandersetzung mit dem Sinn des Soldatenseins blieb dabei aus. Unter den Bedingungen einer totalitären Herrschaft konnten die Jugendlichen zumeist keine prinzipiengeleitete Ich-Identität entwickeln. Identitäten wurden in der Regel nur im Sinne einer Rollenidentität ausgebildet, für die das Maß der Verknüpfung mit dem Nationalsozialismus entscheidend war. Insbesondere diejenigen, deren Beruf mit der Zugehörigkeit zu einer NS-Organisation verbunden war oder der durch die Soldatenrolle substituiert wurde, besaßen weit weniger Möglichkeit, sich mit den bestehenden Verhältnissen auseinanderzusetzen. Die aus dieser dominanten Rolle erwachsenen Zukunftsperspektiven waren doch gerade an die Existenz dieser Verhältnisse gebunden[523]. Bereits vor ihrer Einziehung hatten viele Jugendliche erste Kriegserfahrungen als Luftwaffenhelfer gemacht. Sie hatten die Wirklichkeit des Krieges als eine allgegenwärtige Gewalt erfahren, die sich unterschiedslos gegen die Bevölkerung richtete. Die Realität des Bombenkrieges zerrte eine Vorstellungswelt herauf, die den Krieg als etwas Isolier- und Beherrschbares begriff und mündete vielfach in eine von Apathie und Ohn-

---

[520] Vgl. Hübner-Funk, Loyalität, S. 390 f.
[521] Vgl. Schubert-Weller, Hitlerjugend, S. 214 f.
[522] Vgl. Rosenthal, »Wenn alles in Scherben fällt ...«, S. 94.
[523] Vgl. Rosenthal, Die Hitlerjugend-Generation, S. 94.

macht geprägte Wahrnehmung des Krieges. Die Einsatzbereitschaft der Jugendlichen war an positive, optimistische Kriegsvorstellungen gebunden. Die gegenteilige Alltagserfahrung bewirkte indes das Umsichgreifen ablehnender Haltungen. Zudem produzierte das Erlebnis nationalsozialistischer Unrechts- und Greueltaten Dissonanzerfahrungen trotz weitgehend regimekonformer Sozialisierung[524]. Unter dem unmittelbaren und jeden einzelnen betreffenden Druck des Krieges verpuffte die vom Regime bemühte Verhinderung politischen Nachdenkens.

»Ein ungeübtes, von Emotionen durchsetztes, an zufällig am Wege liegenden Anknüpfungspunkten sich entzündendes Nachdenken setzte ein, das eine Vielzahl von Schattierungen und vor allem einen Gegenstil hervorbrachte, die allesamt nicht mehr in die vom Nationalsozialismus gewollte Richtung liefen«,

erinnert sich Rolf Schörken stellvertretend für diese Generation[525]. Doch der Prozeß der Selbstvergewisserung wurde nicht nur von der Erkenntnis der Unausweichlichkeit der Situation, denen sich die jungen Soldaten ausgesetzt sahen, angehalten. Die Konfrontation mit der Möglichkeit des eigenen Todes und die Frage nach dem Sinn dieses Todes bewirkte vielfach den vorzeitigen Abbruch des Auslegungsprozesses über den Sinn des Krieges insgesamt. Ein ›Ausweg‹ aus dieser Konfliktsituation bot sich den Jugendlichen durch die Fokussierung ihrer Gedanken beispielsweise auf die ›Zeit danach‹, auf lebensgeschichtlich relevante Entscheidungen (z.B. Heirat oder das Zeugen eines Kindes während des Fronturlaubs) oder durch die Konzentration auf das ›Hier und Jetzt‹, die das Denken an morgen ausblendete. Selbst die sich schrittweise einstellende Erkenntnis über die Aussichtslosigkeit des Krieges und das Hoffen auf ein baldiges Ende gleich welchen Ausganges zog nicht automatisch die Konsequenz nach sich, die nationalsozialistische Kriegführung als unrechtmäßig auszulegen. Denn dieses brachte die Betroffenen in das Dilemma, auch den eigenen Einsatz als sinnlosen, ja sogar als unrechtmäßigen definieren zu müssen, so das Resultat einer entsprechenden Untersuchung auf der Grundlage einer Vielzahl lebensgeschichtlicher Befragungen. Nicht selten trat das Gegenteil ein: Die Angst vor dem Tod ließ sich auch durch ideologische Verklärung kompensieren[526].

Hinsichtlich der Affinität der breiten Masse der Soldaten zum Nationalsozialismus und dem ideologiekonformen Grad ihrer Wirklichkeitsdeutung hat die mentalitätsgeschichtliche Erforschung der Wehrmachtgeschichte ein nicht minder vielgestaltiges und widersprüchliches Bild erarbeitet. Der überlieferte Rest von ehemals mehr als 40 Mrd. Postsendungen, in denen Soldaten und ihre Angehörigen miteinander kommunizierten, bildet einen wichtigen Quellenfundus. Aus ihm lassen sich Erkenntnisse zur Orientierung der Soldaten an langlebigeren Sinnmustern, also an dauerhaften, Vorkriegs- und Kriegszeit übergreifenden Strukturen des sozialen Wissens und damit der Hintergrund situativer Ausdeutungen des Kriegserlebnisses gewinnen[527]. Bei der inhaltsanalytischen Auswertung von Feldpostbriefen tritt zuvorderst eine widersprüchliche Verwandtschaft von Wehr-

---

[524] Vgl. Boll, Zwischen Hitlerjugend und nationalsozialistischem Terror, S. 212 f.
[525] Schörken, Luftwaffenhelfer, S. 220 f.
[526] Vgl. Rosenthal, »Wenn alles in Scherben fällt ...«, S. 99.
[527] Vgl. Latzel, Deutsche Soldaten, S. 27, 125.

machtsoldaten und Nationalsozialismus zutage, wenngleich diesen Ergebnissen kein repräsentativer Rang zugestanden werden kann, da die Verfasser der untersuchten Briefe zumeist dem kleinbürgerlichen Milieu und damit nur einer Teilmenge der soziodemographischen Zusammensetzung der Wehrmacht angehörten. Klaus Latzel resümiert die Ergebnisse seiner mentalitätsgeschichtlichen Untersuchung:

»Gewiß zogen diese Soldaten auf Befehl in den Krieg aber die Art und Weise, in der sie versuchten, sich und ihren Angehörigen ihre Situation und ihr Handeln plausibel zu machen, war zu sehr von nationalsozialistischer Wirklichkeitsdeutung durchtränkt, als daß man das Verhältnis auf eines von Befehl, Gehorsam und Pflichterfüllung reduzieren könnte[528].«

Dabei betont ein anderer methodischer Ansatz, daß für das konkrete Alltagshandeln der Soldaten gerade das relevant gewesen sein könnte, was die Betroffenen beim Abfassen von Feldpostbriefen gar nicht artikulieren konnten oder wollten. Der über die Dauer des Krieges zu beobachtende Rückgang aggressiver und von Rachegefühlen motivierter Briefäußerungen läßt sich auch als ein Indiz dafür deuten, daß sich die Soldaten der sie umgebenden Lebenswirklichkeit anpaßten. Man gewöhnte sich an die primitiven Lebensbedingungen, die permanent und unmittelbar erfahrbare Realität des Krieges in Gestalt von Tod und Zerstörung, die Erosion der kulturellen Einbindung (z.B. den Verlust des Zeitgefühls) und entwickelte eine zunehmende Apathie gegenüber dem Leiden[529].

Selbst einer noch so nationalsozialistisch gefärbten Wirklichkeitsdeutung mußte nicht automatisch auch ein handlungsrelevantes Motivationspotential innewohnen[530]. Indem Ideologie, langfristig tradierte kulturelle Vorstellungen und sozialpsychologische Erklärungsmuster in ein interdependentes Beziehungsgefüge zueinander gesetzt werden, betrachten kulturgeschichtliche Ansätze die Wehrmacht als einen aus kleineren Subsystemen zusammengesetzten Organismus, aus dem sich wiederum ein Erklärungswert für die relative Konsistenz der militärischen Organisation ableiten läßt. Über die negativen Bezugspunkte des militärischen Herrschaftssystems, die materiellen Entbehrungen, die körperlichen Risiken und die emotionale Depravierung und Isolation, denen die Soldaten ausgesetzt waren, so die These von Thomas Kühne, konstituierte sich ein (nicht nur für die Wehrmacht typischer) Kameradschaftskodex mit dem Kristallisationskern des Gruppenzusammenhalts und -erhalts. Die Erinnerung an den Ersten Weltkrieg und die nationalsozialistische Propaganda ergänzten sich wechselseitig in der Vermittlung eines Kameradschaftsverständnisses, das sozial, funktional und temporär unterschiedlich stark ausgeprägt war[531]. In der zufällig konstituierten Schicksalsgemeinschaft der kleinen Gruppe konnte die Kameradschaft vielfältige, integrative emotionale Funktionen entwickeln und für viele zu einer Art Familienersatz werden. Eine eigendynamische Abschottung gegenüber der totalen Vereinnahmung und Instrumentalisierung durch das NS-Regime schuf einen beschützten Raum,

---

[528] Ebd., S. 371 f.
[529] Vgl. Humburg, Das Gesicht des Krieges, S. 210 ff.
[530] Vgl. Lipp, Diskurs, S. 219.
[531] Vgl. Kühne, Kameradschaft, S. 528.

unter Umständen sogar ein Refugium für kritische Gedankenäußerungen. Gerade in den Unabwägbarkeiten des Zusammenbruchs konnte der Gruppenzusammenhalt dem Einzelnen Orientierung und Halt geben oder gegenseitige Unterstützung bei der Sicherung des täglichen Überlebens leisten. Doch in- und externer Konformitätsdruck ließ die Gruppenzugehörigkeit schnell und unberechenbar in eine Zwangsgemeinschaft umschlagen[532]. »Die Bindung an die *Neben*gesetzten« empfand ein Soldat »oft viel größer als der Zwang, den die *Vor*gesetzten ausübten[533].«

c) Die Reaktionen des Regimes auf die Erschütterungen der militärischen Ordnung

Ein methodisch ausgefeiltes Instrumentarium mag den Historiker dazu befähigen, die Wirklichkeitswahrnehmung der Betroffenen zu erfassen und zu analysieren. Doch aus den daraus gewonnenen Ergebnissen läßt sich nicht ohne weiteres auf eine Verhaltens- oder sogar eine konkrete Handlungsrelevanz schließen. Menschliche Wahrnehmungs- und Handlungsweisen sind in weiten Teilen von Inkonsistenz geprägt. Alf Lüdtke warnt davor, die Subjektivität überhaupt einer größeren und langfristig wirksamen Strukturierung unterwerfen zu wollen: »Menschen operieren parallel auf unterschiedlichen Ebenen und nicht gleichsam auf einem Gleis. [...] Das Bild des sich hin- und herwindenden Mäanders mag diese unkalkulierbar-sprunghafte Variationsbreite näherungsweise treffen[534].« Auswirkungen auf das konkrete Alltagsverhalten der Wehrmachtsoldaten hatten nicht nur mentale und kollektive Sinnstiftungsprozesse, sondern auch der Umstand, welche Handlungschancen und –grenzen der Einzelne erkannte. Insbesondere das System der militärischen Ordnung bzw. die von ihm ausgehende Repression schränkte die Handlungsautonomie des Individuums ein.

Mit der Wende des Krieges und der damit einhergehenden pausenlosen Kette militärischer Rückschläge sah sich die Wehrmachtführung immer wieder mit zeitlich und örtlich begrenzten Zusammenbrüchen der militärischen Ordnung konfrontiert. Zwischen Jahresanfang 1943 und Sommer 1944 erließ die Wehrmachtspitze insgesamt zehn Grundsatzbefehle, die in der Hauptsache die Erhaltung der militärischen Disziplin während größerer Absetzbewegungen zum Gegenstand hatten[535]. Mit der Bildung von Feldjägerkommandos schuf das Regime zu Jahresbeginn 1944 ein zentrales Machtinstrument, um »auf Befehl des Führers [...] im rückwärtigen Gebiet kurzfristig und vollständig, notfalls mit rücksichtslosen Mitteln bis zum sofortigen Waffengebrauch, die militärische Zucht und Ordnung in jeder Lage aufrecht zu erhalten[536].« Hunderte Kilometer von den Reichsgrenzen

---

[532] Vgl. Kühne, Gruppenkohäsion, S. 548.
[533] Prahm, Ungehorsam, S. 20.
[534] Lüdtke, Alltagsgeschichte, S. 566 f.
[535] Siehe dazu die Zusammenstellung des Chefs Wehrmachtrechtswesen vom 9.8.1944. BA-MA, RW 4/v.709.
[536] OKH/Chef H Rüst u BdE/Stab/Ia (2) Nr. 7378/44 vom 15.9.1944, wiedergegeben in: Allgemeine Heeresmitteilungen 1944, Nr. 585.

entfernt, blieben diese vom Regime wachsam registrierten Auflösungserscheinungen den Augen der Öffentlichkeit zunächst noch weitgehend verborgen.

Im Frühsommer 1944 richtete sich deren Aufmerksamkeit gebannt auf die Abwehrkämpfe in der Normandie[537]. Erst langsam fand der Zusammenbruch der Heeresgruppe Mitte Eingang in das Bewußtsein der Bevölkerung. Mit drastischen Worten beschrieb der Kommandeur der bei der Heeresgruppe eingesetzten 18. Flakdivision (mot.) die chaotischen Verhältnisse, die sich in diesen Tagen und Wochen an der Ostfront abspielten:

»Hat die Fronttruppe trotz aller Abnutzungs- und Ermüdungserscheinungen und gelegentlichen Versagens noch tapfer gekämpft und das Menschenmögliche geleistet, obwohl sich teilweise mangelnder Einsatzwille zeigte – bedingt durch die lange Dauer des Krieges und den Bombenterror in der Heimat, sowie durch das Gefühl der eigenen und materiellen Unterlegenheit, vornehmlich luft- und panzermäßig, und weil auch die deutsche Wehrmacht nicht nur aus Helden besteht und nur vereinzelt ›fanatisch‹ kämpft – so war die Haltung der rückwärtigen Dienste für soldatische Begriffe durchweg beschämend; sie kam oft einer völligen Auflösung gleich. Trosse und rückwärtige Dienste haben sich als völlig kampfunbrauchbar und kampfunwillig erwiesen. [...] Die rücksichtslos überholenden und umfassenden Angriffsspitzen des Feindes, sowie die Einwirkung durch Banden und die fortgesetzten Luftangriffe auf die Marschstraßen bei Fehlen jeglicher deutscher Jagdabwehr, ließen die Moral auf ein Mindestmaß herabsinken. Die Furcht vor den feindlichen Fliegern wurde zur Angstpsychose und trieb die Leute selbst bei Annäherung eines ›Storches‹ in volle Deckung. [...] Geräte und Fahrzeuge aller Art wurden einfach im Stich gelassen oder grundlos vernichtet und gesprengt, Waffen und Ausrüstungsgegenstände fortgeworfen; die Angst vor der Gefangennahme oder der damit gleichbedeutenden Verwundung ließen alle Zucht und Ordnung vergessen. Verwirrung und Zügellosigkeit des fluchtartigen Rückzuges wurden durch die Bewegungen der zurückgehenden Trecks der einheimischen Bevölkerung weiter verstärkt[538].«

Die Gerüchtebildung über das Geschehen im Osten, vor allem aber der optische Eindruck, den die ins Reich zurückflutenden Einheiten hinterließen, riefen in der Zivilbevölkerung nach den Feststellungen des SD eine Art »schleichender Panikstimmung« hervor[539]. Die Truppenteile und Einzelpersonen der Wehrmacht, die ab Herbst 1944 auch aus dem Westen die Reichsgrenzen überschritten, erweckten nicht nur mitleidige Besorgnis. Die systemdestabilisierende Wirkung der Rückzugs- und Zusammenbruchserscheinungen erinnerten Goebbels an das Kriegsende 1918:

»Damals hat die Heimat die Truppe verdorben; jetzt darf nicht etwa die Truppe die Heimat verderben. Denn wir dürfen ja nicht vergessen, daß die Truppe jetzt in immer nähere Reichweite der deutschen Reichsgrenze kommt und daß alle Vorgänge an der Front auch einen unmittelbaren Rückschlag in der Heimat mit sich bringen[540].«

---

[537] Vgl. Bayer. HStA, StK 6695: Monatsbericht des Regierungspräsidenten in Augsburg vom 15.7.1944.
[538] BA-MA, RL 7/522: Bericht des Kommandeurs der 18. Flakdivision (mot) vom 26.8.1944.
[539] Siehe dazu die Meldungen aus den SD-Abschnitten vom 22. Juli 1944, wiedergegeben in: Meldungen aus dem Reich, Bd 17, S. 6651 ff.; Bayer. HStA, StK 6695: Monatsbericht des Regierungspräsidenten in München für August vom 6.9.1944.
[540] Goebbels, Die Tagebücher, Bd 13, Eintrag vom 3.8.1944, S. 206 f.

Der ostpreußische Gauleiter Erich Koch hatte sichtliche Schwierigkeiten, das Bild der geschätzten 200 000 Wehrmachtangehörigen, die Anfang August 1944 in sein Herrschaftsgebiet zurückfluteten, in Einklang mit den bis dahin kultivierten Vorstellungen zu bringen:

»Täglich erreichen mich [...] Klagen über die unerhörte Art, in welcher sich diese Soldaten benehmen. Sie sind sehr stark mit Angehörigen der Ostvölker durchsetzt. Diese laufen nun in den Straßen deutscher Städte barfuß und in deutscher Uniform herum. Brechen in die Gärten ein, belästigen Frauen und bilden eine Gefahr für Ruhe und Ordnung. [...] Aber nicht nur männliche Russen befinden sich bei diesen rückwärtigen Diensten, sondern auch russische Weiber, die von deutschen Offizieren und Mannschaft verwöhnt und verhätschelt werden. Diese Weiber sind entweder Nichtstuerinnen und Huren oder Agentinnen der Bolschewisten. Der Umgang mit diesen Ostvölkern hat nun auch die Truppe anscheinend vergessen lassen, daß sie sich nicht mehr in den besetzten Ostgebieten, sondern im Reich befinden. [...] Es ist an der Tagesordnung, daß die deutschen Soldaten in die Gärten und Wohnungen der Reichsdeutschen eindringen, dort versuchen, ihnen Möbel zu entwenden, die Gärten zu plündern, die Herausgabe von Radioapparaten zu verlangen usw.[541].«

Ideologische Prädispositionen ließen die Reaktionen des Regimes auf den fluchtartigen Rückzug der Wehrmacht aus Frankreich ungleich heftiger ausfallen, als dies der Fall bei zweifelsohne vergleichbaren Zuständen des Ostheeres war. Es war eine konsequente Verdrehung des Ursache-Wirkungs-Prinzips, mit dem Goebbels am 27. August 1944, als die Alliierten gerade einmal zweieinhalb Monate nach Beginn der Invasion Paris erreichten, eine Erklärung dafür fand, warum von Seiten der Wehrmacht kein nachhaltiger Widerstand aufgeboten wurde:

»Selbstverständlich hätte man in Paris mehr machen können, als wirklich dort gemacht worden ist. Unsere Etappenschweine, die sich vier Jahre saufend und völlernd herumgetrieben haben [sic!], sind natürlich die ersten gewesen, die die französische Hauptstadt verließen. Sie tauchen jetzt in wilden Karawanen in Lothringen auf [...] und bieten dort ein geradezu bejammernswürdiges Bild deuts[c]hen Verfalls. Es sind dieselben grauenhaften Szenen, wie wir sie oft bei Rückzügen im Osten erlebt haben[542].«

Sogenannte Etappenerscheinungen waren und sind ein strukturimmanenter Bestandteil jeder modernen, hochtechnisierten und funktional ausdifferenzierten Armee.

»Die durch die revolutionären Ereignisse von 1918 geprägte militärische und politische Führungselite des ›Dritten Reiches‹ empfand sie in erster Linie als sichtbaren Ausdruck einer zunehmenden, die politischen Verhältnisse destabilisierenden Kriegsmüdigkeit. Im Verständnis einer Ideologie, die nur den Kampf und den Kämpfer gelten ließ, sammelten sich in der Etappe bei rückwärtigen Stäben und Dienststellen minderwertige Soldaten«,

erklärt Bernhard R. Kroener den Konnex zwischen Organisationsstruktur und Ideologie. Unter den Bedingungen des ›totalen Krieges‹ wurden gerade die Angehörigen der rückwärtigen Dienste

---

[541] BA-MA, RH 19 II/203: Fernschreiben Kochs an Bormann vom 7.8.1944.
[542] Goebbels, Die Tagebücher, Bd 13, Eintrag vom 27.8.1944, S. 336. Zu den Vorgängen in Paris siehe auch Müller, Die Befreiung von Paris.

»zum negativen Gegenstück des Frontkämpfers stilisiert, wobei eine zunehmende Heroisierung des Kämpfers mit einer verstärkten Diffamierung frontfern eingesetzten Personals einherging. Das bereits negativ gedeutete ›Etappenschwein‹ wurde jetzt zum potentiellen Saboteur, den es letztlich zu vernichten galt[543].«
Kommandeure, denen die Erinnerung an den Zusammenbruch des Kaiserreichs präsent war, vertraten die Auffassung, »daß das Heer beim Rückmarsch 1918 nach der Revolution [...] eine Gardetruppe im Vergleich zu diesem flüchtenden Truppenhaufen gewesen« sei[544]. Durch die Ad hoc-Maßnahme, zurückgeflutete Einheiten und Verbände auf grenznahen Truppenübungsplätzen zu sammeln, um diese »unverzüglich wieder die Formen militärischer Ordnung annehmen [zu lassen], wie sie das deutsche Volk von seiner Wehrmacht erwartet«[545], ließ sich der desolate Zustand der Truppe nicht beheben. Mit dem Hinweis, daß »immer noch schwerste Klagen über disziplinlose Haufen, die sich nach Holland, bezw. Aachen und in die burgundische Pforte zurückwälzen,« eingingen, deren Haltung »derart schändlich [sei], daß mit Verseuchung der Westwallbesatzung und auch des Ersatzheeres zu rechnen« sei, wies Keitel den Kommandierenden General des im Westen eingesetzten Feldjägerkommandos III zu einer härteren Gangart an:

»Gegen Marodeure und feige Drückeberger einschl. Offiziere ist mit Standgerichten an Ort und Stelle schärfstens vorzugehen und angesichts der Soldaten sofort zur Abschreckung zu vollstrecken. Nur äußerste Rücksichtslosigkeit wird diesen die Heimat bedrohenden Verfall der Kriegsmoral aufhalten; durch Waffenanwendung in jeder Form muß hier aufgeräumt werden. Machen sie von Ihren Vollmachten rücksichtslosen Gebrauch[546].«

Nach dem Krieg kam dieser nicht an dem Eingeständnis vorbei, daß unter nationalsozialistischer Herrschaft für die von ihm geführte Organisation die Gefahr bestand, »eine militärische ›G.P.U.‹« zu werden[547]. Kesselring setzte in seiner Eigenschaft als OB West die Angehörigen der Wehrmacht-Ordnungstruppen selbst unter Druck, indem er anordnete, gegen diejenigen, die in den Verdacht kamen, ihre Aufgaben nicht in der »befohlenen Härte« zu erfüllen, standrechtlich vorzugehen[548]. Die unzulängliche personelle und materielle Ausstattung der Ordnungstruppen, insbesondere aber auch der Umstand, daß deren Angehörige mittels gesundem Menschenverstand durch das vom Regime ausgelegte normative Minenfeld navigierten, hatten zur Folge, daß der Disziplinierungsauftrag dieser Formationen nicht seine volle Wirkung entfaltete[549].

Realitätsverzerrung und Menschenverachtung führten zu sprachlichen Entgleisungen, die zu einem festen Bestandteil ungezählter Befehle, Erlasse und Fern-

---

[543] Kroener, »Frontochsen«, S. 383.
[544] BA, NS 19/1858: Aktennotiz vom 5.10.1944 über den Frontbesuch des Chefs des NS-Führungsstabes im Westen in der Zeit vom 22.9. bis 3.10.1944.
[545] BA-MA, RH 2/847b: Chef OKW/WFSt/Org Nr. 009680/44 gKdos. vom 10.8.1944.
[546] BA-MA, RW 4/v. 494: Chef OKW/WFSt/Org Nr. 0011082/44 gKdos. vom 10.9.1944.
[547] Zit. nach: Wilhelm Speidel, Kurze Denkschrift über meine Aufgabe als Befehlshaber Feldjägerkommando III von Mitte März 1945 bis Ende Juni 1945 (1948), S. 18. BA-MA, RH 48/60.
[548] BA-MA, RH 20-19/4: OB West/Ia Nr. 3209/45 gKdos. vom 22.3.1945.
[549] Siehe dazu die Auswertungen des Befehlshabers des Feldjg.Kdo. (mot) II (OKW)/Ia Nr. 996/45 g. vom 25.3.1945. VHA, Feldjg.Kdo. (mot) II (OKW), K3.

schreiben aller Führungsebenen wurden, und deren Furor zum Kriegsende hin kulminierte. Himmlers Diktion, daß durch »Auffangkommandos [...] aus brutalsten Kommandeuren [...] rücksichtslos alles, was das Maul aufmacht, erschossen werden« müsse[550], unterschied sich in seiner Radikalität nur graduell von Guderians Befehl an die Heeresgruppe Nord, »Feiglinge rücksichtslos zu erschießen«[551]. Im Spätsommer 1944 legte ein Erlaß Keitels die Truppenbefehlshaber bindend darauf fest, Auflösungserscheinungen bei Absetzbewegungen »für die Zukunft von vornherein im Keime zu ersticken«: Vorgesetzte wurden dazu verpflichtet, jedes Anzeichen, was die Kampfmoral der Truppe gefährdete oder Auflösungserscheinungen förderte, mit Waffengewalt zu bekämpfen. In erster Linie bedrohte diese Anordnung Offiziere und Unteroffiziere, »die der Feigheit schuldig sind, die ihre Pflicht als Truppenführer schwer verletzen, anvertrautes Wehrmachtgut im Stich lassen, in ihrer soldatischen Haltung versagen, oder sonst das Ansehen der Wehrmacht schwer beschädigen.« Gerichts- und Standgerichtsherren wurden dazu angehalten, bei solchermaßen festgestellten Vergehen das Todesurteil unmittelbar zu bestätigen und sofort zu vollstrecken[552]. Im Kern entsprach dies Befehlen zur Aufrechterhaltung der Manneszucht, die bereits 1943 erlassen worden waren. Der Chef des Wehrmachtrechtswesens führte die Ursache, warum diese in der Vergangenheit nicht konsequent angewandt wurden, neben dem mangelnden Bekanntheitsgrad der Erlasse insbesondere auf die fehlende Bereitschaft von Vorgesetzten zurück, »unmittelbar mit der Waffe durchzugreifen« und verband damit die Forderung, »daß endlich die Vorgesetzten zur Rechenschaft gezogen werden, die pflichtwidrig nicht eingreifen[553].« Eine »radikale zweckorientierte politische Rechtsauffassung« brach sich Bahn[554]. Disziplinierungs-Erlasse, die beispielsweise Schörners Felddruckerei in einzigartiger Zahl und Papierqualität (Zur gleichen Zeit wurde die Herstellung und Verbreitung von Propagandamaterial wesentlich von einem sich verschärfenden Papiermangel beeinträchtigt!) herstellen ließ, trieben die unterstellten Organe der Militärjustiz zu weiterer Radikalität in der Urteilssprechung an. Anfang Oktober skandierte Schörner:

»Der Sinn dieses Befehls ist, ohne formal-juristische Bedenken oder Umständlichkeiten Recht zu sprechen und zu urteilen nach den harten Notwendigkeiten des asiatischen Krieges. Wir sind dies unserem tapferen Frontsoldaten schuldig, der endlich wissen muß, daß jeder Feigling wie jeder Unbeteiligte am Krieg sowieso sein Leben verwirkt hat. [...] Der Richter ist Organ der militärischen Führung[555].«

Die im Januar 1945 vom OKW herausgegebenen »Bestimmungen über das Verhalten von Offizier und Mannschaften in Krisenzeiten« weiteten die Pflicht zum Waffengebrauch, zur Festnahme und zur Berufung von Standgerichten bei Auflösungserscheinungen noch stärker aus. Gegen »haltlose Elemente, die durch Verletzung ihrer Dienstpflichten oder durch andere Straftaten die Kampfmoral der

---

[550] Zitate aus einem Schreiben Himmlers an SS-Gruf. Fegelein vom 26.7.1944. BA, NS 19/3910.
[551] BA-MA, RM 7/162: 1/Skl. Ia Nr. 28627/44 g. vom 26.7.1944.
[552] BA-MA, RW 4/v. 722: Chef OKW/WFSt/Qu 2 Nr. 0011538/44 gKdos. vom 23.9.1944.
[553] BA-MA, RW 4/v. 709: Chef Wehrmachtrechtswesen/WR (I/3) Nr. 697/44 g. vom 26.9.1944.
[554] Messerschmidt, Die Wehrmacht im NS-Staat, S. 379.
[555] BA-MA, RH 19 III/727: OB HGr. Nord/IIa Nr. 1700/44 g. vom 1.10.1944.

Truppe gefährden oder Auflösungserscheinungen begünstigen« hatte jeder erreichbare Vorgesetzte »unverzüglich mit äußerster Härte durchzugreifen«, sich dazu ggf. auch gegenüber gleichrangigen Offizieren in ein Vorgesetztenverhältnis zu setzen. Die Bestimmungen verpflichteten und ermöglichten [!], daß Offiziere und Unteroffiziere Waffengewalt unmittelbar dann anwendeten, wenn Soldaten sich einem Vorgesetzten tätlich widersetzten, den Befehl zum Beziehen einer Stellung nicht befolgten, bei drohenden Auflösungserscheinungen den Gehorsam verweigerten, ohne ihre Waffen die Stellung verließen bzw. diese gegen einen Befehl zerstörten oder zum Feind überliefen. Kompetenzübertretungen wurde – ungeachtet der damit möglicherweise verbundenen Folgenschwere – ausdrücklich Straffreiheit in Aussicht gestellt. Diese Bestimmungen waren den Soldaten »einzuhämmern«; Vorgesetzte, die gegen diese vor den Soldaten öffentlich bekanntzugebenden Grundsätze verstießen, sollten ebenfalls bei den zuständigen Gerichts- und Standgerichtsherren angezeigt werden[556].

Beispiele belegen, wie konsequent diese Befehle bis auf Verbandsebene umgesetzt wurden. »Wir dürfen die Augen nicht davor verschließen«, so Schörner Ende Januar 1945 in einem Befehl an die Oberbefehlshaber der im Bereich der Heeresgruppe Mitte eingesetzten Armeen,

> »daß es an *einigen* Frontabschnitten nicht nur improvisierten Verbänden am festen Willen fehlt, ihre Stellung mit dem Einsatz des Lebens zu halten. Und was noch schlimmer ist: Daß es [...] Vorgesetzten an der nötigen Zivilcourage [sic!] mancherorts fehlt, dazwischenzuschlagen. [...] Die Zahl derjenigen, die einfach abgehauen sind, ist *sehr* groß. Schließlich müssen wir unserem tapferen Frontsoldaten, der vorne eisern hält, den Beweis liefern, daß er nicht wie 1918 der Dumme ist, während jeder Feige und Schlaue sein Leben konservieren [sic!] kann, weil nicht *jeder* deutsche Offizier mannhaft eingreift[557].«

Einem Befehl der 19. Armee vom Februar 1945 zufolge hatte es »Gemeingut aller Soldaten« zu werden, daß Offiziere und Unteroffiziere, die selbst mit Blick auf die Kriegslage und die Verfassung der Truppe im sechsten Kriegsjahr den Anzeichen von Disziplinlosigkeit nicht mit der erwarteten Härte entgegentraten, nicht mehr würdig waren, Vorgesetzte zu sein. Die Diktion dieses Befehls folgte ebenso wie die darin enthaltene Ankündigung, »solche Schwächlinge werden rücksichtslos ausgemerzt«, der sozialdarwinistischen Logik des Regimes[558].

d) Momentaufnahmen von einer zusammenbrechenden Armee

Die Erosion der militärischen Ordnung nahm viele Formen an. Auch waren die Möglichkeiten für Soldaten, sich dem Dienst einer als aussichtslos oder als verbrecherisch erkannten Sache zu verweigern, in unterschiedlichem Ausmaß vorhanden. Zwischen Gehorsamsverweigerung, Erschöpfungszuständen und individuellen Überlebensstrategien ist häufig keine scharfe Trennlinie zu ziehen. Eine wichtige

---

556 BA-MA, RW 4/v. 709: Chef OKW/WR (I/3) Nr. 101/45 g. vom 28.1.1945.
557 BA-MA, RH 7, H 4/15: Befehl Schörners vom 29.1.1945.
558 BA-MA, RH 20-19/196: AOK 19/Oberbefehlshaber/Ia Nr. 1220/45 g. vom 20.2.1945.

Voraussetzung für das tiefere Verständnis des inneren Gefüges der Wehrmacht sind die bisweilen gegensätzlichen Situationen, denen sich die Soldaten ausgesetzt sahen. Die Stationierung im Reichsgebiet unterschied sich von den Lebensbedingungen der Besatzungsherrschaft beispielsweise in Dänemark, Norwegen oder Italien. Diese wiederum wichen gravierend von der Lage derjenigen Soldaten ab, die an den Rückzugskämpfen auf dem Balkan beteiligt waren oder sich zum Zeitpunkt der Kapitulation in einer als subjektiv empfundenen feindlichen Umwelt befanden wie etwa die Soldaten der Heeresgruppe Mitte, die auf heutigem tschechischen Gebiet die Waffen niederlegten. Nochmals anders war die Situation der Soldaten, die den eingeschlossenen Besatzungen der Kanalfestungen oder den von der Landverbindung abgeschnittenen Verbänden in Kurland und später in Ostpreußen angehörten. Die Lage von Soldaten, deren Lebensenergie durch einen physisch wie psychisch aufzehrenden Frontalltag absorbiert wurde, unterschied sich diametral von denjenigen, die in einer fast friedensmäßig arbeitenden Garnisonsdienststelle tätig waren. Und letztlich war es nicht weniger entscheidend – um damit die beliebig fortsetzbare Aufzählung hier zu einem Abschluß zu bringen – ob man sich im Chaos eines sich überstürzenden und in Bewegung geratenen Kampfgeschehens befand oder ob man sich den Verhältnissen eines tage- und wochenlangen Stellungskrieges anpaßte.

Die sommerlichen Abwehrkämpfe an der Ostfront führten nach der Erinnerung des Oberbefehlshabers der 4. Armee nicht nur zu hohen Verlusten an Menschen und Material; sie griffen auch tief in das innere Gefüge der Truppen ein und erschütterten »ihre seelische Widerstandskraft«[559]. Die monatlichen Tätigkeitsberichte des im Rücken der Heeresgruppe Mitte eingesetzten Feldjägerkommandos (mot) II (OKW) eröffnen die Möglichkeit, die festgestellten oder als solche erkannten Fälle von Fahnenflucht und unerlaubter Entfernung als die offenkundigsten Arten militärischer Gehorsamsverweigerung in Relation zum organisatorischen Chaos des militärischen Zusammenbruchs zu setzen. In den wenigen Tagen vom 8. bis 24. Juli 1944 erfaßte das Kommando ca. 33 000 Soldaten, die wieder in die zertrümmerten deutschen Linien eingegliedert werden mußten. Dabei traten neun Fälle von Fahnenflucht, zweiunddreißigmal unerlaubte Entfernung und zweimal Wehrkraftzersetzung auf. Gegen zwölf Soldaten wurde die Todesstrafe verhängt[560]. Im darauffolgenden Berichtsmonat betrug die Zahl der vom Feldjägerkommando erfaßten Soldaten noch immer etwa 10 700, die Zahl der angefallenen Strafsachen wurde mit Fahnenflucht in neun, unerlaubte Entfernung in 26 und Zersetzung der Wehrkraft in fünf Fällen angegeben, die insgesamt mit 16 Todesurteilen geahndet wurden[561]. Ein Bericht der Heereswesenabteilung im OKH, der die Meldungen zur Lage der militärischen Sicherheit für die Monate November und Dezember 1944 zusammenfaßte, zeigt, daß diese Zahlen reprä-

---

[559] Hoßbach, Aus den Kämpfen der 4. deutschen Armee, S. 139.
[560] Vgl. VHA, Feldjg.Kdo. (mot) II (OKW), K1: Anl. 8 u. 10 zu Feldjg.Kdo. (mot) II (OKW)/Ia Nr. 150/44 gKdos. vom 8.8.1944.
[561] Vgl. VHA, Feldjg.Kdo. (mot) II (OKW), K1: Anl. 1 u. 7 zu Feldjg.Kdo. (mot) II (OKW)/Ia Nr. 182/44 gKdos. vom 9.9.1944.

sentativ für alle Kriegsschauplätze waren⁵⁶². Einer Ausarbeitung der Abteilung Wehrmachtrechtswesen im OKW zufolge wurden in der zweiten Jahreshälfte 1944 monatlich etwa 350 Wehrmachtangehörige wegen Fahnenflucht zum Tode verurteilt. Von den etwa 1200 neuen Meldungen, die jeden Monat eingingen, stellte sich dem Bericht zufolge ein großer Teil als irrtümlich heraus⁵⁶³. Im Februar 1945, nachdem die Rote Armee die Oderfront atomisiert hatte, erfaßte die Auffangorganisation des zuvor erwähnten Feldjägerkommandos insgesamt 135 694 Urlauber, Versprengte, wehrfähige Zivilpersonen oder Soldaten in geschlossenen Einheiten und Splittergruppen. Nach Einschätzung des Kommandobefehlshabers war der »Anfall von Straftaten wegen unerlaubter Entfernung, Fahnenflucht, Feigheit und Plünderung [...] im Verhältnis zu der Stärke der kämpfenden Truppe und unter Berücksichtigung der militärischen Lage nicht außergewöhnlich«: Von 32 verhängten Todesurteilen wurde die Strafe in 24 Fällen vollstreckt. In weiteren 22 Fällen wurden Soldaten *ohne* ein gerichtliches Verfahren erschossen⁵⁶⁴.

Ein überdurchschnittlich hoher Anteil der Verdachtsmomente auf Fahnenflucht und des Überlaufens entfiel auf Soldaten, die aus den vom Reich annektierten Gebieten stammten. 1944 dienten über 760 000 dieser Soldaten in der Wehrmacht, etwa acht Prozent der Gesamtstärke. Besaßen viele der nach verschrobenen rassepolitischen Kriterien der Deutschen Volksliste III Zugeordneten ohnehin keine emotional enge Bindung zum deutschen Volkstum, so erschwerten überdies Sprach- und Erfahrungsbarrieren die Integration dieser Soldaten in Einheiten, welche überwiegend aus (Reichs-)Deutschen bestanden⁵⁶⁵. Die 79. Volksgrenadierdivision gehörte zu den zahlreichen Verbänden, die in der zweiten Jahreshälfte 1944 regelrecht aus dem Boden gestampft wurden: Der Anfang September 1944 in Thorn/Westpreußen aufgestellte Verband wurde am 11. Dezember nach Westen abtransportiert, um zum Jahreswechsel 1944/45 in Luxemburg im Bereich der Heeresgruppe B eingesetzt zu werden. Ein Teil des Personalbestandes der Division setzte sich aus Rekruten zusammen, die in Eupen-Malmedy, Luxemburg, Lothringen und Danzig-Westpreußen rekrutiert und erst kurz vor der Verlegung des Verbandes eingegliedert worden waren. In den nur zweieinhalb Wochen ihres ersten Einsatzes hatte die Division nicht nur 300 Gefallene und 995 Verwundete zu verzeichnen, weitere 495 Soldaten galten als vermißt und damit potentiell in Kriegsgefangenschaft geraten, insgesamt 57 Überläufer wurden festgestellt. Die Division führte die ungewöhnlich hohe Zahl der Überläufer weniger auf die regionale Herkunft ihrer Soldaten zurück. Die geringe Kampferfahrung, fehlende Winterbekleidung, das unübersichtliche Gelände der Eifel, deren harter Felsboden überdies das ›Eingraben‹ zum Schutz vor der feindlichen Waffenwirkung erschwerte, die materielle Überlegenheit des Feindes und dessen Propaganda, die psychischen

---

562 Vgl. VHA, Feldjg.Kdo. (mot) II (OKW), K3: OKH/Heereswesen-Abt. beim General z.b.V. beim OKH, Az.: Abwehr Nr. 110/45 gKdos. vom 1.2.1945.
563 Vgl. BA-MA, RW 4/v. 725: WR (II/6b) Nr. 1227/44 g. vom 26.11.1944.
564 Vgl. VHA, Feldjg.Kdo. (mot) II (OKW), K3: Feldjg.Kdo. (mot) II (OKW)/Ia Nr. 60/45 gKdos. vom 22.3.1945.
565 Zu diesem wenig beachteten Problem der sozialen Ungleichheit in der Wehrmacht siehe Kroener, »Menschenbewirtschaftung«, S. 982 f.

Belastungen der Soldaten durch die Gedanken an die vom Bombenkrieg bedrohten Familienangehörigen oder das Ausbleiben von Nachrichten, aber auch die Unerfahrenheit und mangelnde Fähigkeit der vorgesetzten Unteroffiziere und Offiziere begünstigten nach Einschätzung der Divisionsführung den geringen inneren Zusammenhalt des Verbandes[566].

Bei oberflächlicher Betrachtung erscheint die Zahl der registrierten und in der Aktenüberlieferung dokumentierten Fahnenfluchtfälle gering, insbesondere dann, wenn diese ins Verhältnis zur personellen Stärke der Wehrmacht und zum Ausmaß der militärischen Zusammenbrüche gesetzt wird. In die Zahl der bis zum Kriegsende wegen Fahnenflucht verurteilten Soldaten flossen jedoch nicht die sogenannten flüchtig Beschuldigten ein, d.h. Wehrmachtangehörige, deren tatsächliche oder vermutete Flucht zwar an die Militärgerichte gemeldet wurde, deren Verbleib jedoch unbekannt war. Durch die Interpolation von Überlieferungsfragmenten hat Fritz Wüllner die Zahl der Fahnenflüchtigen bis zum Jahresende 1944 auf insgesamt mindestens 300 000 hochgerechnet[567]. Eine Vielzahl der in den vergangenen Jahren angefertigten Detailstudien zu abweichendem Verhalten und soldatischer Verweigerung läßt in der Summe deutlich werden, daß nur bei einer Minderheit straffällig gewordener Soldaten die direkte Opposition aufgrund politischer oder religiöser Prägung das Hauptmotiv bildete. In stärkerem Maße führten durch soziale Milieus vorgeprägte moralische Normen und Urteilskriterien dazu, eine innere Distanz zur nationalsozialistischen Herrschaft aufzubauen. Auslösendes Moment waren vielfach persönliche Sorgen und Nöte (Heimweh, Sehnsucht nach einer Frau etc.) oder die Angst vor einer Versetzung an die Ostfront[568]. Die Disziplinierungsorgane im Bereich der Heeresgruppe Mitte stellten im Dezember 1944 fest, daß ein großer Teil der registrierten Fälle von Fahnenflucht und unerlaubter Entfernung darauf zurückzuführen war, daß Soldaten die gewährte Urlaubsdauer um einen oder mehrere Tage überschritten oder ihre Urlaubsscheine abänderten[569]. Geringfügige Delikte wie unerlaubte Entfernung von der Truppe, Urlaubsübertretungen, Wachverfehlungen oder Gehorsamsverweigerung nahmen zum Kriegsende hin zu. Insbesondere jüngere Soldaten gerieten in eine Konfliktspirale mit dem militärischen Disziplinierungsapparat, dessen repressive Praxis am Ende selbst den Entschluß zur Fahnenflucht auslöste.

Ein engmaschiges Geflecht institutioneller sowie sozial und kulturell abgesicherter Konformitätszwänge begrenzte die individuelle Entscheidungs- und Handlungsautonomie der Soldaten. Dieses Ergebnis der militärischen Gehorsamsproduktion wurde von Vereinzelung flankiert[570]. Personelle Fluktuationen und die damit verbundene buntscheckige Zusammensetzung der Verbände aus oberflächlich ausgebildeten Rekruten überwiegend jüngster und älterer Jahrgänge, ›Ausgekämmten‹, kurzfristig Zugeteilten, aufgegriffenen Versprengten und Ange-

---

566 79. VGD/Abt Ia/IIa vom 16.1.1945. BA-MA, RH 26-79/97.
567 Vgl. Wüllner, Die NS-Militärjustiz, S. 446, 461.
568 Vgl. Ziemann, Fluchten.
569 Vgl. VHA, Feldjg.Kdo. (mot) II (OKW), K2: Feldjg.Kdo. (mot) II (OKW)/Ia Nr. 5/45 gKdos. und Anl. 5 vom 9.1.1945.
570 Vgl. Bröckling, Disziplin, S. 277 ff.

hörigen in Notlagen zusammengewürfelter sogenannter Alarmeinheiten reduzierten die Möglichkeiten zur Ausbildung stabiler zwischenmenschlicher Beziehungen. Wie viele Soldaten litten bei einer nur formellen und oberflächlichen Integration in den militärischen Alltag einer Einheit unter einer persönlichen Vereinsamung, welche die angesichts der Kriegslage ohnehin vorhandenen psychischen Belastungen noch verstärkte? Die ersten Kampfeindrücke wirkten auf junge oder unerfahrene Rekruten wie ein Schock. Hinzu kam der Faktor Angst über eine Kriegführung im Osten, deren Ursachen den Soldaten in unterschiedlichem Maße bewußt waren, deren praktische Folgen den Kriegsalltag aber in jedem Fall dominierten. Die nachstehenden Erinnerungen eines Marineoffiziers über seine Eindrücke während einer Zugreise durch das Reichsgebiet am Ende des Jahres 1944 vermitteln nicht nur ein Bild von den herrschenden psychischen Anspannungen unter den Soldaten. Sie zeigen zugleich, wie gegensätzlich die Wahrnehmungen der Kriegsrealität zwischen Front und Heimat, ja sogar abhängig von der Zugehörigkeit zum Wehrmachtteil sein konnten:

»Eine Reise nach Süddeutschland in diesen Wochen war fürchterlich. Sie gab mir einen tiefen Einblick in die tatsächliche Gegenwart, wie wir sie im fernen Memel und dem nur wenig näheren Gotenhafen gar nicht erfassen konnten. Neben unendlichen Aufenthalten auf freien Strecken während gerade gemeldeten Luftangriffen, Jabo-Beschuß bei der Annäherung an Würzburg, völlig überfüllten Abteilen, fast stündlichen Kontrollen und Marschbefehle durch Feldgendarmerie waren die Unterhaltungen der Mitreisenden, fast ausschließlich Frontoffiziere, tief pessimistisch, ja zum Teil auch verzweifelt. Das war besonders auf der Rückfahrt der Fall, wo fast alle an die Front gegen die Russen bestimmt waren. Ich sperrte Mund und Nase auf, um alle Erzählungen in ihrer Tragweite zu erfassen und spürte, daß wir innerhalb der Marine bisher immer noch auf einer einsamen Insel gelebt hatten. Hier sprach aber die Front eine unmißverständliche Sprache, eine Sprache gegen die Partei, insbesondere gegen die ›Goldfasanen‹, denen sie den Vorwurf wohl zu Recht machten, schuld zu sein an dem Partisanenunwesen, das hinter der Front durch falsche Behandlung der Bevölkerung entstanden sei und jetzt nicht mehr einzudämmen war. Grausige Geschichten über deren Kampfmethoden wurden erzählt, noch grausigere über die notwendigen Vergeltungsschläge hinter allen Fronten im Osten vom Baltikum bis nach Griechenland und Bulgarien[571].«

Die Widerstandskraft der Roten Armee, die sich zur bedrohlich-offensiven Kraft gewandelt hatte, und der Partisanenkrieg schienen das von der politisch-militärischen Führung vorgegebene Bild von der ›Hinterhältigkeit der bolschewistischen Kriegführung‹ zu bestätigen und machten damit die Erfordernis des Weltanschauungskrieges plausibel. Das Paradoxon des überlegenen ›Untermenschen‹-Gegners rief bei vielen Wehrmachtsoldaten Vernichtungsangst und eine innere Betroffenheit über die eigene, als aussichtslos empfundene Situation hervor[572]. »Und dann waren das ja Untermenschen«, hatte ein Offizier der Panzertruppe

---

[571] Merten, »Nach Kompaß«, S. 386.
[572] Vgl. Stenzel, Das Rußlandbild, S. 135.

selbstkritisch seine Gefühlslage und das Bild des Gegners bereits während der ersten Monate des Ostkrieges reflektiert[573]:

> »Ein Rassen-Mischmasch. Fanatisiert von Kommissaren. A propos Kommissare. Die mußte man aussondern, von den übrigen Gefangenen trennen, unschädlich machen. ›Sofort zu erschießen‹ lautete der Befehl. Er wurde in der Truppe bekannt gegeben. Nicht überall ausgeführt. Aber die Stimmung war da. Die Stimmung stimmte. Diese Mischung aus Überlegenheitsgefühl, Verachtung, Sendungsbewußtsein, und ein bißchen Angst, besser nicht in ihre Hände zu fallen.«

Zur Überzeugung, persönlich ›anständig‹ gekämpft zu haben, gesellte sich das Wissen um den Charakter der Kriegführung:

> »Ich zweifle nicht, daß viele, zu viele davon wußten. Es sprach sich herum. Man machte ›Judenwitze‹. Die Reichseinheitsseife, die die Soldaten benutzten [...], trug die sibyllinischen Buchstaben ›RIF‹, von den Landsern mit ›Reines Judenfett‹ interpretiert. Ich habe persönlich keiner Exekution beigewohnt. Unerhörter Glücksfall. Ich habe auch nie eine durchführen müssen. Rußland war groß und man konnte nicht alles sehen. Aber es wurde kolportiert, wie Juden in den ukrainischen Städten und Orten zusammengetrieben, abtransportiert wurden. Wie man Schüsse aus dem benachbarten Wald hörte, die sich keiner zu erklären wußte.«

Die spezifischen Erfahrungen des Ostkrieges verdichteten sich bei den Soldaten zu einer emotionalen Gemengelage aus Angst, Rache und dem Gefühl des Verlorenseins, verbunden mit dem Empfinden, in eine atavistische, vormoderne Zeit versetzt zu sein[574]. Im Februar 1945 verbot die Heeresgruppe Weichsel den unterstellten Armeen, bei der Einnahme von Ortschaften und bei Stoßtruppunternehmen das »Niedermachen der Gefangenen in Frontnähe, da die Zivilbevölkerung nachher dafür büßen muß.« Zum Ausdruck kam hier die Praxis einer Kriegführung, die ›keine Kameraden‹ kannte[575]. Es dürfte kein Zufall gewesen sein, daß die in Kurland eingeschlossene Heeresgruppe Nord Anfang November 1944 das quartalsweise Ansteigen der Selbstverstümmelungsfälle um 180 Prozent, im Vergleich zum Vorjahr sogar um das Vierfache, beobachtete[576].

Die personellen Ausfälle der Wehrmachtverbände stiegen mit jedem Monat, den der Krieg fortdauerte. Doch im Chaos des Zusammenbruchs ließ sich in vielen Fällen keine klare Trennlinie ziehen zwischen denen, die sich mehr oder minder widerstandslos hatten gefangennehmen lassen und anderen, die sich von ihrem Truppenteil willentlich abgesetzt hatten. Anders als im Osten wirkte sich die Erwartung vieler Wehrmachtsoldaten, bei einer Gefangennahme durch Amerikaner und Briten im Einklang mit dem Kriegsvölkerrecht behandelt zu werden, nachhaltig schwächend auf die Bereitschaft aus, den Kampf verbissen bis zum Äußersten fortzusetzen. Die Bombardierung Dresdens löste eine der vielen spontanen Eruptionen blindwütiger Raserei bei Hitler und seiner Umgebung aus. Einzelne Ver-

---

[573] Kageneck, In Zorn und Scham, S. 69, 84 f. Vgl. in diesem Zusammenhang auch die eindringlichen Selbstzeugnisse von Hosenfeld, »Ich versuche jeden zu retten« und Reese, Mir selbst seltsam fremd.
[574] Lucas, War on the Eastern Front, S. 30 f.
[575] BA-MA, RH 19 XV/5: Weitergabe eines entsprechenden ›Führerbefehls‹ durch die HGr Weichsel vom 16.2.1945.
[576] Vgl. BA-MA, RH 19 III/727: Erlaß Schörners vom 10.11.1944.

treter der Führungsriege des Regimes plädierten für ›Vergeltungsmaßnahmen‹, etwa durch Lynchen abgeschossener oder notgelandeter Flieger oder durch den Austritt aus der Genfer Konvention. Dadurch sollte der Gegner provoziert und im Gegenzug den deutschen Soldaten der freiwillige Weg in westliche Gefangenschaft versperrt werden[577].

Mit subtilen Maßnahmen versuchte das Regime, die Verweigerung der Soldaten zu unterdrücken. Diejenigen, die in Kriegsgefangenschaft »Landesverrat« begingen, sollten in Abwesenheit zum Tode zu verurteilt und die Angehörigen für das Einzelverhalten haftbar gemacht werden[578]. Ein Befehl Hitlers vom 8. März 1945 ordnete an, gegen die Angehörigen von Soldaten, die in Kriegsgefangenschaft gerieten, »ohne [dabei] verwundet [worden] zu sein oder nachweisbar bis zum Äußersten gekämpft zu haben«, die Sippenhaftung zu verhängen[579]. Einer Meldung vom Stab des Festungskommandanten im eingeschlossenen Brest zufolge hinterließ die öffentliche Ankündigung, die Namen aller Überläufer würden in die Heimat gefunkt, diese bei dem Versuch der Rückkehr nach Deutschland vor ein Kriegsgericht gestellt und erschossen und den Angehörigen jegliche staatliche Unterstützung entzogen, bei den Soldaten »einen tiefen Eindruck«[580]. Vermehrt wiesen Frontbefehlshaber aber auch darauf hin, daß derartige Androhungen gerade gegenüber Soldaten, deren Angehörige in den bereits vom Kriegsgegner besetzten Reichsgebieten lebten, wirkungslos verpufften[581]. Nach Meldungen eines im März im Oderabschnitt bei Eberswalde eingesetzten Frontaufklärungstrupps äußerten sich in Ostpreußen beheimatete Soldaten, »sie wüßten jetzt nicht mehr, für wen sie kämpfen sollten. Durch die Besetzung ihres Heimatgebietes hätten diese Soldaten die Verbindungen mit ihren Familien verloren und neigten auch dazu, sich dem Trunk zu ergeben[582].«

Die Wehrmachtkriminalstatistik weist bis Ende 1944 für den Bereich des Ersatzheeres eine drei- bis fünfmal höhere Zahl von Verdachtsmomenten wegen Fahnenflucht und unerlaubter Entfernung von der Truppe auf als im Feldheer[583]. Dieses läßt nicht nur vermuten, daß die Bereitschaft vieler in der zweiten Jahreshälfte 1944 im Zuge der Überprüfung und Aufhebung von Uk-Stellungen zur Wehrmacht Eingezogener überdurchschnittlich groß war, sich dem Krieg zu ver-

---

577 In der Lagebesprechung am 2.3.1945 erklärte Hitler: »Das ist das Produkt unserer humanen Konvention, unser Genfer Konvention, an der wir unter allen Umständen festhalten, weil sie ›kolossale Vorteile für uns bietet‹. Aus mit der Geschichte! Das ist das Entscheidende. Wenn ich aber jedem klarmache, daß ich keine Rücksicht auf Gefangene nehme, sondern daß ich die feindlichen Gefangenen rücksichtslos behandle ohne Rücksicht auf Repressalien, wird sich mancher überlegen, ob er ohne weiteres überläuft.« Hitlers Lagebesprechungen, S. 905.
578 Vgl. BA-MA, RW 4/v. 725: Chef OKW/WFSt/Qu 2/WR (I/3) Nr. 0793/45 g. vom 5.2.1945. Der Anstoß zu diesem Erlaß ging bereits im November 1944 auf Rundstedt als OB West zurück. Ebd.: Notiz Chef WR vom 5.11.1944. Siehe dazu auch die grundsätzlichen Überlegungen, niedergelegt in: Chef OKW/WFSt/Qu 2 Nr. 008246/44 gKdos. vom 7.11.1944.
579 BA-MA, RW 4/v. 572: Chef OKW/WFSt/Org Nr. 898/45 vom 8.3.1945.
580 BA-MA, RM 35 II/68: Bericht des Olt. Jenne, A II Seekommandant Bretagne über den Kampf um Brest, September 1944.
581 Vgl. BA-MA, RH 19 XII/25: OB HGr. G/Ia Nr. 818/45 gKdos. vom 18.2.1945.
582 BA-MA, RH 2/2129: Leitstelle III Ost für Frontaufklärung Nr. 3085/45 g., Lage vom 14.3.1945.
583 Vgl. Seidler, Fahnenflucht, Abb. 27 und 32.

weigern. Offenkundig zeigte sich auch der Dienst in den Garnisonen und Standorten des Ersatzheeres als ein von verläßlicher Routine geprägter Alltag, zudem in gewohnter und damit vertrauter, berechenbarer Umwelt. Auch diejenigen Soldaten des Feldheeres, die sich dem Kampfgeschehen zu entziehen beabsichtigten, profitierten von der Chaotisierung der Lebensverhältnisse und die um sich greifende Kriegsmüdigkeit in der Bevölkerung. Durch den Bombenkrieg verwüstete Großstädte, aber auch landschaftlich schwer zugängliche Regionen wie etwa die deutschen Mittelgebirge boten vielfältige Möglichkeiten, sich vor den Überwachungs- und Repressionsorganen des Regimes zu verbergen[584]. Das Verhältnis der Bevölkerung zu Deserteuren war ambivalent. Zahlenmäßig sind die Fälle direkter oder indirekter Unterstützung kaum abzuschätzen, obwohl die Gewährung von Unterschlupf, Lebensmitteln und Bekleidung und selbst nur das Wissen darum mit einem hohen persönlichen Risiko verbunden war. In der gesellschaftlichen Wirklichkeit fernab der Fiktion einer klassenlosen und egalitären Volksgemeinschaft blieb auch die politische Denunziationsbereitschaft bis in die Schlußphase der nationalsozialistischen Herrschaft ungebrochen hoch. Als Ausgleich für die selbsterfahrene soziale Benachteiligung oder aus einer Gefolgschaftstreue, die das bevorstehende Ende des Regimes nicht wahrhaben wollte, wurden Anzeigen in der Hauptsache wegen defaitistischer Äußerungen und ›Drückebergerei‹ vor dem Kriegsdienst erstattet[585]. Dabei fiel es parallel zur fortschreitenden staatlichen Desintegration immer schwerer, die Erscheinungen des organisatorischen Zusammenbruchs der Wehrmacht eindeutig identifizierbaren Mustern zuzuordnen. Denn ein in seinem Umfang beständig wachsendes Konglomerat von mehreren hunderttausend Wehrmachtsoldaten hielt sich als Dauerreisende im Reichsgebiet. Ein Teil dieser vom Regime selbst auf 500 bis 600 000 Soldaten geschätzten Masse – Beurlaubte, Kommandierte und Dienstreisende aller Art, mit und ohne oder gefälschten bzw. erschlichenen Marschpapieren – befand sich, so erscheint es rückblickend, »in dauernder Bewegung hinter den zusammenbrechenden Fronten«. Die Begründungen aufgegriffener und kontrollierter Soldaten, ihre Einheit nicht wiederfinden zu können, befehlsgemäß auf der Suche nach wichtigen Ersatzteilen zu sein oder durch die Unterbrechungen und Unregelmäßigkeiten des Bahnverkehrs an der Rückkehr zu ihren Einheiten gehindert zu werden, spiegelten das Ausmaß der organisatorischen Zerrüttung der Wehrmacht wider. Nicht selten verbargen sich dahinter individuelle Überlebensstrategien, sich dem Kriegsgeschehen unbemerkt zeitweilig oder auf Dauer zu entziehen. Wenngleich diesem Massenphänomen der Charakter einer politisch motivierten Resistenz fehlte, so ist doch in der historischen Rückschau die Ähnlichkeit zum ›Militärstreik‹ des Jahres 1918 auffällig[586]. Durch großangelegte Fahndungsaktionen versuchte das Regime der Soldaten habhaft zu werden, die sich dem verordneten Selbstmord zu entzie-

---

[584] Vgl. Haase, Alltag, insbes. S. 279 f.
[585] Vgl. Diewald-Kerkmann, Politische Denunziation, insbes. S. 100 ff.
[586] Vgl. Kroener, »Frontochsen«, S. 382. In der für den 1.2.1945 überlieferten Gesamtstärke des Ersatzheeres waren von über 2,1 Mill. Mann neben 650 000 Lazarettinsassen weitere *310 000 nicht genau erfaßte Soldaten* eingeschlossen. Siehe dazu auch den Vermerk Bormanns vom 28.2.1945. BA, NS 6/785.

hen versuchten[587]. Die Ergebnisse derartiger Einsätze, bei denen das eingesetzte Personal Armbinden mit der Aufschrift »Volksschädlingsbekämpfer« trug, blieben zumeist hinter den Erwartungen zurück[588]. Die nachgeordneten Dienststellen und Gliederungen der Partei wurden von Bormann angewiesen, tatkräftig und initiativ bei der Erfassung von versprengten – in der unterschiedslosen Wahrnehmung des Regimes waren dies fahnenflüchtige – Soldaten zu unterstützen:

»Bedingt durch den Massenansturm der Feinde an allen Fronten, mehren sich die Fälle, daß feiges Gesindel versucht, sich vorsätzlich dem Einsatz zu entziehen und fahnenflüchtig zu werden. Meist handelt es sich dabei um Menschen, die weder den Kampf an der Front noch den Bombenterror auf die Heimat erlebten, sondern bisher ein bequemes Etappenleben führten. Diese Volksschädlinge müssen rücksichtslos ausgemerzt werden. Für ihre Erfassung ist jeder Volksgenosse mit verantwortlich. [...] Der Gefahr, daß sich in erster Linie bei Angehörigen rückwärtiger Dienste zum Schaden der tapfer kämpfenden Front Schwächeerscheinungen entwickeln, muß mit drakonischen Maßnahmen entgegengetreten werden. Hierzu ist engste Zusammenarbeit zwischen Partei und Wehrmacht erforderlich, um unser Volk zum Endkampf hochzureißen und zu einer letzten entschlossenen und deshalb den Sieg erkämpfenden Gemeinschaft zusammenzuschweißen[589].«

Bereits zur Mitte des Krieges hatte sich in der Öffentlichkeit Kritik am äußeren Erscheinungsbild der Wehrmacht im Reichsgebiet entzündet, die sich mit näherrückendem Kriegsende immer lauter artikulierte[590]. Fast jede Familie wurde von Gefallenenmeldungen heimgesucht, und immer wieder zogen Gemeinden Vergleiche zur Zahl der Kriegstoten des Ersten Weltkrieges, die nun deutlich überschritten wurde. Diese persönliche Betroffenheit verband sich mit Erwartungen und Hoffnungen, die sich an die großspurigen Proklamationen vom ›totalen Krieg‹ richteten. Die Feldpostprüfstellen der Wehrmacht registrierten, daß Frauen in Briefen an die Front aus Verbitterung darüber, daß ihren Angehörigen der Fronturlaub verweigert wurde, die Zahl der in der Heimat anwesenden Soldaten stark übertrieben und damit die Stimmung an der Front negativ beeinflußten[591]. Zu Beginn des Jahres 1945 drängten sich die Soldaten in vollen Kasernen, deren Unterbringungsraum reichsweit durch Gebietsverluste und Bombenkriegsschäden auf 43 Prozent des Standes vom Jahresanfang 1943 zusammengeschmolzen war[592]. In seinem Monatsbericht für Februar 1945 ging der Regierungspräsident von Re-

---

[587] Siehe dazu z.B. die detaillierten Vorbereitungen für eine reichsweite Fahndungsaktion »gegen Versprengte und außergewöhnlich lange umherreisende Soldaten der Wehrmacht, Waffen-SS und der Polizei«. BA, NS 6/490: OBKdo 11. SS-Pz.Armee/Ia/O.Qu. Nr. 26/45 g. vom 5.3.194 oder den Ausführungsbefehl des Generals der Wehrmacht-Ordnungstruppen beim OBKdo HGr B/Ia Nr. 517/45 g. vom 14.3.1945. BA-MA, RH 48/32.
[588] Diese Beobachtung schildert Klemperer, LTI, S. 274. Vgl. dazu Geßner, Geheime Feldpolizei.
[589] BA, NS 6/354: Anordnung 129/45 g. des Ltr PKzl vom 10.3.1945.
[590] Siehe dazu z.B. die »Zusammenfassung von kritischen Äußerungen aus der Bevölkerung über angebliche Mißstände in der Wehrmacht« – Chef SiPo und SD/III Az. 4817/44 vom 23.3.1944. BA, NS 1/544.
[591] Vgl. BA-MA, RH 13/49: AOK 16/Feldpostprüfstelle Nr. 187/44 g., Prüfbericht für September 1944, vom 2.10.1944.
[592] Vgl. BA-MA, RW 4/v. 865: Anl. 2 zu OBdE/AHA/Stab II Nr. 1600/45 gKdos. vom 23.2.1945.

gensburg explizit auf dieses, die Stimmung der Bevölkerung berührende Problem ein:

> »Es wird in der Bevölkerung nicht verstanden, daß in den Kasernen, auf den Fliegerhorsten und bei allen möglichen militärischen Stäben und Dienststellen noch viele tausende von Soldaten in Uniform herumsitzen, während älteste Jahrgänge nur notdürftig uniformiert an die Front abrücken sollen. Immer wieder wird von allen Seiten darauf hingewiesen, daß die Eisenbahnzüge, die Bahnhöfe usw. von Tausenden von Soldaten besetzt sind. Die Bevölkerung fragt sich, warum nicht endlich eine allgemeine Urlaubssperre für das gesamte Militär kommt und warum nicht den mehr oder weniger unkontrollierbar in Deutschland herumfahrenden und auf den Bahnhöfen oft tagelang auf Anschlußzüge wartenden Soldaten nicht einfach befohlen wird, sich in der nächstgelegenen Kaserne zu melden, um dort zu neuen Regimentern und Divisionen zusammengestellt zu werden. So werden Beispiele erzählt, wo Soldaten wochenlang umherfahren, ohne jedoch ihre alten Feldeinheiten zu finden. Es wird immer mehr der Verdacht geäußert, daß sich eine große Zahl von Drückebergern unter solchen Soldaten befindet. Die militärischen Streifen sind, so wird immer wieder behauptet, nicht im mindesten in der Lage, hier wirklich erfolgreich durchzugreifen und mit Erfolg zu arbeiten. Daß auch viele militärische Dienststellen überflüssig seien, wird immer wieder behauptet. Es erregt z.B. besonderen Unwillen, daß sich in Vilsburg immer noch die militärische Abteilung der Deutschen Waffenstillstandskommission mit Frankreich aus dem Jahr 1940 aufhält, die aus Wiesbaden sich dorthin verlagert hat [...]593.«

Unter dem Druck des Gegners brach die deutsche Front, deren Zusammenhang stets von neuem mühsam gehalten oder wiederhergestellt werden mußte, auseinander. In kritischen Lagen ging der Zusammenhalt der Verbände verloren; Einheiten, Gruppen sowie Einzelpersonen wurden von der eigenen Truppe getrennt und die Struktur ganzer Truppenverbände in heillose Unordnung gestürzt. Während einer Frontreise in das rückwärtige Gebiet der Rheinfront beobachtete ein Offizier des Wehrmachtführungsstabes im März 1945, »daß im Gegensatz zu dem Raum unmittelbar hinter der Front zahlreiche Soldaten einzeln oder in kleinen Trupps und eben Kolonnen und aufgelöste Trupps das Land durchziehen«, daß dieses Phänomen jedoch weniger mit einer aktiven Verweigerungshaltung als vielmehr mit den desolaten Zuständen im Gebiet der nationalsozialistischen Herrschaft zusammenhing:

> »Von Versprengten im wahrsten Sinne des Wortes war in diesem Zeitpunkt nicht mehr die Rede. Die Masse der auf der Wanderschaft befindlichen Soldaten wollte zu ihrem Truppenteil zurück. Sie kamen zum Teil aus Lazaretten, von Einzelkommandos und von den vielen Lehrgängen, die auch in diesem Stadium des Krieges befohlen werden. Infolge der angespannten Transportlage sind diese Soldaten auf Fußmarsch und Mitnahme durch Kfz. angewiesen. Sie werden von Frontleitstelle zu Frontleitstelle weitergeleitet und erreichen oft erst nach wahren Irrfahrten und unter großem Zeitverlust ihre Truppe. Die reinen Drückeberger lassen sich nicht mehr sehen. Sie sitzen vermutlich in den unübersichtlichen Großstädten des Ruhrgebietes – möglicherweise verborgen durch unsichere Bevölkerung – oder in dem stark aufgelockerten Raum nördlich des Ruhrgebietes594.«

---

593 Bayer. HStA, StK 6696: Monatsbericht des Regierungspräsidenten in Regensburg vom 9.2.1945.
594 BA-MA, RH 10/116: WFSt/Op (H)/Ia Nr. 002555/45 gKdos. vom 17.3.1945.

Im Osten trieb die Rote Armee seit ihrem Angriff aus den Weichsel und Narew-Brückenköpfen die Trümmer der Heeres- bzw. Wehrmachtorganisation regelrecht vor sich her; ein Konglomerat, das nur zu einem verschwindend geringen Anteil überhaupt noch aus Kampfeinheiten bestand. Die Momentaufnahme eines SS-Sturmscharführers gewährt einen Eindruck von der Situation zigtausender versprengter Soldaten, die sich bis zu den deutschen Linien im Verlauf der Oder durchzuschlagen versuchten:

»In den Wäldern östlich der Oder habe ich viele Offiziere, Wehrmachtsbeamte und Soldaten zum Teil in kleineren Trupps, zum Teil einzeln, angetroffen, die dort ohne Ortskenntnisse, Karte und Kompaß und ohne Verpflegung herumirrten. Das große Hindernis, sich nach Westen durchzuschlagen, ist die Oder. Diese Menschen, besonders die jüngeren, sind fast verzweifelt. [...] Die Moral unter den Versprengten ist denkbar schlecht. Ganz offen wird der Nationalsozialismus für alles Leid verantwortlich gemacht. Es wird Friede gefordert, ganz gleich, was dann kommt. Der Krieg wird als verloren für uns bezeichnet. – Ich habe gehört, wie Unterführer anordneten, im Falle eines Zusammentreffens mit Russen keinesfalls zu schießen, sondern sich dann zu ergeben, um nicht den ganzen Haufen zu gefährden. – Eine ähnliche Haltung kann man auch unter Versprengten auf Sammelstellen, also bei solchen, die keinesfalls mehr in dieser Weise seelisch belastet sind, antreffen[595].«

Bei den militärisch Verantwortlichen entstand der Eindruck, daß man sich »in einer Führungskrise größten Ausmaßes befand«, in der das Offizierkorps »die Truppe nicht mehr fest in der Hand« hatte und sich »Auflösungserscheinungen übelster Art« zeigten[596]. Der scheinbar ungebremsten und unaufhaltsamen Wucht der sowjetischen Offensive versuchten Regime- und Wehrmachtführung in Ermangelung operativer Mittel und Möglichkeiten der Truppe einen von beispiellosem Disziplinierungsterror angestachelten Widerstandswillen entgegenzusetzen. Die aus den Fugen geratene innere und äußere Ordnung der zerschlagenen Verbände versuchte der Oberbefehlshaber der Heeresgruppe Nord, General Lothar Rendulic, durch den Befehl, »möglichst viele fliegende Standgerichte zu errichten«, wiederherzustellen. Nach Ablauf einer bestimmten Frist sollten abseits ihrer Einheiten aufgegriffene Soldaten, die angaben, versprengt worden zu sein, erschossen werden:

»Es gibt keine Versprengten oder von ihrer Einheit Abgekommene. Wer aufgrund von Kampfereignissen den Anschluß an seine Einheit verloren hat, hat sich raschest der nächsten an der Kampffront befindlichen anzuschließen. Diese Truppe ist jederzeit durch den Gefechtslärm zu finden. Der Soldat, der dies nicht tut, ist der übelste Verräter an der Gemeinschaft des deutschen Volkes und wird als Volksverbrecher behandelt. Ausreden, versprengt worden zu sein und die eigene Einheit zu suchen, werden nicht mehr angenommen[597].«

Anweisungen dieser Art, wie sie im Nachklang des unten aufgeführten und kurze Zeit später erlassenen Befehls Keitels an allen Fronten angeordnet wurden, hoben

---

[595] Berichtsauszug über die Erlebnisse eines SS-Sturmscharführers in dem von der Roten Armee besetzten Gebiet östlich der Oder, 17.2.1945. BA-MA, RH 2/2129.
[596] BA-MA, RH 19 XV/3: OBKdo HGr Weichsel/Chef des Generalstabes, Auszug aus dem Brief eines unbekannten Verfassers an Himmler vom 5.2.1945.
[597] BA-MA, RH 20-4/624: Befehl Rendulics vom 2.2.1945.

die strafrechtlich relevante Unterscheidung zwischen Fahnenflucht und unerlaubter Entfernung auf. Die endlose Stafette von Befehlen gegen das ›Versprengten-Unwesen‹ stellte das Prinzip von Ursache und Wirkung auf den Kopf. Kesselring erblickte im »Versprengtenunwesen« eine »Gefahr für die gesamte Kriegsführung im Westen«, die der B West »mit radikalsten Mitteln auszurotten« anwies[598]. Zum Zwecke der Legitimierung wurde wehrmachtweit eine Meldung verbreitet, wonach im Bereich der HGr Nord die Zahl der Versprengten von 16 000 innerhalb weniger Tage auf wenige Hundert schrumpfte, insbesondere, weil innerhalb von acht Tagen 58 Soldaten standrechtlich erschossen worden waren[599].

Sowohl vor Ort Verantwortliche als auch dem Disziplinierungsapparat zugehörige Soldaten wurden unter Druck gesetzt, ›schärfer durchzugreifen‹. Ein OKW-Erlaß erweiterte die Spielräume für willkürliche Gewaltausübung:

»Während der Krisenlage in den letzten Wochen wurde [...] mit nur unzureichenden Mitteln und schwächlichen Maßnahmen, die auf Weichheit und mangelnde persönliche Initiative der Kommandeure und des Befehlshabers schließen lassen, gegen Indisziplin, Auflösungs- und Zersetzungserscheinungen vorgegangen. In Anbetracht des z.Zt. um den Bestand des Deutschen Reiches tobenden Kampfes sind Weichheit und Nachsicht aufs Schärfste zu brandmarken. Nur eisernes Durchgreifen mit radikalen Mitteln kann in der jetzigen Lage Verfall und Auflockerung aufhalten. Fortwährendes persönliches Eingreifen des Befehlshabers und die restlose Ausnutzung der ihnen in weitem Ausmaß gewährten Vollmachten sind die Voraussetzungen dazu. Ich übernehme die volle Deckung der Kommandeure für den rücksichtslosen Einsatz der Waffe, wenn die Standgerichtsbarkeit nicht ausreicht. [...] Gegen Versagen in Einsatzbereitschaft und Pflichterfüllung der Feldjäger aller Dienstgrade ist mit härtesten Strafen einzuschreiten, weil sie der Zersetzung der Wehrkraft Vorschub leisten[600].«

Als Oberbefehlshaber einer Heeresgruppe und damit in der Verantwortung für das Leben mehrerer Hunderttausend Untergebener forderte Schörner gegenüber seinem Offizierkorps die »nötige Zivilcourage«, um jede Erscheinung von Flucht oder Indisziplin augenblicklich niederzuschlagen. Es handelt sich dabei nie um eine peinlich genaue Rechtsfindung, sondern nur um die durchschlagende Tat im Interesse des Ganzen; der Krieg ist schließlich auch nicht ›gerecht‹[601].« Trotz seines grundsätzlichen Wohlwollens gegenüber der Person Schörners kam der zeitweilige Kampfkommandant von Breslau, Generalmajor Hans von Ahlfen, nach dem Kriege nicht umhin, in dessen Methoden den »Keim zu Furcht und Mißtrauen« zu sehen[602]. Aus der kritisch-distanzierten Warte eines älteren Wehrmachtoffiziers im Obristenrang hielt Schörner die Disziplin der ihm unterstellten Soldaten

»nicht nur mit drakonischer Strenge – das muß jeder Feldherr, solange es möglich ist – sondern über diese Möglichkeit hinaus mit absolutem Terror nach russischem Vorbild aufrecht [...]. Er ist nicht der Vater seiner Soldaten, sondern ihr Peiniger und Schrecken, der dadurch die Überspannung des Bogens noch weiter hinausschiebt[603].«

---

[598] BA-MA, RH 48/32: OB West/Ia D/Qu 2 Nr. 314/45 gKdos. vom 12.3.1945.
[599] Vgl. BA-MA, RH 20-19/196: AOK 19/Ia Nr. 1621/45 g. vom 8.3.1945.
[600] BA-MA, RH 19 XV/3: Chef OKW/Id Nr. 10/45 g. vom 5.2.1945.
[601] BA-MA, RH 19 VI/33: Erlaß Schörners vom 20.1.1945.
[602] Ahlfen, Der Kampf um Schlesien, S. 67.
[603] BA-MA, N 271/3, Eintrag vom 6.4.1945.

Das Beispiel Schörners stellt sicherlich ein Extrem dar. Doch der Geist, den seine Befehle und Anordnungen atmeten, waren keineswegs eine Ausnahme. Die Überlieferung des militärischen Schriftguts aus der letzten Phase des Krieges ist voll von Belegen für eine zur brutalen Raserei degenerierten Befehlssprache, mit der Verantwortliche ihre eigene Ohnmächtigkeit zu kompensieren versuchten. In einem Zustand permanenter psychischer Anspannung und nervöser Überreiztheit war das Verlangen nach Sündenböcken groß, waren verzerrte Realitätswahrnehmungen an der Tagesordnung. Gegenüber dem Chef des Generalstabes der 7. Armee monierte Kesselring Mitte März 1945, daß er bei der Fahrt durch das rückwärtige Armeegebiet keinen einzigen erhängten Deserteur gesehen habe. Die Begegnung, die mit der Aufforderung des OB West endete, zukünftig seine Befehle auszuführen, bezeichnete der Offizier als »eine der erschütterndsten mit einem deutschen Feldmarschall«[604]. Als ›Erfolgsindikator‹ für die Tätigkeit der Auffangorganisationen war täglich die Anzahl der standgerichtlichen Todesurteile zu melden[605]. Die Methoden, die Truppe immer wieder zum Widerstand zu mobilisieren, glichen sich dem vom Regime bislang verteufelten Kommissarsprinzip der Roten Armee an. Nicht nur Goebbels brachte zunehmend unverhohlener seine Bewunderung gegenüber den »Methoden Clemenceaus und Stalins« zum Ausdruck. Er hielt sie für die geeigneten Maßnahmen, die Moral von Truppenteilen zu stärken, welche in den Augen des Regimes versagten[606].

Dieses ›Versagen‹ war weniger das Ergebnis von individueller Einsicht in die Sinnlosigkeit des Weiterkämpfens als vielmehr der sichtbare Ausdruck eines um sich greifenden seelisch-körperlichen Erschöpfungszustandes der Soldaten. Als er die Überstrapazierung der Truppe gewahrte, konnte der zur Heeresgruppe G versetzte neue Chef des Stabes seine Erschütterung über den Zustand der von ihm im Dezember 1944 besuchten Soldaten kaum verbergen:

»Die Truppe, soweit man im infanteristischen Bereich von so etwas noch reden kann, scheint am Ende zu sein. [...] Der physische und psychische Zustand der Infanterie ist erschütternd. Ein Gemisch von deutschen, volksdeutschen, russischen Soldaten, viel unausgebildetem Luftwaffen- und Marinepersonal, in der Hauptsache Männer, die bis vor kurzem kampfungewohnt, aus einem Zusammenbruch kommend, jetzt 6–8 Wochen im Kampf stehen, bilden die sogenannten Völkergrenadiere, die nur da noch hart kämpfen, wo genügend Offiziere vorhanden sind, die sie hart in der Hand halten. Die Masse dieser mehr oder weniger gut uniformierten Zivilisten hat einen Grad an Apathie erreicht, der die Bedrohung mit der Waffen mit den Worten beantwortet: ›Bitte schießt ruhig, irgendwie gehen wir doch kaputt‹[607].«

Bei vielen Offizieren der 19. Armee herrschte die Grundstimmung, »daß sie mit dem Leben abgeschlossen hätten und es teuer verkaufen wollten«[608]. Ähnlich waren auch die Beobachtungen des Chefs des NS-Führungstabes des Heeres, Gene-

---

[604] Gersdorff, Soldat, S. 176 f.
[605] Vgl. VHA, Stellv. Gen.Kdo. IV. AK, K4: OB HGr. G/Ia Nr. 701/45 g. vom 17.4.1945.
[606] Goebbels, Die Tagebücher, Bd 15, Eintrag vom 12.2.1945, S. 364.
[607] BA-MA, RW 4/v. 457: Heeresgruppe G/Chef des Generalstabes/Ia Nr. 4328/44 gKdos. vom 6.12.1944.
[608] KTB OKW, Bd IV, S. 425.

ral Georg Ritter v. Hengl, anläßlich eines Frontbesuchs im Raum Remagen–Siegburg Anfang März 1945: Neben dem »alten Kämpfer, der unentwegt mit Glauben sich vorzüglich schlägt, dessen Hauptsorge es ist, nach Verwundung wieder zu seiner Kompanie zu kommen« beobachtete v. Hengl als weiteren Soldatentyp den »Feigling und Deserteur, der sich ohne zu schießen glatt überrollen läßt«. Mochte er auch keine »Anzeichen eines Revolutionssoldaten vom Typ 1919 – von Ausnahmeerscheinungen abgesehen« festgestellt haben, so bemerkte v. Hengl vor allem als eine »unerfreuliche Erscheinung, die doch schon weit um sich gegriffen hat, [den] apathischen und müden Soldaten, der nur kämpft, wenn er vom Offizier ausgerichtet wird, dann aber rasch wieder zusammenklappt. Er ist zum Teil absolut gleichgültig, ihm imponieren weder Standgerichte und Strafen noch schärfste Befehle[609].«

Nicht viel anders war es um den Zustand der Verbände im Osten bestellt. Der Personalbestand der 337. Volksgrenadierdivision war auf eine Verpflegungsstärke von 3200 Mann zusammengeschmolzen. Von den Kommandeuren der Division waren 17 gefallen und 14 verwundet, von den 45 Einheitsführern des Verbandes versahen noch drei ihren Dienst. Der Grund für das ›Versagen‹ der Soldaten war einer kurzen Mitteilung Himmlers zufolge »kein böser Wille, sondern eine unerhörte Erschöpfung.« Da diese jedoch »mit allen Mitteln gebrochen« werden sollte, ließ der Kommandeur innerhalb von zwei Wochen 15 Todesurteile vollstrecken[610]. Auch bei den Einheiten und Truppenteilen der Waffen-SS traten die Folgen permanenter Überbelastung ohne Regeneration sichtbar zutage: Durch personelle Ausfälle war der Führermangel so groß geworden, daß auf einen regimentsbreiten Abschnitt nur noch ein Kompanieführer entfiel; infolge pausenloser Kampftätigkeit griff eine »totale Übermüdung« um sich; bei den mittleren Führungsinstanzen herrschte die Tendenz, kampffähige Einheiten vorzeitig zur Auffrischung herauszuziehen um damit die alten Stämme zu erhalten während in Einheiten ohne ein starkes inneres Gefüge der »Russenschreck« und eine Kessel-Psychose, nicht mehr herausgeholt zu werden, herrschte. Der Offizier- und Unteroffiziermangel förderte die Tendenz jüngerer Soldaten, aus Angst vor dem feindlichen Artilleriefeuer ihre Stellungen fluchtartig zu verlassen[611]. Führungslos zurückflutende Soldaten, die meist nur einzeln oder in kleinen Gruppen marschierten, litten unter mangelhafter Versorgung und ungünstiger Witterung. Bereits einfache Betreuungsmaßnahmen trugen nach den Feststellungen der Ordnungsdienste zur Hebung der Moral erheblich bei[612].

> »Ein allgemeiner harter Kampfwille bestand nicht mehr. Manche Besatzung kleiner Stützpunkte blieb nach dem Aufhören der Luftangriffe in ihren Schutzräumen hocken und ließ sich ohne Widerstand gefangennehmen. Einige ihrer Offiziere verübten Selbstmord. Papier, Telephon und gute Worte, sogar Frontbesuche richteten nicht mehr viel aus. Der Bogen war überspannt«,

---

[609] BA-MA, RW 4/v. 495: Chef NS-Führungsstab des Heeres Nr. 303/45 gKdos. vom 19.3.1945.
[610] BA-MA, RH 19 XV/7a: Schreiben Himmlers an SS-Gruf. Fegelein vom 5.3.1945.
[611] BA-MA, RH 19 V/63: Notiz Besprechungspunkte für RFSS vom 28.3.1945.
[612] Vgl. VHA, Feldjg.Kdo. (mot) II (OKW), K2: Erfahrungsbericht I./Feldjäger-Rgt. (mot) 2/Abt Ia L/N vom 27.2.1945.

so die rückschauende Betrachtung eines Kommandierenden Generals, der sich auch daran erinnerte, daß entsprechende Meldungen auf die Ablehnung der nächsthöheren Führungsebene stießen, beschädigten sie doch die »Fassade«[613].

Fälle, in denen Wehrmachtangehörige bei Erfüllung der ihnen zugewiesenen Aufgaben aus Sicht der Verantwortlichen versagten, brandmarkte das Regime als Sabotage und Verrat an der nationalsozialistischen Sache insgesamt. Es setzte die Soldaten mittels eines extensiven Standgerichtsterrors unter psychischen Druck. Geradezu symbolhaft war das Wirken des sogenannten Fliegenden Standgerichts, das nach der alliierten Inbesitznahme der Rheinbrücke von Remagen auf Hitlers Geheiß gebildet wurde. Unter Vorsitz des Generals Rudolf Hübner verurteilte es zwei Tage nach seinem Zusammentritt fünf der für den unzerstörten Verlust der Brücke verantwortlich gemachten Offiziere zum Tode und vollstreckte das Urteil in vier Fällen sofort. Wehrmachtweit wurde das Schicksal der Betroffenen bekanntgemacht. In einem Erlaß vom 15. März verkündete der zum OB West neuernannte Kesselring:

»Eine wichtige Rheinbrücke ist trotz sachgemäßer technischer Sprengvorbereitungen unbeschädigt in Feindeshand gefallen, weil verantwortliche Führer infolge ihres entschlußlosen Verhaltens den Brückenkopf aufgegeben haben und den Sprengungsbefehl zu spät gegeben haben.« Der Urteilsspruch, so forderte Kesselring, »ist sofort auf schnellstem Weg der Truppe bekanntzugeben, es soll eine Warnung für alle sein. Wer nicht in Ehre lebt, stirbt in Schande. Ich befehle hiermit erneut, daß jeder Versagensfall auf kürzestem Weg gerichtlich zu überprüfen und zu erledigen ist. Ich erwarte von den Standgerichten schärfstes Durchgreifen und größte Härte[614].«

Vielleicht verwandten Wehrmachteinheiten aufgrund der einschüchternden Wirkung dieses Vorfalls und der weiteren Standgerichtstätigkeit so viel Energie auf die taktisch meist sinnlose Sprengung von Brücken. Als Dönitz am 2. Mai im Westen jede weitere Brückensprengung verbot und anordnete, diese im Osten auf ein Mindestmaß zu beschränken, wurde nicht ohne Grund explizit darauf hingewiesen, daß sich die im Fall Remagen ausgesprochenen Strafen nicht wiederholen würden[615]. Szenen, wie sie beispielsweise der persönliche Referent Goebbels' während eines Frontbesuchs bei Frankfurt an der Oder erlebte, blieben nicht ohne Wirkung auf die Soldaten. Dort waren an den Pfeilern einer Brücke »links und rechts von der Fahrbahn deutsche Soldaten in voller Uniform aufgehängt [worden] mit einem Schild um den Hals ›Ich bin ein Deserteur‹«. Vor der Brücke stand »ein weithin sichtbares Schild [...], auf dem ein großer Pfeil zur nächsten Versprengten-Sammelstelle deutet[e]«[616]. Ein in dieser Gegend eingesetzter Soldat schrieb in sein Tagebuch:

»Die SS hängt Leute auf. In Schwedt hängen der Bürgermeister und Btl.-Fhr. des Königsberger Volkssturms und ein Luftwaffen-General, der Fliegerhorstkommandant von

---

[613] Feuerstein, Irrwege, S. 286.
[614] BA-MA, RH 20-19/196: OB West/III Tgb.Nr. 46/45 gKdos. vom 15.3.1945.
[615] Vgl. BA, R 62/2: Fernschreiben Dönitz' und Jodls an die Oberbefehlshaber der Heeresgruppen vom 2.5.1945.
[616] Oven, Mit Goebbels bis zum Ende, Bd 2, Eintrag zum 16.2.1945, S. 246.

Königsberg/Neumark. Sie haben Stadt und Flugplatz nicht verteidigt. An der Brücke hängen 4 Landser ... es ist grauenhaft![617].«

»Zwar ist mir der Anblick Gehängter erspart geblieben, aber ständig und überall hörtest du, wie schnell gehängt wurde«, erinnerte sich ein damals junger Mannschaftssoldat[618]. Eine andere Form des Terrors erlebten Rekruten während ihrer Ausbildung im Februar und März 1945 in einer Wuppertaler Kaserne. Übungsschießen und tägliche Exekutionen aufgegriffener jugendlicher Deserteure fanden nebeneinander auf dem gleichen Schießplatz statt. Die Erschießungskommandos bildeten Soldaten derselben Einheit, der auch die Opfer angehörten[619].

Eine zuverlässige statistische Erhebung der Standgerichtsurteile ist nicht überliefert. Schätzungen belaufen sich auf mindestens 3000 Vollstreckungen[620]. Die Urteilssprechung der Standgerichte war zwar nicht grundsätzlich radikaler als die der regulären Militärjustiz. Doch die Standgerichtsbarkeit verlegte das für die Urteilsvollstreckung entscheidende Bestätigungsrecht auf die Ebene der Regimentskommandeure und damit sehr weit nach unten. Wenige Wochen vor Kriegsende ermächtigte eine Verfügung Keitels die sofortige Vollstreckung von Standgerichtsurteilen ohne die Bestätigung durch den Gerichtsherrn, sofern dieser »nicht auf der Stelle« erreichbar war und das Gericht das Urteil einstimmig beschlossen hatte[621]. Insgesamt wurden die Rahmenbedingungen für die Anwendung von Waffengewalt als Reaktion auf militärische Indisziplin so stark erweitert, daß sie Übertretungen und Verfehlungen des rechtsförmigen, grundsätzlich jedoch aus ideologisch-instrumentalen Intentionen abgeleiteten militärstraflichen Bestimmungskataloges förmlich herausforderten. Blankovollmachten schufen ein Klima latenter Gewaltandrohung, in dem Hinrichtungen ohne Verfahren und willkürliche Tötungsakte drastisch zunahmen. »Das Leben eines Mitmenschen wog oft, wohl aus Sorge um das eigene Bestehen, nicht gerade viel, und zur Aufstellung eines Kriegsgerichts bedurfte es nur eines Wortes«, blickt der Kommandierende General eines in Norditalien eingesetzten Gebirgs-Armeekorps kritisch zurück[622]. Eine zusätzliche Dynamik ging von den Verwerfungen, Konflikt- und Spannungslinien aus, die sich aus dem Widerstreit der Interessen in der Unterstützung einer verlorenen Sache ergaben und die kreuz und quer durch die deutsche Gesellschaft, Militär wie Zivilbevölkerung gleichermaßen, verliefen. In dieser spannungsgeladenen, bürgerkriegsähnlichen Situation des gesellschaftspolitischen Zusammenbruchs blühte die Denunziationsbereitschaft und ließ jeden Deutschen, einerlei ob Soldat oder Zivilist, eines jeden Deutschen potentielles Standgericht werden[623]. Das Vorgehen von Polizei-Kampfgruppen, die im Rücken der Westfront eingesetzt waren und einer Meldung des zuständigen Höheren SS- und Polizeiführers

---

[617] BA-MA, MSg 1/2478.
[618] Buch, Wir Kindersoldaten, S. 208.
[619] Vgl. BA-MA, MSg 2/4395.
[620] Vgl. Messerschmidt/Wüllner, Die Wehrmachtjustiz, S. 86 f., 307.
[621] Vgl. BA-MA, RW 4/v. 702: Chef OKW/WR (1/3) Nr. 196/45 II. Ang. vom 11.4.1945.
[622] Feuerstein, Irrwege, S. 307.
[623] So Heinrich Böll in seinem Essay »Brief an meine Söhne oder: Vier Fahrräder«, in: Die Zeit vom 15.3.1985.

zufolge im Herbst/Winter 1944 über 100 Deserteure bzw. spionageverdächtige Personen »zur Stabilisierung der Kampfmoral« erschossen, ähnelte der von der Ostfront gewohnten Praxis der Einsatzgruppen[624]. Den Kommandanten des zur Festung erklärten Schneidemühls schlug Himmler als »Beispiel eines standhaften und unverzagten Kommandeurs und Festungskommandanten« gerade auch deshalb zur Auszeichnung vor, weil dieser zurückgehende Soldaten »selbst mit der Waffe niedergeschossen und ihnen ein Schild umhängen [ließ mit der Aufschrift] ›So geht es allen Feiglingen‹«[625]. Geradezu paradigmatische Bedeutung hat ein Vorfall, von dem der Führer einer zur Verteidigung der Reichskanzlei ins eingeschlossene Berlin eingeflogenen Einheit von Offizieranwärtern der Marine berichtet:

»Irgendwo auf unserem Wege begegnete uns ein Volkssturmmann, der einen etwas abgerissenen Eindruck machte. Als er auf die barsche Frage unseres Führers [ein SS-Sturmbannführer, d.Verf.] eine stammelnde Antwort gab, wurde er von ihm ohne irgendwelche Umstände erschossen. Mein Befremden quittierte der Offizier mit der Bemerkung: ›Sie werden hier in Berlin noch vieles lernen. Das ist die Art, wie wir mit diesen Lumpen umgehen.‹ Wir waren einige Stunden marschiert, da begegnete uns auf der Heerstraße eine größere Lkw-Kolonne. Sie wurde angeführt von einem Heeresoffizier, der sich sofort bei mir meldete und fragte, ob ich der Kommandeur der Einheit sei, die aus Stralsund gekommen sei. Als ich bejahte, sagte er, er habe Befehl, uns abzuholen und in die Reichskanzlei zu bringen. [...] Aber nun entwickelte sich sofort ein sehr heftiger Kompetenzstreit zwischen unserem SS-Führer und dem Heeresoffizier. Er endete damit, daß die beiden sich aus unserem Blickfeld entfernten. Es fielen bald Schüsse, und zurück kam nur der Sturmbannführer [...]. Von dem Heeresoffizier habe ich nichts mehr gesehen[626].«

Dadurch, daß während des Krieges kontinuierlich die Tauglichkeitskriterien für den Wehrdienst gelockert und die Einziehungsintervalle von Geburtsjahrgängen immer kürzer wurden, verringerte sich die physische und psychische Belastbarkeit der Rekruten. Kritischen Gefechtslagen zeigten sich jüngere Soldaten im Vergleich zu ihren nur wenige Monate älteren Kameraden weniger gewachsen. Die Soldaten blieben beim Rückmarsch einfach liegen oder schliefen im Moment des feindlichen Angriffs in ihren Stellungen. Es kam zu

»massensuggestive[n] Erscheinungen im Sinne einer Panik auf dem Boden körperlich-seelischer Erschöpfung mit längerem Schlafentzug bei altersbedingter, abnorm frühzeitiger Ermüdbarkeit, die sich gelegentlich zur seelisch-geistigen Lähmung [...] mit völligem Initiativeverlust, hochgradiger Apathie bis zur Wehrlosigkeit steigerte«[627]

– ein im Chaos des militärischen Zusammenbruchs häufig wiederkehrendes Bild, wie es sich auch einem Soldaten im immer engerwerdenden Ring um die eingekesselte Heeresgruppe Nord bot:

»Fast täglich gehen wir zurück, der Ostpreußen-Kessel wird enger. Von Heilberg kommend, liegen wir am Straßenrand und beobachten den ungeordneten Haufen von über

---

624 Vgl. BA, NS 19/751: HSSPF West Tgb.Nr. 1212/44 g. vom 12.12.1944. Vgl. dazu zusammenfassend: Paul, »Diese Erschießungen haben mich innerlich gar nicht mehr berührt.«
625 BA-MA, RH 19 XV/2: Fernschreiben Himmlers an SS-Gruf. Fegelein vom 30.1.1945.
626 Kuhlmann, Endkampf, S. 30.
627 BA-MA, RH 2/847a: Erfahrungsbericht des Beratenden Psychiaters beim Armeearzt PzAOK 4 vom 6.5.1944.

Hundert Neulingen, die erschöpft und ohne erkennbare Führung weitergehen. Sie werfen Ausrüstungsgegenstände, Tornister, Gewehre und sonstige Sachen weg, lagern sich und marschieren dann wieder mutlos und matt weiter der Richtung zu, wo zur Zeit die härtesten russischen Angriffe erfolgen[628].«

Das Oberkommando dieser Heeresgruppe hielt die Soldaten nach wochenlangen Kämpfen für »körperlich so überfordert, daß die Grenze des physischen Könnens überschritten« war. Zudem hatte das Ausbleiben der zum militärischen Überleben wichtigen Versorgung die Motivation so weit untergraben, daß das Vertrauen in die politisch-militärische Führung nach Einschätzung der Heeresgruppe »durch Erziehungsarbeit und Versprechungen nicht mehr wirksam behoben werden« konnte[629].

Nach Gesprächen mit Soldaten während einer Fahrt durch das Frontgebiet im Gau Köln-Aachen im Februar 1945 berichtete ein Parteimann:

Die »meisten reden davon, daß der Krieg doch schon verloren sei, daß die Führung alle jetzigen Opfer nutzlos bringe und daß sie bei nächster Gelegenheit sich ergeben oder überlaufen wollten. [...] Da liegen Waffen, Munition, Panzerfäuste, Kleidungs- und Wäschestücke usw. in den Straßengräben, im Walde und überall herum. Niemand sammelt es oder schreitet ein. Gewehre, Karabiner und M.G. sind manchmal in einem tollen Zustand. Verrostet, verschmutzt, kurz nicht gepflegt[630].«

Schließlich war es auf Erschöpfung, feindliche Waffeneinwirkung und die Unbeweglichkeit der Truppe, die infolge von Fahrzeug- und Treibstoffmangel oder durch Haltebefehle an ihre Stellungen gebunden, abgeschnitten und eingekesselt wurden, zurückzuführen, daß die Ausfälle an Großgerät und der Verlust von Handwaffen sprunghaft anstiegen. Losgelöst vom tatsächlichen Ursachengeflecht reagierte die Wehrmachtführung auf das von ihr als Disziplinverfall interpretierte Phänomen mit aller Härte. Guderians Befehl, Soldaten ohne den Nachweis, »daß sie unverschuldet ohne Waffen angetroffen werden«, *ohne* Verfahren zu erschießen[631], in einer späteren Fassung mit dem Zusatz »ohne Gnade« veröffentlicht[632], war nur der Auftakt für eine Abfolge von Anordnungen mit dem gleichen Tenor. Den Höhepunkt stellte ein Befehl Schörners Ende März 1945 dar, gegen »den Verlust von Waffen jeder Art (das Schanzzeug zählt dazu) [...] mit unerbittlicher Strenge und ohne Aufschieben des normalen Verfahrens einzuschreiten[633].«

Durchgängig erwähnten die von den Heeresgruppen und Armeen angefertigten Zustandsberichte, daß die Stimmung der Soldaten erheblich von den Gedanken an die Angehörigen belastet wurde. Die Sorge um die Familien wurde zum dominierenden Thema, da Nachrichten von zu Hause ausblieben. Die hieraus resultierenden seelischen Belastungen führten viele Soldaten in Konflikt mit dem militäri-

---

[628] Feldpostnummer 11063, Eintrag vom 10.3.1945, S. 58 f.
[629] BA-MA, RH 2/334: OBKdo HGr Nord/Ia Nr. 2667/45 gKdos. vom 31.3.1945.
[630] BA, NS 6/135: Auszug aus undat. Bericht des Pg. Waldmann. Eine ganze Reihe ähnlicher Beobachtungen enthält die Meldung des Befehlshabers der SiPo und des SD beim HSSPF Südwest, Tgb.Nr. 6177/45 vom 17.3.1945 an das AOK 19. BA-MA, RH 20-19/196.
[631] BA-MA, RW 4/v. 709: OKH/Ju Abt Nr. 526/44 gKdos. vom 12.8.1944.
[632] Ebd.: Chef GenStdH Nr. 2584/44 o. Dat.
[633] BA-MA, RH 19 VI/33: OB HGr Mitte/Ia Nr. 4916/45 vom 28.3.1945.

schen Disziplinierungsapparat, der in angemessener Weise darauf zu reagieren nicht vorbereitet war:

»Dabei führt in zahlreichen Fällen diese innere Mutlosigkeit zu unüberlegten Äußerungen, die dem Wortlaut nach zwar einer Zersetzung der Wehrkraft gleichkommen, jedoch meistens nur aus einer kurzen inneren Depression heraus ausgesprochen werden. Das kommt dadurch zum Ausdruck, daß fast alle diese Soldaten nach wie vor ihren Dienst pflichtgetreu verrichten u. auch im Kampf nicht versagen. Dazu kommt, daß durchschnittlich die sehr jungen Kp.-Fhr. an manchen Stellen nicht das richtige Geschick finden, von Natur aus weiche u. wankelmütige Soldaten richtig zu behandeln. Dabei fehlt es nicht am Beispiel oder guten Willen, sondern einfach an der mangelnden Reife[634].«

Die anarchischen Konstellationen des Zusammenbruchs ließen die Bedeutung der individuellen Persönlichkeit zunehmen. Die eben zitierte Stellungnahme thematisiert das folgenschwere Problem, daß einzelne militärische Entscheidungsträger aufgrund unzureichender Lebenserfahrung oder wegen mangelnder charakterlicher Eignung nicht zu einer *unabhängigen*, der Situation angemessenen persönlichen Entscheidung kamen. Umgekehrt brach sich längst das Grundprinzip nationalsozialistischer Rechtsauffassung, keine Grenzlinien zwischen privatem und öffentlichem Bereich zu ziehen, auch innerhalb der militärischen Organisation Bahn. In einem Offiziers-Rundschreiben drohte das Heerespersonalamt im Frühjahr 1945, Äußerungen, in denen Pessimismus über Möglichkeiten einer Fortführung des Krieges zum Ausdruck kam, als Wehrkraftzersetzung zu ahnden und führte damit jedermann die großen persönlichen Risiken vor Augen, die mit einer entsprechenden Erörtung selbst im privaten Umfeld verbunden waren[635]. Eine Quantifizierung der Wehrkraftzersetzung, die im Ergebnis zugleich wichtige Rückschlüsse auf die Stimmung in der Truppe und die Identifikation der Soldaten mit dem Nationalsozialismus ermöglichen würde, ist angesichts einer Vielzahl methodischer Probleme nicht möglich. Feststellbar bleibt, daß die Zahl der von Anfang 1944 bis Ende des Krieges angefallenen diesbezüglich von der Wehrmachtjustiz verfolgten Strafsachen unter Berücksichtigung einer erheblichen Progressionsrate, etwa 30 000 bis 40 000 Fälle betrug. Über den Inhalt von Gesprächen des täglichen Miteinanders unter den Wehrmachtangehörigen geben diese Zahlen freilich keine Auskunft. Festzustellen bleibt, daß die Verfolgung dieser Verdachtsmomente zum überwiegenden Teil auf einer, in ihrem Umfang ebenfalls nicht quantifizierbaren Denunziationsbereitschaft unter den Soldaten beruhte[636]. Selbst der Mikrokosmos beispielsweise einer U-Boot-Besatzung mit seinen festgefügten sozialen Strukturen war nicht immun dagegen[637].

Demoralisierung und militärisches Chaos verdichteten sich zu einer gefährlichen Gemengelage. Die Momentaufnahmen eines im Raum Müllrose (Branden-

---

[634] BA-MA, RH 10/118: OKH/GenStdH/OrgAbt Nr. IZ/31600/45 gKdos., Stellungnahmen zu den Zustandsberichten der Heeresgruppen und AOK (Stand 1.3.1945) vom 10.4.1945.
[635] Vgl. BA-MA, RH 7, H 4/15: Fernschreiben des Chefs HPA vom 9.4.1945. Entsprechende Standgerichtsurteile waren auf Anweisung des HPA allen Offizieren bekanntzumachen. Siehe dazu das Beispiel des Chef HPA Nr. 815/45 g. vom 15.4.1945. BA-MA, RH 53-7/882.
[636] Vgl. Messerschmidt/Wüllner, Die Wehrmachtjustiz, S. 143.
[637] Vgl. Walle, Die Tragödie.

burg) eingesetzten SD-Aufklärungstrupps aus der zweiten Februarhälfte zeigen, welches Maß an Desorganisation und Unübersichtlichkeit sich hinter der geordneten Welt militärischer Lagemeldungen verbarg. Die Stäbe der bunt zusammengewürfelten Truppenverbände nahmen untereinander keine Verbindung auf; man wußte nicht, wer und wo der jeweilige Nachbar war und welchen Auftrag er hatte. Zuverlässige Informationen über die Feindlage waren nicht zu erhalten, so daß man auf Angaben von Versprengten und aus der Bevölkerung angewiesen war. Häufige Truppenverschiebungen erschwerten Versuche, sich einen Überblick über die Lage zu verschaffen oder sich in der jeweiligen Situation einzurichten. Die unzureichende materielle Ausstattung und die geringe Kohäsion hastig zusammengestellter Alarmeinheiten zog meist automatisch das Absetzen bei der bloßen Ankündigung sowjetischer Panzer voraus. Der ungebremste Vormarsch des Gegners hatte eine »fast zum Bewußtsein gewordene Annahme der eigenen Ohnmacht« zur Folge, eine »Wurzel fast sämtlicher Demoralisierungserscheinungen innerhalb der Truppe.«

»Dieser Schwund des Glaubens an den Sieg [,so der erwähnte SD-Bericht,] läßt diese Truppen mit dem Ruf ›Rette sich wer kann!‹ die Richtung nach Westen einschlagen oder in einem verbrecherischen Fatalismus die Möglichkeiten einer von der Bevölkerung geräumten Stadt ausnützen[638].«

Stellvertretend für zahllose andere Beispiele zeigt der Funkspruch eines in Ostpreußen eingeschlossenen Panzerkorps vom 20. März 1945, daß bei den eingesetzten Kräften, die unter der Angriffswucht der Roten Armee regelrecht zermalmt wurden, mehr das eigene Überleben statt nachhaltiger Widerstand im Vordergrund stand:

»Zerschlagung eigener Inf[anterie] durch schwerstes Art.- und Schwerwaffenfeuer. Überwältigender Luftwaffeneinsatz [...]. Ausgekämmte und zusammengetriebene alte Troß-Soldaten, als Inf[anterie] eingesetzt, versagen laufend. Frontbewährte Kämpfer kaum mehr vorhanden und aufs Äußerste erschöpft. Front nur noch durch Einwirken der Offz. zu halten, hohe Offz.Verluste[639].«

Die Erinnerungen eines Soldaten, der die Liquidierung eines ›Brückenkopfes‹ an der Oder durch die Rote Armee erlebte, enthalten apokalyptische Bilder:

»Wißt ihr, was das heißt: Ein Brückenkopf löst sich auf? Das ist der vollendete Wahnsinn, das Chaos. Alles geht durcheinander, alles ist wild und wirr. Befehle, von denen niemand weiß, woher sie kommen. Obwohl sie völlig sinnlos sind und das Blut vieler Landser kosten, werden sie ausgeführt. Keiner weiß, wo der Russe steht, keiner, wie die eigenen Linien verlaufen. Aber das interessiert auch nur die wenigsten. Wichtiger ist es, das eigene Leben vielleicht doch noch aus der allgemeinen Auflösung herauszuretten. Immer zahlreicher werden die Soldaten, die ihre ›Einheit verloren‹ haben und sich mit dem Ziel herumtreiben, irgendwo ein halbwegs sicheres Loch zu entdecken oder bei einem Toten noch etwas Tabak und eine Eiserne Ration zu finden. Denn die Feldküchen sind schon zusammen mit den Stäben aus dem Brückenkopf herausgeflitzt. Der Hunger regiert und die Angst ums Leben. Der Brückenkopf löst sich auf. Nun zeigt der Krieg

---

[638] BA, NS 19/2068: Meldung Nr. 53 des SD-Aufklärungstrupps »Hornisse II« vom 16.2.1945.
[639] BA-MA, RH 2/333: Funkspruch XXXXI. Pz.Korps vom 20.3.1945.

sein wahres Gesicht: Hunger, Durst, Angst, Zittern, Wimmern, Schreien, Schmerzen, Kälte, Nässe, Dreck, Wunden, Blut[640].«

Hinter den Soldaten wurde ein tiefgestaffeltes System aus Sperr- und Kontrollinien errichtet. Diese Auffangorganisation hatte sowohl die Disziplinierung als auch die Fürsorge von Soldaten zum Zweck. Angesichts der während der Rückzugsbewegungen an der Ostfront gemachten Erfahrungen schlug der Chef der Wehrmachtordungstruppen die Bildung eines Kontrollsystems vor, für dessen Anlage »die Methode der Russen [als] nicht unpraktisch« bewertet wurde:

»Die Angehörigen der Kompanie dürfen die Linie des Bataillonsstabes unverwundet nur mit einer Genehmigung des Bataillons passieren, die Angehörigen des Bataillonsstabes die Linie des Regimentes nur mit Genehmigung des Regimentes. Zuwiderhandelnde werden wegen Fahnenflucht zum Tode verurteilt. – Ein primitives System, das gewiß manche Schwierigkeiten und Reibungen mit sich bringt, das aber ganz fraglos wegen der Primitivität den größten Vorzug verdient[641].«

Zwischen den als Disziplinierungsorganen eingesetzten Feldjägern und Soldaten, deren Desertionsabsicht erkannt wurde, kam es zu gegenseitigen Tötungsaktionen. Exzessiver Alkoholkonsum, streßbedingtes und abnormales Verhalten und der ständige Wechsel zwischen einem psychischen Dämmerzustand und schlagartiger Anspannung aller Lebensnerven verdichteten sich zu einer unberechenbaren Melange.

Das Chaos erfaßte alle Ebenen der militärischen Führungsorganisation. Die sich widersprechenden Meldungen der um Berlin kämpfenden Truppenteile vermittelten den Anwesenden der Lagebesprechung im Bunker der Reichskanzlei am 22. April 1945 den Eindruck, »daß jeder für sich kämpfte«[642]. Die Überlieferung eines Ferngesprächs, das der Oberbefehlshaber der 3. Panzer-Armee, General Hasso von Manteuffel, wenige Tage später mit dem Chef des Stabes der Heeresgruppe Weichsel führte, offenbart, daß von einer festgefügten Ostfront längst keine Rede mehr sein konnte:

»Völlige Auflösung der Verbände ›Langemarck‹, ›Wallonien‹, 1. Mar.Div. und der gesamten Flak-Abt., soweit sie ohne oder mit Verschulden ihre Waffen verloren haben. Ich habe solche Bilder wie heute noch nicht mal 1918 gesehen. Von Div. Langemarck und 1. Mar. nur noch die tapferen Kdr. und einige Leute, soweit sie sie mit Stimme und Herz beherrschen. Es ist daher eine Durchführung der gegebenen Befehle soweit möglich, wenn sie auf Grund der mangelhaften Nachrichtenverbindung überhaupt durchkommen, der Zusammenhang der Verbände mit Masse den Tag über wieder verloren. [...] Ich mache mir ernste Sorgen wegen der Auflösungserscheinungen. [...] Ich werde Generaloberst Jodl einen Punkt angeben, an dem er sich hinstellen soll, um die Leute aufzuhalten. Er würde Monate, Jahre gebrauchen, um über den Mist nachzudenken, den er noch beabsichtigt zu tun. Das ist keine Volksführung mehr, was hier gemacht wird. Es muß gehandelt werden von der politischen Führung, die Soldaten haben be-

---

640 Holmsten, Als keiner wußte, ob er überlebt, S. 126.
641 BA-MA, RH 19 X/47: OKW/Chef Wehrmachtordnungstruppen/Ia Nr. 487/45 g. vom 23.2.1945. Eine Verfügung des Chefs OKW ordnete Anfang März 1945 die ständige Bildung von Auffangorganisationen an allen Kampffronten an. BA-MA, RH 2/921a: General z.b.V. beim OKH/Heerw. Abt./GenStdH/ Op/OgAbt Nr. II/71214/45 g. vom 7.3.1945.
642 Below, Als Hitlers Adjutant, S. 411.

reits gesprochen. Die besten Offiziere werden sich noch an die Spitze stellen und örtlich kämpfen, das kann aber nicht der Sinn des Kampfes sein. Es müssen wieder die tapfersten Soldaten sich für die Sache totschlagen lassen, und das ganze Gesocks läuft nach Westen weg[643].«

Einen Tag zuvor hatte von Manteuffel angeordnet, daß, wenn kämpfende Teile bei feindlichem Feuer oder vor feindlichen Angriffen kampflos ihre Stellung verließen, »alle rückwärts eingesetzten schweren Waffen, Flak und Artillerie, in direktem Beschuß auf diese Haufen zu schießen« hatten[644].

In die angespannte Atmosphäre der letzten Kriegswochen mischten sich weitere Irritationen. Autosuggestiv hatte sich das Regime seit längerem der Vorstellung hingegeben, daß zwischen dem Umsturzversuch und den Niederlagen an der Ostfront eine unmittelbare Verbindung zur Tätigkeit des Nationalkomitees Freies Deutschland (NKFD) bestand, in dessen Rahmen kriegsgefangene Generale und Offiziere sich gegen die politische und militärische Führung Hitlers offen zu Wort meldeten[645]. Seit Spätsommer 1944 kursierten immer wieder Meldungen und Gerüchte über die tatsächliche oder vermeintliche Infiltration der deutschen Linien durch Angehörige der Frontorganisation des NKFD. Die chaotischen Verhältnisse auf deutscher Seite während der sowjetischen Weichseloffensive führten zahlreiche Soldaten auf »ein völliges Versagen der Führung oder aber Verrat« zurück: »Ein großer Teil der Soldaten war davon überzeugt, daß die Sowjets von zahlreichen deutschen Offizieren geführt werden. Die Namen Paulus und Seydlitz wurden häufig genannt«, zeichnete ein Stimmungsbericht auf[646]. Hitlers Tagesbefehl an die Ostfront vom 14. April 1945, der mit einer nüchternen, distanzierten militärischen Befehlssprache nichts mehr gemein hatte, heizte die Verratspsychose regelrecht an: »Der Bolschewist wird dieses Mal das alte Schicksal Asiens erleben, d.h. er muß und er wird vor der Hauptstadt des Deutschen Reiches verbluten. Wer in diesem Augenblick seine Pflicht nicht erfüllt, handelt als Verräter an unserem Volk. Das Regiment oder die Division, die ihre Stellung verlassen, benehmen sich schimpflicher als die Frauen und Kinder, die in unseren Städten dem Bombenterror standhalten. Achtet vor allem auf die verräterischen wenigen Offiziere und Soldaten, die, um ihr erbärmliches Leben zu sichern, im russischen Solde vielleicht sogar in deutscher Uniform gegen uns kämpfen werden. Wer euch Befehle zum Rückzug gibt, ohne daß ihr ihn genau kennt, ist sofort festzunehmen und nötigenfalls augenblicklich umzulegen, ganz gleich welchen Rang er besitzt[647].«

---

[643] Die Aktennotiz des Ferngesprächs ist wiedergegeben in: Förster/Lakowski, 1945, Dok.Nr. 170, S. 343 f.
[644] BA-MA, RH 24-32/1: OB 3. Panzerarmee/Ia Nr. 3488/45 g. vom 26.4.1945.
[645] Vgl. Heider, Reaktionen, S. 630 f.
[646] BA-MA, RW 4/v. 266: Auswertung der Mundpropaganda der Abteilung Wehrmachtpropaganda im OKW vom 23.2.1945. Verschiedentlich kam es zwar zu Einsätzen von Einzelpersonen und kleineren Gruppen, die in Wehrmachtuniformen im Hinterland der deutschen Front operierten, den größeren Umfang einer ›Seydlitz-Armee‹ nahm die Frontorganisation des NKFD nicht an, sofern ihr Wirken überhaupt von Aktionen der sowjetischen militärischen Abwehr unterschieden werden kann. Siehe dazu: Hamacher, Frontorganisation; Le Tissier, Deutsche gegen Deutsche.
[647] BA-MA, RH 2/336: Tagesbefehl Hitlers, wiedergegeben durch die Adjutantur der Wehrmacht beim Führer an GenStdH am 14.4.1945.

Den gleichen Geist antizivilisatorischer Hemmungslosigkeit und brutalster Vernichtungsideologie atmete auch Hitlers ›Einsatzbefehl‹ an die zerfledderten Reste der sogenannten Armee-Abteilung Steiner während des Kampfes um Berlin, der jegliches Ausweichen nach Westen verbot. »Offiziere, die sich dieser Anordnung nicht bedingungslos fügen, [waren] festzunehmen und augenblicklich zu erschießen[648].« Unschwer läßt sich vorstellen, daß solche Anweisungen folgenschwere Fehlhandlungen bei den bunt zusammengewürfelten Einheiten provozierten, die angesichts sich überstürzender Lageentwicklungen und fehlender Kommunikationsmöglichkeiten keinen Überblick und keine Orientierung mehr besaßen. Wie ein Gleichnis für die allgemein herrschende Konfusion erscheint die Schilderung eines Feuergefechts zwischen Arbeitsdienstleuten und Luftwaffensoldaten, das mehrere Todesopfer forderte und erst durch das energische Eingreifen von Offizieren beendet werden konnte. Die eine Seite wurde aufgrund ihrer braunen Uniformen für Rotarmisten, die andere Seite für sog. Seydlitz-Leute gehalten. Nicht einmal gegenseitige Zurufe konnten das folgenschwere Mißverständnis aufklären[649]. Die Praxis des nationalsozialistischen Vernichtungskrieges – latente Rechtsunsicherheit, normative Beliebigkeit sowie die bewußte Lockerung des staatlichen Gewaltmonopols, jenem wichtigsten Ordnungsfaktor in der Anarchie des Krieges – zeigte jetzt seine Janusköpfigkeit: Was für die Soldaten und Bevölkerung der von der Wehrmacht besetzten Gebiete galt, schlug am Ende auf die deutschen Soldaten zurück und ließ die Situation für den einzelnen unberechenbar hinsichtlich der Gefahren für das eigene Leben werden[650]. Der Kommandeur einer Volksgrenadierdivision schrieb nach dem Krieg, daß die Soldaten deshalb vor allem um ihre persönliche Sicherheit, um ihr Überleben kämpften[651].

Am Ende scheint sich das Szenario zusammenbrechender Ordnungsstrukturen und beginnender Anarchie, normativer Unsicherheit vor allem unter dem Begriff Tragödie zusammenfassen zu lassen. »Wir werden Zeugen der einzigen Alternative zur bedingungslosen Kapitulation – der allmählichen Desintegration und Zerstörung der Wehrmacht«, hatte die alliierte Feindaufklärung das Geschehen bereits in der ersten Aprildekade charakterisiert[652]. Anfang Mai beobachteten amerikanische Soldaten ein apokalyptisch anmutendes Geschehen, das sich am Ostufer der Elbe bei Tangermünde vor ihren Augen abspielte:

»Schreckenerregend [...] waren die angstbesessenen Herden, die sich am Ostufer der Elbe zusammendrängten, als die Russen, jetzt, da durch die Kapitulation rückwärtiger deutscher Einheiten der Druck gelöst worden war, rasch nach Westen zur Elbe drängten. Diese Massenangst, wurzelnd in einer Mischung aus Herdenpsychose und schuldbeladenem Gewissen, erreichte ihren Höhepunkt in einer hysterischen Panik unter den

---

[648] BA-MA, RH 10/118: Befehl Hitlers, wiedergegeben durch OKH/GenStdH/OpAbt (Ia) Nr. 34887/45 gKdos. vom 21.4.1945.
[649] Vgl. Bericht Paul Loewe, in: Deutsche im Zweiten Weltkrieg, S. 617.
[650] Ein geradezu paradigmatisches Beispiel für das diagnostizierte Klima sanktionsfreier Gewaltausübung und der Verwirrung über rechtliche und moralische Normen liefert die Studie von Pantcheff, Der Henker vom Emsland.
[651] Ausarbeitung Gen.Lt. Paul Mahlmann, zit. nach: Rush, A Different Perspective, S. 499.
[652] Twelfth Army Group, Weekly Intelligence Summary Nr. 35 vom 11.4.1945, zit. nach: Henke, Die amerikanische Besetzung, S. 400.

Tausenden von schreckerfüllten Soldaten und Zivilisten aller Nationalitäten. Der durcheinandergewürfelte Haufen wartete in gemeinsamer und fast abergläubischer Furcht vor den näherkommenden Sowjets. Sie drängten zum Fluß, bettelten um die Erlaubnis zum Übersetzen und stürzten sich oft auf jeden Gegenstand, der schwamm, ins Wasser. Sie strömten zum Fluß wie die Toten der Mythologie zur Fähre am Fluß Styx – aber anders als die Toten der Mythologie hielten sich viele nicht damit auf, auf Boote zu warten. Sie überquerten den Fluß auf Treibholz, auf hastig zusammengestückten Flößen, auf Gummireifen, in Waschzubern, auf Brettern. Sie überquerten den Fluß zu Hunderten, zu Tausenden. Die Szene wurde noch chaotischer und hektischer, als die Russen näher kamen[653].«

In der Nähe des mecklenburgischen Ludwigslust beobachteten amerikanische Soldaten, wie der nach Westen strömende Wehrmachtverkehr flüchtende Zivilisten an den Straßenrand drängte. »Die Angst vor den Russen saß ihnen allen im Nacken«, so ein Zeitzeuge[654]. Ein Luftwaffensoldat, dessen Einheit sich noch nach der Kapitulation auf tschechischem Gebiet befand, erinnerte sich daran, wie auch andernorts die bestehenden formellen und informellen Strukturen militärischer Ordnung aus den Fugen gerieten:

»Nachdem die Einheit aufgelöst war, wollte man so schnell wie möglich raus ins Reich! Offiziere waren keine mehr da, die Befehlsgewalt gab es nicht mehr, eine Verwirrung löste die andere aus. Es gab dann einige Gruppen, die sich mit dem Fahrzeug nach Westen absetzten[655].«

Dwight D. Eisenhowers Forderung nach gleichzeitiger bedingungsloser Kapitulation an allen Fronten versuchte die Regierung Dönitz nicht zuletzt auch deshalb abzuändern, da sie solche Bedingungen nicht nur für unannehmbar, sondern auch für »undurchführbar [erachtete], weil kein Soldat der Ostfront sich an den Befehl, die Waffen niederzulegen und stehen zu bleiben, halten wird[656].«

4. Die Individualität des Kriegsendes

Eine Vorstellung, wonach allein das überlieferte Schriftgut der militärischen Administration die Realität widerspiegelt, ist naiv. Unabhängig davon, ob es sich um Organisations- und Einsatzbefehle, Lagemeldungen oder Zustandsberichte handelt, enthalten die entsprechenden Dokumente und Akten stets eine Perspektive, die in erster Linie der Zuständigkeit und der Aufgabenwahrnehmung ihrer Verfasser folgt. Deren Vorgangsbearbeitung wurde insbesondere ausgelöst durch Störungen, Friktionen und wie auch immer geartete Anlässe, von denen Änderungs- und Steuerungsbedarf ausging. Es liegt in der Natur der Sache, daß Routine und Selbstverständliches in der Regel kein Anlaß für eine aktenbildende Tätigkeit waren. Diese Feststellung ist von nicht unerheblicher Bedeutung, läßt sie doch die Existenz verschiedener ›Wirklichkeits‹-Dimensionen vermuten.

---

[653] Henke, Die amerikanische Besetzung, S. 682.
[654] Angress, Ein Zeitzeuge berichtet, S. 46.
[655] BA-MA, MSg 2/4220.
[656] BA-MA, N 374/8: Tagesniederschrift der Regierung Dönitz vom 6.5.1945.

III. Die Wehrmacht im ›Endkampf‹

Die zahlreichen Belege, mit welchem Furor und mit welcher Radikalität Regime- und Wehrmachtführung versuchten, die Soldaten zum Weiterkämpfen anzutreiben, vermitteln dem Betrachter den Eindruck von einer unberechenbaren Ausnahmesituation von Gewalt und Chaos. Nur wenige Indizien lassen darauf schließen, daß es inmitten des militärischen und staatlichen Zusammenbruchs so etwas wie Normalität, bzw. Bereiche relativer Beständigkeit und Kontinuität gab. An ein entsprechendes Beispiel erinnerte sich ein Zeitzeuge, der bei seiner Odyssee durch tschechisches Gebiet mit dem Ziel, sich in seine Heimat durchzuschlagen, zwei Wochen *nach* der Kapitulation auf eine »komplette Einheit« stieß, die sich unter der Führung ihres Offiziers mit Last- und Personenwagen durch ganz Böhmen durchgeschlagen hatte und auf das Öffnen der Sperrlinie nach Westen wartete:

»Die Leute machten völlig friedensmäßigen Dienst, trugen Rangabzeichen und Orden, zahlten wöchentlich Wehrsold aus der Kompaniekasse, kochten in der Feldküche und schoben nachts mit Knüppel Wache! In ihrer Schreibstube, die im Dorfgasthaus lag, hatten sie Dienstsiegel, Verordnungsblätter und andere nützliche Dinge. Der Benzinvorrat der Kompanie reichte noch für einige 100 km[657].«

Nur im Ausnahmefall gibt das offizielle Schriftgut Auskünfte über Emotionen, Handlungslogik und -motivation seiner Verfasser. Die folgenden Ausführungen spüren diesem für die individuelle Umweltwahrnehmung und soziales Verhalten wichtigen Element mittels autobiographischer Quellen nach. Die herausdestillierten Informationen werden allerdings nicht in ein ausdifferenziertes und kleinteiliges Konzept gepreßt, das inhaltliche Vollständigkeit suggeriert. Statt dessen kommen die Betroffenen selbst zu Wort. Ihre Aussagen werden, gleichsam zu einem atmosphärisch dichten Bild entlang ausgewählter Topoi aggregiert, die sich aus der Frage nach der Realitäts- und Umweltwahrnehmung der Betroffenen, den Charakteristika der sozialen Interaktion sowie der zwischenmenschlichen Wahrnehmung ableiten. Der Leser stößt dabei, um ein zentrales Ergebnis dieser Darstellung vorwegzunehmen, auf ein komplexes Bündel von Wahrnehmungen und Lebenswelten, das sich hinter der durch den Begriff ›Wehrmacht‹ aufgebauten Fassade verbirgt, und das ein Zeitzeuge wie folgt zusammenfaßt:

»Wo haben die gelebt, die sich an damals noch Einheitliches erinnern? Vielleicht waren sie in Einheiten, in denen alle Werte bewahrt blieben, und hatten damit genug zu tun, sich nicht um andere zu kümmern. Vielleicht waren sie schon in Gefangenschaft. Wo habe ich gelebt? Offenbar lebten wir in verschiedenen Welten. In meiner Welt gab es eine Vielfalt bewaffneter Einheiten, die niemand mehr durchschaute. Wer die Wehrmacht bis zur Kapitulation als Einheit sieht, bedenkt nicht die vielfältigen und unbewältigten Einflüsse, denen die Truppen ausgesetzt waren. Der Kriegsschauplatz [...] prägte eben die Truppe. In manchen Einheiten waren die nationalsozialistischen Führungsoffiziere die Verlachten, in anderen die Tonangebenden. [...] Folgenlos kann auch niemand eine Armee so zerreißen und wieder zusammensetzen und wieder zerreißen, wie das der Machthaber und seine Helfer taten, und dann noch so etwas wie Einheit im Verhalten

---

657 BA-MA, N 20/6: Bd 7, S. 127.

und Selbstverständnis erwarten. Selbst die Uniformen variierten ja von Einheit zu Einheit[658].«

a) Von Tätern und Opfern

Es dürfte wohl kaum einen Soldaten der Wehrmacht gegeben haben, der nicht wenigstens zeitweise in den letzten Monaten des Krieges durch eine düstere, verwirrende und bedeutungsschwangere Gefühlswelt bedrückt wurde. Hierin unterschieden sich die Angehörigen der militärischen Führungsspitze nicht von jugendlichen Rekruten oder Mannschaftssoldaten. Als eine »Mischung von Überwachheit und Trance – und mit bedrücktem Gewissen« beschrieb Ulrich de Maizière sein Empfinden während seiner Tätigkeit in der Operationsabteilung im Generalstab des Heeres wenige Wochen vor Ende des Krieges[659]. »Nervosität und Angst. Sinnlos wird auf huschende Gestalten geschossen [...], vermutlich eigene Leute. Wehrlosigkeit und nervliche Anspannung werden abreagiert«, waren die Sinneseindrücke eines Offizieranwärters, der zur gleichen Zeit in Vorpommern eingesetzt war[660]. Daß der NS-Herrschaft seit Jahresmitte 1944 schrittweise die Luft ausging, ließ sich individuell verschieden erfahren und unterschiedlich bewußt wahrnehmen. In der Wechselwirkung zwischen propagandistischer Phrasendrescherei, die ausgiebigst auf die Casablanca-Formel rekurrierte, dem Anblick vom durch Luftkrieg zerstörte Städte und dem Gehörten wie persönlich Erlebten von Übergriffen der Roten Armee auf die ostdeutsche Bevölkerung schien sich die Vernichtungsabsicht der Kriegsgegner zu manifestieren. Gesellschaftspolitische Zielvorstellungen und Zukunftsperspektiven wurden obsolet, persönliche Lebensentwürfe standen vor dem Scheitern. Aus distanzierter Warte beobachtete der Schweizer Generalkonsul Franz-Rudolph von Weiss feinsinnig das Verhalten von Bevölkerung und von Soldaten im Raum Köln-Bonn. Keineswegs waren diese von tumben ›Endsieg‹-Hoffnungen erfüllt, doch bemerkte Weiss: »Irgend etwas wie um den 20. Juli herum ist ganz unwahrscheinlich. [...] Partei, SS und Berufssoldaten werden durchhalten bis zum Ende.« Zwischen diesen drei Gruppen erkannte er ein »Schutz- und Trutzbündnis«, das dem Schlagwort folgte: »Es lebe der Krieg, denn den Frieden werden wir nicht überleben[661].«

Nun lassen sich keineswegs alle Wehrmachtangehörigen mit dem hier beschriebenen Typus des Berufskriegers, der nichts anderes gelernt und kennengelernt hatte als das Kriegshandwerk, gleichsetzen. Beherrscht von der Sorge um die eigene Zukunft und um das Schicksal der Angehörigen sah sich die überwiegende Zahl der Wehrmachtsoldaten mit einer Situation konfrontiert, in der Ungewißheit und psychische Anspannung die alles überwölbenden Merkmale waren. Der Journalist und Offizier Samuel L.A. Marshall bereiste im Auftrag der US-Army viele Kriegsschauplätze und befragte dabei Angehörige von ca. 400 Infanteriekompani-

---

[658] Buch, Wir Kindersoldaten, S. 192 f.
[659] Vgl. Maizière, In der Pflicht, S. 102.
[660] Bericht Peter Neumann, in: Ganzow, Letzte Tage in Pommern, S. 101.
[661] Kriegsende und Neuanfang am Rhein, Bericht vom 29.1.1945, S. 61 ff.

en über ihre Erlebnisse. Seine Interviewergebnisse und Beobachtungen faßte Marschall in einer dramaturgisch aufgebauten, feinsinnigen Schilderung zusammen und breitet vor dem Leserauge die in der Ausnahmesituation des Kampfes zutagetretende Palette extremer menschlicher Affekte aus, die vom Stupor der Todesangst bis hin zum besessenen, blinden Kampfrausch reichte:

»Die Einheit kommt auf das Schlachtfeld und geht querfeldein vor im Feuerbereich der feindlichen Infanteriewaffen. Der Feind schießt. Und jetzt geschieht das völlig Anormale. Er hatte erwartet, Bewegung, Aktion zu sehen, und er sieht nichts. Es gibt nichts zu sehen. Das Feuer kommt von nirgends und doch ist es Feuer; denn das Geräusch ist unmißverständlich. Aber das ist auch alles, was er gewiß weiß. [...] Die Männer stieben auseinander, sobald das Feuer einschlägt. Wenn sie dann in Deckung gehen, sehen sie sich gegenseitig kaum mehr. Und diejenigen, welche noch sichtbar sind, liegen meist merkwürdig still da. [...] Das feindliche Feuer verstärkt sich; es wird gezielter. Die Entfernung zwischen den eigenen Leuten wird größer. Jeder sucht auf eigene Faust die nächste oder eine bessere Deckung. Wenige schießen. Auch diese zuerst nur ängstlich, als fürchteten sie einen Vorwurf wegen Munitionsverschwendung, wenn man dort keinen Feind sieht. Andere tun nichts. Darunter sind einige nur verwirrt und wissen ohne Befehl nicht was tun, andere haben vollständig die Nerven verloren und können weder denken noch sich situationsgemäß bewegen. Diese Reaktionen auf das feindliche Feuer führen dazu, daß die Kompagnie sich stärker und stärker in ihre Elemente auflöst und das Gefühl des Verlassenseins und der Unsicherheit beim einzelnen immer größer wird[662].«

Äußere Umweltbedingungen wie starke Temperaturschwankungen, körperliche Überanstrengung, unzureichende Ernährung und schlechte hygienische Bedingungen erhöhten die Anfälligkeit der Soldaten für psychische und physische Streßreaktionen, wie sie auch durch eine Verwundung oder durch starke gefühlsmäßige Beanspruchung hervorgerufen werden konnten. Die Angst- oder Abwehrreaktionen des Organismus und des Individuums auf eine als Bedrohung empfundene Situation konnten sich nachhaltig störend auf das Verhalten auswirken. Neben körperlichen Beschwerden in Form von Bewußtseinseinschränkungen, Schlaf- und Appetitstörungen oder innerer Unruhe verminderten sich die Reaktions- und Lernfähigkeit. Gereiztheit, Apathie, zielloser Aktionismus, aber auch Vergeßlichkeit und abnehmende Ausdauer waren sichtbare Zeichen von Persönlichkeitsveränderungen[663]. Unzureichende und unregelmäßige Ernährung, Alkohol-, Nikotin-, Koffein- und Medikamentenmißbrauch und mangelnder Schlaf ließen Persönlichkeiten bis an den Rand des körperlichen und seelischen Zusammenbruchs kommen[664]. Nur sehr selten sind derartige Fälle durch die offizielle Aktenüberlieferung und die späteren Erinnerungen dokumentiert, verstieß die Auseinandersetzung mit diesem Problem doch gegen das geltende soldatische Männlichkeitsideal. Betroffen waren davon nicht nur kampfunerfahrene, junge Rekruten. Selbst Truppenführer,

---

[662] Marshall, Soldaten, S. 48 ff. Die Befragungsergebnisse Marshalls setzt Bröckling, Schlachtfeldforschung in Beziehung zu der von der US-Army initiierten Studies in Social Psychology in World War II.
[663] Vgl. Dinter, Held; Gabriel, The Painful Field; Kellet, Combat Motivation; Meyer, Die abnormen Erlebnisreaktionen; Shay, Achill in Vietnam.
[664] Vgl. Meyer, Zur Situation der deutschen militärischen Führungsschicht, S. 602.

verantwortlich für Führung und Einsatz von Tausenden ihnen unterstellten Soldaten, konnten situativ streßbedingte, abnormale Verhaltensmerkmale offenbaren[665].

Die Begleitumstände des Krieges beschleunigten den Zustand der Erschöpfung. Dabei bestand der Alltag der Soldaten keinesfalls aus der pausenlosen Aneinanderreihung von Kampf- und Extremsituationen. Die vorangegangene personelle Bestandsanalyse der Wehrmacht hat gezeigt, wie hoch selbst noch im letzten Kriegsjahr der Anteil derjenigen war, die in einer nicht unmittelbar kämpfenden Einheit, gleichwohl für deren Einsatzfähigkeit wichtigen Unterstützungsfunktion ihren täglichen Dienst verrichteten. Doch selbst in den Einheiten und Verbänden der kämpfenden Truppe war die Situation des Kampfes eine Ausnahmeerscheinung. Bei näherer Betrachtung stellt sich das ›Kämpfen‹ als geistig und körperlich zermürbendes Arbeiten, Schutzsuchen und angstvolles Abwarten heraus[666]. Die Überstrapazierung der eigenen Kräfte und der Zusammenbruch der militärischen Organisation ließ die Unterscheidungen zwischen Kämpfern und Nichtkämpfern immer obsoleter werden. Und ohnehin wurden, wie im Vorangegangenen dargestellt, derartige funktionale Unterscheidungen aus Mangel an personellen und materiellen Ressourcen sukzessive eingeebnet. Die Einsatz- und Aufklärungsmöglichkeiten der modernen Kriegstechnik waren unabhängig von Tages- und Nachtzeiten sowie von Witterungseinflüssen. Die weitreichende Waffenwirkung betraf alle Teile einer modernen, technisierten Armee.

Der Kriegsalltag war ein bizarr anmutendes Nebeneinander von Chaos und Ordnung, von Situationen mit Extremcharakter und Normalfällen, von Ausnahme und Routine. Dies veranschaulichen die Erinnerungen eines jungen Offiziers, der Ende März 1945 mit seinen Soldaten im Kessel von Heiligenbeil an einem von der Roten Armee immer weiter zusammengedrückten Ostseeküstensaum kämpfte. Dort boten nur primitive Erdhütten Schutz vor den Einflüssen der Witterung und der feindlichen Waffenwirkung, der Ernährung diente das Fleisch notgeschlachteter Truppenpferde. Doch in der gleichen Situation bestanden sowohl das Verlangen als auch die Möglichkeit für den Besuch eines in der Nähe befindlichen Truppenkinos. In einer Bauernscheune wurden den Soldaten Propaganda und harmlose Unterhaltungsfilme geboten. Der Gang des Offiziers in ein nahegelegenes Dorf hatte das Ziel, auf einer dort befindlichen Schreibmaschine Vorschläge für Auszeichnungen zu schreiben und die Kompanieeinteilung zu kopieren[667]. Auch der Frontalltag an der Oder im Frühjahr 1945 hatte viele Gesichter. Im einem Moment der Apokalypse entkommen, konnten Soldaten sich im anderen Augenblick in vergleichsweise geordneten, nach dem Vorangegangenen bisweilen fast paradiesisch anmutenden Umständen wiederfinden. Neben ›Beschäftigungstherapien‹ und Ausbildungstätigkeiten fand sich die Zeit zum Sonnenbaden sowie Wirtshausbesu-

---

[665] Eine anschauliche Episode befindet sich in: BA-MA, MSg 2/1096.
[666] Siehe dazu die instruktiven Anmerkungen von Bahrdt, Die Gesellschaft und ihre Soldaten, S. 84 ff., der nüchterne wissenschaftliche Reflexionen mit eigenen Eindrücken als Kriegsteilnehmer verbindet.
[667] Vgl. Fetscher, Neugierde, S. 225.

chen, und die Kontakte zur einheimischen, insbesondere zur weiblichen Bevölkerung boten Abwechslung[668]. Im Münsterland beispielsweise genossen Soldaten während einer vorübergehenden Einquartierung auf einem Bauernhof ein weitgehend freizügiges und wenig reglementiertes Leben. Die Entsendung ins Kampfgeschehen veränderte die Situation unvermittelt und brutal[669].

Die Wirklichkeit des Krieges setzte sich aus vielen, oft völlig verschiedenen Parallelwelten zusammen. In den Standorten des Heimatheeres oder bei der Besatzungsherrschaft erlebten viele Soldaten einen friedensmäßig anmutenden Dienstalltag. Die Offiziere trafen sich in örtlichen Kasinos zu abendlichen Kamingesprächen oder Feiern. Es will so ganz und gar nicht in die gängige Vorstellung vom Krieg passen, daß es zu Himmlers ersten Anordnungen als Befehlshaber des Ersatzheeres gehörte, für den Bereich des Heimatheeres durchzusetzen, daß die Soldaten auch am Sonntag arbeiteten[670]. Die Rückschau ließ einen Soldaten sich erinnern an die »angenehme Zeit«, in der er als Melder mit dem Motorrad durch die Landschaft »brauste« und regelmäßig die Gelegenheit hatte, zusammen mit seinen Kameraden sonntäglich durch die benachbarte Kleinstadt zu »schlendern«[671]. Im Stab der Heeresgruppe Weichsel klagte man im März 1945 darüber, daß die Kasernen im rückwärtigen Bereich der Heeresgruppe den »Eindruck tiefsten Friedens« vermittelten[672]. In der Apokalypse des belagerten und zerschossenen Breslaus fanden sich im April 1945 Offiziere und Soldaten zusammen, um vom Regimentskommandeur Orden und Auszeichnungen entgegenzunehmen. Gesangseinlagen und Gedichtrezitationen sorgten für den festlichen Rahmen der Veranstaltung, deren Skurrilität mit der soldatischen Vereidigung junger Mädchen und Frauen als Geschützbedienungen ihren Abschluß fand[673]. Tausende von Wehrmachtangehörigen in der Führungs- und Verwaltungsbürokratie produzierten in unermüdlicher Tagesroutine unzählige Befehle, Denkschriften und andere Ausarbeitungen. Ungehalten vermerkte Goebbels Anfang März 1945, daß nach einer Mitteilung des Staatssekretärs im Reichsministerium des Inneren das OKW und OKH einen Raumbedarf für Ausweichquartiere in Thüringen für einen Personalumfang von etwa 54 000 Wehrmachtangehörigen für sich reklamierten[674]. An jedem Tag im Januar 1945 durchliefen durchschnittlich 200 000 Fernschreiben, 120 000 Ferngespräche und 100 bis 300 Funksprüche und Funkfernschriebe allein die Nachrichtenkanäle der militärischen Spitzenorganisation und ihrer zentralen Einrichtungen[675]. Ein krasser Gegensatz dazu war die Situation, der sich beispielsweise die Soldaten der Heeresgruppe Mitte ausgesetzt sahen. In hochsommerlicher Hitze befanden diese sich auf staubigen Rückzugsstraßen in einer fast heillosen

---

[668] Vgl. Holmsten, Als keiner wußte, ob er überlebt, S. 137.
[669] Vgl. BA-MA, MSg 2/3219.
[670] Vgl. BA-MA, RH 12-23/124: Chef H Rüst u BdE/Stab Ic Nr. 6363/44 vom 1.8.1944; Steinhoff, In letzter Stunde, S. 60.
[671] Bericht Hasso Gottfried von Petri, in: Täglich Krieg, S. 207.
[672] BA-MA, RH 19 XV/7b: Notiz O.Qu. im OBKdo HGr Weichsel vom 12.3.1945.
[673] Vgl. Hartung, Schlesien, S. 107.
[674] Vgl. Goebbels, Die Tagebücher, Bd 15, Eintrag vom 3.3.1945, S. 406.
[675] Zahlen aus Praun, Soldat, S. 240.

Flucht vor den sowjetischen Panzerverbänden, deren Vormarschgeschwindigkeit selbst dem militärischen Führungsapparat keine Möglichkeit zu einer geregelten Tätigkeit einräumte. Die in Norwegen stationierten Soldaten fanden dagegen im Rahmen ihres Besatzungsdienstes Zeit, an Wintersportwettkämpfen teilzunehmen. Und ungeachtet der Gesamtkriegslage und der Rückzugskämpfe in der norditalienischen Po-Ebene war die 150. Aufführung der verbandseigenen Schauspieltruppe ein Ereignis, das bei den Angehörigen einer dort eingesetzten Infanteriedivision Beachtung fand[676].

Die schlagartige und unvermutete Vermischung dieser Sphären war das hervorstechende charakteristische Merkmal der letzten Monate des Krieges. Im März 1945 sah sich der Kommandant des Hauptquartiers des OKH zu einem Verbot veranlaßt, da die dort Bediensteten »während ihrer Freizeit oder auch bei Fliegeralarm ohne Rücksicht auf Anpflanzungen und Graswuchs über Felder und Wiesen laufen, sich lagern, Blumen pflücken usw.«[677]. In einem »Amtssonderbefehl« brandmarkte der Chef des Heerespersonalamtes nicht nur das »fluchtartige Verlassen der Kaserne von Offizieren, Beamten, Unteroffizieren und Stabshelferinnen bei Fliegeralarm« als »beschämend«. »Anstatt sich in Deckung zu begeben«, so fuhr der Befehl fort, »wird ein ›Liegewiesen- und Sonnenbadbetrieb‹ mit Strickzeug und Klatsch in einzelnen Gruppen auf der Wiese vor der Kaserne eröffnet[678].« Einheiten und Dienststellen, die sich noch am Tag zuvor und fernab der ›Front‹ im tiefsten Frieden gewähnt hatten, konnten schon einen Tag später selbst in die Kampfhandlungen hineingezogen werden. Der reguläre Dienstbetrieb brach zusammen, als Kommandostäbe und militärische Behörden durch den herannahenden Gegner zum fortgesetzten pausenlosen Ausweichen gezwungen wurden. Eine Meldung der Abteilung Fremde Heere West im Generalstab des Heeres schilderte die Situation, der sich vielfach Soldaten ausgesetzt sahen, die kurz zuvor noch einer geregelten Stabs- und Büroarbeit nachgegangen waren:

»Ich darf hierzu melden, daß ich außer 2 Kraftfahrzeugen [...] noch 1 Diesel LKW und 1 Holzgas LKW organisiert hatte, wovon 1 LKW durch Jabo-Angriff vorgestern zerstört wurde. Da ich mit diesen Fahrzeugen das Dienstgepäck und die Verpflegung befördern mußte, mußte ein großer Teil der Abteilung auf Fahrrädern – darunter auch die Stabshelferinnen – und gestern sogar zum Teil im Fußmarsch die Verlegung durchführen. Die Kraftfahrzeuge sind inzwischen infolge der Dauerbeanspruchung in ihrer Einsatzfähigkeit erheblich abgesunken. Außerdem wurden die Betriebsstoffschwierigkeiten immer größer. Eine weitere Erschwerung bildete der Gesundheitszustand der Masse der Abteilungsangehörigen – zum Teil Schwerkriegsversehrte und a.v.-Leute – die derartige körperliche Anstrengungen auf längere Dauer nicht durchhalten können[679].«

Unter der Prämisse des Kampfes bis zum Äußersten wurde keine Rücksicht genommen auf hierarchische oder funktionale Unterschiede. Am Schlußpunkt dieser Entwicklung wurden selbst die Angehörigen des Heerespersonalamtes, einer für

---

676 Vgl. BA-MA, RH 26-305/28: Tagesbefehl Kommandeur/NSFO vom 6.3.1945.
677 BA-MA, RH 11 III/5: Stabsbefehl des Kommandanten des HQu im OKH vom 26.3.1945.
678 BA-MA, RH 7, H 4/15: Amtssonderbefehl Chef HPA vom 13.4.1945.
679 BA-MA, RW 4/v. 457: Chef Abt FHW im GenStdH Nr. 144/45 gKdos. vom 14.4.1945; BA-MA, MSg 2/2266.

die Bearbeitung von Offizierpersonalien zuständigen militärischen Behörde, zu einer Kampfgruppe zur Panzervernichtung zusammengefaßt[680].

Der kriegerische Einsatz mußte beim Einzelnen nicht zwangsläufig verhaltensrelevante Traumata hervorrufen. Die Situation des Kampfes konnte nach vorangegangener Monotonie des Stellungsdienstes geradezu als Abwechslung oder Abenteuer empfunden werden. Und während die Verlegung in die Ruhe und Ordnung der rückwärtigen Linien oder der Heimat für den einen die Erlösung von den physischen und psychischen Strapazen des Frontdienstes bedeutete, ließ der streng reglementierte Etappen- oder Garnisonsdienst bei einem anderen das Verlangen nach der ›Freiheit des Frontsoldaten‹ aufkommen[681]. Letzterer präsentierte sich einem zeitgenössischen Betrachter, der während eines Bahntransportes aufmerksam die Gespräche von Soldaten verfolgte, als der

»für unser einen so schwer verständliche Typus des Kriegers um seiner selbst willen, der im Mechanismus des kämpferischen Geschehens den Inhalt seines Denkens findet und durch übergreifende Sinnzusammenhänge, selbst solche politischer Art, nicht sehr aus dem Konzept gebracht werden kann«[682].

Die Waffentechnik – geballte Feuerkraft, unbezwingbar wirkende stählerne Panzerkolosse oder Düsenflugzeuge – strahlte noch bis in die letzten Tage des Krieges eine janusköpfige Faszination aus[683]. Ein Truppenführer faßte diesen inneren Zwiespalt aus Ratio und Irrationalität in folgende Worte:

»Wer sich zur Führung im größeren Rahmen befähigt weiß, der wird von diesem Anreiz bei entscheidenden Kämpfen mitgerissen. [...] Ich glaube nicht, daß dieses Fieber etwas mit militärischer Veranlagung zu tun hat. Man kann einen Krieg als solchen sehr wohl wegen seiner Sinnlosigkeit oder wegen seiner strategisch hoffnungslosen Konzeption verurteilen und, in das unabänderliche Faktum verwickelt, dennoch an die exponierten Stellen des Kampfes drängen[684].«

Deutlich äußerte sich diese déformation professionelle aber vor allem in einer gleichgültigen Haltung gegenüber Sterben und Tod. Sie ermöglichte es den Soldaten, sich mit einer von Gewalt, Zerstörung und einer allgegenwärtigen Gefahr für das eigene Leben geprägten Situation zu arrangieren[685]. Apokalyptisch mutet die Szene an, die sich vor dem erinnernden Auge eines Zeitgenossen in einem Oder-Brückenkopf abspielte:

»Hier scheint wirklich ein unentwirrbares Durcheinander zu herrschen. Auf der Straße und den Waldwegen fluten Soldaten und Autos hin und her. [...] Im Walde kampieren einzeln und in kleinen Gruppen Soldaten aller Waffengattungen: Grenadiere, Fallschirmjäger, Flaksoldaten, Panzermänner, Waffen-SS. Sogar Matrosen in dunkelblauen Kitteln unter der Tarnjacke sind darunter. Panzer und Autos, mit Zweigen gegen Flie-

---

[680] Vgl. BA-MA, RH 7, H 4/15: Ag P1/Mob.Vorb. Nr. 5032/45 g. vom 13.4.1945, 2. Ang. Siehe dazu auch den vorangegangenen Grundsatzbefehl des OKW/WZA über das Verhalten von OKW Dienststellen im thüringischen Raum bei Annäherung des Feindes vom 30.3.1945, BA-MA, RW 44 I/18.
[681] Bahrdt, Die Gesellschaft und ihre Soldaten, S. 94.
[682] Günther, Das letzte Jahr, S. 340.
[683] Siehe dazu beispielsweise den Bericht von Gottfried Fährmann, in: Deutsche im Zweiten Weltkrieg, S. 554.
[684] Senger und Etterlin, Krieg in Europa, S. 352.
[685] Vgl. Bahrdt, Die Gesellschaft und ihre Soldaten, S. 110.

gersicht geschützt, stehen unter den Bäumen. Aber um die Leichen, die dazwischen herumliegen, kümmert sich keiner. Nur einige sind mit einem Zelttuch oder Laub bedeckt. Gleichgültig lagern die Landser neben den Toten, essen oder schlafen. Sie haben genug damit zu tun, für sich selbst Deckungslöcher zu buddeln und verspüren keine Lust, Gräber für die Toten zu machen. Jeder denkt: der andere wird's schon machen. Solange kein Befehl kommt, habe ich keine Ursache, mich zu bemühen[686].«

Als ein Akt kollektiver Aggression war der Krieg »die weitreichendste Form legitimierten Tötens«, das wiederum in eine unüberschaubare Zahl individueller Einzelhandlungen zerfiel[687]. Nicht nur Ideologie und militärische Gehorsamsproduktion konditionierten handlungsrelevante Motivationen zum Töten, sondern auch individuelle Dispositionen wie Gier, Machttrieb, Rachegefühle und streßbedingte Angstreaktionen. Gewaltbereitschaft darf jedoch nicht nur als gleichsam anthropologische Konstante begriffen werden. Nicht minder relevant sind die wechselnden Bedingungen und Faktoren von Gewalt. In einer kontinuierlichen Entwicklung, die vom Kriegsgerichtsbarkeitserlaß bis hin zu einer Beliebigkeit und Willkür öffnenden Repressivität gegenüber den eigenen Soldaten führte, hatte das Regime die normativen Schranken des Tötens weitgehend aufgehoben. Die Gemengelage aus psychischer Überlastung, aufgestauten Frustrationen und moralischer Deformation konnte sich schlagartig in gegenseitigen Tötungsaktionen von Soldaten entladen[688]. Vielfach reagierten Soldaten aller Dienstgrade, die im Frühjahr 1945 durch Deutschland zogen, gleichgültig oder ablehnend auf die Bitten der örtlichen Bevölkerung, doch in der Nähe ihrer Ortschaften nicht sinnlose aber folgenschwere Kämpfe zu beginnen[689]. Für sie war der Krieg ein Normalzustand, dessen Folgen verdrängt oder akzeptiert wurden. Der Anblick seiner zerstörten Heimatstadt ließ einen Soldaten »ziemlich kalt. Wir hatten soviel Zerstörungen gesehen und erlebt. Der damalige Soldat war gegen solche Dinge abgehärtet und war zufrieden, wenn er lebte und Brot, Zigaretten und Benzin hatte[690].« Nicht wenige gewannen dem konventions- und sanktionslosen Klima des Krieges Vorzüge ab. »Es gibt auch solche, die es nie enden sehen möchten. Denen dieses Leben Freude macht. Das Morden, das Brennen, das Zerstören«, war die resignative Beobachtung eines Zeitgenossen[691]. Im Krieg lagen extreme Angst bis hin zur Todesangst und die vermeintliche Gewißheit unbegrenzter und unbestrafter Macht über Leben und Tod dicht beieinander[692]. Das Spektrum reichte von der Drohung, einen Bauern ›umzulegen‹, sollte dieser nicht sein Pferd vorbeiziehenden Soldaten überlassen, bis

---

[686] Holmsten, Der Brückenkopf, S. 35.
[687] So die Herausgeber im Vorwort des im Auftrag des Instituts für Historische Anthropologie herausgegeben Sammelbandes Töten im Krieg, S. 13. Zur Frage nach anthropologischen Konstanten und evolutionsgeschichtlichen Dispositionen als Ursache, Voraussetzung und Rahmenbedingung kollektiver Gewaltbereitschaft siehe auch Dawson, The Origins of War; Meyer, Evolution.
[688] Von einem solchen Zwischenfall wird berichtet in BA-MA, MSg 1/1779.
[689] Zahlreiche Einzelbeispiele enthalten: Schlacht um Crailsheim; Kriegsende und Neuanfang im Westmünsterland.
[690] Bericht Ferdinand Hülck, in: Dülmener Heimatblätter, 1994, Heft 3/4, S. 23.
[691] Vgl. Altner, Totentanz Berlin, S. 88.
[692] Vgl. Geyer, Eine Kriegsgeschichte, S. 136, 161. Siehe dazu auch die Zusammenstellung entsprechender lebensgeschichtlicher Befragungsergebnisse von Schröder, Töten.

hin zur Tötung von Vorgesetzten, die unliebsame Befehle gaben[693]. Zur »Wollust des Blutes«, wie Ernst Jünger dieses Phänomen bezeichnete, bekannten sich nach dem Krieg allerdings nur sehr wenige[694].

Seit Herbst 1944 wurde das Regime fortlaufend durch Meldungen über Plünderungen und Zerstörungen in den von der Bevölkerung geräumten Ortschaften und Gebieten durch deutsche Soldaten alarmiert[695]. Die Bergung von Gütern, die bei der Besetzung durch den Gegner dem Verlust anheim zu fallen drohten und aus der Sicht örtlich Verantwortlicher zweckmäßiger zur Deckung des dringendsten Versorgungsbedarfs der Truppe genutzt wurden, stieß nur in den seltensten Fällen auf Verständnis und Zustimmung einzeln zurückgekehrter Bewohner. Die nicht abreißende Kette von Meldungen über angebliche oder tatsächliche Fälle von Plünderungen stand zugleich für den antizivilisatorischen Erosionsprozeß im Werte- und Normengefüge von Truppe und Bevölkerung. Ein aufmerksamer Betrachter registrierte nicht nur die häufigen »mutwilligen Zerstörungen in Schlössern und Gutshäusern, die von deutschen Soldaten angerichtet worden waren«. Ein von ihm beobachtetes Glückspiel von Soldaten mit Geld aus einem erbrochenen Tresor einer Sparkasse stand gleichnishaft dafür, wie bisher geltende Eigentumsgesetze außer Kraft gesetzt wurden – »Symbol der Auflösung aller Normen des Zusammenlebens einer ›bürgerlichen Gesellschaft‹«[696]. Eine Wehrmachteinheit, die Ende Januar 1945 während der Einschließung Breslaus beobachtet wurde, erhielt den vielsagenden Namen »wilde Horde«:

»Das sind verwegene Burschen mit tollen Pelzmützen, abenteuerlich vermummt, die, mit einem Troß polnischer Köchinnen und viel requiriertem Vieh, uns wie Landsknechte aus dem Dreißigjährigen Krieg vorkommen. Mit Panjeschlitten rasen sie angeberisch lärmend und peitscheknallend über das große Rollfeld. Sie schlachten und kochen für ihre Leute und requirieren aus den nahen Dörfern Alkohol[697].«

Fallschirmjäger, die sich in den letzten Märztagen 1945 in der Werkskantine der Gutehoffnungshütte in Oberhausen einquartierten, hinterließen ebenfalls den Eindruck einer »zügellosen Horde«: Die Plünderung fremder Besitztümer, Alkoholexzesse und eine Zerstörungsorgie zwangen schließlich die nächsthöhere militärische Dienststelle zum massiven Eingreifen[698]. Nach der Einquartierung von Soldaten in Ortschaften, die von der Bevölkerung zuvor geräumt worden waren, bot sich vielerorts ein Bild, wie es von einem Soldaten in der Umgebung von Dülmen beschrieben wurde:

---

[693] Von derartigen Vorfällen wird berichtet in: »Der Krieg war vorbei, aus, zu Ende«, S. 63, 100.
[694] Jünger, Der Kampf, S. 9. Siehe dazu auch: Bourke, An Intimate History.
[695] Vgl. BA-MA, RW 4/v. 722: Chef OKW Nr. 478/9.44 g. vom 25.9.1944; RH 19 IX/80: OB HGr B/Ia/IIa Nr. 38/44 g. vom 29.10.1944, RW 4/v. 722: WFSt/Qu 2 Nr. 008250/44 gKdos. vom 8.11.1944, ebd.: OBKdo HGr Mitte/OQu/IVa/Qu2 vom 16.11.1944, ebd.: Chef OKW/WFSt/Qu2 Nr. 008250/44 gKdos. vom 17.11.1944. Die Klagen aus der Bevölkerung über Plünderungen und Verwüstungen durch deutsche Soldaten fanden auch Eingang in die von der Wehrmachtpropaganda aufgezeichneten Stimmungsberichte aus den letzten Kriegsmonaten. Vgl. Das letzte halbe Jahr.
[696] Fetscher, Neugierde, S. 207, 223.
[697] Hartung, Schlesien, S. 65.
[698] Handschriftlicher Bericht des Werksleiters der Gutehoffnungshütte vom 22.5.45. HA/GHH Nr. 400 1016/3. Für die Überlassung dieser Quelle danke ich dem Kollegen Rolf-Dieter Müller.

»Und der Landser, Landsknechtsblut in den Adern seit Jahrtausenden, stöbert in allem herum, um zu organisieren. So sieht der Keller nun aus! Offene Kisten und Koffer, Einmachgläser, Flaschen, Schuhputzzeug, Sportgeräte, Hausrat, na alles, mit dem ein deutscher vornehmer Haushalt 1945 ausgestattet ist, liegt herum und ist sinnlos verstreut. Und das waren keine Engländer! Ein Konglomerat der Verwüstung. Selbst die Küche ist durcheinander gebracht, angeschlagene Möbel, zerstreute Fotos auf dem Teppich, sogar der Stanway [sic]-Flügel hat etwas abbekommen[699]!«

Vernunft und Furor waren zwei Seiten ein- und derselben Medaille, die sich in Abhängigkeit von situativ veränderlichen Rahmenbedingungen zeigten. Der jahrelange Prozeß einer moralischen und zivilisatorischen Deprivation der Soldaten schlug nun auf die eigene Bevölkerung zurück. Was während der Kämpfe außerhalb des Reichsgebietes als selbstverständlich akzeptiert oder als alltäglich empfunden worden war, löste während der letzten Monate des Krieges nicht automatisch Reue- und Schuldgefühle oder sogar Verhaltensänderungen aus.

b) Vom Umgang mit der Realität

Wer wollte, konnte sich ein einigermaßen realistisches Bild von der Gesamtlage machen. Es ist kein Zufall, daß gerade Offiziere, die vorzugsweise durch ihre Tätigkeiten im OKH Einblick in die zerrütteten Grundlagen der deutschen Kriegführung hatten, zum Kern des militärischen Widerstands gehörten. Rassistisch begründete Überlegenheitsattitüden oder ein die Aufgabenerfüllung begleitender Streß verzögerten diesen Erkenntnisprozeß. Doch früher oder später kam jeder Entscheidungs- und Verantwortungsträger zu dem Punkt, an dem er ins Zweifeln oder sorgenvolle Nachdenken kam und sich selbst Rechenschaft über sein Verhalten und die Sinnhaftigkeit seines Tuns geben mußte. Kritisch reflektierte man beispielsweise die militärische Situation des ›Dritten Reichs‹ in der Kriegswissenschaftlichen Abteilung im Generalstab der Luftwaffe am 14. Februar 1945:

»Seit der Wolga führen wir nur rückgängige Bewegungen durch. In Kesselschlachten und Stützpunkten sind Massen von eigenen Kräften verlorengegangen, dazu erhebliche Verluste an Material, Verpflegung, Bekleidung, Rüstungspotential und Industrie. Es fehlen Waffen und Menschen. Es wird nur bereinigt, aber keine Strategie mehr betrieben. [...] Industriegebiete und Verpflegungsbasen sind verlorengegangen. Dies muß sich auch auf die Kriegführung und die Ernährungslage katastrophal auswirken. Inwieweit die oberste Führung diese Frage tatsächlich erkennt und in der Lage ist, dagegen keine Bereinigungsmaßnahmen, sondern entscheidende Operationen zu führen, ist hier nicht bekannt[700].«

Ein entschlossenes Handeln gegen die Fortführung des Krieges setzte allerdings mehr als einen wohl tendenziell zutreffenden, dennoch nur oberflächlichen Eindruck von der Gesamtlage voraus. Der personalisierte Führungsstil Hitlers und die Überstrapazierung des Geheimhaltungsprinzips hatten zu einem »Zustand wachsender Verwirrung und Unkenntnis innerhalb aller militärischen Kommandobehörden« geführt. Selbst für das Oberkommando einer Heeresgruppe erwies es sich

---

[699] BA-MA, MSg 2/3219.
[700] BA-MA, RL 2 IV/68: Beurteilung der Lage vom 14.2.1945.

als schwierige Aufgabe, »über den eigenen Befehlsbereich hinaus zu klaren Erkenntnissen zu kommen. Zuviel wurde verschleiert, entstellt und gelogen.« Allein über ein engmaschiges persönliches Beziehungsgeflecht konnten Informationen in Erfahrung gebracht werden, die dazu geeignet waren, den »durch Mißtrauen, Propaganda und Lügen immer dichter werdenden Nebel, der über allen Dingen lag«, zu durchdringen[701]. Die Aussichtslosigkeit der Gesamtlage mochte jedem Verantwortlichen, der sich dieser Frage stellte, deutlich vor Augen treten. Doch Informationsdefizite und Widersprüchlichkeiten waren nicht dazu geeignet, einen für die differenzierte Urteilsfindung und für daraus abzuleitendes eigenständiges und konsequentes Handeln verläßlichen und kalkulierbaren Rahmen zu schaffen.

In der institutionellen Ordnung des ‚Führerstaates' war es einfach, sich der Verantwortung zu entledigen, liefen doch alle Entscheidungs- und Verantwortungsstränge bei der Person Hitlers zusammen. Und ein damit korrespondierender Befehl Hitlers verbot den Oberbefehlshabern und Truppenführern auf dem Höhepunkt der Krise im Sommer 1944, bei abweichender Meinung von ihrem Posten zurückzutreten[702]. Doch neben der institutionellen Verantwortlichkeit gab es die Frage nach der moralischen Verantwortung. Zur Schwierigkeit, sich aus der Loyalitätsverpflichtung gegenüber Hitler sowie der überkommenen militärischen Gehorsamstradition insgesamt zu lösen, urteilte ein Angehöriger der Opposition später:

»Somit wird sich dieser Entscheidung im allgemeinen nur eine Elite stellen können. Und auch eine Elite nur dann, wenn man sie nicht allein als intellektuelle Elite versteht. Hier kommt es eben nicht nur auf analytische Fähigkeiten und geistige Wendigkeit an, sondern auf den ganzen Menschen und die Festigkeit, mit der sein Denken und Handeln auf überzeitlich gültige Werte gegründet ist. Die Möglichkeit, als Verräter in die Geschichte einzugehen, wird nur von dem ertragen werden, der mit sich und seinem Gewissen absolut im reinen ist[703].«

»Die Berufung auf den Eid war leider bei so vielen eine bequeme Tarnung, wo sonst doch der innere Aufbruch notwendig gewesen wäre«, dekuvrierte General a.D. Dr. Hans Speidel andererseits jenen Topos, auf den die militärische Elite nach dem Krieg in selbstentlastender Weise ausgiebigst rekurrierte[704].

Während die Angriffsspitzen der Roten Armee im Januar 1945 Ostpreußen vom Reichsgebiet trennten, gab sich der Oberbefehlshaber der Heeresgruppe Mitte, Generaloberst Hans Reinhardt, der Illusion hin, durch seinen persönlichen Beitrag die Entwicklung beeinflussen zu können. Die Kluft zwischen diesem Selbstanspruch und der Realität spürend, fragte sich Reinhardt im Stillen: »Ist Selbstmord Fahnenflucht?« und atmete regelrecht auf, als ihm ein ›Führerbefehl‹ minimale Handlungs- und Entscheidungsfreiheit gab[705]. Nach dem Krieg machte Reinhardt geltend, daß der Gedanke – bei grundsätzlich erkannter Notwendigkeit eines solchen Schrittes – als verantwortlicher Truppenführer die unterstellten Sol-

---

701 BA-MA, N 265/127: Aufzeichnungen des Ia der HGr Weichsel, Oberst i.G. Eismann, S. 229 f.
702 Vgl. IMT, Bd 15: Aussage Percy Ernst Schramms am 8.6.1946, S. 650.
703 Sauerbruch, Bericht, S. 272 f.
704 BA-MA, N 24/101: Brief Speidels an Hoßbach vom 14.11.1949.
705 BA-MA, N 245/3: Eintrag vom 21.1.1945.

daten mit Hilfe einer vorgeblichen Krankmeldung zu verlassen, »schwerste Seelenkämpfe« bereitete. In der Annahme, daß sofort Willfährige an seine Stelle treten würden, sah Reinhardt, wollte er sich »nicht nutzlos selbst opfern«, keine Alternative zum Verbleib in seiner Stellung[706].

Militärische Niederlage und staatlicher Zusammenbruch schlossen die Existenz persönlicher Motive, Getriebensein von Ehrgeiz, Karrierestreben, Machthunger oder von dem Verlangen nach Kriegsruhm, nicht aus. Im Frühjahr 1943 hatte der frühere Karrierediplomat und designierte ›Außenminister‹ der Widerstandsbewegung, Ulrich von Hassell, ein vernichtendes Urteil über die Generalität gefällt. Hassell attestierte der militärischen Elite

> »wohl technisches Können oder physischen Mut, aber wenig Zivilcourage, gar keinen Überblick oder Weitblick und keinerlei innere, auf wirklicher Kultur beruhende geistige Selbständigkeit und Widerstandskraft. [...] Der Mehrzahl sind außerdem die Karriere in niedrigem Sinne, die Dotationen und der Marschallstab wichtiger als die großen, auf dem Spiele stehenden sachlichen Gesichtspunkte und sittlichen Werte. [...] Alle, auf die man gehofft hatte, versagen, und zwar insofern in besonders elender Weise, als sie alles, was ihnen gesagt wird, zugeben und sich auf die tollsten Gespräche einlassen, aber den Mut für die Tat nicht aufbringen.
>
> Mitmachen würden sie alle«,

vertraute Hassell desillusioniert seinem Tagebuch an[707]. Zusammenstöße führender Militärs mit Hitler sind zwar vielfach dokumentiert. Diese entzündeten sich jedoch durchweg an operativ-taktischen Detailfragen, die für die davon betroffenen Truppenteile zwar große Auswirkungen hatten, mit Blick auf die Gesamtsituation jedoch bedeutungslos waren.

Warum sollte sich die Tagesmotivation Einzelner nicht aus dem Verlangen nach sozialem Prestige, materiellen Vorteilen und der Daseinssicherung in der Zeit nach dem Krieg gespeist haben? Unter seinen Kameraden hatte ein bei Stalingrad 1942/43 Eingeschlossener

> »überall – nicht zuletzt in den höchsten Dienststellen und Rangstufen – viel Unzulänglichkeit, menschliche Kleinheit und Schwäche, Ehrgeiz und lächerliche Eitelkeit entdecken müssen. Spielten doch bis in die letzten Stunden der Katastrophe, ja sogar bis in die Gefangenschaft hinein [...] die Fragen der Beförderungen und Ordensverleihungen eine mir unbegreifliche Rolle[708].«

Einzelne Vertreter der Wehrmachtgeneralität spekulierten sogar auf die Unverzichtbarkeit ihrer Person an der Demobilisierung der Wehrmacht nach dem Krieg[709]. Die immer schnellere Abfolge von Entlassungen von Oberbefehlshabern und Truppenführern, die sich Hitlers Mißgunst zugezogen hatten, bot zahlreiche Aufstiegschancen in der militärischen Hierarchie. General Hans Krebs stand noch am 20. April 1945 scheinbar in naiver Ungläubigkeit unter dem Eindruck der Entscheidung Hitlers, ihn nach der Entlassung Guderians zum Chef des Generalstabs

---

[706] BA-MA, N 245/47: Stellungnahme Reinhardts zu einer Studie des MGFA über die Kämpfe in Ostpreußen 1945, o.D.
[707] Hassell, Aufzeichnungen, S. 360.
[708] Wieder, Stalingrad, S. 115.
[709] Vgl. BA-MA, N 524/33: Mitteilung von Gero von Schulze-Gaevernitz, Special Assistent der US-Botschaft in Bern, an den G2 der 12. US-Army Group vom 23.2.1945.

des Heeres zu ernennen und damit »den Platz von Moltke und Schlieffen« einnehmen zu lassen[710]. Vielleicht läßt sich auf diese Weise auch die Bereitschaft des Generalfeldmarschalls Ernst Busch erklären, der sich von Hitler noch am 20. April 1945 das Amt des Oberbefehlshabers Nordwest übertragen ließ. Busch, der trotz seiner Gefolgschaftstreue zu Hitler während des Desasters bei der ihm unterstellten Heeresgruppe Mitte durch Model ersetzt und dadurch tief gekränkt worden war, befehligte mit dieser Ernennung über einen Bereich, der die östlichen Niederlande, die Nordseeküste und Schleswig-Holstein umfaßte und in dem ausschließlich Wehrmachttrümmer, RAD- und Hitlerjugend-Formationen zur Fortführung des Kampfes zur Verfügung standen. Im gleichen Zusammenhang wurde der Oberbefehlshaber der 21. Armee nicht müde, sein persönliches Bedauern über die Bestimmung zum Ausdruck zu bringen, die Geschäfte des am 29. April 1945 seines Kommandos enthobenen Oberbefehlshabers der Heeresgruppe Weichsel, Generaloberst Gotthard Heinrici zu übernehmen. Ein bei der Übergabe Anwesender wurde »auch hier wieder das Gefühl nicht los, als ob General von Tippelskirch nicht ganz offen wäre«, hätte dieser doch die Vertretung mit dem Hinweis auf die schwierige Lage seiner eigenen Armee ablehnen können[711]. Der offiziellen Suggestion, die eine Zukunft ohne den Nationalsozialismus schlechterdings negierte, zum Trotz, wies die Organisationsabteilung im Generalstab der Luftwaffe die unterstellten Dienststellen wenige Tage vor Kriegsende an, »Aktenmaterial, soweit es für Versorgungs- und Rechtsansprüche von Bedeutung ist [...] durch Eingraben bzw. Einmauern sicherzustellen«[712]. Noch mehrere Wochen nach der Kapitulation sah sich die Rumpfführung der Wehrmacht dazu gezwungen, einer um sich greifenden Welle von Beförderungen und Auszeichnungen quasi ›fünf vor zwölf‹ Einhalt zu gebieten[713]. Zwischen den Verlautbarungen von ›Sieg oder Vernichtung‹ und dem gesunden Menschenverstand bestanden offenbar auch bei den militärischen Entscheidungs- und Verantwortungsträgern Unterschiede, hielt doch Anfang Februar 1945 ein Truppenbefehlshaber nach seinem Gespräch mit General von Hengl fest: »Auch er als Chef des NS-Führungsstabes glaubt nicht mehr an den ›Sieg‹[714].«

Infolge der Heeresvergrößerung im Zuge der Kriegsvorbereitung und durch das großzügigere Beförderungssystem im Kriege blickten viele auf Karrieren zurück, von denen man zu Friedenszeiten nicht einmal zu träumen gewagt hatte. Der Hinweis der von führenden Militärs nach dem Krieg in Nürnberg im Grundtenor apologetisch verfaßten sogenannten Generals-Denkschrift, wonach die zahlreichen Entlassungen mißliebiger Heerführer durch Hitler den »Geist der Verantwortungs-

---

[710] So die Erinnerung des Chefs des Heeresnachrichtenwesens, General Praun, über ein Gespräch mit Krebs. Praun, Soldat, S. 252.
[711] BA-MA, N 265/127: Aufzeichnungen des Ia der HGr Weichsel, Oberst i.G. Eismann, S. 256 f., 267. Letzteres machte der OB der 3. Pz.Armee, General von Manteuffel, geltend. BA-MA, RW 44 I/33: Notiz Chef WFSt vom 29.4.1945.
[712] BA-MA, RL 2 VI/217: Chef GenStdLw/Org.Stab/2. Abt Nr. 1988/45 gKdos. vom 28.4.1945.
[713] Siehe dazu beispielhaft die Anordnung des deutschen Befehlshabers der »Zone Tromsö«/IIa betr. Offizier-Beförderungen vom 23.5.1945. BA-MA, RH 24-19/201.
[714] BA-MA, N 361/11: Eintrag vom 9.2.1945.

freudigkeit« schwächten, läßt tief in das Verhältnis von Karrierestreben und persönlichem Ehrgeiz zu Verantwortung und Zivilcourage blicken[715]. Mancher Angehörige der militärischen Führungsspitze hatte sich zudem durch Geld- und Sachleistungen vom Regime korrumpieren lassen[716]. Warum sollte beispielsweise Generaloberst Guderian bei seinen Bemühungen, die Rote Armee möglichst lange vom Osten des Reiches fernzuhalten, nicht auch an Hitlers großzügige Dotation in Form eines ostpreußischen Gutes gedacht haben? Schließlich war der Kreis der Mitwisser über die Vernichtungspolitik des Regimes systematisch erweitert worden. Die unzweideutigen Äußerungen Hitlers und Himmlers über die ›Endlösung‹ vor Angehörigen der Generalität und des höheren Offizierkorps der Wehrmacht, die im Mai 1944 Teilnehmer eines allgemeinen politisch-weltanschaulichen Schulungskurses waren, hatten den großen Beifall der Anwesenden hervorgerufen[717]. Jetzt, wo sich die Lebensdauer des NS-Regimes in Wochen und Tage fassen ließ, blickten diejenigen, die sich durch ihre unmittelbare oder wissentliche Verstrickung in den terroristischen Charakter des Regimes und dessen verbrecherische Kriegführung kompromittiert hatten, der nahenden Strafhand des Gegners entgegen. Vertreter des amerikanischen Geheimdienstes OSS in der Schweiz eruierten im Januar 1945, daß namhafte deutsche Generale als Gegenleistung für ein schnelles Öffnen der Front im Westen angloamerikanische Zugeständnisse in der Kriegsverbrecherfrage erwarteten[718]. Zahlreiche Angehörige der Militärelite gingen andererseits scheinbar davon aus, daß für sie nach dem Krieg keine Möglichkeit der Weiterexistenz bestand und verübten Selbstmord, darunter 67 Generale und Admirale[719]. Für den Chef der Führungsgruppe im Generalstab des Heeres, General Erich Dethleffsen, der im März 1945 an einer ›Führerlage‹ teilnahm, bündelten sich alle diese Motivstränge wie Licht in einem Brennglas:

»Diese Atmosphäre zu schildern, vermag ich kaum. Ich wurde durch dieses Fluidum an Servilität, Nervosität und Verlogenheit angewidert. Nichts war dort echt außer der Angst, einer Angst in allen Schattierungen – von der Furcht, das Mißfallen Hitlers hervorzurufen, bis zur nackten Lebensangst in Erwartung des bevorstehenden Endes[720].«

Dem exponierten Personenkreis im Umfeld des Diktators gehörte nur eine zahlenmäßig kleine Gruppe an. Doch auch mit Blick auf das Werte- und Normengefüge der Gesamtheit des Offizierkorps beklagte General der Panzertruppen Leo Geyr von Schweppenburg nach dem Krieg die »planmäßige Auflösung der Moralbegriffe«. Nach der fast 64fachen Vergrößerung des kleinen, sozial homogenen Offizierkorps der Zwischenkriegszeit wichen die Alltagserfahrungen von Schweppenburgs deutlich von seiner idealtypischen Vorstellung des, einem hohen Berufsethos und moralischen Normen verpflichteten Reichswehroffiziers ab: »Anstelle von Ehrerbietung machte sich Unterwürfigkeit und Strebertum breit, Ehrbegriffe

---

[715] Westphal, Der Deutsche Generalstab, S. 76.
[716] Vgl. Ueberschär/Vogel, Dienen.
[717] Vgl. Wilhelm, Hitlers Ansprache.
[718] Vgl. BA-MA, N 524/33: Mitteilung von Gero von Schulze-Gaevernitz, Special Assistent der US-Botschaft in Bern, an den G2 der 12. US-Army Group vom 23.2.1945.
[719] Zahlen aus: Folttmann/Möller-Witten, Opfergang, S. 100 ff., 118, 124, 128, 131.
[720] Dethleffsen, Die letzten Tage, S. 111.

wurden abgeschwächt und die innere sittliche Verantwortung entwertet[721].« Auch der Chef der Infanterieabteilung im OKH verklärte die Vergangenheit und überzog die Gegenwart mit zynisch-beißender Kritik, als er wenige Wochen nach dem gescheiterten Attentatversuch verbittert notierte:

»Unser Offizierkorps ist keine innere Einheit mehr! [...] Nach der großen Heeresvermehrung und im Kriege strömten die ›Ich-Menschen‹ in das Offizierkorps und zerbrachen die innere Einheit. [...] Nationalsozialistische Gesinnung und ›Radfahren‹ werden ausschlaggebend bei der Besetzung höherer Stellen. – ›Radfahren‹ heißt, nach oben buckeln, nach unten treten! Dieser Mangel an Zivilkourage [sic] ist der Krebsschaden unseres Heeres[722].«

Die Rahmenbedingungen begünstigten es, der Notwendigkeit einer selbstkritischen und nüchternen Situationsanalyse und Selbstinterpretation zu entgehen. »Überall nur Menschen, die nicht nachdenken, was werden soll, wenn es soweit ist«, vertraute ein Stabsoffizier im März 1945 seinem Tagebuch an und umschrieb damit das Verhalten vieler Offiziere, die im Angesicht der unausweichlichen Niederlage beherrscht waren von »gänzlicher innerer Ratlosigkeit« und dem »Gefühl, in einer Sackgasse zu stecken, wo schon der Ausweg rückwärts versperrt war«[723]. Von ihm beobachteter »Zynismus, lautstarke Kraftmeierei und Respektlosigkeit«, die unter Alkoholeinfluß hervorbrachen, führte ein Zeitzeuge auf die Gemütsverfassung zurück, »nur bis zum nächsten Morgen zu denken«, das Unausweichliche vor sich herzuschieben und Gleichgültigkeit zu demonstrieren, »die in manchen Fällen sogar echt war«[724]. Der Glaube an Verrat erlaubte es anderen, ihre Angst, Aggression und Unsicherheit auf das Unbekannte abzulenken. Dieser Selbstschutzreflex, der dem Verräter die Attribute von Amoralität und Gewissenlosigkeit zuwies, ermöglichte es Betroffenen, einen Kampf zwar zu verlieren, dabei die Ehre jedoch zu behalten[725].

Soldaten, die in der weitverzweigten Wehrmachtadministration ihren Tätigkeiten nachkamen, konnten eine Arbeitstechnik entwickeln, welche es ihnen erlaubte, bestimmte Befehle ›von oben‹ nicht mehr wörtlich zu nehmen, sondern umzudeuten, Umsetzung und Weitergabe zu verzögern oder stillschweigend nicht zu befolgen. Truppenführer und Offiziere, in der unmittelbaren Verantwortung für die ihnen unterstellten Soldaten, besaßen in dieser Hinsicht praktisch keinen Handlungsspielraum. Häufig reklamierten die Betroffenen die Anwendung einer Doppelsprache, welche die offizielle Begriffsregelung von der privaten unterschied. Doch das bloße Vertrauen darauf, daß viele der angeordneten Maßnahmen von der Truppe deshalb nicht so ernst genommen wurden, war, wie Manfred Messerschmidt urteilt, nur »ein schwacher Trost für Verantwortliche«[726]. Nur wenige ließen nach dem Krieg selbstkritische Reflexionen erkennen. Bekenntnisse eigener Unterlassungssünden, wie sie der General der Panzertruppen Smilo Freiherr von

---

[721] Geyr von Schweppenburg, Gebrochenes Schwert, S. 61.
[722] Müller, Gegen eine neue Dolchstoßlegende, S. 105 f.
[723] Meyer, Zur Situation der deutschen militärischen Führungsschicht, S. 595.
[724] Steinhoff, In letzter Stunde, S. 74.
[725] Vgl. Hentig, Die Besiegten, S. 82 f.
[726] Messerschmidt, Die Wehrmacht im NS-Staat, S. 483.

Lüttwitz für die militärische Führungselite in corpore wie für sich selbst beklagte – »Sie liegen mir noch heute schwer auf der Seele[727].« – blieben die Ausnahme. Der Kommandierende General eines Armeekorps erinnerte sich an den zermürbenden inneren Konflikt, bei dem die »Gehorsamspflicht des Soldaten und die Empfindung, Heimatboden verteidigen zu müssen, [...] in der Seele jedes Einzelnen mit dem Gefühl der Hoffnungslosigkeit ihres Widerstandes« rangen[728]. Als junger Offizier verspürte der spätere Bundespräsident Richard von Weizsäcker die eigene Hilflosigkeit, hervorgerufen durch Befehle, die er entgegen eigener Einsichten an Soldaten weiterzugeben gezwungen war, für die er verantwortlich war[729]. Auch für Helmut Schmidt wurde es seit Spätherbst 1944 immer schwieriger, seinen

>»seelischen Zwiespalt auszuhalten, jene Gespaltenheit des Bewußtseins, in der wir einerseits als Soldaten unsere Pflicht taten und andererseits doch wußten, daß damit im Ergebnis nur die unvermeidliche Niederlage und das Ende des NS-Regimes verzögert wurde«[730].

Es blieb die Alternative, sich in das ›Als ob‹ zu flüchten. Dazu der Chef des Generalstabes der im Ruhrgebiet eingeschlossenen Heeresgruppe B: »Die Truppe hat [...] zum Schluß in berechtigter Selbsthilfe nicht mehr wirklich gekämpft, sondern nur noch Scheingefechte geführt«[731].

Das Chaos der militärischen Niederlage vervielfachte die in der Ausnahmesituation des Krieges ohnehin typischen mannigfachen Alltagsprobleme. »Man kann sich schwer vorstellen, wie Befehle und Gegenbefehle, Fragen der mir unterstellten Kommandanten und Führungskräfte [...] als ein Hagelwetter auf mich einprasselten«, blickte der damalige Kommandeur einer U-Boot-Flottille auf die Situation in den letzten Wochen des Krieges zurück[732]. Eine Gemütsverfassung, in der sich Idealismus und Überlebensstrategie paarten, ließ viele sich immer wieder von neuem in die Arbeit stürzen in der Hoffnung, damit »etwas zu mildern oder Schlimmstes zu verhüten« – eine »Illusion, an die sich in jener Zeit viele Menschen klammerten«, so eine selbstkritische zeitgenössische Analyse[733]. Das ungebrochene und fast mechanisch anmutende Weiterfunktionieren der militärischen Organisation produzierte eine unwirkliche Welt:

»Vogel-Strauß-Politik. Man will die Wirklichkeit nicht sehen. [...] Was diese ganze Farce [fortgesetzter Lagebesprechungen etc.] angesichts der offen eingestandenen Aussichtslosigkeit des Gesamtunternehmens bedeuten soll, bleibt unerfindlich. [...] Vieles ist wie ein verantwortungsloses Spiel der Verantwortlichen, das nicht nur von überzeugten Anhängern des Nationalsozialismus getrieben wird. Auch dessen Gegner stehen unter der gleichen Psychose. Sie ist durchaus nicht nur eine Folge der Propaganda. Im Hintergrunde steht immer noch die Erwartung eines Wunders, von dem man hofft, daß es die Regierung beseitigen, das Volk aber vor dem Äußersten bewahren wird[734].«

---

[727] Meyer, Zur Situation der deutschen militärischen Führungsschicht, S. 587.
[728] Böckmann, Die Wandlungen, S. 68.
[729] Vgl. Weizsäcker, Vier Zeiten, S. 86.
[730] Schmidt, Politischer Rückblick, S. 231 f.
[731] Wagener, Kampf, S. 564.
[732] Schulz, Über dem nassen Abgrund, S. 206.
[733] Maizière, In der Pflicht, S. 101.
[734] Alvensleben, Lauter Abschiede, S. 441 ff.

Die Tagesroutine bot inneren Halt in einer Umwelt, in der sich alles Verläßliche auflöste. Noch in den letzten Tagen des Krieges wurden Energie und Gedankenarbeit darauf verwendet, wenn es um die Gestaltung von Briefköpfen, die Regelung der Grußpflicht weiblicher Wehrmachtangehöriger oder um die Sauberkeit und Ordnung in militärischen Dienststellen und Kasernen ging[735]. Die belastende Situation förderte den Alkohol- und Drogenmißbrauch. Als die Dienststellen des Oberkommandos des Heeres das südlich Berlins gelegene Zossen vor der herannahenden Roten Armee räumen mußten, mahnte ein entsprechender Stabsbefehl neben der Vernichtung der Arbeits- und Geheimunterlagen explizit auch die Entfernung von offenbar reichlich vorhandenem Leergut alkoholischer Getränke an[736]. Angehörige der weitläufigen Wehrmachtadministration versuchten der drohenden Frontverwendung zu entgehen, indem sie durch Betriebsamkeit und offen zur Schau getragenen Arbeitseifer ihre Unentbehrlichkeit aufzeigten. Ein Offizier erinnerte sich an seine Eindrücke während eines Genesungsurlaubs im Reichsgebiet:

»Infolge der ständig bedrohlicher werdenden Lage an der Front herrscht in den Ersatzabteilungen in der Heimat ein sehr zwiespältiges Leben. Der Drang, in dem damals noch sicher erscheinenden Berlin das Ende des Krieges abzuwarten, nimmt immer stärkere Formen an. Diejenigen, die von diesem Drang beseelt sind, suchen durch Arbeits- und Diensteifer ihre Stellung so zu festigen, daß sie als ›unentbehrlich‹ gelten und damit im Schoß der Heimat einigermaßen sicher sitzen. Daran können auch die energischen Befehle und Erlasse nichts Grundsätzliches ändern. Daneben gibt es alte Frontsoldaten, die mit ihrer soundsovielten Verwundung in die Ersatzabteilung kommen und, von dem Treiben dort angewidert und abgestoßen, kaum geheilt, sich wieder zur Front melden. Natürlich gibt es neben diesen klar ausgeprägten Typen zahllose Schattierungen, die erst nach längerem Zusammenleben erkennbar werden[737].«

In Frontverwendungen wurde ein Weg gesucht, dem »charakterzermürbende[n] Zwiespalt zwischen fachlichem Können und dem Zwang, so oft gegen Überzeugung und besseres Wissen handeln zu müssen«, zu entkommen[738]. Ein Befehlshaber bekämpfte beispielsweise seine innere Unruhe, indem er fortgesetzt und ausgedehnt die ihm unterstellte Truppe besuchte[739]. Das Festklammern an ideellen wie praktischen Orientierungspunkten, die in der Unübersichtlichkeit Halt- und Ansatzpunkte geben, stellt eine typische Neigung menschlichen Verhaltens in Ausnahme- und Extremsituationen dar. Verhaltensweisen dieser Art setzten sich auch in den Wochen nach der Kapitulation fort. Die grotesk anmutende Arbeitswut, welche die militärische Spitzenorganisation während des Dönitz-Interims entfaltete, war nicht ausschließlich dadurch motiviert, das Los der Bevölkerung zu erleichtern oder sich bei der Siegermacht als unentbehrliche Unterstützung für künftige Aufgaben zu positionieren.

---

[735] Stellvertretend für eine Fülle von Beispielen: BA-MA, RH 11 I/1: Gen.d.Art. im OKH/IIa Nr. 1293/45 g. vom 1.2.1945; RH 7, H 4/15: Chef AG P2 des HPA betr. Haltung von Stabshelferinnen vom 18.4.1945.
[736] Vgl. BA-MA, RH 10/126: Kdt HQu OKH/Ia Nr. 408/45 g. vom 20.4.1945.
[737] Wiswedel, Gekämpft, S. 153 f.
[738] Leyen, Rückblick, S. 25.
[739] Vgl. Feuerstein, Irrwege, S. 254.

»Vielfach lief die Arbeit [...] nur mechanisch weiter. Wir suchten durch intensives Arbeiten uns selbst zu betäuben und über das Ende hinwegzutäuschen. Wir verhielten uns so, als ob durch unseren Einsatz an dem Schicksal Deutschlands noch irgend etwas zu ändern sei«,

so eine nachträgliche Bewertung[740]. Die Formen des persönlichen Umganges mit der Realität waren vielfältig. »Es gab beim Militär brutale macht- und rachebesessene Untergangsfanatiker und jeden Kampfwillens bare soldatische Versager. Aber dazwischen lag der weite Bereich der normal Denkenden und für sie spielte sich eine Tragödie des Gewissens ab«, resümierte ein Offizier des OKH den psychischen Zustand der von ihm beobachteten Umgebung, um ratlos anzumerken: »Wo lag nur aber der Fluß, an dessen Brücke die Umkehr soldatischer Gesinnung in gesunden Menschenverstand einzusetzen hatte? Ich weiß es heute noch nicht, und es gibt wohl keine präzise Antwort darauf[741].«

An der ›Basis‹ herrschte »eine einzige Mißstimmung, Verstimmung«, wie sich ein Zeitzeuge erinnerte:

»Alle schimpfen über alles: über die Kälte, den Dreck, das eintönige Fressen, die fehlenden Decken, die ausbleibende Munition, den Propagandaschwindel der Zeitungen und des Rundfunks, die Parteibonzen, die Feldgendarmerie, die Vorgesetzten, die Regierung und vor allem über den Krieg, im besonderen und im allgemeinen. [...] Aber komisch, oder traurig, wie man will, sie machen trotzdem mit. Sie fluchen, schimpfen, kritisieren alles, was man ihnen aufträgt. Jedoch sie führen es dennoch aus, schweigend und mit stumpfsinnig verbissenem Gesicht. ›Befehl ist Befehl‹, sagen manche. Die meisten aber sagen gar nichts, fressen ihren Groll in sich hinein, tun, was man ihnen befiehlt, aber auch kein bißchen mehr. Immerhin, es genügt[742].«

Auf der Ebene durchschnittlicher Soldaten fiel die Realitätswahrnehmung lange nicht so umfassend und differenziert aus. Die Deutung ihrer individuellen und der allgemeinen Lage hing entscheidend von Sozialisationsunterschieden und situativen Rahmenbedingungen ab. Das Urteilsvermögen jüngerer Offiziere, mit denen sie sich infolge der Verhaftungswellen nach dem 20. Juli 1944 gemeinsam in Sippenhaft befand, beschrieb die Sängerin Isa Vermehren nach dem Krieg:

»Ich habe bei keinem von ihnen auch nur den Ansatz einer politischen Selbständigkeit finden können. – Gewiß, ihr strategisches Urteilsvermögen lag auf der Hand, und mit großer Sachlichkeit konstatierten sie den Unsinn unserer letzten Kriegsführung; darüber hinaus aber schien es ihnen an Begriffen und Voraussetzungen zu jeder Art objektiver Urteilsbildung zu fehlen. [...] Diese armen Jungens sind wirklich beklagenswerte Verführte ihrer Väter, deren weher Zorn um die sinnlos gefallenen Kameraden von 1914 bis 1918 und deren kindische Scham über den ersten verlorenen Krieg sich zu einem so unheilvollen Komplex verdichtet hatte, daß er, dank der metaphysischen Auswertung durch eine gewissenlose Propaganda, fast geeignet schien, eine ganze Weltanschauung zu ersetzen. Die Begriffsarmut dieser jungen Leute war unvorstellbar, ihre gute Absicht unbezweifelbar. Ihr Unvermögen lag offen zutage, umso beängstigender war ihre rasende Energie und Tatbereitschaft[743].«

---

[740] Dethleffsen, Die letzten Tage, S. 135.
[741] Leyen, Rückblick, S. 178 f.
[742] Holmsten, Der Brückenkopf, S. 87 f.
[743] Vermehren, Reise, S. 139.

Die Aufmerksamkeit der Wehrmachtangehörigen konzentrierte sich auf den Nahbereich. Die Besatzungen von U-Booten beispielsweise, Inbegriff vermeintlich ungebrochener Kampfmotivation, blieben bis zum Schluß des Krieges ihrem isolierten Mikrokosmos verhaftet. Wenn nicht auf Feindfahrt, verbrachten die Besatzungen ihre Zeit in Stützpunkten in Frankreich und Norwegen, bei vergleichsweise komfortablen Lebensbedingungen und fernab einer Kriegswirklichkeit, welche die Soldaten der Ostfront täglich erfuhren[744]. Einem damaligen Kompanieoffizier wurde es im Herbst 1944 während seines Heimaturlaubs in einer durch Luftangriffe weitgehend zerstörten Stadt

> »eindringlich und endgültig klar [...], daß wir der Materialmacht unserer Gegner nichts Gleichwertiges entgegenzusetzen hatten, und daß alles Gerede von Vergeltung eben doch nur Gerede bleiben würde. Dazu kam, daß in der Heimat schon vielfach Meinungen und Ansichten geäußert wurden, deren Richtigkeit ich damals noch bezweifelte. Noch war ich als Frontsoldat immer nur zu leicht geneigt, alle Ereignisse nur von dem Standpunkt des Kompaniegefechtsstandes aus zu beurteilen, und aus der Tatsache, daß wir uns dem Gegner überlegen fühlten, auf eine wirklich bestehende Überlegenheit zu schließen[745].«

Für einen anderen stellte das »Kontrollritual« des täglichen Markierens des Frontverlaufs mit Stecknadeln auf einer Karte im Geschäftszimmer seiner Einheit

> »die einzige Beziehung [dar], die ich zu dem Geschehen gewann. Sonst war alles nur ein gespenstisches Entgleiten, das meinen Kopf leerräumte und mit Nebel füllte. Ich konnte nicht nachdenken über die Zukunft, weil ich mir nichts vorstellen konnte[746].« –

> »Worum [...] es ging, wußten wir als ganz normale Muschkoten nicht. Es gab da draußen kein Radio, keine Zeitung, und man kam auch nicht mit den Zivilisten in Berührung. Wo wir eigentlich hin wollten, was in der Zwischenzeit im Osten passiert war, wo die Amerikaner und Russen standen, darüber gab es nur Gerüchte«,

faßte ein Soldat, der mit seinen Kameraden im Raum Arnheim eingesetzt war, seine Wahrnehmung der Gesamtsituation zusammen[747]. – »Wir wußten damals nicht, mit welcher vernichtenden Wucht die sowjetische Offensive von der Weichsel her ablief. Zeitungen sahen wir nicht, und nur selten drang eine, bereits entstellte Rundfunkmeldung zu uns durch«, beschreibt ein Reserveoffizierbewerber, dessen Einheit im Februar 1945 im Oderbruch bei Küstrin eingesetzt war, seinen Wahrnehmungshorizont. »Alles schien nur unter einem nicht zu beschreibenden, unerhörten Druck zu stehen[748].« – Für einen jungen Soldaten war die militärische Ausbildung »dem Indianerspiel der früheren Jahre ähnlicher als dem wirklichen Krieg«, den er zuvor als Luftwaffenhelfer erlebt hatte. »Der Eindruck des Unwirklichen wurde erhärtet durch das völlige Fehlen von Berichten über die tatsächliche Lage[749].«

Depraviert infolge physischer und psychischer Belastungen verloren viele jegliches Zeitgefühl. Nicht Wochen oder Tage waren Parameter der Orientierung,

---

[744] Vgl. Mulligan, Neither Sharks nor Wolves, S. 234.
[745] Wiswedel, Gekämpft, S. 189 f.
[746] Wellershoff, Der Ernstfall, S. 258.
[747] Bericht Nikolaus Ratjens, in: Schüddekopf, Krieg, S. 307.
[748] Kohlase, Mit dem Füsilier-Bataillon 303 in Küstrin, S. 26.
[749] Abels, Ein Held war ich nicht, S. 118.

sondern die Zahl der am Abend noch lebenden Kameraden[750]. Die Namen der Orte, um die gekämpft wurde, wurden dem einzelnen kaum bekannt; man bekam von ihnen »manchmal nur zerschossene Bauernhäuser, Ruinen zu sehen, hinter denen man sich verkroch«.[751] Das ›Von Ort zu Ort In-Marsch-Gesetzt-Werden‹ zieht sich wie ein roter Faden durch die autobiographischen Schilderungen von Mannschaftssoldaten[752]. In den Wirren der letzten Kriegsmonate potenzierte sich dieses Phänomen. Die endlose Abfolge von unkoordinierten Verlegungen mit der Bahn oder im Fußmarsch erfolgte wegen der gegnerischen Fliegergefahr meist in der Dunkelheit. Unbekannte Gegenden und Ortschaften erschwerten eine verläßliche Orientierung[753]. Und eine völlig desolate Verkehrslage führte im Frühjahr 1945 dazu, daß beispielsweise Verbände, die gerade einmal vier bis fünf Einsatztage in den Bereichen der Heeresgruppen Mitte und Weichsel zugebracht hatten, bis zu drei Wochen mit der Eisenbahn hin- und hertransportiert wurden[754]:

»Wir lebten [...] nur von einem Tag zum anderen, wissen kaum noch, wo wir eigentlich sind, wo anderswo die Front verläuft und ob es die im Westen überhaupt noch gibt – wir wollen es ganz einfach nicht wissen.« – »Eine Karte von Deutschland habe ich auch schon lange nicht mehr gesehen. Daß nur noch ein immer enger werdender Schlauch frei ist zwischen den vorrückenden West-Alliierten und der noch stabilen Front an Oder und Neiße, wird einfach ignoriert[755].« – »Der Rückzug schien zwar geordnet, aber nicht selten hielten wir nachts an, und der kommandierende Offizier ging mit Karte und Taschenlampe in ein Haus, um zu fragen, wo wir überhaupt seien. Ich selbst habe bis zum letzten Tag nicht an Desertion gedacht, aber ich wußte nicht mehr, warum ich überhaupt marschiere, wozu ich das mache, alles flatterte so dahin[756].«

c) Über zwischenmenschliche Verhältnisse

Die bevorstehende Niederlage verschärfte die Antagonismen, die bis dato durch die Repressivität militärischer Gehorsamsproduktion überdeckt worden waren. Die Spannungs- und Bruchlinien im inneren Gefüge der militärischen Massengesellschaft lassen sich besonders deutlich im Umfeld des Attentats auf Hitler am 20. Juli 1944 nachzeichnen. Gleichwohl ist zu berücksichtigen, daß der Schutzreflex vor der einsetzenden Verfolgung die Tendenz zum Bekenntnis und zur Verstellung bis hin zur (Selbst)Fälschung von Tagebüchern verstärkte[757].

Die am Umsturzversuch Beteiligten mußten erkennen, die Abfolge von Befehl und Gehorsam, jenem Funktionsprinzip militärischer Ordnung, dessen Inbegriff die preußisch-deutsche Militärtradition im allgemeinen und die Wehrmacht im

---

[750] Vgl. Bericht Bruno Fichte, in: Schüddekopf, Krieg, S. 49 f.
[751] Holmsten, Als keiner wußte, ob er überlebt, S. 111.
[752] Vgl. Lehmann, Erzählstruktur, S. 125 ff.
[753] Vgl. Bericht Vincent Bachhofer, in: Schüddekopf, Krieg, S. 216 f.
[754] Vgl. BA-MA, N 265/127: Aufzeichnungen des Ia der HGr Weichsel, Oberst i.G. Eismann, S. 218.
[755] Unveröffentlichtes Ms. Lutz Chr., S. 14 (im Besitz des Verf.).
[756] Bericht Nikolaus Ratjens, in: Schüddekopf, Krieg, S. 311 f.
[757] Zu den methodischen Schwierigkeiten siehe auch die instruktiven Ausführungen von Meyer, Auswirkungen des 20. Juli 1944, S. 468 ff.

besonderen sowohl in der Selbst- wie auch in der Fremdwahrnehmung war, nicht den erhofften Automatismus auslöste, der für die erfolgreiche Durchführung des Umsturzes notwendig gewesen wäre. Die Ereignisse zeigten, so tönte denn auch die Propaganda wenige Tage nach dem Umsturzversuch,

»daß in der deutschen Wehrmacht etwas anderes lebte als sturer Gehorsam, als formale Disziplin, als unpolitischer Exerziergeist. [...] Unser Heer ist ein Volksheer. In ihm steht die Masse der Nationalsozialisten und die Blüte der Jugend [...]. Bis in die letzte Ersatzeinheit hinunter geht echtes Frontsoldatentum, das mit politisch abenteuernden Offizieren und kritisierenden Heimatgenerälen nichts zu tun hat, das sie verachtet und verflucht[758].«

Das Regime verstand es, geschickt an bestehende Mentalitäten der Soldaten zu appellieren.

In den meisten Wehrkreisen wies der Tag des Attentats nur »farblose« Abläufe auf[759]; für einen Soldaten an der fernen Ostfront gleichwohl ein Tag mit seinen »wilden Gerüchten und verworr'nen Gesprächen«[760]. Die propagandistischen Verlautbarungen, vor allem aber die unmittelbar nach dem Attentat einsetzenden Verhaftungs- und Verfolgungswellen verfehlten nicht ihre einschüchternde Wirkung. Die Gerüchte über die formlose Inhaftnahme von Personen, deren einziges Delikt darin bestand, in familiärem oder verwandtschaftlichem Verhältnis zu Verdächtigen zu stehen, überschlugen sich. Mitte Dezember 1944 sah sich das Reichssicherheitshauptamt dazu genötigt, in einem Rundschreiben an die Gestapo- und Polizeidienststellen »von blutrünstigen Phantasien getragenen Gerüchten über ›liquidierte Kinder und ausgerottete alte Frauen‹ sachlich entgegenzutreten«[761]. Epidemisch breite sich eine Atmosphäre der Unsicherheit in der Wehrmacht aus. »Von jetzt an gab es Grenzen des Vertrauens«, beschrieb de Maizière das vorherrschende Meinungs- und Stimmungsklima: »Bei privaten Gesprächen wurde man vorsichtig in der Auswahl seiner Gesprächspartner. War man ihrer nicht ganz sicher, behielt man seine Gedanken lieber für sich. Selbst in den Briefen an die Angehörigen äußerten wir uns zurückhaltender[762].« An die »blitzartige Kehrtwendung mancher Offiziere«, erinnerte sich ein anderer Angehöriger des OKH, der beobachtete, »wie sich menschliche Beziehungen von einem Tage auf den anderen übergangslos in Nichts auflösten«. Ehrliche Treuebekundungen und Versuche, sich ein Alibi zu verschaffen, schwollen zu einer Flut von Ergebenheitstelegrammen an Hitler an, nachdem das Scheitern des Attentats bekannt geworden war[763].

»In den ersten, noch unsicheren Stunden wurde darüber nicht geredet, keiner wollte zu erkennen geben, wie er zu dem Anschlag stand. Erst als klar war, daß der Versuch [...] gescheitert war, wurden wir durch unseren Kommandeur zusammengerufen. Er hielt

---

758 Artikel »Ein Attentat und seine Antwort. Keine Fahne und kein Regiment entehrt« vom Hans van Berk, in: Das Reich Nr. 30 (1944) vom 30.7.1944.
759 Hoffmann, Widerstand, S. 528 ff.
760 Matthies, Ich hörte die Lerchen singen, S. 224.
761 BA, R 58/1027: Rundschreiben der »Sonderkommission 20.7.44« vom 14.12.1944.
762 Maizière, In der Pflicht, S. 90.
763 Vgl. auch die Reaktion Goebbels, in: Goebbels, Die Tagebücher, Bd 13, Eintrag vom 23.7.1944, S. 146.

eine Brandrede: Die Verräter wurden verdammt und dem Allmächtigen gedankt, daß er den Führer bewahrt hatte«,

beschrieb ein damals junger Oberleutnant das Verhalten seines Vorgesetzten[764].

Den Kreis der am Umsturzversuch Beteiligten und Mitwisser durchlief eine Selbstmordwelle. Die Sorge, jede verbale und schriftliche Äußerung besonders vorsichtig abwägen zu müssen, versetzte den einzelnen in den Zustand »einer dauernden Spannung«[765]. Man muß nicht der Vorstellung anhängen, wonach die Wehrmacht vor dem Attentat ein Hort der freien Meinungsäußerung innerhalb der Diktatur gewesen sei. Unverkennbar ist jedoch, daß von nun an das zwischenmenschliche Klima innerhalb des Militärs von einem Gefühl latenter Unsicherheit bestimmt wurde. »Eine Stellungnahme für die Verschwörer wäre Selbstmord gewesen«, war die entwaffnend ehrliche und resignierende, menschlich nachvollziehbare, für den Zustand des Wert- und Normgefüges der Wehrmacht jedoch tiefblicken lassende Erinnerung eines Kommandierenden Generals[766]. Auch der Rückblick eines zur Kriegsmarine eingezogenen Rekruten, der in großer Distanz zu den Ereignissen stand, verbindet diese Zeit mit dem Gefühl einer »zunehmende[n] Verunsicherung, ja Bedrohung, daß irgend jemand einen anzeigen konnte«[767].

Die Kenntnisnahme des Umsturzversuchs war sehr unterschiedlich; seine Rezeption war geprägt von Polarisierung. Für einen Divisionskommandeur kam das Ereignis wenig überraschend, glaubte er sich noch später daran erinnern zu können, von einem Gerücht, »daß innerhalb der Wehrmacht Kräfte tätig seien, die ein Attentat auf Hitler planten«, »schon lange« gehört zu haben.[768] Für den Oberbefehlshaber der 3. Panzerarmee schien dagegen die Nachricht über den Tötungsversuch jenseits seiner Vorstellungswelt gelegen zu haben. In einer Mischung aus Überraschung und Empörung zeigte sich dieser noch am Tag danach tief beeindruckt und vertraute seinem persönlichen Tagebuch zu einer Zeit, als er mit seinen Soldaten im Auge des Orkans stand, den die Rote Armee mit ihrem Angriff auf die Heeresgruppe Mitte entfesselt hatte, an: »Völlig gebrochen. Unfassbar! Was hat man mit dieser Tat unserem Off[iziers]Stande angetan? Wir können uns nur zutiefst schämen[769].« Mit dem Vorwurf, »daß bestimmte Kreise der Front in den Rücken fallen« wollten und mit der vorgeblichen Sorge um einen daraus folgenden Bürgerkrieg erklärte Generaloberst Rendulic später seine eigene und die weitgehende Ablehnung durch die Fronttruppe[770]. »Vor allem der Tod unschuldiger Kameraden ging uns gegen den Strich«, begründete freimütig der General der Panzertruppen Heinrich Eberbach nach dem Krieg seine innere Distanz zum Umsturzversuch[771].

---

[764] Berkhan, Überstandene Jahre, S. 91.
[765] Leyen, Rückblick, S. 156 f.
[766] Senger und Etterlin, Krieg in Europa, S. 348 f.
[767] Unveröffentlichtes Ms. Lutz Ch., S. 22 (im Besitz des Verf.).
[768] BA-MA, MSg 1/1242.
[769] BA-MA, N 245/3, Eintrag vom 21.7.1944.
[770] Rendulic, Gekämpft, S. 266 f.
[771] BA-MA, MSg 1/1079.

Die große Masse der Soldaten erfuhr vom Umsturzversuch nur am Rande des Tagesgeschehens. Gefilterte Informationen und propagandistische Darstellungen verzerrten das Ereignis und seine Hintergründe bis zur Unkenntlichkeit. Der Kommandierende General eines in Italien eingesetzten Armeekorps erfuhr erst am Morgen danach vom Geschehen. Er war nicht der einzige, der bei seiner Urteilsfindung durch eine undurchsichtige und sich widersprechende Nachrichtenlage und Berichterstattung behindert wurde. Die persönliche, grundsätzliche Ablehnung des Attentatgedankens kollidierte mit der Wertschätzung, die man gegenüber den publik gemachten und persönlich bekannten Verschwörern zollte. Der betreffende General erinnerte sich daran, daß er an seiner »eidverpflichteten Anschauung irre« zu werden glaubte. Negativ beeindruckte viele der repressive Pendelausschlag des Regimes. Dieser »löschte bei den bisher getreuen Soldaten den letzten Rest an Glauben und Vertrauen zu dem Führer aus«[772]. »Wir haben gestern abend und heute morgen im Grünen um den aufgestellten Radioapparat herumgestanden, aus dem die lauten Stimmen des ›Führers‹ und Goebbels' weit in die Runde erklangen, aber unter den Umstehenden war eisiges Schweigen«, beschrieb der Pfarrer einer Infanteriedivision die Aufnahme der Nachricht im Stab des Verbandes.

»Auch der Pfarrer wurde nicht gefragt zum Problem des Tyrannenmordes. So ist die Nachricht hier draußen ohne Diskussion aufgenommen worden. Was soll man auch sagen? Die etwas sagen möchten, halten sich nach diesem Ausgang zurück. Der Weg geht weiter, und man geht ihn weiter ›als wäre nichts geschehen‹. Man spricht lieber über die konkrete Situation[773].«

Im Vordergrund stand die reale Sorge um die Entwicklung der Kämpfe. An anderer Stelle beschrieb ein Soldat in einem Feldpostbrief mit der zweideutigen Formulierung, das Attentat habe wie eine Bombe eingeschlagen, die gegensätzlichen Reaktionen auf die Nachricht, fügte dann aber sogleich hinzu, daß man am besten gar nicht weiter darüber spreche[774]. Heinrich Böll teilte seiner Familie mit, es habe »eine ganz unbeschreibliche Erregung geherrscht wegen des Attentats auf den Führer; es war ganz toll; die meisten fragen gar nicht mehr nach politischen Hintergründen und Ursachen, sondern nur, ob der Krieg aus ist oder nicht«[775]. Das Geschehen in der Heimat war weit entfernt, die Vorgänge nahmen sich in der Situation des Frontalltags als vergleichsweise unspektakulär aus, so daß man sich allenfalls an »zwiespältige Gefühle« erinnerte[776]. »Die Bedeutung und die Dimension des Geschehens [...] wurden mir nicht sofort klar. Ich nahm die Verschwörung [...] als dramatisches Geschehen weit weg, wie in einem Geschichtsbuch oder in einem Drama, wahr«, erinnerte sich ein damaliger Luftwaffenhelfer, der kurze Zeit später zur Wehrmacht eingezogen wurde[777]. In der krisenhaften Zuspitzung der Kriegslage im Sommer 1944 konzentrierte sich der tägliche Überlebenswillen auf

---

[772] Feuerstein, Irrwege, S. 250.
[773] Ufer, Männer im Feuerofen, S. 377 f.
[774] Vgl. Schober/Schober, Briefe, S. 249.
[775] Böll, Briefe, 22.7.1944.
[776] Buch, Wir Kindersoldaten, S. 151.
[777] Abels, Ein Held war ich nicht, S. 67.

das hier und jetzt. Unter solchen Umständen wurde den Nachrichten vom Umsturzversuch vielfach kaum Aufmerksamkeit zuteil[778]. Der ehemalige Generalsekretär der Kaiser-Wilhelm-Gesellschaft Friedrich Glum, der in Berlin lebend dem Geschehen wesentlich näher stand als die Soldaten auf fernen Kriegsschauplätzen, gab in seinen Memoiren zu bedenken, es sei schwer zu verstehen, »daß diese Angelegenheit so an uns vorbeigerauscht ist trotz der schrecklichen Nachrichten«[779].

In den Memoiren bekannter Persönlichkeiten der Luftwaffe tauchen allenfalls Randbemerkungen zum 20. Juli auf. In den Sommerwochen 1944, in denen im Westen die gesamte Bodenorganisation der Luftwaffe zusammenbrach und der absoluten alliierten Luftüberlegenheit in Frankreich wie über dem Reich kaum etwas entgegengesetzt werden konnte, kamen tiefere Einsichten in die Zusammenhänge des Umsturzversuches kaum zustande, »denn wir waren mit unserem Feuerwehrdasein viel zu beschäftigt, um über den kommenden Tag hinauszudenken,« blickte der spätere Bundeswehr-General Johannes Steinhoff lange nach dem Krieg selbstkritisch zurück[780]. Über erste oberflächliche, meist mehr geahnte als gewußte Annahmen hinaus wurden den meisten die Hintergründe, Bedeutung und Tragweite des Attentats erst wesentlich später bekannt oder bewußt[781]. Der damalige General des Transportwesens bei der Heeresgruppe Mitte erinnerte sich nach dem Krieg daran, wie seine geistige und körperliche Energie vollkommen von den dienstlichen Problemen einer zusammenbrechenden Front absorbiert wurden. Ein kurzer, dreiwöchiger Heimaturlaub nach eineinhalb Jahren Frontdienst lag zum Zeitpunkt des Attentats bereits mehrere Monate zurück[782]. In selbstkritischer Auseinandersetzung brachte Graf von Kielmansegg die Probleme der durchschnittlichen Wehrmachtangehörigen im Umgang mit den Informationen über den Umsturzversuch dahingehend auf den Punkt, daß eine aus heutiger Sicht angemessene Reaktion »eine bis dahin für ihn schlicht undenkbare Loslösung von überliefertem Vaterlandsdenken und tief verwurzelten geistigen Traditionen« voraussetzte[783]. Den wenigsten war klar, daß der Umsturzversuch auch Folgen für das institutionelle Machtgefüge haben würde. »Im Inneren spürt man plötzlich, wie wenig die Zwangserziehung der letzten Jahre gewirkt hat. Im Heer herrscht Vogel-Strauß-Stimmung, da der Durchschnitt nur die Extreme von übertriebenem Optimismus oder Defätismus kennt«, beschrieb ein Generalstabsoffizier seine Eindrücke vom Tag des Umsturzversuchs und gab zugleich tiefgreifende Einblicke zum Problemkomplex Offizierkorps und moralische Verantwortung:

> »Wir laufen Gefahr, alles, was uns von oben vorgesetzt wird, aus Bequemlichkeit gutzuheißen. Auf die Dauer demoralisiert das. Der Wunsch, sich den treibenden Kräften der Gegenwart gleichzusetzen, scheint mir berechtigt, doch mit allem, was wir gegen unser Gewissen akzeptieren, versündigen wir uns gegen die Verantwortung, die wir vor der Geschichte tragen. [...] Es ist zum Verzweifeln, daß es keine Möglichkeit gibt, auf die

---

[778] Vgl. BA-MA, MSg 1/2527.
[779] Glum, Zwischen Wissenschaft, Wirtschaft und Politik, S. 544.
[780] Steinhoff, In letzter Stunde, S. 275.
[781] Vgl. Löser, Soldaten, S. 209.
[782] Vgl. Teske, Die silbernen Spiegel, S. 225.
[783] Kielmansegg, Gedanken, S. 255.

Änderung der Methoden einzuwirken, mit denen wir unser moralisches Konto am meisten belasten[784].«

Es war eines der zentralen Probleme des Widerstands, daß die militärische Führungsschicht, wie von Schlabrendorff es ausdrückte, »ebensowenig eine politische Einheit wie die Gesamtheit der deutschen Bischöfe oder die der deutschen Universitätsprofessoren« bildete[785]. Der ehemalige Generalleutnant Helmut Friebe resümierte, daß die Masse der Frontoffiziere, insbesondere die Angehörigen der jüngeren Generation, die Motive der Widerstandskämpfer ablehnte oder sie nicht verstand[786].

»Während wir jüngeren sprachlos waren, gerieten die Stammannschaften in eine furchtbare Wut auf das Ersatzheer, weil sie durch den Putsch das Heimkommen gefährdet sahen. In diesem Augenblick hätten Generaloberst Fromm und sein Stab nicht in Congaz sein dürfen; ich glaube, sie wären füsiliert worden«,

erinnerte sich ein seinerzeit 18jähriger Offizierbewerber an die damals verbreitete Stimmung[787]. Für einen jungen Luftwaffenoffizier war die Möglichkeit eines Attentatversuchs aus den Reihen der Wehrmacht schlichtweg nicht vorstellbar: »Ich weiß noch, daß ich mich auf die Bank gegenüber dieser Hitler-Büste gesetzt habe und als immerhin 23jähriger Mann angefangen habe, bitterlich zu weinen[788].«

Streicht die militärische Erinnerungsliteratur hinsichtlich der Wirksamkeit des soldatischen Tugendkanons neben den Topoi der Pflichterfüllung und der Tapferkeit vorrangig die Kameradschaft heraus[789], so relativieren die Ergebnisse differenzierender alltagsgeschichtlicher Betrachtungen das verklärte Bild. Die kriegsbedingte Fluktuation hinterließ in den festgefügten Personalbeständen des Offizierkorps ihre sichtbaren Spuren. Desillusioniert notierte im Sommer 1944 der Generalstabsoffizier einer Panzerdivision: »Im Kameradenkreis sinkt die menschliche Qualität. Noch sind einige Säulen da und eine Anzahl von Männern, die einem Freude machen. Der alte Zusammenhalt ist nicht mehr[790].« Kameradschaft, der zeitlos kultivierte soldatische Inbegriff für gegenseitige Rücksichtnahme und Hilfeleistung, erwies sich für viele weniger als selbstlose Tugend denn als Zweck:

»Selbst die ›Frontkameradschaft‹ des ersten Weltkrieges ist heute problematisch geworden. Auch dort denkt, den Erzählungen nach, jeder zuerst an sich und seine Sicherheit. Man sei als Verwundeter keineswegs sicher, während eines Rückzuges mit nach hinten getragen zu werden, und die Furcht vor Roheitsakten des Gegners wirke sich nicht als stärkeres Mitgefühl mit den Hilfsbedürftigen, sondern im Gegenteil als stärkerer persönlicher Egoismus, sich davor zu schützen, aus. Die viel stärkere Brutalisierung dieses Krieges mag die Hauptursache für den Verfall der Kameradenmoral sein, nicht zuletzt

---

[784] Alvensleben, Lauter Abschiede, S. 410 f.
[785] Offiziere gegen Hitler, S. 116.
[786] Vgl. Gen.Lt. a.D. Helmut Friebe, Gutachten über die Stellung des Offizierkorps zum 20. Juli 1944, in: Die im Braunschweiger Remerprozeß erstatteten moraltheologischen und historischen Gutachten, S. 85.
[787] Kohlase, Mit dem Füsilier-Bataillon 303 in Küstrin, S. 17. Ähnlich auch: Kießling, Versäumter Widerspruch, S. 53 ff. und Schorn, »Uns geht die Sonne nicht unter ...«, S. 84.
[788] Bericht Kurt Meyer-Grell, in: Deutsche im Zweiten Weltkrieg, S. 525.
[789] Vgl. Düsterberg, Soldat, S. 87 ff.
[790] Alvensleben, Lauter Abschiede, S. 422 f.

aber auch der Mangel an gemeinsamen Sinngehalten. Jeder erlebt den Krieg kaum mehr als Gesamtschicksal, sondern nur als persönliches Fatum[791].«

Abstumpfung und Verrohung durchzogen den Soldatenalltag, zu dem Diebstähle, Streitereien sowie psychische Quälereien und körperliche Gewalt gehörten. »Immer fällt der Stärkere über den Schwächeren her. Gewalt ist Trumpf. Der anständige Soldat ist in der Minderheit und leidet unter rohen Kameraden«, so die Erinnerung eines Soldaten an sein soziales Umfeld, dem sich der Betreffende durch Desertion im Februar 1945 zu entziehen versuchte[792].

Andere wiederum erkannten, daß im Zeitalter des totalen Krieges das Leben des Soldaten bisweilen weniger Risiken ausgesetzt war als das eines Zivilisten, von Kampfhandlungen einmal abgesehen[793]. Für viele wurde »die Nestwärme des verlorenen Haufens zur Selbstrechtfertigung, Selbstermutigung und Ausrede«, die den Verbleib bei der Truppe aus dem Grund der Überlebenssicherung camouflierte. Der Zusammenbruch ließ Persönlichkeitszüge hervortreten, die durch die Repressivität der militärischen Ordnung bis dahin ›uniformiert‹ worden waren. Bei zahllosen Gelegenheiten und Anlässen zeigte sich immer wieder aufs neue, so ein Zeitzeuge, »daß das häufige Beschwören der Kameradschaft hohl und heuchlerisch war«[794]. Zynisch beschreibt ein anderer die Spannungen, die sich unter der dünnen Tünche des Kameradschaftsbegriffs verbargen:

»Zufällig hat sie der Befehl irgendeiner Wehrdienststelle in einer Kompanie oder Batterie zusammengewürfelt. Wäre dieser Befehl nicht gewesen, so hätten sie niemals ein längeres Gespräch geführt oder sich an einen Tisch gesetzt. [...] Was bleibt ihnen anderes übrig, als sich aneinander zu gewöhnen, sich anzupassen? Sie leisten sich kleine Hilfsdienste, sprechen, schlafen, marschieren miteinander. [...] Wieviel Mißtrauen, Haß, Fremdheit und Verständnislosigkeit herrscht zwischen diesen Männern, die sich niemals vorher kannten und die sich niemals freiwillig wieder sehen und treffen werden, wenn ihre zufällige Zwangsgemeinschaft beendet ist. Manchmal hocken sie ganz einträchtig beieinander, schütten gegenseitig ihr Herz aus, schimpfen und klagen. [...] Aber dann überfällt manchen die große Wut, der Zwangsgemeinschaftskoller. Plötzlich springt er auf, wünscht die anderen zum Teufel, will jedem in die Fresse schlagen. Ich habe sonst ganz gesunde Leute mit stabilen Nerven erlebt, die einen Tobsuchtanfall bekamen, weil sie es einfach nicht mehr ertragen konnten, dauernd dieselben dämlichen Fratzen vor sich zu sehen und monatelang mit den gleichen Landsern in einem Bunker oder Auto zu hausen[795].«

Die heterogene soziale und altersmäßige Zusammensetzung der Truppe stellte eine große Barriere für den gegenseitigen Informations- und Erfahrungsaustausch dar. Unterhaltungen der Soldaten, so eine nachträgliche Reflexion, beinhalteten meist nur einen kurzen Informationsaustausch, weniger jedoch Gespräche, in denen Sachverhalte kontrovers diskutiert wurden[796]. Ein anderer, seinerzeit sehr junger Zeitzeuge erinnerte sich, daß zwischen ihm und seinen älteren Kameraden, die

---

[791] Günther, Das letzte Jahr, S. 429.
[792] Kretschmann, Und da leben Sie noch?, S. 17.
[793] Vgl. Buch, Wir Kindersoldaten, S. 208.
[794] Abels, Ein Held war ich nicht, S. 155.
[795] Holmsten, Der Brückenkopf, S. 122.
[796] Unveröffentlichtes Ms. Lutz Ch., S. 139 (im Besitz des Verf.).

gleichfalls kurz vor Ende des Krieges eingezogen wurden, eine wirkliche Kommunikation überhaupt nicht zustande kam, abgesehen von belanglosen Gesprächsinhalten[797].

Körperliche Strapazen prägten den Soldatenalltag. Die Unbill des Wetters, unzureichende Verpflegung und die düsteren Zukunftsaussichten ließen insbesondere Rekruten und junge Soldaten in einen körperlichen und seelischen Zustand verfallen, in dem die Wahrnehmung der Umwelt »durch den Nebel der allgegenwärtigen Müdigkeit getrübt« wurde[798]. Mutlosigkeit, Niedergeschlagenheit, Zweifel und Apathie, nannte ein damals 18jähriger Soldat seine dominierenden Empfindungen in den letzten Wochen des Krieges. Begierig wurde nach jedem Strohhalm gegriffen, der irgendeinen Hoffnungsschimmer versprach. Hoffnung worauf? – Diese Frage scheinen viele Soldaten gar nicht eindeutig zu beantworten in der Lage gewesen zu sein. Jede Meldung, jedes Gerücht, das Verstärkung, neue Waffen oder sogar den bevorstehenden Einsatz von Wunderwaffen ankündigte, wollte geglaubt und konnte ohnehin nicht hinterfragt werden:

»Doch wir sind keine Menschen mehr. Nur noch ausgebrannte Hüllen. Gespenstige Hüllen. Wir wurden empfindungslos gegen jede Not der Kreatur. Gegen Mensch und Tier. Es gibt noch eine Lösung. Und es wäre nicht schwer. Einfach zurückbleiben. Für Stunden sich verstecken. Und alles wäre vorbei. Aber dafür sind wir zu feige. Trotz allem dünkt uns eiserner Gehorsam ein Strohhalm, an dem wir uns aufrichten, um nicht ganz zu zerbrechen. Und das ist das Furchtbare. Wir wissen alle, daß es keine Rettung gibt. Aber wir lassen uns treiben. Tun nichts, um von dem sinkenden Schiff abzuspringen. Wollen lieber mit untergehen. Unser Leben scheint plötzlich sinnlos geworden. Ohne Ziel und Zweck. Denn alles ist zerbrochen[799].«

Im Osten verursachte der Anblick menschenleerer, weil geräumter Ortschaften und Städte das Gefühl, einer lebensfeindlichen Umwelt ausgeliefert zu sein. Das allgegenwärtige Flüchtlingselend bestärkte den Willen zum Überleben[800]. Die Folgen des Zusammenbruchs von Militär und Gesellschaft wurden selbst 15jährigen Hitlerjungen deutlich vor Augen geführt. Einer von ihnen erinnerte sich an verstörende Bilder, die während seines ›Bahnhofsdienstes‹ im Januar 1945 vor seinen Augen abliefen:

»Und die Züge, die aus dem Osten kamen, die Leute, die darin saßen, die waren in einem erschreckenden Zustand. Es war 20 Grad minus, und die Züge waren überfüllt. Und die ersten erfrorenen Kinder wurden ausgeladen, Babies, die da erfroren waren, Verwundete, Versprengte, Marodeure, Wehrmachtsleute in Uniform, abgerissen, zerfetzt, zerlumpt. Soldaten, wie ich sie eigentlich in meinem Leben noch nie gesehen hatte. Und mit fürchterlichen Hiobsnachrichten[801].«

Zu dem Chaos hektischer Truppenbewegungen und Flüchtlingsströme kam ein weiteres Phänomen, das in Romanen und Erlebnisberichten an diese Zeit einen breiten Raum einnimmt. Elendskolonnen bis aufs Skelett abgemagerter KZ-Häftlinge, leichengesäumte Wege und Mordtaten des begleitenden Wachpersonals

---

[797] Mitteilung von Werner R. an den Verfasser am 23.7.2001.
[798] Juchter, Formeln, S. 265.
[799] Altner, Totentanz Berlin, S. 88.
[800] Vgl. Buch, Wir Kindersoldaten, S. 206 f.
[801] Bericht Lothar Loewe, in: Deutsche im Zweiten Weltkrieg, S. 611.

wurden zu einem festen Bestandteil des Kriegsendes. Die metastasenartige Vermehrung der Konzentrationslager hatte ganze Landstriche des Reiches ›lagerisiert‹. Die KZ-Häftlinge trugen das Bild der unfreien Arbeit und der ständigen Todesbedrohung in den Alltag der deutschen Gesellschaft. Auf diese Diffusion der Lagerwelt reagierten die Menschen entweder mit teilnahmslosem Hinnehmen des regelrechten Absterbens des Lagersystems oder durch die Hingabe an einen Tötungswahn, wo ausgebrochene Häftlinge einzutreiben waren[802]. Mit »moralischer Indifferenz« erklärt ein damals junger Soldat stellvertretend für viele seiner Kameraden die häufig zu beobachtenden teilnahmslosen Reaktionen auf entsprechende Erlebnisse[803].

Die emotionale Abstumpfung ließ die zwischenmenschlichen Wahrnehmungen und Empfindungen erodieren. Ein Wehrmachtangehöriger fühlte sich bei der Beobachtung seiner Bahnmitreisenden an eine »dumpfe Endzeitstimmung« erinnert; ihm kam es vor,

> »als seien alle diese Frauen und Soldaten unterwegs zu ihrer persönlichen Endstation im letzten Akt des nationalen Dramas, das sich vollzog. Gleichgültigkeit und Erschöpfung, aber auch unbedingter Überlebenswille waren in den Gesichtern zu lesen [...][804].«

Soldaten, die in Versprengten- und Alarmeinheiten zur Verteidigung Berlins gesammelt wurden, waren durchweg »demotiviert und heimlich entschlossen, sich davonzumachen, und zwar möglichst nach Westen. [...] Es herrschte eine zynische Stimmung, durchmischt mit Angst und plötzlicher offener Brutalität, wenn es um die Erringung von Vorteilen ging[805].« Streßbedingtes und abnormales Verhalten und der ständige Wechsel zwischen einem psychischen Dämmerzustand und schlagartiger Anspannung aller Lebensnerven verdichteten sich zu einer unberechenbaren Melange menschlicher Gefühlsregungen, die sich explosionsartig entladen konnte. Die psychosozialen Erschütterungen wirkten sich auch auf die Kohäsion und Kampfkraft der Truppe aus:

> »Wir ziehen ab. Nur nicht abkommandiert werden zu den Leuten, die den Rückzug decken. Das sind Todeskommandos. Wahrscheinlich verlassen sie aber bald nach uns ihre jämmerlichen Schützenlöcher und laufen hinter uns her. Das Regiment gerät wieder auseinander, vermischt sich mit Versprengten anderer Truppenteile. Neben mir läuft eine Zeitlang ein Soldat mit blutrotem Verband. [...] Er versucht, Anschluß zu halten, bleibt aber immer weiter zurück. Mehrere Soldaten in nassen unvollständigen Uniformen kommen aus einem Waldstück. Sie sind auf der Flucht vor den Russen durch einen See geschwommen. Ich schleppe immer noch einen Karabiner mit mir herum. Viele haben ihre Waffen schon weggeworfen. Im Sand der Waldwege stecken Flüchtlinge mit ihren hochbeladenen Pferdewagen fest, Frauen und Kinder, einige alte Männer. ›Soldaten, helft uns!‹ flehen sie uns an. Aber das ist sinnlos, und wir gehen weiter. Die Dämme sind gebrochen, und jeder kämpft hier um sein Überleben. Nur noch gruppenweise gibt es Zusammenhalt[806].«

---

[802] Vgl. Weisbrod, Entwicklung, S. 354.
[803] Bericht Peter Petersen, in: Deutsche im Zweiten Weltkrieg, S. 569; Persönliches Kriegstagebuch Hans M. (im Besitz des Verf.).
[804] Wellershoff, Der Ernstfall, S. 265.
[805] Ebd., S. 267.
[806] Ebd., S. 273.

Besonders folgenschwer erwies sich der Zusammenbruch der sanitätsdienstlichen Versorgung der Soldaten.

»Niemand konnte helfen, denn Sanitäter oder gar Ärzte oder ein Lazarett gab es schon lange nicht mehr.

Man hat Angst, wenn auch die Kameraden, die neben dir stehen oder liegen, nicht mehr helfen können. Auf einmal bricht das Gruppengefühl zusammen, das dir Sicherheit gegeben hat, und alles andere, was du noch hast, ist Schiß. Das Gefühl ist weg, da sind ja noch andere, und wir haben das gleiche Ziel, durchzukommen, uns den Gegner vom Hals zu halten. Immer mehr Leute blieben zurück und waren von einer auf die andere Stunde verschwunden. [...] In dem Durcheinander krähte kein Hahn danach, niemand suchte sie[807].«

»Erbarmungsloser Lehrer auf dem Feld menschlicher Schwäche ist die Niederlage«, resümiert der Autor einer psychosozialen Betrachtung historischer Rückzugsphänomene und umreißt die damit verbundene Entfesselung primitiver menschlicher Triebe[808]. »Eine Armee zerfällt«, lautete der dementsprechende Tenor einer zusammenfassenden Analyse, die Anfang Februar 1945 von der Psychological Warfare Division des Alliierten Oberkommandos auf der Grundlage von Kriegsgefangenenbefragungen angefertigt wurde:

»Ungeachtet der Effektivität militärischer Disziplin und der Gewalt von Zwang [...] gibt es einen Punkt, an dem körperliche Strapazen und Versorgungsschwierigkeiten selbst das Verhalten des automatisch gehorsamen Soldaten zu beeinflussen beginnen. Vereinzelte Zusammenbrüche ausgenommen, ist die deutsche Armee im Westen in der Lage gewesen, für die persönlichen Bedürfnisse ihrer Männer leidlich zu sorgen. Aber man kann nicht umhin, bei Kriegsgefangenen den Eindruck zu gewinnen, daß die Mühsal ihrer Alltagsexistenz inzwischen ihre Entschlossenheit und ihren Korpsgeist ernstlich untergraben hat. Die Tatsachen sind wohl bekannt. Manch Kriegsgefangener klagt darüber, daß die Kameradschaft früherer Tage weithin aus der Wehrmacht verschwunden ist; jeder einzelne ist mittlerweile in erster Linie an seinem eigenen Überleben interessiert.‹ Die Bindung der Soldaten zu ihren Vorgesetzten habe nachgelassen, erfuhren die Amerikaner, zudem häuften sich Fälle von Disziplinlosigkeit und Vergehen gegen das Militärstrafrecht. Es gäbe außerdem einen mächtigen Trend unter den Landsern, endlich zu ihren Familien nach Hause zurückzukehren[809].«

d) Die Bedeutung der einzelnen Persönlichkeit

Das NS-Regime atomisierte sich. Die festgefügte diktatorische Herrschaftsordnung zerfiel in ihre Teile. Damit vergrößerte sich nicht nur der Handlungsspielraum der Partikulargewalten in Gestalt regionaler und lokaler Funktionsträger wie etwa der Gau- und Kreisleiter, sondern auch der von militärischen Entscheidungs- und Verantwortungsträgern. Daß die Gegebenheiten in der Praxis durchaus genutzt wurden, zeigt ein in scharfer Diktion abgefaßter Befehl Guderians an die Führung der Heeresgruppe Weichsel, »durch unzweideutige Befehle« die erteilten

---

[807] Bericht Nikolaus Ratjens, in: Schüddekopf, Krieg, S. 311 f.
[808] Hentig, Die Besiegten, S. 154.
[809] SHAEF, PWD, Weekly Intelligence Summary for Psychological Warefare Nr. 19 vom 3.2.1945, zit. nach: Henke, Die amerikanische Besetzung, S. 804 f.

operativen Anweisungen in die Tat umzusetzen[810]. Das schnelle ›Jawohl‹ gegenüber Anweisungen und Befehlen einer entfernten militärischen Führungsspitze bezeichnete der Oberbefehlshaber der 12. Armee, General Walther Wenck, nach dem Krieg als Notwendigkeit, unter Umgehung langer Diskussionen »aus der Notlage heraus zu versuchen, für uns, die wir an Ort und Stelle zu führen hatten, das Richtige zu finden[811].« Diese »Zweigleisigkeit zwischen Reden und Handeln« blieb vielfach die einzige Möglichkeit, kompromißlosen Vorgaben der oberen und höchsten militärischen Führung zum Trotz einen eigenständigen und der Lage der Dinge angemessenen Weg zu beschreiten[812]. Eine Personengruppe, die sich angesichts dieser Situation in besonderem Maße vor die Herausforderung einer eigenverantwortlichen Entscheidungsfindung gestellt sah, waren Offiziere aller Dienstgradgruppen, die als Kampf- oder Festungskommandanten einer Ortschaft oder Stadt bestellt wurden. Ihnen oblag das Schicksal von Soldaten und örtlicher Zivilbevölkerung sowie die Verantwortung über kulturelle und materielle Werte. Mit taktischen Aufgaben und Zielsetzungen hatten diese Funktionsbezeichnungen nichts gemein. Einzig verbindendes Element war die Tatsache, daß sich Entschlußfindung und Handeln dieser Personengruppe in einem beispiellosen Kompetenzdurcheinander zwischen militärischen Führungs- und zivil-parteiamtlichen Herrschaftsverhältnissen vollzogen.

Viele kamen zu dieser Aufgabe unversehens, ohne eigenes Zutun und häufig ohne die nötige Erfahrung. Der im Frühjahr 1945 verantwortlich für die Verteidigung Lindaus bestimmte Offizier war erst kurz zuvor nach einem 40monatigen Frontdienst in die ihm fremden Verhältnisse am Bodensee gekommen, weil er in dem dort stationierten Ersatztruppenteil aufgrund des erreichten Lebensalters und einer Verwundung eigentlich zur Entlassung kommen sollte[813]. In vielen Fällen scheint die Ernennung von Kampfkommandanten eher dilatorisch behandelt worden zu sein – man genügte der Form. So empfand es zumindest der damalige stellvertretende Inspekteur der Wehrersatzinspektion in Hannover, der »unter dem üblichen Hinweis auf die bekannten ›Führerbefehle‹ und die mir daraus erwachsenen Pflichten« zum Kampfkommandanten des niedersächsischen Einbecks ernannt wurde[814]. Die Befehlsverhältnisse gegenüber dem vertrauten Wehrkreiskommando wechselten jedoch, als die Stadt in den Bereich des Kampfgeschehens geriet. Innerhalb des Zuständigkeits- und Verantwortungsbereichs eines Generalkommandos des Feldheeres besaß der Ort nur eine untergeordnete Rolle. Für die ortsfremde Truppe bedeutete die Verteidigung der Stadt jedoch die Sicherung ihres Rückzugs. Die Formsache entwickelte plötzlich eine unvermutete Eigendynamik und war der Fremdsteuerung ausgeliefert. Offiziere wurden von ranghöheren Vorgesetzten mit dem vorgeschobenen Argument der größeren Fronterfahrung in die Aufgabe hineingedrängt. »Letzten Endes, glaube ich, hatten sie alle

---

[810] Vgl. BA-MA, RH 2/333: Chef GenStdH/OpAbt (Ia) Nr. 3449/45 gKdos. vom 22.3.1945.
[811] BA-MA, N 265/130, Schreiben Wencks an Heinrici vom 3.1.1967.
[812] Vgl. Hubatsch, Wie Göttingen vor der Zerstörung bewahrt wurde, S. 29.
[813] Stadtarchiv Lindau, Mappe Kriegsende: Bericht Florian Hermann.
[814] BA-MA, MSg 2/4038.

Angst vor der Verantwortung«, so der Eindruck des zum Kampfkommandanten von Soest bestimmten Stabsoffiziers vom Verhalten seiner Kameraden[815]. Im Rahmen seiner eindrucksvollen Detailstudie über die Vorgänge während der letzten Kriegstage in der hessischen Kreisstadt Friedberg hat Herfried Münkler rekonstruiert, wie alle in Frage kommenden Offiziere sich der Ernennung zum Kampfkommandanten durch das Vorbringen unterschiedlichster Argumente zu entziehen versuchten und die Entscheidung schließlich einen unbeteiligten Offizier traf, der, als er von seiner Ernennung zum Kampfkommandanten erfuhr, keine Möglichkeit mehr besaß, seine individuelle Situation zu verändern[816].

Die nicht abreißende Kette von Erlassen und Befehlen, jeden Ort bis zum Letzten zu verteidigen, ließ keinen Interpretationsspielraum zu. Bei seiner Ernennung zum Kampfkommandanten von Regensburg mußte der Betroffene eine Erklärung fünffach unterschreiben, wonach »er mit seinem Kopf für die Verteidigung der Stadt bis zum Entsatz durch den Gegenangriff aus der Alpenfestung haftete«[817]. Einige befolgten die sinnlosen Widerstandsbefehle blindwütig. Andere wiederum beriefen sich formal-bürokratisch auf das Prinzip von Befehl und Gehorsam, wohl wissend um die schwerwiegenden Folgen einer nur Als-ob-Verteidigung in Form von ein paar Scharmützeln. Den Einwänden, daß eine Verteidigung des bayerischen Amberg die sichere Zerstörung der Stadt bedeutete, trat ein militärischer Entscheidungsträger mit dem Argument entgegen, daß dies auch bei anderen Städten, die der Zerstörung anheim gefallen waren, der Fall gewesen sei. Die Stadt genieße schließlich kein Sonderrecht[818]. Der Entschluß zum verantwortungsvollen Handeln bedeutete die Gefährdung der eigenen Person. Schließlich konnte nicht gänzlich ausgeschlossen werden, daß ein bereits übergebener Ort noch einmal, wenn auch nur für kurze Zeit, von der eigenen Truppe zurückerobert wurde. Die Wiedereinnahme der nordwürttembergischen Kreisstadt Crailsheim und ihrer Umgebung für zehn Tage durch deutsche Truppen blieb indes rückschauend ein singuläres Phänomen während der alliierten Besetzung Deutschlands. Gleichwohl waren Terror- und Morddrohungen in dieser kurzen Zeitspanne an der Tagesordnung[819]. Ohnehin bewegten sich die Betroffenen in einem ›Minenfeld‹: Die skizzierten psychosozialen Konfliktmuster und mentalen Dispositionen wie auch die aufgeweichten Befehlsstrukturen mußten zu jedem Zeitpunkt die Denunziation eines Übergabevorhabens befürchten lassen. Zudem bestand ständig die Möglichkeit, daß irgend jemand unter Berufung auf einschlägige ›Führerbefehle‹ das Kommando an sich riß. Der Kreis der Mitwisser ließ sich somit nicht beliebig ausweiten, ohne die eigene Person oder das Vorhaben zu gefährden. Doch der Entschluß, eine Stadt aus den Kampfhandlungen herauszuhalten, ließ sich ohne Unterstützung nicht durchführen. Dazu bedurfte es der Honoratioren eines Gemeinwesens, in größeren Städten mußten Verwaltung sowie der Polizei- und SS-

---

[815] Bericht Hermann Siggel, in: Bomben auf Soest, S. 139 f.
[816] Vgl. Münkler, Machtzerfall, S. 130 ff.
[817] Bürger, Regensburg, S. 385.
[818] Vgl. BA-MA, MSg 2/2806.
[819] Henke, Die amerikanische Besetzung, S. 784 ff.

Apparat mit in das Kalkül einbezogen werden. Eine besondere Sorge galt den Funktionsträgern der Partei, die von der Gauleiter- bis zur Ortsgruppenleiterebene unterschiedliche Einflußmöglichkeiten und Machtmittel besaßen. Wegen ihrer Befehlsbefugnis über örtliche Formationen des Volkssturms mußten sie in jedem Fall bedacht werden.

Die unübersichtliche Situation, wie sie im norddeutschen Lüneburg herrschte, kann als typisch für das gesamte Reichsgebiet angesehen werden: Durch Ausgebombte aus dem benachbarten Hamburg, Evakuierte und Flüchtlinge aus anderen Teilen des Reiches, war die Zahl der Einwohner von 39 000 vor dem Krieg auf inzwischen 65 000 Menschen angeschwollen. Tag und Nacht durchzogen Flüchtlingstrecks, intakte wie zerschlagene Wehrmacht- und Marscheinheiten des für den Kriegseinsatz vorgesehenen Reichsarbeitsdienstes die Stadt, in deren Lazaretten über 4000 Verwundete und Kranke lagen. Zahlreiche Angehörige des Parteiapparates hielten sich in der Gauhauptstadt auf. Hinzu kamen Hunderte von Kriegsgefangenen sowie größere Gruppen ausländischer Fremd- und Zwangsarbeiter[820]. Auch der Standortälteste der weiter südlich gelegenen Kreisstadt Celle sah sich im April 1945 einem babylonischen Verhältnissen anmutenden Konglomerat aus Resten dezimierter und mehr oder minder führungslos nach Norden ziehender Verbände gegenüber, deren Splitter örtlich und situativ immer wieder Kampfwillen zeigten[821].

Unter diesen Umständen erwies es sich als erschwerend, daß die überwiegende Masse der Wehrmachteinheiten und -dienststellen über eine ungenügende Ausstattung mit Nachrichtenmitteln verfügte. Abgesehen von dem Problem immer wieder zusammenbrechender Verbindungen erhöhte die Informationsübermittlung über das öffentliche Telefonnetz die Gefahr einer kontraproduktiven Gerüchtebildung in der Bevölkerung. Fehlende Kraftfahrzeuge oder Betriebsstoffmangel erschwerten die persönliche Verbindungsaufnahme vor Ort oder Versuche, sich einen Überblick über die Lage zu verschaffen. Bezeichnend für die Unübersichtlichkeit der Situation ist eine Episode, die sich in den letzten Tagen des Krieges in Regensburg abspielte. Gegenüber der Stadtverwaltung und den Parteidienststellen forderte eine Menschenmenge von etwa 1000 Einwohnern in einer Kundgebung die kampflose Übergabe der Stadt. Von den tumultartigen Szenen, Ausschreitungen und mehreren Tötungsaktionen, die dem Ereignis folgten, bekamen der Kampfkommandant von Regensburg und sein engster Mitarbeiter dem eigenen Bekunden nach gar keine Kenntnis[822].

Eine direkte Verbindungsaufnahme mit dem Gegner, um Übergabeabsichten erkenntlich zu machen, schied im Regelfall aus. Auch die in vielen Ortschroniken überlieferten telefonischen Übergabeverhandlungen zwischen alliierten Offizieren und Bürgermeistern vollzogen sich meist in Abwesenheit von deutschen Truppen. Der Entschluß, an weithin sichtbarer Stelle eine weiße Fahne als Zeichen der kampflosen Übergabe einer Ortschaft zu zeigen, konnte durch Fehlverhalten oder

---

[820] Pless, Lüneburg 45, S. 81 ff.
[821] Bericht Paul Tzschöckell, in: Hannoversche Presse vom 20.5.1950.
[822] Vgl. Chrobak, Domprediger Dr. Johann Maier, insbes. S. 484.

bloße Irrtümer an irgendeiner Stelle im nachgeordneten Bereich vom Gegner als ein Hinterhalt interpretiert werden und somit die Beschießung provozieren. Nachdem im April 1945 ein Vorauskommando der amerikanischen Truppen trotz der vorangegangenen Kontaktaufnahme mit dem Bürgermeister und heraushängender Fahnen im bereits erwähnten Crailsheim beschossen worden war, zerstörte der darauf folgende Artilleriebeschuß die Ortschaft zu 80 Prozent[823]. Rachegefühle vermengten sich mit einem gängigen Kampfverfahren, das vor allem die Schonung der eigenen Truppe im Auge hatte.

Als sich am 18. April 1945 britische Angriffsspitzen der Stadt Lüneburg näherten, fiel einem bereits im Ersten Weltkrieg schwer verwundeten und bis vor kurzem als Leiter des Wehrmeldeamtes eingesetzten Offizier die Aufgabe zu, als Gehilfe des Kampfkommandanten den Widerstand auf einem der Stadt vorgelagerten Gefechtsstand zu organisieren. Der Gauleiter war untergetaucht, das vorgesetzte Armeeoberkommando des Generals der Infanterie Günther Blumentritt hatte sich bereits hinter die Elbe zurückgezogen, und der verantwortlich eingesetzte Kampfkommandant hielt sich in der Stadt auf. Passivität und abwartende Haltung des Offiziers führten dazu, daß britische Panzer in kürzester Zeit ohne Widerstand in die Stadt eindrangen, als dort noch große Teile der Einwohnerschaft nach Lebensmitteln anstanden[824]. Der zum Kampfkommandanten des thüringischen Gotha ernannte Offizier versuchte dagegen durch aktives Handeln, indem er geschickt lavierte und vollendete Tatsachen schuf, die Stadt vor der Zerstörung zu bewahren. Seinen Einsatz bezahlte er indes mit dem Leben, als ihn wenig später ein zusammengetrommeltes Standgericht zum Tode verurteilte[825]. Nur selten lassen die Berichte über solche Vorgänge, obwohl sie durchweg einen festen Platz in der kollektiven Erinnerung der Städte und Gemeinden an das Ende des Krieges einnehmen, die psychische Zerreißprobe erkennen, denen die Verantwortlichen ausgesetzt waren. Was vordergründig als planvolles und kühl kalkuliertes Handeln erscheint, war in Wirklichkeit das Taumeln von einer Unsicherheit in die andere unter Anspannung aller Lebensnerven. »Jeden Augenblick erwartete ich, daß man meinen Widerstand feststellen und irgend etwas passieren würde. In dieser gefährlichen Situation traute ich keinem mehr«, blickte der damalige Kommandant von Tübingen zurück[826]. Das bereits erwähnte Beispiel des hessischen Friedberg erlaubt einen weiteren tiefschürfenden Einblick: Als sein Versuch scheiterte, die Stadt den herannahenden Amerikanern kampflos zu übergeben, erlitt der zum Kampfkommandanten ernannte Offizier unter der psychischen Belastung der zurückliegenden Stunden und Tage und angesichts des entmutigenden Ergebnisses seiner lebensbedrohenden Bemühungen einen Nervenzusammenbruch und mußte unter Weinkrämpfen in ein nahegelegenes Lazarett verbracht werden[827]. Der zum

---

[823] Vgl. Die Schlacht um Crailsheim.
[824] Vgl. Pless, Lüneburg 45, S. 81 ff.
[825] Vgl. Ehrlich, Josef Ritter von Gadolla.
[826] Bericht Wolfgang Schütz in: Tübingen 1945, S. 230.
[827] Vgl. Münkler, Machtzerfall, S. 170.

Kampfkommandanten von Karlsruhe bestimmte Offizier suchte einen Ausweg aus der Situation durch Freitod, sein Nachfolger klagte nach dem Krieg an: Der

»stille, aber innige Wunsch, [es] würden sich Männer einer kommenden neuen Zeit zum Kommandanten finden, blieb unerfüllt. Indem sie sich fordernd und schützend vor ihre Stadt und die Bevölkerung stellten, hätten sie dem Kommandanten in seiner schweren Stunde eine wesentliche Stütze zu sein vermocht. Doch nur einer ist gekommen: Ein Wachtmeister der damaligen Polizei[828]!«

e) Im Auge des Sturms

Mit dem Gang in die Kriegsgefangenschaft endete der Kampf und damit zugleich die unmittelbare Lebensbedrohung. Die Zahl der deutschen Kriegsgefangenen stieg zum Jahresende 1944 hin kontinuierlich an, um sich im Frühjahr 1945 schließlich sprunghaft zu vergrößern. Im Kampf gegen die Westalliierten ließen sich die Soldaten ›überrollen‹, um sich hernach widerstandslos gefangennehmen zu lassen. Im Osten verringerte der Grad der Erschöpfung das Ausmaß der Gegenwehr. Die überwiegende Zahl der Wehrmachtsoldaten, die das Schicksal des vorzeitigen Kriegsendes ihrer Kameraden nicht teilte, geriet in den letzten Tagen des Krieges in ein wechselhaftes Spannungsfeld, das die Metaphorik der Zwischenüberschrift versinnbildlicht. So wie der Kampf der Elemente inmitten eines Sturms plötzlich und unerwartet zu völliger Ruhe kommt, um danach mit unverminderter Gewalt erneut loszubrechen, ›fielen‹ die Soldaten zwischen dem Ende der Kämpfe und anschließender Kriegsgefangenschaft in ein Vakuum. Das Bekanntwerden von Hitlers Tod und der deutschen Kapitulation markierte den Beginn dieser kurzen Zeitspanne, die mit der Gefangennahme endete. Vielschichtig und widersprüchlich waren die Wahrnehmungen und Reaktionen. So sah sich beispielsweise ein in der Verteidigungsorganisation Berlins eingesetzter Offizier lebensbedrohlichen Situationen ausgesetzt, als er Soldaten über den Tod Hitlers, die Waffenruhe und die bevorstehende Übergabe der Stadt an die Rote Armee informierte. Obwohl die deutschen Verteidiger auf kleine zusammenhangslose Inseln zusammengedrängt waren und der längst aussichtslose Kampf nur noch in gelegentlichen Schußwechseln seine Fortsetzung fand, lief der Offizier bei Bekanntgabe seiner Nachrichten Gefahr, kurzerhand als ›Verräter‹ von den eigenen Soldaten erschossen zu werden[829]. Repräsentativer waren indes Reaktionen, wie sie die Journalistin Ursula von Kardorff beschrieb. Sie beobachtete eine weitgehend gleichgültige Reaktion vieler Deutscher, die bei der Nachricht vom Tod Hitlers kaum innehielten und verzugslos zum Alltagsgeschäft übergingen[830]. Wäre statt der Radiomeldung vom ›Heldentod des Führers‹ »der Wirt hereingekommen und hätte gesagt, ihm sei ein Tier im Stall verendet, die Anteilnahme hatte nicht geringer sein können«, erinnerte sich der spätere General der Bundeswehr Gerd Schmückle an ein Erlebnis aus diesen Tagen: »Nur ein junger Soldat sprang auf, reckte die Rechte und rief: ›Heil dem

---

[828] Bericht Paul Esser, wiedergegeben in: Frühjahr 1945, S. 51.
[829] Vgl. BA-MA, MSg 2/1096.
[830] Vgl. Kardorff, Berliner Aufzeichnungen, Eintrag vom 2.5.45, S. 320.

Führer!< Alle anderen löffelten ihre Suppe weiter, als sei nichts von Belang geschehen[831].« Viele Soldaten empfanden ein Gefühl der Erleichterung. »Alle atmen auf«, beschreibt ein Zeitgenosse die von ihm beobachteten Reaktionen auf die Nachricht von Hitlers Selbsttötung. Doch weitere Gefühlsregungen oder gar offene Erörterungen der eigenen Situation und Zukunft blieben die Ausnahme – »nur keinen Fehler machen, so kurz vor Toresschluß[832]!«

Obwohl das Ende des Krieges seit einiger Zeit förmlich zum Greifen nahe schien, kam die Nachricht von der Einstellung der Kampfhandlungen für viele überraschend:

»Wieder einmal waren wir die Nacht über marschiert, und als es dämmerte, wunderten wir uns, daß keine Flieger kamen. Wir gingen im Gänsemarsch in einer langen Reihe, als die vorne zu singen anfingen. Es war seltsam, weil auf Märschen nie gesungen und kaum gesprochen wurde. Der Gesang pflanzte sich fort, und es wurde ein sehr schöner sonniger heller Tag, und dann sagte einer, ›ab Mittag ist Waffenstillstand‹. Das ist nicht wahr, haben wir gedacht, das ist eine Latrinenparole[833].«

Mit dem Krieg fanden auch die Zerstörungen, Gewalt und eine verbrecherische Willkürherrschaft ihr Ende. Doch die Erleichterung darüber bedeutete nicht automatisch, daß die Betroffenen sofort das Gefühl der Erlösung oder der Befreiung empfanden:

»Für Reflexionen war es zu früh. Ein verbreitetes Gefühl der Unsicherheit ließ sie nicht zu, des Ausgeliefertseins. Ausgeliefert zu sein einer anonymen, noch nicht durchschaubaren Macht, deren Ziele, Pläne und Methoden unbekannt waren. Denn was wußte ein in der Isolierung Deutschlands aufgewachsener, den Einflüssen propagandistischer Verzerrungen ausgelieferter Achtzehnjähriger schon von Amerika, von dem amerikanischen Volk? Hatte man etwa nur die eine Macht, der man ausgeliefert gewesen war, durch eine andere ausgetauscht[834]?«

In Erwartung der Gefangennahme durch die Rote Armee beobachtete ein Soldat bei seinen Kameraden ganz unterschiedliche Reaktionen und Verhaltensmuster: Bei vielen überwölbte die Sorge um die Angehörigen und um die eigene ungewisse Zukunft jede Gefühlsregung. Die Nachrichten vom Freitod einiger Offiziere aus dem Bekanntenkreis lösten Betroffenheit und nachdenkliche Diskussionen über die Ursachen aus. Unbekümmerte Gemüter hingegen standen gänzlich unter dem Eindruck der Erlebnisse dieser Umbruchsituation und tauschten fieberhaft Erfahrungen untereinander aus. Andere waren mehr oder minder stark alkoholisiert. Und bei einigen, die noch in den letzten Stunden befördert oder ausgezeichnet worden waren, überdeckte die Freude darüber alles Ungewisse[835]. Zwischen der Einstellung der Kampfhandlungen und der Gefangennahme bzw. Internierung lagen Stunden und manchmal sogar Tage[836]. Truppenteile und Dienststellen innerhalb des Reiches schickten Wehrmachtangehörige mit eigenmächtig ausgestellten

---

831 Bericht Gerd Schmückle in: Die Stunde Null, S. 53 ff.
832 Unveröffentlichtes Ms. Lutz Chr., S. 83 (im Besitz des Verf.).
833 Bericht Nikolaus Ratjens, in: Schüddekopf, Krieg, S. 312 f.
834 Goltz, Unwegsames Gelände, S. 134.
835 Vgl. Blind, Kriegserinnerungen, Bd 2, S. 218.
836 Siehe dazu die Erinnerungen eines Soldaten über den tagelangen Rückmarsch seiner Einheit aus Dänemark nach Schleswig-Holstein im Mai 1945. Abels, Ein Held war ich nicht, S. 148 ff.

Entlassungspapieren nach Hause; viele entließen sich selbst. Sie nutzten die von Unordnung und Unübersichtlichkeit geprägte Situation, sich der Gefangenschaft zu entziehen; meist der Beginn tage- und wochenlanger Irrfahrten, vorzugsweise aus den ostdeutschen Gebieten in Richtung Westen[837]. Soldbücher wurden gefälscht, um den eigenen Dienstgrad oder die Zugehörigkeit zur Waffen-SS zu verschleiern. Nachträglich wurden Unterstellungsverhältnisse verändert, um damit den Nachweis zu erbringen, quasi überall, in keinem Fall jedoch an der Ostfront gekämpft zu haben – hilflose Versuche, das Los der Kriegsgefangenschaft zu beeinflussen.

An verschiedenen Stellen führten die Teile der weitverzweigten Wehrmachtorganisation ihr Dasein wochenlang fort, bis sie aufgelöst und in den Gewahrsam des Gegners genommen wurden. Zahlreiche Paradoxien lassen die Antagonismen und Widersprüchlichkeiten sichtbar werden, die sich unter dieser dünnen Tünche einer organisatorischen Kontinuität verbargen. »Eine Schlacht kann verloren gehen, ein Glaube nie. Ein Krieg kann verloren gehen, ein Glauben des Volkes nie«, funkte der deutsche Kommandant Ostägäis als Reaktion auf die Kapitulationsanweisungen[838]. Hinter dieser martialisch klingenden und vor Gesinnungstreue strotzenden Meldung verbarg sich der ›Mikrokosmos‹ einer mehrere Tausend Mann starken Inselbesatzung auf Kreta. Versorgungsschwierigkeiten, Nachrichtenmangel und weitgehende Aufgaben- und Tatenlosigkeit hatten bereits in den Wochen zuvor zu einem drastischen Niedergang von Moral und Disziplin der Soldaten geführt. Nach der Kapitulation am 9. Mai wurde die Insel bis in den Juni 1945 schrittweise geräumt. Um sicherzustellen, daß Waffen und Munition nicht in die Hände der Kreter fielen, verfeuerten die Deutschen auf Anweisung der Briten tagelang die Munition oder kippten diese ins Meer und sprengten Fahrzeuge und Panzer[839]. Die Wehrmachtbefehlshaber Norwegen und Dänemark wurden nicht müde, ihre Bereitschaft zum ›Endkampf‹ kundzutun[840]. Überhaupt verwandte die militärische Spitzenorganisation, die in den letzten Tagen des ›Dritten Reiches‹ als Regierung Dönitz firmierte, eine bemerkenswerte Energie auf Angelegenheiten, die sich um die Beibehaltung und Handhabung nationaler und militärischer Symbole drehten. Indem man sich an Statussymbolen wie Flaggen, Hoheitsabzeichen, militärischen Auszeichnungen und Hierarchieverhältnissen oder an soldatischen Grußritualen festhielt, täuschte man sich über die Niederlage hinweg. Insbesondere in der immer wieder benutzten Formel des Waffenstillstandes anstelle des Begriffs der Kapitulation offenbarte sich diese »Eskamotierung der Wirklichkeit«[841]. Die Wiedereinführung des traditionellen militärischen Grußes erfolgte erst auf Druck der englischen Besatzungstruppe. Noch kurz vor der Herausgabe eines entsprechenden Erlasses hatte der Wehrmachtbefehlshaber Norwegen auf das

---

[837] Vgl. Deichmann, Der Chef, S. 207 f.; Schröder, Die gestohlenen Jahre, S. 826 ff.; Steinhaus, Soldat, S. 66.
[838] BA-MA, RW 44 I/34: Funkspruch Gen.Maj. Wagner an Dönitz vom 7.5.1945.
[839] Vgl. Xylander, Die deutsche Besatzungsherrschaft auf Kreta, S. 132 ff.
[840] Vgl. Bohn, Norwegen, S. 225 ff.
[841] Steinert, Die 23 Tage der Regierung Dönitz, S. 247.

III. Die Wehrmacht im ›Endkampf‹

Beibehalten der nationalsozialistischen Grußform gedrängt[842]. Eine solche Haltung war kein Ausnahmefall, denn die neue Regelung wurde, wie der Nachrichtendienst der Reichsregierung vermerkte, insbesondere bei »jungen Soldaten und Offizieren [...] als besonders unglücklich« angesehen:

»Es sei ein unwürdiges Schauspiel, daß die deutsche Wehrmacht noch vor Anordnung durch den Gegner freiwillig den deutschen Gruß wieder aufgebe, im übrigen werde durch den Grußbefehl ein Zwiespalt in die Wehrmacht hineingetragen, der nach außen sichtbar in Erscheinung trete[843].«

Ein Erlaß des Wehrmachtbefehlshabers Norwegen wenige Tage später unterstrich diese Haltung noch einmal in aller Deutlichkeit:

»In einzelnen Fällen haben Gesinnungslumpen Orden und Ehrenzeichen und das Hoheitsabzeichen abgelegt, auch eine geschlossene Einheit unter Führung eines Offiziers. Ein schamloseres Benehmen ist kaum vorstellbar. Nur armselige, würdelose, asoldatische Elemente können so nichtswürdig handeln. Wir müssen, weiß Gott, genug Diktate widerspruchslos einstecken. Schimpf und Schande über jeden, der aus den eigenen Reihen den Geist der Truppe unterhöhlt und ihr in den Rücken fällt. Solche Elemente gehören rücksichtslos kaltgestellt[844].«

Die als entwürdigende Drangsal empfundene Behandlung durch die Besatzungsmacht rief paradoxe Konstellationen hervor, wie ein nachfolgender Stimmungsbericht von Anfang Juni 1945 wiedergab:

»So fest die Truppe zur Zeit auch in der Hand ihrer Führer ist, so ist bei Fortsetzung der bisherigen Behandlung durch die Engländer die Möglichkeit des gedanklichen Sympathisierens mit dem Bolschewismus keinesfalls von der Hand zu weisen. Ein solcher Umschwung kann natürlich sehr schnell und plötzlich vor sich gehen, weil die Nerven der Männer durch die schweren Kämpfe der letzten Jahre und die täglich größer werdenden Sorgen um die Angehörigen und um ihre eigene Zukunft bis zum Äußersten gespannt sind[845].«

Der hier beschriebene Truppenkörper aus dem Emsland gehörte zu jenen Formationen deutscher Soldaten, die zwar ihre Waffen abgaben, ansonsten aber unter Beibehaltung der bisherigen Organisationsstrukturen einschließlich der Vorgesetztenverhältnisse von den Engländern interniert wurden[846]. Doch diese Fälle blieben eine Ausnahme, die Masse der Wehrmachtsoldaten geriet entweder in den Tagen der Kapitulation oder kurze Zeit später in die Kriegsgefangenschaft. Es ist dieser Moment, der als einziges Motiv alle zeitgenössischen Wahrnehmungen und Erinnerungen an die letzten Wochen und Monate des Krieges verbindet. Die Gefangennahme war der Beginn eines völlig neuen Erlebnisabschnittes, auch wenn

---

[842] Vgl. BA-MA, RW 44 I/34: Chef WFSt, Notizen aus Mittagslage vom 6.5.1945 und OKW/WFSt/Op (H) Nord Nr. 0010045/45 gKdos. vom 8.5.1945.
[843] BA-MA, RW 44 I/15: Tagesmeldung Nr. 7 vom 8.5.1945. Auf Druck der Alliierten sah sich der Stab des Wehrmachtbefehlshabers Norwegen noch am 13.6.1945 dazu gezwungen, die Einhaltung der ›neuen‹ Grußbestimmungen anzumahnen. BA-MA, RH 24-19/197: (Geb)AOK 20/IIa/Ia Nr. 145 vom 13.6.1945.
[844] BA-MA, RH 24-19/197: Fernschreiben des Wehrmachtbefehlshabers Norwegen vom 19.5.1945.
[845] BA-MA, RH 26-172/7: Bericht des Kommandeurs der Division z.b.V. 172 vom 4.6.1945.
[846] Vgl. ebd.: Tagesbefehl des Kommandeurs der Division z.b.V. 172 betr. Disziplin vom 5.7.1945. Siehe dazu auch Jürgensen, Kriegsende 1945; Kaiser, Kriegsende; Piening, Als die Waffen schwiegen; Smith, Churchills deutsche Armee.

dieser in der autobiographischen Verarbeitung ehemaliger Soldaten des Zweiten Weltkrieges in den ›verlorenen Jahren‹ aufging[847]. Die Soldaten erlebten eine Grenzsituation. In einem Moment absoluter Unsicherheit und Hoffnungslosigkeit versagte sich den meisten jegliche Vorstellung darüber, was im nächsten Augenblick wie auch in der weiteren Zukunft auf sie zukam. Schlagartig wurde es unumgänglich, den bisherigen Gegner als Sieger zu akzeptieren, dessen Willkür man nun ausgeliefert war. Viele hatten diesen Moment und die Gedanken an das eigene Verhalten bis dahin verdrängt. Der psychologische Fluchtpunkt bestand bei den Soldaten der Ostfront in dem weitgehenden Grundkonsens darüber, unter keinen Umständen in die Hand der Roten Armee zu fallen und sich gegebenenfalls bis zum Letzten zu wehren. Erst nach dem ›Sprung ins Dunkle‹ setzte sich die Erleichterung darüber durch, mit der Gefangennahme zunächst auch einer unmittelbaren Todesgefahr entronnen zu sein.

Wie schnell sich in der darauffolgenden Zeit der Nebel der nationalsozialistisch durchtränkten Wirklichkeitsdeutung auflöste, war individuell höchst unterschiedlich. Entscheidend war, welche Behandlung die Kriegsgefangenen erlebten und wie sehr sich die Alltagserfahrungen mit den internalisierten Stereotypen deckten. Vielfältig waren nicht nur die unmittelbaren und langfristigen Erlebnisse, die deutsche Soldaten im Gewahrsam der Roten Armee machten[848]. Die deutschen Kriegsgefangenen in den entfernten Lagern des amerikanischen Festlandes hatten bereits früh verstanden, die Angst ihrer Bewacher vor einem kollektiven Suizid zum Zwecke der materiellen Verbesserung ihrer Lage zu instrumentalisieren[849]. Das Amerikabild deutscher Kriegsgefangener, die im Frühjahr und Sommer 1945 einige Wochen unter katastrophalsten Bedingungen in den sogenannten Rheinwiesenlagern vegetierten, ist bis in die Gegenwart negativ konnotiert[850]. Die ausbleibende gesellschaftspolitische Diskussion über den Charakter der deutschen Kriegführung im Osten und der Kalte Krieg verhinderten über Jahrzehnte eine differenzierte Auseinandersetzung mit der deutschen Kriegsgefangenschaft in der Sowjetunion[851]. Das Kriegsende vollzog sich für die Soldaten der Wehrmacht »auf Raten[852]«.

---

[847] Vgl. Lehmann, Erzählstruktur, S. 146.
[848] Vgl. Overmans, Soldaten.
[849] Vgl. Reiß, »Götterdämmerung«.
[850] Vgl. Engelbert, Kriegsgefangenschaft; Overmans, Ein untergeordneter Eintrag; Sullivan, Auf der Schwelle.
[851] Vgl. Hilger, Deutsche Kriegsgefangene.
[852] Vgl. dazu Echternkamp, »Kameradenpost bricht auch nie ab ... «.

IV. Schlußbetrachtung

Die vorangegangene Untersuchung hat die in Wissenschaft und Öffentlichkeit allgemein akzeptierte Vorstellung, die Wehrmacht habe, ungeachtet der Aussichtslosigkeit des Krieges, buchstäblich bis ›fünf nach zwölf‹ gekämpft, auf ihre Tragfähigkeit und ihren Aussagewert überprüft.

Das Verhalten der Wehrmachtsoldaten charakterisierende Aussagen beispielsweise dergestalt, »daß Menschen in einer mehrdimensional bedrohlichen Lage eher blindwütig weiterkämpfen und den physischen Untergang in Kauf nehmen, als sich in eine ungewisse, als aussichtslos empfundene Zukunft zu schicken«[1], sind zwar plakativ; einen weitergehenden Erklärungswert für das 60 Jahre zurückliegende Geschehen besitzen sie indes nicht. Vorstellungen, die wir mit dem abstrakten Begriff ›Wehrmacht‹ verbinden, bleiben zumeist unreflektiert. Doch die unkritische Übernahme der Behauptung, die Wehrmacht *habe gekämpft*, läuft durch die ihr implizite, grobe Vorstellung vom Alltag der Wehrmachtsoldaten tendenziell Gefahr, die Komplexität des historischen Gegenstandes zu ignorieren.

Im Gegensatz dazu wurde in der vorliegenden Studie das Militär in der Schlußphase des ›Dritten Reichs‹ mit Hilfe eines multiperspektivischen Ansatzes eingehend analysiert. Zunächst wurden die politischen, ereignis- und strukturgeschichtlichen Rahmenbedingungen, innerhalb derer sich die bewaffnete Macht konstituierte, in den Blick genommen. Darauf aufbauend wurde unter Zugrundelegung organisations-, alltags- und mentalitätsgeschichtlicher Überlegungen das Innenleben der Wehrmacht am Beispiel der personellen Rüstung, der Kampfkraft und Leistungsfähigkeit sowie das innere Gefüge der Wehrmacht einschließlich der individuellen Wahrnehmungen der Soldaten einer genaueren Betrachtung unterzogen. Dadurch ist es gelungen, objektivierbare, für die Verfaßtheit des Militärs charakteristische Strukturen aufzuzeigen. Sichtbar wurden aber auch die von den historischen Akteuren subjektiv erkannten Möglichkeiten und Grenzen ihres Handelns.

Mit dem Fortschreiten der Untersuchung löste sich die vom Begriff ›Wehrmacht‹ ausgehende vermeintliche Eindeutigkeit auf. Die Vorstellung von *der* Wehrmacht ist wie Sand aus den Händen geronnen. Es blieb allein das Wissen darum, daß eine millionenstarke Armee Uniformierter unter demselben Hoheitsabzeichen Gesundheit und Leben im Kriegsalltag riskierte. Doch unterhalb der Ebene abstrakter und unverbindlicher Begrifflichkeiten tritt dem Betrachter eine Fülle von Einzel- und Besonderheiten, Vielgestaltigkeit und Widersprüchlichkeit

---

[1] So beispielsweise eine resümierende Feststellung von Martin, Die deutsche Kapitulation, S. 57.

bei prinzipieller Gleichzeitigkeit entgegen. Ein kritischer Zeitgenosse blickt auf unterschiedliche Wahrnehmungs- und Lebenswelten zurück, die sich hinter der dünnen Fassade des historiographischen Einheitskonstruktes von *der* Wehrmacht verbergen:

> »Wo haben die gelebt, die sich an damals noch Einheitliches erinnern? Vielleicht waren sie in Einheiten, in denen alle Werte bewahrt blieben, und hatten damit genug zu tun, sich nicht um andere zu kümmern. Vielleicht waren sie schon in Gefangenschaft. Wo habe ich gelebt? Offenbar lebten wir in verschiedenen Welten. In meiner Welt gab es eine Vielfalt bewaffneter Einheiten, die niemand mehr durchschaute. Wer die Wehrmacht bis zur Kapitulation als Einheit sieht, bedenkt nicht die vielfältigen und unbewältigten Einflüsse, denen die Truppen ausgesetzt waren. Der Kriegsschauplatz [...] prägte eben die Truppe. In manchen Einheiten waren die nationalsozialistischen Führungsoffiziere die Verlachten, in anderen die Tonangebenden. [...] Folgenlos kann auch niemand eine Armee so zerreißen und wieder zusammensetzen und wieder zerreißen, wie das der Machthaber und seine Helfer taten, und dann noch so etwas wie Einheit im Verhalten und Selbstverständnis erwarten. Selbst die Uniformen variierten ja von Einheit zu Einheit[2].«

Die Beschäftigung mit dem Zweiten Weltkrieg hat eine inzwischen kaum noch zu überschauende Fülle an Publikationen hervorgebracht. Doch nicht zuletzt mit dem Hinweis auf die Quellenproblematik reduziert sich die Auseinandersetzung mit dem Kriegsende 1944/45 auf fortgesetzte Versuche, das Geschehen mit unverbindlichen Erklärungsansätzen und der Verabsolutierung von Einzelbefunden, die sich ebenso schnell verifizieren wie falsifizieren lassen, zu erhellen. Trotz der in der Tat schwierigen Quellensituation ist es gelungen, eine Vielzahl von Grau- und Zwischentönen aufzuzeichnen. Zutage gefördert wurde eine Fülle von Einzelergebnissen, die, nach analytischen Gesichtspunkten aggregiert, wichtige Parameter für die historische Betrachtung des Zusammenbruchs der Wehrmacht an die Hand geben. Zu den folgenden Thesen verdichtet, erlauben diese, für das Geschehen zwar nicht typische, so doch charakteristische Grundmerkmale und -konstanten zu benennen.

1. Der Kampf der Wehrmacht folgte keiner rationalen Logik, keinem politischen oder strategischen Kalkül. Die strukturellen Defizite des nationalsozialistischen ›Führerstaates‹ ließen der Eigendynamik des Krieges einen unkontrolliert freien Lauf in den nationalstaatlichen Untergang.

Generalmemoiren und ereigniszentrierte Darstellungen vermitteln den Eindruck, das Geschehen 1944/45, die zentralen militärischen Entscheidungen auf deutscher Seite folgten einem auf rationalen Lageanalysen beruhenden politisch-strategischen Kalkül. Doch das Gegenteil war der Fall: Lange vor Beginn des Untersuchungszeitraums wußten weder Hitler noch seine militärischen Berater, wie sie den Krieg, wenn nicht erfolgreich, so doch wenigstens zu einem für Deutschland erträglichen Ausgang, beenden sollten. Der operativ-taktischen Kriegführung gelang es zwar wiederholt, die Lage der einzelnen Kriegsschauplätze zu konsolidieren. Doch auf der politisch-strategischen Ebene herrschte Ratlosigkeit. Spätestens seit Jahresbeginn 1943 besaß die nationalsozialistische Führungsspitze weder ein kohärentes

---

[2] Buch, Wir Kindersoldaten, S. 192 f.

Konzept noch die militärischen Mittel für die strategische Entscheidungssuche. Und während sich mit der Fortdauer des Krieges die kriegswirtschaftliche Basis des ›Dritten Reichs‹ verkleinerte und die vorhandenen Kräfte der Wehrmacht schrumpften, entfalteten die Gegner ihr militärisches und wirtschaftliches Potential.

Die alliierte Forderung nach der bedingungslosen Kapitulation versperrte dem Regime den Weg, durch politische Lösungen aus dem Krieg zu finden, *ohne* dabei die Fortexistenz der NS-Herrschaft aufgeben zu müssen. Hitler und die führenden Vertreter des ›Dritten Reichs‹ wurden damit konfrontiert, von den Siegern persönlich für ihr Wirken zur Verantwortung gezogen zu werden. In dieser Situation verschmolzen in der Wahrnehmungswelt des Diktators und seines engeren Umfeldes rationales Denken und irrationale Persönlichkeitszüge: Die Sorge um die eigene Existenz ließ die Verantwortlichen an alles glauben, was die Lebensverlängerung ihrer in die Agonie fallenden Herrschaft zu gewährleisten und ihr Handeln zu rechtfertigen schien. Die politische und militärische Realität wurde so interpretiert, daß Lagebeurteilungen genügend Platz für Illusionen ließen. Man rechtfertigte die Verlängerung eines offenkundig aussichtslosen Krieges als letzten Akt eines rasseideologischen Existenz- und Vernichtungskampfes und legitimierte die damit verbundenen Folgen für die eigene Bevölkerung zynisch als eine unausweichliche Notwendigkeit. Man flüchtete sich in den Glauben einer historischen Mission, die es zu erfüllen galt; man erging sich in der Selbsttäuschung, der ›Führer‹ würde einen Ausweg aus der bedrohlichen Situation aufzeigen. Die Vorstellung, wonach sich die Krise durch Geschlossenheit und Willensstärke überwinden ließ, war ebenso wie das Hoffen auf eine Wiederholung des ›Mirakels‹ des Hauses Brandenburg im Siebenjährigen Krieg ein Strohhalm, nach dem begierig gegriffen wurde. Statt (selbst)kritische Ursachenforschung zu üben, wurden Frustrationen an Sündenböcken abreagiert. Die Weigerung, sich der Realität einschließlich der damit verbundenen persönlichen Konsequenzen zu stellen, verband alle Verantwortlichen.

Dieses Szenario sah keine alliierte Analyse vor, die, ausgehend vom Erfahrungshorizont des Ersten Weltkriegs, der deutschen Kriegspolitik ein rationales Gedankengebäude unterstellte. Die Heeresleitung des kaiserlichen Deutschlands hatte mangels Alternativen und angesichts des unabwendbaren Zusammenbruchs der gesamten Westfront die Verantwortung auf die Politik abgewälzt, damit aber auch den Weg für eine politische Lösung der Krise geebnet. Zudem gab es im Kaiserreich politische und gesellschaftliche Kräfte, die das von den Militärs hinterlassene Vakuum auszufüllen prinzipiell in der Lage waren. Im Gegensatz dazu zeigte sich im ›Dritten Reich‹ kein Verantwortlicher willens oder fähig, dem Steuermann Hitler ins Ruder zu greifen und dadurch die Fahrt in den nationalstaatlichen Untergang abzuwenden. Auch innerhalb der Wehrmachtgeneralität tauschte man sich über die Entwicklung der Ereignisse aus. Doch eine wie auch immer geartete öffentliche Diskussion über den Kurs des Regimes, sieht man von vertraulichen Unterredungen und Mitteilungen oder persönlichen Zwiegesprächen mit Hitler einmal ab, fand nicht statt.

Im nationalsozialistischen ›Führerstaat‹ gab es keine Öffentlichkeit, die das Regime nicht zu seinen Zwecken instrumentalisierte. Ein politisches Gremium, in dem die Frage über Krieg und Frieden hätte erörtert werden können, existierte nicht. Zahlreiche divergierende Herrschaftsinstanzen blockierten sich gegenseitig, statt daß von ihnen gemeinsame politische Impulse auf den Kurs des Regimes ausgingen. Die Entscheidungskompetenz über Krieg und Frieden lag allein bei Hitler. Diese Konstruktion erlaubte es jedem politisch und militärisch Verantwortlichen, sich der formal-juristischen (nicht jedoch der individuell gegebenen moralischen) Verantwortung zu entledigen. Es muß der Spekulation überlassen bleiben, welche Folgen eingetreten wären, wenn Hitler mit einer nachhaltig und vor allem öffentlich artikulierten Forderung, den Krieg mangels politischer und strategischer Alternativen einzustellen, konfrontiert worden wäre. Für ein politisches Engagement aus den Reihen der Militärs fehlte aber auch der institutionelle Ansatzpunkt. Intermediäre Koordinierungsinstanzen, welche die unterschiedlichen Interessen abglichen und gemeinsame Entscheidungen vorbereiteten, gab es in der Wehrmacht nicht. Das ausschlaggebende Gewicht in der militärischen Hierarchie- und Befehlsstruktur besaß die auf Hitler als das höchste und im Grunde einzige Entscheidungszentrum abgestellte Kommunikation. Während Luftwaffen- und Marineführung ein Sprachrohr in Gestalt ihrer Oberbefehlshaber besaßen, fehlte dem Heer als dem mit Abstand größten Wehrmachtteil diese Einwirkungsmöglichkeit, nachdem Hitler sich 1941 dieses Amt selbst übertragen hatte.

Erwartungshaltungen, die an die Militärelite die Verantwortlichkeit einer wie auch immer gearteten politischen Einflußnahme herantragen, verkennen, daß von einer solchen, ja nicht einmal von *der* militärischen Führung gesprochen werden kann. Die Wehrmachtgeneralität umfaßte mehrere tausend Personen, und das Heerespersonalamt verwaltete im Januar 1945 mit über einer viertel Million Stellen den größten Personalbestand an Offizieren während des gesamten Krieges. Zum Offizierkorps der Wehrmacht gehörten der fast 70jährige Generalfeldmarschall von Rundstedt, der als Oberbefehlshaber eines Kriegsschauplatzes mehrere Heeresgruppen befehligte, aber auch Jugendliche, die nur wenige Tage vor Kriegsende zum Offizier ernannt und denen das Kommando über eine Gruppe von Soldaten übertragen wurde. Der Begriff ›militärische Führung‹ muß aber auch in hierarchisch-funktionaler Hinsicht differenziert betrachtet werden. Denn diese setzte sich zusammen aus, um einige Beispiele zu nennen, Armeeoberbefehlshabern, den Kommandeuren der im Reichsgebiet stationierten Ersatz- und Ausbildungsregimenter, einer unbekannten Zahl niederer Generalsränge und Stabsoffiziere, die zeitweilig oder dauerhaft Fach- und Funktionsämter in der militärischen Administration bekleideten oder aus einer großen Zahl von Verbands- und Einheitsführern, die in täglichem Kontakt mit den Soldaten standen. Der Vielgestaltigkeit der Zusammensetzung entsprach die innere Heterogenität. Der Aufrüstungsprozeß, die Vergrößerungen der Wehrmacht während des Krieges und insbesondere die kontinuierlich hohen Verluste bewirkten einen dauerhaften Umwälzungsprozeß im personellen Aufbau des Offizierkorps. Kriegsbedingte Sachzwänge und eine ideologisch gewünschte soziale Öffnung hatten das aus der Zwischenkriegszeit überkommene innere Gefüge buchstäblich fortgespült und verhinderten Ansatzpunkte für die Ausbildung kollektiver Identitäten. Die Militärelite, das funktionale Bindeglied zwischen dem Regime und seinen Soldaten, war 1944/45 das Gegenteil des, hinsichtlich seiner sozialen und mentalen Strukturen homogenen Offizierkorps der Reichswehr. In der Schlußphase des Krieges war es keine Ausnahmeerscheinung, daß sich die Kommandeure der kurzfristig zusammengestellten Konglomerate aus verschiedensten Truppenteilen, deren Bezeichnung ›Verband‹ kaum angemessen erscheint, untereinander nicht einmal mehr mit Namen kannten.

2. Die äußere Bedrohung und der Umsturzversuch im Inneren lösten einen innenpolitischen Radikalisierungsschub aus, der zu einer verspäteten ›militärischen Machtergreifung‹ führte. Die Aufgaben des Militärs beschränkten sich auf die Funktion eines, die Weisungen der Politik ausführenden Machtinstruments, welches das Regime zunehmend als austausch- und ersetzbar betrachtete.

Die zuvor skizzierte politische Impotenz der Militärelite war das Resultat tiefgreifender struktureller Umwälzungen in der Herrschaftsordnung des ›Dritten Reichs‹. Die Wehrmacht der Jahre 1944/45 hatte nichts mehr gemein mit dem Machtfaktor Militär, mit dem sich der Nationalsozialismus in der Früh- und Konsolidierungsphase seiner Herrschaft aus machtpolitischen und zweckrationalen Gründen hatte arrangieren müssen. Allein das Militär verfügte zwar über die Machtmittel, das diktatorische Regime zu beenden. Überlegungen dieser Art entbehren jedoch der Grundlage, wenn man sich die Veränderungen im Verhältnis zwischen Politik und Militär vergegenwärtigt. Hier liegt zugleich einer der wichtigsten Schlüssel zum Verständnis des Geschehens. Im Gegensatz zur Dominanz des Militärischen im Kaiserreich war 1944/45 an die Stelle des Militär-Bestimmenden die absolute Herrschaft politisch-ideologischer Kategorien getreten[3]. Was aus Sicht liberaler Verfassungsideale als selbstverständlich und erstrebenswert erscheint, entfaltete unter dem Nationalsozialismus eine verheerende Destruktivität. Die Verschmelzung von Staat, Partei und Militär folgte der inhärenten Logik einer Herrschaftsform, die ausweislich von Hitlers ›Mein Kampf‹ Politik von vornherein als Krieg begriff und diesen als ihren spezifischen Aggregatzustand definierte[4]. Das Zusammentreffen von äußerer Bedrohung und dem Umsturzversuch im Inneren verlieh der nach 1933 latenten Bereitschaft, jede Form der Eigenständigkeit und überkommener Loyalität des Militärs zu beseitigen, neuen Schub. Der Umstand, daß das Attentat vom 20. Juli aus den Reihen der Wehrmacht heraus verübt wurde, desavouierte aus Sicht des Regimes das Offizierkorps als Institution. Die Militärelite traditionellen Zuschnitts wurde zum Adressaten eines wiederauflebenden revolutionären Impetus und zur Zielscheibe von Schuldzuweisungen für die Kriegslage. Die militärische Elite wurde zur austauschbaren Funktionselite säkularisiert, die ›nationalsozialistische Revolution‹ gewissermaßen vollendet. Sowohl ideologische Intentionen als auch machtpolitische Ambitionen führten dazu, daß verschiedene Instanzen des polykratischen Herrschaftsgefüges des NS-Staates ihre

---

[3] Vgl. Deist, Militär, Staat und Gesellschaft, S. 391, 429.
[4] Vgl. dazu auch: Kroener, Kampf.

Zuständigkeiten auf Kosten des Militärs vergrößerten. Diese Entwicklung veränderte das Antlitz der bewaffneten Macht und begünstigte strukturell das Ausmaß an Destruktivität, das uns in den letzten Monaten des Nationalsozialismus begegnet.

Diese Feststellung betrifft zunächst das Ausgreifen des SS-Komplexes in die Zuständigkeiten der Wehrmacht. Im Verlauf des Krieges war mit der Waffen-SS eine eigenständige Komponente der nationalsozialistischen Streitkräfte erwachsen, eine Armee neben der Wehrmacht. Im Wechselspiel zwischen der Expansionspolitik der SS-Führung und den Sachzwängen des Krieges mündete das Verhältnis beider Organisationen in einen Konvergenzprozeß. Verteilungskämpfe um personelle und materielle Ressourcen schlossen eine arbeitsteilige Annäherung zwischen Heer und Waffen-SS nicht aus. Die Ernennung Himmlers zum Befehlshaber des Ersatzheeres und Chef der Heeresrüstung bedeutete einen qualitativen Einschnitt, welcher die strukturelle Verfaßtheit der bewaffneten Macht im Angesicht der Niederlage grundlegend veränderte. Die Installation des Reichsführers-SS und Chefs der Polizei als Befehlshaber aller im Reichsgebiet befindlichen Dienststellen und Einrichtungen der Wehrmacht dürfte ursprünglich der Intention Hitlers entsprungen sein, in einer für das Regime kritischen Situation die relative Autonomie der Militärgerichtsbarkeit auszuhebeln. Hitlers Entscheidung verschaffte Himmler darüber hinaus den bis dahin durch die Heeresadministration blockierten Zugriff auf personelle und materielle Ressourcen. Mit den im Zuge massiver Aufstellungsprogramme neugeschaffenen Volksgrenadierdivisionen fand ein neues Element Eingang in die Struktur der bewaffneten Macht. Die truppendienstliche Unterstellung gab Himmler ein wichtiges Instrument in die Hand, auf das innere Gefüge dieser Verbände einwirken zu können. Die Motive für die Ämter- und Kompetenzakkumulation Himmlers, die auch in anderen Bereichen der Wehrmachtzuständigkeit, etwa auf dem Gebiet der materiellen Versorgung und des Kriegsgefangenenwesens, feststellbar ist, lassen sich nicht zweifelsfrei klären. Ob wir es hier mit den Vorstufen einer spezifisch nationalsozialistischen Wehrordnung zu tun haben, muß mangels Quellen und einer durch das Kriegsende vorzeitig unterbrochenen Entwicklung der Spekulation überlassen bleiben. Die propagandistischen Verlautbarungen, die der Waffen-SS die Rolle eines vierten Wehrmachtteils zumaßen, und die aus der Wehrmacht eine neue, ›nationalsozialistische Volksarmee‹ hervorgehen wissen wollten, deuten auf diesen Zusammenhang hin.

Weitere strukturelle Veränderung in der Verfassung der bewaffneten Macht gingen auf die Entschlossenheit des Parteiapparates zurück, die Organisation des Krieges nicht mehr allein dem Militär zu überlassen. Gesellschaftsübergreifende Kriegsanstrengungen setzten eine wenigstens zeitweilige Partizipation weiter Teile der Bevölkerung voraus. Die Motivation dazu mußte durch geeignete Zielvorstellungen generiert, gefördert oder kanalisiert werden. Zu dieser Integrations- und Mobilisierungsleistung hatte sich das Militär im Ersten Weltkrieg nicht imstande gezeigt. Im ›Dritten Reich‹ reklamierte die Partei diese Aufgabe für sich. Dies galt nicht nur für die Expansionsphase einer ideologisch motivierten Kriegführung unter dem Banner des Kampfes um ›Lebensraum‹, sondern auch während des

Mehrfronten- und Abnutzungskrieges und erst recht in der Phase, als der Krieg unmittelbar vor seiner Entscheidung stand. Realpolitische Motive verschmolzen dabei mit der Logik des rasseideologischen Existenz- und Überlebenskampfes. Die Partei wies dem Militär eine ihr nachgeordnete Rolle zu und trachtete selbst danach, die gesellschaftlichen Kräftepotentiale für die Kriegführung zu mobilisieren, quasi als Motor aller Verteidigungsanstrengungen. Mit dem Ziel der Herrschaftsabsicherung und motiviert durch die Vorstellung, ideologische Geschlossenheit und Fanatismus könnten den Ansturm der Gegner brechen, wurden unter der Federführung der Partei nicht nur große Teile der Bevölkerung für Dienst- und Arbeitsleistungen in der Kriegswirtschaft, sondern auch direkt zur Unterstützung des Waffenkrieges herangezogen.

Das System der Reichsverteidigungskommissare, das sich auf die parteiamtliche Instanz der Gauleiter stützte und parallel zum Verwaltungsaufbau des Reiches installiert worden war, beschränkte die Zuständigkeit des Militärs in allen Angelegenheiten der Reichsverteidigung auf rein militärische Aufgaben. Nur in einem schmalen Saum unmittelbar hinter dem Kampfgeschehen besaß die Wehrmacht das Recht der vollziehenden Gewalt. Die Aufgaben- und Kompetenzregelungen für die zivilen, parteiamtlichen und militärischen Behörden und Dienststellen sahen vor, daß dieser Bereich zuvor von der Bevölkerung zu räumen und die gesamte technische, wirtschaftliche und administrative Infrastruktur, die dem Gegner von Nutzen sein konnte, zu zerstören war. Die Wortanalogie zum Vernichtungskrieg im Osten provoziert in diesem Zusammenhang, dennoch lag ihr die gleiche Logik zugrunde: Nach den Vorstellungen des Regimes sollte sich der Verantwortungs- und Zuständigkeitsbereich des Militärs ausschließlich auf ›verbrannte Erde‹ beschränken. Daß es dazu praktisch nicht kam, war in erster Linie auf die sich überstürzenden Ereignisse und auf eine fortschreitende Desintegration der NS-Herrschaft zurückzuführen.

Das Odium der militärischen Sinnlosigkeit des Stellungsbaus durch das sogenannte Volksaufgebot und der geringen militärischen Bedeutung des Volkssturms verkennt die Radikalität eines von der Partei vorangetriebenen Krieges. Auch in diesen beiden Fällen vermengte sich das Motiv der Disziplinierung der Bevölkerung mit dem Impetus, den Krieg nicht mehr allein dem Militär zu überlassen. Wichtig für den Fortgang der Ereignisse sind in diesem Zusammenhang daher nicht Überlegungen zur relativen Bedeutungslosigkeit des Volkssturms, zu den zahlreichen Problemen seiner Aufstellung oder zur Motivation der Volkssturmpflichtigen. Das qualitativ Neue lag in dem Entschluß, die Zuständigkeit in den Organisations- und Führungsfragen dieser vom Regime auf einen Umfang von nicht weniger als sechs Mill. Männer projektierten Miliz ausschließlich in die Hände der Partei zu legen. Dieses ›letzte Aufgebot‹ war weder ein Teil, noch ein funktionales ›Anhängsel‹ der Wehrmacht, die selbst nur im Zusammenhang mit taktischen Detailfragen weisungsbefugt gegenüber den ihr explizit unterstellten Volkssturmeinheiten war. Kompetenzstreitigkeiten und pragmatische Kooperation zwischen Partei und Wehrmacht waren Aspekte des Alltags. Im historischen Zusammenhang betrachtet, bedeutete das Projekt einer reinen Parteiarmee nicht nur

die Aushebelung der organisatorischen Autonomie, sondern, weit folgenschwerer, die Durchbrechung des (militärischen) Gewaltmonopols der Wehrmacht.
3. Der ›Endkampf‹ des ›Dritten Reichs‹ war der ›totale Krieg‹.
Der ›totale Krieg‹ bezeichnet die historisch zu beobachtende Tendenz zu einer umfassenden Inanspruchnahme gesellschaftlicher Ressourcen, die der industrialisierten Kriegführung des 19. und 20. Jahrhunderts inhärent war. In der wissenschaftlichen Beschäftigung mit dieser Thematik besteht ein Konsens, daß der ›totale Krieg‹ weniger der Empirie entspringt, sondern in erster Linie eine idealtypische Konstruktion darstellt. Der Trend zur Extensivierung, d.h. zu einer Vergesellschaftung von kriegerischer Gewalt, ein zentrales Strukturmerkmal dieses Phänomens, begegnete stets Restriktionen, die auf Sachzwänge oder politische Selbstbeschränkungen zurückzuführen waren. Ein herausragendes Charakteristikum des nationalsozialistischen ›Endkampfes‹ besteht darin, daß sich das Regime unter dem Eindruck der Existenzbedrohung bei seinen Maßnahmen zur Verlängerung des Krieges an keine ethisch-moralischen oder ideologischen Selbstbeschränkungen gebunden fühlte. Die letzte Eskalationsstufe des nationalsozialistischen Vernichtungskrieges war der ›totale Krieg‹ in Reinform.

Die Überlegungen der NS-Spitze drehten sich seit Sommer 1944 allein um die Frage, wie sich die Existenz ihrer Herrschaft verlängern ließ. In der Vorstellungs- und Gedankenwelt der nationalsozialistischen Epigonen war nicht Frieden, sondern Krieg der Normalzustand. Die sozialdarwinistische, das Recht des Stärkeren betonende Logik ihrer Gedankenwelt lief auf die fortgesetzte Radikalisierung der Kriegsanstrengungen hinaus. Individueller Überlebenswille und krude Ideologie verschmolzen zu einem Argumentationsstrang, der keine Grenzen hinsichtlich der Mobilisierung der vorhandenen Kräfte kannte. Hatten bis dahin ideologische Vorbehalte beispielsweise die umfassende Heranziehung von Frauen zum Arbeitseinsatz blockiert oder hatte man bislang versucht, die Kriegsbelastungen der Bevölkerung aus Gründen der Herrschaftsstabilisierung möglichst gering zu halten, so fielen unter dem Druck der Ereignisse alle bestehenden Schranken. Die Inanspruchnahme der Menschen für den Krieg kannte prinzipiell keine Grenzen mehr. Alle Lebensbereiche der Bevölkerung wurden militarisiert. Niemand war grundsätzlich ausgenommen von der Heranziehung zum Waffendienst, zum Arbeitseinsatz oder zu Hilfsleistungen im Rahmen von Verteidigungsmaßnahmen. Es war auf einen ziellosen Aktionismus, der die Komplexität der modernen Volks- und Kriegswirtschaft zugunsten kurzfristig verwertbarer propagandistischer Erfolgsmeldungen ignorierte, sowie auf das administrative Chaos des NS-Staates zurückzuführen, daß eine Totalmobilisierung der Gesellschaft mehr autosuggestives Wunschbild der Regimespitze denn Wirklichkeit blieb. Auch infolge der zunehmenden Desintegration des Staats- und Verwaltungsaufbaus bröckelte diese immer stärker ab. Die historische Bedeutung dieses Zusammenhangs besteht weniger in der Frage der Wirksamkeit, sondern allein in der radikalen Entschlossenheit, die deutsche Gesellschaft ohne Rücksicht auf die damit verbundenen Folgen bis zum Äußersten auf die nationalsozialistische Sache zu verpflichten.

IV. Schlußbetrachtung

Eine Perspektive, für die eine Zeit nach bzw. ohne Nationalsozialismus außerhalb des Vorstellbaren lag, schloß Ausnahmen von den Kriegsanstrengungen aus. Die Überlegung beispielsweise, eine personelle Basis für den Wiederaufbau der Armee über die Niederlage zu retten, gab es nicht. Der mit außerordentlich hohen Verlusten verbundene Kampfeinsatz des militärischen Führernachwuchses illustriert die Bereitschaft des Regimes, buchstäblich die gesamte personelle und materielle Substanz der militärischen Organisation für seine Ziele zu verbrauchen. Das Argument, das Volk fiele bei einer Niederlage ohnehin der Vernichtung durch die Gegner anheim, legitimierte moralisch den Kriegseinsatz von Kindern, Frauen und alten Männern. Die Radikalität des nationalsozialistischen Krieges, der sich im Osten gegen ganze Bevölkerungsgruppen und Ethnien gerichtet hatte, schlug nun auf die eigene Bevölkerung zurück. Waren Zivilisten zuvor bereits ein selbstverständliches Ziel nationalsozialistischer Kriegführung, so wurden sie nun zum legitimen Mittel des ›Volkskrieges‹. Aus humanitärem Denken hervorgegangen, sollten völkerrechtliche Konventionen die Dynamik kriegerischer Gewalt einhegen, insbesondere mit Blick auf besonders schutzwürdige Personengruppen wie etwa die Zivilbevölkerung oder Kriegsgefangene. Die terroristische Bedrohung von allem, was sich aus Sicht des Regimes dem fanatischen Weiterkämpfen verweigerte oder in dessen Wahrnehmung versagte, unterstreicht den zivilisatorischen Rückschritt, der uns in der Schlußphase des ›Dritten Reichs‹ begegnet. Die Motive der ›Führerbefehle‹ zur Zerstörung der zivilen Infrastruktur, von Industrieanlagen, von Wasser- und Verkehrswegen oder der Energieversorgung lassen sich vielleicht kontrovers diskutieren. Ihre kompromißlose Ausführung hätte das Land in die vorindustrielle Zeit zurückkatapultiert. Folglich spielte auch der Schutz von Kulturgütern bei der Kampfführung des Militärs keine Rolle. Die Zerstörung von Sachwerten, Lebenswelten und Menschenleben wurde nicht nur billigend in Kauf genommen, sondern mit der befehlsmäßigen Forderung des Kampfes um jede Ortschaft und jede Straßenkreuzung regelrecht provoziert.

Der preußische Militärtheoretiker Carl von Clausewitz definierte den Krieg als ein Phänomen, das *per se* keine Mäßigung kennt. Seinen Beobachtungen zufolge hegten politische und gesellschaftliche Momente oder Sachzwänge die Eigendynamik kriegerischer Gewalt ein[5]. In der Schlußphase des ›Dritten Reichs‹ brach sich der absolute Krieg im Clausewitzschen Verständnis Bahn. Die Wehrmacht verteidigte nicht die Bevölkerung. Sie schirmte statt dessen eine klinisch tote Herrschaft militärisch gegen ihre Gegner ab, auf Kosten der Bevölkerung.

4. Daß die Wehrmacht bis zum Ende des Krieges eine dominierende Kampfkraft besaß, ist eine Legende. Seit der Jahresmitte 1944 durchzog das Militär ein an Dynamik gewinnender Prozeß abnehmender Leistungsfähigkeit. Der totale Zusammenbruch ließ sich nur durch den Einsatz der Substanz der militärischen Organisation und unter Inkaufnahme von Verlusten verzögern, deren Höhe für die deutsche Militärgeschichte einmalig war.

Fast so, als hätte es keine deutsche Niederlage gegeben, umweht die Wehrmacht in weiten Teilen der interessierten Öffentlichkeit und der Fachwelt der Mythos von

---

[5] Vgl. Clausewitz, Vom Kriege, S. 17, 33 f.

militärischer Effizienz[6]. Daran weckt bereits das Erscheinungsbild, mit dem sich das deutsche Militär dem historischen Betrachter präsentiert, Zweifel. Auf der einen Seite stehen waffentechnische Innovationen in Form von kampfkräftigen Panzerfahrzeugen, modernsten U-Booten oder Fern- und Raketenwaffen. Die andere Seite bestimmen Bilder von Rückzugsstraßen mit schwerfälligen, von Pferden gezogenen Kolonnen, die ein leichtes Ziel der gegnerischen Luftwaffe waren, und von einem nicht abreißenden Strom zu Fuß marschierender, zerlumpt aussehender Soldaten.

Die Zustandsanalyse der militärischen Organisation hat deutlich werden lassen, daß die Wehrmacht der materiellen und personellen Überlegenheit ihrer Gegner nichts Gleichwertiges entgegensetzen konnte. Die Alliierten diktierten der deutschen Armee den Kampf. Bündnisinterne Abstimmungsprozesse und Nachschubprobleme verzögerten den alliierten Sturm auf das Reich. Allein dieser Umstand versetzte die Wehrmacht in die Lage, anstelle bloßen Reagierens operativ-taktische Aktivität zu entfalten. Nur nach intensiver Vorbereitung, die das Leistungsvermögen der gesamten militärischen Organisation beanspruchte, konnte die durch Überbeanspruchung gekennzeichnete Armee überhaupt noch einmal ein operatives Angriffsvorhaben durchführen. Sowohl die Wehrmacht in den winterlichen Ardennen als auch die kaiserliche Armee während der Frühjahrsoffensive des Jahres 1918 überraschten mit taktischen Erfolgen. In beiden Fällen mußten die Anstrengungen wegen des Mißverhältnisses zwischen den strategische Dimensionen annehmenden operativen Zielsetzungen einerseits, und den dafür zur Verfügung stehenden Kräften andererseits scheitern. Armeen, die sichtbar am Rande des Zusammenbruchs standen, sollten Operationen mit kriegsentscheidender Bedeutung durchführen.

Es ist kein Zufall, daß die letzten Monate beider Weltkriege auf deutscher Seite den, gemessen an der Gesamtdauer des Krieges, höchsten Tribut an Menschenleben forderten. Die Verlängerung des Krieges beschleunigte die Rotation einer Destruktionsspirale. Mit jeder Drehung vergrößerte sich die Diskrepanz zwischen dem, was die Armee leisten sollte und dem, was sie zu leisten imstande war. Kumulativ gerieten die militärischen Anstrengungen in ein Mißverhältnis zu den damit verbundenen personellen und materiellen Verlusten. Die Ardennen-Offensive hatte sich nur durch den Einsatz aller in den vorangegangenen Monaten mobilisierten personellen und materiellen Kräfte durchführen lassen. Als die alliierten Offensiven zu Jahresbeginn 1945 einsetzten, besaß die Wehrmacht keinerlei disponible Kräfte mehr. Nicht etwa bei großangelegten Operationen, sondern infolge von Kampfhandlungen, die in eine endlose Abfolge von örtlich und zeitlich begrenzten Kämpfen und Scharmützeln zerfielen, entstanden exorbitante personelle Verluste.

Dem ›Dritten Reich‹ brachen die materiellen und personellen Ressourcen der Kriegführung weg, und die Wehrmacht verlor die Fähigkeit, einen modernen Krieg zu führen. Statt funktionaler Ausdifferenzierung der Gefechtsführung mit verschiedenen Waffensystemen und Großverbänden, einer motorisierten bzw. be-

---

[6] Vgl. dazu Strachan, Die Vorstellungen.

weglichen Kampfweise und anstelle eines strategischen Zusammenwirkens von Land-, Luft- und Seestreitkräften entwickelte sich die Wehrmacht zunehmend zu einem militärgeschichtlichen Antagonismus. Luftwaffe und Kriegsmarine wirkten nur noch partiell an der Kriegführung mit. Der Krieg wurde praktisch zum Landkrieg, dessen zusammenbrechende Fronten die Organisation dieser beiden Wehrmachtteile mit in ihren Strudel rissen. Die zur Verfügung stehenden Ressourcen reichten nicht aus, die Kampfkraft der Heeresverbände auf dem Niveau der Gegner zu halten. Die Entmotorisierung zwang die Wehrmacht zum ortsgebundenen Kampf. Die schwachen deutschen Verbände waren kein nachhaltiges Hindernis der gegnerischen Durchbruchs- und Umfassungsoperationen, die regelmäßig die deutschen Fronten zum Einsturz brachten und den Zusammenhang der militärischen Organisation zerrissen. Das Regime verdammte die Armee, deren operative Schlagkraft und Führungstechnik in der ersten Hälfte des Krieges ihr einen bis heute bei den ehemaligen Gegnern nachwirkenden Respekt eintrug, dazu, um jeden Meter Boden und bis zur letzten Patrone zu kämpfen. Für bewegliche Abwehroperationen fehlten der Wehrmacht sowohl der Raum als auch die dafür nötigen Mittel. Die fragwürdige Alternative bestand in einer endlosen Abfolge stereotyper Haltebefehle, die Führungstechniken ersetzten, professionellen Sachverstand ignorierten und Aufwallungen von Verantwortung mit der Einforderung von Kadavergehorsam konterten. Auf diese Weise wurden die Soldaten der materiellen Überlegenheit ihrer Gegner ausgeliefert, deren schwere Waffen und Luftunterstützung den größten Teil der deutschen Verluste verursachten. Verschiedentlich gelang es zwar, den Vormarsch der Gegner örtlich und zeitlich begrenzt zu verzögern, dies allerdings gegen einen hohen Preis: Jeden Tag seiner Existenzverlängerung erkaufte sich das Regime durch den Tod tausender Soldaten. In einer Situation, die mehr denn je den Höchststand an militärischem Können und Erfahrung einer effizienten Kampfführung, eben zur Vermeidung von Verlusten, erforderte, traten die strukturellen Folgen des mehrjährigen Abnutzungsprozesses zutage. Der Rückgang kriegshandwerklichen Know-hows durchzog alle Hierarchie- und Funktionsbereiche. Ausbildungs- und Ausrüstungsmängel verringerten nicht nur die Kampfkraft des infanteristischen Mannschaftsersatzes. Anstelle der Fähigkeit zum militärischen Management traten im Führerkorps der Wehrmacht Unvermögen und Fehlverhalten immer deutlicher als Folgen einer Überbeanspruchung durch hohe Verluste zutage. Das stützende Korsett erfahrener Soldaten, Unteroffiziere und Offiziere erodierte. Dort, wo es noch trug, verpuffte jedes professionelle Können wegen nicht vorhandener Ressourcen.

Die militärisch Verantwortlichen ignorierten diesen Zusammenhang, ohne allerdings über ein Konzept zu verfügen, nach dem sie die Kampfkraft des Heeres konsolidieren konnten. Unter dem Dogma, sich dem Gegner um jeden Preis entgegenzustellen, zerbrach die Wehrmacht. Am Ende gab es keinen Krieg im Sinne eines Ereignis*zusammenhanges* mehr, wie ihn Generalsmemoiren und die abstrakte Welt der militärischen Lagekarten suggerieren. In den letzten Wochen vor der Kapitulation zerfiel die Wehrmacht in ein Konglomerat von leidlich intakten Kampfgruppen, Überresten zerschlagener Verbände und eine unüberschaubare

Zahl von Einheiten, Dienststellen und Einrichtungen, deren Kampfverhalten keiner zentralen Koordinierung mehr folgte. Im Gegenteil: Regime- und Wehrmachtführung kultivierten eine Kriegführung, die im Zeichen von Kleinkrieg, Einzelkämpfertum und Fanatismus stand. Zu keinem anderen Zeitpunkt des Krieges verschmolzen Kriegshandwerk und Ideologie stärker miteinander. Willensstärke sollte die numerische und materielle Überlegenheit besiegen, propagiert wurden Landsknechtmentalität und ein atavistisches Kämpfertum, das um seiner selbst Willen Krieg zu führen begann. Der Krieg atomisierte sich, der Übergang zu einem ziellosen Kriegsgeschehen jenseits völkerrechtlicher Regularien war fließend. Strategisch war der Krieg für das ›Dritte Reich‹ spätestens im Jahr 1943 entschieden. Das operativ-taktische Rückgrat wurde der Wehrmacht im Sommer 1944 gebrochen. Das sich noch bis zur Kapitulation im Frühjahr 1945 hinauszögernde Kampfgeschehen war eine Agonie, die beispiellos hohe personelle Verluste verursachte.

5. Die verallgemeinernde Vorstellung, *die* Wehrmacht habe bis zum Schluß *gekämpft*, verkennt die Komplexität des historischen Gegenstandes. Hinter der Fassade eines vermeintlich konsistenten und zuverlässigen militärischen Instruments verbergen sich vielgestaltige und sich widersprechende Überlebensstrategien, nach denen die Soldaten durch den Zusammenbruch navigierten.

Keine andere Entwicklung wirkte sich so tiefgreifend auf den Zustand der militärischen Massengesellschaft aus wie die Dynamik der personellen Verluste. Der Juni 1944 war der bis dahin verlustreichste Monat des Krieges, jeden Kriegsmonat des Jahres 1945 übertrafen die Verlustzahlen die so erinnerungsmächtige Katastrophe von Stalingrad. Schon vor diesem Zeitraum war die personelle Situation der Wehrmacht desolat gewesen, hatte doch das Feldheer nach den Schätzungen des OKH bis zum Sommer 1944 mehr als zwei Mill. Soldaten innerhalb eines Jahres verloren. Doch die folgenden Kriegsereignisse erschütterten die Personalstruktur der Wehrmacht in nicht gekannter Weise. Bei den Abwehr- und Rückzugsschlachten in Frankreich und an der Ostfront wurden innerhalb weniger Wochen Dutzende von Verbänden vernichtet. Im September 1944 fielen zeitweise täglich mehr als 300 Offiziere, im dritten Quartal des Jahres entsprach die Zahl der im Wochendurchschnitt Gefallenen der vollen Stärke einer Friedensdivision.

Das Feldheer, das überproportional und absolut die höchsten Verluste innerhalb der Wehrmacht zu verzeichnen hatte, konnte nur durch einen massiven Personalzufluß am Leben gehalten werden. Neben genesenen Soldaten wurde in der zweiten Jahreshälfte 1944 Personal aus dem regulären Ersatzaufkommen, den Einziehungsaktionen des ›totalen Krieges‹ sowie Umschichtungen innerhalb der militärischen Organisation in die Feldverbände gepumpt. Die Gegenüberstellung von Verlusten (einschließlich Verwundete) und Personalzuführungen offenbart das Ausmaß der personellen Umwälzungen: Rein statistisch wurden Dreiviertel des gesamten Personalbestandes des Feldheeres innerhalb eines Jahres ausgetauscht. Die Zahl der kriegserfahrenen Soldaten schmolz immer stärker zusammen, die Überlebensdauer des zugeführten Ersatzpersonals verringerte sich kontinuierlich. Vor dem Hintergrund des Zusammenbruchs ganzer Fronten und anhaltend hoher

Verluste griff das Regime auf das als waffenfähig definierte Personal aus dem Logistik- und Unterstützungsbereich, aus dem Ersatzheer sowie aus aufgelösten Einheiten und Einrichtungen von Luftwaffe und Kriegsmarine zurück, um damit die personelle Situation des Feldheeres zu stabilisieren. Mit diesen Maßnahmen brach die Leistungsfähigkeit der ›ausgekämmten‹ Funktionsbereiche zusammen. Die oberflächlich zum infanteristischen Ersatz ausgebildeten Nachschub- oder Luftwaffensoldaten bedeuteten keine nennenswerte, über numerische Stärke hinausgehende Steigerung der Kampfkraft der Feldverbände. Dynamik und Umfang der personellen Veränderungen spülten die Fundamente und Eckpfeiler fort, an denen sich kollektive Identität kristallisieren konnte. Bereiche, auf die diese Feststellung nicht zutrifft – zu denken ist hier beispielsweise an Schiffs- und U-Boot-Besatzungen oder an den, von den Ereignissen relativ unberührten skandinavischen Kriegsschauplatz – fallen weder absolut noch im Verhältnis zum Gesamtumfang der Wehrmacht ins Gewicht. Im Zeichen des ›totalen Krieges‹ wurden funktionale Unterschiede in der Wehrmachtorganisation sukzessive eingeebnet. Die Wehrmacht der Jahre 1944/45 wurde zu einem immer strukturloseren Konglomerat mehr oder weniger ähnlich uniformierter Bewaffneter, die das Hakenkreuz gemeinsam zum Kämpfen verpflichtete.

Die Soldaten der Wehrmacht konnten nicht einfach ihre Waffen beiseitelegen und nach Hause gehen, ohne den Konflikt mit dem militärischen Normen- und Überwachungssystem zu riskieren. Bereits die begrenzte Zahl der im Vorangegangenen betrachteten Akteure einer im Durchschnitt etwa 10 Mill. Soldaten starken Armee öffnet den Blick auf eine unüberschaubare Vielfalt kognitiver, affektiver und habitueller Wahrnehmungs- und Verhaltensdispositionen, mit denen die Soldaten der Niederlage begegneten. Neben repressiver Disziplinierung motivierten Überzeugungen, Werthaltungen und Grundvorstellungen zur individuellen Akzeptanz von hierarchischer Unterordnung und der Inkaufnahme persönlicher Risiken. Die Soldaten waren weder von einer dichten Watteschicht ideologischer Wirklichkeitsdeutung umgeben, noch läßt sich linear auf die Abschreckungswirkung der von der Militärjustiz verhängten und vollstreckten Urteile auf ihr Verhalten schließen. Besessene Fanatiker und entschlossene Deserteure ziehen unsere Aufmerksamkeit an sich, weil sie Extreme darstellten. Sie waren jedoch, bezogen auf den Gesamtumfang der Wehrmacht, eine verschwindend geringe Minderheit. Zwischen situativen Begleitumständen mit ihren raum-zeitlichen Unterschieden und dem Stimmungs- und Verhaltensbild der Soldaten existierte ein hochkomplexes Interdependenzengeflecht sich wechselseitig bedingender, überlagernder und widersprechender Einflußgrößen, welches zugleich in ständiger Veränderung begriffen war.

Verbreitete Kriegsmüdigkeit war, das läßt sich sowohl mit Blick auf die Wehrmacht als auch im Fall der kaiserlichen Armee feststellen, das Ergebnis eines jahrelangen Abnutzungskrieges. In beiden Fällen ließ die Illusion, eine letzte Anstrengung würde die Entscheidung des Krieges herbeiführen, die Stimmung ins Positive umschlagen. Das NS-Regime ließ zwar keinen Zweifel an seiner Absicht aufkommen, die Soldaten mit blindem Fanatismus zu erfüllen. Gleichwohl mahnen die

Ergebnisse der Untersuchung davor, die Wirksamkeit der als Nationalsozialistische Führungsarbeit bezeichneten Indoktrinationsanstrengungen auf das Stimmungsbild der Soldaten überzubewerten. Die Gründe dafür liegen nur zum Teil in den vom Zusammenbruch hervorgerufenen organisatorischen und praktischen Mängeln der Durchführung. Da, wo die direkte bzw. persönliche und damit wirksame Kommunikation mit den Soldaten zustande kam, nahmen Offiziere die Aufgabe der geistigen Beeinflussung im Nebenamt wahr, nicht selten überlastet durch die Fülle der ihnen übertragenen Aufgaben. Diejenigen von ihnen, die als Zug-, Einheits- und Verbandsführer in täglichem Kontakt mit den ihnen unterstellten Soldaten standen, besaßen zwar ungleich größere Möglichkeiten, auf deren Haltung und Motivation einzuwirken, als dies der Fall bei frontfernen Stäben der Fall war, deren Tätigkeit sich auf die Erarbeitung von Grundsatzbefehlen und Propagandamaterial beschränkte. Doch gerade diese, der Basis besonders nahestehende Personengruppe litt unter überproportional hohen personellen Verlusten, die eine Absenkung des Lebensalters sowie eine verkürzte Ausbildung des Offiziernachwuchses erzwangen. Auf die Herausforderungen der Menschenführung in einer sich zuspitzenden Krisensituation war das untere und mittlere Offizierkorps somit vielfach unzureichend vorbereitet. Dabei wuchsen die Herausforderungen angesichts zunehmend jüngerer Soldaten, die aufgrund ihrer Adoleszenz schneller in Konflikt mit dem militärischen Normensystem gerieten, und der großen Zahl älterer, zum Teil bereits weltkriegsgedienter Soldaten, die im Zuge der ›Goebbels-Aktionen‹ zu einem Zeitpunkt zur Wehrmacht eingezogen wurden, als der Krieg offenkundig seinem Ende zustrebte.

Wegen fließender Übergänge läßt sich zwischen dem losen gedanklichen Konglomerat des Nationalsozialismus und dem gewissermaßen zeitlosen soldatischen Wertekanon aus Patriotismus, Pflichterfüllung, Gehorsam, persönlichem Mut, Kameradschaft etc. kaum trennscharf unterscheiden. Die Chancen und Grenzen, die Soldaten mit Hilfe dieses Setzkastens verschiedenster Überzeugungsaspekte zum Kämpfen zu motivieren, lagen dicht beieinander. Die Adaption verlief dynamisch und folgte keinem schematischen Muster. Sie entstand im Spannungsfeld von inhaltlichen Aspekten, situativen Einflüssen und persönlichkeitsgebundener individueller Rezeption. Jeder Versuch, den Soldaten das Weiterkämpfen sinnvoll zu machen, stieß angesichts der Gesamtlage auf eine hohe Erwartungshaltung. Großspurige propagandistische Ankündigungen, beispielsweise des Einsatzes neuer Verbände oder von ›Wunderwaffen‹, schürten einerseits Hoffnungen, um andererseits angesichts der Empirie des Alltags in tiefe Enttäuschung und Desillusionierung umzuschlagen. Überzeugungsstarken Persönlichkeiten eröffneten sich vor dem Hintergrund eines angesichts heutiger massenmedialer Erfahrungen kaum vorstellbaren Informationsdefizits große Beeinflussungsmöglichkeiten. Die meisten Soldaten waren kaum in der Lage, über den ›gesunden Menschenverstand‹ hinaus zwischen Propaganda, die sich unterschiedlichster Inhalte und Methoden der Vermittlung bediente, und der Realität zu unterscheiden. Verschiedentlich haben wir gesehen, daß die Soldaten aufgrund körperlicher und seelischer Erschöpfungszustände auf Fragen der politischen und militärischen Gesamtlage mit Apathie, Gleichgültigkeit und Indifferenz reagierten.

Infolge der militärischen Ereignisse erodierten die Hierarchie- und Ordnungsstrukturen in einem Ausmaß, wie dies den ganzen Krieg über nicht der Fall gewesen war. Die damit einhergehende Lockerung des militärischen Kontrollsystems, so ließe sich vermuten, eröffnete dem Individuum Handlungsspielräume, sich dem Kampf zu entziehen. Doch die Grundmerkmale des nationalsozialistischen Krieges, latente Rechtsunsicherheit, normative Beliebigkeit und die Erosion des staatlichen Gewaltmonopols, schlugen mit voller Wucht auf die eigenen Soldaten zurück. Das Wertesystem innerhalb der militärischen Organisation unterlag der fortwährenden Radikalisierung und Polarisierung auf ein simples Dafür-Dagegen-Schema. Jede Form einer differenzierten Meinungsbildung und -artikulation wurde als Defaitismus gebrandmarkt und mit Terror bedroht. Aus der sozialdarwinistischen Logik des Nationalsozialismus entsprang ein Furor, der sich unterschiedslos gegen Soldaten richtete, die sich vom Regime abwandten, oder gegen diejenigen, die den geforderten Opfergang mit ihrem Verstand in Einklang zu bringen versuchten und zweifelten. Schließlich bedrohte er auch jene, die aufgrund schlichter Erschöpfung oder aufgrund fehlender Mittel und Möglichkeiten bei der Erfüllung ihrer Aufgaben scheiterten und damit in den Augen des Regimes versagten. Die Befehlssprache degenerierte zu einer aus purer Vernichtungsideologie abgeleiteten Diktion. Der willkürlichen Gewaltanwendung gegen wie auch immer geartete Desintegrationserscheinungen öffnete das Regime Tür und Tor. Hierarchie- und Befehlsstrukturen brachen unter dem Druck der Ereignisse zusammen; sie wurden aber auch mit dem Ziel der Fanatisierung des Kampfes kalkuliert gelockert. Es herrschte Verwirrung über geltende Rechtsnormen. Situativ rutschten Teile der militärischen Massengesellschaft in die Anarchie ab.

Signifikant war der Unterschied zur Situation von 1918: Im kaiserlichen Deutschland übertrug sich der vorrangig sozial motivierte Protest der Bevölkerung gegen den Krieg auf die Soldaten und verstärkte die latent vorhandene Kriegsmüdigkeit. Vielfältig waren die Möglichkeiten, sich dem Kampfgeschehen zu entziehen, ohne dabei besondere Gefahr zu laufen, mit dem militärischen Disziplinierungsapparat in Berührung zu kommen. Die Soldaten der Wehrmacht begegneten im Gegensatz dazu nicht allein einer durch Unübersichtlichkeit und Unberechenbarkeit geprägten Situation innerhalb der militärischen Organisation, sondern auch den Verwerfungen, Konflikt- und Spannungslinien, die im Kontext des staatlichen und gesellschaftlichen Zusammenbruchs aufbrachen. Sie trafen auf eine atomisierte (Zivil)Gesellschaft, deren soziale Zusammenhänge fragmentiert waren und die anstelle von Geschlossenheit ein nicht minder unkalkulierbares Erscheinungsbild bot.

Abgestumpfte zwischenmenschliche Wahrnehmungen und Empfindungen infolge der Kriegserlebnisse, körperlich-seelische Erschöpfungszustände und durch die Gesamtsituation hervorgerufene psychische Belastungen, etwa die Sorge um Familienangehörige, verschmolzen zu einer emotionalen Gemengelage, die abnormale Verhaltensformen begünstigte und die sich eruptiv in unkontrollierter

Gewaltanwendung entladen konnte. Hinzu kamen bei den im Kampf gegen die Rote Armee eingesetzten Truppenteilen regelrechte Psychosen, die sich aus den Alltagserfahrungen eines Krieges, der dem Feind das menschliche Antlitz absprach, Berichten und persönlichen Erlebnissen von der Besetzung Ostdeutschlands sowie aus der Propaganda speisten. Angst, Rache und das Gefühl des Verlorenseins brachen sich Bahn in Verzweiflung und Panik. Erst die schiere Erschöpfung ebnete häufig den Weg in die sowjetische Kriegsgefangenschaft.

Das Ende des Nationalsozialismus bedeutete für eine nicht bestimmbare Zahl von Zeitgenossen das Scheitern ihrer Lebensentwürfe, die eine Perspektive auf die Zeit danach nicht zuließen. Mit der Besetzung durch die Rote Armee schien für viele Betroffene ihre Heimat aufgehört zu haben, zu existieren. Die Unsicherheit der eigenen Situation wurde verstärkt durch eine sich überstürzende Abfolge der Ereignisse. Wollten sie nicht einem erkennbar vor seiner Entscheidung stehenden Krieg zum Opfer fallen, mußten die Wehrmachtsoldaten durch eine unübersichtliche Situation navigieren, die sie jederzeit und unerwartet mit dem in Willkür und Auflösung begriffenen militärischen Kontrollsystem in Konflikt bringen konnte. Die in dieser Lage entwickelten Überlebensstrategien passen nicht in die herkömmlichen Interpretationsmuster von Gehorsam und Nonkonformität. Die Soldaten versuchten mit Hilfe des ›gesunden Menschenverstandes‹ und in Anlehnung an das, was ihnen Orientierung, Verläßlichkeit und Sicherheit bot, ihren individuellen Weg durch das gewaltschwangere Chaos des Zusammenbruchs zu finden. Sie schlossen sich dazu beispielsweise einer bei der Lösung von Alltagsproblemen unterstützenden sozialen Gruppe an, oder stürzten sich unter Ausblendung selbstkritischer Reflexionen täglich von neuem in die Arbeit und hielten an Routinehandlungen fest. Der Zusammenbruch der militärischen Ordnung unter den Schlägen des Gegners bot verschiedene Gelegenheiten, sich einem Kampfgeschehen, dessen Fronten, Strukturen und Gewißheiten sich auflösten, zeitweilig oder auf Dauer zu entziehen. Die Soldaten kämpften, wenn sie subjektiv keinen Ausweg aus der Situation erkannten.

Die Beobachtung einer weitverbreiteten Kriegsmüdigkeit in den Reihen der Wehrmacht schließt keineswegs aus, daß sich Soldaten der sie umgebenden Lebenswelt anpaßten, ihr vielleicht sogar Vorzüge abgewannen. Wir müssen den uns eigenen normativen Wahrnehmungs- und Verständnishorizont einer von kriegerischer Gewalt freien Gesellschaft überwinden, um zu erkennen, daß es inmitten von Chaos, Gewalt und Destruktivität auch Elemente der Ordnung und der Normalität gab. Jahrelange Kriegsteilnahme und Gewalterfahrung ließen bei Soldaten Verhaltensmerkmale moralischer und zivilisatorischer Depravation entstehen, die sie bisweilen im Krieg nicht nur etwas Alltägliches, sondern geradezu einen Normalzustand erblicken ließen. Doch wir müssen uns nicht erst den Fragen der Verhaltenspsychologie zuwenden: Auch im Krieg ist das Moment des Kampfes eine Ausnahmeerscheinung, die räumlich und zeitlich begrenzt ist. Zwischen Kampfperioden erlebten Soldaten völlig gegensätzliche Situationen. In der weitläufig ausdifferenzierten militärischen Organisation hatte der Kriegsalltag für eine große Zahl von Soldaten kaum etwas außer der potentiellen Drohung des Frontdienstes gemeinsam mit unserer auf das Kämpfen verengten Vorstellung vom Krieg. Nicht zuletzt das Bestreben, genau diesem Los zu entgehen, ließ die Tausenden kleiner Räder der Kriegsmaschinerie Wehrmacht reibungslos weiterfunktionieren.

Die Wehrmacht war nicht ein *per se* gegebener historischer Gegenstand, sondern das Ergebnis gesellschaftlicher Prozesse. Diesen Zusammenhang eingedenk, hat die Studie objektivierbare Strukturen und subjektiv empfundene Handlungsspielräume und -grenzen zu einem Bild zusammengefügt, dessen Inhalte sich einer Schematisierung entziehen. Sie lassen vor allem eines deutlich werden: Der Versuch, das historische Erscheinungsbild einer mehrere Millionen Individuen umfassenden Organisation in eindimensionale oder monokausale Erklärungsansätze zu fassen, mag kurzfristig den Hallo-Effekt des Spektakulären erzielen. Langfristig führt ein derartiges Unterfangen jedoch in die erkenntnistheoretische Sackgasse. Denn gefragt ist nicht Eindeutigkeit zum Zwecke einer besseren Praktikabilität bei der Vermittlung historischen Wissens, sondern eine Betrachtungs- und Darstellungsweise, welche die Vielschichtigkeit und Gegensätzlichkeit des Problemgegenstandes sowohl zu erfassen als auch zu integrieren in der Lage ist. Ein großer Teil der männlichen Bevölkerung des Reiches wurde, unabhängig von Alter und sozialer Zugehörigkeit, zur Wehrmacht eingezogen. Warum tendiert die historische Forschung bislang zu einer weit weniger differenzierten Beschäftigung mit der militärischen Massengesellschaft im Kontext des nationalsozialistischen Zusammenbruchs, als dies mit Blick auf die übrige ›Zusammenbruchsgesellschaft‹ seit längerem gängige Praxis ist?

Dem genauen historischen Betrachter präsentiert sich ein unüberschaubarer Facettenreichtum von individuellen Realitätswahrnehmungen, Emotionen, Mentalitäten, Schutzmechanismen und Überlebensstrategien. Soziale Zusammenhänge lösten sich auf, Eigeninteressen zur Daseinssicherung dominierten. Vieles von dem, was sich empirisch ausbreiten ließ, sperrt sich dem weiteren Zugang mit Hilfe des methodischen Handwerkszeugs des Historikers. Die Ausprägungen menschlichen Verhaltens in einer als bedrohlich und vielfach als ausweglos empfundenen Situation lassen sich vermutlich nur unter Verwendung psychosozialer Modelle erschließen. Das ›Dritte Reich‹ brach zusammen, die deutsche Gesellschaft, und mit ihr die Wehrmacht, löste sich in Klein- und Nahmilieus auf. Der kritische Leser dieser Arbeit könnte zu dem Einwand neigen, das gezeichnete Bild sei nicht vollständig, der eine oder andere Aspekt verdiene eine stärkere Gewichtung. Dem ließe sich die Frage entgegenhalten, ob denn die Beschäftigung mit einem Problemgegenstand aus einer Zeit der militärischen, staatlichen und gesellschaftlichen Auflösung, vor dem Hintergrund einer den Historiker bisweilen frustrierenden Quellenlage und schließlich angesichts grundsätzlicher geschichtstheoretischer Zweifel überhaupt jemals vollständig sein kann. Nicht die Vollständigkeit der Erscheinungen war ein Grundanliegen dieser Arbeit, sondern die Auseinandersetzung mit der Vielgestaltigkeit dessen, was sich hinter der Bezeichnung ›Wehrmacht‹ verbirgt. Neben dem Allgemeinen wurde das Besondere, neben dem Gleichförmigen das Gegensätzliche herausgearbeitet. Das so entstandene Bild muß fragmentarisch und offen für Widersprüche bleiben, schließlich gilt es gerade diese plausibel in das Gesamtgeschehen zu integrieren statt sie zu ignorieren.

Quellen- und Literaturverzeichnis

1. Unveröffentlichte Quellen[1]

Bundesarchiv-Militärarchiv, Freiburg (BA-MA)

RW 4	v. 26, 33, 266, 457, 482, 485, 486, 489, 494, 495, 497, 499, 501, 502, 505, 568, 570, 571, 572, 636, 702, 703, 709, 711, 716, 719, 722, 724, 725, 789, 828, 865, 893
RW 44	I/9, I/15, I/18, I/33, I/34, I/58, II/3
RW 6	v. 404, 405, 406, 416D, 499, 535
RH 2	60, 79, 315, 330, 331a, 331b, 333, 334, 335, 336, 337, 495, 501, 847a, 847b, 849a, 849b, 867, 911, 919, 921a, 923, 1085, 1108, 1110, 1114, 1125, 1186, 1280, 1339, 1341, 1387, 1522, 1930, 2129, 2514, 2601, 2902, 3035
RH 3	v. 255, 259
RH 7	v. 637, 638, 639, 658, 674
	H 4/15, 4/18, 6/145, 6/265, 11/49
RH 8	v. 1019
RH 10	91, 101, 113, 114, 116, 118, 121, 124, 126, 127, 334, 372
RH 11	I/1, I/24, I/25, III/5, III/34, III/76
RH 12	1/110, 2/26, 2/30, 2/40, 2/121, 23/124
RH 13	49, 51
RH 14	3, 50
RH 15	109, 126, 179, 186, 192
RH 17	v. 434
RH 19	II/203, II/221, III/727, IV/48, IV/228, IV/250, V/51a, V/51b, V/53, V/58, V/59, V/60, V/63, VI/4, VI/33, IX/14, IX/80, IX/92, X/47, X/70, XII/23, XII/25, XII/26, XV/2, XV/3, XV/5, XV/6, XV/7a, XV/7b, XV/9a
RH 20	4/605, 4/606, 4/624, 19/3, 19/4, 19/5, 19/138, 19/180, 19/138, 19/181, 19/196, 19/198, 19/202, 19/245
RH 24	1/299, 15/82, 19/197, 19/201, 32/1, 81/129
RH 26	16/101, 47/3, 79/97, 172/7, 172/11, 180/4, 305/28, 346/11
RH 48	32, 60
RH 53	4/56, 6/30, 6/34, 6/43, 6/59, 7/233b, 7/878, 7/882, 7/1182, 13/154

---

[1] Zu weiteren Informationen der erwähnten Bestände siehe: Das Bundesarchiv und seine Bestände.

RH 54	79
	H 20 284, 558,4; 872
RL 2	I/21, I/24, II/39, II/121, II/124, II/132, II/134, III/182, III/1158, III/1159, IV/69, VI/214, VI/217
RL 5	1013
RL 7	522
RM 7	99, 100, 101, 131, 137, 149, 161, 162, 189, 192, 522, 806, 807, 850, 851, 854, 979, 1238
RM 35	II/63, II/66, II/68
RS 3	17/32
N	20/6, 24/10, 60/17, 60/55, 69/19, 69/61, 147/1, 245/3, 245/47, 254/40, 265/126, 265/127, 265/130, 271/3, 281/31, 318/2, 318/4, 361/11, 374/8, 422/1--6, 524/33, 670/14, 712/13, 717/19
MSg	1/236, 1/538b, 1/607, 1/1005, 1/1079, 1/1242, 1/1779, 1/2527, 2/1069, 2/2806, 2/3219, 2/4038, 2/4220, 2/4395
ZA	1/144, 3/32, 3/332
RHD	4/130/20, 6/18b/43, 6/771/17849, 47/70, 49/70

Heeresverordnungsblatt, 26 (1944)
Marineverordnungsblatt, 75 (1944)

Bundesarchiv, Abteilung Reich, Berlin (BA)

NS 1	54
NS 6	1, 33, 99, 134, 135, 137, 139, 142, 277, 313, 347, 348, 351, 353, 354, 361, 490, 782, 785
NS 19	4, 383, 750, 751, 882, 1449, 1471, 1858, 2068, 2409, 2844, 3118, 3191, 3271, 3705, 3910, 3912, 4015, 4017, 4043
NS 33	274
R 3	149, 154, 1522, 1535, 1536, 1539, 1544, 1573, 1583, 1622
R 43	II/664a, II/666a--c, II/692b
R 55	1394
R 58	976, 990, 1027
R 62	2
R 1501	949
R 3601	3020

Völkischer Beobachter, Berliner Ausgabe, 57 (1944)

Sonstige Archive

Bayerisches Hauptstaatsarchiv, München (Bayer. HStA)
   StK 6695, 6696
   Reichsstatthalter Epp, 686/3

Niedersächsiches Hauptstaatsarchiv (HStA Hannover)
   122a/7082
   ZGS 1, Nr. 6
Staatsarchiv Augsburg (StA Augburg),
   NSDAP, Gauleitung Schwaben 1/25, 1/28
   NSDAP, Kreisleitung Günzburg 1/47
   NSDAP, Kreisleitung Sonthofen 15/23
Staatsarchiv München (StA München)
   LRA 113.813
   NSDAP 466
Vojenský ústřední archiv, Prag (VHA)
   Stellv. Gen.Kdo. IV A.K.:   K4
   Feldj.Kdo. (mot) II (OKW):   K1, K2, K3
   Wehrmacht-Bevollmächtigter: K 6/6
   OT: Sig. 6/4
   Varia I: K53
Stadtarchiv Lindau
   Mappe Kriegsende
Militärgeschichtliches Forschungsamt, Potsdam (MGFA)
   AIF III/N1-1925

2. Literatur

GuG   Geschichte und Gesellschaft
MGM   Militärgeschichtliche Mitteilungen
VfZ   Vierteljahrshefte für Zeitgeschichte
WWR   Wehrwissenschaftliche Rundschau

Abels, Kurt, Ein Held war ich nicht. Als Kind und Jugendlicher in Hitlers Krieg, Köln [u.a.] 1998
Absolon, Rudolf, Wehrgesetz und Wehrdienst 1935–1945. Das Personalwesen der Wehrmacht, Boppard a.Rh. 1960 (= Schriften des Bundesarchivs, 5)
Absolon, Rudolf, Die Wehrmacht im Dritten Reich. Aufbau, Gliederung, Recht und Verwaltung, 6 Bde, Boppard a. Rh. 1969–1995 (= Schriften des Bundesarchivs, 16)
Absolon, Rudolf, Das Wehrmachtstrafrecht im 2. Weltkrieg. Sammlung der grundlegenden Gesetze, Verordnungen und Erlasse, Kornelimünster 1958
Der 8. Mai 1945 als historische Zäsur. Strukturen, Erfahrungen, Deutungen. Hrsg. von Arnd Bauernkämper, Christoph Kleßmann und Hans Misselwitz, Potsdam 1995
8. Mai 1945 – Befreiung oder Kapitulation? Hrsg. von Rainer Schröder, Berlin 1997 (= Berliner Juristische Universitätsschriften, Reihe Grundlagen des Rechts, 4)
Adjutant im preußischen Kriegsministerium Juni 1918 – Oktober 1919. Aufzeichnungen des Hauptmanns Gustav Böhm. Hrsg. von Heinz Hürten und Georg Meyer, Stuttgart 1972 (= Beiträge zur Militär- und Kriegsgeschichte, 19)

Afflerbach, Holger, »Mit wehender Fahne untergehen«. Kapitulationsverweigerungen in der deutschen Marine, in: VfZ, 49 (2001), S. 595-612

Ahlfen, Hans von, Der Kampf um Schlesien. Ein authentischer Dokumentarbericht, München 1961

Ahlfen, Hans von und Hermann Niehoff, So kämpfte Breslau. Verteidigung und Untergang von Schlesiens Hauptstadt, München 1959

Akten der Partei-Kanzlei der NSDAP. Rekonstruktion eines verlorengegangenen Bestandes. Bearb. von Helmut Heiber unter Mitwirkung von Hildegard von Kotze, Irno Arndt und Carla Mojto, 2 Bde, München [u.a.] 1983

Allgemeine Heeresmitteilungen. Hrsg. vom Oberkommando des Heeres, Jg. 11-12, Berlin 1944/45

Alltagsgeschichte. Zur Rekonstruktion historischer Erfahrungen und Lebensweisen, Hrsg. von Alf Lüdtke, Frankfurt a.M., New York 1989

Altner, Helmut, Totentanz Berlin. Tagebuchblätter eines Achtzehnjährigen, Offenbach a.M. 1947

Alvensleben, Udo von, Lauter Abschiede. Tagebuch im Kriege, Frankfurt a.M. [u.a.] 1971

Aly, Götz und Christian Gerlach, Das letzte Kapitel. Realpolitik, Ideologie und der Mord an den europäischen Juden, Stuttgart 2002

Aly, Götz und Karl Heinz Roth, Die restlose Erfassung. Volkszählen, Identifizieren, Aussondern im Nationalsozialismus, Frankfurt a.M. 2000

Andersch, Alfred, Die Kirschen der Freiheit. Ein Bericht, Zürich 1968

Angress, Werner T., Kurzreferat: Ein Zeitzeuge berichtet aus amerikanischer Sicht, in: 8. Mai 1945, S. 47-50

Armee und Drittes Reich 1933-1939. Darst. und Dokumentation. Hrsg. von Klaus-Jürgen Müller, 2., unveränd. Aufl., Paderborn 1989

Arntz, H.-Dieter, Kriegsende 1944/45 im Altkreis Schleiden, Euskirchen 1995

Ashworth, Tony, Trenchwarfare 1914-1918: The Live and Let Live System, New York 1980

Asprey, Robert B., The German High Command at War. Hindenburg and Ludendorff Conduct World War I, New York 1991

Axmann, Artur, »Das kann doch nicht das Ende sein«. Hitlers letzter Reichsjugendführer erinnert sich, 2. Aufl., Koblenz 1995

Ay, Karl-Ludwig, Die Entstehung einer Revolution. Die Volksstimmung in Bayern während des Ersten Weltkrieges, Berlin 1968 (= Beiträge zur historischen Strukturanalyse Bayerns im Industriezeitalter, 1)

Bahrdt, Hans-Paul, Die Gesellschaft und ihre Soldaten. Zur Soziologie des Militärs, München 1987

Bajohr, Frank, Hamburg – Der Zerfall der »Volksgemeinschaft«, in: Kriegsende in Europa, S. 318-336

Balck, William, Entwickelung der Taktik im Weltkriege, 2., erw. Aufl., Berlin 1922

Bartov, Omer, Extremfälle der Normalität und die Normalität des Außergewöhnlichen: Deutsche Soldaten an der Ostfront, in: Überleben im Krieg, S. 148-161

Bartov, Omer, Hitlers Wehrmacht. Soldaten, Fanatismus und die Brutalisierung des Krieges, Reinbek 1995

Baum, Walter, Der Zusammenbruch der obersten deutschen militärischen Führung 1945, in: WWR, 10 (1960), S. 237-266

Baumgart, Winfried, Deutsche Ostpolitik 1918. Von Brest Litowsk bis zum Ende des Ersten Weltkrieges, München 1966

Bayern in der NS-Zeit, Bd 4: Herrschaft und Gesellschaft im Konflikt, T. C. Hrsg. von Martin Broszat, Elke Fröhlich und Anton Grossmann, München 1981

Beck, Earl R., Under the Bombs. The German Home Front 1942-1945, Lexington, KY 1986

Becker, Winfried, Die Brücke und die Gefangenenlager von Remagen. Über die Interdependenzen eines Massenschicksals im Jahr 1945, in: Die Kapitulation von 1945 und der Neubeginn in Deutschland. Symposium an der Universität Passau (30./31.10.1985). Hrsg. von Winfried Becker, Köln, Wien 1987 (= Passauer Historische Forschungen, 5), S. 45-71

Beckmann, Rainer, Der Streit um die Rehabilitierung der Wehrmachtdeserteure, in: Neue Zeitschrift für Wehrrecht, 40 (1998), S. 45-67

Beer, Wilfried, Kriegsalltag an der Heimatfront. Alliierter Luftkrieg und deutsche Gegenmaßnahmen zur Abwehr und Schadensbegrenzung dargestellt am Raum München, Bremen 1990

Behrenbeck, Sabine, Der Kult um die toten Helden. Nationalsozialistische Mythen, Riten und Symbole 1923-1945, Vierow 1996 (= Kölner Schriften zur Nationsforschung, 2)

Below, Nicolaus von, Als Hitlers Adjutant 1937-1945, Mainz 1980

Benz, Wolfgang, Vorurteil und Erinnerung. Der Krieg gegen die Sowjetunion im Bewußtsein der Deutschen, in: Wolfgang Benz, Feindbild und Vorurteil. Beiträge über Ausgrenzung und Verfolgung, München 1996, S. 20-47

Berghahn, Volker, Meinungsforschung im »Dritten Reich«. Die Mundpropaganda-Aktionen der Wehrmacht im letzten Kriegsjahr, in: MGM, 1 (1967), S. 83-119

Berghoff, Hartmut, Zwischen Verdrängung und Aufarbeitung. Die bundesdeutsche Gesellschaft und ihre nationalsozialistische Vergangenheit in den Fünfziger Jahren, in: Geschichte in Wissenschaft und Unterricht, 49 (1998), S. 96-114

Berkhan, Wilhelm und Willfriede, Überstandene Jahre, in: Kindheit und Jugend, S. 69-100

Berlin 1945. Eine Dokumentation. Hrsg. von Reinhard Rürup, Berlin 1995

Besiegt und Befreit. Stimmen vom Kriegsende 1945. Hrsg. von Gerhard Hirschfeld, Gerlingen 1995

Bessel, Richard, Germany after the First World War, Oxford 1993

Bessel, Richard, Die Heimkehr der Soldaten: Das Bild der Frontsoldaten in der Öffentlichkeit der Weimarer Republik, in: Keiner fühlt sich hier mehr als Mensch, S. 221-239

Bettinger, Dieter und Martin Büren, Der Westwall. Die Geschichte der deutschen Westbefestigung im Dritten Reich, 2 Bde, Osnabrück 1990

Biddiscombe, Perry, Werwolf! The History of the National Socialist Guerrilla Movement 1944-1946, Cardiff 1998

Birkenfeld, Wolfgang, Der synthetische Treibstoff 1933-1945. Ein Beitrag zur nationalsozialistischen Wirtschafts- und Rüstungspolitik, Göttingen [u.a.] 1964 (= Studien und Dokumente zur Geschichte des Zweiten Weltkrieges, 8)

Birn, Ruth Bettina und Volker Rieß, Das Goldhagen-Phänomen oder: fünfzig Jahre danach, in: Geschichte in Wissenschaft und Unterricht, 49 (1998), S. 80-95

Blank, Ralf, Kriegsalltag und Luftkrieg an der »Heimatfront«, in: Das Deutsche Reich und der Zweite Weltkrieg, Bd 9/1, S. 357-461

Blattmann, Daniel, Die Todesmärsche – Entscheidungsträger, Mörder und Opfer, in: Die nationalsozialistischen Konzentrationslager, Bd 2, S. 1063-1092

Bleyer, Wolfgang, Pläne der faschistischen Führung zum totalen Krieg im Sommer 1944, in: Zeitschrift für Geschichtswissenschaft, 17 (1969), S. 1312-1339

Blind, Adolf, Kriegserinnerungen eines Nachdenklichen. 1943 bis 1945, 2 Bde, Frankfurt a.M. 1994

Bock, Fedor von, Zwischen Pflicht und Verweigerung. Das Kriegstagebuch. Hrsg. von Klaus Gerbet, München, Berlin 1995

Böckmann, Herbert von, Die Wandlungen des deutschen Soldaten, Berlin [u.a.] 1951

Boelcke, Willi A., Hitlers Befehle zur Zerstörung und Lähmung des deutschen Industriepotentials 1944/45, in: Tradition, 13 (1968), S. 301-316

Böll, Heinrich, Briefe aus dem Krieg 1939-1945. Hrsg. von Jochen Schubert. Mit einem Vorw. von Annemarie Böll und einem Nachw. von James H. Reid, Köln 2001

Bohn, Robert, Norwegen – kein Endkampf im Norden, in: Kriegsende in Europa, S. 225-245

Bohse, Jörg, Inszenierte Kriegsbegeisterung und ohnmächtiger Friedenswille. Meinungslenkung und Propaganda im Nationalsozialismus, Stuttgart 1988

Boll, Friedhelm, Zwischen Hitlerjugend und nationalsozialistischem Terror. Zum Miterleben nationalsozialistischer Unmenschlichkeit durch Kinder und Jugend aus sozialdemokratischem Milieu, in: Gewalt im Krieg. Ausübung, Erfahrung und Verweigerung von Gewalt in Kriegen des 20. Jahrhunderts. Hrsg. von Andreas Gestrich, Münster 1996 (= Jahrbuch für Historische Friedensforschung, 4), S. 193-215

Bomben auf Soest. Tagebücher, Berichte, Dokumente und Fotos zur Erinnerung an die Bombardierung und das Kriegsende vor 50 Jahren. Zsgest. von Gerhard Köhn, Soest 1994

Boog, Horst, Die deutsche Luftwaffenführung 1935-1945. Führungsprobleme, Spitzengliederung, Generalstabsausbildung, Stuttgart 1982 (= Beiträge zur Militär- und Kriegsgeschichte, 21)

Boog, Horst, 1. Januar 1945: Operation Bodenplatte, in: Luftwaffe 16 (1975), H. 1, S. 32-34

Boog, Horst, Invasion to Surrender: The Defense of Germany, in: World War II. The Final Year. Ed. by Charles F. Brower, London 1998, S. 115-140

Boog, Horst, Strategischer Luftkrieg in Europa und Reichsluftverteidigung 1943-1944, in: Das Deutsche Reich und der Zweite Weltkrieg, Bd 7, S. 3-415

Borgert, Heinz-Ludger, Zur Entstehung, Entwicklung und Struktur der Dienstgruppen in der britischen und amerikanischen Besatzungszone Westdeutschlands 1945-1950, in: Heinz-Ludger Borgert, Walter Stürm und Norbert Wiggershaus, Dienstgruppen und westdeutscher Verteidigungsbeitrag. Vorüberlegungen zur Bewaffnung der Bundesrepublik Deutschland, Boppard a. Rh. 1982 (= Militärgeschichte seit 1945, 6), S. 89-133

Bourke, Johanna, An Intimate History of Killing: Face-To-Face Killing in Twentieth-Century Warfare, London 1999

Braese, Stephan, Bombenkrieg und literarische Gegenwart: zu W.G. Sebald und Dieter Forte, in: Mittelweg 36, 11 (2002/03), S. 4-24

Brather, Hans-Stephan, Aktenvernichtung durch deutsche Dienststellen beim Zusammenbruch des Faschismus, in: Archivmitteilungen, 8 (1958), S. 115-117

Breit, Gotthard, Das Staats- und Gesellschaftsbild deutscher Generale beider Weltkriege im Spiegel ihrer Memoiren, Boppard a.R. 1973 (= Wehrwissenschaftliche Forschungen, 17)

Bröckling, Ulrich, Disziplin. Soziologie und Geschichte militärischer Gehorsamsproduktion, München 1997

Bröckling, Ulrich, Schlachtfeldforschung. Die Soziologie im Krieg, in: Mittelweg 36, 9 (2000), H. 5, S. 74-92

Broszat, Martin, Die nationalsozialistischen Konzentrationslager 1933-1945, in: Hans Buchheim [u.a.], Anatomie des SS-Staates, Bd 2, München 1989, S. 11-133

Browning, Christopher R., Ganz normale Männer. Das Reserve-Polizeibataillon 101 und die »Endlösung« in Polen, Reinbek 1999

Brückner, Joachim, Kriegsende in Bayern 1945. Der Wehrkreis VII und die Kämpfe zwischen Donau und Alpen, Freiburg i.Br. 1987 (= Einzelschriften zur militärischen Geschichte des Zweiten Weltkrieges, 30)

Brüne, Lothar und Jakob Weiler, Remagen im März 1945. Eine Dokumentation zur Schlußphase des Zweiten Weltkrieges, 2. Aufl., Remagen 1994

Brüning, Heinrich, Memoiren 1918-1934, Stuttgart 1970

Buch, Wolfgang von, Wir Kindersoldaten. Mit einem Vorwort von Richard von Weizsäcker, Berlin 1998

Buddrus, Michael, »Wir sind nicht am Ende, sondern in der Mitte eines großen Krieges.« Eine Denkschrift aus dem Zivilkabinett der Regierung Dönitz vom 16. Mai 1945, in: VfZ, 44 (1996), S. 605-627

Bürger, Robert, Regensburg in den letzten Kriegstagen des Jahres 1945, in: Verhandlungen des Historischen Vereins für Oberpfalz und Regensburg, 123 (1983), S. 379-394

Das Bundesarchiv und seine Bestände. Bearb. von Gerhard Granier [u.a.], 3., erg. und neu bearb. Aufl., Boppard a. Rh. 1977 (= Schriften des Bundesarchivs, 10)

Burk, Kurt, Die deutschen Landesbefestigungen im Osten 1919-1945, Osnabrück 1993

Buschmann, Nikolaus und Aribert Reimann, Die Konstruktion historischer Erfahrung. Neue Wege zu einer Erfahrungsgeschichte des Krieges, in: Die Erfahrung des Krieges, S. 261-271

Buschmann, Nikolaus und Horst Carl, Zugänge zur Erfahrungsgeschichte des Krieges: Forschung, Theorie und Fragestellung, in: Die Erfahrung des Krieges, S. 11-26

Busse, Theodor, Die letzte Schlacht der 9. Armee, in: WWR, 5 (1955), S. 145-168

Carr, Edward Hallett, Was ist Geschichte?, 6. Aufl., Stuttgart 1981

Carsten, Francis L., Reichswehr und Politik 1918–1933, Köln 1966

Chiari, Bernhard, Alltag hinter der Front. Besetzung, Kollaboration und Widerstand in Weißrußland, Düsseldorf 1998 (= Schriften des Bundesarchivs, 53)

Chiari, Bernhard, Militärgeschichte: Erkenntnisgewinn und Praxis, in: Perspektiven der Historischen Friedensforschung. Hrsg. von Benjamin Ziemann, Essen 2002 (= Frieden und Krieg. Beiträge zur Historischen Friedensforschung, 1), S. 286–300

Chickering, Roger, Militärgeschichte als Totalgeschichte im Zeitalter des totalen Krieges, in: Was ist Militärgeschichte?, S. 301–312

Chickering, Roger, Total War. The Use and Abuse of a Concept, in: Anticipating Total War. The German and American Experiences 1871–1914. Ed. by Manfred F. Boemeke, Roger Chickering and Stig Förster, New York 1999, S. 13–28

Chrobak, Werner Johann, Domprediger Dr. Johann Maier – ein Blutzeuge für Regensburg, in: Verhandlungen des Historischen Vereins für Oberpfalz und Regensburg, 125 (1985), S. 453–484

Churchill, Winston S., Der Zweite Weltkrieg. Bd 5: Der Ring schließt sich, T. 1: Italien kapituliert; T. 2: Von Teheran bis Rom, Stuttgart 1953

Clasen, Christoph, Generaloberst Hans-Georg Reinhardt (1887–1963), Stuttgart 1996

Clausewitz, Carl von, Vom Kriege. Hinterlassenes Werk, 3. Aufl., Frankfurt a.M. 1991

Cole, Hug M., The Ardennes: Battle of the Bulge, Washington 1965 (= United States Army in World War II. The European Theater, 9)

Creutz, Martin, Die Pressepolitik der kaiserlichen Regierung während des Ersten Weltkrieges. Die Exekutive, die Journalisten und der Teufelskreislauf der Berichterstattung, Frankfurt a.M. 1996

Creveld, Martin van, Die deutsche Wehrmacht: eine militärische Beurteilung, in: Die Wehrmacht, S. 331–345

Creveld, Martin van, Kampfkraft. Militärische Organisation und militärische Leistung 1939–1945, Freiburg i.Br. 1982 (= Einzelschriften zur Militärgeschichte, 31)

Dahrendorf, Ralf, Gesellschaft und Freiheit, München 1961

Daniel, Ute, Arbeiterfrauen in der Kriegsgesellschaft. Beruf, Familie und Politik im Ersten Weltkrieg, Göttingen 1989 (= Kritische Studien zur Geschichtswissenschaft, 84)

Daniel, Ute, Kompendium der Kulturgeschichte. Theorien, Praxis, Schlüsselworte, Frankfurt a.M. 2001

Daugherty, Leo J. III, The Volksdeutsche and Hitler's War, in: The Journal of Slavic Military Studies, 8 (1995), S. 296–318

Dawson, Doyne, The Origins of War: Biological and Anthropological Theories, in: History and Theory. Studies in the Philosophy of History, 35 (1996), S. 1–28

Dehio, Ludwig, Gleichgewicht oder Hegemonie. Betrachtungen über ein Grundproblem der neueren Staatengeschichte, Zürich 1996

Deichmann, Paul, Der Chef im Hintergrund. Ein Leben als Soldat von der preußischen Armee bis zur Bundeswehr, Oldenburg [u.a.] 1979

Deist, Wilhelm, Auf dem Wege zur ideologisierten Kriegführung: Deutschland 1918-1945, in: Deist, Militär, Staat und Gesellschaft, S. 385-429

Deist, Wilhelm, Das Militär an der »Heimatfront« 1914 bis 1918, in: Erster Weltkrieg – Zweiter Weltkrieg, S. 375-389

Deist, Wilhelm, Militär, Staat und Gesellschaft. Studien zur preußisch-deutschen Militärgeschichte, München 1991 (= Beiträge zur Militärgeschichte, 34)

Deist, Wilhelm, Die Politik der Seekriegsleitung und die Rebellion der Flotte Ende Oktober 1918, in: Deist, Militär, Staat und Gesellschaft, S. 185-210

Deist, Wilhelm, Verdeckter Militärstreik im Kriegsjahr 1918?, in: Der Krieg des kleinen Mannes, S. 146-147

Demps, Laurenz, »Berlin, halt, besinne Dich, Dein Tänzer ist der Tod.« Die Stadt am Ende des Zweiten Weltkrieges, in: Seelower Höhen 1945, S. 145-162

Dethleffsen, Erich, Die letzten Tage des »Dritten Reiches«, in: Aktuellt och historiskt, 17 (1970), S. 107-143

Deutsche im Zweiten Weltkrieg. Zeitzeugen sprechen. Hrsg. von Johannes Steinhoff, Peter Pechel und Dennis Showalter, München 1989

Das Deutsche Reich und der Zweite Weltkrieg. Hrsg. vom Militärgeschichtlichen Forschungsamt

Bd 1: Wilhelm Deist, Manfred Messerschmidt, Hans-Erich Volkmann und Wolfram Wette, Ursachen und Voraussetzungen der deutschen Kriegspolitik, Stuttgart 1979

Bd 2: Klaus A. Maier, Horst Rohde, Bernd Stegemann und Hans Umbreit, Die Errichtung der Hegemonie auf dem europäischen Kontinent, Stuttgart 1979

Bd 3: Gerhard Schreiber, Bernd Stegemann und Detlef Vogel, Der Mittelmeerraum und Südosteuropa. Von der »non belligeranza« Italiens bis zum Kriegseintritt der Vereinigten Staaten, Stuttgart 1984

Bd 4: Horst Boog, Jürgen Förster, Joachim Hoffmann, Ernst Klink, Rolf-Dieter Müller und Gerd R. Ueberschär, Der Angriff auf die Sowjetunion, 2. Aufl., Stuttgart 1987

Bd 5: Bernhard R. Kroener, Rolf-Dieter Müller und Hans Umbreit, Organisation und Mobilisierung des deutschen Machtbereichs, Halbbd 1: Kriegsverwaltung, Wirtschaft und personelle Ressourcen 1939-1941, Stuttgart 1988; Halbbd 2: Kriegsverwaltung, Wirtschaft und personelle Ressourcen 1942-1944/45, Stuttgart 1999

Bd 6: Horst Boog, Werner Rahn, Reinhard Stumpf und Bernd Wegner, Der globale Krieg. Die Ausweitung zum Weltkrieg und der Wechsel der Initiative 1941-1943, Stuttgart 1990

Bd 7: Horst Boog, Gerhard Krebs und Detlef Vogel, Das Deutsche Reich in der Defensive. Strategischer Luftkrieg in Europa, Krieg im Westen und in Ostasien 1943-1944/45, Stuttgart, München 2001

Bd 9: Die deutsche Kriegsgesellschaft 1939 bis 1945, Halbbd 1: Politisierung, Vernichtung, Überleben. Mit Beitr. von Ralf Blank [u.a.]. Hrsg. von Jörg Echternkamp, München 2004

Deutscher, Isaac, Reportagen aus Nachkriegsdeutschland, Hamburg 1980

Deutschlands Rüstung im Zweiten Weltkrieg. Hitlers Konferenzen mit Albert Speer 1942-1945. Hrsg. von Willi A. Boelcke, Frankfurt a.M. 1969

Diewald-Kerkmann, Giesela, Politische Denunziation im NS-Regime, oder: die kleine Macht der ›Volksgenossen‹, Bonn 1995

DiNardo, R.L., Germany's Panzer Arm, Westport, CT 1997 (= Contributions in Military Studies, 166)

DiNardo, R.L., Mechanized Juggernaut or Military Anachronism? Horses and the German Army of World War II, New York 1991 (= Contributions in Military Studies, 113)

Dinter, Elmar, Held oder Feigling. Die körperlichen und seelischen Belastungen des Soldaten im Krieg, Herford, Bonn 1982

Dönitz, Karl, Zehn Jahre und zwanzig Tage, Bonn 1958

Doering-Manteuffel, Anselm, Deutsche Zeitgeschichte nach 1945. Entwicklung und Problemlagen der historischen Forschung der Nachkriegszeit, in: VfZ, 41 (1993), S. 1-29

Dörner, Bernward, NS-Herrschaft und Denunziation – Anmerkungen zu Defiziten in der Denunziationsforschung, in: Historical Social Research, 26 (2001), H. 2/3, S. 55-69

Dokumentation der Vertreibung der Deutschen aus Ost-Mitteleuropa. Im Auftr. des Bundesministeriums für Vertriebene und Flüchtlinge hrsg. von Theodor Schieder, Bd I/1-2, Bonn 1953

Dokumente deutscher Kriegsschäden. Evakuierte, Kriegsgeschädigte, Währungsgeschädigte. Die geschichtliche und rechtliche Entwicklung. Hrsg. vom Bundesministerium für Vertriebene, Flüchtlinge und Kriegsgeschädigte, Bd 1, Bonn 1958; Beiheft 1: Aus den Tagen des Luftkrieges und des Wiederaufbaus. Erlebnis- und Erfahrungsberichte, Bonn 1960

Domarus, Max, Hitler. Reden und Proklamationen 1932-1945, Bd 4, Leonberg 1988

Donner, Wolf, Propaganda und Film im »Dritten Reich«, Berlin 1995

Dülffer, Jost, Aussichtslose Kämpfe, Kriegsgefangenschaft und Rückkehr – Soldatenerfahrungen im Westen 1944-1946, in: »Wir haben schwere Zeiten hinter uns«. Die Kölner Region zwischen Krieg und Nachkriegszeit. Hrsg. von Jost Dülffer, Vierow 1996 (= Veröffentlichungen des Kölner Geschichtsvereins, 40), S. 21-43

Dülffer, Jost, Vom Bündnispartner zum Erfüllungsgehilfen im totalen Krieg. Militär und Gesellschaft in Deutschland 1933-1945, in: Der Zweite Weltkrieg, S. 286-300

Dülffer, Jost, Vom Westwall zu den Rheinwiesenlagern. Zur Erfahrungsgeschichte deutscher Soldaten und Zivilisten 1944-1945, in: Kriegsende und Neuanfang, S. 139-158

Düsterberg, Rolf, Soldat und Kriegserlebnis. Deutsche militärische Erinnerungsliteratur (1945-1961) zum Zweiten Weltkrieg. Motive, Begriffe, Wertungen, Tübingen 2000 (= Studien und Texte zur Sozialgeschichte der Literatur, 78)

Echternkamp, Jörg, »Kameradenpost bricht auch nie ab ...«. Ein Kriegsende auf Raten im Spiegel der Briefe deutscher Ostheimkehrer 1946-1951, in: Militärgeschichtliche Zeitschrift, 60 (2001), S. 437-500

Ehrlich, Egon, Josef Ritter von Gadolla – Retter von Gotha 1945, Wien 1999

Eichholtz, Dietrich, Der Anfang vom Ende. Die Folgen der Invasion für die deutsche Kriegsführungsfähigkeit, in: Invasion 1944, S. 95-115

Eichholtz, Dietrich, Geschichte der deutschen Kriegswirtschaft 1939-1945, Bd 3: 1943-1945, unter Mitarb. von Hagen Fleischer [u.a.], Berlin 1996

Eisenhower and the German POWs. Facts against Falsehood. Ed. by Stephen E. Ambrose and Günter Bischof, London [u.a.] 1992

Ende des Dritten Reiches – Ende des Zweiten Weltkrieges. Eine perspektivische Rückschau. Im Auftr. des Militärgeschichtlichen Forschungsamtes hrsg. von Hans-Erich Volkmann, München 1995

Engelbert, Otto, Kriegsgefangenschaft: Berichte über das Leben in Kriegsgefangenenlagern der Alliierten. Hrsg. von Wolfgang Benz und Angelika Schardt, München 1991

Epkenhans, Michael, Die kaiserliche Marine im Ersten Weltkrieg: Weltmacht oder Untergang?, in: Der Erste Weltkrieg, S. 319-340

Epkenhans, Michael, Neuere Forschungen zur Geschichte des Ersten Weltkrieges, in: Archiv für Sozialgeschichte, 38 (1998), S. 458-487

Epkenhans, Michael, Die Politik der militärischen Führung 1918: »Kontinuität der Illusionen und das Dilemma der Wahrheit«, in: Kriegsende 1918, S. 217-233

Epkenhans, Michael, »Wir als deutsches Volk sind doch nicht klein zu kriegen ...«. Aus den Tagebüchern des Fregattenkapitäns Bogislav von Selchow 1918/19, in: MGM, 55 (1996), S. 165-224

Die Erfahrung des Krieges. Erfahrungsgeschichtliche Perspektiven von der Französischen Revolution bis zum Zweiten Weltkrieg. Hrsg. von Nikolaus Buschmann und Horst Carl, Paderborn [u.a.] 2001 (= Krieg in der Geschichte, 9)

Die erfundene Wirklichkeit: Wie wissen wir, was wir zu wissen glauben? Beiträge zum Konstruktivismus. Hrsg. von Paul Watzlawick, 10. Aufl., München 1998

Erster Weltkrieg – Zweiter Weltkrieg. Ein Vergleich. Krieg, Kriegserlebnis, Kriegserfahrung in Deutschland. Im Auftr. des Militärgeschichtlichen Forschungsamtes hrsg. von Bruno Thoß und Hans-Erich Volkmann, Paderborn [u.a.] 2002

Esch, Arnold, Überlieferungs-Chance oder Überlieferungs-Zufall als methodisches Problem des Historikers, in: Historische Zeitschrift, 240 (1985), S. 529-569

Europa und der »Reichseinsatz«. Ausländische Zivilarbeiter, Kriegsgefangene und KZ-Häftlinge in Deutschland 1938-1945. Hrsg. von Ulrich Herbert, Essen 1991

Fahle, Günther, Verweigern – Weglaufen – Zersetzen. Deutsche Militärjustiz und ungehorsame Soldaten 1933-1945, das Beispiel Ems-Jade, Bremen 1990

Feldmann, Gerald Donald, Armee, Industrie und Arbeiterschaft in Deutschland 1914 bis 1918, Berlin, Bonn 1985

Feldpostnummer 11063. Das Kriegstagebuch des Rolf Hartung: Vom 21. Oktober 1942 bis 8. Mai 1945. Von Frankreich Richtung Moskau über Pillau zurück, Hannover 1995

Fest, Joachim, Der Untergang. Hitler und das Ende des Dritten Reiches. Eine historische Skizze, 2. Aufl., Berlin 2002

Fetscher, Iring, Neugier und Furcht. Versuch mein Leben zu verstehen, Hamburg 1995

Feuersänger, Marianne, Mein Kriegstagebuch. Führerhauptquartier und Berliner Wirklichkeit, Freiburg i.Br. 1982

Feuerstein, Valentin, Irrwege der Pflicht 1938-1945, München 1963

Fings, Karola, Sklaven für die »Heimatfront«. Kriegsgesellschaft und Konzentrationslager, in: Das Deutsche Reich und der Zweite Weltkrieg, Bd 9/1, S. 195-271

Fisch, Bernhard, Nemmersdorf. Oktober 1944. Was in Ostpreußen wirklich geschah, Berlin 1997

Fleischhauer, Ingeborg, Die Chance des Sonderfriedens. Deutsch-sowjetische Geheimgespräche 1941-1945, Berlin 1986

Förster, Gerhard und Richard Lakowski, 1945. Das Jahr der endgültigen Niederlage der faschistischen Wehrmacht, Berlin (Ost) 1975

Förster, Heinz von, Einführung in den Konstruktivismus, 4. Aufl., München 1998

Förster, Jürgen, The Dynamics of Volksgemeinschaft. The Effectiveness of the German Military Establishment in the Second World War, in: Military Effectiveness. Ed. by Alan R. Millett and Williamson Murray, vol. 3, Boston [u.a.] 1988, S. 180-220

Förster, Jürgen, Geistige Kriegführung in Deutschland 1919 bis 1945, in: Das Deutsche Reich und der Zweite Weltkrieg, Bd 9/1, S. 469-640

Förster, Jürgen, Motivation and Indoctrination in the Wehrmacht 1939-1945, in: Time to Kill, S. 263-273

Förster, Jürgen, Die Niederlage der Wehrmacht: Das Ende des »Dritten Reiches«, in: Seelower Höhen 1945, S. 1-14

Förster, Jürgen, Strategische Überlegungen des Wehrmachtführungsstabes für das Jahr 1943, in: MGM, 13 (1973), S. 95-107

Förster, Jürgen, Das Unternehmen »Barbarossa« – eine historische Ortsbestimmung, in: Das Deutsche Reich und der Zweite Weltkrieg, Bd 4, S. 1079-1088

Förster, Jürgen, Verbrecherische Befehle, in: Kriegsverbrechen in Europa und im Nahen Osten im 20. Jahrhundert. Hrsg. von Franz W. Seidler und Alfred M. de Zayas. Mit einem Komm. zum Kriegsvölkerrecht von Armin Steinkamm, Hamburg [u.a.] 2002, S. 137-151

Förster, Jürgen, Vom Führerheer der Republik zur nationalsozialistischen Volksarmee. Zum Strukturwandel der Wehrmacht 1933-1945, in: Deutschland in Europa. Kontinuität und Bruch. Gedenkschrift für Andreas Hillgruber. Hrsg. von Jost Dülffer, Bernd Martin und Günther Wollstein, Berlin 1990, S. 311-328

Förster, Jürgen, Wehrmacht, Krieg und Holocaust, in: Die Wehrmacht, S. 948-963

Förster, Jürgen, Zum Rußlandbild des Militärs 1941-1945, in: Das Rußlandbild im Dritten Reich. Hrsg. von Hans-Erich Volkmann, Köln [u.a.] 1994, S. 141-163

Förster, Stig, »Vom Kriege«. Überlegungen zu einer modernen Militärgeschichte, in: Was ist Militärgeschichte?, S. 265-281

Förster, Stig, Das Zeitalter des totalen Krieges 1861-1945. Konzeptionelle Überlegungen für einen historischen Strukturvergleich, in: Mittelweg 36, 8 (1999), H. 6, S. 12-29

Folttman, Josef und Hans Möller-Witten, Opfergang der Generale. Die Verluste der Generale und Admirale und der in gleichen Rang stehenden sonstigen Offiziere und Beamten im Zweiten Weltkrieg, 2., erw. und erg. Aufl., Berlin 1953

Forwick, Helmuth, Der Rückzug der Heeresgruppe Nord nach Kurland, in: Abwehrkämpfe am Nordflügel der Ostfront 1944 bis 1945. Hrsg. von Hans Meier-Welcker, Stuttgart 1963 (= Beiträge zur Militär- und Kriegsgeschichte, 5), S. 101-214

Foschepoth, Joseph, Zur deutschen Reaktion auf Niederlage und Besatzung, in: Westdeutschland 1945-1955. Unterwerfung, Kontrolle, Integration. Hrsg. von Ludolf Herbst, München 1986 (Sondernummer der Schriftenreihe der VfZ), S. 151-165

Frei, Norbert, Vergangenheitspolitik. Die Anfänge der Bundesrepublik Deutschland und die NS-Vergangenheit, München 1996

Freytag von Loringhoven, Hans, Das letzte Aufgebot des Teufels. Dramatischer Einsatz des Volkssturmbataillons 7/108 Franken mit den Kompanien Rothenburg o.d.T., Ansbach, Weißenburg, Dinkelsbühl. Mit Dokumenten und Einzelberichten [Ansbach 1965]

Die Friedensversuche der kriegführenden Mächte im Sommer und Herbst 1917. Quellenkritische Untersuchungen, Akten und Vernehmungsprotokolle. Bearb. und hrsg. von Wolfgang Steglich, Stuttgart 1984 (= Quellen und Studien zu den Friedensversuchen des Ersten Weltkrieges, 4)

Friedrich, Jörg, Der Brand: Deutschland im Bombenkrieg 1940-1945, München 2002

Frieser, Karl-Heinz, Die Schlacht um die Seelower Höhen im April 1945, in: Seelower Höhen 1945, S. 129-143

Frießner, Hans, Verratene Schlachten. Die Tragödie der deutschen Wehrmacht in Rumänien und Ungarn, Hamburg 1956

Fritz, Stephen G., Hitlers Frontsoldaten. Der erzählte Krieg, Berlin 1998

Fritz, Stephen G., ›This is the Way Wars End, With a Bang not a Whimper‹: Middle Franconia in April 1945, in: War and Society, 18 (2000), S. 121-153

Fritz, Stephen G., »We are trying ... to change the face of the world« – Ideology and Motivation in the Wehrmacht on the Eastern Front: The View from Below, in: Journal of Military History, 60 (1996), S. 683-710

Fröbe, Rainer, Hans Kammler – Technokrat der Vernichtung, in: Die SS. Elite unter dem Totenkopf, S. 305-319

Fröbe, Rainer, »Wie bei den alten Ägyptern.« Die Verlegung des Daimler-Benz-Flugmotorenwerkes Genshagen nach Obrigheim am Neckar 1944/1945, in: Das Daimler-Benz-Buch. Ein Rüstungskonzern im »Tausendjährigen Reich«. Hrsg. von der Hamburger Stiftung für Sozialgeschichte des 20. Jahrhunderts, Nördlingen 1987, S. 392-470

Fröhlich, Elke, Hitler und Goebbels im Krisenjahr 1944. Aus den Tagebüchern des Reichspropagandaministers, in: VfZ, 38 (1990), S. 195-224

From Hitler's Doorstep. The Wartime Intelligence Reports of Allen Dulles 1941-1945. Ed. with Commentary by Neal H. Petersen, University Park, PA 1996

Frontalltag im Ersten Weltkrieg. Wahn und Wirklichkeit. Quellen und Dokumente. Hrsg. von Bernd Ulrich und Benjamin Ziemann, Frankfurt a.M. 1994

Frühjahr 1945: Die Stunde Null in einer pfälzischen Region. Dokumente, Bilder, Erinnerungen. Hrsg. vom Institut für Pfälzische Geschichte und Volkskunde, Kaiserslautern 1995

»Führer-Erlasse« 1939-1945. Edition sämtlicher überlieferter, nicht im Reichsgesetzblatt abgedruckter, von Hitler während des Zweiten Weltkrieges schriftlich erteilter Direktiven aus den Bereichen Staat, Partei, Wirtschaft, Besatzungspolitik und Militärverwaltung. Zsgest. und eingeleitet von Martin Moll, Stuttgart 1997

Führling, Günther, Endkampf an der Oderfront. Erinnerung an Halbe, München 1996

Fuller, John G., Troop Morale and Popular Culture in the British and Dominion Armies, Oxford 1990

Fuller, William C., Die Ostfront, in: Der Erste Weltkrieg und das 20. Jahrhundert. Hrsg. von Jay Winter, Geoffrey Parker und Mary R. Habeck, Hamburg 2002, S. 34-70

Funck, Marcus, In den Tod gehen. Bilder des Sterbens im 19. und 20. Jahrhundert, in: Willensmenschen. Über deutsche Offiziere. Hrsg. von Ursula Breymayer, Bernd Ulrich und Karin Wieland, Frankfurt a.M. 1999, S. 227-236

Gabriel, Richard A., The Painful Field: The Psychiatric Dimension of Modern War, New York 1988 (= Contributions in Military Studies, 75)

Gackenholz, Hermann, Zum Zusammenbruch der Heeresgruppe Mitte im Sommer 1944, in: VfZ, 3 (1955), S. 317-333

Galland, Adolf, Die Ersten und die Letzten. Die Jagdflieger im Zweiten Weltkrieg, München 1953

Ganzow, Klaus, Letzte Tage in Pommern: Tagebücher, Erinnerungen und Dokumente der Vertreibung, 2. Aufl., München [u.a.] 1985

Gaul, Walter, Die deutsche Luftwaffe während der Invasion, in: WWR, 3 (1953), S. 134-144

Geertz, Clifford, Dichte Beschreibung. Beiträge zum Verstehen kultureller Systeme, Frankfurt a.M. 1983

Gehrmann, Udo, Turbulenzen am Stillen Don. Zur deutschen Kriegsziel- und Ostpolitik in der Zeit des Brest-Litovsker Friedens, in: Jahrbücher für die Geschichte Osteuropas, 41 (1993), S. 394-421

Gellately, Robert, Hingeschaut und weggesehen. Hitler und sein Volk, Stuttgart 2002

Gellermann, Günther W., Die Armee Wenck – Hitlers letzte Hoffnung. Aufstellung, Einsatz und Ende der 12. Armee im Frühjahr 1945, Koblenz 1984

Generalfeldmarschall Keitel. Verbrecher oder Offizier? Erinnerungen, Briefe, Dokumente des Chefs OKW. Hrsg. von Walter Görlitz, Göttingen [u.a.] 1961

Generalfeldmarschall Wilhelm Ritter von Leeb. Tagebuchaufzeichnungen und Lagebeurteilungen aus zwei Weltkriegen. Aus dem Nachlaß hrsg. von Georg Meyer, Stuttgart 1976 (= Beiträge zur Militär- und Kriegsgeschichte, 16)

Gerlach, Christian, Kalkulierte Morde. Die deutsche Wirtschafts- und Vernichtungspolitik in Weißrußland 1941-1944, Hamburg 2000

Gersdorff, Rudolf-Christoph Freiherr von, Soldat im Untergang, Frankfurt a.M. [u.a.] 1977

Gersdorff, Ursula von, Frauen im Kriegsdienst 1914-1945, Stuttgart 1969 (= Beiträge zur Militär- und Kriegsgeschichte, 11)

Gerstenberger, Friedrich, Strategische Erinnerungen. Die Memoiren deutscher Offiziere, in: Vernichtungskrieg, S. 620-633

Geßner, Klaus, Geheime Feldpolizei – die Gestapo der Wehrmacht, in: Vernichtungskrieg, S. 343–358

Die Gestapo im Zweiten Weltkrieg. ›Heimatfront‹ und besetztes Europa. Hrsg. von Gerhard Paul und Klaus-Michael Mallmann, Darmstadt 2000

Geyer, Michael, Aufrüstung oder Sicherheit. Die Reichswehr in der Krise der Machtpolitik 1924–1936, Wiesbaden 1980

Geyer, Michael, Krieg als Gesellschaftspolitik. Anmerkungen zu neueren Arbeiten über das Dritte Reich im Zweiten Weltkrieg, in: Archiv für Sozialgeschichte, 26 (1986), S. 557–601

Geyer, Michael, Eine Kriegsgeschichte, die vom Tode spricht, in: Physische Gewalt, S. 136–163

Geyer, Michael, Das Stigma der Gewalt und das Problem der nationalen Identität in Deutschland, in: Von der Aufgabe der Freiheit. Politische Verantwortung und bürgerliche Freiheit im 19. und 20. Jahrhundert. Hrsg. von Christian Jansen, Lutz Niethammer und Bernd Weisbrod, Berlin 1995, S. 673–698

Geyr von Schweppenburg, Leo Freiherr, Gebrochenes Schwert, 2. Aufl., Berlin 1952

Gezeitenwechsel im Zweiten Weltkrieg. Die Schlachten von Char'kov und Kursk im Frühjahr und Sommer 1943 in operativer Anlage, Verlauf und politischer Bedeutung. Im Auftr. des Militärgeschichtlichen Forschungsamtes hrsg. von Roland G. Foerster, Hamburg [u.a.] 1996 (= Vorträge zur Militärgeschichte, 15)

Glum, Friedrich, Zwischen Wissenschaft, Wirtschaft und Politik. Erlebtes und Erdachtes in vier Reichen, Bonn 1964

Goebbels, Joseph, Die Tagebücher von Joseph Goebbels. Sämtliche Fragmente. Im Auftr. des Instituts für Zeitgeschichte und mit Unterstützung des Staatlichen Archivdienstes Rußland hrsg. von Elke Fröhlich. Teil 2: Diktate 1941–1945, 15 Bde, München [u.a.] 1993–1996

Goebbels-Reden. Hrsg. von Helmut Heiber, 2 Bde, Düsseldorf 1971/72

Goldhagen, Daniel Jonah, Hitlers willige Vollstrecker. Ganz gewöhnliche Deutsche und der Holocaust, Berlin 1996

Goltz, Hans Graf von der, Unwegsames Gelände. Erinnerungen, Wien 1997

Graml, Herbert, Die Wehrmacht im Dritten Reich, in: VfZ, 45 (1997), S. 365–384

Grass, Günter, Im Krebsgang. Eine Novelle, 3. Aufl., Göttingen 2002

Greiner, Bernd, Die Morgenthau-Legende. Zur Geschichte eines umstrittenen Plans, Hamburg 1995

Gribbohm, Günther, 5. Mai 1945: Meuterei auf M 612 – Zeitgeschichtliches in rechtlicher Sicht, in: Militärgeschichte, 19 (2000), S. 9–15

Grier, Howard Davis, Hitler's Baltic Strategy 1944–1945, Chapel Hill, NC 1991

Groehler, Olaf, Der strategische Luftkrieg und seine Auswirkungen auf die deutsche Zivilbevölkerung, in: Luftkriegführung im Zweiten Weltkrieg, S. 329–349

Groener, Wilhelm, Lebenserinnerungen. Jugend – Generalstab – Weltkrieg. Hrsg. von Friedrich Freiherr Hiller von Gaertringen, Göttingen 1957 (= Deutsche Geschichtsquellen des 19. und 20. Jahrhunderts, 41)

Groß, Gerhard P., Das Dogma der Beweglichkeit: Überlegungen zur Genese der deutschen Heerestaktik im Zeitalter der Weltkriege, in: Erster Weltkrieg – Zweiter Weltkrieg, S. 143–166

Groß, Gerhard P., Eine Frage der Ehre? Die Marineführung und der letzte Flottenvorstoß 1918, in: Kriegsende 1918, S. 349–365

Groß, Gerhard P., Die Seekriegsführung der kaiserlichen Marine im Jahr 1918, Frankfurt a.M. [u.a.] 1989

Gruchmann, Lothar, Totaler Krieg. Vom Blitzkrieg zur bedingungslosen Kapitulation, München 1991

Guderian, Heinz, Erinnerungen eines Soldaten, Heidelberg 1951

Günther, Joachim, Das letzte Jahr. Mein Tagebuch 1944/45, Hamburg 1948

Gundelach, Karl, Drohende Gefahr West. Die deutsche Luftwaffe vor und während der Invasion 1944, in: WWR, 9 (1959), S. 299–328

Gurfein, M.I. and Morris Janowitz, Trends in Wehrmacht Morale, in: The Public Opinion Quarterly, 10 (1946), S. 78–84

Haase, Norbert, Alltag in der Katastrophe. Anmerkungen zur Geschichte der Überlebensstrategien deutscher Deserteure im Zweiten Weltkrieg, in: Alltagsgeschichte, Subjektivität und Geschichte. Zur Theorie und Praxis der Alltagsgeschichte. Hrsg. von der Geschichtswerkstatt Berlin, Münster 1994, S. 272–282

Habeck, Mary R., Die Technik im Ersten Weltkrieg – von unten gesehen, in: Der Erste Weltkrieg und das 20. Jahrhundert. Hrsg. von Jay Winter, Geoffrey Parker und Mary R. Habeck, Hamburg 2002, S. 101–132

Haffner, Sebastian, Anmerkungen zu Hitler, Frankfurt a.M. 1994

Halder, Franz, Hitler als Feldherr, München 1949

Hamacher, Gottfried, Frontorganisation des Nationalkomitees »Freies Deutschland«, in: Im Bunde mit dem Feinde. Deutsche auf alliierter Seite. Hrsg. von Stefan Doernberg, Berlin 1995, S. 288–312

Hancock, Eleanor, National Socialist Leadership and Total War 1941–1945, New York 1991

Handbook on German Military Forces. Ed. by the United States War Department. With an Introduction by Stephen E. Ambrose, London 1990 (Nachdr. der Ausg. vom 15.3.1945)

Handbuch für den Generalstabsdienst im Kriege (H.Dv. g 92), 2 Teile, Berlin 1939

Hardtwig, Wolfgang, Alltagsgeschichte heute. Eine kritische Bilanz, in: Sozialgeschichte, Alltagsgeschichte, Mirko-Historie. Eine Diskussion. Hrsg. von Winfried Schulze, Göttingen 1994, S. 19–32

Harris, J.P, The Myth of Blitzkrieg, in: War in History, 3 (1995), S. 35–352

Harrison, Mark, »Resource Mobilization« for World War II: The USA, UK, USSR and Germany 1938–1945, in: Economic History Review, 41 (1988), S. 171–192

Hartung, Hugo, Schlesien 1944/45. Aufzeichnungen und Tagebücher, München 1956

Hassell, Ulrich von, Aufzeichnungen. Nach der Handschrift rev. und erw. Ausg. Hrsg. von Friedrich Freiherr Hiller von Gaertringen unter Mitarb. von Klaus Peter Reiß, 3. Aufl., Berlin 1989

Hausen, Karin, Die Nicht-Einheit der Geschichte als historiographische Herausforderung. Zur historischen Relevanz und Anstößigkeit der Geschlechtergeschichte, in: Geschlechtergeschichte und Allgemeine Geschichte. Herausforderungen und Perspektiven. Hrsg. von Hans Merdick und Anne-Charlott Trepp, Göttingen 1998, S. 17–55

Heider, Paul, Reaktionen der Wehrmacht auf Gründung und Tätigkeit des Nationalkomitees »Freies Deutschland« und des Bundes Deutscher Offiziere, in: Die Wehrmacht, S. 614–634

Heinemann, Ulrich, Die verdrängte Niederlage. Politische Öffentlichkeit und Kriegsschuldfrage in der Weimarer Republik, Göttingen 1983

Heinemann, Winfried, Der militärische Widerstand und der Krieg, in: Das Deutsche Reich und der Zweite Weltkrieg, Bd 9/1, S. 743–892

Heit, Ulrike und Johannes Tuchel, Die Reaktionen des NS-Staates auf den Umsturzversuch vom 20. Juli 1944, in: Widerstand gegen den Nationalsozialismus. Hrsg. von Peter Steinbach und Johannes Tuchel, Bonn 1994, S. 377–389

Henke, Josef, Flucht und Vertreibung der Deutschen aus ihrer Heimat im Osten und Südosten, in: Aus Politik und Zeitgeschichte. Beilage zur Wochenzeitung Das Parlament B 23/85 vom 8. Juni 1985

Henke, Josef, Das Schicksal deutscher zeitgeschichtlicher Quellen in Kriegs- und Nachkriegszeit. Beschlagnahme – Rückführung – Verbleib, in: VfZ, 30 (1982), S. 557–620

Henke, Klaus-Dietmar, Die amerikanische Besetzung Deutschlands, München 1995 (= Quellen und Darstellungen zur Zeitgeschichte, 27)

Henke, Klaus-Dietmar, Deutschland – Zweierlei Kriegsende, in: Kriegsende in Europa, S. 337–354

Hentig, Hans von, Die Besiegten. Zur Psychologie der Masse auf dem Rückzug, München 1966

Herbert, Ulrich, Arbeit und Vernichtung. Ökonomische Interessen und Primat der »Weltanschauung« im Nationalsozialismus, in: Europa und der »Reichseinsatz«, S. 384–426

Herbert, Ulrich, Fremdarbeiter. Politik und Praxis des »Ausländer-Einsatzes« in der Kriegswirtschaft des Dritten Reiches, 2. Aufl., Berlin, Bonn 1986

Herbert, Ulrich, Von der »Arbeitsbummelei« zum »Bandenkampf«. Opposition und Widerstand der ausländischen Zwangsarbeiter in Deutschland 1939–1945, in: Ulrich Herbert, Arbeit, Volkstum, Weltanschauung. Über Fremde und Deutsche im 20. Jahrhundert, Frankfurt a.M. 1995, S. 137–155

Herbert, Ulrich, Zwischen Beschaulichkeit und Massenmord. Die Kriegswende 1943 aus der Perspektive des Alltags, in: Neue Politische Literatur, 40 (1995), S. 185–189

Herbst, Ludolf, Der Totale Krieg und die Ordnung der Wirtschaft: Die Kriegswirtschaft im Spannungsfeld von Politik, Ideologie und Propaganda 1939–1945, Stuttgart 1982 (= Studien zur Zeitgeschichte, 21)

Herwig, Holger R., The First World War. Germany and Austria-Hungary 1914–1918, London [u.a.] 1997

Heusinger, Adolf, Befehl im Widerstreit, Tübingen, Stuttgart 1950

Hildebrand, Klaus, Das deutsche Ostimperium 1918. Betrachtungen über eine historische »Augenblickserscheinung«, in: Gestaltungskraft des Politischen. Festschrift für

Eberhard Kolb. Hrsg. von Wolfram Pyta und Ludwig Richter, Berlin 1998 (= Historische Forschungen, 63), S. 109-124

Hilger, Andreas, Deutsche Kriegsgefangene in der Sowjetunion 1941-1956. Kriegsgefangenenpolitik, Lageralltag, Erinnerung, Essen 2000 (= Schriften der Bibliothek für Zeitgeschichte, 11)

Hillgruber, Andreas, Die gescheiterte Großmacht. Eine Skizze des Deutschen Reiches 1871-1945, Düsseldorf 1980

Hillgruber, Andreas, Der Zusammenbruch im Osten 1944/45 als Problem der deutschen Nationalgeschichte und der europäischen Geschichte, Opladen 1985 (= Vorträge der Rheinisch-Westfälischen Akademie der Wissenschaften, 277)

Himmler, Heinrich, Geheimreden 1933-1945 und andere Ansprachen. Hrsg. von Bradley F. Smith und Agnes Peterson. Mit einer Einleitung von Joachim C. Fest, Frankfurt a.M. [u.a.] 1974

Hitlers Lagebesprechungen. Die Protokollfragmente seiner militärischen Konferenzen 1942-1945. Hrsg. von Helmut Heiber, Stuttgart 1962

Hitlers Weisungen für die Kriegführung 1939-1945. Dokumente des Oberkommandos der Wehrmacht. Hrsg. von Walther Hubatsch, München 1965

Hnilicka, Karl, Das Ende auf dem Balkan 1944/45. Die militärische Räumung Jugoslawiens durch die deutsche Wehrmacht, Göttingen [u.a.] 1970 (= Studien und Dokumente zur Geschichte des Zweiten Weltkrieges, 13)

Hölsken, Heinz Dieter, Die V-Waffen. Entstehung – Propaganda – Kriegseinsatz, Stuttgart 1984 (= Studien zur Zeitgeschichte, 27)

Hoffmann, Joachim, Die Geschichte der Wlassow-Armee, Freiburg i.Br. 1984 (= Einzelschriften zur militärischen Geschichte des Zweiten Weltkrieges, 27)

Hoffmann, Peter, Widerstand, Staatsstreich, Attentat. Der Kampf der Opposition gegen Hitler, München 1969

Hoffmann, Peter, Zum Ablauf des 20. Juli 1944 in den Wehrkreisen, in: WWR, 14 (1964), S. 377-397

Holmsten, Georg, Als keiner wußte, ob er überlebt. Zwischen den Sommern 1944/45, Düsseldorf 1995

Holmsten, Georg, Der Brückenkopf. Bericht vom Zusammenbruch einer Armee, Berlin 1948

Hosenfeld, Wilm, »Ich versuche jeden zu retten«. Das Leben eines deutschen Offiziers in Briefen und Tagebüchern. Im Auftr. des Militärgeschichtlichen Forschungsamtes hrsg. von Thomas Vogel, München 2004

Hoßbach, Friedrich, Aus den Kämpfen der 4. deutschen Armee um Ostpreußen in der Zeit vom 15.8.1944 bis 28.1.1945, in: Allgemeine Schweizerische Militärzeitschrift, 116 (1950), S. 138-148, 278-286, 351-363

Hoßbach, Friedrich, Verantwortlichkeit der Generalstabsoffiziere in der deutschen Armee, in: Allgemeine Schweizerische Militärzeitschrift, 118 (1952), S. 220-225

Hubatsch, Walther, Flüchtlingstransporte aus dem Osten über See. Die letzten Geleitaufgaben der deutschen Kriegsmarine 1945, in: Jahrbuch des ostdeutschen Kulturrates, 9 (1962), S. 404-427

Hübner-Funk, Sybille, Loyalität und Verblendung. Hitlers Garanten der Zukunft als Träger der zweiten deutschen Demokratie, Potsdam 1998 (= Potsdamer Studien, 10)

Hüppauf, Bernd, Schlachtenmythen und die Konstruktion des »neuen Menschen«, in: Keiner fühlt sich hier mehr als Mensch, S. 43-84

Hürten, Heinz, Im Umbruch der Normen. Dokumente über die deutsche Militärjustiz nach der Kapitulation der Wehrmacht, in: MGM, 28 (1980), S. 137-156

Hürter, Johannes, Kriegserlebnis als Schlüsselerfahrung? Der Erste Weltkrieg in der Biographie von Wehrmachtgeneralen, in: Erster Weltkrieg – Zweiter Weltkrieg, S. 759-771

Hüttenberger, Peter, Die Gauleiter. Studie zum Wandel des Machtgefüges in der NSDAP, Stuttgart 1969 (= Schriftenreihe der VfZ, 19)

Humburg, Martin, Das Gesicht des Krieges. Feldpostbriefe von Wehrmachtsoldaten aus der Sowjetunion 1941-1944, Opladen 1998

Ich habe selten geweint. Briefe und Tagebücher aus dem Zweiten Weltkrieg von Menschen aus Berlin. Hrsg. von Ingrid Hammer und Susanne zur Nieden, Zürich 1992

Ilsemann, Sigurd von, Der Kaiser in Holland. Aufzeichnungen des letzten Flügeladjutanten Kaiser Wilhelms II. Hrsg. von Harald von Koenigswald, 2 Bde, München 1967/68

Die im Braunschweiger Remerprozeß erstatteten moraltheologischen und historischen Gutachten nebst Urteil. Hrsg. von Herbert Kraus, Hamburg 1953

IMT siehe Der Prozeß gegen die Hauptkriegsverbrecher

Invasion 1944. Im Auftr. des Militärgeschichtlichen Forschungsamtes hrsg. von Hans Umbreit, Hamburg [u.a.] 1998 (= Vorträge zur Militärgeschichte, 16)

Inventar archivalischer Quellen des NS-Staates. Die Überlieferung von Behörden und Einrichtungen des Reichs, der Länder und der NSDAP. Im Auftr. des Instituts für Zeitgeschichte bearb. von Heinz Boberach, 2 Bde, München [u.a.] 1991-1995

Jacobsen, Hans-Adolf, Zur Lage der Nation: Deutschland im Mai 1945, in: Aus Politik und Zeitgeschichte. Beilage zur Wochenzeitung Das Parlament B 13/85 vom 30.3.1985, S. 3-22

Jäger, Herbert, Verbrechen unter totalitärer Herrschaft. Studien zur nationalsozialistischen Gewaltkriminalität, Frankfurt a.M. 1982

Jahnke, Karl Heinz und Michael Buddrus, Deutsche Jugend 1933-1945. Eine Dokumentation, Hamburg 1989

Jahnke, Karl Heinz, Hitlers letztes Aufgebot. Deutsche Jugend im sechsten Kriegsjahr 1944/45, Essen 1993

Jahr, Christoph, Bei einer geschlagenen Armee ist der Klügste, wer zuerst davonläuft. Das Problem der Desertion im deutschen und britischen Heer, in: Kriegsende 1918, S. 241-271

Janssen, Gregor, Das Ministerium Speer. Deutschlands Rüstung im Zweiten Weltkrieg, Frankfurt a.M. [u.a.] 1968

Jersak, Tobias, Entscheidungen zu Mord und Lüge. Die deutsche Kriegsgesellschaft und der Holocaust, in: Das Deutsche Reich und der Zweite Weltkrieg, Bd 9/1, S. 273-355

Johannesson, Rolf, Offizier in kritischer Zeit, Herford, Bonn 1989
Johnson, Eric A., Der nationalsozialistische Terror. Gestapo, Juden und gewöhnliche Deutsche, Berlin 2001
Juchter, Friedrich, Formeln, Fahnen, Flakgeschütze. Eine deutsche Jugend zwischen Schule und Kriegsdienst (1934–1947), 2., erw. und überarb. Aufl., Oldenburg 1999
Jünger, Ernst, In Stahlgewittern, 36. Aufl., Stuttgart 1995
Jünger, Ernst, Der Kampf als inneres Erlebnis, Berlin 1922
Jürgensen, Kurt, Kriegsende 1945 in Schleswig-Holstein und in Dänemark, in: Neutralität und totalitäre Aggression. Nordeuropa und die Großmächte im Zweiten Weltkrieg. Hrsg. von Robert Bohn, Stuttgart 1991 (= Historische Mitteilungen, Beih. 1), S. 271–281
Jung, Hermann, Die Ardennen-Offensive 1944/45. Ein Beispiel für die Kriegführung Hitlers, Göttingen [u.a.] 1971 (= Studien und Dokumente zur Geschichte des Zweiten Weltkrieges, 12)
Justiz und NS-Verbrechen. Sammlung deutscher Strafurteile wegen nationalsozialistischer Tötungsverbrechen 1945–1966, 22 Bde, Amsterdam 1968–1981

Kästner, Erich, Notabene 45. Ein Tagebuch, 4. Aufl., Göttingen 1999
Kageneck, August Graf von, In Zorn und Scham. Ungesammelte Gedanken zum größten anzunehmenden Unfall unserer Geschichte, Mainz [u.a.] 1998
Kaiser, Hans Joachim, Kriegsende an der Elbe. Das Ende der Kampfhandlungen im Mai 1945 und die militärische Besetzung Schleswig-Holsteins durch das VIII. britische Korps, Diss. Phil. Kiel 1994
Kampe, Hans-Georg, Zossen-Wünsdorf 1945. Die letzten Kriegswochen im Hauptquartier des OKH, Berlin 1997
Kapitulation und Befreiung. Das Ende des Zweiten Weltkrieges in Europa. Hrsg. von Fritz Petrick, Münster 1997
Kardorff, Ursula von, Berliner Aufzeichnungen 1942–1945. Unter Verwendung von Original-Tagebüchern neu hrsg. und kommentiert von Peter Hartl, München 1992
Keesings Archiv der Gegenwart, 14 (1944) und 15 (1945)
Kehrig, Manfred, »... und keinen Staat im Staate bilden.« Skizzen zur Entwicklung des militärischen Archivwesens 1945–1955, in: Aus der Arbeit der Archive. Beiträge zum Archivwesen, zur Quellenkunde und zur Geschichte. Festschrift für Hans Booms, hrsg. von Friedrich P. Kahlenberg, Boppard a. Rh. 1989 (= Schriften des Bundesarchivs, 36), S. 368–408
Keiner fühlt sich hier mehr als Mensch ... Erlebnis und Wirkung des Ersten Weltkrieges. Hrsg. von Gerhard Hirschfeld, Gerd Krumeich und Irina Renz, Essen 1993 (= Schriften der Bibliothek für Zeitgeschichte, N.F., 1)
Kellet, Anthony, Combat Motivation. The Behaviour of Soldiers in Battle, Boston, MA 1982
Kempowski, Walter, Das Echolot. Ein kollektives Tagebuch. Januar und Februar 1943, 4 Bde, München 1993
Kempowski, Walter, Das Echolot. Fuga Furiosa. Ein kollektives Tagebuch. Winter 1945, 4 Bde, München 1999

Kempowski, Walter, Der rote Hahn. Dresden im Februar 1945, München 2001
Kershaw, Ian, Hitler 1889-1936, Stuttgart 1998
Kershaw, Ian, Hitler 1936-1945, Stuttgart 2000
Kershaw, Ian, Der Hitler-Mythos. Führerkult und Volksmeinung, Stuttgart 1999
Kershaw, Ian, Hitlers Macht. Das Profil der NS-Herrschaft, München 1992
Kershaw, Ian, Der NS-Staat. Geschichtsinterpretationen und Kontroversen im Überblick, 2. Aufl., Reinbek 2001
Kershaw, Ian, »Widerstand ohne Volk?«. Dissens und Widerstand im Dritten Reich, in: Der Widerstand gegen den Nationalsozialismus. Die deutsche Gesellschaft und der Widerstand gegen Hitler. Im Auftr. der Historischen Kommission zu Berlin in Zusammenarbeit mit der Gedenkstätte Deutscher Widerstand hrsg. von Jürgen Schmädeke und Peter Steinbach, München, Zürich 1985, S. 779-798
Kesselring, Albert, Soldat bis zum letzten Tag, Bonn 1953
Kettenacker, Lothar, »Unconditional Surrender« als Grundlage der angelsächsischen Nachkriegsplanung, in: Der Zweite Weltkrieg, S. 174-188
Kielmansegg, Johann Adolf Graf von, Bemerkungen eines Zeitzeugen zu den Schlachten von Char'kov und Kursk aus der Sicht des damaligen Generalstabsoffiziers Ia in der Operationsabteilung des Generalstabs des Heeres, in: Gezeitenwechsel, S. 137-148
Kielmansegg, Johann Adolf Graf von, Gedanken eines Soldaten zum Widerstand, in: Aufstand des Gewissens. Militärischer Widerstand gegen Hitler und das NS-Regime 1933-1945. Im Auftr. des Militärgeschichtlichen Forschungsamtes hrsg. von Thomas Vogel, 5., überarb. u. erw. Aufl., Hamburg [u.a.] 2000, S. 249-261
Kießling, Günter, Versäumter Widerspruch, Mainz 1993
Kilian, Katrin, Die anderen zu Worte kommen lassen. Feldpostbriefe als historische Quelle aus den Jahren 1939 bis 1945. Eine Projektskizze, in: Militärgeschichtliche Zeitschrift, 60 (2001), S. 153-166
Kindheit und Jugend unter Hitler. Von Helmut Schmidt, Willi und Willfriede Berkhan, Ruth Loah, Ursula Phillip, Dietrich Strothmann und Hannelore Schmidt. Mit einer Einführung von Wolf Jobst Siedler, 2. Aufl., Berlin 1992
Kissel, Hans, Der Deutsche Volkssturm 1944/45. Eine territoriale Miliz im Rahmen der Landesverteidigung, Frankfurt a.M. 1962 (= WWR, Beih. 16/17)
Klemperer, Victor, LTI: Notizbuch eines Philologen, 15. Aufl., Leipzig 1996
Knippschild, Dieter, Deserteure im Zweiten Weltkrieg: der Stand der Debatte, in: Armeen und ihre Deserteure. Vernachlässigte Kapitel einer Militärgeschichte der Neuzeit, Göttingen 1998, S. 222-251
Knox, MacGregor, 1 October 1942: Adolf Hitler, Wehrmacht Officer Policy, and the Social Revolution, in: The Historical Journal, 43 (2000), S. 801-825
Koch, Horst-Adalbert, Flak. Die Geschichte der deutschen Flakartillerie und der Einsatz der Luftwaffenhelfer, 2., überarb. und erw. Aufl., Bad Nauheim 1965
Kocka, Jürgen, Die Geschichtswissenschaft nach der deutschen Vereinigung, in: Gestaltungskraft des Politischen, S. 349-355
Kocka, Jürgen, Klassengesellschaft im Krieg. Deutsche Sozialgeschichte 1914-1918, 3. Aufl., Göttingen 1988 (= Kritische Studien zur Geschichtswissenschaft, 8)

Kohlase, Fritz, Mit dem Füsilier-Bataillon 303 in Küstrin. Erinnerungen aus den Jahren 1944 und 1945, Berlin 1993 (= Seelower Hefte, 1)

Koselleck, Reinhart, Der Einfluß der beiden Weltkriege auf das soziale Bewußtsein, in: Der Krieg des kleinen Mannes. Eine Militärgeschichte von unten. Hrsg. von Wolfram Wette, München, Zürich 1992, S. 324-343

Koselleck, Reinhart, Vom Sinn und Unsinn der Geschichte, in: Merkur, 51 (1997), S. 319-334

Kosthorst, Erich, Die Geburt der Tragödie aus dem Geist des Gehorsams. Deutschlands Generäle und Hitler – Erfahrungen und Reflexionen eines Frontoffiziers, Bonn 1998

Kretschmann, Kurt, Und da leben Sie noch? Erinnerungen, Berlin 1999 (= Schriften der Friedensbibliothek, 4)

Der Krieg des Kleinen Mannes. Eine Militärgeschichte von unten. Hrsg. von Wolfram Wette, 2. Aufl., München 1995

»Der Krieg war vorbei, aus, zu Ende!«. Pfälzer erinnern sich an das Frühjahr 1945. Hrsg. von Gerhard Nestler und Hannes Ziegler, Landau 1995

Kriegl, Hermann, Sinnlos in den Krieg gejagt: Das Schicksal von Reserve-Offiziers-Bewerbern 1945. Zeitzeugen und Dokumente, Diessen 1995

Kriegsalltag. Die Rekonstruktion des Kriegsalltags als Aufgabe der historischen Forschung und der Friedenserziehung. Hrsg. von Peter Knoch, Stuttgart 1989

Kriegsende in Europa. Vom Beginn des deutschen Machtzerfalls bis zur Stabilisierung der Nachkriegsordnung 1944-1945. Hrsg. von Ulrich Herbert und Axel Schildt, Essen 1998

Kriegsende 1918. Ereignis, Wirkung, Nachwirkung. Im Auftr. des Militärgeschichtlichen Forschungsamtes hrsg. von Jörg Duppler und Gerhard P. Groß, München 1999 (= Beiträge zur Militärgeschichte, 53)

Kriegsende 1945 in Deutschland. Im Auftr. des Militärgeschichtlichen Forschungsamtes hrsg. von Jörg Hillmann und John Zimmermann, München 2002 (= Beiträge zur Militärgeschichte, 55)

Kriegsende und Neuanfang. Westdeutschland und Luxemburg zwischen 1944 und 1947. Hrsg. von Kurt Düwell und Michael Mattheus, Stuttgart 1997 (= Geschichtliche Landeskunde, 46)

Kriegsende und Neuanfang am Rhein. Konrad Adenauer in den Berichten des Schweizer Generalkonsuls Franz-Rudolph von Weiß. Hrsg. von Hanns Jürgen Küsters und Peter Mensing, München 1986 (= Biographische Quellen zur deutschen Geschichte, 4)

Kriegsschauplatz Sachsen 1945: Daten, Fakten, Hintergründe, Altenburg 1995

Kriegstagebuch des Oberkommandos der Wehrmacht (Wehrmachtführungsstab) 1940-1945. Geführt von Helmuth Greiner und Percy Ernst Schramm. Im Auftr. des Arbeitskreises für Wehrforschung hrsg. von Percy Ernst Schramm, Bd 1-4 [nebst Nachtr. 1.2], Frankfurt a.M. 1961-1979

Kriegstagebuch der Seekriegsleitung 1939-1945. T. A. Im Auftr. des Militärgeschichtlichen Forschungsamtes in Verbindung mit dem Bundesarchiv-Militärarchiv und der

Marine-Offizier-Vereinigung hrsg. von Werner Rahn und Gerhard Schreiber unter Mitw. von Hansjoseph Maierhöfer, Herford 1988-1997

Kröker, Thomas, Fehleinschätzung der sowjetischen Operationsabsichten im Sommer 1944. Der Zusammenbruch der Heeresgruppe Mitte, Karlsruhe 1984

Kroener, Bernhard R., Auf dem Weg zu einer »nationalsozialistischen Volksarmee«. Die soziale Öffnung des Heeresoffizierkorps im Zweiten Weltkrieg, in: Von Stalingrad zur Währungsreform, S. 651-682

Kroener, Bernhard R., »Frontochsen« und »Etappenbullen«. Zur Ideologisierung militärischer Organisationsstrukturen im Zweiten Weltkrieg, in: Die Wehrmacht, S. 371-384

Kroener, Bernhard R., Generaloberst Fritz Fromm und der deutsche Widerstand – Annäherung an eine umstrittene Persönlichkeit, in: Aufstand des Gewissens. Militärischer Widerstand gegen Hitler und das NS-Regime 1933-1945. Ausstellungskatalog. Im Auftr. des Militärgeschichtlichen Forschungsamtes hrsg. von Heinrich Walle, 4. Aufl., Berlin [u.a.] 1994, S. 557-578

Kroener, Bernhard R., Generationserfahrungen und Elitenwandel. Strukturveränderungen im deutschen Offizierkorps 1933-1945, in: Eliten in Deutschland und Frankreich im 19. und 20. Jahrhundert. Strukturen und Beziehungen = Elites en France et en Allemagne aux XIXème et XXème siècles. Structures et relations, Bd 1. Im Auftr. des Deutsch-Französischen Historikerkomitees hrsg. von Rainer Hudemann und Georges-Henri Soutou, München 1994, S. 219-233

Kroener, Bernhard R., Kampf als Daseinsform, in: Der Nationalsozialismus und die deutsche Gesellschaft. Einführung und Überblick. Hrsg. von Bernd Sösemann, Stuttgart, München 2002, S. 312-328

Kroener, Bernhard R., »Menschenbewirtschaftung«, Bevölkerungsverteilung und personelle Rüstung in der zweiten Kriegshälfte (1942-1944), in: Das Deutsche Reich und der Zweite Weltkrieg, Bd 5/2, S. 777-1001

Kroener, Bernhard R., »Nun Volk steh auf ...!« Stalingrad und der ›totale‹ Krieg 1942-1943, in: Stalingrad. Ereignis, Wirkung, Symbol. Im Auftr. des Militärgeschichtlichen Forschungsamtes hrsg. von Jürgen Förster, München 1992, S. 151-170

Kroener, Bernhard R., Die personellen Ressourcen des Dritten Reiches im Spannungsfeld zwischen Wehrmacht, Bürokratie und Kriegswirtschaft 1939-1942, in: Das Deutsche Reich und der Zweite Weltkrieg, Bd 5/1, S. 693-1001

Kroener, Bernhard R., Strukturelle Veränderungen in der militärischen Massengesellschaft des Dritten Reiches, in: Nationalsozialismus und Modernisierung. Hrsg. von Michael Prinz und Rainer Zitelmann, Darmstadt 1991, S. 267-296

Kronprinz Rupprecht von Bayern, Mein Kriegstagebuch. Hrsg. von Eugen von Frauenholz, 3 Bde, Berlin 1929

Krüger, Friederike und Michael Salewski, Die Verantwortung der militärischen Führung deutscher Streitkräfte in den Jahren 1918 und 1945, in: Kriegsende 1918, S. 377-398

Krumeich, Gerd, Kriegsalltag vor Ort. Regionalgeschichtliche Neuerscheinungen zum Ersten Weltkrieg in Deutschland, in: Neue Politische Literatur, 39 (1994), S. 187-202

Krumeich, Gerd, Kriegsgeschichte im Wandel, in: Keiner fühlt sich hier mehr als Mensch, S. 11-24

Kruse, Wolfgang, Krieg und Klassenheer. Zur Revolutionierung der deutschen Armee im Ersten Weltkrieg, in: GuG, 22 (1996), S. 530-562

Kruse, Wolfgang, Krieg und nationale Identität. Die Ideologisierung des Krieges, in: Eine Welt aus Feinden. Der große Krieg 1914-1918. Hrsg. von Wolfgang Kruse, Frankfurt a.M. 1997, S. 167-176

Kruse, Wolfgang, Krieg und nationale Integration. Eine Neuinterpretation des sozialdemokratischen Burgfriedensschlusses 1914/15, Essen 1994

Kühne, Thomas, Gruppenkohäsion und Kameradschaftsmythos in der Wehrmacht, in: Die Wehrmacht, S. 534-549

Kühne, Thomas, Kameradschaft – »das Beste im Leben des Mannes«. Die deutschen Soldaten des Zweiten Weltkrieges in erfahrungs- und geschlechtergeschichtlicher Perspektive, in: GuG, 22 (1996), S. 504-529

Kühne, Thomas, Die Leiden der Deutschen am NS-Krieg und die »Nicht-Einheit« der Geschichte. Walter Kempowskis »Echolot«, T. 2, in: Neue Politische Literatur, 46 (2001), S. 7-14

Kühne, Thomas und Benjamin Ziemann, Militärgeschichte in der Erweiterung. Konjunkturen, Interpretationen, Konzepte, in: Was ist Militärgeschichte?, S. 9-46

Kühne, Thomas, Der nationalsozialistische Vernichtungskrieg und die »ganz normalen Deutschen«. Forschungsprobleme und Forschungstendenzen der Gesellschaftsgeschichte des Zweiten Weltkrieges. T. 1.2, in: Archiv für Sozialgeschichte, 39 (1999), S. 580-662; 40 (2000), S. 440-486

Kühne, Thomas, Die Viktimisierungsfalle. Wehrmachtverbrechen, Geschichtswissenschaft und symbolische Ordnung des Militärs, in: Der Krieg in der Nachkriegszeit. Der Zweite Weltkrieg in Politik und Gesellschaft der Bundesrepublik. Hrsg. von Michael Th. Greven und Oliver von Wrochem, Opladen 2000, S. 183-196

Kuhl, Hermann von, Der Weltkrieg 1914-1918. Dem deutschen Volke dargestellt, Berlin 1929

Kuhlmann, Franz, Endkampf um den »Führerbunker« in Berlin. Die Beteiligung der Marine im Mai 1945, in: Marineforum 70 (1995) 5, S. 29-32 und H. 6, S. 24-26

Kultur und Krieg. Die Rolle der Intellektuellen, Künstler und Schriftsteller im Ersten Weltkrieg. Hrsg. von Wolfgang Mommsen, München 1996

Kundrus, Birthe, Nur die halbe Geschichte. Frauen im Umfeld der Wehrmacht zwischen 1939 und 1945 – Ein Forschungsbericht, in: Die Wehrmacht, S. 719-735

Kunz, Andreas, Die »Aktion Leuthen« – das Ende des deutschen Ersatzheeres im Frühjahr 1945, in: Zeitschrift für Geschichtswissenschaft, 48 (2000), S. 789-806

Kunz, Andreas, »Untergang« als Erfahrung, Ideologie und Mythos, in: MGM, 57 (1998), S. 311-315

Lagevorträge des Oberbefehlshabers der Kriegsmarine vor Hitler 1939-1945. Im Auftr. des Arbeitskreises für Wehrforschung hrsg. von Gerhard Wagner, München 1972

Lakowski, Richard, Das Ende der Naziherrschaft in Brandenburg. Mit einer Dokumentation, in: Verfolgung, Alltag, Widerstand. Brandenburg in der NS-Zeit. Studien und Dokumente. Hrsg. von Dietrich Eichholtz, Berlin 1993, S. 411–442

Lakowski, Richard und Karl Stich, Der Kessel von Halbe: das letzte Drama, 2., überarb. Aufl., Berlin 1998

Lakowski, Richard, Die Lage der 9. deutschen Armee vor Beginn der Offensive der Roten Armee (16. April 1945), in: Seelower Höhen 1945, S. 111–128

Lakowski, Richard, Seelow 1945. Die Entscheidungsschlacht an der Oder, Berlin 1994

Lakowski, Richard, Zwischen Professionalismus und Nazismus: die Wehrmacht des Dritten Reiches vor dem Überfall auf die UdSSR, in: Zwei Wege nach Moskau, S. 149–166

Langwiesche, Dieter, Nation, Nationalismus, Nationalstaat. Forschungsstand und Forschungsperspektiven, in: Neue Politische Literatur, 40 (1995), S. 190–236

Lasch, Otto, So fiel Königsberg. Kampf und Untergang von Ostpreußens Hauptstadt, München 1958

Latzel, Klaus, Deutsche Soldaten – nationalsozialistischer Krieg? Kriegserlebnis – Kriegserfahrung 1939–1945, Paderborn [u.a.] 1998 (= Krieg in der Geschichte, 1)

Latzel, Klaus, Wehrmachtsoldaten zwischen »Normalität« und NS-Ideologie, oder: Was sucht die Forschung in der Feldpost?, in: Die Wehrmacht, S. 573–588

Le Tissier, Tony, Deutsche gegen Deutsche. Spuren bewaffneter »Seydlitz-Truppen« im Einsatz 1945, in: Militärgeschichte, 6 (1995), S. 64–67

Le Tissier, Tony, Der Kampf um Berlin 1945. Von den Seelower Höhen zur Reichskanzlei, Frankfurt a.M., Berlin 1991

Lehmann, Albrecht, Erzählstruktur und Lebenslauf: Autobiographische Untersuchungen, Frankfurt a.M. 1983

Leistenschneider, Stephan, Die Entwicklung der Auftragstaktik im deutschen Heer und ihre Bedeutung für das deutsche Führungsdenken, in: Führungsdenken in europäischen und nordamerikanischen Streitkräften im 19. und 20. Jahrhundert. Im Auftr. des Militärgeschichtlichen Forschungsamtes hrsg. von Gerhard P. Groß, Hamburg [u.a.] 2001 (= Vorträge zur Militärgeschichte, 19), S. 175–190

Lernen aus dem Krieg? Deutsche Nachkriegszeiten 1918 und 1945. Beiträge zur historischen Friedensforschung. Im Auftr. des Arbeitskreises für Historische Friedensforschung hrsg. von Gottfried Niedhart und Dieter Riesenberger, München 1992

Das letzte halbe Jahr: Stimmungsberichte der Wehrmachtpropaganda 1944/45. Hrsg. von Wolfram Wette, Ricarda Bremer und Detlef Vogel, Essen 2001 (= Schriften der Bibliothek für Zeitgeschichte, N.F., 13)

Leyen, Ferdinand Prinz von der, Rückblick zum Mauerwald. Vier Kriegsjahre im OKH, München 1965

Lipp, Anne, Diskurs und Praxis. Militärgeschichte als Kulturgeschichte, in: Was ist Militärgeschichte?, S. 211–227

Lockenour, Jay, »The Rift in Our Ranks«: The German Officer Corps, the Twentieth of July, and the Path to Democracy, in: German Studies Review, 21 (1998), S. 469–506

Löser, Jochen, Soldaten. Gehorsam und Gewissen im Spannungsfeld der Politik. Familienchronik Feldmarschall Leopold I. von Dessau, Leutnant (US Artillery) Lucien Löser, General (Bw) Jochen Löser, Osnabrück 1999

Löwenstein, Bedřich, Nationalsozialistische Revolution. Ein Fragezeichen zur historischen Begrifflichkeit, in: Weltbürgerkrieg der Ideologien, S. 122-135

Longerich, Peter, Hitlers Stellvertreter. Führung der Partei und Kontrolle des Staatsapparates durch den Stab Heß und die Partei-Kanzlei Bormanns, München [u.a.] 1992

Longerich, Peter, Joseph Goebbels und der Totale Krieg. Eine unbekannte Denkschrift des Propagandaministers vom 18. Juli 1944, in: VfZ, 35 (1987), S. 289-314

Longerich, Peter, Politik der Vernichtung. Eine Gesamtdarstellung der nationalsozialistischen Judenverfolgung, München, Zürich 1998

Longerich, Peter, Der ungeschriebene Befehl. Hitler und der Weg zur »Endlösung«, München, Zürich 2001

Loth, Wilfried, Das Kaiserreich. Obrigkeitsstaat und politische Mobilisierung, München 1996

Lucas, James, War on the Eastern Front 1941-1945. The German Soldiers in Russia, 2. ed., New York 1982

Ludendorff, Erich, Meine Kriegserinnerungen 1914-1918, 4. Aufl., Berlin 1919

Ludendorff, Erich, Der totale Krieg, München 1935

Ludewig, Joachim, Der deutsche Rückzug aus Frankreich 1944, Freiburg i.Br. 1994 (= Einzelschriften zur Militärgeschichte, 39)

Lübbe, Hermann, Terror. Über die ideologische Rationalität des Völkermords, in: Weltbürgerkrieg der Ideologien, S. 304-311

Lüdicke, Reinhard, Straßenkämpfe im Südwesten Berlins 1945. Aufzeichnungen über seinen Volkssturmeinsatz vom 20. April bis 2. Mai 1945, in: Der Bär. Jahrbuch des Vereins für die Geschichte Berlins, Berlin 1977, S. 119-128

Lüdtke, Alf, Alltagsgeschichte, Mikro-Historie, historische Anthropologie, in: Geschichte. Ein Grundkurs. Hrsg. von Hans-Jürgen Goertz, Reinbek 1998, S. 15-41

Luftkriegführung im Zweiten Weltkrieg: ein internationaler Vergleich. Im Auftr. des Militärgeschichtlichen Forschungsamtes hrsg. von Horst Boog, Herford [u.a.] 1993 (= Vorträge zur Militärgeschichte, 12)

MacDonald, Charles Brown, The battle of the Bulge, London 1984

MacDonald, Charles Brown, The Last Offensive, Washington 1973

MacDonald, Charles Brown, The Siegfried Line Campaign, Washington 1963 (= United States Army in World War II. The European Theater, 7)

Die Männer von Brettheim. Hrsg. von der Landeszentrale für politische Bildung Baden-Württemberg, Villingen-Schwenningen 1993

Magenheimer, Heinz, Abwehrschlacht an der Weichsel. Vorbereitung, Ablauf, Erfahrungen, 2., überarb. Aufl., Freiburg i.Br. 1986 (= Einzelschriften zur militärischen Geschichte des Zweiten Weltkrieges, 20)

Mai, Gunther, »Aufklärung der Bevölkerung« und »Vaterländischer Unterricht« in Württemberg 1914-1918, in: Zeitschrift für Württembergische Landesgeschichte, 36 (1977), S. 199-235

Mai, Gunther, »Verteidigungskrieg« und »Volksgemeinschaft«. Staatliche Selbstbehauptung, nationale Solidarität und soziale Befreiung in Deutschland in der Zeit des Ersten Weltkrieges (1900–1925), in: Der Erste Weltkrieg, S. 583–602

Maier, Georg, Drama zwischen Budapest und Wien. Der Endkampf der 6. Panzerarmee 1945, Osnabrück 1985

Maizière, Ulrich de, In der Pflicht. Lebensbericht eines deutschen Soldaten im 20. Jahrhundert, Herford, Bonn 1989

Mallmann, Klaus-Michael und Gerhard Paul, Die Gestapo. Weltanschauungsexekutive mit gesellschaftlichem Rückhalt, in: Die Gestapo, S. 599–650

Mallmann, Klaus-Michael und Gerhard Paul, Herrschaft und Alltag: ein Industrierevier im Dritten Reich, Bonn 1991 (= Widerstand und Verweigerung im Saarland 1935–1945, 2)

Mammach, Klaus, Der Volkssturm. Bestandteil des totalen Kriegseinsatzes der deutschen Bevölkerung 1944/45, Berlin (Ost) 1981

Manstein, Erich, Verlorene Siege, Bonn 1955

Marshall, Barbara, German Reactions to Military Defeat 1945–1947: The British View, in: Germany in the Age of Total War. Ed. by Volker R. Berghahn and Martin Kitchen, London 1981, S. 218–239

Marshall, Samuel L.A., Soldaten im Feuer, Frauenfeld 1951

Martin, Bernd, Die deutsche Kapitulation: Versuch einer Bilanz des Zweiten Weltkrieges, in: Freiburger Universitätsblätter, 130 (1995), S. 45–70

Martin, Bernd, Verhandlungen über separate Friedensschlüsse 1942–1945. Ein Beitrag zur Entstehung des Kalten Krieges, in: MGM, 20 (1976), S. 95–113

Matthies, Kurt, Ich hörte die Lerchen singen. Ein Tagebuch aus dem Osten 1941/45, München 1956

Max, Prinz von Baden, Erinnerungen und Dokumente. Neu hrsg. von Golo Mann und A. Burckhardt. Mit einer Einleitung von Golo Mann, Stuttgart 1968

Mauch, Christoph, Schattenkrieg gegen Hitler. Das Dritte Reich im Visier der amerikanischen Geheimdienste 1941–1945, Stuttgart 1999

Megargee, Geoffrey P., Inside Hitler's High Command. Foreword by Williamson Murray, Lawrence 2000

Meier-Dörnberg, Wilhelm, Die große deutsche Frühjahrsoffensive 1918 zwischen Strategie und Taktik, in: Operatives Denken und Handeln in deutschen Streitkräften im 19. und 20. Jahrhundert. Hrsg. vom Militärgeschichtlichen Forschungsamt, Herford, Bonn 1988 (= Vorträge zur Militärgeschichte, 9), S. 73–95

Meier-Dörnberg, Wilhelm, Ölversorgung der Kriegsmarine 1935 bis 1945, Freiburg i.Br. 1973 (= Einzelschriften zur militärischen Geschichte des Zweiten Weltkrieges, 11)

Meier-Welcker, Hans, Die deutsche Führung an der Westfront im Frühsommer 1918. Zum Problem der militärischen Lagebeurteilung, in: Die Welt als Geschichte, 21 (1961), S. 164–184

Meldungen aus dem Reich 1938–1945. Die geheimen Lageberichte des Sicherheitsdienstes der SS. Hrsg. von Heinz Boberach, 17 Bde, Herrsching 1984–1985

Merten, Karl-Friedrich, »Nach Kompaß«. Lebenserinnerungen eines Seeoffiziers, Berlin [u.a.] 1994

Messerschmidt, Manfred, Das Bild der Wehrmacht in Deutschland seit 1945, in: Revue d' Allemagne et des pays de langue allemande, 30 (1998), S. 117-127

Messerschmidt, Manfred, Ideologie und Befehlsgehorsam im Vernichtungskrieg, in: Zeitschrift für Geschichtswissenschaft, 49 (2001), S. 905-926

Messerschmidt, Manfred, Verweigerung in der Endphase des Krieges, in: Formen des Widerstandes im Südwesten 1933-1945. Scheitern und Nachwirken. Hrsg. von der Landeszentrale für Politische Bildung Baden-Württemberg, Ulm 1994, S. 152-164

Messerschmidt, Manfred, Die Wehrmacht: Vom Realitätsverlust zum Selbstbetrug, in: Ende des Dritten Reiches – Ende des Zweiten Weltkrieges, S. 223-257

Messerschmidt, Manfred, Die Wehrmacht im NS-Staat. Zeit der Indoktrination, Hamburg 1969

Messerschmidt, Manfred und Fritz Wüllner, Die Wehrmachtjustiz im Dienste des Nationalsozialismus: Zerstörung einer Legende, Baden-Baden 1987

Messerschmidt, Manfred, Der »Zersetzer« und sein Denunziant. Urteile des Zentralgerichts des Heeres – Außenstelle Wien, in: Der Krieg des kleinen Mannes, S. 255-278

Meyer, Georg, Adolf Heusinger. Dienst eines deutschen Soldaten 1915 bis 1964, Hamburg [u.a.] 2001

Meyer, Georg, Auswirkungen des 20. Juli 1944 auf das innere Gefüge der Wehrmacht bis Kriegsende und auf das soldatische Selbstverständnis im Vorfeld des westdeutschen Verteidigungsbeitrages bis 1950/51, in: Aufstand des Gewissens. Der militärische Widerstand gegen Hitler und das NS-Regime 1933-1945. Im Auftr. des Militärgeschichtlichen Forschungsamtes hrsg. von Heinrich Walle, 3. Aufl., Herford [u.a.] 1987, S. 465-499

Meyer, Georg, Soldaten ohne Armee. Berufssoldaten im Kampf um Standesehre und Versorgung, in: Von Stalingrad zur Währungsreform, S. 683-750

Meyer, Georg, Zur Situation der deutschen militärischen Führungsschicht im Vorfeld des westdeutschen Verteidigungsbeitrages 1945-1950/51, in: Anfänge westdeutscher Sicherheitspolitik 1945-1956. Hrsg. vom Militärgeschichtlichen Forschungsamt, Bd 1, München [u.a.] 1982, S. 577-735

Meyer, Joachim Ernst, Die abnormen Erlebnisreaktionen im Kriege bei Truppe und Zivilbevölkerung, in: Psychiatrie der Gegenwart. Forschung und Praxis, Bd 3: Soziale und angewandte Psychiatrie, Berlin [u.a.] 1961, S. 574-619

Meyer, Klaus, Der 21. April 1945 bei Berlin. Ein Protokoll – oder: Der Historiker als Zeitzeuge, in: Berlin-Forschungen II. Hrsg. von Wolfgang Ribbe, Berlin 1987, S. 263-278

Meyer, Peter, Evolution und Gewalt. Ansätze zu einer biosoziologischen Synthese, Berlin 1981

Mierzejewski, Alfred, Bomben auf die Reichsbahn. Der Zusammenbruch der deutschen Kriegswirtschaft 1944-1945, Freiburg i.Br. 1993

Mikrogeschichte – Makrogeschichte: komplementär oder inkommensurabel? Hrsg. von Jürgen Schlumbohm, Göttingen 1998

Militär und Innenpolitik im Weltkrieg 1914-1918. Bearb. von Wilhelm Deist, 2 Bde, Düsseldorf 1970

Die Militärelite des Dritten Reiches. 27 biographische Skizzen. Hrsg. von Ronald Smelser und Enrico Syring, Berlin 1995

Minott, Rodney G., The fortress that never was: the myth of Hitler's Bavarian stronghold, London 1965

Moll, Martin, Kapitulation oder historischer Endkampf in der »Festung Norwegen«? Die Entscheidung für ein friedliches Ende der deutschen Okkupation Dänemarks und Norwegens im Frühjahr 1945, in: Seelower Höhen 1945, S. 43–83

Moll, Martin, Steuerungsinstrument im »Ämterchaos«? Die Tagungen der Reichs- und Gauleiter der NSDAP, in: VfZ, 49 (2001), S. 215–273

Mommsen, Hans, Die Opposition gegen Hitler und die deutsche Gesellschaft 1933–1945, in: Der deutsche Widerstand 1933–1945. Hrsg. von Klaus-Jürgen Müller, 2., erw. Aufl., Paderborn, München 1990, S. 22–39

Mommsen, Wolfgang J., Der autoritäre Nationalstaat. Verfassung, Gesellschaft und Kultur des deutschen Kaiserreichs, Frankfurt a.M. 1990

Mommsen, Wolfgang J., Bürgerstolz und Weltmachtstreben. Deutschland unter Wilhelm II. 1890 bis 1918, Berlin 1995 (= Propyläen Geschichte Deutschlands, 7/2)

Morgan, Dagmar G., Weiblicher Arbeitsdienst in Deutschland, Diss. Phil., Darmstadt 1978

Müller, Klaus Jürgen, Armee, Politik und Gesellschaft in Deutschland 1933–1945, Paderborn 1979

Müller, Klaus Jürgen, The Army in the Third Reich: An Historical Interpretation, in: Journal of Strategic Studies, 2 (1979), S. 123–152

Müller, Klaus Jürgen, Die Befreiung von Paris und die deutsche Führung, in: Das Kriegsjahr 1944. Im Großen und im Kleinen. Hrsg. von Michael Salewski und Guntram Schulze-Wegner, Stuttgart 1995, S. 43–60

Müller, Klaus Jürgen, General Ludwig Beck. Studien und Dokumente zur politisch-militärischen Vorstellungswelt und Tätigkeit des Generalstabschefs des deutschen Heeres, Boppard a. Rh. 1980

Müller, Klaus Jürgen, Das Heer und Hitler. Armee und nationalsozialistisches Regime 1933–1940, 2. Aufl., Stuttgart 1988

Müller, Klaus Jürgen, Struktur und Entwicklung der national-konservativen Opposition, in: Aufstand des Gewissens, S. 89–133

Müller, Rolf-Dieter, Albert Speer und die Rüstungspolitik im Totalen Krieg, in: Das Deutsche Reich und der Zweite Weltkrieg, Bd 5/2, S. 275–773

Müller, Rolf-Dieter und Gerd R. Ueberschär, Kriegsende 1945. Die Zerstörung des Dritten Reiches, Frankfurt a.M. 1994

Müller, Rolf-Dieter, 1945: Der Tiefpunkt in der deutschen Geschichte. Gedanken zu Problemen und Perspektiven der historischen Forschung, in: Kriegsende 1945 in Deutschland, S. 319–329

Müller, Rolf-Dieter, Die Wehrmacht – Historische Last und Verantwortung. Die Historiographie im Spannungsfeld von Wissenschaft und Vergangenheitsbewältigung, in: Die Wehrmacht, S. 3–35

Müller, Wolfgang, Gegen eine neue Dolchstoßlüge. Ein Erlebnisbericht zum 20. Juli 1944, 2., verb. Aufl., Hannover 1947

Müller-Hillebrand, Burkhart, Das Heer 1933–1945. Entwicklung des organisatorischen Aufbaus, 3 Bde, Frankfurt a.M. 1969

Münkler, Herfried, Machtzerfall. Die letzten Tage des Dritten Reiches dargestellt am Beispiel der hessischen Kreisstadt Friedberg, Berlin 1985

Mues, Willi, Der große Kessel. Eine Dokumentation über das Ende des Zweiten Weltkrieges zwischen Lippe und Ruhr, Sieg und Lenne, 3. Aufl., Erwitte 1984

Mulert, Jürgen, Amerikanische Quellen zur Vorgeschichte der Kapitulation von Regensburg im April 1945, in: Verhandlungen des Historischen Vereins für Oberpfalz und Regensburg, 127 (1987), S. 267–277

Mulligan, Timothy P., Neither Sharks nor Wolves. The Men of Nazi Germany's U-Boat Arm 1939–1945, London 1999

Murawski, Erich, Der deutsche Wehrmachtbericht 1939–1945. Ein Beitrag zur Untersuchung der geistigen Kriegführung. Mit einer Dokumentation der Wehrmachtberichte vom 1.7.1944 bis zum 9.5.1945, Boppard a. Rh. 1962 (= Schriften des Bundesarchivs, 9)

Murray, Williamson, Strategy for Defeat: The Luftwaffe 1933–1945, Maxwell AFB, AL 1983

Naasner, Walter, Neue Machtzentren in der deutschen Kriegswirtschaft 1942–1945. Die Wirtschaftsorganisation der SS, das Amt des Generalbevollmächtigten für den Arbeitseinsatz und das Reichsministerium für Bewaffnung und Munition/ Reichsministerium für Rüstung und Kriegsproduktion im nationalsozialistischen Herrschaftsgefüge, Boppard a. Rh. 1994 (= Schriften des Bundesarchivs, 45)

Naimark, Norman M., Die Russen in Deutschland. Die sowjetische Besatzungszone 1945 bis 1949, Berlin 1997

Die nationalsozialistischen Konzentrationslager. Entwicklung und Struktur. Hrsg. von Ulrich Herbert, Karin Orth und Christoph Dieckmann, 2 Bde, Göttingen 1998

Naumann, Klaus, Der Krieg als Text. Das Jahr 1945 im kulturellen Gedächtnis der Presse, Hamburg 1998

Neitzel, Sönke, Der Bedeutungswandel der Kriegsmarine im Zweiten Weltkrieg. Das militärische und politische Gewicht im Vergleich, in: Die Wehrmacht, S. 245–266

Neitzel, Sönke, Der Kampf um die deutschen Atlantik- und Kanalfestungen und sein Einfluß auf den alliierten Nachschub während der Befreiung Frankreichs 1944/45, in: MGM, 55 (1996), S. 381–430

Neitzel, Sönke, Zwischen Professionalität, Gehorsam und Widerstand. Gedanken zur deutschen Generalität im Zweiten Weltkrieg, in: Historische Mitteilungen, 12 (1999), S. 247–261

Nicolaisen, Hans-Dietrich, Die Flakhelfer. Luftwaffenhelfer und Marinehelfer im Zweiten Weltkrieg, Frankfurt a.M., Wien 1981

Nittner, Ernst, Menschenführung im Heer der Wehrmacht und im Zweiten Weltkrieg, in: Menschenführung im Heer. Hrsg. vom Militärgeschichtlichen Forschungsamt, Herford, Bonn 1982 (= Vorträge zur Militärgeschichte, 3), S. 139–182

Noack, Wulf-Dietrich, Die Schließung von Überlieferungslücken am Beispiel des Schriftgutes der Luftwaffe 1933–1945, in: Aus der Arbeit der Archive. Beiträge zum

Archivwesen, zur Quellenkunde und Zeitgeschichte. Hrsg. von Heinz Boberach und Hans Booms, Boppard a. Rh. 1978 (= Schriften des Bundesarchivs, 25), S. 369-378

Noble, Alastair, The Phantom Barrier: Ostwallbau 1944-1945, in: War in History, 8 (2001), S. 442-467

Nothnagel, Kurt, Die »Dienststelle Fritsch«. Ein Beitrag zur Geschichte der Versorgung der entwaffneten deutschen Wehrmachtangehörigen in der amerikanischen Besatzungszone 1945-1947, in: MGM, 21 (1977), S. 53-75

»Das Oberkommando der Wehrmacht gibt bekannt ...« Der deutsche Wehrmachtbericht. Vollständige Ausgabe der 1939-1945 durch Presse und Rundfunk veröffentlichten Texte. Hrsg. von Günter Wegmann, 3 Bde, Osnabrück 1982

Offiziere gegen Hitler. Nach einem Erlebnisbericht von Fabian von Schlabrendorff. Bearb. und hrsg. von Gero von Schulze-Gaevernitz, 3., verb. und erg. Aufl., Zürich 1946

Opitz, Eckhardt, Allgemeine Wehrpflicht – ein Problemaufriß aus historischer Sicht, in: Allgemeine Wehrpflicht. Geschichte – Probleme – Perspektiven. Hrsg. von Eckhardt Opitz und Frank S. Rödiger, Bremen 1994, S. 9-29

Orth, Kathrin, Kampfmoral und Einsatzbereitschaft in der Kriegsmarine 1945, in: Kriegsende 1945, S. 137-155

Ose, Dieter, Entscheidung im Westen 1944. Der Oberbefehlshaber West und die Abwehr der alliierten Invasion, Stuttgart 1982 (= Beiträge zur Militär- und Kriegsgeschichte, 22)

Oven, Wilfred von, Mit Goebbels bis zum Ende, 2 Bde, Buenos Aires 1950

Overmans, Rüdiger, Deutsche militärische Verluste im Zweiten Weltkrieg, München 1999 (= Beiträge zur Militärgeschichte, 46)

Overmans, Rüdiger, Soldaten hinter Stacheldraht. Deutsche Kriegsgefangene des Zweiten Weltkrieges, Frankfurt a.M. 2000

Overmans, Rüdiger, »Ein untergeordneter Eintrag im Leidensbuch der jüngeren deutschen Geschichte«. Die Rheinwiesenlager 1945, in: Ende des Dritten Reiches – Ende des Zweiten Weltkrieges, S. 259-291

Overy, Richard, Die Wurzeln des Sieges. Warum die Alliierten den Zweiten Weltkrieg gewannen, Stuttgart 2000

Pätzold, Kurt und Manfred Weißbecker, Geschichte der NSDAP 1920-1945, Köln 1998

Pantcheff, Theodore X.H., Der Henker vom Emsland. Willi Herold, 19 Jahre alt. Ein deutsches Lehrstück, Köln 1987

Parker, Danny S., Hitler's Ardennes Offensive: The German View of the Battle oft the Bulge, London 1997

Parker, Danny S., To Win the Winter Sky. The Air War Over the Ardennes 1944-1945, London 1994

Paul, Gerhard, »Diese Erschießungen haben mich innerlich gar nicht mehr berührt.« Die Kriegsendphasenverbrechen der Gestapo 1944/45, in: Die Gestapo, S. 543-568

Pechmann, Josef, Die RAD-Infanterie-Division »Friedrich Ludwig Jahn«. Aufstellung und Einsatz beim Kampf um Berlin April/Mai 1945, Wien 1983 (= MHD-Sonderreihe, 4)

Pesch, Volker, Die künstlichen Wilden. Zu Daniel Goldhagens Methode und theoretischem Rahmen, in: GuG, 23 (1997), S. 152-162

Physische Gewalt. Studien zur Geschichte der Neuzeit. Hrsg. von Thomas Lindenberger und Alf Lüdtke, Frankfurt a.M. 1995

Piening, Holger, Als die Waffen schwiegen. Die Internierung der Wehrmachtsoldaten zwischen Nord- und Ostsee 1945/46, 2., verb. Aufl., Heide 1996

Pivcová, Zuzana, Das Militärhistorische Archiv in Prag und seine deutschen Bestände, in: MGM, 52 (1993), S. 429-435

Plato, Alexander von, Zeitzeugen und historische Zunft. Erinnerung, kommunikative Tradierung und kollektives Gedächtnis in der qualitativen Geschichtswissenschaft – ein Problemaufriß, in: BIOS, 13 (2000), S. 5-29

Pless, Helmut C., Lüneburg 45. Nordost-Niedersachsen zwischen Krieg und Frieden, 3., erw. und überarb. Aufl., Lüneburg 1979

Pöhlmann, Markus, Kriegsgeschichte und Geschichtspolitik: Der Erste Weltkrieg. Die amtliche deutsche Militärgeschichtsschreibung 1914-1956, Paderborn [u.a.] 2002 (= Krieg in der Geschichte, 12)

Pöhlmann, Markus, Vom Tod am letzten Kriegstag. SS-Brigadeführer Starck und der Meringer Werwolfmord, in: Kellerwohnung und Persilschein. Kriegsende und Neuanfang in Augsburg nach 1945. Hrsg. von Markus Pöhlmann, S. 30-46

Pohl, Dieter, Die Holocaust-Forschung und Goldhagens Thesen, in: VfZ, 45 (1997), S. 1-48

Poll, Bernhard, Das Schicksal Aachens im Herbst 1944. Authentische Berichte, T. 1.2, in: Zeitschrift des Aachener Geschichtsvereins, 66/67 (1954/55), S. 193-268; 73 (1961), S. 33-254

Prahm, Rudolf, Ungehorsam im Dienst der Wehrmacht. Als Soldat im Zweiten Weltkrieg, Bremen 1998

Praun, Albert, Soldat in der Telegraphen- und Nachrichtentruppe, Würzburg 1965

Der Prozeß gegen die Hauptkriegsverbrecher vor dem Internationalen Militärgerichtshof (International Military Tribunal), Nürnberg, 14. November 1945-1. Oktober 1946, 42 Bde, Nürnberg 1947-1949

Rackmann, Otto, Der Möllner Volkssturm 1944/45, in: Lauenburgische Heimat. Zeitschrift des Heimatbundes und Geschichtsvereins Herzogtum Lauenburg, 87 (1987), S. 29-37

Raithel, Thomas, Das »Wunder« der inneren Einheit. Studien zur deutschen und französischen Öffentlichkeit bei Beginn des Ersten Weltkrieges, Bonn 1996

Rass, Christoph, Menschenmaterial: Sozialprofil, Machtstrukturen und Handlungsmuster einer Infanteriedivision der Wehrmacht im Zweiten Weltkrieg, Diss. phil. Aachen 2001

Rass, Christoph, Das Sozialprofil von Kampfverbänden des deutschen Heeres 1939 bis 1945, in: Das Deutsche Reich und der Zweite Weltkrieg, Bd 9/1, S. 641-741

Rauchensteiner, Manfried, Der Krieg in Österreich 1945, 2., neu bearb. und erw. Aufl., Wien 1985

Rauh-Kühne, Cornelia, Gelegentlich wurde auch geschossen: Zum Kriegserlebnis eines deutschen Offiziers auf dem Balkan und in Finnland, in: Kriegserfahrungen.

Studien zur Sozial- und Mentalitätsgeschichte des Ersten Weltkrieges. Hrsg. von Gerhard Hirschfeld [u.a.], Essen 1997 (= Schriften der Bibliothek für Zeitgeschichte, N.F., 5), S. 146-169

Rebentisch, Dieter, Führerstaat und Verwaltung im Zweiten Weltkrieg. Verfassungsentwicklung und Verwaltungspolitik 1939-1945, Stuttgart 1989 (= Frankfurter Historische Abhandlungen, 29)

Rebentisch, Dieter, Reichskanzlei und Parteikanzlei im Staat Hitlers. Anmerkungen zu zwei Editionsprojekten und zur Quellenkunde der nationalsozialistischen Epoche, in: Archiv für Sozialgeschichte, 26 (1985), S. 611-633

Recker, Marie-Luise, Wohnen und Bombardierung im Zweiten Weltkrieg, in: Wohnen im Wandel. Hrsg. von Lutz Klinkhammer, Wuppertal 1979, S. 408-428

Die Rede Himmlers vor den Gauleitern am 3. August 1944. Hrsg. von Theodor Eschenburg, in: VfZ, 1 (1953), S. 357-394

Reese, Willy Peter, Mir selber seltsam fremd. Die Unmenschlichkeit des Krieges, Rußland 1941-44. Hrsg. von Stefan Schmitz, München 2003

Das Reich. Deutsche Wochenzeitung, Berlin, Jg. 1944 und 1945

Reichelt, Stefanie, »Für mich ist der Krieg aus!«: Deserteure und Kriegsdienstverweigerer des Zweiten Weltkrieges in München, München 1995

Reichsgesetzblatt, Teil I, Berlin 1944 und 1945

Reiß, Matthias, »Götterdämmerung« im »Goldenen Käfig«: Die U.S.-Armee, die deutschen Kriegsgefangenen in den USA und die bedingungslose Kapitulation 1945, in: MGM, 58 (1999), S. 87-110

Remarque, Erich Maria, Im Westen nichts Neues, Köln 1984

Rempel, Gerhard, Gottlob Berger and Waffen-SS Recruitment 1939-1945, in: MGM, 27 (1980), S. 107-122

Rempel, Gerhard, Gottlob Berger – »Ein Schwabengeneral der Tat«, in: Die SS. Elite unter dem Totenkopf, S. 45-59

Rendulic, Lothar, Die Auswirkungen der Ardennenoffensive auf die Ostfront, in: WWR, 9 (1960), S. 497-506

Rendulic, Lothar, Gekämpft, gesiegt, geschlagen, Heidelberg 1952

Riedesser, Peter und Axel Verderber, »Maschinengewehre hinter der Front«. Zur Geschichte der deutschen Militärpsychiatrie, Frankfurt a.M. 1996

Ritter, Gerhard, Staatskunst und Kriegshandwerk. Bd 3: Die Tragödie der Staatskunst. Bethmann Hollweg als Kriegskanzler (1914-1917), München 1964

Roghmann, Klaus und Rolf Ziegler, Militärsoziologie, in: Handbuch der empirischen Sozialforschung. Hrsg. von René König, Bd 9, 2. Aufl., Stuttgart 1977, S. 142-227

Rohde, Horst, Die operativen Grundlagen der Ardennen-Offensive: Wirtschaft und Logistik auf deutscher Seite, in: Die operative Idee und ihre Grundlagen. Ausgewählte Operationen des Zweiten Weltkrieges. Hrsg. vom Militärgeschichtlichen Forschungsamt, Herford, Bonn 1989 (= Vorträge zur Militärgeschichte, 10), S. 193-222

Ronke, Werner, Die Divisionen der Heeresgruppe Nord im Spätherbst 1942. Zustand – Führung – Kampfwert, in: Militärgeschichte, 3 (1993), S. 37-42

Rosenthal, Gabriele, Die Hitlerjugend-Generation. Biographische Verarbeitung als Vergangenheitsbewältigung. Unter Mitarb. von Claudia Gather [u.a.], Essen 1986 (= Gesellschaftstheorie und soziale Praxis, 1)

Rosenthal, Gabriele, »Wenn alles in Scherben fällt ...«. Von Leben und Sinnwelt der Kriegsgeneration. Typen biographischer Wandlungen, Opladen 1987 (= Biographie und Gesellschaft, 6)

Rush, Robert Sterling, A Different Perspective: Cohesion, Morale and Operational Effectiveness in the German Army, Fall 1944, in: Armed Forces and Society, 25 (1999), S. 477–508

Rush, Robert Sterling, Hell in Hürtgen Forest: The Ordeal and Triumph of an American Infantry Regiment, Lawrence, KS 2001

Rusinek, Bernd-A., Ende des Zweiten Weltkrieges lokal, regional, international, in: Kriegsende 1945. Verbrechen, Katastrophen, Befreiungen in nationaler und internationaler Perspektive. Hrsg. von Bernd-A. Rusinek, Göttingen 2004 (= Dachauer Symposien zur Zeitgeschichte, 4), S. 7–23

Rusinek, Bernd-A., Gesellschaft in der Katastrophe. Terror, Illegalität, Widerstand – Köln 1944/45, Essen 1989 (= Düsseldorfer Schriften zur Neueren Landesgeschichte und zur Geschichte Nordrhein-Westfalens, 24)

Rusinek, Bernd-A., »Maskenlose Zeit«. Der Zerfall der Gesellschaft im Krieg, in: Überleben im Krieg, S. 180–194

Russel, John, No Triumphant Procession: The Forgotten Battles of April 1945, London 1994

Salewski, Michael, Die Abwehr der Invasion als Schlüssel zum »Endsieg«?, in: Die Wehrmacht, S. 210–223

Salewski, Michael, Die deutsche Seekriegsleitung 1935–1945, 3 Bde, München 1970–1975

Salewski, Michael, Finale. Die Einschätzung der militärischen Lage im Herbst und Winter 1944 durch die militär-politische Führung Deutschlands, in: Kriegsende im Norden. Vom heißen zum Kalten Krieg. Hrsg. von Robert Bohn und Jürgen Elvert, Stuttgart 1995 (= Historische Mitteilungen, 14), S. 13–23

Sauerbruch, Peter, Bericht eines ehemaligen Generalstabsoffiziers über seine Motive zur Beteiligung am militärischen Widerstand, in: Aufstand des Gewissens. Militärischer Widerstand gegen Hitler und das NS-Regime 1933–1945. Im Auftr. des Militärgeschichtlichen Forschungsamtes hrsg. von Thomas Vogel, 5., überarb. und erw. Aufl., Hamburg [u.a.] 2000, S. 263–278

Saul, Klaus, Jugend im Schatten des Krieges. Vormilitärische Ausbildung – Kriegswirtschaftlicher Einsatz – Schulalltag in Deutschland 1914–1918, in: MGM, 34 (1983), S. 91–184

Schabel, Ralf, Die Illusion der Wunderwaffen. Die Rolle der Düsenflugzeuge und Flugabwehrraketen in der Rüstungspolitik des Dritten Reiches, München 1994 (= Beiträge zur Militärgeschichte, 35)

Schätz, Ludwig, Schüler-Soldaten. Die Geschichte der Luftwaffenhelfer im Zweiten Weltkrieg, Frankfurt a.M. 1972

Scheel, Klaus, Die Befreiung Berlins 1945. Eine Dokumentation, 2., erw. und überarb. Aufl., Berlin 1985

Scheel, Klaus, Veränderungen der Lebenslage der deutschen Zivilbevölkerung in der Provinz Brandenburg vor dem Kriegsende 1945, in: Kapitulation und Befreiung. Das Ende des Zweiten Weltkrieges in Europa. Hrsg. von Fritz Petrick, Münster 1997, S. 28-50

Schenk, Dieter, Hitlers Mann in Danzig. Gauleiter Forster und die NS-Verbrechen in Danzig-Westpreußen, Bonn 2000

Scheurig, Bodo, Henning von Tresckow, Oldenburg 1973

Schivelbusch, Wolfgang, Die Kultur der Niederlage: der amerikanische Süden 1865, Frankreich 1871, Deutschland 1918, Berlin 2001

Die Schlacht um Crailsheim. Das Kriegsgeschehen im Landkreis Crailsheim im 2. Weltkrieg. Hrsg. von Hans Gräser, Crailsheim 1997 (= Veröffentlichungen zur Ortsgeschichte und Heimatkunde in württembergisch Franken, 13)

Schmid, Hans-Dieter, Die Geheime Staatspolizei in der Endphase des Krieges, in: Geschichte in Wissenschaft und Unterricht, 51 (2000), S. 528-539

Schmidt, Ernst-Heinrich, Heimatheer und Revolution 1918. Die militärischen Gewalten im Heimatgebiet zwischen Oktoberreform und Novemberrevolution, Stuttgart 1981 (= Beiträge zur Militär- und Kriegsgeschichte, 23)

Schmidt, Helmut, Politischer Rückblick auf eine unpolitische Jugend, in: Kindheit und Jugend, S. 188-254

Schmidt-Richberg, Erich, Der Endkampf auf dem Balkan. Die Operationen der Heeresgruppe E von Griechenland bis zu den Alpen, Heidelberg 1955 (= Die Wehrmacht im Kampf, 5)

Schnabel, Thomas, »Die Leute wollten nicht einer verlorenen Sache ihre Heimat opfern«, in: Formen des Widerstandes im Südwesten 1933-1945. Scheitern und Nachwirken. Hrsg. von den Landeszentrale für politische Bildung Baden-Württemberg, Ulm 1994, S. 165-179

Schober, Franz und Leopold, Briefe von der Front. Feldpostbriefe 1939-1945. Bearb. und hrsg. von Michael Hans Salvesberger, Gösing am Wagram 1997

Schönherr, Klaus, Der Deutsche Volkssturm im Reichsgau Wartheland 1944/45, in: Militärgeschichtliches Beiheft zur Europäischen Wehrkunde/WWR, 2 (1987), S. 1-16

Schörken, Rolf, Luftwaffenhelfer und Drittes Reich. Die Entstehung eines politischen Bewußtseins, Stuttgart 1984

Schorn, Günter, »Uns geht die Sonne nicht unter ...« – Eine Jugend in Deutschland, [Essen] 1993

Schröder, Hans-Joachim, Die gestohlenen Jahre. Erzählgeschichten und Geschichtserzählung im Interview. Der Zweite Weltkrieg aus der Sicht ehemaliger Mannschaftssoldaten, Tübingen 1992 (= Studien und Texte zur Sozialgeschichte der Literatur, 37)

Schröder, Hans-Joachim, »Ich hänge hier, weil ich getürmt bin«. Terror und Verfall im deutschen Militär bei Kriegsende 1945, in: Der Krieg des Kleinen Mannes, S. 279-294

Schröder, Hans-Joachim, Töten und Todesangst im Krieg. Erinnerungsberichte über den Zweiten Weltkrieg, in: Physische Gewalt, S. 106-135

Schröder, Hans-Joachim, Die Vergegenwärtigung des Zweiten Weltkrieges in biographischen Interviewerzählungen, in: MGM, 49 (1991), S. 9-37

Schröder, Joseph, Bestrebungen zur Eliminierung der Ostfront 1941-1943, Göttingen 1985

Schröder, Matthias, Deutschbaltische SS-Führer und Andrej Vlasov 1942-1945: Rußland kann nur von Russen besiegt werden, Erhard Kroeger, Friedrich Buchardt und die »Russische Befreiungsarmee«, Paderborn [u.a.] 2001

Schubert-Weller, Christoph, Hitlerjugend. Vom »Jungsturm Adolf Hitler« zur Staatsjugend des Dritten Reiches, Weinheim, Stuttgart 1993

Schubert-Weller, Christoph, »Kein schönrer Tod ...«. Die Militarisierung der männlichen Jugend und ihr Einsatz im Ersten Weltkrieg 1890-1918, München 1998 (= Materialien zur Historischen Jugendforschung)

Schüddekopf, Carl, Krieg. Erzählungen aus dem Schweigen. Deutsche Soldaten über den Zweiten Weltkrieg, Reinbek 1997

Schulte, Jan Erik, Hans Jüttner. Der Mann im Hintergrund der Waffen-SS, in: Die SS. Elite unter dem Totenkopf, S. 276-288

Schulte, Jan Erik, Zwangsarbeit und Vernichtung. Das Wirtschaftsimperium der SS: Oswald Pohl und das SS-Wirtschaftsverwaltungshauptamt 1933-1945, Paderborn [u.a.] 2001

Schulz, Wilhelm, Über dem nassen Abgrund. Als Kommandant und Flottillenchef im U-Boot-Krieg, Berlin [u.a.] 1994

Schumann, Dirk, Gewalt als Grenzüberschreitung. Überlegungen zur Sozialgeschichte der Gewalt im 19. und 20. Jahrhundert, in: Archiv für Sozialgeschichte, 37 (1997), S. 366-386

Schwedt, Herbert, Alltagsgeschichte der Nachkriegszeit - Nach Berichten von Zeitzeugen, in: Kriegsende und Neubeginn, S. 33-67

Schwendemann, Heinrich, »Deutsche Menschen vor der Vernichtung durch den Bolschewismus zu retten«: Das Programm der Regierung Dönitz und der Beginn einer Legendenbildung, in: Kriegsende 1945, S. 9-33

Schwendemann, Heinrich, Endkampf und Zusammenbruch im deutschen Osten, in: Freiburger Universitätsblätter, 130 (1995), S. 9-27

Schwendemann, Heinrich, Strategie der Selbstvernichtung. Die Wehrmachtführung im ›Endkampf‹ um das ›Dritte Reich‹, in: Die Wehrmacht, S. 224-244

Seelower Höhen 1945. Im Auftr. des Militärgeschichtlichen Forschungsamtes hrsg. von Roland G. Foerster, Hamburg [u.a.] 1998 (= Vorträge zur Militärgeschichte, 17)

Seeßelberg, Friedrich, Der Stellungskrieg 1914-1918, Berlin 1926

Sehr selten habe ich geweint: Briefe und Tagebücher aus dem Zweiten Weltkrieg aus Berlin. Hrsg. von Ingrid Hammer, Zürich 1992

Seidler, Franz W., Deutscher Volkssturm. Das letzte Aufgebot 1944/45, München, Berlin 1989

Seidler, Franz W., Fahnenflucht. Der Soldat zwischen Eid und Gewissen, München, Berlin 1993

Senger und Etterlin, Frido von, Krieg in Europa, Köln, Berlin 1960
Shay, Jonathan, Achill in Vietnam: Kampftrauma und Persönlichkeitsverlust. Mit einem Vorw. von Jan Philipp Reemtsma, Hamburg 1998
Shils, Edward A. and Morris Janowitz, Cohesion and Desintegration in the Wehrmacht in the World War II, in: The Public Opinion Quarterly, 12 (1948), S. 280-315
Siebenborn, Kerstin, Der Volkssturm im Süden Hamburgs 1944/45, Hamburg 1988 (= Beiträge zur Geschichte Hamburgs, 35)
Siemons, Hans, Kriegsalltag in Aachen. Not, Tod und Überleben in der alten Kaiserstadt zwischen 1939 und 1944, Aachen 1998
Smith, Arthur L., Churchills deutsche Armee. Die Anfänge des Kalten Krieges 1943-1947, Bergisch-Gladbach 1978
Smith, Arthur L., Die »vermißte Million«. Zum Schicksal deutscher Kriegsgefangener nach dem Zweiten Weltkrieg, München 1992 (= Schriftenreihe der VfZ, 65)
Sösemann, Bernd, Inszenierungen für die Nachwelt. Editionswissenschaftliche und textkritische Untersuchungen zu Joseph Goebbels' Erinnerungen, diaristischen Notizen und täglichen Diktaten, in: Historische Zeitschrift, Sonderheft, 16 (1992), S. 1-45
Sösemann, Bernd, »Ein tieferer geschichtlicher Sinn aus dem Wahnsinn«: Die Goebbels-Tagebuchaufzeichnungen als Quelle für das Verständnis des nationalsozialistischen Herrschaftssystems und seiner Propaganda, in: Weltbürgerkrieg der Ideologien, S. 136-174
Sontheimer, Kurt, Antidemokratisches Denken in der Weimarer Republik. Die politischen Ideen des deutschen Nationalismus zwischen 1918 und 1933, 2. Aufl., München 1964
Speer, Albert, Erinnerungen, Berlin 1969
Speidel, Hans, Aus unserer Zeit. Erinnerungen, Berlin 1977
Spiegelbild einer Verschwörung. Die Kaltenbrunner-Berichte an Bormann und Hitler über das Attentat am 20. Juli 1944. Geheime Dokumente aus dem ehemaligen Reichssicherheitshauptamt. Hrsg. vom Archiv Peter für Historische und Zeitgeschichtliche Dokumentation, Stuttgart 1961
Spoerer, Mark, NS-Zwangsarbeiter im Deutschen Reich. Eine Statistik vom 30. September 1944 nach Arbeitsamtbezirken, in: VfZ, 49 (2001), S. 665-684
Die SS. Elite unter dem Totenkopf. 30 Lebensläufe. Hrsg. von Ronald Smelser und Enrico Syring, Paderborn [u.a.] 2000
Stegmann, Dirk, Die deutsche Inlandspropaganda 1917/18. Zum innenpolitischen Machtkampf zwischen OHL und ziviler Reichsleitung in der Endphase des Kaiserreiches, in: MGM, 12 (1972), S. 75-116
Stehle, Hans Jakob, Deutsche Friedensfühler bei den Westmächten im Februar/März 1945, in: VfZ, 30 (1982), S. 538-555
Stein, George H., The Waffen-SS. Hitler's Elite Guard at War 1939-1945, London 1966
Steinbach, Peter, Hans Günther von Kluge – Ein Zauderer im Zwielicht, in: Die Militärelite, S. 288-324

Steinert, Marlies G., Die 23 Tage der Regierung Dönitz, Düsseldorf [u.a.] 1967
Steinert, Marlies G., Hitlers Krieg und die Deutschen. Stimmung und Haltung der deutschen Bevölkerung im Zweiten Weltkrieg, Düsseldorf, Wien 1970
Steinhaus, Rolf, Soldat, Diplomat, U-Boot-Fahrer, Zimmermann, Journalist, Ministerberater: Erlebnisse und Reflexionen eines Offiziers der Kriegsgeneration, Herford 1983
Steinhoff, Johannes, In letzter Stunde. Verschwörung der Jagdflieger, München 1974
Stenzel, Thilo, Das Rußlandbild des »kleinen Mannes«: gesellschaftliche Prägung und Fremdwahrnehmung in Feldpostbriefen aus dem Ostfeldzug (1941-1944/45), München 1998 (= Mitteilungen des Osteuropa-Instituts, 27)
Stimpel, Hans Martin, Die deutsche Fallschirmtruppe 1942-1945. Einsätze auf Kriegsschauplätzen im Osten und Westen, Hamburg 2001
Storz, Dieter, »Aber was hätte anderes geschehen sollen?« Die deutschen Offensiven an der Westfront 1918, in: Kriegsende 1918, S. 51-95
Storz, Dieter, Kriegsbild und Rüstung vor 1914. Europäische Landstreitkräfte vor dem Ersten Weltkrieg, Herford [u.a.] 1992 (= Militärgeschichte und Wehrwissenschaften, 1)
Strachan, Hew, The Soldier's Experience in Two World Wars: Some Historiographical Comparisons, in: Time to Kill, S. 369-378
Strachan, Hew, Die Vorstellungen der Anglo-Amerikaner von der Wehrmacht, in: Die Wehrmacht, S. 92-104
Streit, Christian, Keine Kameraden. Die Wehrmacht und die sowjetischen Kriegsgefangenen 1941-1945, Bonn 1997
Stumpf, Reinhard, Die Luftwaffe als drittes Heer. Die Luftwaffenerdkampfverbände und das Problem der Sonderheere 1933 bis 1945, in: Soziale Bewegung und politische Verfassung. Beiträge zur Geschichte der modernen Welt. Hrsg. von Ulrich Engelhard, Volker Sellin und Horst Stuke, Stuttgart 1976, S. 857-894
Stumpf, Reinhard, Die Wehrmacht-Elite. Rang und Herkunftsstrukturen der deutschen Generale und Admirale, Boppard a.Rh. 1982 (= Militärgeschichtliche Studien, 29)
Die Stunde Null. Erinnerungen an Kriegsende und Neuanfang. Hrsg. von Gustav Tampe, Stuttgart 1995
Sullivan, Matthew Barry, Auf der Schwelle zum Frieden. Deutsche Kriegsgefangene in Großbritannien, Wien, Hamburg 1981
Suter, Andreas und Manfred Hettling, Struktur und Ereignis – Wege zu einer Sozialgeschichte des Ereignisses, in: Struktur und Ereignis. Hrsg. von Andreas Suter und Manfred Hettling, Göttingen 2001 (= GuG, Sonderheft, 19), S. 7-32

Täglich Krieg. Deutschland 1939-1945. 41 Geschichten und Berichte von Zeitzeugen. Hrsg. von Jürgen Kleindienst, Berlin 2000 (= Reihe Zeitgut, 9)
Täter im Vernichtungskrieg. Der Überfall auf die Sowjetunion und der Völkermord an den Juden. Hrsg. von Wolf Kaiser, München 2002
Tätigkeitsbericht des Chefs des Heerespersonalamtes General der Infanterie Rudolf Schmundt, fortgeführt von Wilhelm Burgdorf. 1.10.1942-29.10.1944. Hrsg. von Dermot Bradley und Richard Schulze-Kossens, Osnabrück 1984

Tenfelde, Klaus, Proletarische Provinz. Radikalisierung und Widerstand in Penzberg/Oberbayern 1900 bis 1945, in: Bayern in der NS-Zeit, Bd 4, S. 1-382

Tenfelde, Klaus, Schwierigkeiten mit dem Alltag, in: GuG, 10 (1984), S. 376-394

Teppe, Karl, Der Reichsverteidigungskommissar. Organisation und Praxis in Westfalen, in: Verwaltung contra Menschenführung im Staat Hitlers. Studien zum politisch-administrativen System. Hrsg. von Dieter Rebentisch und Karl Teppe, Göttingen 1986, S. 278-301

Teppe, Karl, Trümmergesellschaft im Wiederaufbau, in: Aus Politik und Zeitgeschichte. Beilage zur Wochenzeitung Das Parlament B 18-19/95 vom 28.4.1995, S. 22-33

Teske, Hermann, Die silbernen Spiegel. Generalstabsdienst unter der Lupe, Heidelberg 1952

Tewes, Ludger, Jugend im Krieg. Von Luftwaffenhelfern und Soldaten 1939-1945, Essen 1989

Thaer, Albrecht von, Generalstabsdienst an der Front und in der OHL. Aus Briefen und Tagebuchaufzeichnungen 1915-1919. Unter Mitarb. von Helmut K.G. Rönnefahrt hrsg. von Siegfried A. Kaehler, Göttingen 1958

Thamer, Hans-Ulrich, Die Erosion einer Säule. Wehrmacht und NSDAP, in: Die Wehrmacht, S. 420-435

Thiemeyer, Guido, Kriegsende und Neubeginn in Europa 1945: nationale und regionale Erfahrungen, in: Neue politische Literatur, 44 (1999), S. 426-445

Thorwald, Jürgen, Das Ende an der Elbe, Stuttgart 1950

Thorwald, Jürgen, Es begann an der Weichsel, Stuttgart 1950

Thoß, Bruno, Der Erste Weltkrieg als Ereignis und Erlebnis. Paradigmenwechsel in der westdeutschen Weltkriegsforschung seit der Fischer-Kontroverse, in: Der Erste Weltkrieg, S. 1012-1043

Thoß, Bruno, Militärische Entscheidung und politisch-gesellschaftlicher Umbruch. Das Jahr 1918 in der neueren Weltkriegsforschung, in: Kriegsende 1918, S. 17-37

Thoß, Bruno, Die nationale Rechte, militärische Führung und Diktaturfrage in Deutschland 1913-1923, in: MGM, 42 (1987), S. 27-76

Thoß, Bruno, Die Zeit der Weltkriege – Epochen als Erfahrungseinheit?, in: Erster Weltkrieg – Zweiter Weltkrieg, S. 7-30

Tietmann, Lutz, »... die Stadt vor dem Schlimmsten bewahren«. Widerstand der letzten Stunde: Kapitulanten und Befehlsverweigerer 1945, in: Die anderen Soldaten. Wehrkraftzersetzung, Gehorsamsverweigerung und Fahnenflucht im Zweiten Weltkrieg. Hrsg. von Norbert Haase und Gerhard Paul, Frankfurt a.M. 1995, S. 174-186

Time to Kill. The Soldier's Experience of War in the West 1939-1945. Ed. by Paul Addison and Angus Calder. With a Foreword by Len Deighton, London 1997

Töten im Krieg. Hrsg. von Heinrich von Stietencron und Jörg Rüpke, Freiburg [u.a.] 1995 (= Veröffentlichungen des Instituts für Historische Anthropologie e.V., 6)

Tornau, Gottfried und Franz Kurowski, Sturmartillerie. Fels in der Brandung, Herford [u.a.] 1965

Trevor-Roper, Hugh R., Hitlers letzte Tage, Frankfurt a.M. 1965

Troll, Hildebrand, Aktionen zur Kriegsbeendigung im Frühjahr 1945, in: Bayern in der NS-Zeit, Bd 4, S. 645-689

Trommler, Frank, »Deutschlands Sieg oder Untergang«. Perspektiven aus dem Dritten Reich auf die Nachkriegsentwicklung, in: Deutschland nach Hitler. Zukunftspläne aus dem Exil und aus der Besatzungszeit 1939-1949. Hrsg. von Thomas Koebner, Gert Sautermeister und Sigrid Schneider, Opladen 1987, S. 214-228

Tübingen 1945. Eine Chronik von Hermann Werner. Bearb. und mit einem Anhang versehen von Manfred Schmid, Stuttgart 1986 (= Beiträge zur Tübinger Geschichte, 1)

Überleben im Krieg. Generationserfahrungen in einer Industrieregion 1939-1945. Hrsg. von Ulrich Borsdorf und Mathilde Jamin, Reinbek 1989

Ueberschär, Gerd R. und Winfried Vogel, Dienen und verdienen. Hitlers Geschenke an seine Eliten, Frankfurt a.M. 1999

UFA-Magazin Nr. 20 »Kolberg«. Hrsg. von Rainer Rother – Deutsches Historisches Museum, Berlin 1992

Ufer, Ernst, Männer im Feuerofen. Tageserlebnisse eines Kriegspfarrers 1939-1945, Düsseldorf 1972 (als Ms. gedruckt)

Uhse, Dirk, Die Kapitulation der ›Festung‹ Kassel am 4. April 1945, in: Zeitschrift des Vereins für hessische Geschichte und Landeskunde, 75/76 (1965), S. 615-618

Ullrich, Volker, Kriegsalltag. Hamburg im Ersten Weltkrieg, Köln 1982

Ullrich, Volker, Die nervöse Großmacht. Aufstieg und Untergang des deutschen Kaiserreichs 1871-1918, Frankfurt a.M. 1997

Ullrich, Volker, Vom Augusterlebnis zur Novemberrevolution. Beiträge zur Sozialgeschichte Hamburgs und Norddeutschlands im Ersten Weltkrieg 1914-1918, Bremen 1999

Ullrich, Volker, Zur inneren Revolutionierung der wilhelminischen Gesellschaft des Jahres 1918, in: Kriegsende 1918, S. 273-283

Ulrich, Bernd, Die Augenzeugen. Deutsche Feldpostbriefe in Kriegs- und Nachkriegszeit 1914-1933, Berlin 1995 (= Schriften der Bibliothek für Zeitgeschichte, N.F., 8)

Ulrich, Bernd, »Militärgeschichte von unten«. Anmerkungen zu ihren Ursprüngen, Quellen und Perspektiven im 20. Jahrhundert, in: GuG, 22 (1996), S. 473-503

Ungváry, Krisztian, Der Ausbruch der deutsch-ungarischen Verteidiger aus Budapest im Februar 1945. Rekonstruktion eines militärischen Zusammenbruchs, in: MGM, 57 (1998), S. 79-115

The United States Strategic Bombing Survey. A Collection oft the 31 Most Important Reports. Ed. by David MacIsaac, 10 vols., New York, London 1976

Unruh, Karl, Langemarck. Legende und Wirklichkeit, Koblenz 1992

Ursachen und Folgen. Vom deutschen Zusammenbruch 1918 und 1945 bis zur staatlichen Neuordnung Deutschlands in der Gegenwart. Eine Urkunden- und Dokumentensammlung zur Zeitgeschichte. Hrsg. von Herbert Michaelis und Ernst Schraepler, 28 Bde, Berlin 1958-1980

Verhey, Jeffrey, Der »Geist von 1914« und die Erfindung der Volksgemeinschaft, Hamburg 2000

Vermehren, Isa, Reise durch den letzten Akt. Ein Bericht (10.2.44 bis 29.6.45), Hamburg 1946
Vernichtungskrieg. Verbrechen der Wehrmacht 1941-1944. Hrsg. von Hannes Heer und Klaus Naumann, 2. Aufl., Hamburg 1995
Vertriebene in Deutschland. Interdisziplinäre Ergebnisse und Forschungsperspektiven. Hrsg. von Dierck Hoffmann, Marita Krauss und Michael Schwartz, München 2000 (= Schriftenreihe der VfZ, Sondernummer)
Virtual History: Alternatives and Counterfactuals. Ed. by Niall Ferguson, London 1997
Völker, Karl-Heinz, Die Deutsche Heimatluftverteidigung im Zweiten Weltkrieg, in: WWR, 16 (1966), S. 87-111, 158-171
Völkischer Beobachter (Berliner Ausgabe), 57 (1944)
Vogel, Detlef, Deutsche und alliierte Kriegführung im Westen, in: Das Deutsche Reich und der Zweite Weltkrieg, Bd 7, S. 419-639
Vogel, Detlef, Der Kriegsalltag im Spiegel von Feldpostbriefen (1939-1945), in: Der Krieg des kleinen Mannes, S. 199-212
Vogt, Adolf, Der Westfalenwall. Phantom oder Festungslinie? Eine Studie zur Reichsverteidigung 1944/45, Vreden 1999 (= Westmünsterland, 9)
Ein Volk von Mördern? Die Dokumentation zur Goldhagen-Kontroverse um die Rolle der Deutschen im Holocaust. Hrsg. von Julius H. Schoeps, 2. Aufl., Hamburg 1996
Volkmann, Hans-Erich, Von Blomberg zu Keitel – Die Wehrmachtführung und die Demontage des Rechtsstaates, in: Die Wehrmacht, S. 47-65
Volkmann, Hans-Erich, Zur Verantwortlichkeit der Wehrmacht, in: Die Wehrmacht, S. 1195-1222
Von Stalingrad zur Währungsreform. Zur Sozialgeschichte des Umbruchs in Deutschland. Hrsg. von Martin Broszat, Klaus-Dietmar Henke und Hans Woller, 3. Aufl., München 1990 (= Quellen und Darstellungen zur Zeitgeschichte, 26)

Wagener, Carl, Kampf und Ende der Heeresgruppe B im Ruhrkessel 22. März bis 17. April 1945, in: WWR, 10 (1957), S. 535-564
Wagenführ, Rolf, Die deutsche Industrie im Kriege 1939-1945, Berlin 1954
Wagner, Jens-Christian, Das Außenlagersystem des KL Mittelbau-Dora, in: Die nationalsozialistischen Konzentrationslager – Entwicklung und Struktur. Hrsg. von Ulrich Herbert, Karin Orth und Christoph Dieckmann, Bd 2, Göttingen 1998, S. 707-729
Walle, Heinrich, Die Tragödie des Oberleutnants zur See Oskar Kusch, Stuttgart 1995
Wandt, Heinrich, Etappe Gent. Streiflichter zum Zusammenbruch, Berlin 1920
Warlimont, Walter, Im Hauptquartier der deutschen Wehrmacht 1939-1945. Grundlagen, Formen, Gestalten, Frankfurt a.M. 1962
Was ist Militärgeschichte? Hrsg. von Thomas Kühne und Benjamin Ziemann, Paderborn [u.a.] 2000 (= Krieg in der Geschichte, 6)
Wegner, Bernd, Dezember 1941: Die Wende zum Weltkrieg als strategisches Problem der deutschen Führung, in: Zwei Wege nach Moskau, S. 640-658

Wegner, Bernd, Das Ende der Strategie. Deutschlands politische und militärische Lage nach Stalingrad, in: Gezeitenwechsel, S. 211-228

Wegner, Bernd, Erschriebene Siege. Franz Halder, die ›Historical Division‹ und die Rekonstruktion des Zweiten Weltkrieges im Geiste des deutschen Generalstabes, in: Politischer Wandel, organisierte Gewalt und nationale Sicherheit. Beiträge zur neueren Geschichte Deutschlands und Frankreichs. Festschrift für Klaus-Jürgen Müller. Hrsg. von Ernst Will Hansen, Gerhard Schreiber und Bernd Wegner, München 1995 (= Beiträge zur Militärgeschichte, 50), S. 287-302

Wegner, Bernd, Hitler, der Zweite Weltkrieg und die Choreographie des Unterganges, in: GuG, 26 (2000), S. 493-518

Wegner, Bernd, Hitlers politische Soldaten: Die Waffen-SS 1933-1945, 5., erw. Aufl., Paderborn [u.a.] 1997

Wegner, Bernd, Im Schatten der »Zweiten Front«? Anmerkungen zum deutschen Zusammenbruch im Osten im Sommer 1944, in: Invasion 1944, S. 117-132

Wehler, Hans-Ulrich, »Absoluter« und »totaler« Krieg. Von Clausewitz zu Ludendorff, in: Politische Vierteljahrsschrift, 10 (1969), S. 220-248

Wehler, Hans-Ulrich, Historisches Denken am Ende des 20. Jahrhunderts 1945-2000, Göttingen 2001 (= Essener kulturwissenschaftliche Beiträge, 11)

Die Wehrmacht. Mythos und Realität. Im Auftr. des Militärgeschichtlichen Forschungsamtes hrsg. von Rolf-Dieter Müller und Hans-Erich Volkmann, München 1999

Die Wehrmachtausstellung. Dokumentation einer Kontroverse. Hrsg. von Hans-Günther Thiele, Bremen 1997

Weidling, Helmuth, Der Endkampf um Berlin (23.4.-2.5.1945), übers. und eingel. von Werner Arenz, in: WWR, 12 (1962), S. 40-52, 111-118, 169-174

Weinberg, Gerhard L., Adolf Hitler und der NS-Führungsoffizier (NSFO), in: VfZ, 12 (1964), S. 43-456

Weinberg, Gerhard L., German Plans for Victory 1944-1945, in: Central European History, 26 (1993), S. 215-228

Weinberg, Gerhard L., Germany, Hitler and World War II, in: Essays in Modern German and World History, Cambridge 1995, S. 274-286

Weinberg, Gerhard L., Rollen- und Selbstverständnis des Offizierkorps der Wehrmacht im NS-Staat, in: Die Wehrmacht, S. 68-74

Weinberg, Gerhard L., Eine Welt in Waffen. Die globale Geschichte des Zweiten Weltkriegs, Stuttgart 1995

Weinberg, Gerhard L., Zur Frage des Sonderfriedens im Osten, in: Gezeitenwechsel, S. 173-183

Weisbrod, Bernd, Entwicklung und Funktionswandel der Konzentrationslager 1937/38 bis 1945. Kommentierende Bemerkungen, in: Die nationalsozialistischen Konzentrationslager, Bd 1, S. 349-360

Weizsäcker, Ernst Frhr. von, Erinnerungen, München [u.a.] 1950

Weizsäcker, Richard von, Vier Zeiten. Erinnerungen, Berlin 1997

Weizsäcker, Richard von, Zum 40. Jahrestag der Beendigung des Krieges und der nationalsozialistischen Gewaltherrschaft. Ansprache am 8. Mai 1985 in der Gedenkstunde im Plenarsaal des Deutschen Bundestages. Hrsg. von der Bundeszentrale für politische Bildung, Bonn 1985

Wellershoff, Dieter, Der Ernstfall. Innenansichten des Krieges, Köln 1995

Weltbürgerkrieg der Ideologien: Antworten an Ernst Nolte. Festschrift zum 70. Geburtstag. Hrsg. von Thomas Nipperdey, Anselm Doering-Manteuffel und Hans-Ulrich Thamer, Berlin 1993

Der Weltkrieg 1914-1918, Bd 14. Im Auftr. des Oberkommandos des Heeres bearb. und hrsg. von der Kriegsgeschichtlichen Forschungsanstalt des Heeres, Berlin 1944 (veröffentlicht durch das Bundesarchiv, Koblenz 1956)

Das Werk des Untersuchungsausschusses der Verfassunggebenden Deutschen Nationalversammlung und des Deutschen Reichstages 1919-1930. Verhandlungen, Gutachten, Urkunden. Unter Mitwirkung von Eugen Fischer, Walter Bloch und Berthold Widmann im Auftr. des Reichstages hrsg. von Walter Schücking, Peter Spahn, Johannes Bell, Rudolf Breitscheid und Albrecht Philipp. 4. Reihe: Die Ursachen des Deutschen Zusammenbruchs im Jahr 1918. Unter Mitwirkung von Eugen Fischer und Walter Bloch hrsg. von Albrecht Philipp, 12 Bde, Berlin 1925-1929

Werner, Wolfgang Franz, »Bleib übrig!«. Deutsche Arbeiter in der nationalsozialistischen Kriegswirtschaft, Düsseldorf 1983 (= Düsseldorfer Schriften zur Neueren Landesgeschichte und zur Geschichte Nordrhein-Westfalens, 9)

Westphal, Siegfried, Der Deutsche Generalstab auf der Anklagebank. Nürnberg 1945-1948, Mainz 1978

Westphal, Siegfried, Erinnerungen, Mainz 1975

Wette, Wolfram, Als Deutschland sterben sollte. Wie NS-Regime und Wehrmachtführung in den letzten Kriegstagen versuchten, den großen Untergang zu inszenieren, in: Die Zeit, Nr. 19 vom 4.5.2000, S. 84

Wette, Wolfram, Das Bild der Wehrmacht-Elite nach 1945, in: Hitlers militärische Elite. Hrsg. von Gerd R. Ueberschär, Bd 2, Darmstadt 1998, S. 293-308

Wheeler-Bennett, John W., The Nemesis of Power. The German Army in Politics 1918-1945, London 1953

Wie Kriege enden. Wege aus dem Krieg von der Antike bis zur Gegenwart. Hrsg. von Bernd Wegner, Paderborn [u.a.] 2002 (= Krieg in der Geschichte, 14)

Wie Kriege entstehen. Zum historischen Hintergrund von Staatenkonflikten. Hrsg. von Bernd Wegner, Paderborn [u.a.] 2000 (= Krieg in der Geschichte, 4)

Wieder, Joachim, Stalingrad und die Verantwortung des Soldaten. Mit einem Geleitw. von Helmut Gollwitzer, Fankfurt a.M. [u.a.] 1963

Wilhelm, Hans-Heinrich, Hitlers Ansprache vor Generalen und Offizieren am 26. Mai 1944, in: MGM, 20 (1976), S. 123-170

Wiswedel, Arthur, Gekämpft und überlebt ... Erinnerungen eines unbedeutenden Front-Offiziers an die Ostfront 1942-1945, Braunschweig 1984

Wolfrum, Edgar, Widerstand in den letzten Kriegsmonaten, in: Widerstand gegen den Nationalsozialismus. Hrsg. von Peter Steinbach und Johannes Tuchel, Berlin 1994, S. 537-552

Wüllner, Fritz, Die NS-Militärjustiz und das Elend der Geschichtsschreibung. Ein grundlegender Forschungsbericht, 2. Aufl., Baden-Baden 1996

Xylander, Marlen von, Die deutsche Besatzungsherrschaft auf Kreta 1941-1945, Freiburg i.Br. 1989 (= Einzelschriften zur Militärgeschichte, 32)

Yelton, David K., The Last Reserves: Political-Military Aspects of the Structure, Function and Composition of the German Volkssturm 1944-1945, Diss. phil. Chapel Hill, NC 1990

Yelton, David K., »Ein Volk steht auf«: The German Volkssturm and Nazi Strategy 1944-1945, in: Journal of Military History, 64 (2000), S. 1061-1083

Zeidler, Manfred, Kriegsende im Osten. Die Rote Armee und die Besetzung Deutschlands östlich von Oder und Neiße 1944/45. Im Auftr. der Kulturstiftung der deutschen Vertriebenen Bonn, München 1996

Zerstört, besiegt, befreit. Der Kampf um Berlin bis zur Kapitulation, 2. Aufl., Berlin 1985 (= Stätten zur Geschichte Berlins, 7)

Ziegler, Walter, Gaue und Gauleiter im Dritten Reich, in: Nationalsozialismus in der Region. Beiträge zur regionalen und lokalen Forschung und zum internationalen Vergleich. Hrsg. von Horst Möller, Andreas Wirsching und Walter Ziegler, München, Wien 1996 (= Schriftenreihe der VfZ, Sondernummer), S. 139-159

Ziemann, Benjamin, Enttäuschte Erwartung und kollektive Erschöpfung. Die deutschen Soldaten an der Westfront 1918 auf dem Weg zur Revolution, in: Kriegsende 1918, S. 165-182

Ziemann, Benjamin, Fluchten aus dem Konsens zum Durchhalten. Ergebnisse, Probleme und Perspektiven der Erforschung soldatischer Verweigerungsformen in der Wehrmacht 1939-1945, in: Die Wehrmacht, S. 589-613

Zimmermann, John, Die Kämpfe gegen die Westalliierten 1945 – Ein Kampf bis zum Ende oder die Kreierung einer Legende?, in: Kriegsende 1945 in Deutschland, S. 115-133

Zoepf, Arne W.G., Wehrmacht zwischen Tradition und Ideologie. Der NS-Führungsoffizier im Zweiten Weltkrieg, Frankfurt a.M. [u.a.] 1988

Zwei Wege nach Moskau. Vom Hitler-Stalin-Pakt bis zum Unternehmen Barbarossa. Hrsg. von Bernd Wegner, München 1991

Der Zweite Weltkrieg. Analysen, Grundzüge, Forschungsbilanz. Im Auftr. des Militärgeschichtlichen Forschungsamtes hrsg. von Wolfgang Michalka, 2. Aufl., München [u.a.] 1990

Zwischen Befreiung und Besatzung. Analysen des US-Geheimdienstes über Positionen und Strukturen deutscher Politik 1945. Hrsg. von Ulrich Borsdorf und Lutz Niethammer, Wuppertal 1976

Personenregister

Ahlfen, Hans von 276
Axmann, Artur 233

Balck, Herrmann 225
Beck, Ludwig 40, 103
Berger, Gottlob 123, 126 f.
Bethmann Hollweg, Theobald von 30, 32
Blomberg, Werner von 100 f., 103
Blumentritt, Günter 321
Böll, Heinrich 311
Bormann, Martin 105, 132, 134, 137, 145, 148, 161, 236, 273
Brauchitsch, Walther von 111
Brill, Robert 119
Buhle, Walter 129
Burgdorf, Wilhelm 112
Busch, Ernst 199, 301

Churchill, Sir Winston 54
Clausewitz, Carl von 100, 335
Clemenceau, Georges 277

Dethleffsen, Erich 302
Dönitz, Karl 60, 79 f., 82, 95, 97 f., 109, 115, 190, 195 f., 212, 219, 279, 288, 305, 324
Dornberger, Walter 77
Dulles, Allen 253

Eberbach, Heinrich 310
Eisenhower, Dwight D. 59, 63, 288
Erzberger, Matthias 31, 49
Falkenhayn, Erich von 29
Frank, August 126 f., 136 f.
Friebe, Helmut 313
Frießner, Hans 230
Fritsch, Werner Frhr. von 103
Fromm, Friedrich 119, 313

Galland, Adolf 72
Gehlen, Reinhard 83

George, Heinrich 142
Geyr von Schweppenburg, Leo 220, 302
Gießler, Paul 134, 146
Glum, Friedrich 312
Goebbels, Joseph 7, 19, 66, 79, 84, 86 f., 104–106, 108–111, 116, 121, 124 f., 127, 132, 137, 142 f., 145, 156–158, 161, 164, 166, 170, 182–184, 186, 191, 224, 234, 253, 261, 277, 279, 293, 311, 340
Göring, Herrmann 7, 74, 87 f., 109, 115, 191 f., 212
Groener, Wilhelm 45
Guderian, Heinz 61, 64, 69, 71, 84, 86, 112 f., 116, 134, 152, 155, 172, 216, 222, 224, 264, 282, 300, 302, 317

Halder, Franz 56, 104
Hassell, Ulrich von 300
Heinrici, Gotthard 301
Hellermann, Vollrath von 247
Hengl, Georg Ritter von 278, 301
Hertling, Georg Graf von 32
Heusinger, Adolf 58, 67
Himmler, Heinrich 7, 84, 108 f., 119–122, 124–129, 132, 136 f., 143 f., 167, 169 f., 182 f., 186, 203, 236–238, 264, 278, 281, 293, 302, 332
Hindenburg, Paul von 30–32, 34, 47 f., 50
Hübner, Rudolf 279

Jodl, Alfred 55–57, 60, 63, 65, 70, 85, 87, 98, 110 f., 193, 285
Jünger, Ernst 37, 39, 41, 297
Jüttner, Hans 127, 184

Kammler, Hans 128 f.
Kardorff, Ursula von 322
Keitel, Wilhelm 60, 96, 105, 108 f., 111, 113, 115, 152, 161, 163, 169, 188, 220, 236, 263 f., 275, 280

Kesselring, Albert 95, 217 f., 222, 233, 263, 276 f., 279
Kielmansegg, Johann Adolf Graf 248, 312
Klemperer, Victor 244
Kluge, Günther von 85
Koch, Erich 262
Koller, Karl 88
Konev, Ivan S. 84
Krebs, Hans 300
Kreipe, Werner 74

Lammers, Hans Heinrich 105
Lenin, Vladimir I. 43
Ley, Robert 114
Löhr, Alexander 97
Ludendorff, Erich 30–32, 36, 38, 44–48, 50, 99 f.
Lüttwitz, Smilo Frhr. von 304

Maizière, Ulrich de 290, 309
Manteuffel, Hasso von 285
Marshall, Samuel L.A. 290
Max, Prinz von Baden 36, 47 f.
Michaelis, Georg 32
Model, Walter 70, 88, 237, 301
Montgomery, Bernard S. 87 f.

Naumann, Friedrich 52
Naumann, Werner 145

Ohlendorf, Otto 116
Oppenhoff, Franz 146

Paulus, Friedrich 286
Pohl, Oswald 109, 126 f.
Prützmann, Hans Adolf 144

Reinecke, Hermann 102
Reinecke, Wilhelm 240
Reinhardt, Hans 299
Rendulic, Lothar 275, 310
Ribbentrop, Joachim von 86
Rommel, Erwin 85
Roosevelt, Franklin D. 54, 94
Ruder, Willi 117
Rundstedt, Gerd von 70, 217, 234, 330
Rupprecht von Bayern, Kronprinz 38, 40, 44

Scheidemann, Philipp 49
Schenck von Stauffenberg, Claus 106
Schepmann, Wilhelm 137
Schlabrendorff, Fabian von 107, 313
Schmidt, Helmut 304
Schmückle, Gerd 322
Schmundt, Rudolf 102
Schörken, Rolf 258
Schörner, Ferdinand 113, 144, 218, 220, 222, 264, 276, 282
Schulz, Friedrich 238
Schwab, Otto 232
Seydlitz-Kurzbach, Walther von 286 f.
Speer, Albert 7, 64, 71, 73, 89–91, 93, 105, 125, 128, 141, 158, 164, 170, 182, 211 f.
Speidel, Hans 299
Stalin, Iosif 94, 109, 220, 277
Steiner, Felix 169
Steinhoff, Johannes 312
Stülpnagel, Edwin von 45

Thierack, Otto Georg 111
Thomale, Wolfgang 66
Tippelskirch, Kurt von 301
Tito, Josip 97
Trockij, Lev D. 43
Trotha, von 113

Vermehren, Isa 306
Vlasov, Andrej 126

Warlimont, Walter 227
Weiss, Franz-Rudolph von 290
Weizsäcker, Ernst Frhr. von 103
Weizsäcker, Richard von 304
Wenck, Walther 318
Westphal, Siegfried 223
Wilhelm II., Deutscher Kaiser und König von Preußen 29, 34, 48 f.
Wilson, Woodrow 46, 48
Winter, August 85, 215

Zeitzler, Kurt 113
Ziegler, Heinz 109
Žukov, Georgij K. 84

www.ingramcontent.com/pod-product-compliance
Lightning Source LLC
Chambersburg PA
CBHW060417300426
44111CB00018B/2885